Frank-Peter Herbst

Cuba

001cu kh

„Dieses Land überrascht einen immer wieder. Es passieren seltsame Dinge. Man muss fest im Guten stehen, um nicht den Kopf zu verlieren."

Miguel Barnet

Impressum

Frank-Peter Herbst
Reise Know-How Cuba

erschienen im
Reise Know-How Verlag Peter Rump GmbH
Osnabrücker Str. 79, 33649 Bielefeld

10., neu bearbeitete
und komplett aktualisierte Auflage 2016

Gestaltung
Umschlag: G. Pawlak, P. Rump (Layout);
M. Luck (Realisierung)
Inhalt: G. Pawlak (Layout);
K. Schmelzer, M. Luck (Realisierung)
Karten: der Verlag, C. Raisin, Th. Buri
Fotonachweis: Sonja Körber und Frank-Peter Herbst (kh), Zamyra Keus (zk), Peter Rump (pr), Ismael Francisco/ Prensa Latina (if), www.fotolia.de (Autorennachweis jeweils am Bild)
Titelfoto: www.fotolia.de © XtravaganT

Lektorat (Aktualisierung): M. Luck

Druck und Bindung: Media-Print, Paderborn

ISBN 978-3-8317-2743-8
Printed in Germany

Dieses Buch ist erhältlich in jeder Buchhandlung Deutschlands, der Schweiz, Österreichs, Belgiens und der Niederlande. Bitte informieren Sie Ihren Buchhändler über folgende Bezugsadressen:

Deutschland
Prolit GmbH, Postfach 9, D-35461 Fernwald (Annerod)
sowie alle Barsortimente

Schweiz
AVA Verlagsauslieferung AG,
Postfach 27, CH-8910 Affoltern

Österreich
Mohr Morawa Buchvertrieb GmbH
Sulzengasse 2, A-1230 Wien

Niederlande, Belgien
Willems Adventure, www.willemsadventure.nl

Wer im Buchhandel trotzdem kein Glück hat, bekommt unsere Bücher auch über unseren
Büchershop im Internet: www.reise-know-how.de

004cu kh

Wir freuen uns über Kritik, Kommentare und Verbesserungsvorschläge, gern auch per E-Mail an info@reise-know-how.de.

Alle Informationen in diesem Buch sind vom Autor mit größter Sorgfalt gesammelt und vom Lektorat des Verlages gewissenhaft bearbeitet und überprüft worden.

Da inhaltliche und sachliche Fehler nicht ausgeschlossen werden können, erklärt der Verlag, dass alle Angaben im Sinne der Produkthaftung ohne Garantie erfolgen und dass Verlag und Autor keinerlei Verantwortung und Haftung für inhaltliche und sachliche Fehler übernehmen.

Die Nennung von Firmen und ihren Produkten und ihre Reihenfolge sind als Beispiel ohne Wertung gegenüber anderen anzusehen. Qualitäts- und Quantitätsangaben sind rein subjektive Einschätzungen des Autors und dienen keinesfalls der Bewerbung von Firmen oder Produkten.

Frank-Peter Herbst

CUBA

Vorwort

Assoziationen zu Cuba gibt es viele: türkisfarbenes Meer, weiße Strände, Rum, Zigarren und wogende Zuckerrohrfelder. Man denkt an *Ernest Hemingway*, an La Habana, die wohl schönste Stadt der Karibik, und an Rhythmen, die um die ganze Welt gingen: Mambo, Rumba, Cha-Cha-Cha, Son und Salsa.

Cuba ist ein faszinierendes Land, das sich von den anderen Ländern in Lateinamerika stark unterscheidet. Das liegt vor allem an den Spannungen, die durch das Zusammentreffen kommunistischer Kollektivgedanken mit hedonistischem Individualstreben entstehen.

Das Land mit seiner leidvollen Geschichte fasziniert viele durch sein jahrhundertelanges Streben nach Freiheit, das 1959 seinen Höhepunkt erreichte, als die „Rebellion der Bärtigen" unter der Führung von *Fidel Castro Ruz* versuchte, Schluss mit Korruption, Misswirtschaft und Mafiafilz zu machen. Für viele Europäer wurde sein Mitstreiter *Ernesto „Che" Guevara* zum Idol ihrer Jugend.

All diese Aspekte machen die Einzigartigkeit Cubas aus. Wer nach Cuba reist, wird zunehmend hinter die Kulissen dieser widersprüchlich-schönen Insel gezogen. Wer länger als ein paar Tage bleibt, ist gezwungen, sich mit diesem Land auseinanderzusetzen. Man erlebt die Mangelwirtschaft, bekommt aber auch die überschäumende Lebenslust zu spüren, die vielen von uns fremd ist. Hier erlebt man, dass das Leben auch Lust ist, Musik und Tanz, und wie die Inselbewohner ihr Schicksal im Alltag bewältigen. Auf Cuba klappt so manches nicht, aber es macht Spaß, es dennoch immer wieder zu versuchen. Mitunter scheint die Zeit still zu stehen, und das muss nicht unbedingt ein Nachteil sein.

In den nächsten Jahren werden sich die politischen und wirtschaftlichen Verhältnisse im Land und damit die Gesellschaft grundlegend verändern. Vor allem der im Jahr 2015 mit der gegenseitigen diplomatischen Anerkennung eingeleitete Neustart in den Beziehungen zwischen den USA und Cuba wird neue Chancen, Perspektiven und Risiken mit sich bringen. Dem Land stehen spannende Zeiten bevor!

Ich möchte Ihnen mit diesem Reiseführer ein Stück des heutigen Cuba mit seinen alten Schönheiten und modernen Widersprüchen zeigen. Hier findet man paradiesisch schöne Strände, erlebt den morbiden Charme jahrhundertealter Städte und spürt die Nähe der Menschen, die einen mit ihrer Lebensfreude geradezu anstecken!

Buen viaje, eine gute Reise!

Frank-Peter Herbst

Danke

An dieser Stelle möchte der Autor allen Menschen herzlich danken, die am Entstehen dieses Buches beteiligt waren: den Angestellten in den Büros der staatlichen Touristikunternehmen, allen Herrschern über Wartelisten und Telefonverbindungen, ohne die ich manchmal nur noch die afrocubanischen Götter hätte bemühen können, dem geduldigen Hotelpersonal, das ich oft genug mit Fragen gequält habe, die sie eigentlich nicht beantworten durften, und allen freundlichen Menschen, die mir auf meinen Wegen durchs Land weitergeholfen haben, sei es mit einem Ersatzreifen oder einem Kaffee. Außerdem danke ich den geduldigen Mitarbeitern im Verlag, besonders meinem Lektor, für die tatkräftige Unterstützung. Auch *avenTOURa* möchte ich für die Mühe danken, mich in die entlegendsten Ecken Cubas zu bringen. Und last but not least danke ich meiner Frau.

Muchas gracias!

cu014-2016 kh

Inhalt

Karten

Exkurse

7 Land und Leute 384

8 Anhang 502

Sancti Spíritus

007cu kh

Was man unbedingt wissen muss

Socialismo o muerte, „Sozialismus oder Tod", ist an vielen Hauswänden zu lesen: Noch ist Cuba eines der letzten sozialistischen Länder der Welt. Über *Fidel Castro* abschätzig zu reden, wird in weiten Teilen der Bevölkerung auf Ablehnung stoßen. Es gibt zwar eine Opposition im Land und auch Unmut in der Bevölkerung über die politische und wirtschaftliche Situation, aber trotzdem haben die Cubaner ein ausgeprägtes **Nationalbewusstsein.** Sie sind stolz auf ihr Land, dessen Unabhängigkeit sie *Fidel Castro* und den Revolutionären von 1959 verdanken.

Vorsicht vor Neppern und Schleppern, die in einem Land mit relativ niedrigem Lebensstandard und gleichzeitig vielen „reichen" Touristen natürlich anzutreffen sind.

Hinweise zur Benutzung

Kuba oder Cuba? Auf der ersten Karte der Insel, die um 1500 gezeichnet wurde, war „Isla de Cuba" zu lesen. In diesem Buch wird für die Insel und ihre Hauptstadt die ortsübliche Schreibweise verwendet: Cuba und La Habana.

In den Ortsbeschreibungen wird Cuba von La Habana ausgehend beschrieben – in zwei Richtungen: zuerst nach Westen zur Region um Pinar del Río, danach folgt die Gegend um Matanzas, zu der La Habana geografisch gehört. Anschließend werden die Orte im Zentrum der Insel von West nach Ost beschrieben. Die unwegsamen Regionen um Santiago de Cuba bilden den Schluss der Ortsbeschreibungen, bevor wir schließlich eine Inseltour auf die Isla de Juventud und den Cayos im Norden unternehmen.

Für diejenigen, die sich die Sehenswürdigkeiten der Insel in relativ kurzer Zeit anschauen möchten, wurden drei Vorschläge für Wochentouren zusammengestellt: Reiseroute West-Cuba, Reiseroute Zentral-Cuba und Reiseroute Oriente (jeweils eingangs der entsprechenden Kapitel).

Im Buch sind alle Preise in Cubanischen Pesos Convertible (CUC) angegeben, da dies seit 2004 die offizielle Währung auf Cuba ist. Viele Cubaner sprechen zwar noch von Dollar, meinen damit aber den CUC.

Internetadressen

Internetadressen, die über zwei Zeilen verlaufen, sind nur dort mit einem Trennstrich getrennt geschrieben, wo er zur Adresse gehört.

Der Schmetterling …

… zeigt an, wo man besonders gut Natur erleben kann oder Angebote im Bereich des nachhaltigen Tourismus findet.

MEIN TIPP: …

… steht für spezielle Empfehlungen des Autors: abseits der Hauptpfade, persönlicher Geschmack.

Nicht verpassen!

Die Highlights der Region erkennt man an der **gelben Hinterlegung.**

Geht man mit Einheimischen zusammen im **Lokal** essen, sollte man daran denken, dass hier die spanische Art des Bezahlens üblich ist: Es wird eine Rechnung pro Tisch ausgestellt; kleinliches Aufrechnen der Einzelbeträge ist nicht üblich.

Die Cubaner lieben das **Wortspiel** und die **Übertreibung.** Ärgern Sie sich nicht über das bisweilen großspurige Auftreten, das gehört zur cubanischen Mentalität und sollte nicht abschrecken. In „Drei traurige Tiger" von *Guillermo Cabrera Infante* gibt es wunderbare Beispiele der cubanischen Lust am Wortspiel (als Urlaubslektüre zu empfehlen).

An Bushaltestellen und vor manchen Geschäften muss man **Schlange stehen.** Es ist nicht möglich, die Reihenfolge der Wartenden zu erkennen. Trifft man auf eine Gruppe wartender Menschen und will sich einreihen, sollte man sich nach dem Letzten in der Schlange erkundigen: *Quién es el último?* Jemand wird sich mit *yo* (ich) melden. Danach antwortet man selbst so auf die Frage des Nächsten, der ankommt.

Wann immer man mit **öffentlichen Verkehrsmitteln** unterwegs ist, sollte man nicht auf genaue Abfahrtszeiten hoffen, auch wenn es gedruckte Fahrpläne gibt. Mehr dazu kann man sich in dem humorvollen Spielfilm „Kubanisch reisen" anschauen, der in gut sortierten Videotheken, in einem der Multimediaportalen wie z.B. „iTunes" oder Online-Videotheken wie „maxdome" ausgeliehen werden kann. Cuba hat z.B. noch immer mit Ersatzteilproblemen zu kämpfen, so können die alten Fahrzeuge schon mal ausfallen.

Das **Telefonnetz** ist trotz Digitalisierung noch lange nicht perfekt. Wenn es nicht gleich klappt, versucht man es später nochmal.

Viele Angestellte in Hotels und Bewohner von touristischen Orten sprechen **Englisch.**

Wichtige Abkürzungen bei Adressen

esq. – esquina – Ecke
e/ – entre – zwischen
Ave. – Avenida – Hauptstraße
c/ – calle – Straße
izq. – izquierda – links
dra. – derecha – rechts
bj. – bajo – unten
apto. – apartamiento – Apartment

Preiskategorien der Hotels

In diesem Buch werden die Hotels in Preiskategorien unterteilt, dargestellt durch Ziffern. Die Preise gelten für **2 Personen** im **Doppelzimmer (DZ) in der Hochsaison.**

① bis 25 CUC
② 26–50 CUC
③ 51–100 CUC
④ ab 100 CUC

1 La Habana – Stadt und Provinz | 14

La Habana liegt in Westcuba und ist mit über zwei Millionen Einwohnern die größte Stadt der westindischen Inseln. Die Stadtteile um das alte La Habana wurden immer moderner gebaut. Im Westen erreicht man als nächsten Ort die Hafenstadt **Mariel (S. 86)** und im Osten schließen sich nach den großen Festungen und modernen Sportstätten die östlichen Strände, die **Playas del Este (S. 77),** an. In **Santa Cruz del Norte (S. 82)** wird nach Öl gebohrt und schließlich im Süden bei **San Antonio de los Baños (S. 84)** liegen alte Heilquellen.

2 Der Westen | 88

An die Provinz La Habana grenzt im Westen die Provinz Pinar del Río, einer der bergigen Teile Cubas. Die Bergwelt beginnt bei den Hügeln des Biosphärenreservats Sierra del Rosario. Publikumsmagneten sind die Gegend um **Pinar del Río (S. 98),** aus der 80 % des cubanischen Tabaks kommt und das Tal von Viñales. Die Tiefebene des Tabaks ist durch ihre pilzartigen Kalksteingebilde, die Mogotes berühmt, die aus der roten Ebene hervorragen. Ganz am Westende der Insel liegt das Naturschutzgebiet Bahía de Guanahacabibes und der Strand María la Gorda, an dem Schnorchler in geringen Tiefen faszinierende Welten entdecken können. Vor der Küste im Norden liegen die unbewohnten Inseln **Cayo Levisa (S. 115)** und **Cayo Jutías (S. 114).**

3 Zentral-Cuba | 118

Bei **Matanzas (S. 129)** wird Öl gefördert und weiter östlich gibt es endlose Zuckerrohrfelder. Der schönste Badeort Cubas, **Varadero (S. 139),** liegt 150 km von der Hauptstadt entfernt. Die Landschaft ist flach, Berge beginnen erst wieder an der Sierra Escambray bei Cienfuegos, deren höchster Gipfel etwa 1700 Meter hoch ist. Der Süden Zentral-Cubas, die Halbinsel Zapata, besteht zumeist aus Sümpfen und Mangrovendickichten, die vielen Tieren einen Unterschlupf bieten. Die **Bahía de Cochinos (S.151)** hat Strände und das Hinterland lebt vom Zitrusfruchtanbau. **Cienfuegos (S. 158)** und **Santa Clara (S. 173)** sind die nächsten größeren Städte. **Sagua La Grande (S. 176)** und **Remedíos (S. 177)** sind heute eher unwichtige Orte. Hier rastet man auf dem Weg zu den vorgelagerten Cayos Santa María mit ihren weißen Stränden. Im Süden ist **Trinidad (S. 181)** der Magnet für Reisende, die Stadt hat ihr Erscheinungsbild bis heute beibehalten. Die Provinzhauptstädte **Sancti Spíritus (S. 196), Ciego de Ávila (S. 201)** und **Camagüey (S. 207)** haben allesamt ihre eigene Tradition und koloniales Erbe. Sie eignen sich gut für einen Zwischenstopp auf dem Weg nach Osten.

4 Der Oriente | 224

Die Gegend um **Holguín (S. 226)** ist von der Landwirtschaft geprägt, dazu findet man noch Tabakfelder. Die Strände von **Guardalavaca (S. 240)** sind der Anziehungspunkt für Ruhesuchende, die Felsformationen dort lassen einige schattige Sandstrände frei. Die Provinz Granma zwischen Santiago de Cuba, Las Tunas und Holguín lebt vom Reisanbau und der Rinderzucht. Im Osten beginnt die Gebirgswelt der Sierra Maestra mit ihrem Nationalpark. In der Provinz Santiago liegt der größte Teil des Gebirgszuges Sierra Maestra. Die größte Stadt ist **Santiago de Cuba (S. 253).** Hier hat sich Industrie angesiedelt, es gibt einen großen Hafen mit einer Fischereiflotte und ein größeres Öllager. Lange konnte sich Santiago unabhängig von den kulturellen Einflüssen La Habanas entwickeln und seine eigene Lebensart und seinen Karneval praktizieren. Cubas höchster Berg, der 1900 Meter hohe Pico Turquino, liegt unweit der Stadt. Der Osten mit **Guantánamo (S. 274)** und der kleinen Stadt **Baracoa (S. 279)** ist ein ruhiges Fleckchen Erde.

5 Inseltouren | 290

Cuba ist von Korallenriffen umgeben, die schwere Wellen von der Küste fernhalten. Davor haben sich viele Inseln gebildet, die alle den Traum der Karibik-Urlauber widerspiegeln: Lange Strände mit weißem, feinen Sand, dazu Palmen, die Schatten spenden. Vor der Nordküste liegt der Archipélago de Camagüey mit seinen Inseln **Cayo Coco (S. 294)** und **Cayo Guillermo (S. 297).** Auf der karibischen Seite Cubas liegt die **Isla de la Juventud (S. 297)** und unweit davon **Cayo Largo (S. 307).** Die **Jardines de la Reina (S. 311)** liegen vom Tourismus unberührt im Südosten.

083cukh

1 La Habana – Stadt und Provinz

Die Hauptstadt Cubas ist mit ihrer Welterbestätte „La Habana Vieja“ ein Muss für alle Cubabesucher. Die Provinz La Habana besitzt im Osten zudem die Strände Playas del Este, die von den Hauptstädtern gerne besucht werden. Naturliebhaber wandern im Reservat Escaleras de Jaruco oder im Tal des Río Yumuri.

◁ Das beeindruckende Capitolio in Habana

LA HABANA – STADT DER SÄULEN

La Habana liegt im westlichen Teil Cubas und ist mit über zwei Millionen Einwohnern die größte Stadt der westindischen Inseln. Sie ist **eine der ältesten und malerischsten Städte der „Neuen Welt“.**

Übersicht

- **Vorwahl:** 07; die 7 ist im Stadtgebiet bzw. bei den entsprechenden Tel.-Nummern mitzuwählen
- **Einwohner:** über 2 Millionen

„Der Anblick Havannas von der Hafeneinfahrt aus ist einer der fröhlichsten und farbigsten von allen, die man an den Küsten des tropischen Amerikas nördlich des Äquators genießen kann.“

(Alexander von Humboldt)

Einige Jahrzehnte nach der Entdeckung Cubas durch *Kolumbus* 1492 wurde die Stadt dank ihrer guten geschützten Lage am Meer von großer Bedeutung für die spanische Krone. 1552 löste La Habana Santiago de Cuba als Hauptstadt ab. Der **Hafen** galt als einer der sichersten der Karibik; von Anfang an war er mit starken Befestigungsanlagen zum Schutz vor Seeräubern und feindlichen Engländern versehen. Da die Hafenmündung eng ist, konnte man Eindringlinge von beiden Seiten unter Feuer nehmen. Nachts wurde die Hafeneinfahrt zudem mit einer Eisenkette versperrt, die man tagsüber auf den Grund der Bucht absinken ließ.

Nach den spanischen Konquistadoren, die von La Habana aus zu ihren Eroberungszügen nach Südamerika aufbrachen und im Gegenzug ihre Beute für den Transport nach Europa lagerten, entdeckten auch sehr bald französische und englische Piraten das lohnenswerte Ziel. Das zog den Bau zahlreicher Festungsanlagen nach sich. Der wirtschaftliche Aufschwung der Stadt im 18. Jahrhundert durch Sklaven- und Zuckerhandel spiegelte sich bald im Stadtbild wider: **Paläste** und prunkvolle **Herrschaftshäuser** mit Arkaden und schönen Innenhöfen im Stil der spanischen Kolonialarchitektur wurden erbaut, Parks, Plätze und Prunkstraßen angelegt und eine Universität gegründet.

1762 eroberten die Engländer die Stadt, indem sie bei Cojímar an Land gingen und die Festung El Morro von hinten angriffen. Ein Jahr später war die Stadt wieder in der Hand der Spanier, die die Festungen verstärkten.

Mitte des 19. Jahrhunderts hatte La Habana ein Wasserleitungssystem und in den Straßen Gasbeleuchtung. Der Reichtum der Stadt wurde jedoch auf dem Rücken der hart arbeitenden Bevölkerung erwirtschaftet, was zu Revolten führte.

Nach mehrjährigen Kriegen mussten die Spanier 1898 die Insel verlassen. Deren Platz nahmen die **USA** ein, nordamerikanische Unternehmen beeinflussten zusehends die Wirtschaft des Landes. Der „american way of life“ führte in

La Habana zum Bau von Luxushotels und Bars und ließ die **Villenviertel Vedado und Miramar** entstehen. La Habana hatte 1958 über 1100 Bars und 600 Restaurants, in vielen davon wurde rund um die Uhr gefeiert. Nach dem Sieg der Revolution 1959 änderte sich das Bild, es entstanden Trabantenstädte wie Alamar.

In der **Altstadt,** Habana Vieja, finden sich zahlreiche Häuser mit verzierten Balkonen und historische Denkmäler.

Die Uferpromenade, der **Malecón,** war eine der prunkvollsten in der Kolonialzeit.

Neben der Altstadt besitzt La Habana modernere Stadtteile mit beeindruckenden öffentlichen Gebäuden, ausgedehnten Parkanlagen und Plätzen sowie breiten Alleen. **Markante Gebäude** der Stadt sind das *Capitolio,* ein weißes Kalksteingebäude, in dem die Akademie der Wissenschaften untergebracht ist, die *Capitanía* (Hafenmeisterei), der Präsidentenpalast und die Universität von La Habana. Das *Convento de Santa Clara* stammt aus dem Jahr 1644, das *Convento de San Francisco de Asís* entstand noch früher, im Jahr 1575.

Im La Habana der Gegenwart spiegeln sich alle Widersprüche des heutigen Cuba wider: die karibische Mentalität genauso wie der Versuch, eine funktionierende „Marktwirtschaft" zu praktizieren, eben alles, was die Welt der herzlichen und gleichzeitig um ihren Lebensunterhalt kämpfenden Bewohner ausmacht.

Stadtteile

Die Stadt grenzt im Norden mit der **Uferstraße Malecón** ans Meer und hat sich im Nordwesten um das Hafenbecken herumgearbeitet. Die Bucht (Bahía de La Habana) und die dazugehörigen Bereiche sind von der Nationalen Denkmalbehörde Cubas zur Schutzzone erklärt worden, um den kulturhistorischen Wert dieses Gebiets zu erhalten.

Das alte La Habana, **Habana Vieja,** liegt auf einer Art Halbinsel im Hafenbecken, im Westen geht es mit dem Boulevard Prado in den Stadtteil **Centro Habana** über. Darin befindet sich auch ein kleines chinesisches Viertel, das **Barrio Chino.**

Der große Stadtteil **Vedado** mit seinen modernen Häusern und den Ministerien, der Universität und dem großen Friedhof bildet das eigentliche Zentrum des modernen La Habana. Anfang des 20. Jahrhunderts entstand in diesem Bezirk ein riesiges Amüsierviertel. El Vedado bedeutete ursprünglich so viel wie „außerhalb der Stadtmauern", was mit der Verteidigung im Kriegsfall zu tun hatte.

NICHT VERPASSEN!

- **Altstadt von La Habana,** sie ist Weltkulturerbe – zu Recht! | 21
- **Cine-Teatro América,** hier kann man den Flair der 1930er Jahre erahnen | 43
- **Malecón im Stadtteil Vedado,** an diesem Uferboulevard schlägt das Herz der Stadt | 48

Diese Tipps erkennt man an der gelben Hinterlegung.

La Habana – Übersicht

0 2 km
© Reise Know-How 2016
Cuba 34
Santa Cruz del Norte, Matantas, Varadero
Cojímar
Celimar
Tarara
Sta. María del Mar
Boca Ciega
HABANA DEL ESTE
Alamar
GUANABACAO
Minas
Guanabo
Campo Florido
HABANA DEL ESTE
La Coca-Stausee
La Zarza-Stausee
Bacuranao-Stausee
SAN MIGUEL DEL PADRÓN
San Francisco de Paula
Cotorro
COTORRO
A N A
Managua
San José de las Lájas
El Volcán
Cienfuegos, Santa Clara

Als sich La Habana um 1900 von der europäisch bestimmten Kolonialstadt zur republikanischen Metropole entwickelte, entstanden hier erstmals Stadtvillen mit umgebenden Gärten.

Straßennamen

Wer mit dem Stadtplan in der Hand durch La Habana streift, wird bemerken, dass manche Straßen **zwei Namen** haben oder dass die Leute sie anders nennen, als auf dem Plan steht. Zum Verständnis hier ein paar dieser Doppelnamen:

Agramonte	Zulueta
Ave. de Maceo	Malecón
Ave. de la Bélgica (nord)	Egido
Ave. de la Bélgica (süd)	Monserrate
Ave. de España	Vives
Ave. de Italia	Av. Galiano
Ave. de la Independencia	Ave. de Rancho Boyeros
Ave. de las Misiones	Monserrate
Ave. Manuel de Céspedes	Ave. del Puerto
Ave. Salvádor Allende	Carlos III
Ave. Simón Bolívar	Ave. Reina
Calle 23	La Rampa
Calle Brasil	Teniente Rey
Calle G	Ave. de los Presidentes
Calzada	La Linea
Capdevila	Cárcel
Leonor Pérez	Calle Paula
Malecón	Ave. de Maceo
Máximo Gómez	Monte
Padre Varela	Belascoain
Paseo Martí	Paseo del Prado
San Martín	San José
San Juan de Dios	Progreso

Im Süden grenzt der für Touristen wenig interessante Stadtteil **Cerro** an. Weiter im Süden, in den Stadtteilen **Boyeros** und Wajay, befinden sich das Erholungsgebiet Park Lenin, die ExpoCuba und der internationale **Flughafen José Martí.** Südöstlich folgen die großen Gebiete von **Arroyo Naranjo** und **Cotorro.**

Folgt man dem Malecón weiter nach Westen, gelangt man durch einen Tunnel unter dem Río Almendares hindurch nach **Miramar.** Südlich von diesem Villenvorort liegen **Marianao** und **La Lisa,** eher ruhige Stadtteile. Auch der Stadtteil **Buenavista,** bekannt aus dem Musikfilm von *Wim Wenders,* liegt südlich von Miramar, der dortige *Social Club* existiert jedoch schon lange nicht mehr.

Im Osten, auf der anderen Seite des Hafens, liegt **Casablanca,** wo sich zwei mächtige Festungen befinden. Der Ortsteil, der südöstlich folgt, heißt **Regla.** Von hier durch das anschließende **Guanabacao** gelangt man um das Hafenbecken herum über Jacomino, San Miguel und Diez de Octubre wieder nach Habana Vieja. Östlich des Hafens am Meer liegen die **Strände** von **Habana del Este.** Die berühmtesten Orte hier sind der Hafen **Cojímars** und das große Dorf **Guanabo.**

In Centro Habana

cu015-2016 kh

Restaurierung

Das Stadtviertel im historischen Zentrum von La Habana wurde 1982 zum **Weltkulturerbe** erklärt. Die ältesten Häuser stammen aus dem 17. Jh. Doch abseits der mit UNESCO-Geldern restaurierten Straßen verfallen viele Häuser. Die Stadtverwaltung unterstützt ein Projekt, das den Bewohnern ermöglicht, ihren Stadtteil selbst zu sanieren.

Die **Oficina del Historiador** besteht aus Architekten, Konstrukteuren und Handwerkern. Werkstätten wurden geschaffen, die Stadt stellt subventioniertes Baumaterial bereit. 350 Familien beteiligten sich an der Erneuerung ihrer Häuser. Die Hälfte der Häuser in San Isidro, die aus dem 18. und 19. Jh. stammen, müssen vor dem Verfall gerettet werden. 60 % der über 4000 km langen Wasserleitungen sind überaltert, in den letzten Jahren hatte man häufig Rohrbrüche.

Oft fehlt das Geld zur Instandhaltung der alten Gebäude, und unter dem Einfluss von Seeluft und tropischen Wirbelstürmen verwittern viele architektonische Zeugnisse der Kolonialzeit. Verstärkt wird diese Tendenz noch durch die Wirtschaftskrise der letzten Jahre, die alle finanziellen Mittel dem Ziel der Ernährung der Bevölkerung unterordnet. Doch mittlerweile wurde die Erhaltung der Gebäude zur Staatsangelegenheit erklärt.

Eusebio Leal Spengler, der Stadthistoriker, leitet wie ein Diktator die Sanierung der Altstadt. Das Geld zum Wiederaufbau beschaffte er sich durch die Gründung der Firma *Habaguanex*, die aus touristischen Einnahmen finanziert wird. Dass er und seine unermüdlichen Handwerker Erfolg haben, kann man an jeder Ecke der Altstadt sehen. Die ersten Objekte waren das Hotel *Valencia* sowie die Restaurants *La Mina, Mesón de la Flota, Casa Árabe* und *El Patio*. Vor der Restaurierung wurde das Hotel *Telégrafo* zeitweise vom Zirkus als Raubtierkäfig genutzt.

Mit einer deutschen Firma wurde ein **„Lichtplan“** ausgearbeitet, nach dessen Umsetzung die Altstadt abends effektvoll beleuchtet ist, um „den Anreiz zu Aktivitäten auch in den nächtlichen Stunden zu geben“.

In den folgenden Kapiteln werden auch alle **Luxusherbergen** genannt, sie sind in der Regel prächtige Altbauten, die schon wegen ihrer Architektur sehenswert sind. Außerdem findet der Reisende hier meist Wechselstuben, Infos aller Art und Beistand bei Problemen.

Ende Februar feiert die Stadt **Karneval,** und alle zwei Jahre tobt das **Internationale Jazz-Festival** vor Weihnachten durch die Straßen von La Habana. Im Dezember bietet das **Festival del Nuevo Cine Latinoamérica** eine Bühne für spanischsprachige Filmproduktionen.

Habana Vieja – die Altstadt

Habana Vieja ist das **alte Herz** La Habanas. Hier kann man stundenlang durch die Gassen streifen und den Verfall und die perfekte Restaurierung gleichermaßen staunend in Augenschein nehmen. Sie reicht von der Uferstraße Avenida del Puerto am Hafenkanal bis zur Avenida de Bélgica mit dem Hauptbahnhof, vorbei am Capitólio bis etwa zum Paseo del Prado (Paseo Martí). Die Straßen Obraphia und Obispo sind schon seit jeher die **Einkaufsmeilen** der Cubaner gewesen. Zur Unabhängigkeit 1902 schmückten prächtige Triumphbögen die Eingänge der schmalen Straßen.

Impressionen aus der Altstadt

084CU KH

Wer in der Altstadt wohnt und zwischen seinen Spaziergängen ein wenig Ruhe sucht, dem bleiben nur die Hotels, von denen manche **Dachterrassen** haben, auf denen man etwas vom Trubel abgeschirmt ist. Ansonsten gibt es **Parkanlagen** und kleine Parks auf ehemaligen Ruinengrundstücken, etwa den Parque Humboldt an der Oficios Ecke Muralla oder die kleinen schattigen Stellen an der Mercaderes Ecke Lamparilla oder Obrapia. Am ehemaligen Flohmarkt Parque Luz Caballero und Anfíteatro ist es schattig und Bänke laden zum Verweilen ein, oder man versucht es im Parque Ecológico in der Mercaderes Ecke Empedrado y O'Reilly. Wer weiter weg will, fährt mit der Hafenfähre nach Casablanca.

Sehenswertes

Castillo San Salvador de la Punta

König *Philipp II.* ließ die **Festung** 1582 mit zweieinhalb Meter dicken Mauern erbauen. Von hier zog man abends um 21 Uhr die Eisenkette, die durch die Bucht zur Festung El Morro gespannt war, vom Grund des Meeres hoch – damit war der Hafen geschlossen. Dieser Umstand wurde mit einem Kanonenschuss angezeigt. Geschossen wird heute noch, obwohl die Kette längst zerfallen ist und eine Schließung des Hafens nicht mehr erfolgt. Gegenüber der Festung steht das Denkmal des Helden der Freiheitskämpfe gegen die Spanier *Máximo Gómez* (am Ende des Prado).

Nach dem **Gómez-Denkmal,** bei dem auch die Einfahrt zum Tunnel nach Casablanca liegt, schließt sich der **Parque**

Anfíteatro, auch **Parque Céspedes** genannt, an. Die südliche Begrenzung bildet der **Tacón;** an ihm liegt das Kaufhaus für Touristen, der *Palacio de Artesanía.*

Ein Stück weiter, südlich des anschließenden **Parque Luz Caballero,** stehen noch Reste der Befestigungsanlagen *(Cortinua de Valdés)* der Stadt. Dahinter erheben sich die Mauern des **Jesuitenklosters Colegio de San Carlos y San Ambrosio.** An der anschließenden Ecke vom Tacón zur Calle Empedrado liegen einige Touristencafés, Taxistände etc. Nun sieht man schon ein Wahrzeichen der Stadt auf dem Turm der Festung.

El Castillo de la Real Fuerza

Der älteste **Festungsbau** der Stadt entstand zwischen 1565 und 1583. Der Vorgänger wurde 1555 von dem französischen Piraten *de Sores* zerstört. Man baute die Festung 300 m südöstlich wieder auf; hier lag das Hauptquartier des spanischen Kolonialgouverneurs.

Einen der Türme krönt eine Wetterfahne. Die Legende besagt, dass auf dem Turm *Doña Isabel de Bobadilla,* die Frau des Gouverneurs *Hernando de Soto,* täglich aufs Meer hinausblickte, denn der Gatte war zu neuen Abenteuern aufgebrochen. Nach der Kunde von seinem Tod soll *Doña Isabel* vor Gram gestorben sein. Später hat man eine zwei Meter hohe **Bronzestatue** auf dem Turm installiert. In der linken Hand hält sie das Kreuz von Calatrava, dem Orden des Auftraggebers von 1631. **La Giraldilla** ist zu einem Wahrzeichen von La Habana geworden. 1762 wurde die Figur Kriegsbeute der Engländer, die sie später jedoch wieder herausgaben. Nachdem ein Hurrikan sie 1926 herunterriss, hat man sie sicherheitshalber im Eingang untergebracht und auf dem Turm eine Kopie montiert. Ihr Abbild ziert u.a. das Havana-Club-Etikett.

Das Gebäude wurde nach dem Abzug der Spanier als Kaserne und Archiv genutzt. Die Mauern der quadratischen Festung sind sechs Meter dick. Sie stand ursprünglich direkt am Wasser, nachdem man den Malecón davor baute, blieb nur der Wassergraben übrig. In das Gebäude gelangt man über eine Zugbrücke. Darüber prangt ein steinernes Wap-

085cu kh

pen, das 1579 in Spanien gefertigt wurde. Die Turmglocke läutete bei Feuer, Unwettern und Piratenangriffen. Die Festung beherbergt heute das **Schiffsmuseum.** Ein schattiger Platz schließt an die Festung an.

Rund um die Plaza de Armas

Bereits in der ersten Hälfte des 16. Jh. wurde die Plaza de Armas als Hauptplatz angelegt, zuerst freilich zum Exerzieren. Heute sind der Platz und die umliegenden Gebäude weitgehend restauriert und fast wieder in den ursprünglichen Zustand versetzt. Im Mittelpunkt befindet sich eine palmengesäumte Statue; der spanische König *Ferdinand VII.* musste 1957 *Céspedes* weichen und ins Stadtmuseum umziehen. An der Ostseite befindet sich **El Templete,** die 1827 entstandene Nachbildung eines dorischen Tempels, der an die Stadtgründung erinnern

José Martí

„Die Menschen sind wie Gestirne, einige geben Licht ab und andere leuchten mit dem, was sie bekommen."

Das cubanische Selbstverständnis beruht wesentlich auf den Gedanken des Volkshelden *José Martí.* Seine Prosa gilt als eine der brillantesten in spanischer Sprache. Er wurde 1853 in La Habana geboren. Schon als Jugendlicher agitierte er gegen die spanische Kolonialherrschaft. Er gehört zu den Aufständischen im Zehnjährigen Krieg. 1870 verurteilt man ihn deshalb zu sieben Jahren Zwangsarbeit in den Kalksteinbrüchen. Dadurch leidet seine Gesundheit und ein Jahr später wird er wegen Arbeitsunfähigkeit nach Spanien ausgewiesen. In Madrid studiert er Philosophie und Jura und nach den Abschlüssen 1874 geht er nach Mexiko. 1878 kehrt er nach Cuba zurück. Neben der politischen Arbeit ist er ein begnadeter Schriftsteller, schreibt Poesie und Theaterstücke. Bei der Aufführung eines seiner Stücke lernt er schließlich *Carmen Zaya Bazán* kennen und heiratet sie.

Wegen seiner Kritik am System wird er erneut des Landes verwiesen, geht zuerst nach Spanien und danach in die USA. Hier wird er zum Führer der cubanischen Unabhängigkeitsbewegung. Schon früh erkennt *Martí* die Interessen der USA an einer Einverleibung Cubas und gründet 1892 mit cubanischen Tabakarbeitern in Florida die **Cubanische Revolutionäre Partei** *(Partido revolucionario cubano). Martí* vertritt das Konzept einer unabhängigen Nation Cuba, inmitten eines freien und unabhängigen Lateinamerika.

1895 kehrt er mit den Kämpfern von General *Maceo* nach Cuba zurück. Der deutsche Frachter *Nordstern* hatte die Revolutionäre gegen eine hohe Summe an der cubanischen Küste abgesetzt. Der Unabhängigkeitskrieg gegen Spanien beginnt ein zweites Mal. In den ersten Tagen des Kampfes, am 19. Mai 1895, in Los Rios in der Provinz Bayamo, stirbt *José Martí.* Seine Stärke war eher die Theorie der Verse als der Kampf, sagt man. *José Martí* ist auch heute allgegenwärtig auf Cuba. Die Büste des Dichters ziert jedes Schulgebäude, und auch der 1-Peso-Schein ist seinem Andenken gewidmet. Sein Geburtshaus in La Habana ist heute ein Museum.

soll. Er beherbergt Gemälde des französischen Malers *Vermay*, der 1818 die Malakademie San Alejandro gründete. Der Sockel in der Mitte trägt die Urnen des Künstlers und seiner Frau, davor steht seit 1959 ein Ceibabaum.

Am nördlichen Ende des Platzes steht der **Palacio del Segundo Cabo** – die ehemalige Residenz des spanischen Militärgouverneurs von 1772 bis 1776, später Postamt und heute Sitz des Kultusministers. Der Innenhof des Gebäudes ist sehenswert.

Palacio del Conde de Santovenia

Er steht auf der Ostseite des Platzes. Anlässlich der Krönung von *Isabel II.* von Spanien im September 1833 veranstaltete der damalige Besitzer für die ganze Stadt ein Fest und ließ die Fassade des Hauses nach dem Vorbild der Pariser Tuilerien umbauen. Auf dem Fest stieg ein Heißluftballon mit einer Glückwunschbotschaft vom Dach seines Hauses auf. Er starb 1865, sein Nachfolger wurde vertrieben und das Haus an Amerikaner verkauft, die eine Herberge daraus machten. Später diente es als Warenhaus. Heute beherbergt der Palast das teure **Hotel Santa Isabel.**

Palacio de los Capitanes Generales

Einer der schönsten Barockbauten La Habanas wurde 1776–86 an der Westseite der Plaza de Armas auf dem Terrain einer Kirche als Gebäude für die Stadtverwaltung errichtet. Von 1790 bis 1898 lebten hier die spanischen Generalkapitäne, ein militärischer Rang, dem eines Gouverneurs gleich. Danach war das Gebäude der Präsidentenpalast und 1917 wurde es zum städtischen Rathaus. Heute beherbergt es das **Museo de la Ciudad,** das höchst empfehlenswerte historische Museum in den Räumen des Gouverneurs (3 CUC).

Das Marmorportal mit den korinthischen Säulen wurde 1824 von einem italienischen Bildhauer hinzugefügt. Der Innenhof mit seinen Arkaden und Balkonen ist ein Beispiel für die frühe Barockbauweise. Im Hof stehen ein Yagruma-Baum und zwei Königspalmen. Eine Grabplatte erinnert an den Unfalltod von *María de Cepero,* der Frau des damaligen Stadtkommandeurs, die an dieser Stelle im Jahr 1557 aus Versehen erstochen wurde.

Das **Pflaster** vor dem Haus ist bemerkenswert. Es ist nämlich nicht aus Stein, sondern aus Holz. Damit das Poltern der eisenbeschlagenen Kutschenräder nicht seinen Schlaf störte, ließ der Bürgermeister im 17. Jh. dieses schallschluckende Pflaster verlegen. Heute ist dieser Bereich zur Sicherheit mit Ketten abgesperrt. Man erkennt kaum den Unterschied zwischen Stein und Holz.

El Templete

Der **klassizistische Tempel** steht am Nordende der Plaza de Armas. Hier fand angeblich die Gründung der Stadt unter einem großen Ceibabaum statt. Später baute man zur Erinnerung den kleinen Tempel. In seinem Inneren finden sich drei riesige Gemälde des bereits weiter oben erwähnten Malers *Vermay.* Zu sehen sind „Velázques vor der Ceiba", „Die erste Messe im Freien" sowie „Die Rei-

Plaza de la Catedral und Umgebung
0 40 m
Cuba 03
Fußgängerzone
Parque Céspedes
(Parque Anfíteatro)
Parque
Luz Caballero
Avenida Carlos M. de Céspedes
Chacón
Cuba Tacón
(Kunstmarkt)
Av. del Puerto
San Ignacio
Tejadillo
Catedral de San Cristobal
Empedrado
Wandbild
Castillo de la Real Fuerza, Schiffsmuseum
La Giraldilla
Centro Wilfredo Lam
Casa de Conde de Lombillo
Palacio de los Marqueses de Aguas Claras
Plaza de la Catedral
Palacio del Marqués de Arcos
Palacio del Segundo Cabo
El Templete
Plaza de Armas
Barillo
Denkmal Carlos Manuel de Céspedes
Palacio del Conde de Santovenia
Mercaderes
Callejón de los Peluqueros (Fußgängerzone)
Callejón del Chorro
Palacio del Conde de Casa Bayona (Kolonialmuseum)
Palacio de los Capitanes Generales (Museo de la Ciudad)
Museo Nacional de Historia Natural
O'Reilly
Kloster San Gerónimo
Brunnen
Justicia
Casa del Infusiones
Automuseum
Marqueta de Ciudad
Galería los Oficios
Casa de los Árabes
Obispo
CADECA
Cuba
Denkmal Simón Bolívar
Casa de África
Obrapía
Aguiar
Museo Simón Bolívar
Lamparilla
Amargura
1 2 3 4 5 6 7 8 9 10 11 12 13 14 15 16 17 18 19 20 21 22 23 24 25 26 27 28 29 30 31 32 33 34 35 36 37 38 39 40

Unterkunft
2 Hotel del Tejadillo
13 Hotel Florida
14 Hotel Marqués de Prado Ameno
18 Hotel Ambos Mundos
23 Hotel Santa Isabel
27 Hostal Valencia
28 Hostal El Comendador
30 Hotel Conde de Villanueva
38 Hotel Marqués de San Felipe y Santiago de Bejucal
39 Hotel Mesón de la Flota

Essen und Trinken
3 La Torre de Oro
4 La Moneda Cubana
5 Rest. Don Giovanni
7 Rest. La Domenica
8 La Bodeguita del Medio
9 Paladar Doña Eutimia
10 Bar El Bosquecito
11 Café O'Reilly
12 Café de Paris
15 Café Europa
17 Café St. Domingo, Panadería San Jose
20 Restaurant La Mina
21 Restaurant Al Medina
24 Casa del Rón
25 Casa del Café
26 Bodegón Onda
29 Café Torrelavega
32 Paladar Los Mercaderes
33 Rest. La Imprenta
34 Jardin del Oriente
35 Café del Oriente
36 Museo del Chocolate
40 La Taberna del Pescador

Nachtleben
6 El Morro
12 Café de Paris
13 Hotel Florida
16 Casa de la Cultura
19 Bar Columnata Egipciana, Casa de las Infusiones
22 El Caserón del Tango

Einkaufen
1 Kunstmarkt
31 Habana 1791
37 Kunstmarkt

chen, die Priester und die Soldaten bei der Gründung der Stadt". Als die Ceiba später einging, stellte man an ihrer Stelle eine Säule auf. Auf dem Zaun um den Tempel stecken bronzene Ananas (Eintritt mit Erklärung 2 CUC).

Rund um die Plaza de la Catedral

Wenn man die Plaza de Armas im Westen in die Calle O'Reilly läuft und dann in die San Ignacio nach Norden einbiegt, kommt man durch die dichter werdende Menschenmasse zu einer weiteren touristischen Sehenswürdigkeit: Auf der Plaza de la Catedral herrscht ein buntes Treiben. Die angrenzenden Gebäude aus dem 18. Jh. verdienen einen Besuch. In den letzten Jahren wurden sie gründlich restauriert, allerdings auch im Stil ein wenig angeglichen und geschönt.

1587 ließ der Gouverneur *Luján* den Sumpf an dieser Stelle zu einer **Zisterne** umbauen, um Schiffe mit Trinkwasser zu versorgen. Später zog man einen Graben vom Río Almendares zur Calle San Ignacio. Eine Tafel an der Ecke Callejón del Chorro und San Ignacio erinnert an diese erste Wasserleitung. 1620 wurde der Sumpf trockengelegt, es entstand die Plaza de Ciénaga. Auf der Zisterne errichtete man im 19. Jh. ein **Badehaus.**

Die zu Beginn des 18. Jh. auf dem Platz erbaute Kirche wurde nach einigen Streitigkeiten 1789 zur **Kathedrale** geweiht. Der 35 x 35 m große Bau besitzt eine barocke Korallenkalkfassade und zwei asymmetrische Türme. *Alejo Carpentier* nannte sie „eine steingewordene Musik". Der östliche, größere Glockenturm ermöglicht einen Rundblick über die Stadt. In der Kathedrale wurden lan-

088cu kh

ge Zeit die sterblichen Überreste von *Christoph Kolumbus* aufbewahrt, als die Spanier seine erste Ruhestätte, Santo Domingo, 1795 den Franzosen überlassen mussten. 1790 gab es zwei kirchliche Verwaltungsbezirke auf Cuba: Im Osten herrschte der Bischof von Santiago, während West-Cuba dem Bistum La Habana unterstand. Die große Glocke „San Pedro" im rechten Turm stammt aus Spanien und ist sieben Tonnen schwer. „San Miguel", die kleinere, wurde in Matanzas gegossen (Aufstieg 1 CUC).

Das interessante **Museo de Arte Colonial** befindet sich im **Palacio del Conde de Casa Bayona.** Das zweistöckige Gebäude von 1720 liegt auf der Südseite des Kathedralenplatzes und ist ein typisches Haus für La Habana. Es wurde für den Gouverneur *Louis Chacón* erbaut und lediglich dem Adeligen *Bayona* gewidmet. Hier kann man die alte Einrichtung und eine sehenswerte Sammlung von Haustüren mit Buntglasfenstern *(rejas)* und *aldabones,* Türklopfern, bewundern. Außerdem gibt es eine Kutsche des ehemaligen Herren zu sehen. Geöffnet 10–18 Uhr, 4 CUC.

Der **Palacio de los Marqueses de Aguas Claras,** seit 1963 besser bekannt als Restaurant *El Patio,* liegt an der Ostseite des Platzes. Die schöne Stimmung auf dem Platz zieht viele Gäste an, die bei einer Erfrischung den Musikern des Hauses lauschen. Im Inneren kann man unter freiem Himmel im üppig begrünten Patio speisen. Unübertroffen zum Ausruhen ist der schmale Balkon im 2. Stock. Unter dem linken, etwas zurückspringenden Haus von *Sebastian*

⌃ Palacio del Marqués de Arcos und Kolonialmuseum

Peñalver befand sich ursprünglich die Zisterne, auf der im 19. Jh. das Badehaus errichtet wurde. 1931 wurde die neobarocke Fassade ergänzt.

An der Nordseite des Platzes liegt die **Casa de Conde de Lombillo,** die 175 Jahre der Familie *de los Pedrosos* gehörte. Die Besitzerin heiratete den Bruder des *Conde de Lombillo* und benannte das Haus auf den besseren Namen um. Daran schließt sich der **Palacio del Marqués de Arcos** an, 1741 für den Schatzmeister der Krone, *Diego Peñalver Angulo,* gebaut. Er ließ einen Teil der Gasse del Chorro für sein Haus abreißen. In der Hauswand prangt der löwenköpfige Briefeinwurf, der heute noch benutzt werden kann.

In der Parallelstraße, der Mercaderes, verdient das riesige **Wandbild** *(Muralla)* Beachtung, das am letzten Haus vor der Empedrado angebracht ist. Hier hat man alle früheren **Persönlichkeiten La Habanas** verewigt. Das Interessante daran ist die Technik: Die Bilder sind nicht aufgemalt, sondern aus mehrfarbigem feinen Kies gemacht. Es gibt eigens ein Stück zum Anfassen neben der Plakette mit den Namen der Handwerker.

Centro Wilfredo Lam

Das Museum des berühmten Malers liegt zwei Straßen weiter. Gezeigt wird **cubanische Kunst der Gegenwart.** Außerdem gibt es einen Saal mit Werken von *Lam;* die meisten hängen in der Nationalgalerie. 1840 wurde das Haus umgebaut und mit drei Ebenen in einen Palast umgewandelt. Montags geschlossen. San Ignacio 22, esq. Empedrado, Tel. 866 8477, www.wlam.cult.cu.

Callejón de los Peluqueros

Geht man die Calle Aguiar in Richtung Túnel de Bahia, stößt man ab der Ecke Pena Pobre auf eine kleine **Fußgängerzone,** wo buntes Treiben herrscht: Die **„Gasse der Friseure“** geht auf die Initiative von *Gilberto Valladares* zurück und will Jugendlichen eine berufliche Perspektive bieten. *Valladares* ging zum Stadthistoriker und bat um eine Gasse, in der er seine Schule der Friseure einrichten konnte. Er bekam das Nordende der Calle Aguiar und nannte seinen Laden *Artecorte,* die „Kunst des Abschneidens“. Einen Mottospielplatz „Friseure“ richtete er gegenüber der Kirche Angel Custodio ein. In der Gasse gibt es neben den Friseuren einige Lokale, die für das leibliche Wohl sorgen.

Marqueta de Ciudad

Auf etwa 100 m² verteilt sich ein originalgetreues **Holzmodell der Stadt.** Dunkelbraun sind die Gebäude gebeizt, die vor dem 20. Jahrhundert entstanden, hellbraun die bis zur Revolution erbauten. Die nach der Revolution errichteten sind beige und die geplanten weiß. Di–Sa 10–18 Uhr, 3 CUC. Calle Mercaderes 116/118, Tel. 612876.

Zwischen der Kathedrale und der Plaza de San Francisco kann man u.a. Folgendes sehen:

Kloster San Gerónimo

Der gesamte Block zwischen den Straßen O'Reilly/Obispo und Mercaderes/

San Ignacio gehörte früher zum Kloster San Gerónimo. In den 1960er Jahren hat man hier einen modernen, vierstöckigen Bürokomplex mit Glasfassade und Autogarage hingepflanzt. Der passt so gar nicht zur Altstadt. Deswegen wurden Teile des Gebäudes mit Sandstein verkleidet und ein pseudoantiker Glockenturm in der O'Reilly davorgeklebt. Ein preiswerter Versuch, Bausünden zu revidieren.

Casa de África

Hier findet man die größte **afrocubanische Ausstellung** in La Habana, ursprünglich aus der Sammlung des Ethnografen *Fernando Ortíz*. Es gibt eine Abteilung, in der man sich die **Oríshas,** die Götter der Santería, und ihre Symbole erklären lassen kann (dies allerdings nur auf Spanisch). Di–Sa 14.30–18.30 Uhr, So 9–13 Uhr, Calle Obrapía 157 e/San Ignacio y Mercaderes.

Wer durch die Calle Obispo schlendert, hat die **Fußgängerzone mit vielen Geschäften** vor sich.

Die Calle de los Oficios führt von der Plaza de Armas zur Plaza de San Francisco. Sie war früher die Gasse der Schreiber, hier liegen heute einige Unterkünfte und Lokale. Im ehemaligen Colegio de San Ambrosio ist heute die **arabische Kultur** angesiedelt: Im Restaurant *Al Medina* kann arabisch gespeist werden und die **Casa de los Árabes** zeigt wechselnde Ausstellungen. Schräg gegenüber im Eckhaus zur Calle Justiz gibt es ein kleines **Auto-Museum.**

In der Mercaderes 160 ist das **Museum Simón Bolívar** untergebracht, in dem venezolanische Kunst zu sehen ist. Der Laden gegenüber, der wie ein Waffengeschäft aussieht, zeigt die Bleispritzen, die dem Staatschef geschenkt wurden (Eintritt frei).

Mein Tipp: Gegenüber liegt der Parfümladen **Habana 1791,** der innen den Eindruck vermittelt, als stamme er tatsächlich aus dieser Zeit. Er verkauft immer noch Duftwasser, das in unterschiedliche Fläschchen abgefüllt werden kann.

Museo Carlos J. Finlay

Der Arzt und Wissenschaftler entdeckte hier im Jahre 1881, dass sich das Gelbfieber durch Mücken überträgt. Große **medizinische Bibliothek,** Calle Cuba 460 e/Teniente Rey y Amargura.

Farmacia Habanera

1886 war es die zweitgrößte Apotheke der Welt, vom Katalanen *Sarrá* eröffnet. Auch heute ist der eindrucksvolle Laden noch in Betrieb und gleichzeitig ein Museum. Es gibt die Apotheke selbst zu sehen, mit den gotischen Möbeln und einer Sammlung alter Gefäße. Im angrenzenden Raum sind medizinische Geräte und alte Rezeptbücher ausgestellt, im dritten Raum ist der Verkauf. In den angrenzenden Häusern liegen weitere dazugehörige sehenswerte Geschäfte. Eintritt frei, Spende gern. Teniente Rey e/ Habana y Compostela.

Zollabfertigungsgebäude

Das lang gestreckte Gebäude Amagura Ecke Plaza San Francisco, das wie ein Bahnhof aussieht, wurde Anfang des

20. Jh. von den Amerikanern *Barclay, Parsen* und *Klapp* im Stil der neuen Moderne **als ganzer Straßenblock errichtet.** Es hat einen Arkadengang über seine ganze Breite. Das Gebäude wirkt etwas unproportioniert.

Man hat nun begonnen, Teile des Gebäudes im Hinblick auf die erwarteten Kreuzfahrtgäste zu **renovieren.** Neben dem Block ist ein moderner Terminal in Planung, der durch Stege auch als Yachtanleger benutzt werden soll. Auf dem Mittelstreifen der **Avenida del Puerto** wurden große Palmen angepflanzt, und auch der Rest der Straße wird wohl in naher Zukunft renoviert.

Das einfache **Lokal Los Marinos** an der Avenida del Puerto, esq. Justicia (geöffnet ab 10 Uhr) sieht von Weitem wie ein Schiff aus und gibt sich auch im Inneren maritim, es ist allerdings aus Beton und fest mit der Mole verbunden. Das „Oberdeck" wird als Terrasse genutzt. Die Sandwiches sind preiswert, das Bier ebenso, im Restaurantbereich gibt es die üblichen Gerichte.

Plaza de San Francisco de Asís

Dieser Platz ist eine der elegantesten Ecken des alten La Habana. Auffallend ist die kleine Kirche aus dem 16. Jh., die im 18. Jh. mit neuen Stilelementen versehen wurde.

Das große Gebäude mit der Renaissance-Fassade ist die **Lonja del Comercio.** Die Handelsbörse wurde 1909 vom amerikanischen Architekten *Thomas Moore* gebaut. Heute sind ausländische Firmenvertretungen und ein Café darin. Das Gebäude wird von einer Terracotta-Kuppel gekrönt, auf der ein geflügelter Götterbote steht, im Erdgeschoss gibt es auch ein Café.

In den umliegenden Häusern finden sich die Filialen internationaler Modeläden, ein vegetarisches Restaurant und der Löwenbrunnen aus italienischem Marmor. Er diente früher der Trinkwasserversorgung von Schiffen. Hier stehen meist **Pferdekutschen** für eine Tour durch die Altstadt. Ursprünglich fand hier der Wochenmarkt statt, bis er auf Betreiben der Franziskaner zur Plaza Vieja verlegt wurde, weil die Marktschreier den Gottesdienst empfindlich störten.

Convento de San Francisco de Asís

1570 vermachte ein reicher Habanero den Franziskanern sein Vermögen für ein **Kloster,** das 1608 fertig gestellt wurde. Von einem Brand zerstört, wurde es 1737 wiedererrichtet. Der dreistöckige Turm war von Posten besetzt, die vor Piratenüberfällen warnen sollten. Außerdem war er eine Art Seezeichen für die einfahrenden Schiffe. Heute ist das Franziskanerkloster nach den Sonntagsgottesdiensten zu besichtigen und beherbergt u.a. eine Musikschule. Es lohnt sich, auf den **Turm** zu steigen und die Rundumsicht zu genießen. 1 CUC.

Vor dem Kloster „geht" das Denkmal für den **Caballero de París,** der auf Initiative *Eusebio Leals* im Kloster zur letzten Ruhe gebettet wurde. Der Galicier *Juan Manuel López Lledín* war in den 1920er Jahren wegen eines vermeintlichen Juwelendiebstahls verurteilt und im Gefängnis wahnsinnig geworden. Nach seiner Entlassung durchstreifte er langhaarig mit Bart im Rittergewand die

149cu kh

Stadt und hielt Einzug in deren Legenden und Geschichten. Er starb 1985 im psychiatrischen Krankenhaus.

Plaza Vieja

Die Plaza Vieja ist ein Platz aus dem 18. Jh., der 1996 mit Hilfe der UNESCO und *Habaguanex,* des staatlichen Restaurationsunternehmens, wiederhergestellt worden ist. Vor der Revolution befand sich darunter eine Beton-Tiefgarage, die den gesamten Platz zwei Meter höher brachte. *Habaguanex* ließ sie abreißen, zuschütten und wieder pflastern. Außerdem wurde eine Replika des schönen Brunnens in der Mitte aufgestellt.

Rund um die Plaza Vieja sind mittlerweile alle Häuser renoviert: An der Südseite die **Casa de los Condes de Jaruco,** dieses prachtvolle Haus mit seinen besonderen Fenstern wurde in der Mitte des 18. Jh. an der Ecke der Muralla und San Ignacio gebaut. Heute beherbergt es Andenkenläden. Das große Haus Muralla esq. Mercaderes ist der **Palacio Cueto,** 1906 im Jugendstil erbaut (später war es das *Vienna Hotel*).

An der Westseite liegt die **Casa der Schwestern Cárdenas,** in der eine Galerie untergebracht ist.

In der San Ignacio Ecke Muralla hat die österreichische Salm-Brauerei eine Bierbrauanlage installiert und verkauft helles und dunkles Bier in Halbliterkrügen, für mehrere Gäste auch in gekühl-

⌃ Plaza Vieja

ten Dreiliter-Glaszylindern. Das Lokal heißt **Factoria Plaza Vieja.**

Die **Fototeca de Cuba** an der Ostseite war der Stadtpalast von *Juan Rico de Mata.* An der Mercaderes esq. Brasil, liegt die Cámara Oscura. Nach einem Entwurf, der auf *Leonardo da Vinci* zurückgeht, baute die englische *Siden Optical Company* auf dem Dach des Hauses einen Raum, der ein Live-Panorama der Stadt in 35 Metern Höhe auf einen Tisch projiziert, eine von weltweit 54 solcher Anlagen. Geöffnet 9–17 Uhr, 2 CUC.

Schließlich bleibt noch die Nordseite mit dem *Café Taberna* und dem neuen *Aparthotel Santo Ángel.*

Läuft man die Uferstraße San Pedro weiter nach Süden, gibt es noch einige Sehenswürdigkeiten, z.B.:

Rummuseum

Im gelb getünchten Haus der *Covarrubias* von 1772 befindet sich das Rummuseum. Es gibt **deutschsprachige Führungen.** Anhand eines großen Modells wird der gesamte Produktionsprozess erläutert. Im Herrenhaus kann man 30 Sorten Rum kaufen von 3,70 CUC bis 60 CUC und allerlei Tand. Das Museum ist geöffnet 10–16 Uhr, www.havanaclub.com, Tel. 8624108, Ave. San Pedro 262 (Ave. Del Puerto), esq. Calle Sol, 7 CUC. Der Laden ist geöffnet 9.30–17.30 Uhr.

Als nächste folgt die Bar *Dos Hermanos,* die von *Ernest Hemingway* regelmäßig besucht wurde, heute werden Touristen angelockt. Daneben steht die **Russisch-Orthodoxe Kirche des heiligen Nikolaus von Myra** im Park hinter dem Konvent von San Francisco.

Eine Ecke weiter, am Ende der Santa Clara, befindet sich die **Muelle de Luz,** die Anlegestelle der Hafenfähre nach Regla und Casablanca, (s.a. „Casablanca") gegenüber renovierte *Habaguanex* das herrliche Hotel *Santander.*

Convento de Santa Clara

Der Convento de Santa Clara aus dem 17. Jh. verfügt über einen bemerkenswerten, restaurierten Innenhof. Die Zellen der Nonnen und der kleine Friedhof können Mo–Fr besichtigt werden. Calle de Cuba 610.

Wandert man die Calle Cuba nach Süden, kommt man an drei unterschiedlichen Kirchen vorbei:

Iglesia del Espíritu Santo

Die **älteste Kirche der Stadt** wurde im Jahr 1638 von Sklaven gegründet. Calle Acosta e/Cuba y Damas.

Iglesia de Nuestra Señora de la Merced

Die 1746 erbaute Kirche wurde aufwendig renoviert und besticht so mit einer neuen Außenfassade sowie einer üppigen Innengestaltung. Hier haben die Reichen der Stadt ausgiebig gespendet. Die Mutter Gottes auf der Mondsichel wird von den afrikanisch-stämmigen Cubanern auch als Göttin *Obbatalá* erkannt. Merced, esq. Cuba.

Wo die Calle Cuba auf die Uferstraße stößt, steht die Ruine der **Iglesia de Pau-**

la, die durch Bürgerproteste vor dem Abbruch gerettet wurde. Wer die Leonor Pérez nach Westen entlang läuft, erreicht das Gebiet des Hauptbahnhofes und den **Kunstmarkt** in den Hafenhallen.

Museo Casa Natal de José Martí

Das bescheidene **Geburtshaus** des großen cubanischen Dichters und Volkshelden wurde zum Museum umgebaut. Es zeigt persönliche Gegenstände, Fotos und Dokumente. Das Haus von 1810 wurde von der Familie *Martí* von 1852 bis 1857 bewohnt. Gegenüber dem Hauptbahnhof, in der Leonor Pérez 314, e/Picota y Egido.

Praktische Tipps

Unterkunft

Die Hotels in den alten Gemäuern der Stadt wurden von **Habaguanex** restauriert; ganz gute Beschreibungen finden sich auf www.habaguanex.cu.

Hotels

■ **Ambos Mundos** (Habaguanex) ③, Calle Obispo 153, esq. Mercaderes, Tel. 8609530. Dieses Haus zehrt immer noch von alten Zeiten. Der Schriftsteller *Federico García Lorca* hielt auf der Dachterrasse Hof, *Hemingway* wohnte hier eine Weile. Sein Zimmer (Nr. 511) kann besichtigt werden. 52 Zimmer, die Bar auf der Dachterrasse ist besser als der touristische Trubel im Erdgeschoss.

■ **Florida** (Habaguanex) ③, Calle Obispo 252, esq. Calle Cuba, Tel. 8624127. Elegantes Hotel im Kolonialstil, 21 Zimmer und 4 Suiten, 7 Zimmer ohne Ausblick, Frühstück 6 CUC.

■ **Hotel Raquel** (Habaguanex) ④, Amagura 103, esq. San Ignacio, Tel. 8608280, jüdischen Ursprungs, beeindruckende Säulenhalle, Dachterrasse, 25 Zimmer, 1905 als Fabrik geplant.

■ **Hotel Habana 612** (Habaguanex) ③, Calle Habana 612, e/Teniente Rey y Muralla. Wieder ein altes Bürgerhaus, jedoch wurden die Zimmer nach dem Motto „Handwerk" kompromisslos modern eingerichtet. Auf den Möbeln sind Drucke alter Werkzeuge, die Regale werden durch Schraubzwingen gehalten, Nahaufnahmen z.B. von einer Kreissäge zieren das Restaurant. Nettes Personal, die Bar könnte besser ausgestattet sein, auch die Sitzlandschaften sind eher unbequem. 6 Zimmer im Mezzanin mit niedrigen Decken und 6 im Obergeschoss mit hohen Decken. Die Zimmer Nr. 6 und 7 haben einen Balkon und gehen zur Straße, der Rest geht zum Patio und ist leiser, Check-in ab 16 Uhr.

■ **Hotel Los Frailes** (Habaguanex) ③, Calle Teniente Rey 8 e/Mercaderes y Oficios, Tel. 8629383, ehemaliges Kloster, restauriert, aber nicht klösterlich karg. 22 Zimmer, im EG ohne Fenster und laut, Bar, Patio.

■ **Hotel del Tejadillo** (Habaguanex) ④, Tejadillo 12, esq. San Ignacio, Tel. 8637283. Ein schön renoviertes Haus nahe der Kathedrale, mit bewachsenem Patio, einige Zimmer um diesen haben allerdings keine Fenster.

■ **Hotel Conde de Villanueva** (Habaguanex) ④, Mercaderes 202, Tel. 8629293, www.habaguanexhotels.com. Sehr angenehmes Haus, neun schöne Zimmer. Gehörte einem Tabakhändler, deshalb nennt es sich bisweilen auch „Hostal de Habano".

■ **Hostal Valencia** (Habaguanex) ③, Calle Oficios 53, esq. Obrapia, Tel. 8671037. Ein altes Kolonialhaus, umgebaut zu einem Zwölf-Zimmer-Hotel. Der blumenbehangene Patio ist eine Oase der Ruhe. Alle Zimmer groß, mit Bad (keine Toilettentüren). Im Restaurant gibt's Paëlla.

■ **Hostal El Comendador** (Habaguanex) ③, Calle Obrapía, esq. Baratillo (hinter *Hostal Valencia*), Tel. 8671037, www.habaguanexhotels.com, 14 Zi., im 18. Jh. erbaut und mehrfach umgestaltet, heute im spanischen Stil vergangener Epochen, niedrige Decken, manche Balkone haben Hafenblick, nettes Personal.

■ **Santa Isabel** (Habaguanex) ④, am Nordende der Plaza de Armas, Calle Baratillo 9, e/Obispo y Narciso López, Tel. 8608201. Ein luxuriöses Haus mit 27 Zimmern, von der Dachterrasse Rundumsicht. Inkl. Frühstück und Parkplatz.

■ **Hotel San Miguel** (Habaguanex) ③, Calle Cuba 2, esq. Peña Pobre, Tel. 8627656. Kleines Hotel von 1860 mit Blick auf die Festung El Morro, 10 Zimmer auf 3 Etagen, intime Bar und Snackbar auf der Dachterrasse.

■ **Convento Santa Clara** ②, Calle Cuba 610 e/ Sol y Luz, Tel. 8669327, 9 Zimmer im Kloster von 1642, 200 m von der Plaza Vieja, eine interessante Anlage um einen Innenhof, preiswerte Zimmer, auch Schlafsäle vorhanden.

■ **Beltrán de Santa Cruz** (Habaguanex) ③, San Ignacio 411 e/Muralla y Sol, Tel. 8608330. Noch ein Kolonialpalast mit typischem Patio. In den 11 Zimmern wohnten u.a. *Graf Beaujolais* und *Alexander von Humboldt*.

■ **Convento Las Brigidinas** (Habaguanex) ③, Calle Oficios 204 e/Teniente Rey y Muralla. Wird auch noch als Kloster benutzt, die 16 Zimmer werden zumeist von internationalen Reisegesellschaften gebucht.

■ **Palacio O'Farrill** (Habaguanex) ③, Calle Cuba 102–108, esq. Chacón, Tel. 8605080. Kolonialpalast aus dem 18. Jh., 38 Zimmer, hohe Räume, offene Dachbalken, toller Patio mit Arkaden, gläsernes Kuppeldach, gemütliche Dachterrasse.

■ **Hotel Mesón de la Flota** (Habaguanex) ②, Calle Mercaderes 257, e/Amargura y Teniente Rey, Tel. 633838. Einst Matrosenkneipe, heute 5 einfache Zimmer im 1. Stock. Abends gibt es oft eine recht laute Flamencoshow im zugehörigen Restaurant.

■ **Hotel Marqués de Prado Ameno** (Habaguanex) ③, Calle O'Reilly esq. a Cuba, Tel. 8624127. Ehemaliger Herrensitz des gleichnamigen Grafen aus dem 19. Jh., 16 Zimmer, 5 mit Ausblick, Patio, Bogengänge, schlicht eingerichtet, ist über einen hinteren Flur mit dem Hotel *Florida* verbunden (in ruhigen Zeiten wird auch nur dessen Frühstücksraum und Anmeldung benutzt). Die Zimmer im Mezzaningeschoss sind niedrig.

■ **Hotel Amores de Santander** (Habaguanex) ④, Calle Luz, esq. San Pedro, Tel. 8627656. Kleines, historisches Hotel an der östlichen Hafenpromenade, große Zimmer, Bar, Dachterrasse mit Hafenblick.

■ **Hotel Marqués de San Felipe y Santiago de Bejucal** ④, Calle Oficios 152, esq. Mercaderes, 27 Zimmer, modern eingerichtet. Auf der Dachterrasse im 6. Stock gibt es ein Fernrohr.

Privat

■ **Hospedaje Miriam y Geraldo,** Calle Cuba 611, e/Luz y Sol, Habana Vieja, Tel. 8627144, ruhiges Haus, gutes Essen, 2 Zimmer je ab 25 CUC, Frühstück 4 CUC.

■ **Olga López Hernández,** Calle Cuba 611, apto. 1, e/Luz y Santa Clara, gegenüber Eingang zum Kloster Sta. Clara, Tel. 8674561. Zwei Zimmer, Gemeinschaftsbad und Fenster zum Hof, nette Leute, Zimmer 30 CUC, Frühstück, 3 CUC.

■ **Fefita y Luis,** Calle Paseo del Prado 20, piso 5, e/San Lázaro y Cárcel. Neubau mit Terrasse. Nette Leute, Zimmer mit AC oder mit Balkon, zentrale Lage, 30 CUC.

■ **Casa Juanita,** Calle luz 310, e/Habana y Compostela, Tel. 8615164. Wird von einer rührigen Familie betrieben. Drei Zimmer mit Bad (30 CUC), die anderen mit Gemeinschaftsbad (25 CUC), Dachterrasse mit phänomenalem Blick über die Stadt. Frühstück 3 CUC.

■ **La Puerta Blanca,** Mercy y Vlady, Calle Cuba 505 e/Teniente Rey y Muralla, Tel. 8672736. 2 Zimmer in altem Haus, Gemeinschaftsbad, an einem netten Patio im ersten Stock gelegen. Angenehmer Vermieter, spricht französisch, englisch, ein Block hinter Plaza Vieja, DZ 30 CUC. Frühstück 3 CUC.

■ **Orlando y Liset,** Aguacate 509, Apto 301, e/Sol y Muralla, Tel. 8675766, kleine Casa im 5. Stock mit Fahrstuhl, 1 helles DZ mit Bad, Terrasse mit schönem Weitblick für 30 CUC.

■ **Casa Mariveli,** *Marita* und *Evelio Bustamante,* Empedrado 509, e/Villegas y Monserrate Tel. 8605 248, www.mariveli.com. Kolonialstilhaus mit Veranda und Gemeinschaftsräumen. DZ mit Ventilator oder AC und Bad ca. 25 CUC, Frühstück 3 CUC.

■ **Hostal Plaza Vieja,** Calle Muralla 160, e/San Ignacio y Cuba, koloniales Ambiente, geräumige Zimmer und zentraler Balkon mit Blick auf den Platz. 30 CUC.

■ **Hostal El Ángel,** Calle Cuarteles 118, 2. Stock, e/Ave. de las Misiones y Havana, Tel. 8600771, www.pradocolonial.com. Im oberen Stockwerk eines alten Hauses werden 3 Zimmer vermietet. 30 CUC, Frühstück 5 CUC.

Essen und Trinken

Für's kleine Geld gibt's an den Ecken die fettigen Pizzen – gar nicht so übel.

■ **Al Medina,** Oficios 112 Obispo y Obrapía, rechts von der Plaza de Armas, Tel. 630862. Arabische und vegetarische Küche. Guter spanischer Rotwein. Geöffnet 12–23 Uhr, eher teuer.

■ **La Bodeguita del Medio,** Empedrado 207. „Meinen Mojito in der Bodeguita del Medio und meinen Daiquiri im Floridita", schrieb *Hemingway* einst. Heute würde er diesen Ort wahrscheinlich weiträumig umgehen. Nicht nur, dass der Drink dort stolze 5 CUC kostet, die Qualität ist nicht besser als in anderen Bars. Außerdem sitzt man in einem engen Raum, in den sich unaufhörlich neue Gäste drängen und die, die nicht mehr hineinpassen, drücken von außen die Nasen durch die Gitterstäbe, um einen Blick hineinzuwerfen.

■ **Café del Oriente,** Calle Oficios, esq. Amargura, ist mit Eleganz ausgestattet, mit einem Speisesaal über dem Café im ersten Stock.

■ **Jardin del Oriente,** Amagura e/Offícios y Mercaderes, preiswerte Kost im schattigen kleinen Patio, ganz schön und noch preiswert.

■ **Casa de las Infusiones,** Calle Mercaderes, e/ Obispo y Obrapía, Bar gegenüber dem *Ambos Mundos,* Spezialitäten sind die Tees.

■ **Museo del Chocolate,** Calle Amagura, esq. Mercaderes, in der Casa de la Cruz Verde, eher ein Schokoladenausschank als ein Museum. Die Renovierung sponserte eine belgische Initiative. Mit Tassenausstellung, Di und Fr um 11 Uhr werden Pralinen gemacht (und verkauft).

■ **Casa del Café, Casa del Rón** *(Taberna del Galeón)* laden am Ende der Obispo Ecke Baratillo zu Einkehr und Einkauf ein, sind allerdings kühl und dunkel, gut in der Mittagshitze.

■ **Casa del Arroz,** Teniente Rey 60, esq. San Ignacio, hier gibt es Reisgerichte.

■ **Panadería San José** und **Café Santo Domingo,** die Bäckerei und das Café liegen übereinander in der Obispo, e/San Ignacio y Mercaderes und sind an der Fassadenmalerei zu erkennen. Große Auswahl an Naschwerk gibt es unten, danach die Treppe hoch in das kleine, gemütliche Café.

■ **Café** neben der *Panadería San José* in der Obispo. Mal schnell einen Kaffee trinken? Dann hier hin, immer voll, Fließbandarbeiter füllen die Tasse, spülen, putzen Löffel, kassieren und schwatzen gleichzeitig. Nur in spanisch, nur Pesos.

■ **Torrelavega,** Straßencafé, Obrapía, e/Mercaderes y Oficios, Essen mit gutem Preis-Leistungsverhältnis.

■ **Café O'Reilly,** in der O'Reilly 203, e/Cuba y San Ignacio. Hier wird Kaffee geröstet, verkauft und in den verschiedensten flüssigen Varianten angeboten. Modernisiertes Haus, das Obergeschoss wird noch renoviert.

■ **El Bosquecito,** schräg gegenüber O'Reilly, esq. Transitio. Freiluftbar.

■ **Don Giovanni,** Tacón, esq. Empedrado. Italienisch mit Live-Musik.

■ **La Marina**, Fischrestaurant unter freiem Himmel, Calle Teniente Rey, esq. Oficios, moderate Preise. Manchmal wenig Auswahl.

■ **El Chanchullero,** Calle Teniente Rey 457a, e/ Bernaza y El Cristo, Plaza del Cristo, Tel. 8610915.

Gute Tapasbar, die noch nicht so abgehoben ist, geöffnet ab 13 Uhr.

■ **La Mina,** Calle Obispo, esq. Oficios. Liegt im Außenbereich des bekannten Lokals an der Plaza de Armas. Angenehmer ist der Innenhof mit freilaufenden Pfauen.

■ **La Moneda Cubana,** Restaurant in der San Ignacio 77, e/Empedrado y Mercaderes, Tel. 8673 852, 8602167. Etwas überkandidelt, aber toller Blick von der Dachterrasse. Innen mit Geldscheinen aus aller Welt dekoriert.

■ **La Domenica,** O'Reilly, esq. Mercaderes, mit Außenbereich. Pizza, Pasta und Kuchen.

■ **Bodegón Onda,** Obrapia, esq. a Baratillo. Der Spanier liegt hinter dem *Hostal Valencia,* bietet 100 Personen Platz und offeriert ihnen Tapas.

■ **Zaragozana,** Montserrate, e/Obispo y Obrapia, das älteste Restaurant mit internationaler Küche und einem reichhaltigen Angebot an guten Meeresfrüchten.

■ **Factoria Plaza Vieja** (Salm-Brauerei), gemütliche Halle an der Plaza Vieja, Fassbier für 2 CUC, dazu empfiehlt sich ein „Seafood-skewer".

■ **La Vitola,** San Ignacio, esq. Muralla an der Plaza Vieja. Gute Cocktails in 1950er-Jahre-Ambiente, zudem ganz gutes Frühstück.

■ **Café Escorial** an der Plaza Vieja, esq. Muralla, serviert Kuchen und süße Teilchen. Im Obergeschoss befindet sich die Bar Azúcar.

■ **La Imprenta,** Mercaderes 208 e/Lamparilla y Amargura. Eine ehemalige Druckerei. Man kann seine vier Buchstaben auf Buchstaben setzen, die als Sitzmöbel dienen und Kleinigkeiten, wie *medianoches* (Röllchen) essen.

■ **La Farmacia,** Pena Pobre 6, e/Cuba y Aguiar. In der alten Apotheke am Eingang zum Callejón de los Peluqueros gibt es Kleinigkeiten.

■ **La Taberna del Pescador,** San Ignacio 260a, e/Amargura y Lamparilla, Tel. 8672514. Ein Fischrestaurant, das ganz preiswert ist, geöffnet ab 12.30 Uhr.

■ **El Zaguán,** Cuarteles 4e, e/Cuba y Aguiar, Tel. 8617235. Eine Mischung aus Bar und Restaurant, etwas versteckt gelegen, rustikal eingerichtet, Hauptgerichte ab 8 CUC.

■ **Café Europa,** das traditionsreiche Haus in der Obispo, esq. Aguiar ist wiederauferstanden. Sehr preiswertes Essen, günstige Drinks und nostalgischer Saal – was will man mehr? Der Dichter *Robert Walsh* widmete dem Laden ein Gedicht, in dem „die Faulen die Frühen trafen, an verschiedenen Enden ihres Tagewerks".

■ **Café de los Artistas,** Callejón de los Peluqueros (Aguiar 22), Tel. 8662418. Hier speist man exzellent zu fairen Preisen, wechselnde Karte.

■ **Kpricho,** Calle Habana, e/O'Reilly y San Juan de Dios. Bar und Restaurant mit edlem Ambiente von Künstlerhand gestaltet, normale Preise.

Paladares

■ **Doña Eutimia,** Callejón del Chorro in der Nähe der Plaza Catedral in der Altstadt.

■ **Las Clavellinas,** Compostela 554, e/Sol y Muralla, Tel. 8606342, geöffnet ab 12 Uhr, gutes Essen im 2. Stock des Hauses.

■ **Los Mercaderes,** Mercaderes 207, e/Lamparilla y Amargura, Tel. 8612437. Im Obergeschoss verfügt dieser Paladar über drei Speiseräume, die Musik kann etwas laut werden, das Essen ist jedoch über jeden Zweifel erhaben, Menüs ab 15 CUC, geöffnet 12–16.30 Uhr.

Nachtleben

■ **El Caserón del Tango,** Calle Justicia 21, e/ Baratillo y Oficios. Was hier gespielt wird, verrät bereits der Name: natürlich argentinischer Tango. Di und Fr abends kann man gemeinsam in dem patioähnlichen Tanzsaal seine Runden drehen.

■ **Café Taberna,** Mercaderes esq. Tte. Rey, Plaza Vieja, Tel. 8611637. Nettes Ambiente, Live-Musik, nicht zu teuer. Das Essen ist einfach.

■ **Bar del Edificio Bacardí,** Monserrate, e/Neptuno y Empedrado. Art-déco-Stil im Mezzanine des Bacardí-Hauses.

■ **Casa de la Cultura,** auf einem Hinterhof in der Calle Aquiar, esq. Amargua, Do–So Livekonzerte.

■ **El Morro,** an der Festung gegenüber der Altstadt, 3 Open-Air-Discos, int./Salsa.

■ **Palacio de la Artesania,** Calle Cuba 64, Tel. 8338072, Sa/So Show und Konzert.

■ **Café de Paris,** Obispo 202, esq. San Ignacio. Live-Musik, ab 12 Uhr offen, der Laden ist okay, aber immer voll.

■ **Columnata Egipciana,** Mercaderes 109, e/Obispo y Obrapia. Angenehme, geräumige Bar mit kleinen Speisen und häufigen Konzerten; „Casa de infusiones y elixires" steht im Untertitel.

■ **Hotel Florida** (s.o.), wochentags Tanz zu Live-Musik für 5 CUC (Eintritt inkl. zwei Drinks).

■ **Bar Dos Hermanos,** San Pedro, Avenida del Puerto 304, gegenüber dem Hafenterminal, geschichtsschwangere Kneipe, Service eher schlecht.

■ **Sloppy Joe's Bar,** an der Ecke Zulueta und Animas. Die berühmteste Bar in den 1920er Jahren wurde rekonstruiert und bietet nun zwar Atmosphäre, aber auch überteuerte Kleinigkeiten und weitere touristische Unannehmlichkeiten.

■ **Bar Monserrate,** Monserrate esq. Obrapia, die 6 Ventilatoren, die an der Decke der immer vollen Bar quirlen, sorgen für frische Luft.

■ **El Ojo del Cyclon,** O'Reilly 502, Begegnungszentrum, unregelmäßig geöffnet, auch Tangoveranstaltungen.

Einkaufen

Die meisten Geschäfte liegen in der **Obispo.** In der Straße kann man sich auch mit Geld versorgen, sogar an einem VISA-Automaten (*Cadeca,* Obispo 257).

■ **Mercado de Artesanías Antiguas Almacenes de Depósito San José,** dieser Kunstmarkt liegt am Malecón, dort, wo die San Ignacio ans Ufer trifft. Auf dem größten Kunstmarkt der Stadt darf nur Selbstgemachtes verkauft werden: zu finden sind hier Musikinstrumente, Plastiken, Bilder, Textilien, Schmuck etc. (Mi–Sa).

■ **Buch- und CD-Laden „La Moderna Poesia",** spanische Bücher und Musik-CDs, am Anfang der Obispo, esq. Bernaza.

■ **Antiquarische Bücher,** Open air an der Plaza de Armas vor dem Palast de los Capitanes Generales und bei El Norio in der Obispo 119.

■ **Habana 1791,** Parfüm und ausgesuchte Accessoires gibt es in der Oficios e/Obispo y Obrapia.

■ **Galerie,** San Ignacio 154, Werke von *Rigoberto Mena Santana,* nicht billig, aber das Geld wert.

■ **Artesania y Biscuteria,** Chacón 204, e/Aguacate y Compotelo, buntes Allerlei.

■ **Galerie** des Künstlers *Jorge L. Santos Lépez* in der Obispo 515, abstrakte Malerei.

■ **Casaart,** Oficios 18a, e/Obispo y Obrapia, eine von vielen kleinen Galerien.

■ **Galería los Oficios,** Oficios 166, e/Amargura y Teniente Rey, dem Künstler *Nelson Dominguez* gewidmet.

■ **Arte Bell,** Chacón 205, e/Aguacate y Compostela, Tel. 8626188.

■ **Supermarkt El Cristo,** gut ausgestattet, in der Brasil 461, tgl. 9–23 Uhr geöffnet.

■ **Casa del queso,** das Käsegeschäft findet sich in der San Ignacio, esq. Armagura.

■ Einen **Antiquitätenladen** gibt es in der Calle San Juan de Dios, esq. Villegas.

■ **Einkaufszentrum Harris Brothers,** alter Name, aber moderner Laden im Block zwischen der Progreso und der O'Reilly, Ecke Monserrate, mit Fußböden aus Milchglas, was ein interessantes „Wimmelbild" ergibt, täglich außer So 9–21 Uhr geöffnet.

Centro Habana

Der **Paseo del Prado,** diese wunderbare Flaniermeile mit Terrazzoboden, führt vom Capitolio zum Malecón hinunter und trennt die koloniale Altstadt vom Centro Habana. Der schattige Boulevard heißt auch **Paseo Martí.** 1772 angelegt, wurde er früher *Extramuros* genannt, lag er doch außerhalb der Stadtmauern. Anfang des 20. Jh. erhielt die Straße von dem Franzosen *J.C.N. Forestier* ihr heutiges Aussehen. Die Allee in der Mitte wird durch Bänke aus Muschelkalk von den Fahrbahnen getrennt. An mehreren Stellen unterbrechen bronzene Löwen die beeindruckende Reihe. Westlich des Prado liegt der Stadtteil, der ab 1850 aus der Altstadt herauswuchs. Hier dominieren preiswerte Mietwohnungen, in die man, um Raum zu gewinnen, Zwischendecken eingezogen hat.

Zwischen der Avenida Simón Bolívar (Reina) und der gebogenen Calle Zanja liegt das Chinesische Viertel, das **Barrio Chino.** 1850 lebten hier 150.000 Menschen. Vor der Revolution waren die chinesischen Theater sehr beliebt, zahlreiche Vergnügungsetablissements entstanden im Umfeld. Heute kommt man eher wegen des Bauernmarkts.

Sehenswertes

Fuente de la India

Das **Denkmal La Noble Habana,** wie die weiße Mädchenstatue auch heißt, wurde 1837 aufgestellt, sie war ein Geschenk des *Conde de Villanueva.* Ein italienischer Bildhauer schuf sie aus dem weißen Marmor Carraras. Vom Campo Marte wanderte sie auf den Parque Central, und seit 1928 steht sie an ihrer heutigen Stelle zwischen den Straßen Dragones und Monte.

Parque de la Fraternidad Americana

Dieser kleine Park mit schattigen Bäumen schließt sich an. Anfang des 18. Jh. wurde hier der Sumpf trocken gelegt und der Exerzierplatz Campe Marte errichtet. 1928, zur panamerikanischen Konferenz, wurde daraus ein Park, in dessen Mitte eine mächtige, eingezäunte Ceiba steht. Im schmiedeeisernen Zaun befindet sich eine Tür, darüber steht *„La paz“* (Frieden). An den Türpfosten sind die Staatswappen der 19 Teilnehmerländer der Konferenz angebracht.

Museo de Orishas

Hier sind **32 Statuen der Orisha-Gottheiten** der Yoruba-Religion ausgestellt. Führungen auf spanisch, Texte auch auf englisch. Ave. Paseo del Prado 615, e/ Monte y Dragones, Tel. 8635953, www.cubayoruba.cult.cu, Di–So 9–17 Uhr.

Capitolio

Das Gebäude mit der Kuppel, das dem amerikanischen Capitol ähnlich sieht und 1929 von 2000 Arbeitern fertig gestellt wurde, ist eines der imposantesten Gebäude in La Habana. Es wurde im Stil der damaligen Zeit gestaltet und sollte ursprünglich in einer weiten Parkanlage

Centro Habana

0 200 m

stehen. Vorübergehend stoppte eine Kostenexplosion den Weiterbau. Insgesamt brauchte man 17 Jahre, und angeblich kursierten 5000 Architekturzeichnungen, durch die die verschiedenen Architekten durchfinden mussten, die an dem Bau beteiligt waren. Der Zentralbau ist dem Pariser Pantheon nachempfunden und wird von einer **Kuppel in Stahlskelettbauweise** gekrönt. Ursprünglich befanden sich Scheinwerfer auf der Spitze, die Ihre Strahlen nachts kilometerweit in 5 Richtungen schickten. Vor der Revolution beherbergte das Gebäude den Sitz des Senats und des Repräsentantenhauses, heute ist dort die 1860 gegründete **Akademie der Wissenschaften** untergebracht. Unter der 90 m hohen Kuppel in der Mitte der Eingangshalle im Mosaikboden kann man durch eine kleine, runde Glasscheibe den goldgefassten 24-karätigen Diamanten sehen, der den Kilometer null der Landesautobahn nach Santiago markiert. Der Stein ist der „Stern von Cuba", obwohl er aus Südafrika stammt. Die Idee dazu hatte der Diktator *Machado*. Rechts in der Halle steht die zwölf Meter hohe Bronzeskulptur „La República", die die zweitgrößte in einem Raum stehende Skulptur der Welt sein soll. Über 40 Tonnen schwer und mit Gold überzogen, ein Werk des Italieners *Angello Zanelli*. Die „Arbeit" und die „Tugend" bewachen die Granittreppe, über sechs Meter hohe Figuren. Der linke Gebäudeteil beherbergt heute das **Museo Nacional de Historia Natural**, in dem es u.a. eine Nachbildung der in präkolumbischer Zeit bewohnten Höhle bei Punta del Este zu sehen gibt. Der Bau soll nur um einen Zentimeter breiter sein als das Capitol in Washington.

Centro Habana mit dem Capitolio

cu013-2016 kh

Museo de la Revolución

Der ehemalige Präsidentenpalast beherbergt heute das **Revolutionsmuseum.** Hier wird die politische Geschichte Cubas dargestellt, von den ersten Sklavenaufständen bis hin zur Revolution der Bärtigen 1959. Infos in Englisch. Auf dem Freigelände (2 CUC extra) ist in einem gläsernen Schrein die **Yacht Granma** ausgestellt, mit der die Revolutionäre um *Fidel Castro* von Mexiko aufbrachen, um Cuba zu befreien. Außerdem stehen dort zwei cubanische Flugzeuge und einige Fahrzeuge. Agramonte (Zulueta), esq. Cuarteles, 6 CUC.

Vor dem Museum sieht man noch einen Rest der ehemaligen **Stadtmauer** von 1674. Sie wurde 1863 für die Westerweiterung der Innenstadt niedergerissen. Vorher gab es Straßen mit dem Zusatz *intramuros* (innerhalb der Stadtmauern) und *extramuros,* z.B. den Paseo de Isabel II, der heute Prado heißt. In der Avenida de Bélgica (Egido) steht noch ein zweiter Mauerrest.

Iglesia del Santa Angel Custodio

Diese **beeindruckende kleine Kirche** wurde 1672 von Jesuiten auf der kleinen Anhöhe des Pena Pobre erbaut, der östlich des Museo de la Revolución liegt. Nach dem Hurrikan von 1848 wurde sie neugotisch umgebaut, *Juan Bautista Vermay* bemalte den Altar, seit 1880 gibt es das Marmorpflaster. In den 1980er Jahren wurde die Kirche restauriert, auch die Häuschen auf der Rückseite zur Plazuela de Santo Ángel gehören in die Zeit der Gründung.

Granma, ein nationales Symbol

Ursprünglich war das berühmte Schiff, mit dem die 82 Revolutionäre unter *Castros* Führung am 25.11.1956 zu ihrer schicksalhaften Fahrt nach Cuba aufbrachen, eine Vergnügungsyacht. Das 12 Meter lange **Holzboot** war in Mexiko für 25 Personen gebaut worden. Es war auch nicht für solch eine lange Strecke konstruiert – die Treibstofftanks waren zu klein. Deshalb musste man an Deck extra Behälter für die errechneten 8000 Liter aufstellen. Die Maschinen waren alt und die Yacht dadurch nicht gerade schnell. In den Aufzeichnungen von *Che Guevara* kann man den **Albtraum** nachlesen. Die nächtliche Fahrt aus dem Hafen von *Tuxpan* war von schlechtem Wetter begleitet. Deshalb wurde die Mannschaft auch gleich nach Erreichen des offenen Meeres seekrank. Tabletten dagegen hatte man vor lauter Kriegsgerät nicht mitgenommen, und so gab es kaum noch „einsatzfähige" Menschen an Bord. Vor der cubanischen Küste ist die Yacht schließlich auch noch gestrandet.

Das Schiff ist später nach La Habana gebracht worden, wo es heute unter Glas auf dem Freigelände des **Revolutionsmuseums** zu sehen ist. Eine Kopie davon gibt es in der Nähe der Stelle, wo es damals auf Grund lief, an der **Playa de los Colorados,** in der Granma getauften Provinz im Oriente.

Die erste Querstraße des Prado, Cárcel, früher Capdevila, beherbergt an der Ecke, in der No. 1, das **Museo Nacional de la Música,** in der z.B. berühmte Partituren gelagert sind und verschiedenste musikalische Veranstaltungen stattfinden. Zwei Blocks südlicher, zwischen Zuleta und Avenida de las Misiones, hat man einen Rest der **alten Stadtmauer** konserviert.

Museo del Ferrocarril de Cuba

Das **Eisenbahnmuseum** ist in der Cristina-Station in La Habana Vieja untergebracht, die ab 1859 die Hauptstation der *Western Railway Company* war und 2002 zum Nationaldenkmal erklärt wurde. Das Museum zeigt die Geschichte der ersten Eisenbahn in Lateinamerika, mit einer großen Auswahl an Geräten, Instrumenten und Dokumenten der Bahn. Natürlich gibt es Lokomotiven, z.B. die Lok mit dem Namen „Lokomotive des Vorstands" aus dem Jahre 1842 aus Matanzas, die bis ins 21. Jh. im Einsatz war. Was nicht im Original zu sehen ist, ist als Modell ausgestellt. Der Bahnfan findet hier auch sämtliche Dokumente zur Eisenbahngeschichte Cubas. Avenida de Mexico/Cristina, esq. Arroyo. Geöffnet 9–17 Uhr, 2 CUC.

Architektur

Art-déco-Freunde sehen in der Ave. de las Misiones 261, e/Empedrado y San Juan de Dios das größte Art-déco-Gebäude in der Karibik, das **Edificio Bacardí,** mit deutschen Kacheln an der Fassade und der goldenen Fledermaus auf dem Dach, gebaut in den 1930er Jahren und etwas heruntergekommen. Für 2 CUC kann man nach oben fahren, das letzte Stockwerk bis zur Aussichtsplattform erreicht man zu Fuß.

Das **Gebäude der Zeitung „El País"** von 1941 sollte die Weltoffenheit des Journals in seiner Architektur widerspiegeln. Geblieben sind die beeindruckend großen Fenster in der Fassade und die Friese von *C.A. Moreno*. Reina 158, e/San Nicolás y Manrique.

Nicht zu vergessen das riesige **Teatro Fausto** am Prado 201, esq. Colón. Es wurde zwar oft verändert, aber der Stil der späten 1930er Jahre ist, besonders vom Prado aus, noch gut zu sehen.

In der Calle Soledad 61, esq. San Lázaro steht das modernistische **Edificio Solimar** im Streamline-Stil mit halbrunden Balkonen, erbaut 1944. Die Architekten errichteten ein schmales Gebäude, das jedem Bewohner erlaubte, einen Durchzug herzustellen und vom Balkon das Meer zu sehen.

An der Ecke Padre Varela (Belascoiín) und Ave. Salvador Allende (Carlos III) steht der **Gran Templo Nacional Masónico** der großen Freimaurerloge. Dieses schlichte Hochhaus, ebenfalls, wie das *Edificio Solimar* im Streamline-Stil erbaut, hat eine Uhr mit Tierkreiszeichen und einen 6 Meter großen, rotierenden Aluminiumglobus mit dem Logensymbol auf dem Dach.

Das **Cine-Teatro América** beherbergte einst ein großes Theater und ein Kino, darüber befanden sich Wohnungen. Heute kommt man selten in die Säle des Kinos, aber die Dekoration existiert noch. Galiano 257, e/Neptuno y Concordia, der größte Bau in der Gegend mit aufstrebender Architektur.

Museo Nacional de Bellas Artes

In diesem renovierten Gebäude von 1954, zwei *quadras* vom Revolutionsmuseum entfernt, ist im **Nationalmuseum der Schönen Künste** eine umfangreiche Werkauswahl cubanischer Künstler zu sehen. Trocadero, e/Agramonte y Avenida de las Misiones; www.museonacional.cult.cu. Mit Garten, Café und Museumsshop. Das Museum zeigt auch wichtige europäische Werke vom 16. Jh. bis zur Gegenwart, von *Velázquez, Tintoretto, Degas, van Dyck* und *Gainsborough*. Sie sind, teilweise als Kopie, in ein Gebäude am Park Martí ausgelagert worden, da der Platz nicht ausreichte. Agramonte, e/ San Rafael, beide Gebäude Di–So 10–18 Uhr, 8 CUC für beide.

Callejón de Hamel

In dieser Gasse haben der Künstler *Salvador González Escalona* und die Bewohner sich ein eigenwilliges Paradies geschaffen, mit bunten Friesen, Bildern mit Santeria-Motiven und Sitzmöbeln aus alten Badewannen. Samstags wird die **„Rumba del Salvador's Alley"** gefeiert. Die Straße wird begrenzt von der Aramburu und Hospital, in Verlängerung der Animas. Sonntag Live-Musik.

Praktische Tipps

Unterkunft

Hotels

■ **Hotel Plaza** (Gran Caribe) ④, Ignacio Agramonte (Zulueta) 267, esq. Neptuno, Tel. 8608583, www. hotelplazacuba.com. 188 Zimmer, 1910 gebaut, einst Verlagshaus, ist der klassizistische Stil von La Habanas ältestem Hotel noch in der Halle zu sehen, Zimmer modern und schlicht.

■ **Park View** (Habaguanex) ②-③, Calle Colón 101, esq. a Morro, Tel. 8613293. In der Nähe des Prados. 1928 als eines der ersten Hotels mit amerikanischem Geld eröffnet. Das Foyer ist etwas eng, vom Dachrestaurant guter Blick, sonst eher einfach, 55 Zimmer.

■ **Deauville** (Gran Caribe) ③, Tel. 8338813, direkt am Malecón esq. Galliano in einem angejahrten Art-déco-Gebäude, fast alle Zimmer haben Balkon und Meerblick. Eines der preiswertesten Häuser, mit Cafeteria, Dachterrasse und Pool mit Weitblick im 6. Stock. Frühstück 5 CUC.

■ **Hotel Caribbean** (Islazúl) ②, Prado 164, esq. Colón, Tel. 8608210. Am Prado gelegenes Billighotel, man kann von hier schnell in die Altstadt gelangen. Die Zimmer sind ordentlich, die Flure dunkel und ungemütlich. Zimmer zum Prado sind laut, nach hinten leiser, aber keine Fenster.

■ **Lido** (Islazúl) ②, Consulado 210 e/Ánimas y Trocadero, Tel. 867110206. Frühstück im Dachrestaurant. Eins der preiswertesten Hotels, deshalb sollte man nicht zu viel erwarten. Die Zimmer im 5. Stock mit Balkon sind teurer.

■ **Inglaterra** (Gran Caribe) ③, Prado 416, esq. San Rafael y Neptuno, Tel. 8608595-97, www.hotelinglaterra-cuba.com. *Graham Greene* war in den 1950er Jahren gelegentlich Gast im *Inglaterra* und ließ sich hier zu seinem Spionage-Roman „Unser Mann in Havanna" inspirieren. Das Café-Restaurant „El Louvre" ist ein guter Platz zum Verweilen und um dem Treiben auf der Straße zuzuschauen.

■ **Parque Central** (Iberostar) ④, Neptuno, e/ Prado y Zulueta (am Parque Central), Tel. 8606627. Das Dach beherbergt einen herrlichen Pool mit Bar und Rundumsicht. Dazu gehört **La Torre:** Moderner Neubau in der Agramonte mit unterirdischer Verbindung, derzeit 60 Zimmer, modern eingerichtet, Dachterrasse mit Bar und Pool.

■ **Telégrafo** (Habaguanex) ④, 1860 in der Calle Amistad eröffnet, 28 Jahre später an den Prado, esq.

Neptuno verlegt, hier wohnte schon *Heinrich Schliemann*, Tel. 8611010. Expressionistisch renoviert. In der Mitte des Hotels, im großen, überdachten Hof, sind Teile der ursprünglichen Säulen und Mauern erhalten. Ebenso behielten die ersten zwei Obergeschosse ihre ursprüngliche Raumaufteilung. Luxuriös mit Blick auf den Prado, 63 Zimmer.

■ **Lincoln** (Islazúl) ②, Galliano esq. Virtudes, Tel. 8628061-65. 1929 gebaut, von außen schlicht, innen große Halle, angemessener Preis für dieses einfache Hotel. Nahe Malecón. Hier wurde der Rennfahrer *Joan Fangio* gekidnappt.

■ **Sevilla** (Mercure) ④, Trocadero 55, e/Paseo de Martí y Agramonte, Tel. 8608560, 1908 von den Amerikanern *Schutze* und *Weaver* erbaut. Der Blick vom Dachrestaurant im 9. Stock durch die riesigen Fenster auf die Stadt Habana ist sagenhaft. Der Raum selbst ist seit seinem Bau in den 1920er Jahren ein bunter Stilmix. Im Erdgeschoss Ladenpassage mit Shops und Mietwagenschaltern. In der Lobby Fotos aus vorrevolutionären Zeiten. Im Atrium kann man entspannen, Pool im Garten. Die Front zum Trocadero ist im maurischen Stil gebaut.

■ **Saratoga** (Habaguanex) ④, Prado 603, esq. a Dragones, Tel. 8681000, 96 Zimmer, das erste Hotel am Platze aber relativ eng, am besten finde ich die Dachterrasse, die Zimmer zum Patio sind leiser, die Umgebung ist leider etwas heruntergekommen.

■ **Hotel Terral** (Habaguanex) ④, Malecon, esq. Lealtad. Moderne Einrichtung, toller Blick von der Dachterrasse und den Räumen. 14 Zimmer, allerdings rauscht die Straße doch schon sehr. Alle Zimmer haben riesige Fenster zum Meer.

Privat

■ **Dr. Alejandro Osés,** Malecón 163, apto. No. 1, altos, e/Aguila y Crespo, Tel. 863 7359, aoses2105@gmail.com. Hohe Räume, 3 Zimmer im ersten Stock, die nach hinten raus sind ruhiger. Ab 25 CUC.

■ **Casa Esther,** Aguila 367, e/Neptuno y San Miguel, Tel. 8620401, esthercv2551@cubarte.cult.cu. 4 DZ im 1. Stock, schönes altes Haus, unweit des Capitolios. Um 25 CUC.

■ **Elena J. Lafuente López,** Consulado 15, bajos, apto. 2, e/Cárcel y Genios, Centro Habana, Tel. 8617 724. Hier geht es einfach zu, 20 CUC.

■ **Casa Cary,** Virtudes 511, e/Lealtad y Perserverancia, Tel. 8631802. Ein Zimmer mit AC, Besitzerin spricht Englisch. 25 CUC.

■ **Casa Cary y Nilo,** Gervasio 216, e/Concordia y Virtudes, Tel. 8627109, caridadgf45@yahoo.es. 3 schöne DZ in einem alten Kolonialhaus mit hohen Decken. Zimmer mit Kühlschrank, Safe und AC. Frühstück inklusive, 40 CUC pro DZ, Parken am Krankenhaus für 2 CUC pro Tag.

■ **Carlos T Vega,** Calle Espada 363, apto. 2, e/ Neptuno y San Miguel, Tel. 8738365. Apartment mit Balkon für 25 CUC die Nacht. Es hat einen separaten Eingang.

■ **Carlos Luis Valderrama Moré,** Neptuno 404, 2do piso, e/San Nicolás y Manrique, Tel. 8679842, günstige Lage, 2 schöne Zimmer mit Bad und ohne, Balkon, Carlos spricht Englisch, 25 CUC.

■ **Zenaida Gómez,** Industría 14, e/Refugio y Genios, nahe dem Malecón, Tel. 8637627, www.casa-zenaida-habana.com. 2 ruhige Zimmer um einen winzigen Patio, Kolonialstilmöbel, 30 CUC pro Nacht, Frühstück 3 CUC, sehr nette Leute.

■ **Sra. Deisy Aguado,** Concordia 417 altos e/Gervasio y Escobar, Tel. 8625317. Freundliche Atmosphäre. 2 große Zimmer mit Klimaanlage, TV, Kühlschrank und Bad, 25 CUC.

■ **Sra. Caridad,** Jovellar 208, e/Infanta y San Francisco, Tel. 8782822, vermietet 2 Apartments, eines mit separatem Eingang, ab 25 CUC.

■ **Fam. Lourdes,** Calle Brasil 361 e/Aguacate y Villegas, Tel. 8679329. 2 schöne große Zimmer mit Bad in einem Haus aus der Zeit des Jugendstils 1913. 35 CUC. Frühstück kostet extra. Mit Wohnzimmer und kleiner Terrasse. Nette Familie.

■ **Ana Delia Cruz Martínez,** Neptuno 623 e/Gervasio y Escobar, Tel. 8785578. Zwischen Uni und Capitol gelegen, 3 Blöcke zum Malecón, ruhig. 2 DZ und ein Apartment. 25–30 CUC.

■ **Casa M'Aloja,** *Ranses* und *Esperanza,* Maloja 967, apto. 2, e/Infanta y Ayestarán, Tel. 8791784, 2

DZ, eins mit privatem Eingang, AC, 20 CUC, bepflanzter Patio, ruhige Lage, Bushaltestelle um die Ecke.

- **Casa Neida Garcia,** Industria 268, e/Neptuno y Virtudes, Tel. 8639459, die Casa liegt zwei Blocks vom Parque Central entfernt und bietet zwei Appartements und ein Einzelzimmer. Das App. im ersten Stock hat ein Schlafzimmer und ein Kolonialstil-Wohnzimmer mit hoher Decke. In der zweiten Etage ist das Zimmer kleiner, hat kein Wohnzimmer, aber eine Küche und eine Terrasse, nur Spanisch. DZ 25–30 CUC inkl. Frühstück, das Essen ist sehr gut.
- **Apartamiento Balado,** Galiano 257, e/Neptuno y Concordia, piso 9, apto. 98, mit Lift, zu buchen über www.casas-cuba.org. Wohnen im Art-déco-Block, 2 DZ mit Bad, Kühlschrank und AC für 25–30 CUC. Es gibt einen separaten Eingang und einen Blick über Habana Vieja.
- **Margot y Amalia Urrutia,** Prado 20, piso 7, apto. A, e/San Lázaro y Cárcel, Tel. 8617824. Am Prado mit Meerblick, ab 20 CUC.

Essen und Trinken

- **La Guarida,** Concordia 418,e/Gervasio y Escobar, Tel. 8669047, im 2. Stock. Das Restaurant wurde bekannt durch den Film „Fresa y Chokolade" (Erdbeer und Schokolade – der erste cubanische Film, der weltweit Beachtung fand), auch *Rocco,* der Kühlschrank, steht gealtert noch am selben Platz. Hauptgericht ab 12 CUC, es sollte unbedingt vorher reserviert werden.
- **Paladar Torresón,** Malecón 27, im 1. Stock; das Beste ist der Meerblick, Menü ab 10 CUC.
- **Castropol,** Malecón 107, e/Genios y Crespo, Tel. 8614864, im Erdgeschoss ist eines der üblichen kleinen Restaurants untergebracht, im 1. Stock wird das Ambiente feiner.
- **Paladar San Cristóbal,** San Rafael 469, e/Lealtad y Companario, Tel. 8679109, 8601705, Mo–Sa ab 12 Uhr. In diesem Paladar, der skurril und erschlagend üppig dekoriert ist, speist man stilvoll auf hohem Niveau, der Ort ist zum Treffpunkt von Intellektuellen und Künstlern geworden. Unbedingt reservieren.
- **Prado y Neptuno,** Paseo de Martí (Prado), gegenüber dem Hotel *Telegrafo,* serviert gute *Penne Langosta.* Pizzen um 8 CUC.
- **Doña Blanquita,** Paseo de Martí (Prado) 158, e/Colón y Refugio. Man sitzt im Salon oder auf der Terrasse. Das Gericht ab 5 CUC.
- **Amistad de Lanzarote,** liegt in der Amistad 211, e/Neptuno y San Miguel, teilweise überhöhte Preise.
- **Flor de Loto,** Salud 313, e/Gervasio y Escobar, Clubrestaurant im Barrio Chino, exzellente Meeresfrüchte als Spezialität.
- **Puerto de Sagua,** Avenida de Bélgica 603, e/Acosta y Jesús María, Tel. 8611010, ein Fischrestaurant mit Bullaugen, nahe dem Bahnhof, zwei Räume, unterschiedliche Preise. Im oberen Stock Separées mit gehobenem Preis, geöffnet 12–24 Uhr.
- **Cafetería el Paso,** Máximo Gómez, esq. Aponte (50 m vom Supermarkt *Isla de Cuba*). Essen mit Getränk für 6 CUC, man ist vor allem von cubanischen Geschäftsleuten umgeben.
- **Casa Miglis,** Lealtad 120, e/Animas y Lagunas, 3 Blocks vom Malecón, Tel. 8641486, www.casamiglis.com. Na, das ist mal was Exotisches: Schwedische Küche in Cuba! Der Chef, *Miglis Michel,* ist ein Filmemacher, der seit 1996 in Cuba lebt. Das renovierte Kolonialhaus hat hohe Decken, die Küche muss jeder selbst beurteilen, ich finde das Lokal einen Ausflug wert. Die Preise sind auf europäischem Niveau, geöffnet ab 12 Uhr.
- **Los Nardos,** Prado 562, Treffpunkt der Sportjugend gegenüber dem Capitolio, im 1. Stock. Ausgezeichnetes und reichhaltiges Essen bei Kerzenschein in anspruchsvollem Ambiente, 4–12 CUC. Geöffnet ab Mittag.
- **Café 12,** Lokal am Prado im dreieckigen Eckhaus zur San Lazaro, die meisten Gäste kommen zum Trinken und Schauen, zu Essen gibt es die üblichen Sandwiches.

Nachtleben

Bei allen Etablissements ist eine gewisse **Vorsicht** angeraten, denn Schlepper und zwielichtige Gestalten beiderlei Geschlechts tummeln sich im Nachtleben auf der Suche nach einem Drink, ein wenig „Zuneigung" oder Geld.

- **El Floridita – Cuna del Daiquiri,** Obispo No. 557, esq. Monserrate (Av. de Bélgica). *Hemingways* zweite Lieblingsbar enttäuscht. Hier geht es zwar edel und gesittet zu – wenn nicht gerade die Touristenbusse davor halten –, aber es ist kalt, so kalt, dass man sich einen Pullover wünscht. Der Daiquiri kostet genauso viel wie der Mojito, nämlich 6 CUC, was überteuert ist. Da nützt auch der rot gewandete Ober nichts, hier sind die Touristen unter sich.
- **Bar Monserrate,** Montserrate, esq. Obrapia. Die bessere Option: Einen Blick in die Floridita-Bar werfen und sich dann hierher begeben – hier trinken die Cubaner.
- **Casa de la Música,** Calle Galiano, e/Neptuno y Concordia, 16–19 und 22–3.30 Uhr, Mi–So 22 Uhr Konzert mit Vorgruppe. Disco, Salsa. Eintritt: 10–25 CUC, Mo, Di nachmittags 5 CUC.
- **Kellerdisco** im Hotel *Deauville,* Malecón, e/Galiano, nur Einheimische, bis 3 Uhr morgens, 3 CUC.
- **Centro Andalúz,** Prado 104, e/Genios y Refugio, Tel. 8636745. Hier gibt es an Wochenenden eine **Flamencoshow,** kann man auch vom Prado aus sehen, ansonsten solide spanische Küche.
- **Casa de la Trova,** Calle San Lázaro 661, e/Gervasio y Belascoaín, Tel. 8793373, freitags Konzerte.
- **Palacio de la Rumba,** San Miguel, e/Aramburu y Hospital, allerlei Musikveranstaltungen.

Theater

Ein Theaterbesuch ist auch für nicht Spanisch Sprechende ein Erlebnis.

- **Gran Teatro de La Habana,** Garcia Lorca, Paseo de Martí 458, Tel. 613078. Bekanntestes und eines der schönsten Theater La Habanas, 1915 im Neobarock errichtet; der mit üppigen Säulen dekorierte Saal fasst bis zu 2000 Personen. Hier tritt das Ballett von *Alicia Alonso* auf – empfehlenswert! Tagsüber Führungen.
- **Teatro José Martí,** nach dem baskischen Gründer hieß es 1884 erst *Irijoa* und war ursprünglich eine Operettenbühne. Als die Amerikaner kamen, hieß es *Eden Garden* und wurde zum Sitz der Verfassung gebenden Versammlung. Heute ist es wieder ein prächtiges Theater. Prado, esq. Dragones.

Einkaufen

- Gegenüber der Bar *Monserrate* in der Monserrate gibt es einen **Geldautomaten.**
- **Galeria La Acacia,** San Martín 114, e/Industria y Consulado, Centro Habana, Tel. 39364. Geöffnet Mo–Fr 10–15.30 Uhr, Sa 10–13 Uhr, Bilder der wichtigsten cubanischen Maler der Gegenwart.
- **Palacio Pedroso,** heute **Palacio del Artesania,** Calle Cuba 64, beherbergt kleine Läden mit cubanischem Handwerk, sowie T-Shirts und CDs mit cubanischer Musik, geöffnet 9–19 Uhr.
- **Supermarkt Isla de Cuba,** gut ausgestattet, in der Máximo Gómez, esq. Factoría, außer sonntags 10–18 Uhr geöffnet.
- **Souvenirs,** in der San Rafael, e/Aguila y Ave de Italia, großer Markt.
- **Calle Neptuno** und **Boulevard de San Rafael,** sind die bevorzugten Einkaufsstraßen der Einheimischen, hier sind eine Menge kleiner Läden.
- **Manzana de Gómez,** war das erste Einkaufszentrum, das im 20. Jh. in La Habana gebaut wurde. Es ist der ganze Block zwischen Neptuno, San Rafael, Zulueta and Monserrate, von diagonalen Gängen durchzogen. 2015 war eine Totalsanierung im Gange. Nach der Renovierung soll es ein großes Hotel in dem Komplex geben.

089cu kh

■ **Antiquariat,** Progreso oder Empedrado, e/Ave. de las Misiones y Zulueta. Cubanische und ein paar internationale Titel.

■ **Zigarrenfabrik Partagas,** hinter dem Capitolio, Industría 520, e/Barcelona y Dragones, Mo–Fr zwischen 9 und 15 Uhr finden hier Führungen in Spanisch/Englisch statt. Es wird die Produktion einer guten Zigarre vom Blatt bis zur Verpackung erläutert, und selbstverständlich können die unterschiedlichen Marken hier auch gekauft werden. Die Teilnahme kostet 10 CUC, ist aber eine ziemlich touristische Angelegenheit mit singenden Arbeitern und guten Vorlesern.

■ **Zigarrenfabrik José Martí,** *H. Upman,* Calle Belascoain, e/Penalver y Desague, Eintrittskarten für die Besichtigung der Zigarrenfabrik gibt es im Hotel *Saratoga.*

⌃ Der Malecón im Centro

Vedado

Die äußere Grenze von Vedado ist der **Malecón,** diese wunderbare Straße, die man immer wieder besuchen muss, am besten abends, wenn die Sonne im Meer verschwindet und die Paare auf der Ufermauer sitzen und dem Schauspiel zuschauen. *Avenida del Golfo* hieß sie ursprünglich und wurde mit der aufstrebenden Stadt so etwas wie ein Symbol. Im westlichen Teil um die Avenida de los Presidentes stehen noch viele alte Villen.

La Rampa oder die „23" *(veintitrés)* ist die Hauptschlagader des modernen La Habana. Sie beginnt am *Hotel Nacional* und ist das lebhafteste **Einkaufszentrum** der Stadt. Im unteren Abschnitt befinden sich neben Geschäften auch zahlreiche Hotels, Niederlassungen von Fluggesellschaften, die Zentrale des staatlichen Reisebüros *Cubatur* sowie das berühmte Hotel *Habana Libre*. Außerdem steht hier der Cubanische Pavillon, der die Landesgeschichte anhand von Objekten, Fotos und seiner eigenen Architektur darstellt.

Sehenswertes (Malecón)

Torreón de San Lázaro

Auf dem Malecón, kurz vor der Rampa, steht diese Anlage aus dem 16. Jh. Sie diente dem **Schutz vor Piraten.** Heute stemmt sich der kleine Turm gegen den tosenden Verkehr.

Denkmal für die Opfer der Maine

Nachdem das **US-Kriegsschiff 1898** im Hafen explodierte, wurde das Denkmal unterhalb des *Hotel Nacional* am Malecón gebaut. Vor der Revolution hatte es noch einen Adler an der Spitze. Die Inschrift bezieht sich noch auf die Theorie, dass der amerikanische Geheimdienst das Schiff selbst in die Luft jagte, um einen Grund zur Intervention zu haben. Diese These wurde jedoch später durch Untersuchungen widerlegt.

Sehenswertes (Ave. de los Presidentes)

Museo de Arte Colonial

Ein Sammler hat in seinem Palast ein **Kolonialmuseum** eröffnet. So gibt es beispielsweise ein Zimmer im chinesischen Stil. Calle 17, No. 502, e/Calle D y Calle E, 5 CUC.

Casa del Vedado

Eine typische Villa der 1920er Jahre an der 23, No. 664, e/D y E. Von außen wie die anderen Häuser der Umgebung, aber hier ist ein **soziokulturelles Projekt** heimisch. Das Herrenhaus schenkte der Kaufmann *Manuel Campa* seiner Tochter. Nach ihrem Tod ging es an das Amt für Denkmalschutz. 2007 wurde es wiedereröffnet, im Zuge des Tourismusprojektes „Routen und Wege", das auf die Geschichte der Stadtarchitektur hinweisen sollte. Um 10, 11.30 und 15 Uhr werden Führungen durch die Räume und den Garten angeboten, Eintritt frei, Spenden sind willkommen.

Museo de la Danza

Alles über den **Tanz auf Cuba,** Linea 251, esq. Ave. de los Presidentes, Dienstag bis Sonntag, 11–18 Uhr, 4 CUC.

Parque John Lennon

Dem Ex-Beatle wurde hier vom Bildhauer *José Villa Soberón* ein offizielles Denkmal gesetzt, weil er in seinen Songs kritisch mit Amerika umgegangen ist. Die **Bronzefigur** des Musikers sitzt lässig und lebensgroß auf einer Parkbank. Calle 17, e/6 y 8. Da *Lennons* Brille immer geklaut wurde, hat sie der Parkwächter in Verwahrung.

Vedado

0 200 m

Unterkunft
10 Hotel Meliá Cohiba
11 Hotel Riviera
14 Hotel Presidente
21 Hotel Victoria
23 Hotel Capri
25 Hotel Nacional
28 Vedado
29 Hotel St. John's
32 Hotel Habana Libre
33 Hotel Colina

Essen und Trinken
1 Bar Bohemia
2 Paladar Doña Juana
3 Café Madrigal
7 Restaurant Decameron
9 Paladar Atelier
15 Porto Habana
16 El Idilio
17 El Hurón Azul
18 Paladar Monopoly
19 Restaurant El Conejito
20 Restaurant La Torre
21 La Roca
22 Café Laurent
24 Restaurant Monseigneur
31 Heladeria Coppelia

Nachtleben
5 Casa de la Amistad
10 Habana Café
11 Copa Room
12 Jazz Café
23 Salon Rojo
25 Cabaret Parisién
27 Jazzclub La Zorra y el Cuervo
32 Cabaret Turquino
34 Café Cantante mi Habana, Bar El Delirio Habanero
35 El Chevere (Freiluftdisco)

Sehenswertes (Plaza de la Revolución)

Plaza de la Revolución

Der Platz stellt das politische Zentrum Habanas dar. Er wird von einem 142 m hohen Obelisken mit einem **Denkmal José Martís** aus den 1920er Jahren beherrscht. Die Säule mit dem 5-zackigen Grundriss wurde aus Stahlbeton errichtet und mit 10.000 Tonnen weißen Marmors verkleidet. Um den Platz herum liegen die wichtigsten Ministerien, das Nationaltheater und die **Nationalbibliothek** mit einem Bestand von einer Million Büchern. Man kann manchmal für 5 CUC mit dem Lift an die Spitze des Monuments fahren und den atemberaubenden Blick auf die Stadt genießen. Im Sockel ist ein kleines **Museum** über das Leben und Wirken von *José Martí* untergebracht, 3 CUC Eintritt.

Zu der allseits bekannten Silhouette von *Ché Guevara* an der Stirnseite des Innenministeriums ist 2009 die von *Camilo Cienfuegos* hinzugekommen. *Enrique Avila* schuf auch sie für das Informationsministerium, wo extra eine Blindwand vor die Fassade gebaut wurde, um die beiden Porträts anzugleichen.

Universität

Sie liegt von Grün umgeben auf einem Hügel. Das **neoklassizistische Gebäude** wurde 1902 bezogen. Ursprünglich gab es vier Fakultäten: Philosophie, Judisprudenz, Medizin und Arzneikunde. 1933 erzwangen die Studenten die Selbstverwaltung, und in den 1950er

Jahren wurde die Universität zur Brutstätte des Aufruhrs gegen die Diktatur.

Nationaltheater

Modernismus pur setzten *Nicolás Arroyo* und *Gabriela Menéndez* Ende der 1950er Jahre in Szene. Die zwei trapezförmigen Säle sind in der Mitte im Bühnenbereich durch einen quaderförmigen Riegel verbunden und von außen erkennbar. Es gibt zwei Frontfassaden mit separaten Zugängen, sodass sich das Publikum nicht stört. Der Zugangsbereich des großen Saals ist durch die Glasfassade von der Straße aus sichtbar. Das Haus wurde 1960 eröffnet, dann aber wieder geschlossen, um die Technik zu installieren; die endgültige Eröffnung war dann 1979. Carlos Manuel de Céspedes, esq. Paseo, Plaza de la Revolución.

090cu kh

Museo Antropológico Montané

Auf dem Unigelände werden Sammlungen aus **Cubas Frühgeschichte,** hauptsächlich der Taínos und der Siboneys aufbewahrt.

Necrópolis Cristóbal Colón

Dieser **Friedhof** mit seinen rund 800.000 prunkvollen Grabstätten zählt zu den wichtigen kulturellen Stätten Amerikas. Die parkähnliche Anlage von 1868 ist von Alleen durchzogen, in der Mitte liegt eine Kapelle. Nicht selten werden die Gräber von Marmorskulpturen geschmückt. Einige Grabstätten sind arg verfallen, andere wurden renoviert. Die Skulptur der *Amelin de Milagrosa* ist zu einer Wallfahrtsstätte geworden. Die schwangere Frau, die hier begraben liegt, soll bei der Exhumierung ihr Kind im Arm gehalten haben. Nun pilgern die Cubaner hierher, um für ein weiteres Wunder zu beten. Der Eingang, ein großer Bogen von 1904, ist von der Zapata, esq. Calle 12, ein Lageplan der berühmten Grabstätten hängt am Eingang, geöffnet 8–20 Uhr, 1 CUC.

Freizeitvergnügen auf dem Río Almendares

Parque Almendares

Ein Erholungsgebiet am gleichnamigen Fluss in Höhe der Calle 23. Es gibt ruhige Bänke am Ufer, schattige Pflanzen und allerlei Unterhaltsames wie Ruderbootverleih und das Anfiteatro, wo moderne Musik gespielt wird, Reggae oder Elektronik am Freitagabend und Rap am Samstag. Auch Essensstände finden sich hier und das Restaurant *Club Almendares,* Calle 47 C, esq. a 28 A.

Gebäude im Art-déco-Stil

Art-déco-Freunde können mehrfach fündig werden, z.B. in der Ave. G (Ave. de los Presidentes), e/9 y 11. Hier steht das **Hospital Municipal de Maternidad América Arias** von 1935. Das Glasdach in der Haupthalle ist allerdings vom Stil her eher klassizistisch.

Ein weiterer Bau dieser Art ist die **Clínica de Dependientes** von 1938 in der Calzada de diez de Octubre 130, esq.

Spuren einer Seeschlacht auf dem Friedhof Colón

Auf dem Friedhof Cristóbal Colón befindet sich ein Grabstein für die **Opfer des Deutsch-Französischen Krieges von 1870/71.** Vor der Küste von La Habana ereignete sich damals ein Gefecht zwischen den beiden verfeindeten Staaten. Am 7.11.1870 lief das kleine deutsche **dampfgetriebene Kanonenboot „Meteor"** in den neutralen Hafen von La Habana ein. Kurze Zeit später folgte der französische Kriegsgegner in Gestalt des schnellen, **schwer bewaffneten Seglers „Bouvet".** Nach einigen Drohgebärden beider Schiffe segelte das französische wieder aus dem Hafen hinaus. Der spanische Hafenmeister erlaubte den Deutschen erst einen Tag später die Ausfahrt, doch die „Bouvet" wartete zehn Seemeilen nördlich auf das deutsche Kanonenboot. Sie ging vor der Hafeneinfahrt nach einem kurzen Schusswechsel auf Kollisionskurs, was vom deutschen Kapitän zu spät erkannt wurde. Die Schiffe schrammten längsseits aneinander, wobei der „Meteor" außer einem Teil der schweren Kanonen zwei Masten abgerissen wurden (die es trotz der Dampfmaschine noch gab). In dem Durcheinander erschossen die Franzosen mit Gewehren zwei deutsche Seeleute und den Steuermann. Damit sich die Takelage nicht in die Schraube wickelte, musste die „Meteor" abdrehen und die Maschine stoppen. Es kam zu einem Schusswechsel mit den noch einsatzfähigen Kanonen beider Schiffe.

Die „Bouvet" setzte nach einem Kesselschaden die Segel und floh in den Hafen, die Meteor wurde von einem spanischen Schiff an der Verfolgung gehindert, da La Habana damals noch der spanischen Krone unterstand und Kampfhandlungen fremder Staaten in spanischen Gewässern nicht geduldet wurden. Die toten Seeleute wurden auf dem Friedhof Cristóbal Colón beigesetzt und später nach Deutschland überführt.

Alejandro Ramírez. Sie hat eine sehenswerte Eingangshalle mit Art-déco-Säulen und Flieseneinlegearbeiten im Romagnosa Pavillon.

Wem das nicht reicht, der kann sich noch das **Apartmenthaus López Serrano** in der 13, No. 108, Ecke Calle L ansehen. Innen wie außen ein Bilderbuch-Art-déco.

Die **Casa de las Americas** liegt an der Avenida de los Presidentes, e/2 y 5, sie dient als Kongresszentrum. Es gibt es eine Sammlung lateinamerikanischer Kunst und etwas Ob Art *(Vasarely)* und den „Baum des Lebens" ein 6 m hohes Keramikrelief aus Mexico im Saal.

Quinta de los Molinos. Avenida Salvador Allende, esq. Luaces. Die ehemalige Residenz im Garten von General *Máximo Gómez* wird renoviert. Ursprünglich standen tatsächlich die namensgebenden Mühlen hier, sie mahlten Schnupftabak für die *Real Fáctoría de Tabaco* der spanischen Krone.

Praktische Tipps

Unterkunft

Die Hotels am Malecón sind in der Regel laut und die modernen sind eher schlichte, aber komfortable Klötze. Der Weg in die Altstadt ist weit, allerdings sind die Jazzclubs schnell erreicht.

Hotels

- **Colina** (Islazúl) ②, Calle L 501, e/27 y Jovellar, Tel. 8332065. Die Billigherberge mit 79 Zimmern liegt gegenüber der Universität und zwei Straßen von La Rampa entfernt. Mit Wechselstube und 24-Stunden-Cafeteria, man sollte sich vorher die Zimmer ansehen.
- **Nacional** (Gran Caribe) ④, Calle 0, esq. 21, Vedado, Tel. 8363564-67, www.hotelnacional-cuba.com. Luxushotel der 1920er. Hier trafen sich Leinwandgrößen, und Politiker. Davon zehrt es noch heute, der Rest ist eher mäßig. Allerdings finden sich hier einige touristische Einrichtungen und ein großer Pool.
- **Capri** (NH) ④, Calle 21, esq. N e/N y 0, Tel. 8397200, www.nh-hoteles.de. Berühmtes Hotel aus den 1950er Jahren, lange Zeit geschlossen, nun ist es wieder eröffnet. 220 Zimmer, viele mit Blick zum Malecón. Pool auf dem Dach, Parkhaus.
- **St. John's** (Gran Caribe) ③, Calle 0 216, e/23 y 25, Tel. 8333740. 20 m von der Calle 23 entfernt. Im obersten Stockwerk befinden sich ein Pool und eine alte Bar. Alle 78 schlichten Zimmer mit Bad und AC, ziemlich in die Jahre gekommen.
- **Victoria** (Gran Caribe) ③, Calle 19 esq. M., Tel. 8333510, www.hotelvictoriacuba.com. Ein 30-Zimmer-Luxushotel in einem Haus aus den 1920er Jahren, mit Pool und kostenlosen Parkplätzen. Kleine Zimmer, innen abgewohnt, aber ruhige Lage.
- **Vedado** (Gran Caribe) ③, Calle 0, esq. 25, Tel. 8364072. Großes 5-stöckiges Hotel in einem 1950er-Jahre-Haus, kleine Zimmer, Pool, Autovermieter, für das Geld nicht schlecht, laut von der Rampa her. Taxi zum Flughafen 25 CUC.
- **Meliá Cohiba** (Sol melia) ④, Paseo, e/Calle 1 y 3. Tel. 8333636. Das 22-stöckige Haus hat einen gehobenen Standard mit kleinen Fehlern. Allerdings sieht es von außen etwas schlicht aus und hat nicht das Flair der „roaring twenties". Es hat 460 Zimmer und in der Halle gibt es diverse Einkaufsmöglichkeiten, schnelles WLAN für 8 CUC die Stunde und einen großen Pool. Die oberen Etagen *(Club Real)* sind eher Luxus.
- **Riviera** (Gran Caribe) ③, Paseo, esq. Malecón, Tel. 8364051, www.hotelhavanariviera.com. Den berühmten Luxusbau hat 1957 der Mafiaboss *Meyer-Landsky* bauen lassen. Äußerlich war der y-förmige, 17-stöckige Bau nicht so aufregend, es war aber das erste große Hotel, das statt der „Rappelkisten" an den Fenstern eine zentrale Klimaanlage be-

saß. 354 Zimmer, teilweise mit Meerblick, Swimmingpool, Restaurant, Wechselstube etc. Vor dem Hotel liegt das kugelförmige Spielkasino, das heute anderen Zwecken dient. Es gibt einen großen Pool, nur könnte das Haus mal saniert werden.

■ **Habana Libre** (Solmelia/Tryp) ④, Paseo (Calle L), esq. La Rampa (23), Tel. 8346100. Das 25-stöckige Hochhaus wurde 1958 als Hilton gebaut und nach der Revolution enteignet. Nicht wirklich gepflegt, aber die Zimmer sind groß und haben oben einen guten Blick, die Lobby ist immer voller Leute, im Seitenflügel sind einige Geschäfte.

■ **Hotel Presidente** (ROC) ③, Ave. de los Presidentes esq. Calzada 110, Tel. 8381801-04. In den 1920ern Luxus, heute nach der Renovierung wieder Luxus, Marmor, edle Kunst und ganz viel Flair. 158 Zimmer, zwei Restaurants, Cafeteria, Snack-Bar, Bar, kleiner Pool, allerdings sind die Straßengeräusche etwas laut.

Privat

■ **María de las Alvárez,** Calle 28 No. 172, e/17 y 19, Tel. 8302607, 8313382. Das alte Haus hat einen ruhigen Garten und eine weitläufige Veranda zum Ausruhen. Das Zimmer ist villengemäß groß und verfügt über ein Bad. 25 CUC. Von hier fahren Busse für 40 Centavos in die Stadt. Privatparkplatz vorhanden. Die Hausherrin besitzt acht Hunde.

■ **Villa Babi,** Calle 27, e/6 y 8, Tel. 8306373. Die Filmproduzentin und Witwe des Regisseurs *Tomás Gutiérez Alea* vermietet zwei Zimmer mit Bad in ihrem mit Kunst und Kram vollgestopften Haus, mit Terrasse, ab 25 CUC.

■ **Jorge L. Cortada,** Marina 155 e/25 y Príncipe, 4to piso, apto 1, ein großes Apartment am Malecón mit Aussicht. Komplett 60 CUC, ein Zimmer mit Bad und Küche 35 CUC. Tel. 8274407, 8704687.

■ **Ana María Farinas,** Salvador Allende 1005, e/ Requena y Almendares, Tel. 8782946, 2 Apartments mit separaten Eingängen, DZ 20–25 CUC.

■ **Magali Sevila Leyva,** Calle 13, Nr. 1207, apto 4, e/ 18 y 20, Tel. 8334114. Nähe Malecón, Zimmer mit Bad und AC, ab 25 CUC.

■ **Casa Blanca Lodging,** Jorge Luis Duany, Calle 13 No. 917 e/8 y 6, Tel. 8335697, http://cadr1.tripod.com. Zimmer mit Bad und AC im ersten Stock eines Kolonialhauses Nähe der Linea, Parkplatz vorhanden, der Besitzer spricht Englisch, 20 CUC.

■ **Graciela Hernández,** Calle 21 No. 802, e/2 y 4 apto. 25, 6to piso, Tel. 8334911. Von der Dachterrasse aus hat man einen Rundblick auf die Stadt. 2 DZ 30 CUC, großes Frühstück 5 CUC.

Essen und Trinken

Wer von der Altstadt den Malecón nach Vedado läuft, findet eine ganze Reihe kleiner Gaststätten.

■ **El Conejito,** Calle M 206, esq. Calle 17. Spezialisiert auf Kaninchen, edles Ambiente, von 12 Uhr bis Mitternacht, für Cuba ziemlich hohe Preise.

■ **Porto Habana,** Calle E, 158 B, Piso 11, e/Calzada y 9na, Tel. 8331425, 8331425, täglich 12–24 Uhr. Im 11. Stock eines 1950er-Jahre-Wohnhauses, toller Blick, gutes Essen, nette Leute, vorwiegend kreolische Küche, ab 6 CUC. Wer tagsüber reservieren will, beachte die Anweisungen auf dem Klingelschild, abends gibt es eine Concierge.

■ **Monseigneur,** Calle 21, esq. Calle O, gegenüber *Hotel Nacional.* Edleres Restaurant mit Pianobegleitung. Die Languste kostet 30 CUC. 12–1 Uhr.

■ **El Cocinero,** Calle 26, e/11 y 13, Tel. 8322355, auf der Dachterrasse einer ehemaligen Fabrik für Speiseöl, kurz vor der Almendares-Brücke, schön bei Sonnenuntergang.

■ **Restaurante 1830,** Calzada 1252. Hervorragende Meeresfrüchte, mit Blick über die Bucht, bietet die in Vedado am westlichen Ende des Malecón gelegene Festung. Die Preise sind hoch, sie entsprechen dem Stil des Hauses. Geöffnet ab Mittag bis 22 Uhr, danach gibt es Tanz im Garten.

■ **La Torre,** Calle 17 No. 55, e/M y N. Nicht zu verfehlen, denn es liegt im *Edificio Focsa,* dem höchsten Haus La Habanas. Das Restaurant ist im 33.

Stock, man speist mit Blick auf die Stadt, was für den Service entschädigt. Geöffnet von Mittag bis 23.30 Uhr. Es gibt noch eine Bar, in die man sich nach dem Essen begeben kann. Mittlere Preisklasse.

- **La Roca,** Calle 19, esq. M. Gutes Essen in schöner Atmosphäre, Menüs für 5 CUC.
- **Bar Bohemia,** Calle 21 No. 1065, e/12 y 14 (die Calle 21 fast bis zum Friedhof fahren), Tel. 8336918, Tapasbar in einer kolonialen Villa, hier speist man stilvoll.
- **Café Madrigal,** Calle 17 No. 809, e/2 y 4, Tel. 8312433, ist mehr eine Bar im 1. Stock mit allerlei buntem Volk.
- **El Hurón Azul,** Humboldt 153, esq. Calle P. Hier ist es oft voll, hervorragendes Essen um15 CUC, es gibt einen Aufschlag für Bedienung. Geöffnet von 12 Uhr bis Mitternacht.
- **Café Laurent,** Calle M 257 e/19 y 21 (Penthouse). Reservierung Tel. 8312090, http://cafelaurent.ueuo.com/. Tolles Restaurant im 1950er-Jahre-Stil der oberen Preisklasse mit herrlichem Blick von der Terrasse.
- **Restaurant Decameron,** Línea 753, e/Paseo y Calle 2, renovierungsbedürftig von außen, aber fabelhafte Küche zu noch moderaten Preisen (Hauptgericht ab 11 CUC, Pizza ab 4,50 CUC).
- **Heladeria Coppelia,** diese berühmte Eisdiele liegt seit 1967 im Park Rampa, esq. Calle L. Sie sieht aus wie ein Ufo und war im Film „Erdbeer und Schokolade“ zu sehen. Es bilden sich lange Schlangen an den Eingängen. Die 70 Angestellten haben alle Hände voll zu tun. Touristen sollen ihr Eis an einem Extrastand außerhalb des UFOs bekommen, aber es macht mehr Spaß, sich mit den Habaneros einzureihen. Leider gibt es Aufpasser, die die Touristen zu dem kleinen Devisen-Eisstand führen wollen. Mir schmeckt das Cubaner-Eis besser. Wer auf den Rummel keinen Wert legt, zahlt bei Eisständen in den umliegenden Straßen für die Portionen höchstens die Hälfte.
- **El Idilio,** Calle G 351, esq. 15, Tel. 8307921, kleines Restaurant mit guter Küche, täglich von 12–24 Uhr, Hauptgerichte ab 11 CUC, Wein auch glasweise.

Paladares

Ein Menü bekommt man in der Regel ab 10 CUC. Es gibt nur selten eine Speisekarte, daher sollte man sich vorher über den Preis vergewissern.

- **Doña Juana,** Calle 19 No. 909, e/ 6 y 8, 1. Stock. Das Haus ist an den roten Säulen zu erkennen. Eine Außentreppe führt hinauf, Küche cajun-cubanisch, Tel. 8322699, Mo–So 11–23.30 Uhr.
- **Las Mercedes,** Calle 18, No. 204, e/Calle 15 y 17, Tel. 8315706. Schöner Garten, gutbürgerlich-karibische Küche. Immer gut besucht, daher Vorbestellung nötig. Geöffnet: von 12 Uhr bis Mitternacht.
- **Monopoly,** Calle K 154, e/Línea y Calle 11. Die Antiquitäten im Haus wurden nicht mit Spielgeld angeschafft. 12 Uhr bis Mitternacht geöffnet.
- **Paladar Atelier,** Calle 5ta, No. 511 altos, e/Paseo y 2, Tel. 8362025, www.atelier-cuba.com. Die Villa war einst das Herrenhaus von einem Senator der neokolonialen Republik und bietet nun ein einzigartiges Ambiente mit Verwöhnküche, zelebriert auf altem Geschirr in der Ruhe des Hauses. Das Wort „Paladar“ führt in die Irre, es handelt sich um ein gehobenes Restaurant.

Nachtleben

Man muss sich immer im Klaren sein, dass Orte, an denen Ausländer dem Alkohol zusprechen, die ärmere Bevölkerung auf der Suche nach einem Freigetränk oder mehr anziehen. Man sollte sich nicht von Fremden zum Rumtrinken überreden lassen.

- **Casa de la Cultura,** Calzada 909, esq. Calle 8, Tel. 212023, Veranstaltungen in alter Villa, außerdem Zentrale des Jazzfestes, großer Innenhof für Veranstaltungen.

Casa de la Amistad, Paseo 406, e/17 y 19, Tel. 8302468, Mi, Sa Konzerte, im Obergeschoss kleine Terrasse.

Café Cantante mi Habana, Paseo, esq. 39, Tel. 8335713. Niedrige Räume. Im Keller des Nationaltheaters an der Plaza de Revolución. Konzerte, Disco; viele Studenten. Eintritt ab 10 CUC. Täglich 22 Uhr bis meist 4 Uhr früh.

Cabaret Turquino, im Hotel *Habana Libre,* Calle L, Tel. 8554011. Cabaretshow, danach oft Disco und Konzerte, im 26. Stock, das Dach kann elektrisch geöffnet werden, Eintritt 10–15 CUC, teure Drinks, touristische Angelegenheit.

Cabaret Parisién, im *Hotel Nacional,* Calle 21 und Calle 0, Tel. 8363663. Fr–Mi ab 21 Uhr, Show 22–0.30 Uhr, Eintritt 35 CUC. Ein erfolgreiches Varieté mit großem Kostümaufwand, teilweise in spanischer Sprache. Eine Alternative zum *Tropicana.*

Habana Café, am Hotel *Meliá Cohiba,* Ave. Paseo e/1ra y 3ra, Tel. 8333636. Restaurant, Konzerte, Disco, int./Salsa, Eintritt 10 CUC, gute Show ab 21.30 Uhr.

Jazz Café, 1ra y Paseo, Tel. 8553556. Jazz-Club, tagsüber Konzerte, abends auch Restaurant mit Bar, im 3. Stock der *Galerías de Paseo,* inkl. Essen und Getränke bis 10 CUC.

El Delirio Habanero, Bar and Jazzclub am Teatro Nacional, Tel. 8784275, Plaza de la Revolución, Paseo y Calle 39, mit Fenstern zum Platz, Cubaner und Touristen, Cocktails, kleine Gerichte, geöffnet ab 22 Uhr, Eintritt ab 10 CUC.

La Zorra y el Cuervo, Calle 23, No. 155, e/N y 0, Tel. 8332402. Ein ganz toller alter Jazz Club, gute Konzerte ab 23 Uhr, Eintritt 10 CUC inkl. 2 Drinks, bei Touristen sehr beliebt.

Salon Rojo, am *Hotel Capri,* Calle 21, esq. N, Tel. 8333747, Disco, int./Salsa, bis 2 Uhr.

El Chevere, Parque Almendares, Calle 49A, esq. 28A, Freiluftdisco. Hier trifft man sowohl Touristen als auch Einheimische. Ab 22 Uhr, 6–10 CUC, www.club-salseando-chevere.com.

Palacio de la Rumba, San Miquel 860, e/ Hospital y Aramburu, Show und Konzert.

Theater

Teatro Julio Antonio Mella, Linea 657 e/A y B, Tel. 8338696. Auch Musicals, 1950er-Jahre-Bau. Im schattigen Garten spielen am Nachmittag oft heimische Künstler, Getränke zu akzeptablen Preisen.

Teatro Nacional de Cuba, Paseo 39, Tel. 8793 558, siehe „Sehenswürdigkeiten".

Einkaufen

Fundación Ludwig: Calle 13, No. 509, Tel. 8333 588. Die Stiftung arbeitet mit 80 jungen cubanischen Künstlern zusammen.

Karten: *Geocuba,* topografische Karten gibt es in der Loma, esq. Calle 39. Der Verlag vertreibt seine Karten auch über die üblichen Buchläden.

Supermarkt: an dem Edificio Fosca, Calle 17, esq. Calle M. Wochentags 9–18 Uhr.

Eine weitere Einkaufsmöglichkeit sind die **Galerías de Paseo** gegenüber dem Hotel *Meliá Cohiba* am Ende des Paseo.

Kunstmarkt: Calle 23, e/N y M, der übliche Tand, aber vielleicht findet sich ein Mitbringsel.

Bauernmarkt: Calle 19, esq. Calle B. Hier kauft man Obst und Gemüse für Pesos.

Miramar

Im Westen der Stadt gelangt man in das **Botschaftsviertel** Miramar, das vor der Revolution ein gepflegtes Wohngebiet der Reichen war. Die sind während der Revolution dann über Nacht in die USA entschwunden, sodass *Castro* die Häuser beschlagnahmen und umfunktionieren konnte. So wurden daraus Botschaften, Konsulate, Gästehäuser, Schulen und Regierungsgebäude.

Miramar
0 400 m
©Reise Know-How 2016
Cuba 06
Unterkunft
1 Club Acuario
2 Hotel Occidental
5 Panorama Hotel Havana
6 Hotel Comodoro
7 Neptuno/Tritón
8 Hotel Copacabana
10 Mirazul
20 Hotel Riviera
26 Hotel El Bosque
32 Hotel San Alejandro
Essen und Trinken
11 Paladar La Carboncita
12 Restaurant Dos Gardenias
13 Paladar El Aljibe
14 El Tocororo
16 Paladar La Fontana
18 Paladar Rio Mar
19 Restaurante 1830
21 Paladar Las Mercedes
22 El Cocinero
24 Rest. El Lugar
28 Paladar Los Cactos de 33
Nachtleben
3 Bar La Cecilia
8 Club Ipanema
15 Bar La Maison
17 Río Club
20 Copa Room
23 Casa de la Música Miramar
25 El Chevere (Freiluftdisco)
27 Salon Rosado La Tropical
29 Tropicana
30 Open-Air-Disco Macumba
31 Club Macumba Habana
Einkaufen/ Sonstiges
4 Supermercado 70
9 DHL Express
15 Warenhaus La Maison
Florida-Straße
Fuerte de Santa Dorotea de la Luna de la Chorrera
Teatro Carlos Marx
Casa de las Tejas Verdes
Botschaft der Niederlande
Fußgängerbrücke
Vedado
Schweizer Botschaft
Miramar
Meerwasseraquarium
CADECA
La Sierra
Parque Almendares
Bosque (Stadtwald)
Kolhy
Österreichische Botschaft
Playa
Almendares
Rosa Salon Benny Moré
Instituto Superior de Arte, Calle 226–Jaimanitas, Mariel
Río Almendares
Buenavista
La Ceiba
Alturas de Belén
Militärflughafen
Museo Nacional del Aire, Fabrica de Tabaco El Laguito
Curazao
Parque Lenin
Malecón
Linea
Avenida 1
Avenida 3
Avenida 5
Avenida 5B
Avenida 7
Avenida 9
Avenida 19
Avenida 29
Avenida 31
Avenida 41
Avenida 47
Avenida 51
Av. 25
Calle 7
Calle 10
Calle 12
Calle 20
Calle 23
Calle 26
Calle 28
Calle 30
Calle 42
Calle 58
Calle 60
Calle 70
Calle 84
Calle 100
116

Am besten sieht man sich die Pracht von einem Leihwagen aus an. Viele der ehemaligen herrschaftlichen Prunkvillen sind heute aber leider völlig verfallen und unbewohnt. Wenn die Miami-Cubaner wieder an die Macht kommen sollten, drohen allen ausländischen Firmen durch das amerikanische Helms-Burton-Gesetz harte Strafen, wenn sie sich in den Gebäuden niederlassen. Den Stadtteil erreicht man vom Malecón aus über zwei Tunnel unter dem Río Almendares. Wie der Tunél de Bahía im Westen, so ist auch dieser für Radfahrer verboten. Radler nehmen die Bahnbrücke südlich davon. Auch die Verlängerung, die Avenida 5ta, ist für Pedalisten bis zum Kreisverkehr (Calle 112) tabu.

In Miramar gibt es auch ein **Meerwasseraquarium,** das tropisch-maritime Fauna in verschiedenen Hallen zeigt, Shows und eine Bibliothek. Avenida 1ra, esq. 60, 7 CUC.

Kommt man aus dem Tunnel der 5ta Avenida, liegt rechts ein kleiner Park und dahinter eine große Villa, die man die **Casa de las Tejas Verdes** nennt, das „Haus der grünen Ziegel". Es ist komplett grün mit spitzen Türmchen, die mit grünen Dachziegeln gedeckt sind. Seit der Restaurierung 2009 ist das Haus ein Architekturzentrum. Dahinter liegt eine gestaltete Gartenanlage mit zwei Wasserbecken.

Sehenswert ist das **Instituto Superior de Arte,** die Kunstschule im Stadtteil Cubanacán. *Ricardo Porro, Vittorio Garatti* und *Roberto Gottardi* schufen ein organisches Gebilde aus Ziegelsteingängen, die die einzelnen kuppelförmigen Räume miteinander verbinden. Zu finden ist das Gelände, wenn man die 5ta Avenida stadtauswärts fährt und dann im zweiten Kreisverkehr die zweite Allee rausfährt (vor der Tankstelle), dann hinter dem Sportplatz die Straße mit dem Mittelstreifen links nimmt und dann die zweite Straße vor dem Wäldchen rechts (Calles 11, 23, 120, 134 y 146).

Unterkunft

Hotels

■ **Comodoro** (Cubanacán) ③-④, Ave. 3ra, esq. Calle 84, Tel. 2045551. 4-stöckiger Block mit 250 schlichten Zimmern und weiteren Zimmern in Bungalows, Pool. 4 Bars.

■ **Club Acuario** (Cubanacán) ④, bunte mehrstöckige Einzelhäuser an der Ave. 5ra, esq. Calle 248, Tel. 2047628, 170 Zimmer mit Blick aufs Meer, aber weit draußen auf dem Gelände der Marina Hemingway, mit Anlegestellen für Boote hinter den einzelnen Häusern. All inclusive.

■ **Hotel Occidental** ③, Avenida 5ra, e/Calle 73 y 76. Pool, Fitnessraum, Restaurants, mehrmals am Tag kostenloser Shuttlebus in die Stadt.

■ **Neptuno/Tritón** (Gran Caribe) ③, Ave. 3ra, esq. 74, Miramar Beach, Tel. 2041606 und 2040044. Tagungshotel, 266 Doppelzimmer in den zwei Hochhäusern, teils mit Meerblick. Das *Tritón* ist etwas teurer.

■ **Panorama Hotel Havana** (H10) ④, Ave. 3ra, esq. Calle 70, Tel. 2040100. 300-Zimmer-Haus mit Spiegelfassade. Geld abheben mit VISA-Kreditkarte möglich.

■ **El Bosque** (Gaviota) ①, Calle 28a, e/Ave. 49a y 49c, Tel. 2045637. Preiswertes, modernes Haus, nicht weit vom Almendares Park, Zimmer mit großen Bogenfenstern.

■ **Hotel Mirazul** ③, Ave. 5, e/Calle 36 y 40, Tel. 2040088. Schönes kleines Hotel mit 8 Zimmern, geleitet vom Bildungsministerium.

■ **Hotel Copacabana** (Cubanacán) ③, Ave. 1ra, e/44 y 46, Tel. 2041037. Mittelgroßes Hotel am Meer, allerdings kein Sandstrand, Pool, Restaurant, ziemlich ab vom Schuss und meist nur von Rundreisegästen besucht.

■ **Hotel San Alejandro** (Islazul) ③, Ave. 31, e/76 y 78, Marianao, Tel. 2742400. Weit draußen in der Nähe des Tropicana liegt dieses klassizistische Gebäude, das wie ein Regierungsgebäude aussieht. 78 Zimmer, Restaurant, Shop, Check-in ab 16 Uhr.

Privat

■ **Victoria Anaut Carmen,** No. 456, e/d'Strampes y Juan Delgado, La Vibora, Tel. 7413828. 15 CUC pro Zimmer, mit Bad, die Küche teilt man mit der Familie. Bushaltestellen in der Nähe, oder in 15 Minuten zur Calle 10 de Octubre laufen. Von hier mit dem Metrobus M6 Richtung Vedado.

■ **Casa Gina,** Calle 86, No. 526, e/Ave. 5 y 7, Tel. 2034034. Haus im Art-déco-Stil, 3 Zimmer mit separatem Eingang, 30 CUC.

■ **Casa Mercy,** Calle 68, No. 4111, e/41 y 43, Tel. 2036735. 2-stöckiges modernes Haus in der Nähe des Tropicana in den Höhen von Belén, um die Ecke ist ein Schnellimbiss. Apartment mit eigenem Eingang, Küchenzeile und AC. Garten und Garage. 35 CUC. Ein weiteres Zimmer mit AC im 1. Stock kostet 25 CUC.

■ **Casa Alojamiento Playa 16,** Ave. 1ra No. 1408, e/14 y 16, Tel. 2091091. Kleines Apartment im 1. Stock eines Hauses in Meeresnähe, eigener Eingang, AC und Kühlschank. 40 CUC.

Essen und Trinken

■ **Paladar El Aljibe,** Ave. 7 e/24 y 26, Tel. 20415 83. Seit rund 50 Jahren gibt es hier die „Pollo Ajibe", mit großer Weinauswahl, zu mittlerweile gehobenen Preisen, Hauptgerichte ab 12 CUC.

■ **Paladar La Fontana,** Ave. 3A No. 305, Tel. 2028 337. Eher ein Restaurant, aber der beste Grill von La Habana, bis morgens geöffnet, üppige Speisekarte, gehobene Preise.

■ **Paladar La Carboncita,** Ave. 3ra No. 3804 e/38 y 40, Tel. 2030261, in einem schönen Herrenhaus mit Speisesaal und Terrasse aus den 1950er Jahren, *Walter Ginevri* bietet seinen Gästen Pizzen und italienische Speisen im mittleren Preissegment, die Pizza ab 5 CUC.

■ **Los Cactos de 33,** Calle 36, esq. Ave. 33. Ein traditioneller Paladar, vollgestopft mit Erinnerungsstücken, einfache Küche zu moderaten Preisen (Lobster 20 CUC).

■ **Paladar Rio Mar,** Ave. 3ra y Final número 11, La Puntilla, Tel. 2094838. Auch eher teurer, aber man sitzt am Wasser mit herrlichem Blick auf das *Restaurant 1830* auf der Vedadoseite der Bucht.

■ **El Tocororo,** Calle 18, esq. Ave. 3ra., Tel. 2042 209. Koloniale Atmosphäre, etwas teuer, aber Küche und Service sind gut.

Nachtleben

Auch hier gilt, vorsichtig zu sein und Augenmaß zu bewahren, vor allem sollte man keines der Etablissements angesäuselt besuchen und sich auch nicht von Fremden zum Rumtrinken überreden lassen. In jedem internationalen Hotel gibt es eine Disco, hier ein paar besondere Lokalitäten:

■ **Tropicana,** in La Ceiba, Calle 72 y Línea de Ferrocarril, Marianao, Tel. 2671717. Der größte Nachtclub der Welt besteht seit 1931. Auch durch die härtesten Zeiten hat sich dieses Etablissement gehalten. Es hat eine besondere Atmosphäre, die im karibischen Raum ihresgleichen sucht. Reservierung ist wichtig, Karten ab 80 CUC bei *Cubatur,* das Essen ist jedoch nur Durchschnitt. 1939 eröffnete im Landhaus Mina ein Cabaret mit Kasino. Nachdem sich die Betreiber zerstritten hatten, kaufte *Martin Fox* die Villa und engagierte den berühmten Architekten *Max Borges,* der die Freiluftbühne mit kühnen Bögen überspannte. 1952 wurde das Gelände mit nun 1700 Plätzen wiedereröffnet. *Martin Fox* heiratete die Habaneserin *Ofelia Suárez,* die später in Hollywood als Schriftstellerin reüssierte. Ihr Haus dort wurde zum Treffpunkt für Exilkubaner.

■ **Club Ipanema,** im Hotel *Copacabana,* Ave. 1ra, e/44 y 46, Tel. 2041037. Disco, int./Salsa, am Wochenende 10 CUC Eintritt inkl. 1 Getränk, groß, Bar mit Meerblick.

■ **Copa Room,** im Hotel *Riviera,* Tel. 8364001. Cabaret im Stil der 1950er, täglich ab 22 Uhr.

■ **Dos Gardenias-Rincón del Bolero,** 7ma y 26, Playa, Tel. 2042353, 2049662. Restaurant, Konzerte, meist ab 24 Uhr.

■ **La Cecilia,** 5ta (Quinta) Avenida y 110. Täglich Freiluftrestaurant, manchmal Konzerte, hauptsächlich Reggaeton.

■ **Macumba Habana,** Calle 222, esq. 37, San Augustin, La Lisa, Tel. 2732318. Überteuerte Riesendisco, int./Salsa, Mo Modenschau, Do Konzerte, 10–20 CUC.

■ **Bar La Maison,** Calle 16, No. 701, esq. 7ma, Tel. 2041550. Show, Live-Musik in schöner alter Villa mit Garten.

■ **Casa de la Música Playa,** Ave. 20, No. 3308, esq. Calle 35, Tel. 2026147. Konzerte um 19 und 24 Uhr, Disco, Salsa, ab 10 CUC.

■ **Casa de la Música Miramar,** Ave. 31, esq. Calle 20, Tel. 2040447. Zweieinhalb Blöcke südlich des Almendares, Konzerte ab 22 Uhr, Eintritt ab 12 CUC.

■ **Río Club,** Calle A, No. 314, e/Ave. 3 y 5, Playa, Tel. 2093389. Show und Disco, int./Salsa, ab 2 CUC.

■ **Salon Rosado La Tropical,** Ave. 41 y 42, esq. 46 Kholy. Mi, Sa Konzerte, sonst Disco, wird von Touristen nicht besucht, man sollte nur hingehen, wenn man sich auskennt, ab 3 CUC.

Aktivitäten

Um die großen Hotels *Tritón* und *Comodoro* liegen einige touristische Einrichtungen, der Strand ist in diesem Bereich weniger aufregend. Im Viertel Cubanacan liegt **Cubas Messegelände,** deshalb wohnen in den Hotels oft Geschäftsleute. Die Av. 5ta führt meernah nach Westen zum Fischerdorf Jaimaitas. Danach kommt einer der berühmtesten Yachthäfen Cubas.

■ **Marina Hemingway** (Funkverbindung: HF 7462, VHF 16). Der Yachthafen, der *Ernest Hemingway* gewidmet ist, liegt in Santa Fe, ca. 20 Minuten mit dem Taxi in westlicher Richtung vom Stadtkern. Hier werden Angel-, Schnorchel- und Tauchausflüge angeboten. In der letzten Aprilwoche findet hier die Speedboat-Weltmeisterschaft statt. Ruhiger geht es im Mai und Juni sowie im August und September zu, wenn die Marlin-Angel-Wettbewerbe stattfinden. Der „Pesca de la Aguja" wurde 1950 von *Hemingway* persönlich ins Leben gerufen. Amerikaner müssen über Mexiko einreisen oder mit dem eigenen Schiff kommen. Die Geschäfte in dieser Gegend sind auf Yachtbesucher ausgerichtet. Am Ende dieses Bereiches wird die Küste wieder ruhiger.

■ **Playa El Salado** befindet sich noch weiter westlich in Richtung Mariel. Der kleine, geschützte Strand mit ruhigem, klarem Wasser und einigen felsigen Abschnitten eignet sich gut für ruhige Tage.

■ **Teatro Carlos Marx,** Avenida 1ra No. 1010, am Meer, Tel. 2030801. Internationale Musikveranstaltungen.

■ **Künstlerisch gestaltete Straße** von *José Fuster.* Er animierte seine Nachbarn, ihr Umfeld zu verschönern, was zu bewundern ist in der **Calle 226** esq. 3ra A, **Jaimanitas,** Tel. 2712932.

Einkaufen

■ **Einkaufszentrum La Maison:** Calle 16, No. 701, esq. 7. Großes Warenangebot, außerdem Cafeteria und Pool.

■ **Supermercado 70:** Ave. 3, esq. Calle 70. Eines der größten Kaufhäuser der Stadt, links hinter der russischen Botschaft. Auch sonntagmorgens auf.

Casablanca

Will man von der Altstadt nach Osten fahren, kann man seit über 40 Jahren den kurzen Weg durch den **Tunel de Bahía** nehmen. Die zwei Tunnelröhren haben französische Ingenieure aus Marseille geplant. Die Franzosen bauten drei Jahre daran und eröffneten das Bauwerk 1958. Die gleiche Firma modernisierte vor einigen Jahren die beiden Röhren. 25.000 Fahrzeuge benutzen die Strecke täglich und ersparen sich so etwa 25 km Umweg. Die Zahlstelle dahinter wird heute von der Polizei zur Kontrolle benutzt. Für Radfahrer ist der Tunnel verboten, sie müssen mit einem speziellen Bus durch den Tunnel. Dieses sitzplatzlose Gefährt hält am Park El Curita, esq. Dragones y Áquila. Fußgänger sollten entweder den Metrobus M1 benutzen, oder man nimmt sich ein Taxi von der Altstadt, etwa 1 CUC.

In den östlichen Ortsteil kommt man am besten mit einer der kleinen **Hafenfähren,** die alle paar Minuten für ein paar Pesos auf die andere Seite übersetzen. Aber Achtung: Jede zweite Fähre fährt zur Christusskulptur nach Casablanca. Da einmal versucht wurde, eine Fähre für die Flucht nach Miami zu kapern, sind die Sicherheitsvorkehrungen hoch. Die Anlegestelle ist schräg gegenüber dem Rummuseum. Das Eindrucksvollste ist der mächtige Christus aus weißem Marmor, der oben auf dem steilen Ufer steht und nach Süden schaut. Er wurde Ende der 1950er Jahre von einem einheimischen Bildhauer geschaffen.

In der Nähe von hier hat man einen schönen Blick über den Hafen und La Habana Vieja. Es gibt einen Imbissladen, wo man sich stärken kann. Links durch das Gatter führt ein Weg zur **Festung La Cabaña.** Wer mit dem Mietauto anreist, muss 1 CUC Parkgebühr berappen. Nebenan liegt das **Museo del Che** mit entsprechenden Exponaten.

Fortaleza de San Carlos de la Cabaña

Diese große Anlage beherbergt heute u.a. das **Lokal La Divina Pastora.** Es hat ziemlich hohe Preise, dafür bekommt man einen tollen Blick auf das abendliche Vieja mit Sonnenuntergang (12–23 Uhr, Tel. 8608341). Erbaut wurde das Gemäuer 1763 bis 1774. Zur Wasserseite schützt eine große Mauer, und der dahinter liegende 12 m tiefe Graben kann nur auf einer Zugbrücke überquert werden. Auf einem der Ränge findet täglich der **Cañonazo de las nueve** statt: Um 21 Uhr wird ein Kanonenschuss abgefeuert, der früher das allabendliche Schließen des Hafens mithilfe der Eisenkette bekannt gab. Eintritt 8 CUC. Auf der gleichen Seite des Hafens befinden sich der Bahnhof für den Hershey-Zug nach Matanzas (zurzeit unregelmäßiger Betrieb) sowie das **Nationalobservatorium,** das nicht besichtigt werden kann.

Castillo de los Tres Reyes del Morro

Die Festung dominiert den Hafen, ihr Leuchtturm ist eines der **Wahrzeichen der Stadt.** Das Castillo de los Tres Reyes del Morro wurde aufwendig restauriert (Besichtigungen 4 CUC). Der Leuchtturm wurde an Stelle eines Wehrturms gebaut und bis 1928 mit Rapsöl befeuert.

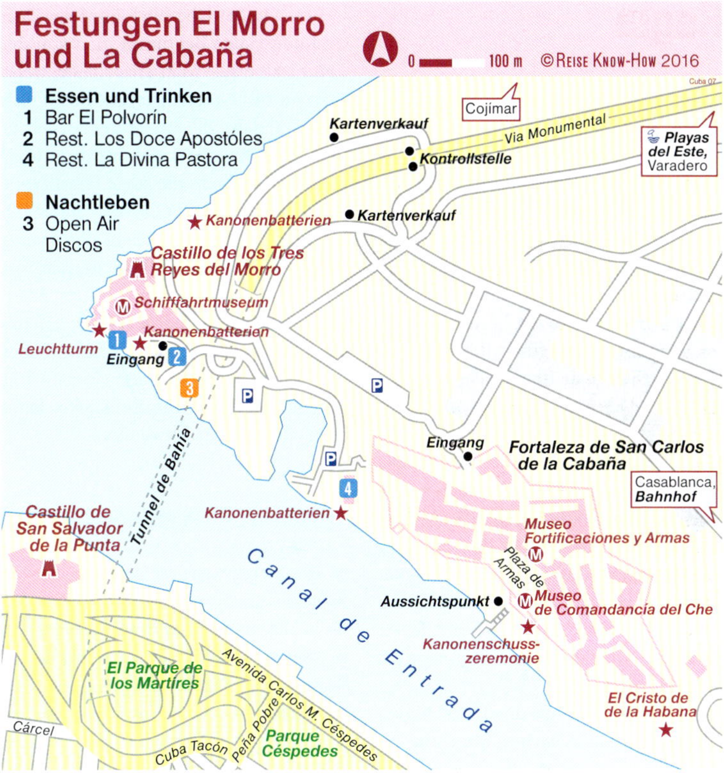

Die Öltanks aus Ton sind im Hof in die Wände eingelassen. Eine der Geschützstellungen beherbergt das kreolische **Lokal Los Doce Apostóles,** geöffnet 12–23 Uhr, Tel. 8638295. An die Kanonen dort kann man sich lehnen und den Sonnenuntergang genießen, wenn einem die dort kreisenden Motten nicht gerade die Sicht versperren. Die **Bar El Polvorín** kurz dahinter verspricht ebenfalls einen tollen Blick auf den Sonnenuntergang, geöffnet von 10 Uhr bis weit nach Mitternacht.

Der Grund, weshalb viele Leute nach Casablanca kommen, liegt am örtlichen kleinen Bahnhof: Hier fährt die **Hershey-Bahn** nach Matanzas ab. Und das schon seit 1917, als der amerikanische Schokoladenkonzern *Hershey* sie anlegen ließ, um seine Erzeugnisse schneller zum Hafen in Matanzas transportieren zu können. Die Strecke war von Anfang an elektrifiziert, und sie ist bis heute die Einzige geblieben. Nur unregelmäßige Fahrten im Zeitlupentempo, 1,50 CUC pro Strecke, normalerweise um 12 Uhr.

Regla

Auf der anderen Hafenseite, der Altstadt gegenüber, liegt der schwarze Stadtteil Regla. Hier leben die Mythen der Geheimbünde. Wenige Touristen verirren sich hierher, es gibt einige Industrieareale und die Altstadt mit ihren niedrigen Häusern, ihren Pizzaständen und den überwiegend schwarzen Bewohnern.

Das größte Highlight ist die **Iglesia de Nuestra Señora de Regla.** Gleich gegenüber dem Fähranleger steht hinter riesigen Ceibabäumen diese kleine Kirche. Sie beherbergt die schwarze *Virgen de la Regla,* für die Anhänger der Santería die Göttin *Yemayá,* die Orísha des Meeres und der Seefahrer. Alljährlich im September pilgern Tausende gläubige Santerías zur schwarzen Figur. Vor der Kirche sitzt oft eine Wahrsagerin, deren Dienste man für ein paar Pesos in Anspruch nehmen kann.

An der Hauptstraße den Hügel hinauf gibt es ein **Historisches Museum.** Es zeigt die Geschichte des Ortes und schwerpunktmäßig die afrocubanischen Kulte. Calle Martí 158, geöffnet Mo–Fr 10–18 Uhr, So 9–13 Uhr.

In der Calle Martí 175, e/Cruz verde y Lamas befindet sich das **Centro Recreativo Cultural Los Orishas** mit Restaurant, Bar und Diskothek (s.u.).

⟩ Die Fähre nach Regla

Einen guten Überblick über das Dorf und den Hafen bekommt man von der Leninstatue aus. Man erreicht sie, wenn man die Straße Albuquerque hinter sich lässt und dann die Straße des 24. Februars nach Guanabacoa rechts den Hügel hinaufgeht. Über eine lange Eisentreppe erreicht man den mit Olivenbäumen bewachsenen Hügel, auf dem das Monument steht. Es wurde 1924 nach dem Tode *Lenins* vom Sozialistenführer *Bosch* angeregt. Ein kleiner Pavillon auf der Rückseite des Hügels gibt Auskunft über den Bau des Monumentes. Meist ist er geschlossen. Das Museumsticket kann man zum Eintritt verwenden.

Verkehrsverbindungen

- Vom Pier gegenüber der Santa Clara, Ecke San Pedro, kann man mit einer überfüllten **Hafenfähre** für 10 Centavos auf die andere Seite kommen. Es gibt eine separate Schlange für Fahrradfahrer. Die Fahrt dauert etwa 10 Minuten.
- Natürlich kann man sich auch mit einem **Taxi** von der Altstadt aus hinbringen lassen, das dauert aber erheblich länger, ist teurer und die Fahrt führt durch eher langweilige Gegenden. Der weite Weg um den Hafen führte Anfang des 20. Jh. zum Bau des Tunnels.
- Von Regla fährt der **Bus** Linie 29 nach Guanabacoa. Er startet am Parque Martí.

Aktivitäten

- Wer noch mehr Lust auf Kultur hat, kann weiter in das 5 km entfernte **Guanabacoa** fahren. Die Besucher lockt das **Museo Municipal,** in dem man etwas über die Kulte der Abakua und Palo Monte erfährt. Calle Martí 108, esq. Versalles, 10.30–18 Uhr, So 9–13 Uhr.

■ Außerdem gibt es eine Menge **Friedhöfe** und es wurden hier die Musiker *Rita Montaner, Bola de Nieve* und *Ernesto Lecuona* geboren.

■ In der Martí 175 kann man **Santería-Zubehör** kaufen, und an der Ecke Martí y Lamas gibt's ein ganz nettes **Café.**

■ Abends geht man ins **Centro Recreativo Cultural Los Orishas,** Martí 175, e/Cruz Verde y Lamas, Tel. 7947878, Restaurant, Bar, Disco (am Wochenende) und Veranstaltungsort, geöffnet täglich außer Mo, Eintritt in den Saal 2–3 CUC.

■ Im Anschluss fährt man vielleicht weiter nach **Santa Maria del Rosario,** 16 km östlich von La Habana. Hier stehen **Kolonialbauten,** die schon vor der Revolution restauriert wurden. Die **Dorfkirche** ist in gutem Zustand, sie überragt die übrigen Gebäude und ist ein nationales Baudenkmal. Sie wurde im 18. Jh. gebaut und wegen ihrer Lage weit vor der Stadt die Kathedrale der Felder von Cuba getauft. Auf den Wandmalereien von *José Nicolás de la Escalera* sieht man zum ersten Mal auch Figuren farbiger Sklaven. Der Altar ist 15 Meter hoch. In dieser Kirche heiratete der berühmte Schriftsteller *Alejo Carpentier.*

152cu kh

Südliches La Habana

Hier fangen die endlosen Vororte im Plattenbaustil an. Das „Sehenswerteste“ in diesem Bezirk ist der Lenin-Park und der internationale Flugplatz, südwestlich der Innenstadt.

Der seit 1972 bestehende **Parque Lenin,** ein 670 ha großes Naherholungsgebiet rund um einen Stausee, liegt etwa 15 km vom Zentrum Richtung Süden, noch über die Ringstraße hinaus. Im Zentrum liegt das Lokal *Las Ruinas,* Calle 100, esq. Cortina de la Presa, Tel. 8578286, eines der besten Restaurants der Stadt (Mo geschlossen). Hier wurden über die Ruinen einer alten Zuckermühle moderne Betonteile gestellt. Am Abend viele Mücken, zudem muss man die Rückfahrt klären (Taxi 15 CUC). Auf dem Gelände dehnen sich **zwei Seen** aus, für den größeren wurde der Río Almendares aufgestaut. Der Namenspatron *Lenin* steht als Marmorstatue südlich des Stausees. Der Park wurde auf Initiative von *Castros* langjähriger Gefährtin *Celia Sánchez* angelegt. Im Aquarium gibt es Krokodile und heimische Fischarten zu sehen. Eine Schmalspurbahn fährt durch das gesamte Gelände.

Der **Botanische Garten La Habanas** liegt im Süden gegenüber dem Messegelände „ExpoCuba“ und zeigt die Flora Cubas und der übrigen tropischen Regionen der Erde. Es gibt einen schönen japanischen Garten zu sehen. Für 5 CUC wird man mit Führer auf einem Anhänger durch den Park gezogen. Man kann die 30 Kilometer langen Wege durch die Fauna Cubas, Afrikas und Australiens auch ohne Führung antreten, aber es gibt keine Erläuterungstafeln. Montags und dienstags ist der Park nur für Touristen offen. Es gibt vier Lokale, das *Bambú* beim japanischen Garten ist das ansprechendste.

Wer gut essen möchte, sollte nördlich vom Parque Lénin auf die Primero Anillo fahren und dann am ersten Autobahnkreuz die zweite Ausfahrt raus auf die 600, unter der Autobahn hindurch und 1,5 km in Richtung Innenstadt fahren; links zweigt die Calle Raquel ab, wo sich das Restaurant *Il Divino* findet.

■ **Essen und Trinken: Paladar Il Divino,** Calle Raquel 50, e/Esperanza y Lindero, *reparto* Castillo de Averhoff, Mantilla, Arroyo Naranjo, Tel. 6437734, http://cubarestaurantedivino.com. Ein gediegenes Landhaus mit ebensolcher Küche, einem großartigen Weinkeller, einem tollen Garten und bezahlbaren Preisen.

Cerro

Auf diesem Hügel lagen früher die Sommerhäuschen der Reichen. Heute kommt man hauptsächlich wegen der **Rumfabrik Bocoy** her, die bis März 2014 den berühmten Schnaps *Legendario* herstellte. Das rosa Haus ist nicht zu verfehlen, auf der Fassade kämpfen 40 gusseiserne Schwäne mit Schlangen. Die Besichtigung des sehenswerten Hauses ist Mo–Fr 9–17 Uhr möglich (Maximo Gómez 1417). Am Rummuseum (siehe Kap. „Habana Vieja“) startet täglich gegen 11 Uhr eine **Rumtour** inkl. Legendario-Fabrik, etwa 50 CUC. Die Produktion wurde ausgelagert.

ExpoCuba

Für 1 CUC Eintritt kann man sich in 25 Themen-Pavillons über **Cubas Wissenschaft und Wirtschaft** informieren. Wer zwischendurch eine kleine Pause braucht, kann sich im Turmrestaurant *Don Cuba* stärken. Südlich des Ortsteils Calabazar, Carretera del Rocío in Arroyo Naranja, etwa 5 km südlich des Stausees, gegenüber dem Botanischen Garten.

Teatro Lutgardita

Art déco von 1935 gibt es in der Nähe des Flughafens in der Calzada de Becucal 30901, esq. Castellón, Boyeros, mit einem **grandiosen Zuschauerraum** und gemaltem Abendhimmel. Die Eingänge zum Saal sind als Tempel gebaut: *Tikal, Chichén-Itzá, Quiriguá* und *Uxmal*. Entworfen wurde das Theater von den bekannten cubanischen Architekten *Evelio Govantes* und *Felix Cabarrocas*. Man kommt am Sonntag hinein, wenn dort Veranstaltungen sind. Alles in allem sehr sehenswert.

Museo del Aire (Flugzeugmuseum)

Calle 212, e/Aves 29 y 31, La Lisa, zu sehen sind 22 Fluggeräte. Eintritt 2 CUC.

Unterkunft

- **Hotel Bruzón** (Islazúl) ②, Bruzón 217, e/Boyeros y Pozo Dulce, Tel. 8775682, in der Nähe der Plaza de la Revolución gelegen. Renovierte schöne Zimmer, drei Stockwerke, kein Lift, freundliches Personal, einfach.
- **Hotel Kohly** (Gaviota) ②, Ave. 49 A y 36A, *reparto* Kohly, Tel. 72040240. Nahe dem Gesundheitszentrum *Gira Garcia*. Einfache Anlagen am bewaldeten Ufer des Almendares, alle Zimmer mit Balkon, Bar am Pool.

Essen und Trinken

- Essen kann man im Restaurant **El Lugar,** Calle 49c y 28a. Geboten wird das Übliche zu vertretbaren Preisen.

Allgemeine Infos zu La Habana

Stadtführungen/Infos

- **Agencia de Viaje San Cristóbal,** Calle officio, neben dem *Café del Oriente,* e/Amargura y Lamparilla, 1996 von *Habaguanex* gegründet, verfügen deren Stadtführer über bestes Wissen, www.viajessancristobal.cu.
- **Aventoura,** das deutsche Unternehmen residiert im *Edificio Bacardí,* Ave. de Bélgica, e/Progreso y Empedrado, Mo–Fr 9–13 und 14–18 Uhr, Sa 10–13 Uhr, Tel. 0053 78632800, www.aventoura.de, 24 Std.-Notfalltel. 52635181.
- In der Hauptstadt verkehrt ein spezieller **Touristenbus** (s. „Stadtbusse").
- **Cubatur,** Edificio Lonja del Comercio, 5ta esq. Lamparilla No. 2, Tel. 8602649, www.cubatur.cu.
- **Cubanacán,** Filiale von Habana, Calle 68 No. 503 e/5ta y 5A, Tel. 2041658.
- **Fantástico,** Calle 146, esq. Calle 9 (Playa), Tel. 6451179, engagierte Stadtführungen.
- **Paradiso,** Calle 19 No. 560, esq. Calle C (Vedado), Tel. 8329538. Hier kann man auch Kurse zu afrocubanischer Religion buchen.

- **Havanatour** hat seine Infobüros im Hotel *Triton* in Miramar und im Hotel *Riviera* in Vedado (s. dort), wer Infos über Inlandsflüge braucht: ein Büro ist im Hotel *Plaza* in La Habana Vieja, www.havanatur.cu.
- **Horizontes** findet der Ratsuchende in der Calle 23, e/N y M.
- **Rumbos,** Calle 23, esq. Calle P (Vedado, in den Büros von *Cubana*), Tel. 8708254.
- **Infotur,** Vedado, Malecón y G.

Unterkunft

La Habana bietet für jeden Geldbeutel ein Bett für die Nacht. Die europäischen Sterne gelten hier nicht, in der Regel ist es immer ein Stern mehr als für ein vergleichbares Haus in Europa gilt, aber dennoch gibt es angenehme Überraschungen. Die teureren Hotels in der Altstadt bieten allerdings nicht nur den üblichen Luxus, sondern ein Flair, das es so in Europa kaum noch gibt. Einige der traditionsreichen Häuser sind inzwischen wieder aufgebaut oder renoviert und empfangen den Gast mit dem Prunk vergangen geglaubter Zeiten. Da gibt es marmorne Bögen in der Halle, Antiquitäten in den Zimmern, cubanische Kunst an den Wänden und kostbare Skulpturen in den Fluren. Die Häuser in den Außenbezirken dagegen sind moderne Kästen mit dem üblichen Komfort.

Nachtleben

Die Casas de La Trova, die an vielen Orten zu finden sind, bieten häufig sehr gute **traditionelle cubanische Musik,** zumeist ohne Eintritt. Ein paar Adressen für Nachtschwärmer sind unter den Stadtteilen aufgeführt.

Botschaften

- **Deutsche Botschaft** *(Embajada de Alemania),* Calle 13, No. 652, esq. a B, Vedado, Tel. 78333188, www.havanna.diplo.de.
- **Österreichische Botschaft** *(Embajada de Austria),* Calle 70, No. 6617, esq. Ave. 5ta A, Miramar, Tel. 2042825, havanna-ob@bmeia.gv.at.
- **Schweizer Botschaft** *(Embajada de Suiza),* 5ta Ave., No. 2005, e/20 y 22, Miramar, Tel. 72042611, www.eda.admin.ch/havana.

Krankenhäuser

- **Hermanos Ameijeiras,** Calle San Lázaro701, e/ Marquéz González y Belascoaín, Centro Habana, Tel. 707721-29.
- **Comandante Manuel Farjado,** Calle Zapata, esq. D, Vedado, Tel. 8382452.

Post und Internet

- Calle Oficios 102, gegenüber der Lonja; im *Hotel Nacional*; im Hotel *Plaza,* 5. Stock durchs Restaurant rechts auf der Terrasse. Außerdem im *Habana Libre* und in der Ejido in der Nähe des Bahnhofes.
- **ETECSA,** Calle Obispo, e/Compostela y Habana.
- In allen großen Hotels kommt man ins **Internet,** auch WLAN gibt es in den Hotels immer öfter. Man zahlt einen Betrag von 2–5 CUC an der Rezeption und erhält dann ein Passwort.

Wechselstuben

- **Banco Financiero Internacional** an der Oficios, esq. Brasil, Mo–Fr 8–15 Uhr, 3 % auf Schecks.
- **Wechselstuben CADECA,** Calle Oficios, esq. Baratillo (Plaza de San Francisco), Mo–So 8–22 Uhr, und Calle Obispo, e/ Cuba y Aguiar, auch Geldautomaten.

■ **Centro de Tarjetas de Credito** (Zentrale Kreditkartenstelle), Hotel *Habana Libre,* Ave. 23, e/ L y M, Vedado, Tel. 334444. Visa, MasterCard, Access.

Ankunft am Flughafen

Der **Aeropuerto José Martí** befindet sich 25 km südlich der Stadt. Die Fahrt mit dem Taxi die Independencia hinunter kostet zwischen 9 und 20 CUC. Das Flugfeld hat vier Terminals, man sollte sich auf jeden Fall die Nummer merken, von der man fliegt. Kommt man über die Avenida Rancho Boyeros, erreicht man zuerst das Terminal No. 2 für interkontinentale Charter. Vor diesem muss man rechts abbiegen und kommt nach 1,5 km Fahrt an das ultramoderne internationale Terminal No. 3. Der Abflugschalter befindet sich oben. Am Südostende des Flugplatzes liegt die Nummer 1 für Cubana-Flüge, Tel. 8335155.

Der **Inlandsterminal** Nr. 5, Wajay, liegt am Nordwestende der Startbahn und stammt noch aus Vorwendezeiten. Die Abfertigungshalle ist klein und hat den Charme einer Bahnhofshalle. Tritt man jedoch durch die Zollabfertigung, kommt man sich vor wie *Alice im Wunderland.* Plötzlich ist über einem ein Dach aus Palmstroh. Der Weg führt durch einen kleinen Garten zum Café, einige Sitzgruppen aus geschnitztem Tropenholz gruppieren sich unter Strohdächern auf hölzernen Säulen und an der Lamellentür in der Ecke verkündet ein geschnitztes Schild „Abflug". Zweimal die Woche fliegt *AeroCaribbean* mit einer ATR 216 nach Santiago. Außerdem gehen hier die Aerogaviota-Flüge und manchmal Maschinen von *Aerotaxi* ab.

Wer am Flughafen Martí ankommt, muss sich zuerst gegen die zahlreichen Kofferträger wehren, die sich in der Hoffnung auf Devisen auf jeden Reisenden stürzen. Dann kann man mit einem **Touristentaxi** für 20 CUC oder mit einem alten Lada für etwa 12 CUC in die Stadt fahren, auf jeden Fall sollte man den Preis vorher aushandeln. Wer Geld sparen will, hat zwei Möglichkeiten: Eine davon ist, mit dem nächsten Taxi zum Terminal 1 zu fahren. Dort nimmt man den Bus mit der Aufschrift „Aeropuerto" in die Stadt. Das kostet ca. 1 Peso.

■ **Rückbestätigung:** Wer seinen **LTU-** oder **Condor-Flug** rückbestätigen muss, kann dies unter der Telefonnummer tun, die auf dem Ticket aufgedruckt ist, oder die Zentrale in Deutschland anrufen, z.B. Condor, Tel. 06171 698 8910. *Air France* verlangt keine Rückbestätigung; wer aufpreispflichtige Plätze buchen will, geht zum Schalter hinten links im Bereich A des Terminals.

Fluggesellschaften (Inlandsflüge)

■ **Cubana,** Calle Infanta, esq. Humboldt, Vedado.
■ **Aerocaribbean,** Calle 23 No. 64, Vedado.
■ **Aerogaviota,** Ave. 47 No. 2814, Kohly.

Taxi

■ Die Wagen der Firmen **Cubataxi** (Tel. 8555555) und **Taxi Ok** (Tel. 8776666) stehen immer vor dem Ausgang des Terminals 3 des Flughafens, ansonsten kann jedes Hotel sie rufen.

Mietwagen

Hier die wichtigsten **Verleihfirmen** in der Hauptstadt (s.a. Kapitel „Praktische Reisetipps A–Z", „Verkehrsmittel"):

■ **Cubacar,** Tel. 2042104, www.cubacar.info.
■ **Havanaautos,** Tel. 332891, www.havanautos.com.
■ **Transtur,** www.transtur.cu.
■ **Transgaviota,** Tel. 8335130.
■ **Rex,** Tel. 8335130, http://ge.rexcuba.com.
■ **Via** hat die günstigsten Mietwagen, am besten über www.rent-a-car-cuba.com buchen.

Stadtbusse

Das Wichtigste wurde schon im Kapitel „Praktische Reisetipps A–Z", „Verkehrsmittel" gesagt. Der Busverkehr ist rege und so kommt man schnell auf die Idee, es mit dem billigen Verkehrsmittel zu versuchen.

- Die monströsen Sattelschlepper, im Volksmund *Camello,* also Kamel getauft, sind inzwischen **moderneren europäischen Bussen** gewichen. Die Haltestellen erkennt man an den Warteschlangen. Es gibt welche für Stehplätze *(parados)* und für Sitzplätze *(sentados)*. Die Karte kostet 20 Centavos. Wenn der Massentransporter hält, stürzen sich alle hinein und spätestens hier bereut man den Entschluss, mit diesem Ding zu fahren. Taschendiebe sind hier unterwegs. Sie haben diese rollenden Sardinenbüchsen als Arbeitsplatz auserkoren.
- In den klapprigen **Guaguas,** wie die Busse auf Cuba im Allgemeinen heißen, ist es nicht besser.

Touristenbusse

- Die beste Variante, durch die Stadt zu kommen, ist der **Habanabus,** der alle 20 Min. verkehrt. Pünktliche Abfahrt in der Regel am Parque Central. Von dort macht die **T1** eine Rundfahrt bis zum Platz der Revolution (Vedado) und dann wieder zurück (dauert ca. 2 Stunden). **T3** fährt vom Parque Central über das Castillo del Morro bis zu den Playas del Este (eine komplette Runde dauert ca. 40 Minuten und ist eine preiswerte und zuverlässige Möglichkeit, zu den Stränden und wieder zurück zu kommen). Der Fahrpreis beträgt 5 CUC pro Person, dafür bekommt man eine Tageskarte. Der **T1** ist meistens ein Doppeldecker mit offenem Oberdeck; die Erläuterungen zu den Sehenswürdigkeiten (Spanisch, Englisch) sind allerdings nur unten hörbar. Der **T2** hat geschlossene Busse und fährt die Runde von der Plaza de la Revolución zur Marina Hemmingway.
- In alten Büchern wird bisweilen eine **Straßenbahn** erwähnt. Die *Havana Electric Railways* gab es um 1910. Die Gesellschaft gehörte dem deutschen Generalkonsul *Frank M. Steinhardt.* Sie gibt es längst nicht mehr.

Weiterreise per Bus

Der **Víazul-Bus** fährt ab Calle 26, esq. Zoológico südlich der Plaza de la Revolución in Vedado gegenüber dem Zoo. Man sollte rechtzeitig an der Busstation sein. Zum Ticketkauf gibt es zwei Glaskabinen für unterschiedliche Ziele – hier heißt es Schlangestehen. Achten Sie auf den richtigen Schalter, oder fragen Sie: *Esta es la cola para XY?* Die Nummer auf dem Ticket ist keine Platznummer, die Platzwahl ist frei. Am Busbahnhof kann man auch einkaufen, es gibt eine Bank und eine Wechselstube. In der Nähe ist das Ministerio de Communicación, das rund um die Uhr geöffnet ist, mit einem **Internet-Café,** 2,25 CUC pro 30 Min.

Die Busse gehen täglich nach:

- **Viñales,** 12 CUC, 3½ Std.
- **Pinar del Río,** 8 CUC, 3½ Std.
- **Trinidad,** 25 CUC, 6 Std.
- **Cienfuegos,** 20 CUC, 5 Std.
- **Varadero,** 10 CUC, 3 Std.
- **Santiago,** 51 CUC, 16 Std.
- **Playas del Este,** 4 CUC, 2½ Std.
- **Guardalavaca,** 47 CUC, 12 Std.

Aktuelle Abfahrtszeiten: www.viazul.com.

- Zum **Busbahnhof** muss man den stets überfüllten Metrobus **M2** nehmen. Ansonsten bleibt noch ein **Taxi.** Nach Varadero fahren alle möglichen Busse. Man kann auch auf dem Busparkplatz an der Calle Cuba 64 in der Altstadt einen Fahrer ansprechen. Meist kommt man für 20 CUC hin.

■ Wer in die nähere Umgebung will, kann es am **Regional-Terminal,** Apodaca 53, esq. Agamonte, versuchen, aber es gibt keine Fahrpläne, und viele Cubaner wollen auch reisen, sodass es ziemlich voll ist.

Weiterreise per Bahn

■ Außer dem im Kapitel Casablanca beschriebenen Elektrozug nach Matanzas gibt es auch zwei normale Bahnhöfe für Fernzüge. Am Ende der Avenida de Bélgica liegt die **Estación Central de Ferrocarriles.** Leider fahren die Züge wegen Ersatzteilmangels unregelmäßig, und eine Fahrt ist nur für eingefleischte Eisenbahnfans zu empfehlen. Alle anderen reisen auf Langstrecken mit Víazul.

Fahrscheine bekommt man beim Ladis-Büro. Es liegt an der Seite zur Calle Arsenal der Estación Central und ist von 8 bis 17 Uhr geöffnet. Die Fahrscheine muss man am Reisetag kaufen, außer wenn der Zug vor 8 Uhr abfährt. Infotafeln oder Fahrpläne gibt es auf dem Bahnhof nicht.

■ Zwischen der Estación Central und dem Hafen an der Desamperados liegt die gelbe **Estación Coubre,** wo die Züge nach Pinar del Río, Cienfuegos und Sanctí Spíritus abfahren. Vom Haupteingang des Hauptbahnhofes nach rechts die Straße hinunter, ca. 200 m, dann rechts ab, nach ca. 100 m kommt eine große Halle, Tickets gibt es an einem Schalter an der rechten Stirnseite. Eine Stunde vor Abfahrt Tickets auf dem Hauptbahnhof an einem Schalter bestätigen lassen!

Der Fahrplan im Info-Kasten dient nur als Anhaltspunkt, es gibt oft Verspätungen.

Der Nachtzug **„Tren Frances"** fährt nach Santiago. Er startet um 18 Uhr, ein 1a-Ticket kostet 62 CUC inkl. Verpflegung (Sandwich und Cola).

Weiterreise per Auto

■ **Richtung Westen** (Pinar del Río): auf dem Malecón durch den Tunnel auf die 5ta (cinquenta) nach Miramar. Nach der Brücke über den Fluss, links auf die 17 und bis zum großen Kreisverkehr, wo man rechts auf die 23 abbiegt. Die führt zum Autobahnkreuz der Autopista Nacional. Sie läuft am **Stausee Presa Niña Bonita** vorbei durch ländliche Gegenden, und bald glitzert das Meer wieder zwischen den Sträuchern.

Man kann auch direkt an der Küste entlangfahren, wenn man ab der Marina Hemingway nach Westen einbiegt. Dies ist die alte Carretera, die von den Einheimischen benutzt wird, um zum dunklen Strand von **Baracoa** zu kommen.

Wichtige Zugverbindungen (laut offiziellem Aushang)

Zugnr.	Bahnhof	ab	Ziel
1	Estación Central	18.27 Uhr	Santiago de Cuba
3	Estación Central	16.00 Uhr	Santiago de Cuba
3	Estación Central	16.00 Uhr	Guantánamo
5	Estación Central	19.20 Uhr	Bayamo
7	Estación Coubre	21.21 Uhr	Sancti Spíritus
73	Estación Coubre	7.15 Uhr	Cienfuegos
313	Estación Coubre	23.00 Uhr	Pinar del Río

Die Züge fahren nur jeden 3. Tag, nähere Infos am Bahnhof.

- **Richtung Varadero:** durch den Túnel de Bahía nach Osten in Richtung Varadero fahren und am Kreuz in Alamar auf die Vía Blanca abbiegen. Transfers von La Habana nach Varadero im Taxi kosten 100–120 CUC, Bustransfer für 2 Personen kostet etwa 30 CUC.
- **Richtung Südosten** (Cienfuegos): durch den Túnel de Bahía nach Osten in Richtung Varadero fahren und am Kreuz auf die Nacional A1 rechts nach Süden abbiegen.

Ausflüge

San Francisco de Paula (Süden)

Die Anhänger von *Ernest Hemingway* zieht es zu dem Haus, in dem der berühmte Schriftsteller von 1939 bis 1960 lebte. Bei seiner Abreise vermachte er die Finca dem cubanischen Volk. Das **Museo Ernest Hemingway** in der *Finca La Vigía* ist 15 km südöstlich vom Zentrum La Habanas entfernt in der San Miguel del Padron und zur Enttäuschung der Fans nur von außen zu besichtigen. Man kann durch die Fenster einen Blick ins gut erhaltene Innere des Hauses werfen.

Auf dem großen Grundstück, Carretera Central Km 12.5, befindet sich auch sein Boot. Fotografieren ist gegen Gebühr möglich. Neben dem Haus steht der Turm, den seine Frau für ihn bauen ließ, den der alte Querkopf aber nie betreten hat. Stattdessen hausten seine Katzen darin; heute birgt er eine Fotoausstellung. Der Garten ist tropisch, üppig mit schattigen Palmen gesäumt. Am Swimmingpool gelangt man zum Grab seiner Hunde und zu seinem Boot. Führungen täglich außer Dienstag 10–16 Uhr, So 9–13 Uhr, Eintritt 5 CUC.

El Rincón (Süden)

Der **Wallfahrtsort** der Cubaner. Die Kirche des heiligen *San Lazáros* ist ca. 20 km vom Zentrum La Habanas entfernt. Die typische Pilgerfahrt führt mit dem M2 nach Santiago de las Vegas und von dort mit einer Pferdekutsche zum Rincón. Die schnellere Möglichkeit ist ein *Panataxi,* das für ca. 30 CUC hin und zurück fährt, das Warten inklusive. Man sollte auf jeden Fall Blumen mitbringen, oder welche vor dem Rincón am Straßenrand kaufen. Man folgt den Pilgern und wäscht sich mit dem heiligen Wasser. Dieser Ausflug ist für Anhänger der cubanischen Religion besonders interessant. Aber auch „nichtgläubige" Cubaner haben eine hohe Meinung vom Rincón. San Lazáro ist für **Krankheitsbekämpfung** zuständig und hat seine Santería-Entsprechung im *Babalú Ayé* gefunden, dessen Standbild in der Westseite der Kirche zu sehen ist. Am 16. Dezember finden die Wallfahrten statt, bei der die Menschen teilweise auf Knien zum Heiligtum kriechen und aus der Quelle hinter der Kirche heiliges Wasser abfüllen.

Santiago de las Vegas (Südosten)

Der Name verrät den Ursprung: Die Vegas waren die **Tabakplantagen,** die sich in dem Gebiet südlich des heutigen Flughafens und des Botanischen Gartens erstreckten. Tabak ist inzwischen selten geworden, aber trotzdem kann man zu dem kleinen Ort aus dem 18. Jh. fahren, um sich von der Stadt zu erholen. Möglich ist auch eine **Fahrt mit der Kutsche** zum Rincón. Hinter dem Ort wird es hügeliger, der 220 m hohe Cacahual beherbergt auf der Spitze das Mausoleum für *Antonio Maceo* und *Francisco Gómez*. Von hier hat man einen Blick auf das südliche La Habana. Es gibt einen Pavillon, der Wissenswertes über die Kriegshelden vermittelt. Kurz vorher auf der linken Seite befindet sich eine Tankstelle, eine zweite liegt an der Straße zum Rincón in Ortsmitte rechts. Auf dem Rückweg kann man im Paladar *Villanueva* ein preiswertes Menü bekommen, Calle 182, e/395 y 397. An der Ave. Rancho Boyeros gibt es das Café *Pio Lindo*, Ecke Calzada Managua und eine Pizzería. Berühmtester Sohn der Stadt ist der auch in Europa bekannte Schriftsteller *Italo Calvino*, der hier 1923 geboren wurde. Außerdem gibt es einen **Bahnhof.**

Auf halben Weg zum Rincón liegt beidseitig der Straße das **Aids-Sanatorium „Los Cocos“**, sowie eine psychiatrische Klinik. Außerdem sind hier Versuchsfelder des Landwirtschaftsministeriums.

Der Metrobus M2 verkehrt zum **Parque de la Fraternidad** in Centro Habana. Auch einen Zug gibt es, der dann zur **Calle Tulipán** in Vedado fährt.

Tabakplantage

La Habana – Stadt und Provinz

PROVINZ LA HABANA

NICHT VERPASSEN!

- **Playas del Este,** zur Entspannung vom Hauptstadtstress mit den Cubanern an den Strand | 77
- **Playa Jibacoa,** hier findet man Ruhe | 83
- **San Antonio de los Baños,** hier kann man eine typisch kubanische Ortschaft besuchen | 84

Diese Tipps erkennt man an der gelben Hinterlegung.

Insgesamt bedeckt die Provinz La Habana 6000 km². Die östlichen Strände bis Santa Cruz del Norte, das Tal Valle de Yumurí, die Escaleras de Jaruco sowie der Hafen Surgidero de Batabanó sind zwar in diesem Kapitel beschrieben, gehören aber nach Mayabeque. Artemisa grenzt im Westen an La Habana und hat als wichtige Orte die Häfen Mariel und Bhía Honda im Norden und San Antonio de los Baños. Außerdem gehört auch Las Terrazas in diese Provinz.

Cojímar

15 Minuten mit dem Taxi von La Habana entfernt liegt das kleine Fischerdorf Cojímar an der Mündung des gleichnamigen Flusses. 1649 ließ *G. B. Antonelli* ein Fort zum Schutz der Küste errichten, das die Engländer 1762 eroberten, um auf La Habana vorzustoßen. 1878 verlegte man von hier eine unterseeische Telegrafenleitung nach Amerika. Zwischenzeitlich wurde Cojímar ein Bade- und Kurort, bis ein Hurrikan dem Treiben 1926 ein Ende machte. Durch *Hemingways* „Der alte Mann und das Meer" wurde der Ort weltberühmt. Vorbild für den „alten Mann" war der Kapitän *Fuentes* aus Cojímar. Von hier startete der Schriftsteller seine Angelausflüge. Ein goldenes Denkmal im Hafen erinnert an ihn, die dankbaren Ortsbewohner haben es gestiftet. Selbst die Fischerkneipe *La Terraza* (ursprünglich *Las Arecas*) gibt es noch, inzwischen ein Anlaufpunkt für Touristen aus aller Welt mit entsprechend hohen Preisen. Calle Real 161, esq. a Candelaria, Tel. 7665150, Fischrestaurant ab 12 Uhr, Bar ab 10.30 Uhr.

Sonst ist wenig los, die Reste des Dorfes wurden durch einen Hurrikan im Jahr 2008 stark in Mitleidenschaft gezogen. Es gibt einen kleinen Devisenladen (wenn man den Paseo Panamericano hinunterfährt auf der linken Seite hinter den Villas Panamericano) und neben dem Hotel eine Bäckerei. Über dem Hafen thront die **Festung Torreón,** heute der Stützpunkt der Küstenwache. Am anderen Flussufer liegt **Alamar,** eine graue Plattenbausiedlung, die in den 1970er Jahren hier errichtet wurde. An der Straße Vía Monumental, die nach Cojímar führt, liegt das **Estadio Panamericano.** Das große Rund wurde für die **Panamerikanischen Festspiele** gebaut und fasst 55.000 Zuschauer.

Berühmtester Sohn Cojímars ist der Fotograf **Raúl Corrales Fornos,** bekannt für seine grandiosen Momentaufnahmen des cubanischen Alltags. Teilweise wirken die Szenen irreal und wie gemalt, etwa das Foto „Caballería" aus dem Jahr 1960. Sein Bild einer Rede *Fidel Castros* auf der Plaza de la Revolución zierte den 10-Peso-Schein. 1925 geboren, war *Raúl Corrales Fornos* Schuhputzer, Zeitungsausträger und Obstverkäufer, bis er die Fotografie entdeckte und sich einen kleinen Fotoapparat zulegte. Geld für Abzüge hatte er nicht, sodass er sich nur die Negative ansehen konnte. 1944 kam der

Durchbruch dank der Arbeit bei einer cubanischen Filmgesellschaft. Das Foto „El Sueño“ (Der Traum) gehört zu den 100 besten Fotografien weltweit. Auf dem Bild sieht man eine karge Stube mit einem Feldbett und einer Kommode mit einer Vase, auf der Liege schläft ein bärtiger Revolutionär, sein Schnellfeuergewehr hat er auf der Kommode abgelegt. An der Wand darüber hängt ein großes Bild im Goldrahmen, darauf eine barbusige Schöne in der gleichen Haltung schlafend und dabei auf den Krieger herabschauend. *Raúl Corrales* starb 2006.

Unterkunft

- **Hotel Panamericano** ②, Calle A (Paseo Panamericano), esq. Ave. Central, am Ortseingang, Tel. 7661010. Dieses Haus aus dem Jahre 1991 wird zeitweise als Reha-Klinik genutzt. Die Zimmer sind klein, Pool.
- **Vista Al Mare/Las Brisas** (Islazúl) ②-③, Tel. 7338545, die Rezeption befindet sich im *Las Brisas*. Diese beiden einfachen, mehrstöckigen Hotels gehören zusammen und liegen dem *Panamericano* gegenüber. Es gibt einfache Apartments und solche mit kompletter Küche.
- **Essen** kann man im italienischen Restaurant an der Calle A y Ave. Central.

Privat

- **Candy House,** *Candida Becerra,* Calle Santa Rita 9807, e/Real y Pezuela, in der Nähe des Monumento Hemingway, Tel. 7662698, Mobil 52928982. Im Haus ist ein Paladar, seeseitiger Eingang für Gäste. 2 Zimmer zum Meer. 30 CUC, Frühstück 5 CUC.
- **Villa Azul,** Calle Real 12, esq. Calle Rita, Tel. 7668921. Ein Haus mit Meerblick, 2 Zimmer im Obergeschoss mit Bad. 30 CUC, Frühstück 5 CUC.
- **Casa Ferreiro,** *Alejandro y Fara Ferreiro,* Calle E (Los Piños) No. 315, e/29 y 30, Tel. 7650876. Man kann einen Blick aufs Meer erhaschen. Ein Apartment mit Terrasse. 30 CUC, Frühstück 5 CUC.
- **Villa Estrella,** Calle Martí 460, e/32 y 33, Tel. 7652975. Man vermietet 1 bis 3 Zimmer mit AC. Es gibt einen Pool im schattigen Patio. 30 CUC, Frühstück 5 CUC.

Essen und Trinken

- Essen kann man im italienischen **Restaurante Allegro** hinter dem Supermarkt (Ave. 78, e/5c y 5d) oder im **La Terracita** in der Villanueva, e/Concha y Pezuela, Tel. 7657118.

Verkehrsverbindungen

- Der **Bus 58** fährt von Centro Habana vom Prado 59 und in Vedado zwischen Av. de la Independencia und Bruzón ab. In Cojímar ist die Haltestelle in der Calle 92. Leider hält er nur, wenn noch Plätze frei sind. Vor dem Hotel *Panamericano* halten die Busse 195 und 265.

Playas del Este

- **Vorwahl:** 077
- **Einwohner:** 5000

„Dort in Habana del Este, gleich nach dem Tunnel, hab' ich ein schönes Häuschen ...“
(Aniceto Díaz)

Etwa 20 Autominuten östlich von La Habana liegt die „Badewanne der Hauptstadt“ – „Playas del Este“ genannt. Insge-

Santa María del Mar

092cu kh

Playas del Este

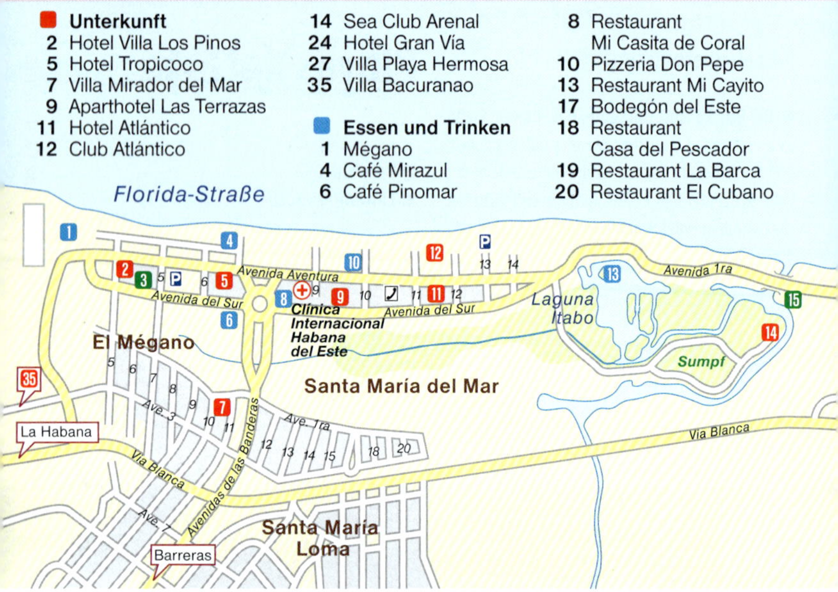

samt sind es mehr als **80 km Strand** auf sieben Sandstrände verteilt. Die **Orte El Mégano, Santa Maria del Mar, Boca Ciega und Guanabo** gehen fast nahtlos ineinander über. **Jibacoa, El Abra und Tropico** liegen weiter östlich auf der anderen Seite einer Schlucht. Alle Orte sind unscheinbar und bestehen aus Ferienhäusern und einer Reihe einfacher Hotels.

7 km hinter Cojímar liegt die Bucht **Bacuranao** mit einem Sandstrand, einem alten Wachturm und der inzwischen renovierten weitläufigen Ferienanlage *Villa Bacuranao,* zeitweise ein Renner für Reisende, die die Einsamkeit suchten (Tel. 7657645, ab 40 CUC). Hier landeten 1762 die Engländer, um die Festung Morro von hinten anzugreifen, was auch gelang. Zum Essen kann man sich zum Restaurant *Bacura/Paolino* durchfragen.

Nicht weit entfernt liegt der Yachthafen **Marina Puertosol Tarará** an der Mündung des gleichnamigen Flusses (Koordinaten 23°10.5'N;82°13'W). Von hier kann man ein Boot chartern, das Schnorchler zu den Riffen hinausfährt. Zu buchen über die üblichen Agenturen. Wegen der **Dreimeilenzone** muss man auf der Tour seinen **Pass** dabei haben.

Skipper melden sich bei der Annäherung über den VHF Kanal 77 an. Wohnen kann man hier allerdings nicht, da alle Unterkünfte durch Patienten des Projektes *Milagro* belegt sind.

Der Strandabschnitt von Santa Maria del Mar wird durch Kokospalmen beschattet, nach einer schmalen Brücke schließt Boca Ciega an. In Guanabo stehen einfache, einstöckige Häuser. Der letzte Ort, **Brisas del Mar,** liegt ein wenig abgeschieden. Dadurch kommen

21 Pizza Don Peppo
22 Pizzastände
23 Café Cubanita
28 BBQ Guanabo
29 Pan.Com
30 Paladar Tropinini
32 Pizza El Piccolo
33 Restaurante Maeda
34 Mirador de Bellomonte

Einkaufen/Sonstiges
3 Laden Villa Los Pinos
15 Caracol-Laden
16 Devisenladen
25 Reisebüro
26 Parque de Diversiones
31 Bauernmarkt

nur wenige Touristen hierher, und es ist entsprechend ruhig. Das von schroffen Felsen eingerahmte Jibacoa liegt an einer sehr reizvollen Bucht und ist wegen der fast 70 km Entfernung zu La Habana nicht so stark frequentiert.

An Wochenenden oder während der cubanischen Ferien lohnt sich auch für die Bewohner der Hauptstadt die Fahrt an die Strände, manche übernachten auch in den einfachen Unterkünften, auf den Campingplätzen oder gar am Strand. Es wird dann etwas belebter.

In **Santa María del Mar** und **Guanabo** liegen an den Stichwegen zum Strand Imbissbuden, Strandbars und ein paar Devisenläden. Wenn man an den Strand geht, muss man auf seine Sachen achten. Diesen Rat erteilen auch die Polizisten, die über den Strand patrouillieren und mit den Touristinnen flirten.

Die **Straßennamen** stehen in Guanabo übrigens auf den weiß gestrichenen Feldsteinen an den Ecken.

Unterkunft

Hotels am Playa Bacuranao

■ **Villa Bacuranao** (Islazúl) ③, Vía Blanca, km 15,5, *reparto* Celimar, Tel. 639241-44. Das westliche Ende der Playas del Este, ursprünglich ein großes Erholungsgebiet, wurde vor einigen Jahren renoviert. Ruhige, weitläufige Anlage mit kleinen Häuschen und leerem Sandstrand, etwa 60 Zimmer mit Dusche, TV und Terrasse. Pool, Bar.

Hotels am Playa El Mégano

■ **Villa Los Pinos** (Gran Caribe) ④, Ave. de las Terrazas 21, e/4ta y 5ta, Tel. 971361. 7-stöckiger Klotz und 70 ruhige Häuschen, ansonsten einfach und etwas heruntergekommen.

158cu hk

Hotels am Playa Santa María del Mar

- **Aparthotel Las Terrazas** (Islazúl) ③, Ave. Las Terrazas zwischen Calle 10 und Rotonda, Santa Maria del Mar, Tel. 971315-18, günstig. 154 Zimmer mit Bad, Kochgelegenheit und Kühlschrank, einfach eingerichtet, 2-Zimmer-Apartments kosten 75 CUC. Es gibt auch zwei Penthäuser für 6 Personen, die allerdings schwer zu bekommen sind, da meistens ausgebucht. Der Garten ist sehr angenehm, ausgestattet mit Pool, Bar und Frühstücksterrasse.
- **Hotel Tropicoco** (Hoteles C) ②, Ave. Sur y Las Terrazas, Tel. 295122. An der ruhigen Strandstraße, mit einem Laden und vielen Freizeitangeboten, 180 Zimmer.
- **Hotel Atlántico** (Gran Caribe) ③, Ave. de Las Terrazas, e/11 y 12, Santa María del Mar, Tel. 971 085, kleineres, einfaches Hotel.
- **Club Atlántico** ④ gegenüber, direkt am Strand, 92 komfortable Zimmer, all inclusive. Club und Hotel gehören zusammen.
- **Villa Mirador del Mar** (Islazúl) ②-③, Calle 11 e/1era. y 3era, Tel. 971354, unterschiedliche Zimmer in Bungalows, Pool, es liegt etwas abseits des Meeres zwischen Vía Blanca und Hotel *Tropicoco*.

Hotels am Playa Boca Ciega

- **Sea Club Arenal** (Blau) ③, Tel. 971272. Ruhige All-inclusive-Anlage, einstöckig, 5 Gehminuten vom Strand, an einem kleinen See gelegen. 164 Zimmer mit Pool, Restaurant, Bar, Tennisplatz. Bus-Shuttle nach La Habana täglich, für Gäste kostenlos. Über eine Holzbrücke erreicht man den dünengesäumten Strand.

Privat

- **Mercedes Muniz,** Calle F, No.4, e/24 y Lindero, Tel. 965119. 2 Zimmer in einem 20 m vom Strand entfernten Haus. Küchenbenutzung, DZ 35 CUC.

⌃ Sturm kommt auf

■ **Casa Andresita** liegt ca. 250 m vom Strand entfernt, in einer ruhigen Seitenstraße. Dort kann man ein Häuschen mit zwei Schlafräumen, Küche, Bad und Wohnzimmer für 60 CUC mieten. Der Besitzer spricht Englisch.

■ **Sra. Nancy Pujol,** Calle 1ra, No. 50019, e/500 y 504, Tel. 963062. Das schön gestaltete Häuschen liegt direkt am Strand, der Patio ist zum Strand hin offen. 2 Zimmer mit Küche und gemeinsamen Bad, 40 CUC.

■ **Sol-Mar,** Calle 1ra No. 50017, e/500 y 504, Tel. 963959. Ebenfalls direkt am Strand, ein Zimmer mit separatem Eingang im 1. Stock. 35 CUC.

■ **Bernardo y Adelina,** Calle 478, No. 306 e/3ra. Y 5ta. Tel. 963609. Apartment am Meer, 25 CUC am Tag, Küche, Esszimmer, Wohnzimmer, Kühlschrank, Dachterrasse, großes Bad, Schlafzimmer, AC.

■ **El Mirador,** *Carmen Dora Mendez Dias,* Guanabo Calle 470, No. 1108, e/11 y 13, Tel. 962715. Fünf Minuten vom Strand, großes Zimmer mit Küchenzeile und Dachterrasse mit weitem Blick, ab 25 CUC.

■ **Casa Leonardo** vermietet ein Apartment mit eigenem Eingang, Bad und Terrasse. Calle 504, No. 5B09A, e/5ta. B y 5ta. C, Tel. 965911. Schlafzimmer, Bad und Kochnische, 35 CUC pro Nacht.

■ **Alba y Rolando,** Calle 5ta. B, No. 50202, Guanabo, Tel. 963223, 3 Zimmer mit Bad und Terrasse, ab 30 CUC, sehr leckeres Essen für ca. 8 CUC.

■ **Orestes García, Zoe Calero,** Calle 500, No. 5A02, e/5ta A y 5ta B, Guanabo, Tel. 962844. Apartment mit Küche, 2-stöckig und 2 DZ mit Bad, eines davon ohne Fenster, 30 CUC. Das Essen ist gut.

■ **Casa Armando,** *Armando Guevara González,* Calle 12 No. 24 e/2a y 3ra, Tel. 964921. *Armando* ist ziemlich witzig. 4 Zimmer mit AC, Fernseher, Kühlschrank, teilweise Küche oder eigene Veranda. Zimmer ab 30 CUC, Frühstück 3 CUC.

■ **Villa Mayada,** Calle 1era, No. 49006 e/490 y 492, direkt am Strand, Tel. 0160 5877872, www.villamayada.com, modern eingerichtet, 2 DZ, mit Bad, Terrasse und Garten, multilinguale Besitzerinnen.

■ **Casa Armando y Onelia,** Calle 470 No. 703, e/ 7ma y 9na, Tel. 965256, pookie777@gmail.com, onelia.ma@transnet.cu. 2 bzw. demnächst 4 Zimmer in einem 2-stöckigen Haus. 25–30 CUC.

■ **Maeda,** Quebec No. 115, e/476 y 478, Tel. 5297 4575. Der freundliche Besitzer des gleichnamigen Restaurants vermietet saubere Zimmer für 25 CUC inkl. Frühstück; etwas entfernt vom Strand.

Essen und Trinken

Entlang der Ave. Las Terrazas und auf der Hauptstraße von Guanabo findet man kleine Restaurants und Imbissstände, in denen man preiswert essen kann. Kulinarisch Ausgefallenes sollte man nicht erwarten. In der Calle 466 findet man den besten Pesopizzastand.

■ **Pizzeria Don Pepe,** Ave. de las Terrazas, esq. 10, beliebter Strandgrill mit gehobenen Preisen.

■ **Casa del Pescador,** Ave. 5, esq. Calle 443, nettes Fischrestaurant in Boca Ciega.

■ **Café Pinomar,** Ave. del Sur, esq. Calle 7, gehört zum El Mégano, einfache Gerichte.

■ **Restaurant Mi Casita de Coral,** Ave. La Bandera y La Terraza Sur, liegt versteckt hinter der kleinen Klinik zwischen dem Kreisverkehr und dem Block des Hotels *Las Terrazas.* Hier gibt es die üblichen Gerichte in ruhigem Ambiente am Springbrunnen.

■ **Restaurante Maeda,** Quebec No.115, e/476 y 478, ein kleiner Paladar mit exzellentem Essen im grünen Hof, 12–23 Uhr.

■ **Mirazul,** Ave. de Las Banderas, Santa María del Mar, Tel. 960214, einfache Küche ab 10 Uhr.

■ **Mirador de Bellomonte,** von der Bar hier oben hat man einen guten Blick auf das Meer und Guanabo. Am besten mit dem Auto zu erreichen, von der Via Blanca Richtung Matanzas, km 24,5 rechts den Berg hochfahren.

■ **Restaurant Mi Cayito,** liegt auf einer Insel in der Lagune Itabo am östlichen Ende Santa Marías. Hier kann man für 2 CUC ein Paddelboot mieten.

- **Paladar Tropinini,** Ave. 5ta, Nr. 49213, e/Calle 492 y 494, klein und gut, Frühstück ab 4 CUC.
- **El Cubano,** Boca Ciega, Ave. 5ta, e/454 y 456. Touristen-Laden mit Restaurant, Bar und Grill. Tel. 964061, lokales Essen von 12 bis 22 Uhr.
- **Café Cubanita,** Boca Ciega, Ave. 5ta, esq. Calle 464, einfaches Essen von 10–22 Uhr.
- **Pizza El Piccolo,** Ave. 5ta, esq. Calle 502, guter Pizzaladen.
- **Pizza Don Peppo,** Calle 462, ist von der Ave. 5ta zu sehen, gute Pizza.
- **Bodegón del Este,** Calle 1ra y Ave. 1ra, das ist drei Straßen vor dem Knick der Avenida 1 in Boca Ciega, Tel. 963089. Tgl. 12–22 Uhr. Preiswerte kreolische Küche und Fisch, freundlicher Service. Vorspeisen 2–4 CUC, Hauptspeisen ab 5 CUC.
- **BBQ Guanabo,** Guanabo, Calle 476 y 3ra Ave., 10–22 Uhr, kleiner Grill.
- **Pan.Com,** Guanabo, 5ta Ave., No. 47610, e/476 y 478, schnelle Küche und Milchshakes ab 10 Uhr.
- **Mégano,** Ave. Mégano y Mar, Santa María del Mar, Tel. 971404, einfache Gerichte ab 10 Uhr.

Einkaufen, Sonstiges

- **Devisen:** Ave. 3, esq. Calle 4, e in Boca Ciega.
- **Lebensmittel:** Ave. de Las Terrazas, gegenüber dem Eingang zum Hotel *Tropicoco* gibt es einen kleinen Laden; Ave. de Las Terrazas, zwischen der Diskothek von Las Terrazas und dem Gesundheitszentrum gibt es ebenfalls einen kleinen Lebensmittelladen; ein **Bauernmarkt** ist in der Calle 492 in Guanabo, e/5b y 5c.

Verkehrsverbindungen

- **Bus:** An der Straßenkreuzung Agramonte und Apocada fährt der Bus Nr. 204 für 40 Centavos nach Guanabo. Sicherer ist der **Touristenbus T3,** der alle halbe Stunde vom Parque Central über das Castillo del Morro bis zu den Hotel der Playa fährt.
- **Zug:** Ziemlich weit oberhalb von Guanabo, noch über der Verbindungsstraße, hält der Hershey-Zug, wenn er fährt.
- Offizielle **Taxis** verlangen ca. 18 CUC in die Hauptstadt, private Taxis sind preiswerter, wobei das vom Fahrer, der Uhrzeit und dem Ziel abhängt.
- **Mietwagen:** *Havanautos,* am Hotel *Tropicoco,* Tel. 7972952; am Aparthotel *Atlántico,* Tel. 7975502, 802946.
- **Tankstellen** gibt es am Rondell e/Ave. 5 y 464 in Guanabo und an der Via Blanca gegenüber der Militärakademie bei Bacuranao.

Santa Cruz del Norte

Der kleine Ort liegt 40 km östlich an der Via Blanca zwischen der Boca de Jaruca und der Playa Jibacoa. Er fällt erst einmal durch seine Fabriken auf. Hier wird seit 1919 der Rum *Havana Club* destilliert. Die **Ronera Santa Cruz** wurde von der berühmten Familie *Arrechbala* 1878 gegründet und nach der Revolution verstaatlicht. Auch Papier und Zigarren werden hier hergestellt. Das modernisierte Heizkraftwerk verbrennt das schwefelhaltige Erdöl, das am Meer aus den vielen Bohrlöchern gepumpt wird. Daneben steht eine moderne Raffinerie. Außerdem gibt es eine Sperrholzfabrik und eine Zuckermühle.

Am Strand liegt ein **Wassersportzentrum** der staatlichen Gesellschaft *Cubamar.* Schnorcheln im Riff ohne Boot ist verboten. Auf der anderen Seite erheben sich Hügel, die zum **Wandern** einladen.

Der **Bus 669** fährt zur Estación Coubre in La Habana. Die Küste von hier bis

Escondido ist mit steilen Kalksteinfelsen gesäumt.

Wer mit der **Hershey-Electric Railway** von La Habana kommt, macht 5 km hinter Santa Cruz noch Station in Hershey. Manchmal wird die Station auch nach der dortigen Zuckermühle *Camilo Cienfuegos* genannt. Sie war die größte von ganz Cuba und gehörte dem amerikanischen Schokoladenmogul *Hershey*. Deshalb bekam die Bahnstation den Firmennamen.

Verkehrsverbindungen

- Verlässt man den Ort in östlicher Richtung mit dem **Auto,** erreicht man nach 6 km den Río Jibacoa, ab hier wird die Landschaft hügeliger. Von der Vía Blanca gelangt man über eine 6 km lange Stichstraße zur Playa Jibacoa.

Ein Abstecher nach Süden führt nach **Jaruco.** Man kann den Schienenbus über die Zuckerrohrplantagen nehmen oder über die 20 km lange, holperige Straße über San Antonio de Río Blanco zu dem Dorf fahren. Der Ort ist über einen Hügel verteilt. Der zentrale Platz wird von der Kirche **San Juan de Bautista** beherrscht. An der Ortsgrenze rauscht der Río Jaruco. Fährt man nach Westen, kommt man zum Naturschutzgebiet **Escaleras de Jaruco.** Diese markanten Kalksteinfelsen ragen bis zu 200 Meter tafelförmig in die Höhe. Von der Via Blanca fährt man südwärts nach Jaruco. Hier auf die Carretera Tapaste 16 km bis zum Naturpark, wo es ein **Hotel,** verschiedene **Restaurants** und ein **Info-Zentrum** gibt. Von hier laufen Wanderwege durch den Regenwald, wo es z.B. **Höhlen** mit 14 Fledermausarten gibt. Die Bildhauerin *Ana Mendieta* schuf hier ihre **Jaruco-Plastiken.**

- **Unterkunft: Hotel Escaleras de Jaruco** ③, Tel. 0692 32665, 35 Zimmer in einfachem 2-stöckigen Gebäude, mit AC und Minibar, auch *Cabañas.* Von La Habana kommend, die Carretera Central in Jamaika verlassen und dann in Tapaste rechts ab Richtung Jaruco fahren.

Playa Jibacoa

Die Unterkünfte in diesem Strandabschnitt sind etwas preiswerter als die an den Playas del Este, deswegen kann man hier mehr Einheimische antreffen. Die Küste ist ziemlich felsig, nur die Strandareale haben weißen Sand. Allerdings stört die Ölraffinerie im Hintergrund optisch doch etwas. Nach La Habana sind es 60 km, nach Varadero 50 km. Am Abzweig zur Villa Loma gibt es einen Caracol-Laden, der Lebensmittel verkauft.

Unterkunft

- **Villa El Abra** (Cubamar) ①, 80 Bungalows, die sehr einfach ausgestattet sind. Man muss vorher bei *Cubamar* in La Habana am Paseo reservieren, Tel. 0692 85120. Auf der Anlage gibt es einen Pool, einen Laden, einen Arzt und ein Lokal.
- **Cameleon Villas Jibacoa** *(Villa Tropico)* (Gran Caribe) ③, Via Blanca, km 60. 150 All-inclusive-Zimmer in einfachen 3-stöckigen Häusern direkt am Arroyo-Bermejo-Strand (palmenbestanden und gut zum Schnorcheln). Von Arbeitern errichtet, die 1960 die dort stationierte Raketenanlage demontierten.

■ **Villa Loma** (Islazúl) ①, Playa Jibacoa, km 57, Tel. 0692 95316, liegt erhöht an der Flussmündung am Strand. 14 zum Teil zweistöckige Häuschen, recht einfach ausgestattet. Auch Räume mit Gemeinschaftsbad vorhanden. Etwas renovierungsbedürftig, aber nettes Personal. Das Restaurant ist auf einem alten Turm. Schattiger Sandstrand.

■ **Breeze** (Cubanacán) ④, Arroyo Bermejo, Tel. 0692 95122, ist ein sehr feudales, aber freundliches All-inclusive-Haus. Der Strand vor dem Haus wurde nachträglich angelegt, außerdem großer Pool und draußen gibt es Korallenriffe.

Verkehrsverbindungen

■ Es gibt **keine Busstation** an der Playa Jibacoa. Am besten ist noch der Hershey-Zug bis Santa Cruz (wenn er fährt).

Weiterfahrt nach Osten

Nach **Matanzas** sind es nur noch 35 km, nach 10 km führt eine Straße zum Hafen nach **Puerto Escondido.** Hier kann man diverse Tauchausflüge unternehmen, die Buchung sollte man besser von einem Hotel aus tätigen.

Die Strandstraße kommt in einem Bogen wieder auf die Vía Blanca. Gegenüber der Einmündung führt ein Weg nach **Canasí** oder **Arcos de Canasí.** Hier gibt es eine Bahnstation des Hershey-Zuges. Wer will, kann auch von hier nach Matanzas fahren, verpasst dann aber Bacunayagua.

An der Provinzgrenze zu Matanzas kommt man zu einer Sehenswürdigkeit, dem **Mirador de Bacunayagua.** Alle Busse halten hier. Der Ausblick an **Cubas längster und höchster Brücke** ist grandios.

San Antonio de los Baños

Diese Stadt hat etwa 30.000 Einwohner und liegt ca. 35 km südlich von La Habana. Ende des 18. Jh. als Marktflecken gegründet, hieß sie zunächst *San Antonio Abad.* Im 19. Jh. kamen **Kurbäder** in Mode, und das Wasser der Gegend versprach Heilwirkung. Der **Río Ariguanabo** fließt durch die Stadt und läuft unter einem Ceibabaum hindurch. Er wird gespeist aus dem Laguna-See und 20 Quellen, die im Umkreis liegen. Zu Zeiten des Bäderbooms traf sich die geistige Elite der Insel in den noblen Hotels.

Im Sommerhaus der *Marquise von Campo Florido* liegt das **Museo del Humor.** Hier kann man sich einen Überblick über cubanische Comics und Karikaturen verschaffen. Calle 60, esq. Ave. 45, Di–Sa 10–18 Uhr, So 9–13 Uhr. Die Künstlerszene trifft sich alle zwei Jahre (in ungeraden Jahren) zur „Biennale des Humors".

Der Ort besitzt ein **Stadtmuseum** in der Calle 66, e/41 y 43. Es gibt eine kleine **Kunstgalerie** in der Calle 58, e/37 y 39. Die Post ist in der Hauptstraße, der Calle 41, esq. 64. Man kann mit der Bahn von der Hauptstadt zu der kleinen Bahnstation im Süden des Ortes fahren. Die Karte kostet nur ein paar Pesos.

Fico Gorín besitz ein kleines **Museum** in seinem Haus an der Kirche, in dem er seine kolorierten Stadtansichten ausstellt.

Am Wochenende steigt die **örtliche Party** im *Taberna del Tio Cabrera* (um 21 Uhr). In der Woche ist das Gartenlokal nur am Nachmittag geöffnet.

www.fotolia.de © jiduha

2 Der Westen

Weltbekannt ist die Gegend um das Tal von Viñales, wo sich bizarre Kalksteinfelsen aus der roten Erde erheben und der weltbeste Tabak angebaut wird. Doch auch Liebhaber einsamer Strände und Taucher kommen im Westen Cubas auf ihre Kosten: Im Naturschutzgebiet von Guanahacabibes gibt es berühmte Tauchreviere.

< Das Tal von Viñales

DER WESTEN

An die Provinz La Habana mit der Hauptstadt grenzt im Westen die Provinz **Pinar del Río,** einer der bergigen Teile Cubas.

Übersicht

Die Bergwelt beginnt bei den Hügeln des Biosphärenreservats **Sierra del Rosario,** es steht unter UNESCO-Schutz. Kurz nach der Revolution wurde ein Wiederaufforstungsprogramm durchgeführt. Darin entstand 1971 die Modellsiedlung **Las Terrazas.**

Der Publikumsmagnet jedoch ist die Gegend um **Pinar del Río,** aus der 80 % des cubanischen Tabaks kommt. Im gleichnamigen kleinen Ort ist der Verwaltungssitz der Provinz. In der Nähe liegt **Viñales.** Das verträumte Dorf entstand vor dem Hintergrund der **Sierra de los Órganos** (Orgelpfeifengebirge), das sich, in der Tat wie Orgelpfeifen, am Talende auftürmt. Die Tiefebene des Tabaks ist durch ihre pilzartigen Kalksteingebilde, die **Mogotes,** berühmt.

Ganz am Westende der Insel, in der **Bahía de Corrientes,** liegt der Strand María la Gorda, an dem Schnorchler in geringen Tiefen faszinierende Welten entdecken können. Vor der Küste im Norden liegen die unbewohnten **Inseln Cayo Levisa** und **Jutías.**

NICHT VERPASSEN!

- **Las Terrazas,** ausruhen in der Mustersiedlung in den Bergen | 95
- **Strand von María la Gorda,** eignet sich bestens für einen Tauchausflug | 103
- **Valle de Viñales,** wandern zu den Mogotes | 104

Diese Tipps erkennt man an der gelben Hinterlegung.

Soroa

- **Vorwahl:** 047

Der **Kur- und Erholungsort** Soroa liegt 80 km südwestlich von La Habana in der Sierra del Rosario. Er ist auf der Autobahn La Habana – Pinar del Río über den Abzweig Candelaría/Soroa zu erreichen. Nach dem Abzweig an der Tankstelle geht es 6 km nach Norden in die Berge, und schon ist man in dem Örtchen, einer Ansammlung von Häusern an der Straße – jedes zweite vermietet Zimmer. Fährt man weiter, folgt rechts die Badestelle Baños Romanos und dahinter der Parkplatz mit dem Eingang zum Wasserfall Arco Iris, links dann der Orchideengarten und danach die kleine Hotelanlage *Villa Soroa.*

Reiseroute West-Cuba

La Habana – Viñales – Pinar del Río – Soroa

1. Tag

Die urtümliche Landschaft mit den steil aufragenden Karstfelsen ist eine Gegend, die nicht nur dem weltberühmten **Tabak** gefällt. **Wanderer, Reiter** und **Kletterer** zieht es hier hin. Dazu fährt man nach Viñales mit Bus oder Bahn. Am Nachmittag hat man wegen der Lichtverhältnisse vom Hotel *Los Jazmines* aus einen grandiosen Blick über das Tal mit den Kegelfelsen.

2. Tag

Das Regenwasser hat in Jahrmillionen den Kalkstein ausgewaschen und so entstanden die vielen **Höhlen,** die man am zweiten Tag besuchen kann. In der stillen Natur bietet sich noch eine **Wanderung** an oder vielleicht ein Abstecher zum Baden an die Nordküste. Man sollte sich eine Unterkunft in Pinar del Río reservieren.

3. Tag

Fahrt von Viñales nach Pinar del Río, am besten mit einem Taxi. Dieser kleine Ort bezaubert durch seine **alten Kolonialgebäude,** aber auch durch die ruhige Atmosphäre, die so ganz anders ist, als im Rest Cubas.

4. Tag

Besuch der dortigen **Zigarren-** oder **Likörfabrik,** für die Rückreise kauft man einen Zug-Fahrschein nach Candelaría für den nächsten Tag.

5. Tag

Inmitten der **üppig grünen Berge** liegt ein großer Garten, in dem eine der größten Sammlungen seltener Orchideen wachsen, die ein Naturfreund aus der ganzen Welt zusammen gesucht hat. Abfahrt mit dem 9-Uhr-Zug nach Candelaría, von dort mit einem Taxi nach Soroa. Das Hotel kostet pro Nacht und Doppelzimmer ca. 50 CUC. Man kann eine **Wanderung** von einer halben Stunde zum Aussichtspunkt machen und anschließend eine Dusche unter dem berühmten Wasserfall nehmen. Danach lohnt ein Besuch des **Orchideengartens.**

6. Tag

Von Soroa mit dem Taxi oder einem anderen Verkehrsmittel **zurück** nach Candelaría und von dort mit dem Zug nach La Habana.

cu001-2016kh

GOLF VON MEXIKO
ARCHIPIÉLAGO DE LOS
114
Cayo Jutías
Leuchtturm
Santa Lucía
Nombre de Dios
114
Minas de Matahambre
Cayo Rapado Grande
Bahía de Dimas
San Ramón
Dimas
Cayo de Buena Vista
Arroyos de Mantua
PINAR DEL RÍO
Mantua
102
Guane
Punta Abalos
Boca de Galafre
Bolivar
Isabel Rubio
El Sábalo
101
Playa Boca de Galafre
GOLFO DE GUANAHACABIBES
Laguna Grande
102
Sandino
Krokodilfarm
102
Playa Bailén
Cortés
La Fé
Punta Plumajes
GUANAHACABIBES-NATIONALPARK
Manuel Lazo
La Jaula
103
Punta Cajón
Cayos de los Lena
Carabelita
GUANAHACABIBES
Las Martinas
Marina Gaviota
La Bajada
El Vaecito
Leuchtturm
Leucht-turm
Las Tumbas
Playa Aqua Muerte
Cabo Francés
Bahía de Corrientes
Cabo San Antonio
Caleta Lurga
María la Gorda
Leuchtturm
Playa Jaimanitas
Cabo Corrientes
KARIBISCHES MEER

0 10 km
Cuba_K02
LA HABANA
PINAR DEL RÍO
CORDILLERA DE GUANIGUANICO
COLORADOS
GOLFO DE BATABANÓ
ISLA DE LA JUVENTUD
Bahía de Cabana
Bahía de Honda
Bahía de Mulata
Bahía de Santa Lucia
Bahía de Cortés
La Boca
Mariel
Cabañas
Leuchtturm
Blanco Arena
Pablo de la Torriente Brau
San Juan
Cafetal Buena Vista
Bahia Honda
Mango Bonito
Sendero Serafina
Las Terrazas
Artemisa
Baños de San Juan
Soroa
Ruta de la Cañada del Infierno
Candelaria
Pijirigua
Rancho Mundito
Mango Jobo
San Cristóbal
Majana
Santa Cruz de los Pinos
El Corojal
Taco Taco
Fierro
Entronque de los Palacios
La Guira
Los Palacios
Entronque de Herradura
Paso Real de San Diego
La Francia
Herradura
Cayo Levisa
Cayo Inés de Soto
Palma Rubia
Manuel Sanguily
Mirian
Las Pozas
Puerto Esperanza
El Rosario
La Palma
San Vicente
San Diego de los Baños
San Andrés
Viñales
Cueva de Santo Tomás
El Moncada
Consolación del Sur
Pilotos
Puente de Cabezas
Puerta de Golpe
A4
Pinar del Río
Villa Nueva
San Luis
San Juan y Martínez
Hermanos Saiz
Colón
Alonso de Rojas
La Coloma
Las Canas
Aguas Claras
Dayaniguas
Punta Carraguao
Punta de Cartas
Punta Caribe
Punta Fisga
Cayos del Hambre
Islas de Mangles
Cayos Alacrances
CAYOS DE SAN FELIPE
Cayo Real
Cayos del Perro
Punta Los Barcos
Playa Paraíso
Chacón
Isla de la Juventud
Revolución
Finca del Abra
Nueva Gerona
La Demajagua
Santa Ana
Playa Buenavista
Júcaro
Atanagildo Cajigal
Melvis
La Fe
Los Indios
La Victoria
La Ceiba
Punta Frances
Siguanea
San Carlos
Cayo Piedra
Caleta Grande
Playa Larga
Cocodrilo
Carapachibey
Punta del Guanal
86 97 95 87 90 115 115 115 116 104 105 111 98 298 297 301

Baños Romanos, Mirador de Venus

Die „Römischen Bäder" sind eine alte **Badestelle** an einer schwefelhaltigen Heilquelle. Carretera Soroa, km 8, geöffnet 9–17 Uhr. Der 375 m hohe Mirador de Venus ist ein **Aussichtspunkt,** von dem man bei klarem Wetter beide cubanischen Küsten sehen kann. Hinter den Baños führt ein steiler Weg eine halbe Stunde durch den Wald hinauf. Auf dem Weg zum Mirador sieht man viele Vögel, Schmetterlinge, Libellen und Eidechsen, was allein schon den Aufstieg lohnt. Dieser ist auch auf dem Rücken eines Pferdes möglich (siehe Hotel *Villa Soroa* bei „Unterkunft").

Castillo de las Nubes

Ein Großgrundbesitzer ließ sich um das Jahr 1940 sein „Wolkenschloss" errichten. Heute ist darin ein **Imbiss** untergebracht, geöffnet etwa 9–17 Uhr.

Arco Iris

Der **Wasserfall** wird „Cubas Regenbogen" genannt, weil manchmal die Sonne so durch das fallende Wasser scheint, dass sich ein schmaler Regenbogen bildet. Geöffnet bis 20 Uhr, 3 CUC. Der Weg führt etwa 400 m durch den Wald, wobei es Treppen hoch und hinunter zu bewältigen gilt. Zunächst erreicht man den Aussichtspunkt am Oberlauf des Wasserfalls. Zum Baden steigt man über eine schmale Treppe hinab zu den Gumpen. Im Frühjahr (Dezember bis März) ist in der Regel nur wenig Wasser vorhanden; am besten man stellt sich vor die Kasse und befragt Touristen, die vom Fall zurückkommen, wie viel Wasser er gerade führt und ob der Ausflug lohnt.

Orchideengarten

Die eigentliche Attraktion des Ortes ist der Orchideengarten. *Tomás Felipe Camacho* hieß der kanarische Auswanderer, der sich hier mit seiner Tochter niederließ. Als sie unter tragischen Umständen verstarb, begann der trauernde Vater, Blumen zu züchten, sagt man. Er reiste durch die Welt und begann seltene Pflanzen zu sammeln, die den Grundstock seines Gartens bildeten. Später begann er mit der Orchideenzucht, die dieses schöne Fleckchen Erde berühmt gemacht hat. Zu sehen gibt es über **350 verschiedene Arten,** etwa die seltene *Flor de San Pedro.* Sie blühen von November bis Februar. Außerdem wachsen auf dem Areal 11.000 Zierpflanzen, es gibt also das ganze Jahr über etwas zu sehen. Geöffnet 9–16 Uhr, 3 CUC.

Unterkunft

- Übernachten kann man im **Hotel Villa Soroa** (Horizontes) ③, Carretera a Soroa, km 8, bei Candelaría, Tel. 853534, 853512. 50 Zimmer in kleinen Bungalows zwischen hohen Bäumen, 10 Apartments mit Küche und AC, Bar, Geldwechsel etc. Die Häuschen 16 bis 24 liegen vorne auf einem Hügel, und man überblickt von der Terrasse das Tal und den Pool. Hier werden allerlei Ausflüge zu Fuß, zu Pferde und mit dem Wagen angeboten. Der Besuch des Wasserfalls ist für Gäste kostenlos.
- Es gibt ein paar **casas particulares:** *Estudio del Arte,* im Haus des Malers *Jesus Gastell Soto,* Carretera a Soroa, km 8,5, mit Bad und Balkon für 20–25

CUC inkl. Frühstück, Tel. 598116; *Hospedale El Alto,* Carretera a Soroa, km 5,5, einfaches Zimmer mit Bad, nette Familie, super Frühstück und Abendessen; *La Curva,* Carretera a Soroa, 7 km vor Candelaría, nette Familie, leckeres Essen und ein Stellplatz für das Auto, 20 CUC; *Los Sauces,* bei *Jorge Luis Vivó Sra* und *Ana Lidia Rodríguez,* Carretera a Soroa, km 3, Candelaría, liegt 3 km vor der Mautstelle. Sauber, freundlich, schöner Garten, Klimaanlage und hervorragendes Essen, Tel. 289372; *Don Agapito,* Carretera a Soroa, km 8, Tel. 512159, im Häuschen des Orchideengarten-Gründers vermietet *Yamilen* heute ein Zimmer mit Bad, eigener Eingang zum schönen großen Garten.

Verkehrsverbindungen

- Im 20.000-Einwohner-Ort **Candelaría** gibt es einen **Bahnhof,** aber von dort sind es noch 10 km nach Soroa.
- An der Tankstelle, die an der Autobahnausfahrt Candelaría liegt, kann man den **Bus** Pinar del Río – La Habana verlassen, wenn man vorher dem Fahrer Bescheid sagt. Dann sind es noch etwa 7 km.

Las Terrazas

- **Vorwahl:** 048

20 km nordöstlich von Soroa, in Richtung San Diego de Nuñez, zweigt ein Weg rechts ab ins **Biosphärenreservat** Las Terrazas. An einer Mautstelle zahlt der Nicht-Hotelgast 4 CUC und erreicht nach rund 12 km die Siedlung Las Terrazas. 1971 wurde nach Waldbränden und Bodenerosion ein Wiederaufforstungsprogramm der Regierung beschlossen. Daraus wurde ein UNESCO-konformes Biosphärenreservat. Neben einem Stausee baute man eine terrassenförmig angelegte Siedlung. Durch das UNESCO-Programm war den Bauern ein Teil ihrer landwirtschaftlichen Einnahmen genommen worden; die Siedlung Las Terrazas sollte ihnen eine neue Heimat geben. Optisch ist die sozialistische Armenhilfe nicht so gelungen, einfache Plattenbauten wurden im Halbkreis hochgezogen. Doch die Menschen, die hier leben, sind der Regierung dankbar für ihre Wohnungen und die Infrastruktur, die sie vorher nicht einmal ansatzweise hatten. So gibt es Strom, Telefon, zwei Läden, eine kleine Klinik und zur Entspannung den Dorfplatz mit Brunnen, ein Kino, den Seerosenteich mit einer Affeninsel und natürlich einige Kneipen.

Zum **Wandern** eignet sich das Gebiet hervorragend. Man sieht Kolibris und wenn man Glück hat sogar Tocororos. Allerdings braucht man einen Führer.

Das Verwaltungszentrum des Reservats liegt nordöstlich der Einmündung zum Hotel *Moka;* es ist bei einer Bar am Ufer eines schilfbestandenen Sees untergebracht. Eine weitere Mautstelle liegt im Osten des Gebietes, über die man die Straße nach La Habana und die Autobahnauffahrt Cayajabos erreicht. Es gibt eine Tankstelle. *Víazul* fährt um 16 Uhr nach La Habana.

Unterkunft, Essen und Trinken

- **Hotel Moka** ④, Tel. 578600, Autopista a Pinar del Río, km 51, ein einmaliges Haus, durchdrungen von Natur. Von den 26 Zimmern schweift der Blick über die wiederaufgeforstete Landschaft mit Königspalmen und Teakbäumen. Morgens wecken den Besucher die Hähne, ein Baum wächst durch die Rezeption. Schöne Bar. Man kann Boote und Fahrräder mieten. 26 Zimmer. Ein **Campingplatz** ist dem Hotel angeschlossen. Man kann Wandertouren mit Führer buchen: 3 Stunden 20 CUC. Der **Viazul-Bus** hält auf dem Weg von La Habana nach Pinar del Río in der Nähe des Hotels, man sollte den Busfahrer fragen.

- **Cabañas Rusticas** ①, Tel. 778555, bei den Baños de San Juan. Fünf mit Palmwedeln gedeckte Häuschen auf Stelzen.
- Eine *Casa Particular* in der Gegend ist die **Villa Duque** von *Marta* und *Jorge*, 2 Zimmer mit Bad, Garten und Terrasse für 20 CUC auf der Finca *San Andrès* etwa 2 km außerhalb von Las Terrazas in Richtung Cayajabo, Tel. 053 221431.
- **Preiswert essen** kann man im **Paladar Mercedes** im Zentrum der Plattenbauten, Block 9, links am Hotel die Treppe hinunter. Eine Empfehlung ist auch das vegetarische **Restaurante El Romero.**
- Bei **María** wird Kaffee ausgeschenkt und verkauft. Treppe am Hotel runter und über die Straße.
- **Casa de Botes,** im Stausee liegt ein kleines Lokal auf Stelzen, das hauptsächlich Fisch anbietet.

Verkehrsverbindungen

- Der **Viazul-Bus** hält auf dem Weg von La Habana nach Pinar del Río in der Nähe des Hotels *Moka,* man sollte den Busfahrer fragen.

Ausflüge

Baños de San Juan

Der **Río San Juan** fällt hier über flache Felsplateaus ab, es haben sich eine Reihe von ruhigen Teichen gebildet, die sich hervorragend zum **Baden** eignen, etwa 4 km vom Hotel *Moka,* immer dem Weg nach, das Lokal *Bambú* liegt vom Parkplatz flussaufwärts.

Sendero Serafina

Dieser **Wanderweg** führt am Río San Juan vorbei und ist ausgeschildert. Ziel der Wanderung ist die nördlich gelegene **Plantage Santa Serafina.**

Ruta de la Cañada del Infierno

Die Route verläuft westlich am Río Bayate entlang zu den dort gelegenen **ehemaligen Plantagen** Santa Catalina und San Pedro. Über einer schönen **Badestelle** am Largo el Palmar befindet sich eine Bar und das Info-Zentrum des Reservates, einen halben Kilometer weiter liegen malerische Plantagenruinen (weitere, wenn man der Straße noch 2 km folgt).

Cafetal Buena Vista

Wie der Name sagt, hat man von der **ehemaligen Kaffeeplantage** eine gute Aussicht auf die Sierra del Rosario. Kaffee wurde hier vor 100 Jahren von französischen Flüchtlingen aus Haiti angepflanzt, heute befindet sich im Herrenhaus ein Restaurant. In der Gegend gab es über 50 Plantagen dieser Art. Von hier wurde der Kaffee zum Hafen von Mariel geschafft.

Canopy-Tour

An einer Rolle, die an Drahtseilen hängt, **1600 Meter weit durch die Bäume schweben** kann man zwischen fünf Plattformen, die in den Wipfeln der Tropenriesen angebracht sind. Man bremst mit einem Lederhandschuh, an den Plattformen stehen auch Helfer zum Bremsen bereit. Im Tal wird man dann mit dem Auto wieder abgeholt. Diese Hängepartie kann man über das Hotel *Moka* buchen, Tel. 048 578600, einmaliger und ökologisch unbedenklicher Spaß für 25 CUC für Gäste des Moka, für alle anderen 35 CUC; nur die halbe Strecke ist auch möglich.

Canopy-Tour

099cu kh

Pinar del Río

- **Vorwahl:** 048
- **Einwohner:** 189.000

Pinar del Río liegt ca. 150 km von La Habana entfernt. Hier dreht sich alles um **Tabak** – der Ort ist die Wiege der weltbesten Zigarren. Hier geht es gemütlicher zu als in der hektischen Hauptstadt. Eine Möglichkeit, solch ein gerolltes Kunstwerk zu erstehen, gibt es z.B. in der Ave. Rafael Ferro/Calle Sol, geöffnet Mo–Sa 9–19 Uhr.

Aber Achtung: Je mehr Touristen in die Stadt kommen, desto mehr *Jineteros* liegen auf der Lauer, überall wird man angesprochen. Wem das zu viel wird, der sollte schnell nach Viñales weiterreisen.

Geschichte

1571 gründeten Spanier den Ort Nueva Filipina, der dann nach den **Pinienwäldern** der Gegend in Pinar del Río umbenannt wurde. Die Pinien sind heute alle den Tabakanbauflächen zum Opfer gefallen, den Fluss gibt es aber noch. Die Stadt wuchs schnell, denn Tabak ließ sich für die Spanier gut zu Geld machen. Heute fließt der Autoverkehr träge durch die Calle Martí, doch der Tabak wird immer noch so angebaut, wie vor hundert Jahren. Die Tabakbauern sind hier meist nicht in einem Kollektiv organisiert, sondern arbeiten auf eigene Rechnung für eine der sehr familiär anmutenden Fabriken. Heute ist die Stadt insgesamt ein wenig heruntergekommen.

Sehenswertes

Palacio Guasch

Der skurrilste Bau auf Cuba! *Dr. Guasch* ließ dieses Haus 1914 bauen und machte zur Auflage, dass alle architektonischen Stile dort vorhanden sein sollten. Das Sinnbild des **Eklektizismus.** Heute ist in den Räumen das **Naturkundemuseum** untergebracht: Museo de Ciencias Naturales „Tranquilino Sandalio de Noda", Calle Martí, e/Ave. Pinares, Mo–Sa 9–18 Uhr, So 9–13 Uhr, 1 CUC, eine Fotoerlaubnis kostet ebenfalls 1 CUC.

Teatro José Jacinto Milanés

Dies war ein Prestigeobjekt der reichen Bürger und stand lange im Zentrum des

Unterkunft
2 Hotel Vuelta Abajo
8 Hotel Globo
13 Hotel Italia
14 Villa Aguas Claras
16 Hotel Pinar del Río

Essen und Trinken
1 Rumayor Restaurant
5 Eisdiele
9 Rest. El Marino
10 Rest. La Casona
15 Paladar El Mesón
18 Rest. Las Barrigonas
19 Paladar La Cabaña

Nachtleben
4 Casa de la Música
6 Casa de la Cultura
11 Patio Milanés

Einkaufen/Sonstiges
3 Supermarkt El Comercio
7 ARTex Kunstgewerbeladen
12 Reisebüros, Buchladen
17 Bauernmarkt

Interesses. Das edel aufgemachte Haus hat 500 Plätze und ist dem Dichter *José Jacinto Milanés* gewidmet, der Mitte des 19. Jh. lebte. Calle Martí, e/Calle Colón.

Museo Hermanos Saiz und Museo Antonio Guiteras Holmes

Die Häuser der gleichnamigen Revolutionshelden sind mit Dokumenten des **Kampfes gegen die Batista-Diktatur** ausgestattet, also möglicherweise nur für Revolutionsnostalgiker interressant.

Fábrica Guayabita del Pinar

In der *Casa Garay* wird der berühmte **Guavenlikör** hergestellt (siehe Kap. „Reisetipps A–Z", „Essen und Trinken"). Besichtigung tägl. 8–16 Uhr. Calle Isabel Rubio 189, e/Sol y Ceferino Fernández. Eintritt: 2 CUC. Nach dem Rundgang werden die Liköre verkauft, allerdings nicht billiger als in den Geschäften in La Habana.

Fábrica de Tabacos

Hier ist die Wiege der „Kunstwerke" mit dem Namen „Romeo et Juliet", „Cohiba" und „H. Upmann". Es ist eine der berühmtesten **Zigarrenfabriken,** die besichtigt werden kann. Das Haus wurde einst als Krankenhaus geplant, zwischenzeitlich war es Gefängnis und Schule, seit 1960 ist hier die Zigarrenfabrik mit 140 Beschäftigten untergebracht. *Francisco Donatier:* Calle Maceo 157, Mo–Fr 9–12 und 13–17 Uhr.

Museo Provincial de Historia

In den weit verzweigten unterirdischen Höhlen der Gegend lebten einst die **Guanahatabeyes-Indianer.** Deren Sitten und Gebräuche können hier ergründet werden. **Musikkenner** finden hier persönliche Gegenstände von *Enrique Jorrin,* dem Erfinder des Cha-Cha-Cha. Calle Martí 58, e/Rubio y Colón, Di–Sa 13–18 Uhr, So 9–13 Uhr.

Praktische Tipps

Unterkunft

Hotels

- **Villa Aguas Claras** ①, Tel. 778427, diese Bungalow-Anlage liegt etwa 8 km außerhalb in Richtung Viñales. Die Häuschen gruppieren sich um einen Pool in parkähnlichen Landschaft. Man kann einen Spaziergang zum Fluss machen oder eine Reittour buchen. Leider etwas heruntergekommen. Bus No. 7 ins Dorf.
- **Italia** ①, Mageraldo Medina Norte 213, esq. Isabel Rubio, Tel. 776120, 27 Zimmer.
- **Globo** ②, Calle Martí, esq. Isabel Rubio. 40 Zimmer hat das renovierte rosafarbene Haus vom Anfang des 20. Jh. Keine schlechte Wahl.
- **Pinar del Río** (Islazúl) ③, Tel. 755070-74, renovierter Plattenbau vom Ende der 1970er Jahre, jedoch mit der besten Infrastruktur, Calle Martí y Final Autopista, am Ortsende, kurz vor der Autobahnauffahrt, 136 Zimmer und 16 Hütten mit dem üblichen Komfort, inkl. Shop, Café, Bar und Restaurant. Wen es hierher verschlägt, sollte ein Zimmer weit weg von der Bar nehmen, wenn ihm Ruhe wichtig ist. Check-in ab 16 Uhr.
- **Vuelta Abajo** (Islazúl) ③, Calle Martí 103, esq. Morales, Tel. 759381-83. Ein Gebäude aus dem 19. Jh. mitten im Ort, 24 schöne Zimmer, freundliche Leute, die Zimmer nach vorn mit Balkon sind allerdings sehr laut, da das Hotel an einer Straßenkreuzung steht. Das Restaurant ist empfehlenswert. Check-in ab 16 Uhr.

Privat

- **Eloina Arteaga Gonzales,** Isabel Rubio 18, apto. 4, 2. piso, e/Martí y Adela Azcuy, Tel. 771798, 10–15 CUC. 2 Zimmer im Herzen der Stadt, unweit des Busbahnhofes, ruhig mit Terrasse.
- **Salvador y Ana María,** in der Alameda 24, e/ Volcán y Ave. Ellameda, Tel. 773146. Begrünter Patio, Zimmer mit Bad 15 CUC.
- **Servilio Afre Romeu,** Ave. Comandante Pinares 157, e/Roldán y Emilio Nuñez, Tel. 752309, drei Zimmer, schöne Terrasse, netter Garten. Gute Küche, nahe dem Museum, 20 CUC.
- **Blanca,** Ave. Rafael Ferro 474, Tel. 753805. Eigenes Bad, Parkplatz, Garage, AC. Nicht cubanisch eingerichtet und als „Casa de Manuel Barios" bekannt. 20 CUC plus Essen.
- **Casa Colonial,** *Sra. Lourdes Ravelo,* Isidro de Armas 269, e/Avellaneda y Pepe Portilla, Tel. 774681. Schönes Haus mit Säulenterrasse, kleiner Patio, 2 Zimmer mit Bad, Kühlschrank, Klimaanlage, Ventilator, üppiges Frühstück, ruhig. Sehr nette Familie. DZ 20 CUC.
- **Villa de Isleno Muny,** km 25, Carretera a Viñales, Tel. 695450. 2 große Zimmer mit eigener Terrasse. Super Essen, toller Blick, CUC 30.
- **Villa María Antonia,** Isis Camargo y Fidel Ortiz, Isidro de Armas 374, e/Méndez Capote y Colonel Pozo, Tel. 773898, chikyrent@hotmail.com. Modernes Haus in der Nähe des Hospitals Maternity, Apartment mit Bad und Küche im Obergeschoss des Hauses, separater Eingang, nette Vermieter, 25 CUC.

Essen und Trinken

- **Las Barrigonas,** Autopista, km 120, Ave. Rafael Ferro/Calle Sol, das Schnellrestaurant hat auch am frühen Abend noch auf.

- **Rumayor,** Carretera a Viñales, km 10, geöffnet 12–15 und 18–22 Uhr. Restaurant mit lauschigem Garten, 1 km die Rafael Morales hinauf, dann links in die Straße nach Viñales. Spezialität: *pollo ahumado,* gegrilltes Hähnchen mit Salz- und Zuckersoße.
- **La Casona,** zweitbeste Wahl, Martí, esq. Colón.
- **El Marino,** serviert Fisch, Calle Martí Este 52.
- **Paladar La Cabaña,** Calle 9, e/2 y 4, La Colchonería, eine gute Alternative.
- **Paladar El Mesón,** Calle Martí Este 205, geöffnet wochentags am Nachmittag, serviert was gerade im Angebot ist.
- Die **Eisdiele** liegt Martí, esq. Rafael Morales.

Aktivitäten, Einkaufen

- **Kulturelle Veranstaltungen** von Literatur bis Tanz finden in den *Casas de la Cultura* sowie ab 21 Uhr in der *Casa de la Música,* Gerardo Medina Norte 21, statt.
- **Patio Milanés,** ein schöner Veranstaltungsort, Martí esq. Colón.
- **Bauernmarkt:** In der Rafael Ferro gibt's wochentags alles, was Acker und Garten gerade bieten.
- **Supermarkt El Comercio:** Verkauft alles, was man braucht, Martí Oeste esq. Arenado.
- **Buchladen:** Martí, esq. Colón.
- **ARTex:** Souvenirs in der Martí Este 36.

Verkehrsverbindungen

- **Flug:** Der kleine *Aeropuerto Pinar del Río (QPD)* liegt an der Carretera a Coloma, km 10; man hat Anschluss an die großen Städte.
- **Mietwagen** gibt es im Hotel *Pinar del Río,* von *Transtur,* Tel. 778178; *Micar,* Tel. 771454 und von *Havanautos,* Tel. 778015.
- **Tankstellen:** *Servi-Cupet* an der Carretera Central vor dem Ort und am Ortsausgang in der Rafael Morales Sur; *Oro Negro* ebenfalls an der Carretera.
- **Busstation:** Adela Azcuy, e/Colón y Comandante Pinares, Tel. 750887. Busse von *Víazul* fahren täglich 11.30 und 16.30 nach Viñales, 6 CUC, und 8.50 und 14.50 Uhr nach La Habana, 11 CUC.
- **Zug:** Der Bahnhof befindet sich in der 19 de Noviembre/del Occidente. Der Zug „El Lechero" (Der Milchmann) verlässt La Habana um 22.05 Uhr und erreicht Pinar del Río um 3.50 Uhr morgens, zurück 9.45 Uhr morgens für 7 CUC, Tickets ab 7 Uhr am Schalter.
- **Taxi:** Vom *Astro*-Busterminal in La Habana verkehren staatliche Sammeltaxis *(Cubataxi)* für 7 CUC pro Person und Fahrt – der Preis entspricht dem der Busse. In Pinar del Río startet ein *Transtur*-Bus von der Calle Gerado Medina 310 y Carretera Central.

Ausflüge nach Westen

Der kürzeste Weg von Pinar del Río zum Meer führt zur **Bahía de Cortés.** Nach 20 km Fahrt in südwestlicher Richtung erreicht man San Juan y Mártinez, einen Tabakort. Fährt man die Straße weiter, kommt man schließlich bei dem Fischerdorf **Boca de Galafre** ans Meer. Der Zug nach Guane hält 2 km oberhalb des Strandes.

Playa Boca de Galafre

Playa Boca de Galafre ist ein **Strand** am östlichen Ende der Bucht von Cortés. Wer bleiben will, kann in den einfachen Hütten der *Villa Boca de Galafre* für 15 CUC übernachten. Leider wirbelt der Wind den Sand der Bucht auf, sodass das Wasser ziemlich trübe aussieht, und der Strand selbst ist leider auch ziemlich schmutzig.

Playa Bailén und Krokodilfarm

Ähnlich sieht es an der Playa Bailén aus. Der **Strand** liegt etwa 50 km von Pinar del Río entfernt. Von der Schnellstraße biegt man links ab und fährt dann noch 8 km weiter. Unterwegs liegt die **Estación Biológica Zoocriadero,** eine Krokodilfarm geöffnet von 8 bis 17 Uhr. Am Strand stehen Cabañas, die zurzeit nicht vermietet werden. Am Ende dieser Ansammlung liegen größere Häuser und einige preiswerte Restaurants. Im Sommer kommen viele Cubaner her, sodass es oft eng und laut wird. Ein Peso-Café und ein paar Casas ergänzen das Programm, einzig die *Casa Lucia Peralta,* Tel. 048 8296145, ist annehmbar.

Guane und Umgebung

Ist dies der Fall, bleibt nur noch der Weg in die Berge zum **Campingplatz El Salto.** Diese einfache Anlage erreicht man nach weiteren 15 km, wenn man über Isabel Rubio und Guane im Bogen zurück nach Pinar del Río fährt. Hier kann man herrlich im Wasserfall baden. In Isabel Rubio liegt die einzige Tankstelle der Gegend. Dabei kann man sich auch den **Steinwald** anschauen, eine Kalksteinformation mit hunderten Hügeln. In Guane gibt es einen Bahnhof, von dem man dreimal täglich nach Pinar del Río fahren kann.

Unterkunft findet man im Hotel *Villa Laguna Grande* (Islazúl), Tel. 0053 842 430, normalerweise nur für Cubaner, da sie recht preiswert ist, sollte man versuchen zu reservieren. 12 Bungalows liegen in der Nähe des Golfs von Guanahacabibes, 20 km von Guane entfernt bei Bolivar in südwestlicher Richtung am Ufer des **Stausees Laguna Grande** bei Granja Simón Bolívar. Dazu gibt es ein Restaurant. Der bei Anglern beliebte See eignet sich gut zum Schwimmen und zum Spazieren gehen.

Sandino

In dem **nach der Revolution** angelegten Ort wurden Bauern aus der Gegend von Cienfuegos angesiedelt, die man für wenig regimetreu hielt. Später baute man in Sandino Wohnkomplexe für Hurrikanopfer. Und zu guter Letzt entstand hier der erste Neubau einer katholischen Kirche. Ansonsten ist Sandino ein einfacher Ort, die Straßen sind in Zonen eingeteilt. Wenn man von der Carretera in den Ort fährt, findet man schnell ein paar Läden. In der Nähe des Parque de las Pirámides ist ein Supermarkt in einem schrillen Plattenbau untergebracht. Daneben ist der Busbahnhof. Außerdem gibt es das *Motel Alexis, Alexis y Nelyda*, Zona L 33, einen Block östlich der Hauptstraße, mit einem Zimmer, Bad und separatem Eingang, 20 CUC. Hier kann man gut wohnen und morgens die rund 65 km nach **María La Gorda** fahren. Wenn es belegt ist, bleiben noch die *Villa Edilia* an der Poliklinik, Zona M, No. 41, Tel. 048 423843, www.villaedilia.260mb.net, drei Zimmer mit Bad und AC, 20 CUC, gutes Essen, sowie die *Casa Sunso y Gina,* Zona O, No. 22, Tel. 048 423131, 2 sehr einfache Zimmer, Minipatio, 25 CUC, das Essen ist super. Das Hotel des Ortes ist das sehr einfache *Cocibolca,* Tel. 082 2275. Eine Tankstelle und eine Bank sind auch vorhanden. 10 km sind es nach Puerta La Fé, 22 km zum **Playa Punta Colorada** mit flachem Strand und hübschem, buntem Sand.

Zwischen El Vale und La Bajada sieht man **Köhler bei der Holzkohleproduktion.** In **La Bajada** gibt es eine einfache Hütte am Wasser, für 15 CUC pro Nacht, (Mückenschutz!) sowie eine *Casa Particular*, die *Villa Azul,* Yusniel.cordero@nauta.cu. Von La Bajada zur äußersten Spitze **Punta Cajón,** sind es 60 km.

Guanahacabibes

Auf der **Halbinsel Guanahacabibes** im Süden an der Bucht von Corrientes liegen ein einzigartiger Strand und ein **Taucherparadies.** Die ganze Südküste, von **Cabo Corrientes** nach **Punta Cajón,** entlang verlaufen Sandstrände, an denen jedes Jahr **Karettschildkröten** an Land kommen, um Eier zu legen.

Wälder bieten auch Schutz für Tausende von **Jutías, Leguane, Wildschweine, Hirsche** und **Rinder.**

Mitten im Biosphärenreservat bei der Punta de los Pocillos liegt die *Villa Cabo San Antonio* (Gaviota) ③, direkt am Strand **Las Tumbas,** Tel. 048 757656/8. Auf acht hölzernen Hütten verteilen sich rund 70 DZ, die gut ausgestattet und sehr angenehm sind. Dazu gibt es eine kleine Verkaufsstelle und ein einfaches Restaurant. Früher zogen sich Piraten in diese Gegend zurück.

Wer mit dem Boot kommt, kann den Hafen **Marina Gaviota Cabo de San Antonio** ansteuern (21°53'59.60"N84° 56'26.08"W), Tel. 048 750123, wo auch eine Tankstelle an der mitgenommenen Pier wartet. Die Gegend heißt **Los Morros de Piedra.** Zur Marina gehört eine Tauchbasis und das kleine Restaurant *La Claraboya.* Man sollte mit einem Mietwagen anreisen, da der Transfer ansonsten unsicher ist, außerdem gibt es keine Bank. Hier endet die Straße. Man kann in einem weiten Bogen über die äußerste Spitze Punta Cajón nach Playa Las Tumbas zurückfahren. Zeitweise war es militärisches Sperrgebiet, da man eine Invasion der Amerikaner fürchtete. Langsam wandelt es sich allerdings zu einem Ort für Ökotourismus.

Eine gut ausgebaute Teerstraße führt bis zur Bucht **María la Gorda.** Sie gehört zu den **berühmtesten Tauchrevieren Cubas.** Die dortige Tauchbasis mit ihren Lehrern hat einen guten Ruf, das Equipment ist allerdings älter. Vom Strand aus lässt sich mit dem Schnorchel bereits Einblick in die Unterwasserwelt nehmen. Von Pinar del Río kommt man mit dem Taxi für etwa 30–40 CUC hin und zurück. Wer im dortigen **Hotel** *María la Gorda* (Gaviota) ③, Tel. 082 771306, übernachten und sich am nächsten Tag abholen lassen will, zahlt den doppelten Preis. Man sollte unbedingt anrufen und imVoraus buchen, da es keine Alternative gibt, wenn das Hotel voll oder mal wieder einem Hurrikan zum Opfer gefallen ist. Am Eingang der Anlage gibt es ein Restaurant mit einigermaßen akzeptablen Preisen. Zurzeit entsteht hier übrigens eine größere Anlage mit geräumigen 8-Zimmer-Häusern und größerem Servicekomplex. Darüber hinaus gibt es ein paar alte Holzhütten am Strand, modernere 2-stöckige Gebäude in der ersten Reihe und zurückliegende hölzerne Bungalows, die über Stege zu erreichen sind. Der Strand ist paradiesisch (bis auf die Sandfliegen).

Kostenlos ist die **Playa Agua Muerte,** an der Straße nach María la Gorda, hier gibt es keine Buden, nur Bäume spenden ein wenig Schatten.

Das Wasser ist klar und fischreich, im Vergleich zu Trinidad, Varadero, Santa Lucia das beste Gelände für **Schnorchler** und **Taucher** auf Cuba. Eine Vorausbuchung der Tauchgänge ist günstiger.

Die Legende sagt, dass eine Kolumbianerin von Piraten hierher verschleppt wurde. Zur Tarnung ihres tatsächlichen Gewerbes betrieb sie eine Schenke an der Küste. Sie wurde reich und dick. Später nannte man einen Doppelfelsen in der Gegend **„Las Tetas de Maria la Gorda“**, „Die Brüste von Maria der Dicken“.

Der unberührte Westen der Halbinsel Guanahacabibes ist ein **Nationalpark**, näheres im entsprechenden Kapitel.

Valle de Viñales

„Tabak pflanzt man nicht, man heiratet ihn“, sagt man hier. Doch die Gegend ist nicht nur für Raucher interessant. Rotbraun ist die Erde, saftig grün sind die

Felder und daraus erheben sich die bizarren **Mogotes,** grüne Kegelkarstfelsen, die man „Elefantenbuckel" getauft hat. Hier steigen nach den Regenfällen im Sommer dichte Wolken auf und hüllen die eigenartigen Felsbrocken in einen dichten Nebel.

Überall im Tal am Río Cuyaguateje sieht man die palmengedeckten **Trockenscheunen für Tabak.** Zur besseren Luftzirkulation hat man die Giebel offen gelassen. In diesen *casas del tabaco* werden auch heute noch die Blätter getrocknet. Der Tabak wird nach der Regenzeit, Ende Oktober, ausgesät und im Januar kann die Ernte erfolgen. Im Sommer pflanzt man auf den Feldern Gemüse an.

Vor einigen Millionen Jahren soll das Tal ein **Höhlensystem** gewesen sein, dessen Decke durch fortschreitende Erosion dünner wurde und schließlich einbrach. Die Mogotes sind die letzten übrig gebliebenen Stützpfeiler.

Viñales

- **Vorwahl:** 048
- **Einwohner:** 10.000

25 km nördlich von Pinar del Río liegt das **unter Denkmalschutz** stehende Viñales. Der Ort lädt zu einem Bummel durch die Hauptstraße mit ihren pastellfarbenen, einstöckigen Häusern mit den vorgebauten Säulenveranden ein. In der Ortsmitte liegt der typische Platz mit einer **Kirche** aus dem 19. Jh., der *Casa de Cultura* und dem Denkmal *Martís'*. Das Leben geht hier geruhsam zu, allerdings steigen die Touristenzahlen.

Von Pinar del Río kommend, erreicht man zuerst den Abzweig zum Hotel *Los Jazmines.* Am Ortseingang von Viñales folgt eine Rechtskurve und man ist in der Hauptstraße, der Calle Salvador Cisnero; an ihr liegen alle Geschäfte. An der Tankstelle biegt die Hauptstraße nach links ab, und man verlässt den Ort in Richtung San Vicente.

Die Attraktion der Gegend sind die **Mogotes** (s.o.), die Karstkegel, die sich bis zu 200 m aus der flachen Landschaft erheben. Bei Wanderungen sollte man feste Schuhe und einen Sonnenhut tragen, in der Regenzeit verwandeln sich die Wege oft in Schlammpisten.

Wer einen **Reitausflug** plant, sollte sich erkundigen ob der Preis für den gesamten Ausflug oder pro Stunde gilt.

Privater botanischer Garten

Zwei Schwestern legten den Garten in ihrer Jugend rund um ihr Häuschen an und machten ihn der Öffentlichkeit zugänglich. Verwilderte Wege führen durch das große Areal, im Eingangsbereich stehen halb **überwucherte Puppen.** Eintritt frei, eine Spende ist erwünscht. Carretera Esperanza 5, gegenüber der Tankstelle.

Unterkunft

Hotels

- **La Ermita** ③ (Horizontes), Carretera de la Ermita, km 1,5, südöstlich von Viñales, Tel. 796250 und 796122, 62 Zimmer. Das einfache Hotel mit Bar, Shop und Pool hat eine herrliche Aussicht über die Mogotes und auf die Tabakfelder. Ausflüge zu den Höhlenbergen, zur Höhle Santo Tomás oder – eine

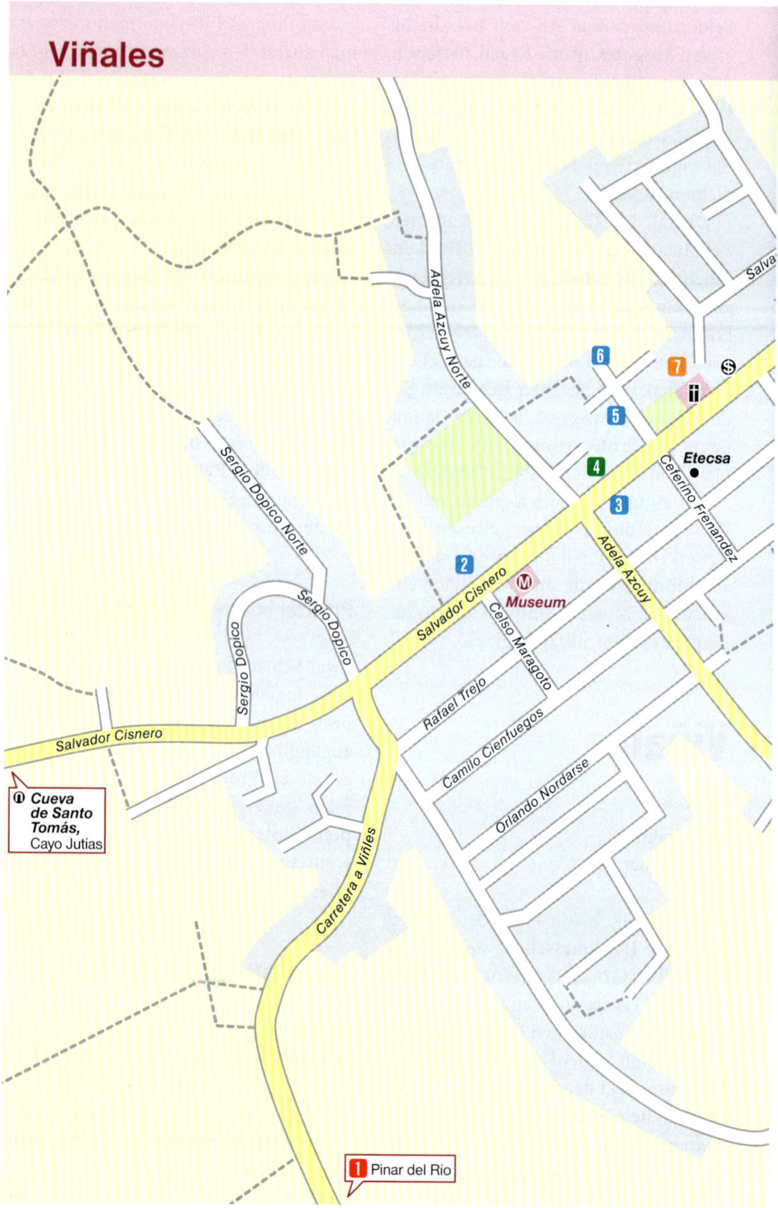
Viñales
Adela Azcuy Norte
Salva
Sergio Dopico Norte
Etecsa
Ceferino Frenandez
Adela Azcuy
Salvador Cisnero
Museum
Sergio Dopico
Sergio Dopico
Celso Maragoto
Rafael Trejo
Salvador Cisnero
Camilo Cienfuegos
Orlando Nordarse
Cueva de Santo Tomás, Cayo Jutías
Carretera a Viñles
Pinar del Río

Übernachtung
1 Los Jazmines
9 Rancho San Vicente
13 La Ermita

Essen und Trinken
2 Casa Don Tomás
3 El Olivo
5 Cocinita del Medio
6 Bar Mogotes
8 DaryTuty
10 Rosas
11 Paladar Casa el Campesino
12 Paladar La Cabana
14 Finca Celorio

Nachtleben
7 Casa de la Cultura

Einkaufen
4 Supermarkt

anstrengende Tour – zu den Wassermenschen „Los Aquáticos", die in den Bergen leben.

■ **Los Jazmines** (Horizontes) ③, Carretera a Viñales, km 23, Tel. 796205. 78 Zimmer und einige Bungalows. Mein Tipp: Am Pool liegen und in die atemberaubende Landschaft schauen, mit den Mogoten vis-à-vis, ins Dorf sind es ca. 2 km. Allerdings herrscht hier ein ständiges Kommen und Gehen, Ruhesuchende sollten es woanders versuchen.

■ **Rancho San Vicente** (Horizontes) ③, Tel. 796 201. An der auswärts führenden Straße nach Puerto Esperanza, am Eingang zum Valle Ancón am Fluss. 32 Zimmer in unterschiedlichen Bungalows, Laden, Restaurant, Pool, eigene schwefelhaltige Thermalquelle. Wanderungen durch das Vicente-Tal, das Tal der Nachtigallen, sowie zu einer 100 m langen Höhle und Reitausflüge. Ins Dorf sind es ca. 5 km.

Die Kirche von Viñales

097cu kh

Privat

■ **Casa Nenita,** Salvador Cisnero 61, Tel. 893319, bei der Poliklinik links in die Salvador Cisnero gehen. Kleines Steinhaus mit schönem Blick über Gärten und Mogotes. Zimmer mit AC 25 CUC, mit Ventilator 20 CUC, herzliche Familie, gute Küche.

■ **Villa Rosa,** Adela Azcuy 43, Tel. 793381. DZ mit Bad befindet sich in einem Extrahäuschen auf dem begrünten Innenhof, 20 CUC. Frühstück möglich. Es wird nur Spanisch gesprochen.

■ **Casa Maricela,** Celso Maragoto 20, Tel. 936034. In kleinem Häuschen mit separatem Eingang und Garten. 25 CUC, für 9 CUC gibt es Frühstück, außerdem gutes Abendessen.

■ **Roberto Valle González,** Adela Azcuy (Norte) 2, Tel. 793112, kleines Haus mit einem Zimmer und eigenem Obstgarten, sehr nett und gastfreundlich, 25 CUC für Nacht, Frühstück und Abendessen.

■ **Villa Pupi y Norma,** Camilo Cienfuegos 8, Tel. 696604, DZ um 25 CUC mit Bad, sauber, ruhig, üppiges Frühstück um 3 CUC, gemütliche Sitzgelegenheit im Freien, köstliches Essen.

■ **Nena Paula,** Tel. 696938, Camilo Cienfuegos 56, e/S. Dopico y C. Maragoto, sehr gutes Haus, 2 Zimmer, 20 CUC, 1 Zimmer mit AC, exzellentes Essen, herzlich, sauber, der Vermieter spricht Englisch.

■ **Berito y Marguerita la Camprestre,** Camilo Cienfuegos 60A, Tel. 695120, sehr gutes Haus, 1 Zimmer für 2 bis 5 Personen, privates Bad, sauber, ausgezeichnetes Essen, 25 CUC pro Zimmer.

■ **Villa el Valle,** *Ramón Dopico,* Salvador Cisnero 81, Tel. 693262, an der Hauptstraße, schöner Garten hinter dem Haus, einfache Ausstattung, 25 CUC.

■ **Villa Irure,** *Sarita Irure Pérez,* Rafael Trejo final 10B, Tel. 696905, am Ortsrand, dafür aber ruhig, Zimmer 25 CUC, Essen etwas teuer.

■ **Villa Porry,** Salvador Cisnero 53, vor dem Rehazentrum, Tel. 0153 311744, einfaches DZ mit Bad und sensationeller Aussicht von der Dachterrasse, kleiner Pool, 25 CUC.

■ **Villa Esperanza,** Camilo Cienfuegos 5A, Tel. 796063, 20 CUC das Zimmer in dem kleinen Haus, Essen 8–10 CUC, Frühstück 3 CUC.

- **Maura Revelo Garcia,** Salvador Cisnero 131, Tel. 696923, 2 sehr gepflegte Zimmer, eines davon mit eigener Terrasse. Auf der Veranda vor dem Haus kann man im Schaukelstuhl entspannen.
- **Oscar Jaime,** Adela Azcuy 43, vom Patio des Penthouses im 2. Stock hat man einen tollen Blick über die Dächer zu den Mogotes, gutes Essen.
- **Villa Yeleidys,** Ceferino Fernández 1B, Tel. 7963 31, schönes Haus, 2 DZ mit Bad, schattiger Terrasse, im Zentrum, aber ruhig, ab 25 CUC.
- **Boris y Cusita,** Sergio Dopico 19, Tel. 8793108. Familiäre Atmosphäre, gute Küche, sehr angenehm. 25 CUC.
- **Casa Obel y Yoli,** Salvador Cisnero Interior s/n, Tel. 793243, 25 CUC, plus Essen 7–10 CUC. Ruhige Lage am Ortsrand, separates Häuschen mit Bad, im Garten, Blick zu den Mogotes, kleine Dachterrasse, hervorragendes Essen, sehr nette Leute, *Obel* spricht Englisch.
- **Casa Jean Pierre,** Salvador Cisnero 137, Tel. 7933342. Zimmer mit Bad in einem 2-stöckigen orangefarbenen Haus. *Jean Pierre* ist gelernter Koch, 25 CUC pro Zimmer plus Essen.
- **La Auténtica,** Salvador Cisnero 125, Tel. 6969 685, starauthentica@gmail.com, eine empfehlenswerte Casa im Zentrum, relativ neu mit Hof und Garten, 25 CUC.
- **Villa Yeni y Ume,** Salvador Cisnero Interior, Apto. No. 8, Edificio Colonial, Tel. 238835. Liegt am Ortsrand in einem 3-stöckigen Wohnhaus (Zimmer im 2. Stock mit Balkon), mit wunderschönem Ausblick auf die Berge. Kleines Zimmer mit Bad. Die Familie sucht den Kontakt zu den Mietern, 20 CUC.
- **Villa El Morro,** Mariala Grajales 3, e/Salvador Cisnero y Rafael Trejo, Tel. 696773, villamoro985@gmail.com. Das Haus der Freimaurerfamilie liegt in der vorletzten Seitenstraße vor der Tankstelle, Parken vor dem Haus. Schöne Dachterrasse zum Entspannen, Pool, 3 Zimmer, 25 CUC, Frühstück 5 CUC.
- **Villa Yuri y Nino,** Salvador Cisnero 35, an der Tankstelle geradeaus weiterfahren bis zu dem Haus mit dem Wagenrad davor, Tel. 0152 453178, yuri 880711@gmail.com. 3 angenehme Zimmer, AC und Ventilator, Kühlschrank, Pool im Hof. Der **Paladar El Campesino** im Haus sorgt für das leibliche Wohl. Zimmer 25 CUC, Frühstück 5 CUC.
- **El Balcón,** *Mignelys y Juanito,* Rafael Trejo 48A, Obergeschoss, Außentreppe, Tel. 696725, elbalcon 2005@gmail.com. 4 Zimmer in einem neuen, schönen Haus mit Dachterrasse, der Besitzer spricht Englisch. 40 CUC.
- **DaryTuty,** Salvador Cisnero 48, Tel. 796022, daymita71@nauta.cu. Modern eingerichtete Räume hinter dem gleichnamigen Restaurant. Zimmer 25 CUC, Frühstück 5 CUC.

Campingplatz

- **Campingplatz Dos Hermanas,** an der Mural de la Prehistoria, einfache Anlage in traumhafter Lage, auch für Ausländer nutzbar. Hier kann man DZ (Stockbetten) zu jeweils 15 CUC mieten.

Essen und Trinken

- **Casa Don Tomás,** das älteste Haus der Stadt, Calle San Salvador Cisnero 140, die üblichen einfachen Gerichte.
- **Paladar La Cabana,** Calle 9, e/2 y 4. Liegt etwas versteckt und ist von der Straße nicht zu sehen, es lohnt aber, sich durchzufragen, netter Hof, 10–12 CUC.
- **Restaurante El Olivo,** in der Salvador Cisnero, netter Laden. Gutes Lammgericht, preiswert.
- **Restaurante Cocinita del Medio,** gegenüber dem Museum an der Hauptstraße, gute Küche, Hauptgericht ab 8 CUC.
- **Rosas,** gegenüber der *Rancho San Vicente,* netter Paladar mit guter Küche.
- **Paladar Finca Celorio,** gegenüber der *Eremita,* gute kubanische Küche, nett serviert.
- **Paladar Casa el Campesino,** Carretera Pinar del Río 173, von der Hauptstraße an der Tankstelle geradeaus, bis links ein Wagenrad im Garten steht. Tolles Lokal am Rande der Felder, sehr freundlich, gute Menüs. Hier trank ich den ausgewogensten

Daiquiri Cubas (nicht auf der Karte), die Preise sind angemessen. Allerdings oft von Tourbussen aufgesucht, deshalb am besten reservieren.

- **DaryTuty,** Salvador Cisnero 48, modern und geschmackvoll eingerichtet, mit den üblichen Gerichten zu den üblichen Preisen in der üblichen Qualität staatlicher Restaurants.
- **Bar Mogotes,** Ceferino Fernández, an der Kirche links bis zum Ende der Sackgasse gehen. Gute cubanische Drinks zum Sonnenuntergang auf der Terrasse für 3,50 CUC und kleine Gerichte.
- **Frühstücken** kann man an dem Peso-Stand rechts neben der *Casa el Campesino.* Morgens schon ab 6 Uhr offen, man kann also sein Frühstück zu sich nehmen, bevor der Bus losfährt.

Internet

- Einen Internetanschluss gibt es bei der Telefongesellschaft **ETECSA** um die Ecke der Plaza.

Verkehrsverbindungen

- **Bus:** *Astro* und *Víazul* fahren für 6 CUC täglich einmal nach Pinar del Río. Die Busstation befindet sich an der Autopista Sur y Calle 36, das Büro in der Salvador Cisnero 63, Tel. 793195. *Víazul* fährt für 12 CUC von La Habana täglich nach Viñales: ab 9 Uhr, an 12.15 Uhr, zurück: ab 14 Uhr, an 16.45 Uhr.
- Ein **Bus** nach dem System **Hop on/Hop off** fährt an den Hotels und Sehenswürdigkeiten wie der Cueva del Indio und dem Mural de la Prehistorica vorbei, alle halbe Stunde von 9–21 Uhr für 5 CUC am Tag.
- **Taxi:** Ein offizielles Taxi nach La Habana kostet mindestens etwa 15 CUC. Dafür fährt *Cubataxi* mit einem Minibus, wobei allerdings vier Pesonen zusammenkommen müssen.
- **Mopedverleih:** an der *Casa Don Tomás,* 20 CUC pro Tag.
- **Fahrradverleih:** am Parque Martí und bei der *Casa Don Tomás* gibt es Fahrradverleiher, kostet etwa 0,75 CUC pro Stunde. Man kann die Sehenswürdigkeiten gut erradeln.

Ausflüge

Ein **Touristenbus** fährt stündlich zu den Sehenswürdigkeiten. Haltestellen in der Stadt und an den beiden großen Hotels. Dort hängen **Fahrpläne.** Die Fahrt kostet 5 CUC.

Ein **Reisebüro** liegt an der Calle José Martí gegenüber der Kirche. Hier können auch **Reitausflüge** gebucht werden.

Die Gegend um Viñales eignet sich gut zum **Klettern**, man frage nach der Cueva de la Vaca (2 km zu Fuß vom Ortskern).

Despadillo de Tabaco

Kleine **Tabakfabrik.** Die Arbeiter sortieren die Blätter nach ihrer Qualität und Farbe. 1 km außerhalb von Viñales auf dem Weg nach Pinar del Río, auf der rechten Seite, Führungen Mo–Fr 8–16.30 Uhr, Eintritt: 2 CUC.

Mural de la Préhistoria

Am Mogote Dos Hermanas, an der Straße zwischen Viñales und Moncada, km 28,5. Die **riesige Wandmalerei** auf der Außenseite des Berges stellt die Entwicklung vom Kopffüßer bis zum Homo Sapiens dar. Sie wurde in den 1960er Jahren vom cubanischen Maler *Leovigildo González Morillo* geschaffen. Er war ein

Schüler des berühmten Mexikaners *Diego Rivera.* Auf die 120 m hohe Felswand wurde die Entstehung der Menschheit gemalt. Der Künstler dirigierte seine Helfer, die an Seilen in der Felswand hingen, vom Boden aus. Das Bild selbst ist nicht jedermanns Sache, einladend ist aber das Freiluftrestaurant am Fuß des Berges. Im Restaurant befindet sich eine riesige Drehorgel, die im 19. Jh. aus Europa den Weg hierher gefunden hat, Tel. 048 696733. Das Essen ist ziemlich teuer. Parken 1 CUC.

Cueva de Viñales

An der Straße in Richtung San Vicente liegt der Mogote Robustiano. Dahinter, kurz vor der Cueva del Indio auf der linken Seite der Hauptstraße, liegt links die **Höhle.** Hier geht es laut zu, denn in dieser Höhle gibt es an den Wochenenden abends ein Cabaret-Programm. Die Bar in der Eingangskuppel ist rund um die Uhr geöffnet. Im hinteren Teil befinden sich ein **Museum** über das Leben der entflohenen Sklaven (*cimarrones,* Eintritt 1 CUC) und ein Restaurant.

Cueva del Indio

Diese reichlich touristische **Höhle,** 6 km vom Ort entfernt, kann besichtigt werden. Rechts vorbei an der gleichnamigen Tanzbar liegt die 1920 entdeckte Höhle. Drinnen erwarten einen Fledermäuse, bizarre Stalaktiten und ein **unterirdischer Fluss.** Man beginnt zu Fuß und wird später in der Höhle von einem Motorboot abgeholt. Eintritt: 5 CUC, Dauer: 15 Min. Diese Höhle ist gut besucht, eventuell muss man Schlange stehen. Demnächst soll es mehr zu sehen geben, die Wege werden ausgebaut.

Cueva de Santo Tomás

Die **Höhlen** von Santo Tomás hinter dem Dorf Moncada sind **die größten Cubas.** Allein schon die Fahrt nach Westen durch die Sierra de los Órganos ist ein Erlebnis. Die Mogoten sind von einem dichten grünen Teppich überzogen. Weiter oben gibt es Nebelwaldgebiete. Die bisher nur wenig erforschten Höhlen sind das Ziel von Speläologen aus aller Welt. Ein Kilometer auf der sechsten Ebene ist für die Öffentlichkeit freigegeben. Interessierte wenden sich an das Zentrum *Escuela Espeleológica,* Tel. 793145. Führung 10 CUC.

An manchen Stellen gibt es Löcher, durch die das Tageslicht auf den Grund scheint. In stillen Nischen am Wasser schaut man in beängstigende Tiefen. Sobald man jedoch mit der Hand nach unten fasst, ist der Spuk vorbei und Höllenschlunde entpuppen sich als Trugbilder, nämlich als Wasserspiegelung der Höhlendecke. Es gibt unterirdische Flüsse und hohe Felsdome. Die Felsbalkone heißen *increíble,* „unglaublich", oder *Salón del Caos* „Chaos-Salon". Wie bei allen Höhlenwanderungen braucht man festes Schuhwerk und schmutz- und wasserabweisende Kleidung.

» Nächste Doppelseite: Leuchtturm am Cayo Jutías

www.fotolia.de © PHB

Cayo Jutías

Richtung Minas, nicht über San Vicente fahren. Nordwestlich von Pinar del Río, direkt am Meer, liegt der Industrieort **Santa Lucía.** Etwa 5 km westlich davon befindet sich die Insel Cayo Jutías vor der Küste. Seit Ende der 1990er Jahre ist sie durch einen Damm mit dem Festland verbunden.

Auf der Insel erhebt sich ein alter stählerner **Leuchtturm,** der **Faro de Cayo Jutías,** allerdings steht er in einem Sperrgebiet. Am Ende der Straße liegt ein kleiner, wenig besuchter Strand, vielleicht, weil er voller Mücken ist. *Rumbos* betreibt einen kleinen Imbiss, dort kann man frühstücken und Liegen und Schirme mieten. Auch zwei Bars und ein Tauchcenter mit Toiletten und Duschen finden sich hier. Man kann Tretboote und Liegestühle ausleihen. Im Restaurant werden Schnorcheltouren zu einem kleinen Cayo angeboten. Noch einsamer wird es, wenn man den Strand entlangwandert. Der Bau einer Feriensiedlung ist geplant. Für Naturliebhaber lohnt der Ausflug auf jeden Fall, ein Strand wie gemalt, mit Korallenriffen davor. Ein Taxi von Pinar kostet inkl. Wartezeit 40 CUC.

Alternativ kann man in **Santa Lucia** wohnen, einige Kilometer von der Insel entfernt. Eine empfehlenswerte Unterkunft ist die *Villa Almendra* in der Calle José Ramon Trujillo, Tel. 048 648114, 20 CUC pro Zimmer plus Essen. Das Örtchen – ein paar Häuser, einige Wohnblocks, sonst nichts außer der schlechten Straße – erreicht man, wenn man von Minas de Matahambre auf die Küstenstraße einbiegt.

Minas de Matahambre

Die **Kleinstadt** liegt in den Bergen etwa 35 km westlich von Viñales. Die Gegend war schon sehr früh besiedelt, wie Funde aus der Steinzeit in den zahlreichen Höhlen um den Ort belegen. 1886 kam es hier zu Kämpfen zwischen der Freiheitsbewegung und den Spaniern. Der Ort lebt(e), wie der Name schon vermuten lässt, vom **Bergbau,** noch heute ragen die verrosteten Reste der alten Fördertürme in den Himmel. Bis Mitte der 1970er Jahre wurde hier **Kupfer** abgebaut, heute sind die Minen geschlossen. Außerdem gab es eine Fabrik für Schwefelsäure. Bis in die 1980er Jahre durchwühlten Geologen und Geophysiker den Boden und fanden u.a. **Pyrit,** eine Schwefel-Eisen-Verbindung, die man einst Katzengold nannte und die in der Halbleiterproduktion Verwendung findet. Phosphatfunde erlaubten die Inbetriebnahme einer großen Düngemittelfabrik.

Die Minen zogen Arbeiter auch aus anderen Ländern an, es gab **soziale Probleme** und eine Trennung in reiche und arme Stadtviertel, Gebiete für Schwarze und Weiße. Prostitution und Glücksspiel beherrschten den Ort lange Jahre. Erst nach *Castros* Revolution kehrte langsam Ruhe ein und die Situation besserte sich. Die hier geschaffene Bergbauuniversität wurde allerdings Anfang der 1980er Jahre nach Moa verlegt.

Puerto Esperanza

Wenn einem der Sinn nach Ruhe und Strand steht, sollte man an die Nordküste nach Puerto Esperanza fahren. Etwa 20 km nördlich von Viñales liegt dieses verschlafene Nest. Ein kleiner **Hafen** bringt etwas Leben in die Gegend. Am algenbedeckten Strand gibt es einen langen Holzsteg, von dem man ins Wasser springen kann. Essen gibt es nur in den wenigen *Casas.*

In der Maceo 28 stellt der Maler *Dagoberto* seine Werke aus. Bei der Insel **Cayo Inés de Soto** fanden Taucher alte spanische Goldmünzen.

Unterkunft

- An der See liegt die **Villa Dora González Fuentes,** Tel. 048 793910, Pelayo Cuervo 5 in der man einfach und für 15 CUC wohnen kann, 2 DZ. Auch essen kann man dort, auf der Rückseite ist eine schattige Terrasse.
- **Villa „Dos Palmas“,** 13 de Marzo 19, Tel. 048 793865, 15 CUC. *Tony, Cary* und ihre Kinder sind nett, gutes Essen, 2 DZ mit Bad, einstöckiges Haus mit begrüntem Hof.
- **Villa Hilda López Pérez,** in der Calle Frank País 81 bekommt man das Doppelzimmer mit Gemeinschaftsbad für 15 CUC.
- **Villa Maribell,** Calle Maceo 56, Tel. 048 793799. Zwei einfache Zimmer mit AC, separates Bad in einem typischen Haus. Freundliche Familie, 20 CUC.
- **Casa Teresa Hernández Martínez,** Calle 4ta., No. 7, Tel. 048 793923. Separates Häuschen mit Wohn-, Schlafzimmer und Bad. Die Familie ist sehr nett. Übernachtung 15 CUC, Abendessen 8 CUC, Frühstück 3 CUC. Begrünte Veranda, auch als Paladar genutzt.

Cayo Levisa

Die **einsame Insel** Cayo Levisa an der Atlantikküste östlich von Puerto Esperanza eignet sich hervorragend für einen entspannenden Tag mit Baden, Schnorcheln, Tauchen oder Angeln. Der Fang wird anschließend direkt am Strand zubereitet und verzehrt. Das Eiland ist ein kleines Paradies, der Sand ist weiß, das Wasser glasklar.

Früher sind die Indianer vor den Spaniern hierher geflohen, deshalb heißt die Inselgruppe heute auch **Indios Cayos.** *Hemingway* brach oft von der Insel Paraíso zu seinen geliebten Fischzügen auf.

Mit der um 10 und 18 Uhr verkehrenden **Fähre von Palma Rubia** erreicht man nach einer Überfahrt von einer Stunde den **Archipel Los Colorados,** zu der die kleine Koralleninsel gehört. Wer mit dem Wagen kommt, kann ihn am Anleger abstellen. Rückfahrt um 9 und 17 Uhr. Da es auf der Insel viele Disteln gibt, sollte man festes Schuhwerk dabei haben. Man sollte auch genug Bargeld mitnehmen. Wer Geld sparen will, kann auch Trinkwasser mitnehmen. Von der Anlegestelle führt ein Bohlenweg durch die Mangroven zum einfachen Hotel *Cayo Levisa,* wo man übernachten kann. Außerdem gibt es eine Tauchbasis, einen Segelbootverleih und ein Restaurant. Um die Insel liegen über 20 Tauchreviere. Die Insel ist mit Pinien und zur Festlandseite mit Mangroven bewachsen. Hier nisten Pelikane und Reiher. Die Anlegestelle im Mangrovengewirr erreicht man von der Küstenstraße, 20 km nordöstlich von La Palma, oder von La Habana kommend, 40 km hinter Bahía

Honda, in Mirian. Dort führt die Straße durch eine Plantage nach Palma Rubia an der Küste. Ein offizielles **Taxi** von Palma Rubia nach La Habana kostet 70 CUC, ein Privattaxi ist nicht billiger. Die schleichend langsame **Fähre** kostet 20 CUC pro Tour inklusive Verpflegung. Kurz vor dem Anleger gibt es eine Tankstelle, einen Imbiss und Übernachtungsmöglichkeiten.

Unterkunft

■ **Villa Cayo Levisa** (Cubanacán) ③, 30 Bungalows, teilweise gut ausgestattet, alle mit Bad und TV. Preise inkl. Überfahrt. Meistens sind Pauschaltouristen hier, daher reservieren: Tel. 048 756501-07 oder in La Habana über *Havanatour* oder auch in Viñales in dem Reisebüro neben der Tankstelle und im Hotel *Los Jazmines;* Tagesfahrt für 35 CUC inkl. Überfahrt und Mittagessen, Schnorcheltour plus 12 CUC.

■ **Privat** vermieten *Mario* und *Antonia* ein Zimmer, Carretera a Palma Rubia, 2 km vor dem Fähranleger nach Cayo Levisa, Tel. 048 356310, 283067. 3 Zimmer á 25 CUC. Ebenfalls kurz vor dem Anleger liegt *Nenas La Curva,* 25 CUC, Frühstück 4 CUC.

San Diego de Los Baños

Der Weg von Viñales durch die Berge nach San Diego de Los Baños ist schwer zu finden. Man fährt hinter der Tankstelle am Ortsausgang 3 km nach Norden. Hinter den **Mogotes Esmeralda** und **Robustiano** zweigt rechts eine Straße nach La Palma ab. Etwa 9 km fährt man auf der Piste durchs Gebirge bis zum Abzweig nach La Baria; rechts hinein erreicht man es nach etwa 16 km.

cu012-2016 kh

Hier geht es rechts zur Straße in die Berge. Wenn es wieder bergab geht, muss man links in die Straße nach San Andrés einbiegen. Nach weiteren 8 km zweigt man links ab.

Bald ist der kleine Ort am Río San Diego erreicht, der die Grenze zwischen der Sierra de los Órganos und der Sierra del Rosario bildet. Die Gegend heißt **Sierra de Güira.** Bekannt wurde San Diego durch seine Heilquellen. Das **Thermalwasser** sprudelt bis zu 40 °C heiß aus der Erde und wird seit Ende des 19. Jh. in den Badekomplex mit seinen 20 Becken gepumpt. Das stark schwefelhaltige Wasser hilft bei Hautkrankheiten und Muskelschwäche. Mitunter finden sich Einheimische, die für ein entsprechendes Entgeld Badewillige durch die inzwischen ruinierte Anlage führen und das Baden im letzten noch funktionierenden Becken gestatten. Vom Bad führt die Calle 29 durch den Ort, vorbei am Hotel *La Union,* das zumeist von Einheimischen benutzt wird (DZ 50 CUC).

Die Straßen von Viñales nach San Diego sind sehr abenteuerlich. Vor dem Ort gibt es eine **Tankstelle.**

In der Nähe der Heilquellen befindet sich der große **Parque Güira** mit einem Pavillon, einem burgähnlichen Eingang und künstlichen Ruinen, den ein reicher Anwalt in den 1920er Jahren als *Hacienda Cortina* hier anlegen ließ. Davor liegt ein großes Restaurant. Vom Ort zum Park kann man eine **Kutsche** mieten.

10 km auf schlechter Straße westlich davon befinden sich die **Höhlen „De Los Portales“,** in die *Che Guevara* während der Cuba-Krise aus Angst vor amerikanischen Angriffen sein Hauptquartier verlegen ließ. Die Gegend, in der weitere Höhlen liegen, eignet sich gut für einen Ausflug. Es gibt einen **Campingplatz,** dessen Hütten sogar Bäder haben, sowie ein kleines Restaurant.

Unterkunft

- **Mirador** (Islazúl) ②, Tel. 048 37866, Calle 23 Final. Diese Hotel ist ein Plattenbau aus den 1920er Jahren in der Nähe der Quellen mit 45 DZ, nicht alle Zimmer haben Aussicht. Es gibt eine Bar, einen Pool und eine traumhaft schöne Umgebung sowie ein nettes Restaurant.
- **Privat** bei *Caridad* und *Julio Guiterrez,* an der Calle 29, No. 2009, Tel. 048 548037, gegenüber dem Park. DZ mit Gemeinschaftsbad 10–15 CUC.

◁ Am Strand von Cayo Jutías

3 Zentral-Cuba

Die fruchtbare Mitte der Insel wird von der Landwirtschaft dominiert, der größte Teil des cubanischen Zuckers kommt von hier. Auf der Halbinsel Hicacos bei Varadero und auf den östlichen Inseln erstrecken sich die längsten Strände der Karibik. Historisches erwartet die Besucher im verträumten Städtchen Trinidad.

‹ Hausfassaden in Matanzas

ZENTRAL-CUBA Übersicht

Zu Zentral-Cuba zählen die Provinzen östlich von Mayabeque: **Matanzas, Cienfuegos, Villa Clara, Sancti Spíritus, Ciego de Ávila, Camagüey** und **Las Tunas.** Zu Matanzas gehört noch die Halbinsel **Zapata** im Süden und der Badeort **Varadero** im Norden. Villa Clara mit Santa Clara besitzt noch vorgelagerte Inseln und die Orte Remedios und Caibarién. In Las Tunas lohnt noch ein Besuch von **Puerto Padre.**

NICHT VERPASSEN!

- **Varadero,** traumhaft schöne Strände | 139
- **Cueva de Ambrosio,** ein Besuch bei den Fledermäusen | 140
- **Cueva de los Peces,** schwimmern an der Bahía de los Cochinos | 155
- **Cienfuegos,** eine Veranstaltung im UNEAC-Lokal besuchen | 158
- **Plaza Mayor in Trinidad,** auf den Treppen verweilen | 185
- **Calle Llano in Sancti Spíritus,** Abendspaziergang auf der schönen Flaniermeile | 196
- **Camagüey,** auf dem Markt einkaufen | 207

Diese Tipps erkennt man an der gelben Hinterlegung.

Wenn man von La Habana und den Playas del Este weiter nach Osten fährt, kommt man an kleinen Industriestandorten vorbei, die so aussehen wie überall in Mittelamerika. Bei **Matanzas** wird Öl gefördert und weiter östlich gibt es endlose Zuckerrohrfelder. Die Landschaft ist flach, Berge gibt es erst wieder bei **Cienfuegos,** beginnend mit der **Sierra Escambray,** deren höchster Gipfel etwa 1700 Meter hoch ist. In der Sierra liegt das Naturschutzgebiet **Topes de Collantes** und, etwas weiter nordwestlich, der **Hanabanilla-Stausee.** Unterhalb der Mitte des Landes verläuft, aus La Habana kommend, die Autopista A1 nach Osten, Richtung **Santiago de Cuba.**

Der Süden Zentral-Cubas, die **Halbinsel Zapata,** besteht hauptsächlich aus Sümpfen. Hier wachsen seit Jahrhunderten Mangrovendickichte, die vielen Tieren einen Unterschlupf bieten. Einer Tierart hat das allerdings nichts genutzt: dem **Krokodil.** Es war (und ist immer noch) eine Delikatesse und somit vom Aussterben bedroht. Heute gibt es eine große Krokodilfarm, und man züchtet die Echsen wieder. Es gibt nur noch wenige freilebende Exemplare.

Eine weitere Tierart liebt die Gegend: die **Stechmücke.** Auf der Halbinsel Zapata leben Unmengen der Quälgeister. Zum Glück gibt es auf Cuba **keine Malaria.** Trotzdem sollte man die Sümpfe nur mit Insektenschutzmittel und langer Kleidung besuchen. Bricht die Dämmerung über den Kanälen und Lagunen herein, kommen die Mücken heraus und stürzen sich auf alles, was sich bewegt.

Reiseroute Zentral-Cuba

La Habana – Trinidad – Santa Clara

Trinidad ist eine der **schönsten Kolonialstädte** überhaupt. Als der Zuckerboom zu Ende ging, wurde der kleine Ort im Süden einfach vergessen und blieb dadurch in seinem ursprünglichen Zustand erhalten.

1.Tag

Morgens der Aufbruch nach Trinidad, am besten mit einem *Víazul*-Bus. Alternativ über **Cienfuegos** und dort die Fußgängerzone oder den botanischen Garten erkunden und ein wenig am Marktplatz ausspannen. In **Trinidad** lässt man sich vom **kolonialen Flair** des Städtchens inspirieren. Dabei kann man sich im Bahnhof den Zug für den 2. Tag nach Iznaga, im Valle de los Ingenios, dem Tal der Zuckermühlen, heraussuchen.

2.Tag

Die Gegend der **Zuckermühlen** bietet dem Reisenden Anschauungsmaterial zu den Lebensumständen der Sklaven und ihrer Herren. Dazu bietet sich ein Ausflug mit dem Zug ins **Valle des los Ingenios** an. Besuch des Sklaventurms. Der Aufstieg wird mit einer tollen Aussicht belohnt. Rückfahrt nach Trinidad. Für den Ausflug am nächsten Tag sollte man sich schon am Nachmittag ein Taxi organisieren. Das kostet rund 25 CUC. Auch sollte man den Busfahrschein nach Santa Clara kaufen und versuchen, dort eine Unterkunft zu reservieren.

3.Tag

Die **Berge** hinter Trinidad bieten ein heilsames Klima, sodass hier ein großes Sanatorium entstand. Etwas weiter liegt das Naturschutzgebiet **Topes de Collantes,** zu dem es sich bei gutem Wetter zu reisen lohnt. Am besten man fährt mit dem Taxi nach Topes de Collantes und hat dann noch Zeit für eine Wanderung zum **Wasserfall Caburni.** Gute Schuhe sind Voraussetzung. Nach der etwas kräftezehrenden Wanderung von etwa einer Stunde kann man sich im Wasserbecken oder unter dem Wasserfall erfrischen. Eine Strecke mit dem Bus kostet 2 CUC. Das Taxi hat man warten lassen, und mit dem geht es anschließend auch wieder zurück. Mit dem Fahrer kann man einen Ausflug für den nächsten Tag zur Playa Ancón vereinbaren (für maximal 8 CUC).

4.Tag

Zur **Playa Ancón** zum Ausspannen. Karibisches Feeling, türkis- und obsidianfarbiges Meer, weißer Sand …

5.Tag

Nachmittags um etwa 18 Uhr fährt der **Bus nach Santa Clara** ab. Am frühen Abend erreicht er dann das Städtchen in der Mitte der Insel.

6.Tag

Auf den Spuren der berühmten Revolutionäre in die typisch cubanische Stadt **Santa Clara**, wo man einen **Stadtspaziergang** unternehmen kann und eventuell den Besuch des **Che-Museums.** Hier muss man sich frühzeitig um die Rückfahrt nach La Habana kümmern, am besten mit *Víazul.*

GOLF VON MEXIKO
Playas del Este
Guanabo
Santa Cruz del Norte
Playa Jibacoa
Arcos de Canasí
Puente de Bacunayagua
Punta Rubalcava
Bahía de Matanzas
Varadero
Península de Hicacos
Marina Dársena
Bahía de Cárderas
Guasimas
Camarioca
Cárdenas
Cantel
Refugio de Saturno
Río Canimar
Matanzas
Hershey Electric Railway
Campo Florido
S. Antonio del Río Blanco
Caraballo
Tapaste
Jaruco
Bainoa
San José de las Lajas
Aguacate
Ceiba Mocha
Cueva de Bellamar
Guanábana
Zaragoza
Cotilla
Catalina de Güines
Madruga
Cidra
Limonar
José Smith Comas
MATANZAS
Juan Gualberto Gómez
Coliseo
Máximo Gómez
Pipían
San Antonio de Cabezas
Fructuoso Rodríguez
Carlos Rojas
Güines
San Nicolás
Vegas
Palos
Jovellanos
Melena del Sur
Osvaldo Sánchez
Hector Molina
Nueva Paz
Alacranes
Bolondrón
Güira de Macurijes
Pedro Betancourt
Guanamon de Herrera
El Estante
Raíz de Jobo
Guanamón de Armenterros
Playa El Rosario
La Ruda
Navajas
Camilo Cienfuegos Uno
Agramonte
A1
Tasajera
Pedroso
San Juan
Dos Hermanos
GOLFO DE BATABANÓ
Ensenada de la Broa
Torriente
Jagüey Grande
Punta Sombrero
Maneadero Chiquito
Australia
Los Alpes
Punta Gorda
Santo Tomás
Maneadero
Boca de Guamá
Laguna del Tesóro
PARQUE
PENÍNSULA DE ZAPATA
Krokodilfarm
NACIONAL
Palpite
Playa Larga
Caletón
Cueva de los Peces
Bahía del Tesóro
MATANZAS
DE ZAPATA
Buena Ventura
Bahía de Cochinos (Schweinebucht)
Cayo Gordas
Cayo del Macío
Bahía de Cazones
La Salina
GOLFO DE GAZONES
Cayo Diego Pérez
Cayo Ernst Thalman
Cayo Blanco del Sur
Playa Girón
152
ISLA DE LA JUVENTUD
ARCHIPIÉLAGO DE LOS CANARREOS
Cayo Cantiles
Cayo del Resario
Cayo Largo

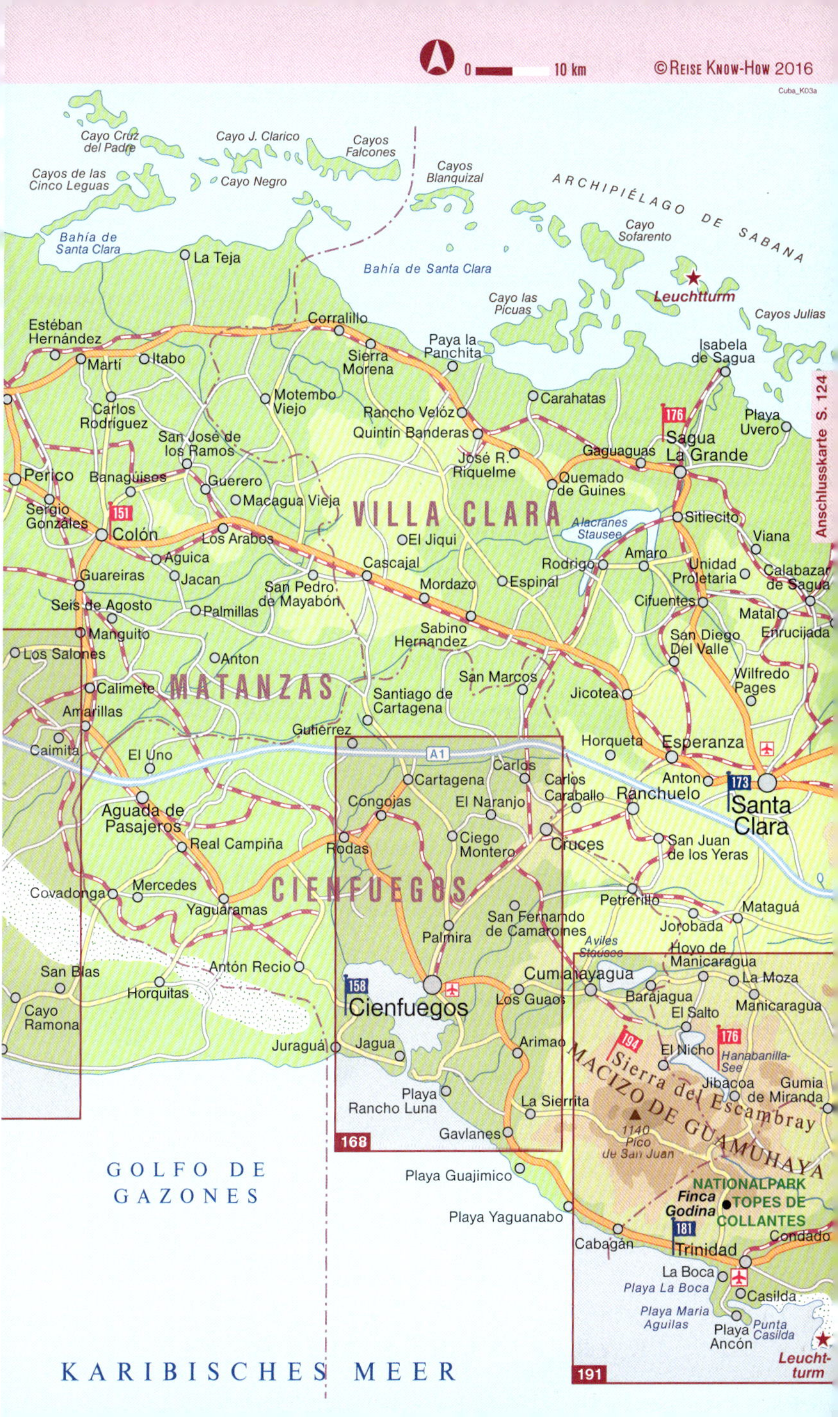
0 10 km
© Reise Know-How 2016
Cuba_K03a
Cayo Cruz del Padre
Cayo J. Clarico
Cayos Falcones
Cayos de las Cinco Leguas
Cayo Negro
Cayos Blanquizal
Archipiélago de Sabana
Cayo Sofarento
Bahía de Santa Clara
La Teja
Bahía de Santa Clara
Leuchtturm
Cayo las Picuas
Cayos Julias
Estéban Hernández
Corralillo
Paya la Panchita
Isabela de Sagua
Martí
Itabo
Sierra Morena
Motembo Viejo
Carahatas
Carlos Rodriguez
Rancho Velóz
176
Sagua La Grande
Playa Uvero
Anschlusskarte S. 124
Quintín Banderas
San José de los Ramos
José R. Riquelme
Gaguaguas
Perico
Banagüises
Guerero
Quemado de Guines
Macagua Vieja
VILLA CLARA
Sitiecito
Sergio Gonzáles
151
Colón
Los Arabos
Alacranes Stausee
Viana
El Jiqui
Aguica
Amaro
Rodrigo
Unidad Proletaria
Calabazar de Sagua
Guareiras
Jacan
Cascajal
San Pedro de Mayabón
Mordazo
Espinal
Cifuentes
Seis de Agosto
Palmillas
Matal
Manguito
Sabino Hernandez
San Diego Del Valle
Enrucijada
Los Salones
Anton
Wilfredo Pages
MATANZAS
San Marcos
Calimete
Santiago de Cartagena
Jicotea
Amarillas
Gutiérrez
Horqueta
Esperanza
Caimita
El Uno
A1
Carlos
Carlos Caballo
Anton
173
Cartagena
Ranchuelo
Santa Clara
Aguada de Pasajeros
Congojas
El Naranjo
Real Campiña
Rodas
Ciego Montero
Cruces
San Juan de los Yeras
Mercedes
CIENFUEGOS
Covadonga
Yaguáramas
Petrerillo
Mataguá
San Fernando de Camarones
Jorobada
Palmira
Aviles Stausee
Hoyo de Manicaragua
Antón Recio
San Blas
158
Cienfuegos
Cumanayagua
La Moza
Horquitas
Los Guaos
Barajagua
Manicaragua
Cayo Ramona
El Salto
Juraguá
Jagua
Arimao
194
176
El Nicho
Hanabanilla-See
Sierra del Escambray
Playa Rancho Luna
Jibacoa
Gumia de Miranda
La Sierrita
Macizo de Guamuhaya
1140 Pico de San Juan
Gavlanes
168
Golfo de Gazones
Playa Guajimico
Nationalpark Topes de Collantes
Finca Godina
Playa Yaguanabo
181
Cabagán
Trinidad
Condado
La Boca
Playa La Boca
Casilda
Playa Maria Aguilas
Playa Ancón
Punta Casilda
Karibisches Meer
Leuchtturm
191

Zentral-Cuba

0 10 km
©Reise Know-How 2016
Cuba_K03b
ATLANTISCHER OZEAN
ARCHIPIÉLAGO DE CAMAGÜEY
Anschlusskarte S. 126
Cayo Guillermo
Villa Cojimar
Punta del Puerto
Playa Larga
Los Flamencos
Cayo Botella
Cayo Coco
Playa del Norte
Leuchtturm
Cayo Paredón Grande
CAMAGÜEY
Cayo Romano
Cayo Cruz
Cayo Romano
Punta Allegre
Máximo Gómez
Punta San Juan
Bahía de Perros
Los Perros
La Loma
San Rafael
Playa La Tinaja
Manati
Cayo Judas
Bahía de Perros
Laguna de Leche
Chambas
Falla
Tamarindo
Morón
204
Playa Cunagua
Playa Cunagua
Bahía de Jigüey
338
Bolivia
Santa Maria
CIEGO DE ÁVILA
Marroqui
Ciro Redondo
Nogrua
Pablo Pelegrin Silva
Playa Guaney
Virginia
Primero de Enero
Playa Jigüey
Ceballos
Pedro Ballester
Carabello
Tabor
La Cuba
Santa Rosa
Esmeralda
Guayacanes
201
Ciego de Ávila
San Pablo
Brasil
Donato
El Jiqui
Palma City
Colorado
Palmarito
Mamanantuabo
Sanguily
Silveira
Gaspár
Ptieto
Porvenir Stausee
Los Negros
Jagüeyal
Baraguá
Ciego Corojo
La Finca
José Garcia
Jucaro
Piedrocitas
Lesca
Palo Alto
Bahía de Sabanalamar
Carlos Manuel de Céspedes
Caonao Damm
Heredia
Embarcadero del Baragua
San Juaquin
207/213
Florida
CAMAGÜEY
Maximo Damm
San Antonio
San Jeronimo
Caonao
Algarrobo
GOLFO DE ANA MARÍA
Munoz Dam
La Villita
Albaiza
207
Camagüey
Jesú María
Santo Tomas

Zentral-Cuba

0 10 km

Anschlusskarte S. 125

ATLANTISCHER OZEAN
ARCHIPIÉLAGO DE CAMAGÜEY
Cayo Guajaba
Punta Arenas
Playa Pinos
218
Cayo Sabinal
Bahía de Sabinal
Playa Bonita
El Sato
Playa Bonita
Punta Maternillos
Leuchtturm
La Boca
Playa Tararacos
213
Nuevitas
Playa los Cocos
215
Playa Santa Lucia
214
Lugareno
Bahía de Nuevitas
Redention
San Miguel de Baga
Camalote
Punta Brava
Puerto Manati
Playa Covarrubias
222
Punta Covarrubias
223
Playa la Herradura
Tabor
Manatí
Bahía de Malangueta
Playa Lanita
223
Victoria
Guanito
Puerto Padre
Bahía de Puerto Padre
Jesús Menéndez
Sibanicú
Macedonio
222
Castillo de Salcedo
Delicias
Cascorro
La Guinea
Hatuay
Marti
Vázquez
Maniabón
Rojas
LAS TUNAS
219
Guáimaro
GRUPO DE MANIABO
Los Alfonsoss
Bartle
La Breñosa
Bejuco
220
Las Tunas
San Andrés
Colombia
Calixto
Arroyo Muerto
San Augustín
El Café
Las Parras
Jobabo
Buenaventura
Candido
La Caridad
Omaja
HOLGUÍN
Las Delicias
Las Delicias
Amancio Rodríguez
El Domitorio
Mir
Sábalo
Antonio Maceo
Monte Alto
Vado del Yeso
Salado
GOLFO DE GUACAYABO
Guamo
Cauto
Cauto El Paso
Cauto

Provinzen auf dem Weg nach Ostcuba

Provinz Matanzas

Die Provinz schließt im Westen an La Habana an. Die Landschaft ist, bis auf einen Hügel bei Matanzas, ziemlich flach und wird überwiegend landwirtschaftlich genutzt. Das nordwestlich von Matanzas geförderte Öl wird z.T. im dortigen Kraftwerk zur Stromerzeugung genutzt. Die größten Orte sind Matanzas, Varadero, Cárdenas, Colón, Union de Reyes und Jovellanos. Die herausragenden Punkte sind die Bahía de Cochinos, besser bekannt als **Schweinebucht,** und die **Halbinsel Zapata.** Ein Teil dieser sumpfigen Halbinsel im Süden von Matanzas ist geschütztes Gebiet. Der **Parque National de Zapata** ist ein Ort für Naturliebhaber, speziell Vogelfreunde; es gibt auch geführte Touren.

Provinz Cienfuegos

In den 1970er Jahren entstand die kleine Provinz um die gleichnamige Stadt. Im Osten liegt die **Sierra del Escambray;** auch der 1140 Meter hohe, kahle **Pico de San Juan** befindet sich noch auf dem Gebiet von Cienfuegos. Im Westen grenzt die Provinz an Matanzas und im Norden an Santa Clara.

Die Provinz lebt hauptsächlich vom **Zuckerrohr,** in den Bergen wird etwas Kaffee angebaut und in der Provinzhauptstadt steht eine Zementfabrik. Außerdem gibt es eine Pappfabrik, die mit Abfall aus der Zuckerproduktion arbeitet, und Werften in der geschützten Bahía de Cienfuegos. Eine Krabbenfischerflotte hat hier ihren Stützpunkt.

Von Cienfuegos kann man, um die Sierra del Escambaray herum, an der Küste entlang nach Trinidad oder nach Santa Clara im Norden fahren.

Provinz Villa Clara

In dieser Provinz ist der Anbau von **Zuckerrohr** die Haupteinnahmequelle. Die Provinz grenzt im Westen an Matanzas, im Osten an Sancti Spíritus und ein kleines Stück im Süden an Cienfuegos. Im Norden schließt die Inselgruppe Cayo Santa María die Küste zum Atlantik hin ab. Remedios ist die größte Ortschaft der Gegend.

Provinz Sancti Spíritus

Diese Provinz liegt in der Mitte der Insel, im Westen begrenzt von Villa Clara und im Osten von Ciego de Ávila. Auch hier gibt es endlose Zuckerrohrfelder, dazwischen Viehweiden, dazu noch etwas Reisanbau und einige Tabakfelder. Hauptsehenswürdigkeit ist Trinidad, die Hauptstadt hat viele schöne Kolonialbauten zu bieten. In der Nähe liegt der Zaza-Stausee, ein Paradies für Naturfreunde. Schließlich folgt **Yaguajay,** die Stadt *Camilo Cienfuegos'.* Von hier ist es nicht weit zur Cayo Santa María. Die Insel wird zum Touristenzentrum ausgebaut.

Provinz Ciego de Ávila

Die kleine Provinz in der Mitte Cubas, die „Savanne des Herrn Ávila", wurde im

16. Jh. erstmals erwähnt. Heute wird der flache Landstrich von Sancti Spíritus und Camagüey eingeschlossen. Im Norden, vor der sumpfigen Küste, liegen die Inseln der **Jardines del Rey** um **Cayo Coco,** die über einen fast 30 Kilometer langen Damm mit dem Festland verbunden sind (siehe Kapitel „Inseltouren"). Im Süden, vor der ebenfalls sumpfigen Küste der karibischen See, erstrecken sich die Gärten der Königin, die **Jardines de la Reina.** Während der Befreiungskriege versuchten die Spanier an diesem schmalsten Teil Cubas das Vordringen der Rebellen nach Osten zu verhindern, indem sie eine Verteidigungslinie errichteten. Genützt hat es nichts, wie man heute weiß.

Provinz Camagüey

Cubas größte Provinz, *Kama-ui* gesprochen, liegt zwischen Ciego de Ávila und Las Tunas. Im gesamten Gebiet gibt es nur zwei Berge, die **Sierra de Cubitas** im Norden und die **Sierra del Corillo** im Süden, beide nur 300 Meter hohe Hügel. Im Süden, an der Küste der Karibischen See, liegen die **Jardines de la Reina,** ein Naturschutzgebiet mit kleinen Inseln. Die einzige Hafenstadt ist **Santa Cruz del Sur.** Im Norden, an der Atlantikküste, schließt der Archipel von Camagüey mit seinen Inseln die Provinz ab.

Provinz Las Tunas

1519 erlitt der Abenteurer *Alonso de Ojeda* in der Gegend der heutigen Provinz Las Tunas Schiffbruch und konnte sich, an eine hölzerne Marienstatue geklammert, retten. Diesen religiösen Rettungsring schenkte er dann einem indianischen Häuptling, der versprach eine Kirche dafür zu bauen, um es sich mit den weißen Herren nicht zu verderben. Als *Ojeda* weg war, warf der Häuptling die Maria jedoch wieder ins Meer. Rund 90 Jahre später fischten ein entlaufener Sklave und zwei Indianer die Statue in der Bucht von Nipe wieder aus dem Meer. Danach wurde sie dann zur *Virgen del Cobre,* wo sie in der gleichnamigen Kathedrale heute noch steht.

Im Westen grenzt die Provinz an Camagüey, im Osten an Holguín und südlich schließt sich Bayamo an. Die Provinz zieht sich quer durchs Land vom Atlantik mit seinem Strand von Cobarrubias, bis zum Golf von Guacanayabo im Karibischen Meer. Hier gibt es nur einen Hafenort, **Guayabal,** ansonsten ist die Küste eher sumpfig. Die Bewohner der Provinz leben hauptsächlich von Viehzucht.

Matanzas

- **Vorwahl:** 052
- **Einwohner:** 120.000

Diese Hafenstadt liegt rund 100 km östlich von La Habana und 40 km vor Varadero. Sie ist um die gleichnamige Bucht herum entstanden. Das Zentrum liegt zwischen den Mündungen der Flüsse Río Yumurí und Río San Juán. Matanzas ist die Provinzhauptstadt und ein bedeutender **Industriehafen.** Hier gibt es einen Ölverladehafen, Textilfabriken und zwei Kraftwerke.

Man versucht, etwas vom Geschäft mit den Touristen in Varadero zu profitieren, doch der Charme dieser Stadt liegt gerade in der verträumten Ruhe, die die Altstadt zwischen den Flussbrücken ausstrahlt. Der **Parque Libertad** ist der zentrale Platz. Um ihn herum liegen die Casa de la Cultura, das Rathaus und das schöne Hotel Velazques. Vor der Kirche steht der Dichter *Jose Jacinto Milanes* auf seinem Sockel und dahinter liegt ein großes Zahnrad aus einer Zuckerfabrik, das ein beliebtes Motiv zahlreicher Fotografen ist.

Den **besten Überblick** über die Stadt mit ihren verblichenen Säulengängen hat man von dem kleinen Platz vor der Kapellenruine Monserrate, links hinter

Erdbebensicher: Die alten Bürgerhäuschen sind nur einstöckig

dem Ort die Calle 306 den Berg hinauf, über die Treppen La Escalinata.

Der nördliche Stadtteil heißt **Versalles.** Hier lebten im 19. Jh. überwiegend Franzosen aus Haiti. Die Häuser in Matanzas sind alle durchnummeriert. Man versuchte damit, die übliche Adressenschreibung zu vereinfachen, aber das System setzt voraus, dass man die Richtung der Straßennummern kennt. In früheren Jahren hatten die Straßen Namen, die auch heute noch von vielen Menschen benutzt werden.

Geschichte

Die Gegend um Matanzas wurde zum ersten Mal von *Sebastián de Ocampo* erwähnt, der 1508 in die Bucht einsegelte. Der Name *matanza* bedeutet „Schlachterei". Eine Version der Namensgebung, deutet auf ein **Massaker** der Spanier unter den Indígenas hin. Die harmlosere Deutung besagt, dass es hier früher **Schlachthäuser** für den Bedarf der spanischen Flotte gegeben hat. Das Vieh weidete um die Siedlung herum und das Fleisch wurde vom Hafen aus verschifft. Das Salz, das nötig war, um die Lebensmittel haltbar zu halten, kam aus den Salinen in der Gegend von Varadero.

Gegründet wurde die Stadt im Oktober 1693 von spanischen Einwanderern. Die ersten 36 Familien kamen von den Kanaren. Vorher lebten Indígenas hier, die die Gegend *Guanima* nannten. 1628 segelte von hier eine mit Silber beladene spanische Flotte ab, die kurze Zeit später vom holländischen Piraten *Piet Heyn* geplündert und versenkt wurde.

Man experimentierte in den folgenden Jahrhunderten auch mit dem Anbau von **Tabak.** Die Qualität war jedoch unbefriedigend und reichte nur zum Schnupftabak. Die Stadt entwickelte sich rasant. 1830 suchte jedoch ein Hurrikan die Gegend heim und zerstörte große Teile von Matanzas.

Richtig in Schwung kam die Stadt Mitte des 18. Jh., ausgelöst durch den Boom in der **Zuckerindustrie.** Auslöser des Booms war die Besetzung La Habanas durch die Engländer, wodurch die Spanier ihre Aktivitäten nach Matanzas verlegen mussten. Da Matanzas einen geschützten Hafen hatte, gab es hier gute und sichere Bedingungen für die Ein-

und Ausfahrt der spanischen Schiffe. Außerdem verhalf der Handel mit Sklaven der Stadt zu weiterem Reichtum.

Mitte des 19. Jh. gab es in der Gegend über 450 Zuckermühlen, die ein Achtel der Weltproduktion herstellten. Matanzas wurde auch das „Athen Cubas" genannt, da sich hier das kulturelle Leben konzentriert abspielte. Man baute Villen im griechischen Stil mit Säulen an den Eingangsportalen.

1844 kam es zu den ersten Aufständen gegen die Zuckerbarone, die jedoch fehlschlugen. Auf dem zentralen Platz ließ man die Aufständischen der **Escalera-Verschwörung** foltern und hinrichten. Mit dem Ende der Sklaverei versuchte man, schlecht bezahlte Chinesen in den Plantagen auszubeuten.

1871 führte der Komponist *Miguel Failde* den ersten Dánzon auf – aus dem Tanz entstand später der **Mambo.** Das Stück hieß „Die Höhen von Simson" und wurde zu Ehren der Farbigen aufgeführt, die dieses Sklavenviertel bewohnten.

Der „Tanz der Millionen" hatte um 1920 ein Ende und die Stadt versank in eine **Lethargie,** die sie zur „Ciudad dormida", zur schlafenden Stadt, machte. Am Río San Juán überwuchern seitdem Pflanzen die abblätternde Farbe der alten Gebäude.

Geblieben ist die Musik. Matanzas ist eine Hochburg der **Rumba,** die nur gesungen und von Schlaginstrumenten begleitet wird. Die Band *Los Muñequitos* aus den 1960er Jahren ist legendär, mehrere Nachwuchsbands wetteifern inzwischen um ihre Nachfolge, obwohl die Jugend zumeist Reggaeton und andere Stilrichtungen hört.

Heute wird die gesamte Küste um Matanzas auf der Suche nach **Erdöl** immer mehr verschandelt. Die westlichen Quellen sind allerdings versiegt.

Einige **Straßen** hatten früher Namen statt nur Nummern:

Calle 63	Jésus María
Calle 65	Jauregui
Calle 67	Santa Isabel
Calle 71	Salamanca
Calle 73	Vallarde
Calle 75	Daoíz
Calle 77	Manzano
Calle 79	Contreras
Calle 83	Milanés
Calle 85	Medio und Independencía
Calle 87	San Blás
Calle 91	Río
Calle 97	Narvaez
Calle 129	Calz. General Betancourt
Calle 218	Doblada
Calle 220	Plumero
Calle 272	Tirry
Calle 288	Ayuntamiento
Calle 290	Santa Teresita
Calle 292	Zaragoza
Calle 294	Manzanera
Calle 298	San Luis
Calle 306	Domingo Mujica
Calle Contreras	Bonifacio Byrne

Sehenswertes

Museum Botica Francesa

Hier errichtete 1882 das Ehepaar *Triolet* eine große, luxuriöse Apotheke. Die Porzellandosen kamen aus Frankreich, die Glasflaschen ließ man in Amerika fertigen. Die Skulptur der Schutzpatronin kam aus Italien. Heute ist die **ehemalige Apotheke** ein Museum und die Attraktion der Stadt, die sich auch für Nicht-

Pharmazeuten lohnt. Man betritt eine vergangene Welt zwischen den Zedernholzregalen und hat den Eindruck, hier werden noch wie vor 120 Jahren Pillen gedreht. Im Innenhof kann man die Anlage zur Destillation von Wasser sehen, es gibt eine Fachbibliothek.

Damals verkaufte man medizinisches Gerät für die ganze Insel. Der Andrang war groß, sodass es extra eine Wartebank für Boten gab. Hier stand auch die erste öffentliche Telefonzelle der Stadt. Geöffnet Mo–Sa 10–18 Uhr, So 9–13 Uhr. 3 CUC für eine kurze Führung. Milanés 4951 e/Santa Teresa y Ayuntamiento, am Parque de la Libertad.

Teatro Sauto

Mein Tipp: An der Plaza de la Vigía ließ der Zuckerfabrikant *Sauto* 1863 ein Theater mit 770 Plätzen errichten und machte es zum Mittelpunkt des kulturellen Lebens. Angeblich soll der Fabrikant auch ein Experte in Heilkräutern gewesen sein. Viele ausländische Künstler traten hier auf, zum Beispiel gaben *Sarah Bernhardt, Enrico Caruso* und *Anna Pawloa* Gastspiele. Der Boden im Parkett konnte vom Keller aus hochgekurbelt werden, dann entstand ein großer, ebener Saal, in dem neben Theater auch Raum und Platz für andere Veranstaltungen war. Es diente u.a. dem Terry-Theater in Cienfuegos als Vorbild. Nach 1920 verfiel das Haus und wurde zum Teil als Kino benutzt. Inzwischen ist das Gebäude renoviert und die klassizistische Fassade strahlt in ihren rosa Farben. Man erreicht es, vom Parque Libertad kommend, in der Calle Maceo in Richtung Hafen. Der mexikanische Maler *Diego Rivera* sagte: „Ich erkenne Matanzas am Sauto".

Casa de la Cultura

Die **Aufführungsstätte volkstümlicher Musik** (Calle 272, No. 11916). In der Bibliothek im Nachbarhaus fand im Jahre 1929 die erste Aufführung einer Danzonette statt.

Palacio del Junco

Dieses Haus eines Zuckerfabrikbesitzers wurde bis 1970 von der Gründerfamilie *Don Vicente de Junco y Sardinas* bewohnt und dann in ein **Museum der Provinzgeschichte** umgewandelt. Hier erfährt man z.B., dass im Jahre 1628 der holländische Freibeuter *Piet Heyn* einen spanischen Silbertransport in der Bucht versenkte. Es werden zahlreiche Exponate zur Stadtgeschichte, Zuckerherstellung und zum Sklavenhandel ausgestellt. Die Wohnräume zeigen das Leben der einstigen Bewohner. Plaza de La Vigíaon 83 (Milanés), e/Magdalena y Ayllon.

Castillo de San Severino

Diese **Festung** liegt im Norden der Stadt. Man biegt hinter der Linkskurve von der Straße nach La Habana zum Polytechnikum Ernst Thälmann ab, gegenüber der Calle 57. Kurz dahinter führt ein Weg zur Festung. Der Bau aus dem 18. Jahrhundert diente lange als Gefängnis. Der Wachposten am Laden wird einem für etwa 2 CUC eine Führung anbieten. Es gibt noch Kanonen aus dem 18. Jahrhundert zu sehen.

Sábado de la Rumba

Diese **Musikveranstaltung** findet alle 14 Tage auf dem Platz vor der Casa de la Trova, in der Nähe der Brücke über den Río San Juán statt. Es gibt zwei Rumbagruppen in der Stadt: *Afrocuba de Matanzas* und *Rumba y Son*. Traditionell spielt man die Rumba mit reinen Gesangsgruppen oder Trommlern. Dies ist die echte Rumba, sie hat mit der Tanzschulvariante nichts gemein. Man kann die Veranstaltungen besuchen oder an einem Workshop teilnehmen. Ein großes **Rumba-Tanzfest** findet immer in der zweiten Oktoberwoche statt.

In der vorletzten Augustwoche feiert man im Ort den **Karneval,** eine farbenfrohe Angelegenheit mit viel Rumba. Wer nicht nach Santiago zum dortigen Karneval fährt, findet in Matanzas eine gute Alternative.

Praktische Tipps

Unterkunft

Hotels

- **Hotel Velasco** (Hoteles E) ③, Contreras, e/Santa Teresa y Ayuntamiento, Tel. 253880-84. Das schöne 10-Zimmer-Haus aus dem Jahr 1912 an der Plaza Libertad ist in der Stadt die erste Wahl. Einfache Dachterrasse mit weitem Blick, tolle Bar. Die Zimmer sind eher klein und einfach und haben nur Lichtschächte statt Fenster.

■ **Casa del Valle** (Horizontes) ③, Carretera de Chirino, km 2, Valle de Yumurí, Tel. 253584. Das Haus liegt westlich des Ortes im Flusstal. Man biegt 14 km westlich von Matanzas von der Via Blanca links in eine Bergstraße ein, die 10 km das Yumurí-Tal mit seinen 150 Meter hohen Felsen hinaufführt. Das zweistöckige Haus liegt mitten im Wald, in den 1940ern als Wochenendhaus gebaut. Heute sind weitere Gebäude und eine Klinik dazugekommen, die auch dem Normalurlauber einiges bieten. Das alte Haus hat einen Bogengang, in dem es sich wunderbar relaxen lässt. 40 Zimmer, 6 Bungalows mit Bad und 8 Apartments mit Gemeinschaftsbad.

■ **Canimao** (Islazúl) ②, Carretera de Varadero, km 4,5, Tel. 261014, 120 Zimmer mit Bad, AC und Aussicht, Restaurant und Bar. Von der Vía Blanca rechts vor der Brücke landeinwärts über dem gleichnamigen Fluss gelegen, aber auch ein Pool ist vorhanden. Teilweise etwas vernachlässigt, aber nette Umgebung. Der Bus 16 hält an der Brücke.

In der Gegend lässt es sich gut **wandern:** Der Pfad *Tierra de los Caracoles* führt zu einer Blumenfarm, der *El-Abra-Trail* führt auf dem Bacunayagua zur Flussmündung mit Bademöglichkeit im Meer.

Privat

■ **Villa Ana-Beatriz,** Calzada General Betancourt, No. 21603 (Calle 129), e/216 y 218, an der Straße zum Flughafen, Tel. 261576. Das Haus liegt an einer Bushaltestelle in einem Garten am Meer. Zwei Zimmer, DZ mit Frühstück 25 CUC.

■ **Oskar y Ana,** Calzada General Betancourt, No. 21604 (Calle 129), e/Doblada 216 y Bajada 218, an der Straße zum Flughafen, Tel. 285603. Das Haus von *Oscar Diaz Bernal* und *Ana Margarita Rufin Bergado* hat ebenfalls einen Garten zum Meer. Ein Zimmer im Erdgeschoss des blauen Hauses, DZ 25 CUC.

■ **Ania y Miky,** Calle 214, No. 13102, e/133 y 131, Playa Matanzas, Tel. 261845, 25 CUC, Frühstück 3 CUC. Ruhiges Haus, Zimmer mit separatem Eingang, die Frau spricht Englisch, kleiner Strand in der Nähe.

■ **Roberto Chave'z Llerena y Margarita Pomero Brito,** Calle 79, No. 27608, e/276 y 280, Tel. 242 577. Großes Haus im Kolonialstil mit 2 Zimmern, Riesenfenster, komfortabel, 20 CUC.

■ **Enriqueta Cantero,** Contreras, No. 29016, e/ 290 y 292, Tel. 245151, 2 schöne Zimmer über eine enge Treppe erreichbar, eine Minute vom Parque Libertad, auch gut zum Essen, 25 CUC.

■ **Alberto Hernandéz,** Calle Milanés, No. 29008, e/Santa Teresita 290 y Zaragoza 292, Tel. 247810, alberto@tuisla.cu, bietet drei gute unterschiedliche Zimmer mit Bad in tollem alten Haus, Dachterrasse, sprechen kaum Englisch, hilfsbereit, ab 20 CUC.

■ **Martha Ruidias und Ernesto Guerra,** Calle 127, No. 20167, e/206 y 208 (Playa), Tel. 261565. Vermieten die Wohnung ihrer Tochter, die im Ausland lebt. Riesiges Bad. 30 CUC inkl. Frühstück.

■ **Hostal Paraiso,** Luis Alberto Valdés Contreras 79, No. 28205 A e/Jovellanos 282 y Ayuntamiento (288), Tel. 052 243397. 2 Zimmer im Obergeschoss, nette Leute, Zimmer und Essen ok. Mehr als 20 CUC sollten jedoch nicht bezahlt werden.

■ **Hostal Juventos,** *Andros y Daine,* Ave. 52, No. 3925, e/39 y 41, Tel. 053 52914266, hostaljuventas @gmail.com. 2 Zimmer für 35 CUC inkl. Frühstück in einer kleinen Casa.

■ **Casa de Ana** *(Ana Espino Garcia),* Calle 154, No. 12905, e/129 y 131, Reparto Reynold Garcia, Tel. 262413 oder 262756. 45 CUC inkl. Frühstück und Abendessen. 1 Zimmer mit Kühlschrank, TV, separater Eingang. Sehr angenehmes Haus.

■ **Villa Montelimar,** Calle Gral. Betancourt, No. 21808, e/Doblada y Plumero, Playa, Tel. 262548. Schönes Zimmer mit Bad, im begrünten Hinterhof gelegen, exzellente Betten, Parkplatz vorhanden, sehr nette Gastfamilie, 25 CUC ohne Frühstück.

■ **Casa Rabelo,** *Sra. Mori Rabelo,* Calle 292 (Zaragoza), e/83 (Milanes) y 85 (Medio), Tel. 243433, morirabelo@gmail.com, vermietet ein großes DZ mit Bad, Klima am Innenhof in einem Kolonialhaus. Eigene Garage im Haus ohne Aufpreis. Sehr hilfsbereit, spricht gut Englisch und kocht hervorragend. 25 CUC, Essen kostet extra.

- **Villa Lila,** Calle 127, No. 21011, e/210 y 212 im Stadtteil Playa, Tel. 262176, www.rentvillalilacuba.com. Ruhiges Haus am Meer in Richtung Varadero, eigene Badebucht, DZ mit Bad und Terrasse mit Seeblick, Baum im Garten. Das alte Ehepaar kümmert sich liebevoll um die Gäste. Zimmer 30 CUC, Frühstück 3 CUC.
- **La Villa Soñada,** Calle 290, e/Santa Isabel, Tel. 242761. Großes Apartment mit Bad, Kühlschrank und AC, die Terrasse kann mitgenutzt werden, 25 CUC. In der Nähe führt ein Steg über den Río Yumurí.
- **Villa Montelimar,** Calle 129, No. 21808, e/218 (Doblada) y 220 (Plumero) im Stadtteil Playa, Tel. 262548, eines der Häuser, die mit der Rückseite zum Strand liegen, Zimmer 25 CUC.

Essen und Trinken

- **Café Atenas,** Calle 83, gegenüber dem Theater Sautro. Das Essen ist allerdings nicht besonders.
- **Pizza La Vigía,** Calle 79, Ecke 272, kurz vor der Brücke. Mein Favourit, Essen, Trinken und Preise sind wie üblich, jedoch ein riesiger Raum mit alten Glasfenstern, altem Holzfußboden und Tischen unter Bäumen draußen, untere Preiskategorie.
- **Café Velasco,** in der Calle 79, No. 28803, im gleichnamigen Hotel an der Nordseite des Platzes, hier kann man sich als Kolonialherr fühlen.
- **Esquina del Medio,** Calle 85, esq. 280, neueres Edelrestaurant, kleine Karte, gehobene Preise.
- **Bella Vista,** Calle 1ra, e/212 y Playa Allende (= Straße hinter der Tankstelle), Tel. 261824, cubanische Küche mit Blick aufs Meer, Hauptgerichte um 7 CUC, täglich ab 12 Uhr.
- **El Pescadito,** Calle 272, e/115 y 117, preiswerte Getränke, manchmal Show.
- **Café Monserrate,** auf den Alturas del Simson, am Ende der Calle 306 den Hügel hinauf, somit auch tolle Aussicht.
- **Paladar La Yumuria,** Calle 83, No. 29202, nur nachmittags geöffnet, relativ preiswert.
- **El Jardín del Boulevar,** Calle 85, No. 28805, e/288 y 290, nettes Gartencafé.
- **Ruinas de Matasiete** liegt am Ortsausgang, links an der Bucht, in den Ruinen eines alten Ladens mit großer Terrasse und Live-Musik am Wochenende.
- An der **Hershey-Bahnstation** in Versalles gibt es ein preiswertes Restaurant, in dem man u.a. Lamm essen kann.
- **Eis,** eine *Coppelia* steht an der 272, in der Nähe der Überlandbus-Station. Straßenverkäufe gibt es entlang der 272 in Versalles.

Badestrände

- Es gibt mehrere kleine Badestrände vom Ort aus in Richtung Varadero: **El Tenis,** Tretbootverleih; **La Caridad** (4 km), **Buey Vaca** (6 km) kleine Bucht, **El Mamey** (8 km); **El Coral** mit Palmen, Korallen und Restaurant; **Laguna de Maya** (12 km), See, Boot- und Pferdverleih, Tauchtouren.

Einkaufen

- **Geldwechsel:** *CADECA* (Wechselstube), Calle 286 hinter der Kathedrale, tgl. 8–18, So 8–12 Uhr. Die Bank ist in der Calle 85; werktags 8–15 Uhr.
- **Supermärkte:** Calle 298, No. 11914 und in der Calle 85 No. 29006, e/Calle 290 y 292.
- **Fotoladen:** Calle 288, No. 8311, e/83 y 85.
- **Post:** Calle 85, No. 28813.
- **Mercado La Plaza:** Calle 298, Gemüsemarkt mit Essständen, an der Sánchez-Figueras-Brücke, die über den Río San Juan führt.
- **Tankstelle:** 5 km außerhalb, an der Straße nach Varadero.
- **Krankenhaus:** Ausländer behandelt die *Clínica Quirúrgica Docente „Faustino Pérez Hernández",* km 101, Carretera Central, Matanzas, Tel. 045 256000, 247016, direccionfaustinop.mtz@infomed.sld.cu.

Routenvorschläge

■ **Trip nach Matanzas:** Für 10 CUC gibt es die *Matanzas Bus Tour,* vom Barceló Marina Palace Hotel nach Matanzas. Zum Parque Libertad, der den Mittelpunkt dieses kleinen Örtchens darstellt, geht es dann die 4. Straße links hinein, die Calle 83. Wer mit einem Pesobus aus Varadero gekommen ist, hat wahrscheinlich trotzdem 2 CUC zahlen müssen und erreicht den Ort in der San Luís-Busstation auf der Calle 298. Von hier läuft man die Straße weiter und dann nach der Brücke Sánchez Figueras, die 5. Straße, die Calle 83, rechts hinein. Bald ist der Parque Libertad erreicht.

■ **Trip nach Cárdenas:** Die Stadt der Kutschen erreicht man mit dem Bus Nr. 236 für 50 Centavos von Vardero aus. Allerdings muss man einige Wartezeit in Kauf nehmen. Einfach zur Autopista Sur gehen und sich an der Ecke Calle 54 oder Calle 36 zu den bereits wartenden Cubanern stellen. Man sollte 50 Centavos parat haben, ansonsten ist man einen CUC los. In Cárdenas angekommen, hält er an der Ecke Avenida 13 und Calle 13. Von hier kann man stündlich wieder zurückfahren. Ins Zentrum folgt man der Straße, die der Bus nach Cárdenas gefahren ist. An der Kreuzung der Avenida Céspedes ist der Mittelpunkt des Ortes erreicht. Wendet man sich nach links, kommt man zum Denkmal des Flaggenmastes und dann ans Meer.

■ Wen die **Museen** interessieren, der geht weiter auf der Calle 13 und biegt zwei Straßenblöcke weiter nach links in die Ave. 4 ab. Zurück zur Busstation kann man eine der vielen Pferdekutschen nehmen, aber natürlich kann man auch ein Taxi nehmen.

Verkehrsverbindungen

■ **Flug:** Der Flugplatz *Juan Galberto Gómez* liegt 20 Kilometer in Richtung Varadero, Tel. 614783.

■ **Bus:** Matanzas liegt an der Via Blanca, La Habana – Varadero und ist gut mit Bussen zu erreichen. Die Station für Überlandbusse ist im alten Bahnhof *(Terminal de Ferrocarriles)* in der Calle 171, Tel. 291473, die Station San Luis für Regionalverkehr in der Calle 298 gegenüber der 127, beide in Pueblo Nuevo. Nach Varadero kostet es 10 CUC, mit der *Matanzas Bus Tour,* für 10 CUC kann man den ganzen Tag fahren und an den Haltestellen die Fahrt unterbrechen, 17.15 Uhr fährt der letzte Bus zurück.

■ Das **Taxi** kostet nach La Habana ca. 45 CUC.

■ **Zug:** Die einzige elektrifizierte Strecke auf Cuba geht von La Habana nach Matanzas. Der *Hershey* fährt in 3 bis 4 Stunden von Casablanca zu einem Bahnhof in der Calle 55, nördlich des Río Yumurí im Stadtteil Versalles. Da er oft defekt ist, muss man sich vorher erkundigen, die aktuelle Situation gibt's unter Tel. 247254.

Die anderen Züge fahren von einem Bahnhof in Miret, ganz im Süden von Matanzas, ab, in der Calle 181. Ausländer zahlen in CUC. Alle Züge zwischen La Habana und Santiago halten hier. Gegen 17 Uhr geht es nach Osten in 3 Stunden nach Santa Clara für 5 CUC. Tickets rechtzeitig am Morgen kaufen, da die Züge meist voll sind.

Wer auf der Hauptstraße nach Varadero fahren will, muss zwischen Boca de Camarioca und Santa Marta eine Mautgebühr von 2 CUC bezahlen.

Ausflüge

Cueva de Bellamar

8 km südöstlich bei Canímar: Die **Höhle** wurde 1861 von chinesischen Steinbrucharbeitern entdeckt und schnell wieder vergessen, da man sich hier vor Dämonen fürchtete. Erst 1948 wurde sie

ein zweites Mal entdeckt und für die Öffentlichkeit zugänglich gemacht. In den zwei Kilometer langen Gängen und Sälen fanden Wissenschaftler Überreste von prähistorischen Säugetieren. Außerdem gibt es in den dunklen Tiefen einen Fluss, und die Wände sind oft mit glitzernden Kristallen bedeckt. Besichtigungen ab Matanzas und Varadero. Der Eintritt kostet 8 CUC, die Fotoerlaubnis stolze 5 CUC. Führungen stündlich meist von 9.30 bis 16 Uhr. Sonntags sind viele einheimische Ausflügler in der Gegend zu treffen. Vor der Höhle befinden sich zwei **Restaurants.** Die Busse 16, 17 und 20 fahren von Matanzas' Plaza de la Libertad nur in die Nähe der Höhle. An der Calle 226 muss man aussteigen, da ein zu kleiner Tunnel den Weg versperrt (durch den passt gerade mal ein Kleinwagen). Am besten, man fährt von der alten Bahnstation über die Calle 276, südlich der 171, zu der Höhle. Auch der Bus nach Varadero hält in der Nähe.

Achtung: In den Höhlen ist es feucht und sehr warm! Gutes Schuhwerk ist kein Nachteil bei der Begehung, ebenso kann ein Taschentuch vor dem Mund vor den Erregern der Histoplasmose schützen, die in Höhlen mit Fledermäusen vorkommt. In der Gegend gibt es übrigens weitere Höhlen, da sich hier eine etwa 100 km lange Kalksteinverwerfung befindet.

Río Canímar

Etwa 7 km östlich in Richtung Varadero kommt man an die Talbrücke über den Río Canímar. Unmittelbar vor der Brücke zweigt links ein Weg zum Castillo del Morillo ab, der im Bogen etwa 1 km lang abwärts zur Bucht führt. Am Ende steht das zweistöckige **Fort** aus dem 18. Jh. Vier Kanonen bedrohten einst die Angreifer von See. Das Gebäude beherbergt heute ein **Museum** zur Erinnerung an die Studentengruppe „Joven Cuba", die von hier 1935 ins Exil nach Mexiko entkommen wollte. *Batistas* Armee spürte sie auf und erschoss sie, bevor sie das rettende Boot erreichen konnten.

Bootsfahrt: Auf der anderen Seite der Brücke liegt die Bar *Cubamar.* Von hier aus kann man sich ein Ruderboot mieten und ein Stück den Fluss hinauffahren. Es gibt auch organisierte Ausflüge nach Canímar Arriba mit Verpflegung für 25 CUC. Vor der Brücke rechts geht es zum *Hotel Canimao,* das ebenfalls Ausflüge anbietet.

Puente de Bacunayagua

Kommt man auf der Via Blanca von La Habana, erreicht man etwa 18 km vor Matanzas den 110 m über dem Meer liegenden **höchsten Viadukt Cubas.** Die Stahlbetonkonstruktion wurde von 1956 bis 1959 gebaut. Es gibt einen Aussichtspunkt mit Bar und Souvenirverkauf, der von den meisten Verkehrsmitteln angesteuert wird, die hier unterwegs sind.

Refugio de Saturno

Diese **Höhle** steht unter Wasser und eignet sich gut zum Schwimmen oder Schnorcheln. Von Varadero aus gibt es Ausflüge hierher. Man biegt von der Via Blanca nach Varadero in die Straße zum Flughafen ab. Etwa 1 km hinter dem Abzweig liegt links diese große Höhle.

Marina Dársena

Wer vor dem Trubel von Varadero noch rasten möchte, kann von der Vía Blanca etwa einen Kilometer vor Varadero links zum **kleinen Hafenort** Marina Dársena abbiegen. Hier findet man ein Schnellrestaurant und einen Laden am Wasser mit Blick zur Halbinsel Hicacos.

Varadero

- **Vorwahl:** 045
- **Einwohner:** 10.000

Der **berühmteste Strand Cubas** liegt auf der lang gestreckten Halbinsel Hicacos 140 km östlich von La Habana. Er misst 20 km und hat feinsten weißen Sand, dazu kristallklares Wasser. *Hicacos* heißt der hier wachsende niedrige Strauch, dessen Beeren essbar sind, und Varadero heißt das kleine Fischerdorf auf der Halbinsel. Im 19. Jh. baute man an der Nahtstelle zum Festland den *Paso-Malo-Kanal.* Seitdem erreicht man die Halbinsel über eine Brücke.

Seit dem letzten Viertel des 19. Jh. gibt es hier ein Ferienresort. 1929 kaufte der Chemie- und Waffenfabrikant **Irénee DuPont** von der cubanischen Regierung ein riesiges Stück Land im Zentrum der Halbinsel Hicacos und ließ eine große Villa im maurisch-modernen Stil erbauen, dazu ein Flugfeld, einen Yachthafen und einen Golfplatz. Den Rest des Landes verkaufte er an andere finanziell gut Gestellte weiter. Damit begann der Run auf die schönen Strände. Bald zogen die Millionäre aus den USA nach Varadero, so auch der Mafiaboss *Al Capone.* Dieser hatte hier seine Villa, und auch der Diktator *Batista* hatte hier sein Häuschen. Heute wird in dem Haus von *DuPont* das Nobelrestaurant *Las Américas* betrieben.

Nach der Revolution wurden viele Villen enteignet, und der endlose Sandstrand wurde dem einfachen Volk geöffnet. Doch diese Zeiten sind vorbei. Eine cubanische Familie kann sich einen Aufenthalt hier nicht leisten.

Cuba hat sich in den letzten Jahren immer mehr dem Tourismus geöffnet, seit dem Ende der 1980er Jahre zunehmend aus wirtschaftlicher Not. Ausgehend von Varadero entstanden an der ganzen Küste entlang **Hotelanlagen,** meist in der Organisationsform von *empresas mixtas,* Joint Ventures unter ausländischer Beteiligung.

Wer nach Varadero fliegt, sollte nicht erwarten, das echte Cuba zu erleben. **Hier ist alles Fassade** und auf das Wohlergehen der Reisenden ausgerichtet. Der Staat braucht die Devisen. In der letzten Zeit gab es allerdings vermehrt Klagen über schlechten Service. Besonders in den All-inclusive-Hotels macht sich wohl eine gewisse Gästemüdigkeit breit. Die Strände sind am Wochenende ziemlich voll, besonders im Bereich ab der Calle 20. Duschen gibt es nur in den Hotels, aber zwischen der Calle 47 und der 57 kommt man zumindest an den Strand mit schattigen Bäumen.

Varadero ist auf jeden Fall empfehlenswert! Sehr voll ist der Strand hier selten, und in diesem Ort mischen sich Einheimische mit Touristen. Es gibt preiswerte Lokale und den weißesten Sand mit tollen Sonnenuntergängen, und wenn Sie Glück haben, sehen Sie sogar Delfine in Strandnähe spielen.

Sehenswertes

Mein Tipp: **Parque Retiro Josone,** Ave. Primera, e/56 y 59, geöffnet bis 1 Uhr. Ein luxuriös angelegter Vergnügungs- und Freizeitpark, 9 ha groß, im ehemaligen Anwesen des Diktators *Batista.* Der Name ist die Verbindung von *Jóse* und *Onelia,* den Initiatoren von 1942. Für 2 CUC/ Std. kann man ein Tretboot mieten. Das Lokal *Dante* liegt schön am See, ebenso die Bar *La Gruta*, die Bäume sind teils mit Namen versehen. Außerdem gibt es ein kleines Freibad.

Museo Municipal, zwischen Ave. Playa und Calle 57, Mo–Sa 10–19, So 14–18 Uhr. Das Stadtmuseum in einer hölzernen Villa dokumentiert die wechselvolle Geschichte des Ortes.

Villa DuPont *(Xanadu),* Ave. Las Américas, tgl. 12–23 Uhr. Das luxuriöse Haus des Waffenfabrikanten *DuPont* kann man nach Anmeldung besichtigen. Es werden auch exklusive Zimmer vermietet. Mit einem Fahrstuhl geht es in den oberen Stock, wo sich die Bar des Tanzsaals mit Blick in alle Himmelsrichtungen befindet. Die Drinks haben moderate Preise.

Die Ostspitze der Halbinsel, **Punta Hicacos,** steht unter Naturschutz, hier an der Laguna de Mangon ist es einsamer. Rund herum sind 23 Tauchgebiete ausgewiesen.

Das Highlight ist die **Cueva de Ambrosio,** Autopista Sur, km 2. In der Höhle haben Höhlenforscher 70 geometrische Zeichnungen und Gegenstände aus Keramik und Muscheln entdeckt, die von den indianischen Ureinwohnern stammen könnten. Allerdings haben in der Zeit der Sklaverei auch entflohene Sklaven die Höhle benutzt, sodass auch sie die Urheber der Zeichnungen sein könnten. Sie liegt an der Straße und ist selbst für Rollstuhlfahrer geeignet. Durch

Varadero West

Unterkunft
- 2 Oasis, Punta Arenas, Playa Caleta
- 3 Villas Punta Blanca
- 4 Hotel Club Kawama
- 5 Hotel Villa Tortuga
- 6 Barlovento
- 12 Aguazul
- 16 Sun Beach
- 17 Hotel Club Amigo Tropical
- 18 Villa La Mar
- 19 Hotel Mar del Sur
- 20 Turquino
- 21 Hotel Club Herradura, Los Delfinos
- 27 Hotel Pullman
- 29 Hotel Dos Mares
- 37 Hotel Cuatro Palmas
- 41 Palma Real
- 42 Solymar Arenas Blancas

Essen und Trinken
- 7 Mi Casita
- 8 Rest. Castel Nuovo
- 13 Rest. El Ranchón
- 14 Restaurant El Criollo
- 15 Restaurant FM 17
- 22 Restaurant El Aljibe
- 23 El Bodegón Criollo
- 26 Eisdiele
- 31 Rest. Dante, Rest. 1920, Bar Guarapera, Bar La Gruta

Löcher in der Decke fällt ein wenig Tageslicht ein. Wegen der Fledermäuse darf man nicht mit Blitzlicht fotografieren. Eintritt: 5 CUC inkl. Taschenlampe.

Delfinario, Carretera Las Morlas, km 12,5. Hier gibt es 2x täglich (11 und 15.30 Uhr) eine halbstündige Show und die Möglichkeit, mit den Tieren eine Runde zu drehen. Eintritt: 15 CUC, die Angebote der Hotels sind meist überteuert. Geöffnet täglich 9–17 Uhr. Vor dem Eingang befindet sich die Haltestelle des Touristenbusses.

Praktische Tipps

Unterkunft

Die meisten Häuser sind **All-inclusive.** Das bedeutet für Individualreisende höhere Preise für Leistungen, die sie oft gar nicht in Anspruch nehmen. Man hat fast keine Chance, ein Hotel ohne Vorausbuchung zu finden. Die Rezeptionistin sagt immer gleich: „Wir sind ausgebucht“. Auch die Touristeninfo ist keine Hilfe. In den All-inclusive-Clubs braucht man es gar nicht zu probieren.

Es gibt eine Vielzahl an **Privatunterkünften,** die sich in Qualität und Ausstattung unterscheiden.

Hotels

An Luxus hat es keinen Mangel. Wer pauschal bucht, sollte sich einen Stadtplan nehmen und das Hotel seiner Wahl anschauen. Auch in Varadero gibt es Häuser in zweiter Reihe, z.B. das Hotel *Villa Mar* oder das *Mar del Sur.* Wenn man gerne durch den Hotelgarten zum Strand gehen will, muss man sich ein Hotel am Wasser suchen. Die folgende Beschreibung schließt die All-inclusive-Luxushotels größtenteils aus, die sind meist traumhaft und deren Service gibt

0 — 400 m

Cuba12

39 Barbacoa

Nachtleben
1 Cabaret Tropicana Varadero
28 Disco El Kastillito
32 Rest. The Beatles
36 Casa del Ron
38 Disco Havana Club

Einkaufen/Sonstiges
9 Kunsthandwerksladen
10 Rumbos-Büro
11 Plaza Artesanos
24 Optiker
25 Einkaufszentrum Hicacos, Parque de las 8000 Taquillas
30 Shopping Centro Todo y uno
34 Sportgeschäft
35 Keramikladen und Galerie
36 Casa del Ron
40 Supermarkt
43 Centro Comercios América

Wassersport
33 Tauchzentrum

Varadero Ost

Anschluss Seite 141

wenig Anlass zur Klage. Aufgeführt sind hier einige der preiswerteren Häuser, an die man manchmal auch ohne Buchung durch einen Veranstalter kommt, sowie einige Luxushotels, die eventuell eine Anfrage wert sind.

■ **Villa Tortuga** (Gran Caribe) ②, Calle 9, e/Boulevard Kawama, Tel. 614747, liegt am Ortsanfang am Strand. Die beste Wahl sind die *Superior* Zimmer mit Balkon, einfach und manche renovierungsbedürftig. Ansonsten für den Preis gut.

■ **Pullman** (Islazúl) ②, Ave. 1ra, esq. Calle 49, Tel. 667161, 15 Zimmer. Das Haus ist eine alte Villa, allerdings nicht am Strand gelegen. Die Zimmer befinden sich hauptsächlich im modernen Anbau.

■ **Villa La Mar** (Islazúl) ②, Ave. 1ra, e/Calle 29, Tel. 613910. Mehrere 4-stöckige Gebäude. Viele Cubaner, da es das preiswerteste Hotel weit und breit ist. Am besten ist der Hoteltrakt „El Delfin" am Wasser. Einen großen Pool gibt es auch.

■ **Solymar Arenas Blancas** (Barcelo) ③, Calle 64, e/1ra Ave. y Autopista, Tel. 614450, am Beginn der 1ra Ave., 358-Zimmer-Haus am Strand, guter mittlerer Standard, ruhige Gartenanlage.

■ **Club Herradura** (Horizontes) ③, Ave. 1, e/35 y 36, Tel. 613703. 80 Zimmer, bescheidenes Haus direkt am Strand. Zimmer mit Gemeinschaftsbad sind preiswerter. Ich hörte Klagen über unhöfliches Personal. Laute Animationen, nahe am Busbahnhof.

■ **Dos Mares** (Islazúl) ③, Calle 53, esq. Ira, Tel. 612702, 32 Zimmer. Das bescheidene kleine Haus arbeitet auch als Hotelfachschule. Die Zimmer mit den Endziffern -1, -5, -7 und -9 liegen zum Strand und sind ruhiger. Gutes Restaurant.

■ **Sun Beach** (Gran Caribe) ③, Calle 17, e/1ra Ave. y 3ra, Tel. 667490, All inclusive, 7 Stockwerke, in zweiter Reihe, freundliches Personal.

■ **Mar del Sur** (Islazúl) ③, Mittelklasse, Calle 3ra, esq. Calle 30, Tel. 612240. 365 Zimmer und 2-Zimmer-Apartments, die sich auf mehrere Häuser verteilen, manche sind ziemliche Bruchbuden. Etwa 10 Minuten Fußweg zum Strand.

■ **Villas Punta Blanca** (Gran Caribe) ③, ganz im Westen, am Kawama-Hotel vorbei, Ave. Kawama, e/ Calle 35 y 36, Tel. 612137. 300 Zimmer verteilten

sich auf 30 Häuser am Strand. Der neuere dreistöckige Teil ist ganz angenehm, die Altbauzimmer in den Häuschen muss man sich vorher ansehen.

- **Varadero Internacional** (Gran Caribe) ③, Carretera Las Américas, km1, Tel. 667038. Das erste Hotel am Ort, im Stil der 1950er Jahre, seitdem wohl auch nicht mehr renoviert.
- **Cuatro Palmas** (Mercure) ④, Ave. 1ra, e/Calle 61 y 62, Tel. 667040, Häuschen direkt am Meer unter Bäumen.
- **Club Amigo Tropical** ④, Ave. 1, e/Calle 21 y 23, Tel. 613915, All inclusive, 254 Zimmer, am Strand gelegen, zur Seeseite nur Apartments.
- **Club Kawama** (Gran Caribe) ③, 1ra Ave. y Calle 1, Tel. 667127. Am Westende des Strandes.
- **Palma Real** (Hotetur) ③, Ave. 2da, esq. Calle 64, einfaches 460 Zimmer-Hotel in zweiter Reihe, verfügt aber über eine Bar am Strand.

Wenn Luxushotel, dann vielleicht hier

- **Meliá Las Américas** ④, Carretera de las Morlas, Tel. 667600. Spitzenhotel mit Golfplatz 5 km vom Zentrum Varaderos, natürlich am Strand gelegen. 335 Zimmer, 90 Bungalows nach hinten. Der Hinterausgang führt zum Einkaufszentrum.
- **Barlovento** (ROC) ④, Oberklasse, Ave. 1ra, e/ 9 y 12, Tel. 667140. Schöne Anlage mit Häuschen am Meer unter Bäumen.
- **Arenas Doradas** (ROC) ④, Oberklasse, Autopista a Varadero Km 17, Tel. 668150-56. 2-stöckige Anlage am Meer unter Palmen.

Privat

- **Eunice Rodriguez,** Calle 30, Nr. 105, Tel. 5614 338, Zimmer mit Bad im Obergeschoss des 2-stöckigen Hauses, 30 CUC.
- **Casa Calle 29,** 1ra y 2da Ave. 116. Etwas dunkel, aber sehr groß mit Kochnische, 2 Zimmer, ein Bad, Terrasse geht so, 30 CUC.
- **Jorge Pla y Betty Sanchey,** Calle 31, Nr. 108, Mobil 5612553, freundliche Vermieter, 2 Zimmer mit Dusche im Erdgeschoss, separate Eingänge, mit kleinem Garten, 30 CUC inkl. Frühstück.
- **Jesús Flores Macías,** Calle 37, Nr. 110, e/1 y Autopista, Tel. 612379, unweit des Busbahnhofes,

DuPont und die Villa Xanadu

1802 betrieb der Franzose *Eleuthère Irénée DuPont* in den USA eine Pulvermühle. Schießpulver brauchte das Militär in großen Mengen und so wurde er Mitte des 19. Jh. der größte **Sprengstofflieferant** für die US-Armee. Er setzte sein Wachstum mit Dynamit und rauchlosem Pulver fort. Nach seinem Tod übernamen die drei Urenkel die Firma.

Einer davon, *Irénée DuPont de Nemours* (1876–1963), war bis 1925 Präsident des Unternehmens. Weltbekannt wurde *DuPont* durch **Nylon, Teflon** und **Kevlar.** 1957 war er einer der 20 reichsten Amerikaner. Da wundert es nicht, dass er sich 1929 den Mittelteil der Halbinsel Hicacos kaufen konnte, um dort Golfplatz, Jachthafen und ein Flugfeld anzulegen. Auf dem Hügel San Bernadino ließ er von *Cavarrocas* und *Govantes* die **Villa Xanadu** bauen, mit Weinkeller und einem Ballsaal mit Blick in alle vier Himmelsrichtungen. Für seine Tochter ließ er die größte private Orgel Amerikas ins Wohnzimmer einbauen, durch einen Schacht konnte man sie auch im Ballsaal hören, in den Zimmern jedoch nicht.

Die Villa wurde in Anlehnung an die 1256 angelegte Residenz Xanadu in China (Shàngdu) benannt, ein legendärer Ort des Mongolenherrschers *Kublai Khan.* Sie gilt als Synonym für Prunk und Wohlstand. Kublais Stadt wurde 1359 zerstört. Bekannt wurde der Ort 1798 vor allem durch ein Gedicht von *Samuel Taylor Coleridge.* Die Villa auf Hicacos existiert allerdings noch immer.

Ganz Geschäftsmann verkaufte *DuPont* die nicht benötigten Grundstücke an andere reiche Amerikaner weiter. Nach *Castros* Machtübername verkaufte er die Villa an die Regierung und erhielt dafür mit seiner Familie freie Ausreise.

Zimmer mit Küche und Bad, separater Eingang, 25 CUC.

- **Orialy y Julio,** Calle 52, 2de Ave., No. 5201, 2 Zimmer mit Bad, eine gemeinsame Küche und gemeinsame Terrasse für 25 CUC, Frühstück 3–5 CUC, Abendessen 10 CUC.
- **Beny's House,** Calle 55, No. 124, e/1 y 2, zwar kein Ausblick, aber schöne Terrasse, 2 Zimmer, 1 Apartment. Sehr nette Familie, schöne Zimmer und tolles Essen, 35 CUC inkl. Frühstück.
- **Villa Pupi,** *Guillermo Borges Acuña,* Ave. 2da , No. 4610, e/46 y 47, 2 Zimmer, Küche und Wohnzimmer gemeinsam, 30 CUC.
- **Víctor M. Villanueva,** Ave. 1ra, rechts neben der Kirche, vermietet 3 Zimmer ab 25 CUC. Das Haus hat einen ruhigen, schattigen Garten.
- **Casa Alba,** Calle 9, No. 6, e/Ave. 1ra y Ave. del Mar. Modernes Haus am Ortsanfang nahe dem Hotel Barlovento. Auf der 1. Etage ist ein DZ mit Bad, Küche und Wohnzimmer, auf der 2. Etage befinden sich 2 Zimmer mit Gemeinschaftsbad und Terrasse sowie ein Zimmer mit Bad und Terrasse. Ab 35 CUC.

Essen und Trinken

Es gibt ein großes Angebot an Bars und Restaurants, trotzdem wird man öfter von *Jineteros* angesprochen, die einen in eine Privatwohnung zum Hummeressen mitnehmen wollen. Hierbei sollte man sich allerdings vorher genau nach dem Preis erkundigen.

- **El Aljibe,** Ave. 1ra, e/Calle 36 y 37, Tel. 6140 19. Terrassenrestaurant mit kreolischer Küche, Menü ab 12 CUC.
- **Barbacoa,** Ave. 1ra, esq. 64 vor dem Hotel *Arenas Blancas,* Tel. 667795, bietet vor allem Fisch auf der Terrasse eines alten Hauses, empfehlenswert, Hummer 10–16 CUC.
- **El Bodegón Criollo,** Ave. de la Playa, e/Calle 40 y 41, Tel. 667784, tgl. 12–1 Uhr. Kreolische Küche,

mit frischem Hummer. Kostet natürlich etwas mehr, ab 25 CUC.

Restaurant El Críollo, an der Ave. 1 Ecke 18, wie der Name verspricht, gibt es hier ab Mittag creolische Küche, mit freundlichem Service und günstigen Preisen, das Hauptgericht ab 4 CUC.

Mi Casita, Camine del Mar, e/Calle 11 y 12, Tel. 613787, tgl. 12–23 Uhr. Es werden Fisch und Meeresfrüchte seriert. Gutes Preis-Leistungsverhältnis.

Las Américas, Playa de Las Américas, Tel. 667 750. So heißt das Restaurant in *DuPonts* Sommerresidenz. Prunk mit guter internationaler Küche, Gehobene Preise aber super zubereitet, Fleischgerichte ab 9 CUC.

Natura, Restaurant im Hotel *Arenas Doradas*. Reiche Auswahl, guter Service, man muss versuchen zu reservieren, da es zum All-inclusive-Hotel gehört.

Castel Nuovo, sehr gute Pizzeria an der Ave. 1, e/Calle 11.

FM 17, an der Ecke Ave. 1ra und Calle 17. Ein in Varadero eher seltenes „echt cubanisches" Restaurant mit den üblichen Gerichten, zu moderaten Preisen, der Burger zu 2 CUC.

El Ranchón, Ave. 1 e/16 y 17, gegenüber dem Sunbeach-Hotel. Ein angenehmes Lokal, beim Fischessen hat man einen schönen Blick auf das Meer, Gerichte ab 5 CUC.

Restaurant Dante, im Parque Josone, Ave. 1ra, e/56 und 59, gehobenes Restaurant im Haus des ehemaligen Parkbesitzers, außerdem findet man hier auch die **Bars** *Guarapera, La Gruta* und *1920,* Hauptgerichte um 16 CUC.

Meson del Quichote, Ave. Las Américas, auf dem Hügel neben *DuPonts* Wasserturm, Tel. 667 796, internationale Küche, gute Preise.

Villa DuPont in Varadero

151cu kh

■ **Kike-Kcho,** gehobenes Fischrestaurant der Gaviota-Gruppe, Autopista Sur y Final. Geöffnet 12–23 Uhr, Tel. 664115, 664132, reserva@marinagav.co.cu. Großartige Küche, verhaltener Service, teuer: Der Lobster kostet immerhin 30 CUC pro Kilo.

Nachtleben

■ **Club Mambo,** der angesagte *Club Carretera de Las Morlas,* km 14, an dem Dreieck, wo auch der Club *Amigo Varadero* liegt. 23–4 Uhr. Live-Konzerte cubanischer Bands. 10 CUC Eintritt.

■ **Disco Havana Club,** Calle 62 esq. 63, lange Nächte für Touristen, täglich ab 22 Uhr.

■ **La Bamba,** Ave. Las Américas, Tel. 667560. Im Hotel *Tuxpán.* Getanzt wird hier von 22 Uhr bis zum Sonnenaufgang, Eintritt 10 CUC, inkl. 3 Getränken.

■ **El Kastillito,** Ave. de la Playa, esq. Calle 49, am Strand, beim Hotel *Cuatro Palmas,* 1 CUC Eintritt.

■ **Cabaret Tropicana Varadero,** Via Blanca km 31, Tel. 619938, Mi–So 21–2.45 Uhr. Eindrucksvolle Show, die dem legendären *Tropicana* in La Habana Konkurrenz machen will.

■ **Parque Josone,** e/Avenida 1ra y Calle 58. Auf der Freilichtbühne des Parks afro-cubanische Shows mit Disco.

■ **Cabaret Continental,** Carretera Las Américas (im Hotel *Varadero Internacional*), Tel. 667038, Eintritt: 25 CUC, mit Abendessen 40 CUC. Di–Sa, eine sehenswerte Show.

■ **The Beatles** (vorm. *Antigüedades*), am Eingang zum Park Josone, Ave. 1 ra, e/56 y 59, Tel. 667329, Steaks, Meeresfrüchte und Fisch im modernen Ambiente, mit Musik der *Fab Four.* Montag, Mittwoch und Freitag Disco ab 22 Uhr.

Ansonsten hat fast jedes **Hotel** eine hauseigene Diskothek.

⊡ Parque Retiro Josone

Aktivitäten

Der **Touristenkarneval** in Varadero findet im Februar statt. Über das Jahr verteilt gibt es zahlreiche Kulturveranstaltungen und Feste. Ansonsten:

■ **Tauchen:** *Centro Internacional de Buceo Barracuda* (*ACUC* und *BSAC*), Ave. 1ra, e/58 y 59, Tel. 667 072, barracuda@marlinv.var.cyt.cu. Oder *Base Náutica Marina Chapelin,* Carretera Las Morlas km 12,5, Tel. 667550. Tauchbasis und -schule. Die internationalen Tauchscheine kann man hier in Urlaubskursen machen. Tauchgänge an den Korallenriffen und den versenkten Schiffen.

■ **Golf:** Campo de Golf, Ave. Las Américas, km 8,5, tgl. 7–19 Uhr, Tel. 668482, www.varaderogolfclub.com. 18-Loch-Anlage, auch Unterricht. Der Platz war Austragungsort der *AUDI Tournament* und *PGA European Challenge Tour.* Ausrüstung zum Leihen, Greenfee für 9 oder 18 Löcher.

■ **Reiten:** *Centro Hípico,* Via Blanca km 31, Tel. 667 799. Vermietet auch Kutschen.

■ **Touren:** Viele Hotels haben Schalter der *Viajes Cubanacán;* die Agentur ist auf Tagesausflüge spezialisiert. Meist geht es erst los, wenn eine bestimmte Zahl von Fahrgästen zusammengekommen ist, in der Regel zwischen 5 und 10 Uhr. Ein Kleinbus sammelt die Teilnehmer dann morgens vor der Fahrt auf. Das ist besonders für diejenigen interessant, die einen 14-tägigen Hotelaufenthalt gebucht haben, aber doch mehr vom Land sehen wollen. So kann man mit dem Katamaran zur Cayo Blanco fahren und unterwegs schnorcheln und baden (70 CUC). Oder man fährt in Richtung Schweinebucht und Trinidad, wo eine Fahrt im Dampfzug auf dem Programm steht (ca. 150 CUC). Auch ein Ausflug nach Cayo Largo inkl. Flug für ca. 300 CUC wird angeboten.

■ **Internetcafé:** Calle 26, esq. Ave. 1ra (6 CUC pro Stunde), in der Post gegenüber Hotel *Palma Real,* neben dem Restaurant *Quatro Cuesa* oder in den großen Hotels.

Einkaufen

- Einen **Geldautomaten,** der VISA-Karten akzeptiert, gibt es in der Bank in der Calle 36.
- **Centro Comercios América:** Modernes Einkaufszentrum an der Plaza América mit diversen Boutiquen und ein paar Schnellrestaurants.
- **Boulevar Caminos del Mar:** war 2015 im Umbau.
- **Centro Comercios El Caiman:** großes Angebot, Ave. 3ra, e/Calle 63.
- **Centro Comercios Hicacos:** an der Ave. 1ra, e/44 y 46. Sieht von Weitem aus wie eine verlassene Turnhalle, die Läden sind im schattigen Souterrain darunter! In der Mittagshitze gut zum Schlendern.
- **Casa del Ron:** Ave. 1ra, e/62 y 63. Hier gibt es eine große Auswahl an Rumsorten in altem Ambiente, ein Modell einer Rumfabrik und eine Bar.
- **Taller de Cerámica:** Ave. 1 ra, hinter dem Hotel *Atabey*, 10–17 Uhr. Die kleine Künstlergalerie bietet hochwertige Keramikarbeiten zum Verkauf an. Eine wohltuende Abwechslung im verwirrenden Souvenirdschungel. Links daneben gibt es eine **Galerie** mit „besseren" Kunstwerken.
- **Plaza Artesanos:** Ave. Ira, esq. Calle 15, am Hotel *Verazul/Aguazul*, Mo–Sa 9–19 Uhr. Kunsthandwerk und Furchtbares, trotzdem lohnt sich der Gang durch die Zelte. In der Mitte gibt es einen Getränkeverkauf mit Sitzplätzen und Toilette.
- **Todo y uno:** Autopista Ecke Calle 54, hinter der Tankstelle, Einkaufszentrum mit großem Kinderspielplatz, Läden, Imbissständen.

Notfälle

- **Clínica Internacional de Varadero,** Calle 61, e/Ave. 1ra, Tel. 667710, 667226, 667711, 668611 und 667704. 24 Std. Notdienst, Ambulanz und Apotheke.

105cu kh

■ Bei Problemen mit Kontaktlinsen und Brillen hilft **Óptica Miramar Varadero,** Ave. 1 ra, e/42 y 44, Tel. 667225.

Verkehrsverbindungen

■ **Bus:** Um 8, 11.30, 15.30, 18 und 19.30 Uhr gibt es eine Busverbindung nach La Habana über den Flughafen Varadero, 10 CUC; man sollte einen Tag vorher reservieren. Víazul fährt La Habana – Matanzas – Varadero – Cárdenas und erreicht Varadero 12 Uhr mittags. Außerdem fährt täglich ein Bus für 20 CUC nach Trinidad: ab 7.30, an 13.25 Uhr. Meist kann man sich auch von den Hotels die Busfahrt nach La Habana buchen lassen. 25 CUC. Fahrpläne: www.viazul.com. Tickets gibt's auch im Büro in der Ankunftshalle des Flughafens am Ausgang.

■ **Touristenbus:** Jeden Tag kurven die roten Doppeldecker zwischen den großen Hotels im 20 Minutentakt quer über die Halbinsel. Tickets im Bus für 5 CUC pro Tag (nach Datum) kann man ihn nach dem bewährten Prinzip Hop on/Hop off benutzen. Haltestellen mit Fahrplan. Achten Sie dabei aber auf die Richtung. Eine Runde dauert mindestens 3 Stunden. Manchmal hat der Fahrer keine Lust zu halten, abends sollte man der Kassiererin Bescheid geben, dass man aussteigen möchte.

■ **Mietwagen:** am Flughafen und in den größeren Hotels. *Havanautos,* Av. 1 y Calle 31, Tel. 613733, Flughafen Tel. 63630. *Cubacar,* Hotel *Sol Palmeras,* Tel. 611819, Hotel *LTI-Tuxpan,* Tel. 667 639, Hotel *Melía Varadero,* Tel. 667013. *Transautos,* Av. 2 y C 64, Tel. 667336, Av. 1, e/Calle 21 y C 22. *Nacional (Gaviota),* Calle 13, e/Av. 2 y Av. 4, Tel. 63706.

■ **Flug:** *Juan Gualberto Gómez Airport (VRA)* liegt 30 km außerhalb, Tel. 613016. Taxi 20–30 CUC zum Hotel. Man kann auch versuchen, mit einem der Transferbusse mitzukommen, das kostet etwa 15 CUC, je nach Verhandlungsgeschick. Fluggesellschaften: *Aerogaviota,* Tel. 63018; *Aerotaxi,* Av. de la Playa, esq. 24, Tel. 62929. In der Ankunftshalle des Flughafens hat *Víazul* ein Ticketbüro.

■ **Schiff:** *Marina Marlin Chapelin,* Carretera Punta de Hicacos, Tel. 667093, Lage: 23°10,53'N, 81°11'W, VHF: Kanäle 72 und 16, SSB Frequenz: 7462, das Becken ist 3 m tief, hat 20 Anleger und alles, was man braucht: Benzin, Wasser, Strom, Restaurant. *Marina Darsena de Varadero,* Vía Blanca, Tel. 63730, Position: Faro Cayo Piedra, Península de Hicacos, Seekarte: 1125/1729 GEOCUBA, VHF: Kanäle 16,19, 68, 72, HF: 2790, Lage: 23°10'N,81°17'W, das Becken ist 5 m tief und hat 70 Anleger; angegliedert ist die Tauchschule *Darsena* mit Schnorchelmöglichkeiten und Sportfischerei. *Marina Gaviota Varadero,* Península de Hicacos, Tel. 667755, Seekarte: 5003/1505 GEOCUBA, Lage: 23°13,6'N, 81°10,4'W, VHF: Kanal 16, maximaler Tiefgang: 3 m, 10 Anleger. Im Restaurant *El Galeón* kann man sich lebende Fische aussuchen (9–23 Uhr).

Cárdenas

■ **Vorwahl:** 045
■ **Einwohner:** 75.000

Das 1828 gegründete **Hafenstädtchen** liegt 18 Kilometer östlich von Varadero und eignet sich gut für einen Tagesausflug in die cubanische Alltagswelt. Es gibt einige schöne Häuser zu bewundern, die im Kolonialstil erbaut wurden. Ursprünglich war die Gegend an dieser Küste sehr sumpfig, deshalb war der Ort von Entwässerungskanälen durchzogen. In späterer Zeit, als es trockener wurde, schüttete man sie wieder zu.

An der Calle Línea, esq. a Velázquez stehen noch die **Reste von Cubas erstem Kraftwerk,** das ab 1889 Strom für die Straßenbeleuchtung lieferte. Um 1875 baute man an der Calle Concha, esq. a

Vives den größten Bahnhof des Landes, die *Estación ferroviaria San Martín.*

Cárdenas ist die **Stadt der Kutschen.** Hier ist die Pferdekutsche bis heute eines der häufigsten Verkehrsmittel geblieben. Die Stadt ist das Zentrum der Fischindustrie und ein Zuckerexporthafen. Das führt leider oft zu Phosphorgeruch in der Luft und zu Öllachen auf dem Meer.

Die **Rumfabrik „Varadero" (Fábrica Arrechabala)** an der Calle Pinillos, esq. a Sáez produziert seit 1870 *Ron Varadero* und *Ron Buccaner.* Fährt man hier weiter, folgt nach 2 km ein kleiner Strand. Alle Straßen der Achse Nordost – Südwest sind Avenidas, die Calles laufen in nordwest-südöstlicher Richtung.

Man nennt den Ort auch die **„Flaggenstadt"**, weil hier 1850 zum ersten Mal während der Aufstände gegen die Spanier die neue cubanische Fahne gehisst wurde. Der Versuch von General *Narcisco López* und fünf weiteren Cubanern, mit etwa 500 Amerikanern zusammen eine Revolte vom Zaun zu brechen, scheiterte. Daraufhin machten sich die meisten ganz schnell mit einem Schiff namens „Creole" aus dem Staub. General *López* wurde hingerichtet. An den Ausfallstraßen stehen noch drei spanische Wehrtürme aus der Zeit der Besetzung.

Heute nennt man den Ort bisweilen auch „Stadt der Fahrräder", am südlichen Eingang ist ein überdimensionales Exemplar aufgestellt.

Sehenswertes

Parque Colón: Der Kolumbusplatz liegt in der Ortsmitte, Ave. de Céspedes, e/Calle 8 y 9. Er trug im Laufe der Geschichte verschiedene Namen, immer denjenigen des gerade regierenden spanischen Königs. 1862 ließ der Bürgermeister vom Bildhauer *Piquier* einen Kolumbus anfertigen und auf besagtem Platz aufstellen. Dies soll die erste Kolumbus-Statue in Amerika gewesen sein. Kolumbus steht mit dem Rücken zur zweitürmigen Kathedrale aus dem Jahre 1846, der Eroberer runzelt die Stirn, ein Globus liegt zu seinen Füßen. Die **Kathedrale** heißt Inmaculada Concepción, sehenswert sind die Buntglasfenster.

Das **Hotel La Dominica** war ursprünglich das Wohnhaus des Gouverneurs. Nach der Revolution wurde das Haus zum Hotel umgebaut. Ursprünglich war hinter dem Haus ein Kanal, von wo aus das Zuckerrohr zum Hafen transportiert wurde. Im Jahre 1919 restaurierte man das Haus und erklärte es zum Kulturdenkmal.

Fahnenmast: Dieses Monument steht am nördlichen Ende der Ave. Céspedes am ehemaligen Zuckerverladeplatz. Es erinnert an das erstmalige Hissen der cubanischen Fahne 1850. Der Platz wurde zum Nationaldenkmal erklärt.

Museo Oscar María de Rojas: Ave. 4, esq. Calle 12. In diesem Haus von 1861 kann man sich ansehen, was die Cubaner unter einer prächtigen **Kutsche** verstanden haben. Ausgang war die Sammlung des deutschen Naturwissenschaftlers *Johann Christoph Gundlach,* die in der Stadt Jovellanos aufbewahrt wurde. 1895 zog das Museum nach größeren Schenkungen nach Cárdenas um, zunächst in die Stadtbibliothek, dann, im Jahre 1918, war der imposante Bau mit seinen 12 Säulen bezugsfertig. Der Name bezieht sich allerdings auf einen weiteren Förderer des Hauses. Geöffnet Di–Sa 10–17 Uhr, So 8–12 Uhr, 5 CUC.

Museo José Antonio Echevarría: *Echevarría* war der Studentenführer, den die Polizisten *Batistas* 1957 auf der großen Treppe der Uni in La Habana erschossen haben. In seinem Geburtshaus im neoklassizistischen Stil von 1703 ist das Museum der Lokalgeschichte untergebracht. Eine Wendeltreppe verbindet zwei Stockwerke. Di–Sa 12–20 Uhr, So 8–12 Uhr. Ave. 4, No. 560, esq. Calle 12.

Malacoff-Markt: Diese Markthalle von 1840 ist eine Stahlkonstruktion. Das zweistöckige Gebäude ist kreuzförmig und hat eine 16 m hohe Blechkuppel. Sie wurde damals in den USA konstruiert und auf das Gebäude gehievt. Man sagt, sie sei einem modischen Reifrock nachgebildet, aber ich denke, man hat nur die technisch stabilste Konstruktion gewählt. Der Markt findet Mo–Fr 8–17 Uhr, So 8–14 Uhr statt, Ave. 3, esq. Calle 12.

Praktische Tipps

Unterkunft

- **Daisy Penate,** García 727, e/Cristina y Minerva, Tel. 532925, Wohnung für bis zu 4 Pers., warmes Wasser, gut eingerichtete Küche, Kühlschrank, zwei Terrassen, Aufenthaltsraum mit TV, freundlich, 25 CUC.
- **Hostal Angelo,** Calle Espiru (Ave. 14) 656, e/ Velázquez (14) y Cristina (15), Mobil 52849108, 2 DZ in einem 2-stöckigen Haus, schattiger, schön gestalteter Patio, 25 CUC, Frühstück 5 CUC, der Besitzer spricht englisch und leitet einen Paladar.

Essen und Trinken

- Wer schnell etwas essen will, findet je einen **El Rápido** auf der Calle 12, esq. Ave. 3, und Calle 8, esq. Céspedes, gegenüber der Post. Beide sind rund um die Uhr auf, genau wie die **Cafeteria La Cubanita,** die sich an der Ave. 3, esq. Calle 13 befindet (in der Nähe der Markthalle). Hier kann man gemütlich draußen sitzen.
- **Restaurante Las Palmas,** Ave. Céspedes, esq. Calle 16. Ziemlich großes Lokal in einer alten Villa. Am Wochenende gibt es hier auch Cabaret, die Speisen sind einfach, die Preise niedrig.
- **Pizzaria La Boloñesa,** Ave. Céspedes, esq. Calle 19. Hier gibt es Pizzas für Pesos.
- **Hierbabuena,** Ayllón 1058, e/22 y 23. Privates Restaurant mit italienisch angehauchten Menüangeboten ab 8 CUC. Di–So 18.30–22.30 Uhr.
- **Cubanitas Cárdenas,** in der Calzada, esq. Ruiz, Tel. 452145, serviert werden einfache Gerichte.
- Die **Casa de la Cultura** in der Céspedes 706 bietet die üblichen Veranstaltungen zum Wohlfühlen.
- An der Ave. Céspedes, am südlichen Ortseingang zwischen der 26 und 27, liegt einer von drei spanischen **Wehrtürme,** hier kann man unter Bäumen ein Bier trinken und dem Treiben auf der Straße zusehen.

Einkaufen

- Es gibt eine Reihe von **Devisenläden** auf der der Ave. 3 in der Nähe der Plaza Malacoff.
- **Geldwechsel:** *CADECA* (Wechselstube), Ave. 3, e/Calle 12 y 13, in der Nähe der Markthalle.
- **Post:** Parque Colón, esq. Ave. Céspedes y Calle 8. 9–18 Uhr, außer sonntags.
- **Telefon:** Ave. Céspedes, in der Nähe der Calle 12, täglich 8–22 Uhr.
- **Apotheke:** Calle 12 No. 60.
- **Kunstgewerbe:** Ave. Céspedes 660, e/Calle 14 y 15.
- **Buchladen:** *Concha de Venus,* Ave. Céspedes, esq. Calle 12.
- **Tankstelle:** Calle 13, esq. Ave. 31, in der Nähe des alten spanischen Turms.

Aktivitäten

- **Oloóy-Festival,** afrocubanische Feierlichkeiten mit Musik und Tanz im Oktober.
- Am ersten Juli-Wochenende findet der jährliche **Straßenkarneval** statt, ein Besuch lohnt sich.

Verkehrsverbindungen

- Die **Busstation** liegt zwischen der Ave. Céspedes y Calle 22. Es fahren Busse nach La Habana und Matanzas, Colón, Jagüey Grande und Santa Clara. Bus Nr. 236 nach Varadero fährt jede Stunde von der Ecke Av. 13 y Calle 13. *Víazul* kommt zwar durch Cárdenas, hält aber nur in Richtung Trinidad (8.40 Uhr) und Santiago (20.45 Uhr) hier, nicht umgekehrt. **Colectivos** stehen außerhalb der Busstation. Die meisten Fahrer fahren ungern nach Varadero, aus Angst vor Polizeikontrollen. Man kommt höchstens bis zur Brücke in Santa Marta.
- **Pferdekutschen** fahren für 1 Peso zum Krankenhaus im Nordwesten der Stadt, und dort halten alle Busse Richtung Varadero.
- Es gibt einen **Bahnhof** in der Av. 8, am Ende der Calle 5. Es ist aber keine Hauptstrecke, also ist es nicht sicher, ob man nach Colón, Jovellanos und Los Arabos kommt.

Colón

- **Vorwahl:** 045
- **Einwohner:** 20.000

Der kleine Ort an der Straße von Santa Clara nach Matanzas lebt von der Landwirtschaft. Es gibt eine **Unterkunft,** das Hotel *Santiago-Habana,* ein blauer, vierstöckiger Kasten aus der Sowjet-Ära, mit 40 Zimmern, Máximo Gómez 114 nach Matanzas, Tel. 32675. Die Tankstelle ist in der Calle Máximo Gómez, esq. Trujillo. Der Bus aus dem Süden nach Cárdenas macht hier Station.

Ursprünglich hieß die Stadt **Nueva Bermeja,** doch als der Ort 1859 einen Bahnhof bekam, benannte man die Stadt um. Das *Teatro Canal* wurde noch im Art-déco-Stil errichtet, danach folgte die Stilrichtung des Rationalismus, z.B. am Hotel Santiago-Habana erkennbar.

Rund um die Schweinebucht

- **Vorwahl:** 045

Über die Kleinstadt **Jagüey Grande**, die das Zentrum des Zitrusfruchtanbaus ist, erreicht man auf einer relativ gut ausgebauten Straße die berühmten Strände der **Bahía de Cochinos.** Jagüey Grande verfügt über einen Bahnhof. In der Zuckerfabrik „Central Australia" befand sich *Castros* Befehlszentrale während des Angriffs der Exilanten, ein kleines **Museum** erinnert daran. Davor ist der Panzer SAU-100 aufgestellt, von dem *Fidel* die Aktion leitete. Man hatte seinerzeit Sandhaufen auf die Landebahn des Flugfeldes von Jagüey geschüttet, um den B-26-Bombern der Angreifer die Landung zu erschweren.

Unterkunft

Es gibt nette Bungalows in Plattenbauweise mit erstaunlich gutem Service.

■ **Finca Fiesta Campesina,** Autopista, km 142, Tel. 059 2535 oder 059 2045, DZ 30 CUC.

■ **Hotel Batey Don Pedro** (Horizontes) ②, Carretera al Central, km1, nahe Las Salinas und Hatiguanico zwischen Zitrusplantagen gelegen. Das Hotel ist eigentlich nicht für Ausländer gedacht, aber man kann es probieren, Tel. 912825, 10 Holzhütten, Fahrradverleih.

■ **Hostal El Ranchón** ②, Calle 52, No. 915 e/9 y 11, Tel. 912098, im Ortszentrum, koloniales Haus mit mehreren Zimmern, auch große Zimmer mietbar, angenehmer Service.

■ Privat kann man auch in der **Casa Zuleida** unterkommen, Calle 15 A 7211, e/72 y 74, Tel. 913674, zwei DZ mit AC in einem typischen moderneren Haus, die Frau arbeitet als Guide im Zapata-Nationalpark, ab 25 CUC.

Von der Autopista Nacional sind es noch gut 35 km bis zum Meer. Hier liegt einer der geschichtsträchtigsten Strände Cubas. Am 17. April 1961 waren hier Exil-Cubaner mit Unterstützung der CIA an Land gegangen, um *Castro* zu stürzen. Die tief eingeschnittene Bucht war unzugänglich und, von einigen Köhlern abgesehen, nahezu unbewohnt. Die Invasion wurde jedoch innerhalb von 50 Stunden von den aus allen Himmelsrichtungen herbeieilenden Cubanern mit *Fidel Castro* an der Spitze zurückgeschlagen. Die **Operation Pluto** ging mit der Bombardierung wichtiger Ziele einher. Fast 2000 Exil-Cubaner wurden gefangen genommen. Der Sieg gegen das mächtige Amerika festigte den Sozialismus auf Cuba.

Playa Larga ist ein kleiner Ort, wo es außer den Stränden nicht viel zu sehen gibt, und die sind mitunter voller Tang und Strandgut. Allerdings ist die Gegend bei Tauchern sehr beliebt, gibt es doch 300 m vor der Küste eine Korallenwand. *Viazul* fährt auf seinem Weg von Varadero nach Trinidad einmal am Tag einen Bogen nach Playa Larga, wo der Bus gegen 15.45 Uhr eintrifft. Geben Sie dem Fahrer Bescheid, dass Sie bei Caletón aussteigen möchten. Ansonsten kann man dreimal am Tag in Jagüey Grande an der Kreuzung der Autopista mit der Straße 11 nach Playa Larga aussteigen und sich dann am Palmares-Imbiss für die restlichen 20 km ein Taxi nehmen.

Wenn man von der Straße 11/116 nach Playa Larga abbiegt und der Straße folgt, kommt nach der kleinen Bucht der Ort **Caletón.** Hier kann man zwischen Fischerbooten und Palmen ein paar Tage relaxen. Es gibt einige schöne Unterkünfte. Am Ende des Dörfchens hat der Strand noch einen Palmenhain.

Playa Larga

Unterkunft

Privat

■ **Yaime y Manolito,** Caletón, Tel. 987124, yaimerentacz@yahoo.es. 2 Zimmer mit Doppelbett und einem zusätzlichen Stockbett, Klimaanlage, Garage für PKW, das Haus steht direkt am Badestrand mit schönem Blick auf die Bucht. Strandliegen sind vorhanden. DZ 25 CUC, Essen extra, sehr gut und reichhaltig, sehr nette Leute, sprechen nur Spanisch. Das Bad im Haus wird auch von den Restaurantbesuchern benutzt.

107cu kh

- **Casa de Yeny,** Caletón, Tel. 987385, Haus am Strand, nette Besitzer, 2 Zimmer, reichhaltiges Essen, DZ 25 CUC. Ausflüge, Taxi etc. können organisiert werden.
- **Casa Zuleyda,** Caletón, Tel. 0053 52909402 und 045 987599, zuleydacz@yahoo.es, 2 DZ mit eigenem Bad, Klimaanlage. Das Haus liegt direkt am Strand mit einem schönen Garten zum Wasser. DZ 25 CUC, Essen extra.
- **Marieta y Eliceo,** Caletón, Tel. 987124, vermietet am Ende der Straße ein *Casa* mit 3 DZ inkl. eigenem Bad, DZ 25 CUC, Klimaanlage. Das Haus liegt ebenfalls direkt am Strand, in der Nähe des Palmenhaines. Der Vermieter spricht Englisch.
- **Hostal Kiki,** *Daylena y Kiki,* Calle de la Playa, am Strand, Tel. 059 987404, Mobil 53112712, 2 Häuser mit zusammen 4 DZ, eins mit Seeblick und Terrasse, 35 CUC, Frühstück 3 CUC.
- **Ernesto Delgado Chirino,** Caletón, Tel. 987 278, freundliche Familie, Apartment mit eigenem Eingang und Kochmöglichkeit. DZ 50 CUC inkl. Frühstück und Abendessen.
- **Edenis Payo Chirino, Heriberto Rodríguez Gómez,** Caletón, Tel. 987278, 1 DZ 20 CUC, sehr nette Familie, liegt nah am Sandstrand!
- **Joséfa Pita Cobas,** Caletón, Tel. 987133. Im Obergeschoss gibt es ein DZ mit eigenem Bad und Küche, Klimaanlage und eigener Terrasse, und als Zugabe mit wunderbarem Blick auf die Bucht, denn das Haus steht direkt am Meer. Ein weiteres DZ (2 große Betten) liegt im Erdgeschoss, mit eigenem Bad, TV und zum Meer gelegener Terrasse. Der Strand am Haus ist steinig, es gibt jedoch einen Sandstrand in der Nähe. DZ 25 CUC, Essen extra (gut und reichhaltig).

Vogelliebhaber und alle anderen Interessierten finden im **Las-Salinas-Reservat** das größte Beobachtungszentrum Cubas. Hier gibt es über 160 Arten zu sehen, u.a. Flamingos, Kraniche und *Ajaia ajaias.* Der Besuch ist nur mit Führer möglich, der ins Auto zusteigt, und kostet 15 CUC pro Person (2–3 Stunden). Man fährt ca. 12 km durch sumpfige Mangrovengebiete zu den Lagunen, wo Hunderte Vögel überwintern, v.a. Flamingos, Pelikane und Reiher. Das Büro des Parks liegt an der Hauptstraße 11 vor der Kreuzung nach Playa Larga.

Zu den Stränden gibt es kaum öffentliche Zugangsmöglichkeiten, außerdem fehlt es an Platz zum Liegen, da ziemlich felsig.

Das Restaurant *Punta Perdiz (Rumbos)* liegt auf halben Wege nach Girón.

In **Playa Girón** gibt es ein **Museum** zum Gedenken an den Überfall der Exil-Cubaner und gute Möglichkeiten zum Ausruhen. Yachten hat man die Einfahrt in die Bucht nach den schlechten Erfahrungen von 1961 verboten. So kann man in Ruhe **tauchen,** in Strandnähe ist das Wasser jedoch ziemlich trübe. Es gibt eine Rumbos-Cafeteria und einen Andenkenladen am Museum, ansonsten ist es auch hier nicht touristisch, und es fehlen die entsprechenden Unterkünfte und Restaurants. Der Strand wird hauptsächlich von Cubanern besucht. Die Küstenstraße nach Osten wird nach ca. 3 Kilometern zur Schotterpiste.

Etwas weiter, in **Caleta Buena,** treffen sich viele Schnorchler am Strand, wo es eine kleine Bar und einen Bootsverleih gibt. Für **Taucher** interessant sind mehrere Höhlen in Strandnähe und ein alter Fischkutter, der hier versenkt wurde. Darin hausen allerlei Unterwasserbewohner, siehe auch unter „Tauchen“ im Kap. „Praktische Reisetipps A–Z“. **Touren** veranstaltet die Tauchbasis *Buceo,* Tel. 984110-17-18. Wer über den Club *Horizontes Caleta Buena* zum Strand will, zahlt 50 CUC, erwirbt also einen Gaststatus für einen Tag, Essen inklusive. Hinter diesem Strand wird die Straße noch einsamer, und eine Weiterfahrt empfiehlt sich deshalb nicht.

Im April wandern bei Dämmerung Tausende von **Landkrabben** über die Uferstraßen zur Eiablage. Viele kommen dabei unter die Räder.

Unterkunft, Essen und Trinken

- Auf der Strecke zwischen Playa Larga und Giron gibt es diverse **Campingplätze,** dort könnte man übernachten, aber außer einem Dach über dem Kopf bekommt man dort nichts! Besser ist:
- **Villa Playa Larga** (Horizontes) ②, Tel. 987294, 44 einfache Bungalow-Apartments am Strand, hier wird seit Jahren renoviert.
- **Villa Playa Girón** ③ (Horizontes), Tel. 984110, 200 einfache Bungalow-Zimmer am Strand, mit Pool, Bar, Laden etc., All inclusive, Roller und Fahrradverleih.
- Es gibt einige *casas particulares* an der Straße nach Cienfuegos, kosten meist 50 CUC, z.B. **Casa Abella,** Carretera a Cienfuegos, Tel. 984383, gegenüber den einzigen mehrstöckigen Häusern in Playa Girón, 2 DZ ein Bad, schöner Hof, 25 CUC.
- **Roberto y Victoria,** Calle 16 Richtung Cienfuegos, No. 1257, Tel. 984186. Ein Zimmer mit AC und Bad, 20 CUC. Das Haus liegt neben dem Hotel *Playa Girón,* sodass man den dortigen Pool mitbenutzen kann.
- Das **Hotel Playa Girón** (Cubanacan) ②, Tel. 987206/41, ist eine einfache Anlage mit verstreut liegenden Bungalows, die durch einen Betonwall vom Meer getrennt sind, 250 Betten, dafür ist es preiswert und wer wenig Anspruch auf Komfort hat, kann hier ruhige Tage verbringen.
- **La Terraza de Mily,** gegenüber dem Hotel *Horizontes Playa Larga,* Tel. 987376, alain.blanco@nauta.com.cu. Restaurant und *casa particular* mit demselben Namen, ein Apartment wird vermietet, gute cubanische Küche.
- **Bar Brig,** am Eingang zum Hotel *Playa Girón,* hier gibt es internationale Küche unter dem Strohdach, hauptsächlich Fisch und Meeresfrüchte. Mit beschattetem Garten. Ab 11 Uhr geöffnet.
- **Chiri-chiri,** Carretera a Cienfuegos, km 1, Tel. 053 536860, einfache cubanische Gerichte ab 6 CUC für das Hauptgericht, ab 11 Uhr geöffnet.

Verkehrsverbindungen

- **Bus:** *Astro* fährt drei- bzw. viermal die Woche von La Habana nach Playa Larga. Zwischen Cienfuegos und Playa Larga gibt es keinen regulären Busbetrieb. Am besten geht es über Jagüey Grande.
- Ein **Hop-on/Hop-off-Bus** fährt an den Hotels und Boca de Guamá (s.u.) vorbei: alle halbe Stunde von 9–21 Uhr für 5 CUC am Tag.
- **Zug:** Die Züge La Habana – Cienfuegos halten bei Bedarf in Jagüey Grande. Wer aussteigen will, muss sich mit dem Schaffner in Verbindung setzen.

Die Weiterfahrt nach Cienfuegos gestaltet sich auf der Küstenstraße etwas mühselig. Ich empfehle in Richtung Norden nach Real Campiña zu fahren und von dort auf der breiteren Straße die Bucht von Cienfuegos zu umfahren.

Halbinsel Zapata

Die Halbinsel Zapata besteht überwiegend aus **Sumpf,** von Kanälen durchzogen und von Wäldern aufgelockert. Es gibt Reiher und eine Vielzahl anderer Vögel, leider auch immer Stechmücken. Hier liegen einige Höhlen, die zum Teil mit Meerwasser gefüllt sind. In der **Cueva de los Peces** kann man sogar tauchen. Diese „Höhle" liegt in der Mitte zwischen den Stränden Playa Larga und Playa Girón an der Straße. Es ist ein Karsttrichter, der etwa 70 m tief ist, darin tummeln sich ungewöhnlich viele bunte Fische. Deswegen kommen Schnorchler gern hierher. Man zahlt 1 CUC, 9–16 Uhr.

Essen und Trinken: El Genote, das Fischlokal an der Cueva de los Peces, Gerichte ab 4 CUC.

Nah am Wasser: Hotel Villa Guamá

103cu kh

Laguna del Tesóro

In der Laguna del Tesóro kann man fischen und eine **Krokodilfarm** besichtigen, die *Celia Sánchez* anlegen ließ, um die Tiere vor der Ausrottung zu schützen. Vorführungen im öffentlichen Teil der Anlage zeigen, wie man ein Krokodil fängt. Wenn das Maul zugebunden ist, kann man sich ein Tier um den Hals legen und fotografieren lassen. Alles in Allem, eine zweifelhafte Veranstaltung. Eintritt 5 CUC. „Esst Krokodil!" steht auf diversen Schildern rund um das Res-

taurant. Vermutlich landet ein großer Teil der Züchtungen im Kochtopf.

Boots- und Angeltouren durch die Lagune sind möglich. Leider gibt es in der Gegend ziemlich viele Mücken, baden sollte man hier deshalb besser nicht.

Boca de Guamá

Die Boca de Guamá ist ein **nachgebildetes Dorf der Ureinwohner.** Angeblich haben die Taínos ihre Schätze in der Lagune versenkt. Es steht auf einer Insel, die Bildhauerin *Rita Longo* schuf hierfür lebensgroße Figuren.

■ **Unterkunft: Villa Guamá** (Horizontes) ②, Tel. 915551. Hübscher Komplex, im Stil eines Taíno-Dorfes auf sechs verschiedenen Inseln verteilt. Die einfachen, aber großen Häuschen stehen weit ab von anderen Siedlungen teilweise auf Pfählen, die mit Stegen verbunden sind. Nur auf dem Wasserweg von Boca de Guamá zu erreichen, 5 CUC die Fahrt. Am Steg liegt das **Restaurant La Boca** (Spezialität: Krokodilfleisch) und der Pool. Das Hotel vermittelt geführte Vogelbeobachtungstouren. Denken Sie unbedingt an Mückenschutz!

Cienfuegos

- **Vorwahl:** 0432, Umland 043
- **Einwohner:** 123.000

Wenn man sich der Stadt nähert, erscheint sie uninteressant, denn man sieht viel Industrie um den typischen, modernen Hafen an der Bahía de Cienfuegos. Auf der anderen Seite der Bucht steht die Ruine des ersten Atomkraftwerkes – Cubas Versuch, ins Atomzeitalter zu treten. Nach der Wende wurde das Kraftwerk, das zu 70 % fertig war, nicht mehr weitergebaut und die Hoffnung vieler Ingenieure, Techniker und deren Familien auf eine sorgenfreie Zukunft war dahin. Auch wurden Zweifel an der Qualität der vier russischen Reaktoren laut. Aber letztendlich scheiterte das Projekt an der ungeklärten russischen Finanzierung.

Cienfuegos gilt als **sauberste und gepflegteste Stadt Cubas,** obwohl es hier Zement- und Papierindustrie sowie einige Werften gibt. Der Hafen wurde ausgebaggert, um Platz für große Zuckerfrachter zu schaffen. Vor der Wende lagen hier russische U-Boote vor Anker.

Viele der alten **Kolonialstilhäuser** sind renoviert. Die Stadt ist äußerst lebendig, aber nicht allzu touristisch, da sie in Konkurrenz zum nahen Trinidad steht. Hauptader ist der Prado (Calle 37), eine Flanierstraße, die an der Ave. 34 in den schönen Malecón übergeht. Entlang des Malecón, vor allem um den riesigen Rápido auf der anderen Straßenseite, spielt sich das Nachtleben der Stadt ab. Der Malecón endet in der Punta Gorda, einer kleinen Landzunge, an deren Anfang sich das größte Touristenhotel von Cienfuegos, *La Jagua,* befindet. Vor der Wende war es ein Ort, an dem sich das Leben abspielte, heute ist der Ruhm des Plattenbaus, obwohl frisch renoviert, ein wenig verblichen.

Auch in Cienfuegos gibt es **Straßen,** die neue und alte Namen haben:

- Ave. 46 — La Mar
- Ave. 50 — Santa Clara
- Ave. 52 — Argüelles
- Ave. 54 — San Fernando
- Ave. 56 — San Carlos
- Ave. 58 — Santa Cruz
- Ave. 60 — Santa Elena
- Calle 25 — Bouyón
- Calle 27 — Sab Luis
- Calle 29 — Santa Isabel
- Calle 31 — D'Clouet
- Calle 33 — Houmitier
- Calle 35 — Carcel
- Calle 37 — Paseo del Prado
- Calle 49 — Gloria

Geschichte

Cienfuegos wurde 1514 vom Spanier *Bartolomé de la Casas* gegründet und hieß ursprünglich *Ferdinanda de Jagua.* Gegen die allgegenwärtigen Piraten baute man eine Festung an dem engen Einfahrtsweg in die Bucht (das Stadtwappen zeigt die Festung und einen Jagua-Baum). Trotzdem siedelten sich hier nur wenige Menschen an. 1821 zerstörte ein Wirbelsturm die Häuser. Im 19. Jh. benannte der französische Händler *Louis de Clouet* den Ort in *Cienfuegos* (Hundert Feuer) um. Danach zogen viele **Franzosen** hierher, teils aus Frankreich, teils aus Louisiana. Durch die Eisenbahnanbindung 1850 wurde der Hafen ein wichtiger Umschlagplatz. 1957 wurde ein Aufstand von Marineoffizieren gegen die Batista-Diktatur niedergeschlagen.

Sehenswertes

Im Zentrum

Das historische Zentrum der Stadt ist der **Parque Martí,** wo sich Kirche, Rathaus, Theater und Casa de la Cultura befinden. Der Platz gehört zu den Schönsten Cubas. Zwei Löwenstatuen bewachen den Eingang, im Zentrum steht ein Denkmal für *Martí,* außerdem gibt es einen alten Brunnen und Schatten spendende Bäume. Um den Park mit seinen Palmen und dem kleinen Musikpavillon stehen viele schöne restaurierte Gebäude. In einigen von ihnen wird Kunsthandwerk verkauft.

Die **Catedral de la Purísima Concepción** aus dem Jahr 1869 hat französische Buntglasfenster.

Das **Tomás-Terry-Theater,** gebaut 1887–1889, wurde mit *Aida* eingeweiht und ist schon wegen seiner Innenarchitektur bemerkenswert. Die dreistöckigen Logen sind aus Pinienholz, der Rest aus Mahagoni geschnitzt. Die Bühne kann auf das Niveau der Loge angehoben werden. *Tomás Terry* aus Frankreich muss ein echter Wohltäter gewesen sein, der auch den Farbigen seines Ortes eine Begegnungsstätte bauen ließ. Für die Besichtigung des Zuschauerraumes muss man 1 CUC zahlen. Es werden auch Führungen angeboten. Der Besuch einer Vorstellung kostet für Ausländer 5 CUC, ist aber das Geld wert.

Casa de los Leones, Paseo del Prado, e/Santa Cruz y Santa Elena (Calle 37, e/Ave. 58 y 60). Dieses Stadthaus mit seinen sieben toskanischen Säulen steht etwas erhöht am Paseo del Prado. Es stammt aus dem 19. Jh. und gehörte dem „Kreis der Handwerker", aus dem später ein Künstlerbund wurde. In dem U-förmigen Gebäude wohnten auch die Stadtkapitäne. Der Name verdankt sich den Löwenfiguren am Tor. Angeblich gab es eine Regelung, wonach nur diplomatische oder konsularische Wohnungen Statuen von Löwen aufweisen durften. Innen ist das Haus in weißem Marmor gehalten.

Museo Provincial, Ave. 54, esq. Calle 27. Das Kolonialgebäude zeigt **Möbel** vergangener Zeiten. Ein Besuch lohnt nur, wenn man das obere Stockwerk ebenfalls besichtigen kann. Di–Sa 9–16.30 Uhr, So 9–12 Uhr.

An seiner Kuppel erkennt man den **Palacio de Gobierno,** das Rathaus, in dem die *Poder Popular* ihren Sitz hat. Es liegt dem Museum gegenüber an der Calle 29.

Halbinsel Punta Gorda

Im Jahre 1917 ließ der Spanier *Aciclio Valle Blanco* sein Stadthaus, den **Palacio de Valle,** im maurischen Stil umbauen. Das überbordend verzierte Innere kann für 1 CUC besichtigt werden. Von der Dachterrasse hat man einen Blick über die Halbinsel. 6 DZ können unter Tel. 555828 gemietet werden *(Palacio Azul).* Das teure Restaurant im Erdgeschoss ist nicht empfehlenswert. Wer gut essen will, gehe besser ins *La Lobera* in die alte Villa *Club Cienfuegos* an der Calle 37.

Die Calle 37 endet auf der Halbinsel Punta Gorda. Hier stehen alte **Holzhäu-**

Cienfuegos

0 400 m

 Cuba 15

Unterkunft
- 3 Hotel Pascaballo, Hotel Faro Luna, Hotel Rancho Luna, Hotel Punta La Cueva
- 9 Hotel Palacio Azul
- 11 Hotel Jagua
- 12 Palacio de Valle
- 13 Perla del Mar
- 14 Casa Verde
- 30 Hotel La Unión

Essen und Trinken
- 1 Paladar El Lobo
- 2 El Tranvía
- 4 Casa del Pescador
- 5 El Rápido
- 7 Finca del Mar
- 9 Covadonga
- 10 Club Cienfuegos
- 11 La Lobera, Club Cienfuegos
- 12 Palacio de Valle
- 15 Covadonga
- 16 Villa Lagarto
- 17 Bar La Punta
- 19 Restaurant El Palatino
- 20 Lokal der UNEAC
- 21 Paladar Bouyón 1825
- 22 Eisdiele
- 24 Restaurant El Criollito
- 25 Café Cantante Benny Moré
- 26 Restaurant Doña Yulla
- 29 Pizzeria Dino
- 31 Restaurant Polinesia

Einkaufen/Sonstiges
- 8 Havanautos
- 18 Kino
- 23 Markthallen
- 27 Peso-Geschäft
- 28 Supermarkt

Nachtleben
- 6 Los Pinitos

ser, die in den 1920er Jahren in den USA industriell hergestellt und aus Einzelteilen hier zusammengesetzt wurden. Man spürt das Flair der Kolonialzeit, auch wenn die Holzvillen und der Yachtclub am Ende der Halbinsel längst vom cubanischen Alltag überholt wurden. Auf dem Clubgelände liegt die nette Freiluftbar *La Punta*. Von dort kann man um die Halbinsel herumschwimmen oder am Pavillon die Abendsonne genießen.

Der **Parque de las Esculturas,** Calle 37, e/Ave. 4 y 6, wurde von Kunststudenten gestaltet. Einige Skulpturen dienen als Sitzgelegenheit und sind nachts beleuchtet.

Man sollte auch eine Fahrt durch die **Bucht von Cienfuegos** machen, so sieht man die Stadt und das Umland einmal von der anderen Seite.

Marinemuseum

Das große **Museo Naval Nacional** zeigt alles, was mit der cubanischen Seefahrt zu tun hat, z.B. den Aufstand der Marine gegen *Batista* 1957, außerdem Gegenstände zur Naturkunde, Archäologie und Kunst. Ave. 60, esq. Calle 21, geöffnet Di–Fr 9–17 Uhr, Sa, So 9–13 Uhr.

Cementerio Tomás Acea

Der **Friedhof** liegt etwas außerhalb an der Ave. 5 de Septiembre, die auch zur **Playa Rancho Luna** führt. Ein klassizistisches Eingangstor mit 64 Säulen führt in die Welt der einstmals prunkvollen Friedhofsarchitektur, 1 CUC.

Delfinario

Das südlich der Stadt hinter dem Faro Luna gelegene Delfinarium war eines der ersten auf der Insel. Das Gelände liegt in einer kleinen Bucht am Meer und ist ganz nett gestaltet. Die Show ist nach US-amerikanischem Vorbild gehalten, es geht auch laut zu, wenn viele Cubaner anwesend sind. Geöffnet Fr 8.30–16 Uhr, Show um 10 und 14 Uhr, Eintritt 10

CUC, Schwimmen mit den Delfinen 50 CUC, man kann sich dabei vom Personal fotografieren lassen und bekommt dann die Foto-CD für 40 CUC. Taxi aus dem Ort 20 CUC. Carretera a Pascaballo, Playa Faro Luna.

Praktische Tipps

Information

- **Palacio de Turismo,** Calle 37, No. 1201.
- **ETECSA,** Calle 31, e/Ave. 54 y 56.

Unterkunft

Hotels

- **Hotel La Unión** (Cubanacán) ③, Calle 31, esq. 54, Tel. 551020, www.hotellaunion-cuba.com. Gehört der höheren Kategorie an. Man schaut entweder auf die Straße oder, gegen Aufpreis, in den ruhigen Patio. Mit Pool, Bar und Dachterrasse. Parkplatz.
- **Jagua** (Gran Caribe) ④, Calle 37 (Prado), No. 416 e, Tel. 551003. Früher war der 6-stöckige Plattenbau aus den 1950ern, von *Batistas* Bruder erbaut, das erste Haus am Platze. Es wirkt etwas einfach, ist aber bei Touristen wegen der Lage geschätzt. Autoverleiher, Cabaret und Restaurant. Die Zimmer sind ganz o.k. und haben einen guten Blick.
- **Punta La Cueva** (Islazúl) ①, Carretera a Rancho Luna, km 3,5, Circunvalación Carretera a Punta la Cueva, etwas schwer zu finden und weit draußen: hinter dem Friedhof Tomás Acea nach 3,4 km rechts ab zur Bucht, Tel. 513956. 60 Zimmer in alten Bungalows im Garten am kleinen Strand. Parken 1 CUC extra. Schöner Blick auf die Bucht.
- **Casa Verde** (Gran Caribe) ③, Calle 37, No. 1, e/0 y 2, Tel. 551003. 1920 erbaute Villa beim Hotel *Jagua* mit 8 stilvollen Zimmern. Im Restaurant am Wasser lässt es sich gut aushalten, auch der kleine Garten um das Haus hat einige Bänke im Schatten. Ganz gutes Preis-Leistungsverhältnis.
- **Hotel Perla del Mar** (Hoteles E) ③, Punta Gorda, direkt am Wasser, neben der *Casa Verde*, Tel. 551003. Das 2-stöckige Haus wurde in den 1940er Jahren im Modernismus-Stil errichtet und ist eine echte Perle am Meer. Der Frühstücksplatz ist auf der Terrasse zum

108cu kh

Wasser hin, und wer einen Pool oder ein Restaurant braucht, kann ins *Jagua* oder zur *Casa Verde* gehen. 6 Zimmer, im Obergeschoss 2 Suiten.

■ **Palacio Azul** (Gran Caribe) ③, Calle 37, No. 1201, e/12 y 14, Tel. 555828. Der „Blaue Palast" ist eine stilvolle Villa mit 7 Zimmern und einer Dachterrasse. Das Einzelzimmer neben dem Eingang ist etwas laut, ansonsten ist das Hotel eine gute Wahl. Allerdings gehört kein Restaurant dazu, nur ein Frühstücksservice wird geboten, deshalb finde ich den Zimmerpreis etwas zu hoch.

■ **Rancho Luna** (Club Amigo) ③, Carretera a Rancho Luna, km 18, Tel. 548030. 2-stöckiger Plattenbau im Futurismus-look, 220 Zimmer und all inclusive, mit eigenem Strandabschnitt, Bars, Tauchschule und Pool. Viele Pauschaltouristen.

■ **Faro Luna** (Carrusel) ③, Carretera a Pasacaballo, km 18, Tel. 548139. Kleine Anlage mit wunderschönen Zimmern im Modulo B. Die meisten Zimmer mit Meerblick und Terrasse. Es gibt einen Meerwasserpool im Garten, Bar, Restaurant etc. Rechts grenzt eine kleine Bucht an, in der auch die Bewohner der Gegend schwimmen gehen.

■ **Pascaballo** (Islazúl) ②, Carretera a Rancho Luna, km 22, Tel. 451162. Größerer, unansehnlicher 6-stöckiger Plattenbau am Ende der ziemlich schlechten Straße. Über 180 Zimmer. Das Beste ist die Aussicht. Von Cienfuegos ca. 30 km entfernt. Der Name geht auf eine Furt an der Mündung der Bucht zurück, durch die früher die Cubaner geritten sind, um sich den Umweg um die ganze Bucht zu sparen. Pool, leider kein Strand.

■ Besser ist auf jeden Fall **La Perla del Sur,** Calle Segunda No. 1, Tel. 516638, 100 m vor dem Faro Luna Hotel. 2 Zimmer, Garten.

Privat auf der Halbinsel Punta Gorda

Es gibt etliche Unterkünfte, hier eine geprüfte Auswahl. Das auf den Visitenkarten der Zimmervermittler vermerkte „Calle 35, e/0 y Litoral" heißt so viel wie „auf der kleinen Halbinsel Punta Gorda". Hier lässt es sich gut wohnen:

■ **Angel y Isabel,** No. 24. Es gibt zwei Zimmer mit Bad in einem Extra-Anbau im Garten. Direkter Zugang zum Wasser. Tel. 511519 und 052683191; der **Nachbar** in der No. 25 vermietet ebenfalls. Ein modernisiertes Haus. Auch hier direkter Zugang über einen Steg zum Wasser, beide 35 CUC pro Nacht.

■ **Antonia y Napoles,** No. 22, Tel. 513191, Zimmer im Obergeschoss, separates Bad und Balkon, 25 CUC.

■ **Dr. Ana Maria Font D'Escoubet,** No. 20, Tel 513269, vom Garten mit Palmen kann man über eine Leiter ins Wasser gehen. Außerdem hervorragendes Essen! Zwei Zimmer mit Gemeinschaftsbad, 30 CUC.

■ **La Casita de Ochún,** No. 16, Tel. 519449, ist etwas kleiner, die Zimmer auch. 1 DZ, 30 CUC pro Nacht, Meerzugang, Essen nicht so gut.

■ **Mandy y Olga,** No. 4D (letztes Grundstück vor dem Ende auf Punta Gorda, Tel. 519966). Apartment mit Wohn- und Schlafzimmer im ersten Stock, Balkon, eigener Eingang, sehr gutes Essen, ab 30 CUC.

■ **Los Delfines,** No. 4E (vorletztes Grundstück vor dem Ende auf Punta Gorda, Tel. 520458). Zimmer mit Privatterrasse und hauseigenem Steg direkt ins Meer, traumhaft, 35 CUC.

■ **Vista al Mar,** das Haus hat nach hinten zur Bucht einen Garten mit Terrasse. 2 Zimmer ab 30 CUC, Frühstück 5 CUC.

■ **Annia y José,** Calle 35, No. 1202, e/12 y 14, hinter dem Palacio Azul, Tel. 519174. Ein Zimmer im Obergeschoss eines Art-déco-Hauses mit Garten, mit Balkon zur Bucht, 25 CUC.

Privat in der Innenstadt

■ **Mirtha Hostal,** Calle 37, No. 1205, 7 Ave. 12 y 14, Punta Gorda, Tel. 526286. Das Haus liegt wunderschön zwischen restaurierten Prachtbauten mit Blick auf's Meer! Die Hausherrin spricht Englisch.

☒ Auf der Halbinsel Punta Gorda

Zwei Zimmer mit jeweils einem Bett und Bad im EG, ein Zimmer im OG mit Bad und Terrasse. 20 CUC pro Zimmer, Frühstück 3 CUC pro Person.

- **José Luis Cárdenas López,** Ave. 6 No. 3701, e/ 37 y 39 Punta Gorda, Tel. 525261. 15 CUC, mit Klimaanlage, Bad, Wohnzimmer und separatem Eingang. Sympathische Familie, kontaktfreudig und hilfsbereit.
- **Margarita Jiménez Marín,** Ave. 60 No. 3503 e/35 y 37, Nähe Plaza Martí, Tel. 555185, isidroherrera@correosonline.cu. 20 CUC/DZ, Frühstück 3 CUC pro Person. 2 Zimmer mit Bad und AC, Kolonialbau mit hohen Räumen und Patio. Nette Bewirtung.
- **Regla Estévez Toledo Puchy,** Calle 39 No. 5402 e/54 y 56, Tel. 513802, 2 Zimmer im Zentrum, 20 CUC fürs Zimmer, weitere 10 CUC für Frühstück und Abendessen, sehr schön eingerichtet, Bad, Telefon, hilfsbereite Menschen.
- **La China y Thondik,** Ave. 56 No. 5503 alto e/55 y 57, Tel. 515079, ab 20 CUC, 2 Zimmer im Zentrum.
- **Eliza y Miguel Angel,** Avenida 50, No. 4508, Tel. 511920, 2 Zimmer mit Bad im Obergeschoss, Terrasse, Essen auf Wunsch, angenehme Vermieter, 25 CUC.
- **Hostal Armando y Belkis,** Ave. 14 No. 3702, e/ 37 y 39, Tel. 517817. Zimmer mit Bad im Stil der 1950er Jahre, im Patio stehen Bäume, 30 CUC.
- **Bella Perla Marina,** *Amileidis* und *Waldo,* Calle 39 No. 5818, esq. Ave. 60, Tel. 518991. 2 Zimmer mit Bad in einem Haus aus den 1950er Jahren mit Garten und einer großen Dachterrasse. Stadt- und Seeblick, Einrichtung im Art-déco-Stil, AC, Kühlschrank, DZ bis 25 CUC. Die Inhaber sprechen Englisch.
- **Hostal Bahia,** Calle 35, esq. Ave. 12. Liegt ruhig am Wasser und hat einen großen Balkon, 30 CUC mit Frühstück.
- **Hostal Juventus,** *Andros y Daine,* Ave. 52 No. 3925, e/39 y 41, Tel. 52914266, hostaljuventas@gmail.com. Kleines, sehr nettes Haus von *Andros* und seiner Frau *Daine,* 2 DZ für ca. 35 CUC inkl. Frühstück.
- **Hostal Kiki & Yanelis,** Ave. 48 No. 4508, e/45 y 47, Mobil 0053 53380294, zentral in der Nähe des Busbahnhofs, 3 DZ mit Bad, Küche und Minibar. Dachterrasse. 25 CUC, Frühstück 5 CUC.

Essen und Trinken

- **Restaurante Polinesia,** neben der Kathedrale. Gut, schnell, preiswert, keine Speisekarte, Blick auf den Park, was will man mehr?
- **El Palatino,** gegenüber dem Pavillon am Parque Martí, preiswerte Kleinigkeiten, deshalb voll. Hier kann man sich nebenbei porträtieren lassen.
- **La Lobera** und **Club Cienfuegos,** Calle 37, e/ 10 y 12, dieses Lokal besticht durch seine Terrasse mit Blick in die Bucht. Einen Stock höher liegt der Club.
- **Doña Yulla,** Ave. 54, e/35 y 37. Die Lokale der cubanischen Kette sind preiswert, mittags oft geschlossen. Weitere Filialen Calle 37 und Ave. 56.
- **Restaurante Covadonga,** mäßige *Paëlla* für 6 CUC. Am Ende der Calle 37, e/0 y 2, gegenüber vom Hotel *Jagua.* Daneben gibt es einen preiswerten Schnellimbiss direkt am Wasser.
- **El Rápido,** Calle 37, esq. 26, Fastfood auf der Terrasse mit Blick auf die Bucht, die Straße ist allerdings dazwischen.
- **Bar La Punta,** am äußersten Zipfel der Landzunge Punta Gorda gelegen, kleiner Pavillon, hier werden gute und preiswerte Mojitos serviert, auch einen Imbiss gibt es hier.
- **El Criollito,** Calle 33, e/Avenida 56 y 58. Teuer und nur mäßiges Essen.
- **Terrassenbar** im Hotel *La Unión,* in der Innenstadt mit Blick auf die Häuser.
- **Eisdiele,** Calle 37 y Avenida 52. Nicht billig, aber es gibt für cubanische Verhältnisse gewagte Kreationen, drei Kugeln zu 1,50 CUP, 10 für 5 CUP.
- **Café Cantante Benny Moré,** Avenida 54, esq. Calle 37, etwas heruntergekommenes Musiklokal.
- **Restaurante Las Mamparas,** Prado (Calle 37) 4004 e/40 y 42, tägl. außer Mo 13–22 Uhr, sehr gutes Essen, freundlich, günstige Preise.

■ **Los Pinitos,** in dieser Freiluft-Disco treffen sich die Einheimischen am Wochenende. Calle 35, e/20 y 22, Eintritt 2 CUC.

■ **Pizzeria Dino,** Calle 31, e/Ave. 54 y 56. Sehr billig und gut, es gibt sogar vegetarische Kost.

■ **Casa del Pescador,** Punta La Milpa, am Eingangskanal hinter dem Hotel *Pascaballo* gelegen, gute Fischgerichte.

■ **Paladar Bouyón 1825,** Calle 25 No. 5605, e/Ave. 56 (San Carlos) y 58 (Santa Cruz), angenehmer Paladar in der Nähe des Platzes, es gibt hauptsächlich Gegrilltes. Geöffnet ab 12 Uhr.

■ **Finca del Mar,** Calle 35, e/Ave. 18 y 20, Punta Gorda. Modernes Ambiente mit Plätzen im Garten, mittlere bis hohe Preislage, trotzdem empfehlenswert.

■ **Villa Lagarto,** Calle 35 No. 45, e/Ave. 0 y Litoral, Mobil 43519966. Romantische, überdachte und begrünte Terrasse mit Blick auf die Bucht von Cienfuegos, direkt am Wasser, gutes Essen (Menü), allerdings gibt es keine Fischgerichte.

■ **Paladar El Lobo,** Calle 37 No. 4226, e/42 y 44, ein merkwürdiger Ort, mit alten Rockplakaten tapeziert, auf dem Videoschirm gibt es alte Rockkonzerte zu sehen, ein ausgestopfter Wolf sitzt in der Ecke. Das Essen hat normalen Standard und ist preislich akzeptabel.

■ **Club Cienfuegos,** Calle 37, e/Ave. 10 y 12, Tel. 512891. In der Villa auf dem Gelände des alten Yachtclubs speist man stilvoll und gut. Besonders die verschiedenen Terrassen und Balkone sind toll. Man ahnt, wie es hier vor der Revolution zugegangen sein muss. Gute Fleischgerichte, aufmerksamer Service, angemessene Preise, nicht überlaufen, da man das Lokal nicht ohne Weiteres erkennt.

■ **El Tranvía,** Calle 37 (Paseo del Prado) No. 4002, e/40 y 42. In Cienfuegos gab es mal Straßenbahnen, teilweise liegen die Schienen noch. Hier steht ein alter Tramwagen auf der Dachterrasse, das Personal trägt Schaffneruniform. Allerlei Erinnerungsstücke als Deko, sogar einen Blick aufs Wasser hat man. Davon unabhängig ist auch das Essen gut, und der Preis stimmt.

Einkaufen, Sonstiges

■ **Markt:** Calle 31, e/Ave. 58 y 60.

■ In der Ave. 54, esq. Calle 31 gibt es einen **Lebensmittelladen.**

■ Ein **Supermarkt** ist am Paseo del Prado, esq. 24.

■ Die **CADECA** ist in der Ave. 56, e/33 y 36.

■ **Krankenhaus:** Ausländer behandelt die *Clínica Internacional de Cienfuegos,* Calle 37, No. 202, e/2 y 4, Punta Gorda, Tel. 551622.

Verkehrsverbindungen

■ **Bus:** *Víazul* fährt 2x am Tag von La Habana, 5 Stunden, 20 CUC. Einmal am Tag kommt man für 30 CUC nach Santiago, 13 Stunden. Den Busbahnhof findet man in der Calle 49, e/Ave. 56 y 58 unweit des Bahnhofs, Tel. 515720. Tickets sollte man mindestens eine Stunde vorher kaufen. Das Büro befindet sich neben dem Wartesaal (durch die braune Tür). Innerstädtisch geht es von hier 5–7x täglich zu den Hotels *Rancho Luna, Faro Luna* und *Pascaballo.*

■ **Taxis:** Stand von *Cubataxi* auf der Ave. 50 an der Ecke zur Calle 37, Tel. 8454 oder 9145; Preise: nach Cienfuegos 5 CUC, zu den Stränden 10 CUC.

■ **Bahn:** Der Bahnhof ist in der Calle 49, esq. Ave. 58. Zug Nr. 67 kommt von La Habana. Sehr gemütliche Fahrt durch die fruchtbare Ebene. Die Zugstrecke führt durch ausgedehnte Zuckerrohrfelder und sogar über die Autobahn – ohne Bahnschranke! Der Zug verlässt La Habana um 13.25 Uhr und erreicht Cienfuegos meist gegen halb zwölf Uhr nachts. Die Rückfahrt ist am Nachmittag. Weitere Züge verkehren in unregelmäßigen Abständen zwischen Cienfuegos und Santa Clara, einer vormittags und einer nachmittags für etwa 3 CUC. Eine weitere Verbindung gibt es nach Sancti Spíritus. Diese Fahrt dauert 5 Stunden und kostet unter 3 CUC.

■ **Pferdekutschen** fahren die ganze Calle 37 entlang bis zum Hotel Jagua. Eigentlich nur für Einheimische, die zahlen 2 Pesos, aber für 1 CUC wird man auch mitgenommen.

Der Mythos „Che“ Guevara

Ernesto Guevara Serna wurde am 14.6.1928 als Sohn eines Architekten in Argentinien geboren. Trotz seiner Asthmaanfälle ist er sportlich und bereist in seiner Jugend den südamerikanischen Kontinent. Er studiert in Buenos Aires Medizin und promoviert 1953.

Ein Freund überzeugt ihn, nach Guatemala zu gehen, weil die dortige Revolution Ärzte braucht. Bis 1954 arbeitet er als Militärarzt. Bei einer Reise nach Costa Rica begegnet er in einem Café in San José den Rebellen um *Fidel Castro,* mit denen er lebhaft seine politischen Ansichten diskutiert. Hier erhält er wegen seines argentinischen Akzentes den Beinamen „Che“. Kurz darauf lernt er die Sozialistin *Hilda Gadea* kennen. Mit ihr und der Gruppe um *Castro* schmiedet er Pläne zur **Befreiung Lateinamerikas.** Ein mit der Hilfe der *CIA* initiierter Putsch in Guatemala stürzt die Reformregierung unter *Jacóbo Arbenz.* Für die Gruppe wird es zu gefährlich und sie beschließt, nach Mexiko zu fliehen. *Hilda* gelingt es erst später zu entkommen – sie muss sogar noch den Grenzfluss durchschwimmen. Wieder mit *Che* zusammen, heiraten sie 1955 in Mexiko City. *Raúl Castro, Fidels* Bruder, ist Trauzeuge. 1956 wird die Tochter *Hildita* geboren. *Che* entschließt sich, an der Befreiung Cubas mitzuwirken. Am 25. 11. 1956 macht sich die Truppe mit einer Menge Material an Bord der altersschwachen Yacht *Granma* von Tuxpan aus auf die schicksalhafte Reise. Der darauf folgende Kampf gegen das Regime *Batista* dauert über zwei Jahre.

Im Guerillakampf in der cubanischen Sierra Maestra wird *Che Guevara* zum Kommandanten und **Vertrauten Fidel Castros.** Mitte 1957 sollte *Che* ein Schreiben der Rebellen unterzeichnen und *Castro* sagte ihm, er solle mit „Commandante“ unterschreiben. Von einer Mitrevolutionärin bekommt er dann den berühmten 5-zackigen Stern geschenkt, den er sich an seine schwarze Baskenmütze steckt.

1959, in der Sierra Escambray, lernt er die Lehrerin *Aleida March de la Torre* kennen, die den Bauern Lesen und Schreiben beizubringen versucht. Sie verlieben sich und *Che* lässt sich von *Hilda* scheiden. *Hildita* bleibt in Cuba beim Vater. *Aleida* und *Che* heiraten im Juni 1959. Der Trauzeuge ist wieder *Raúl Castro.* Aus dieser Verbindung gehen vier Kinder hervor.

In den folgenden Jahren übernimmt er wichtige Ämter in der cubanischen Administration. 1959 wird er **Präsident der Nationalbank Cubas,** 1961–1965 Minister für Industrie. Man erklärt ihn als zum „von Geburt an cubanischen Staatsbürger“. *Che Guevara* wird zum **Ideologen** der Revolutionsregierung, hält dabei aber die Nähe zur Bevölkerung. Trotz seines Asthmas schont er sich selbst nie und geht bei der Umsetzung seiner Theorien stets mit gutem Beispiel voran. Seine Idee vom „neuen Menschen“ in einer gerechten Gesellschaft verkörpert er selbst (so der Mythos). Bald wird er von der cubanischen Jugend als Vorbild angesehen. „¡Seamos como el Che!“, machen wir es wie *Che.* Er hält sich viel im Ausland auf, wodurch seine Beziehung zu *Aleida* leidet. Auf einer Reise in die DDR lernt er die Deutsch-Argentinierin *Tamara* „Tanja“ *Bunke* kennen, die seine Dolmetscherin wird. Sie verlieben sich ineinander und *Tanja* ist auch bei *Guevaras* Versuch dabei, die Revolution nach Bolivien zu tragen.

Der Einfluss *Guevaras* schwindet jedoch zunehmend. Neben seiner gescheiterten Wirtschaftspolitik waren persönliche und ideologische Differenzen mit *Fidel Castro* Grund für die Entmachtung *Guevaras.* Er geht ins **Exil.** 1965 nimmt er am Bürgerkrieg im Kongo teil. Danach versucht er die Revolution in Südamerika durchzusetzen. Ziel des Kampfes soll die **Befreiung des ganzen Kontinentes** sein. Unerkannt reisen die Guerillas in Bolivien ein. Auch *Tanja Bunke* ist als einzige Frau mit dabei. Die Strapazen sind ungeheuer, *Tanja* wird krank und muss in die Nachhut. Am 31. August 1967 wird die gesamte Nachhut von Regierungstruppen erschossen. Auch *Ernesto Guevara* gerät in einen Hinterhalt und wird am 9. Oktober von Soldaten ermordet. Nach offizieller Darstellung des Kommandeurs, Oberst *Joaquín Zenteno Anaya,* erschossen Regierungssoldaten *Guevara* am 8. Oktober bei einem Feuergefecht im Vallegrande, im Südosten Boliviens. Der mit der Obduktion beauftragte Arzt, *Dr. Moises Abraham,* sagte jedoch aus, dass *Guevara* erst am 9. Oktober 1967 verstarb. Er soll zunächst, leicht verwundet, gefangen genommen und dann hingerichtet worden sein – manche vermuten, auf Anordnung der *CIA*. Eine seiner Forderungen war: „Vernichtung des Imperialismus durch Beseitigung seiner stärksten Bastion, der imperialistischen Herrschaft der USA". Der Tod *Guevaras* löste auf Cuba große Trauer aus. Regierungschef *Fidel Castro* ordnete eine dreißigtägige Staatstrauer an.

Erst 30 Jahre später, im Oktober 1997, kehrten seine sterblichen Überreste nach Cuba zurück. Eine Viertelmillion Cubaner mit *Fidel Castro* an der Spitze defilierte an dem in Santa Clara aufgebahrten Sarg vorbei. Die Gebeine waren erst am 1. Juli 1997 in Bolivien bei Ausgrabungen gefunden worden. Am 5. Juli 1997 hatten argentinische und cubanische Gerichtsmediziner bestätigt, dass es sich tatsächlich um *Che Guevaras* Überreste handelte.

- **Mietwagen** bekommt man am Hotel *Jagua,* dem *Unión* und im *Rancho Luna*. Eine **Tankstelle** ist am Prado, esq. Ave. 16, eine weitere kurz vor der Playa Rancho Luna auf der linken Seite.
- **Weiterfahrt nach Trinidad:** Am Friedhof vorbei Richtung Playas. Vor der Tankstelle links ab und vor dem Botanischen Garten rechts abbiegen. Wer das Abenteuer sucht, kann ab San Francisco über La Sierrita und Gavina durch die Berge fahren. Diese Straße ist inzwischen in einem befahrbaren Zustand.
- **Flug:** Der kleine Flughafen *Jaime González (CFG)* (Flüge nach La Habana) liegt etwa 6 km vom Zentrum entfernt in nordöstlicher Richtung (Caunao, Botanischer Garten). Zurzeit nur innercubanische Flüge am Tage.
- **Boot:** Der Anleger für Boote zum Castillo de Jagua liegt an der Ave. 46, esq. 23. In der Regel fahren zwei Boote pro Tag, manchmal auch nur eins mittags. Sie nehmen über 100 Passagiere auf, die Fahrt kostet 50 Centavos bzw. 2 CUC für Ausländer und dauert etwa eine Dreiviertelstunde. Das Boot stoppt mehrmals, erkundigen Sie sich nach dem richtigen Halt. Die Zeiten sind unterschiedlich. Die letzte Rückfahrt ist gegen 16.30 Uhr, am Tag vorher erfragen, morgens hin und nachmittags zurück.
- **Yachthafen:** Der Anleger heißt *Marina Puertosol* (Tel. 451241) und befindet sich am Westufer der Bucht, Punta Gorda, Calle 35 e/10 y 11.

Aktivitäten

- **Fiesta del Camarón:** Das Krabbenfest findet im April statt, wenn man sowieso kaum noch freie Zimmer bekommt, da die Cubaner in diesem Monat selbst gern verreisen.
- **Benny-Moré-Fest:** Alle zwei Jahre im August wird zu Ehren des berühmten Soneros gefeiert (mehr über den „Barbar des Rhythmus" im Kapitel „Land und Leute" unter „Musik").
- Ebenfalls im August findet in Cienfuegos der **Karneval** statt.

■ **Palacio de Ferrer:** Eine *Casa de la Cultura* liegt an der westlichen Ecke des Parque José Martí, Ave. 54, esq. Calle 25, und bietet ein ständig wechselndes Programm an kulturellen Veranstaltungen und den Blick vom kleinen Eckturm. Eine weitere *Casa de la Cultura* befindet sich am Prado, Ecke 58.

■ **UNEAC-Gartenlokal:** Calle 25, No. 5413, an der Westseite des Platzes, manchmal Konzerte.

■ **Tauchen:** An den Hotels *Rancho Luna* und *Faro Luna* gibt es Tauchzentren, die spannende Touren zu einer riesigen Korallensäule, versunkenen Schiffen und Höhlen anbieten. Außerdem kann man mit kleinen Haien schwimmen. Die Plätze sind in einer guten Viertelstunde erreichbar.

■ **Internet:** ETECSA, Calle 31, e/Ave. 54 y 56.

Ausflüge

Ausflüge organisieren **Cubatur,** Calle 37, e/54 y 56, Tel. 451242 oder **Mintur,** Calle 37 No. 1406, e/4 y 16, Tel. 451631 und 451627. Schöne Ausflugsziele sind beispielsweise:

Finca Isabela

Die Finca Isabela befindet sich einige Kilometer außerhalb der Stadt, an der Ave. 5 de Septiembre, einen Kilometer hinter dem Friedhof. Ehemaliger **Bauernhof,** auf dem abends diverse Veranstaltungen unter freiem Himmel stattfinden. Kostet nur 1 CUC pro Person, deshalb kommen viele cubanische Paare. Mittags halten hier oft Reisebusse.

Castillo de Jagua

1732 starb die Frau des Kommandanten *Juan Castilla Cabeza de Vaca*. Hundert Jahre später, so die Legende, spukte ihr Geist in Gestalt einer blaugewandeten Frau, die sich aus einem schwarzen Vogel verwandelt haben soll, in den Mauern herum. Wachposten wollen die Erscheinung gesehen haben. Eintritt in **eine der größten Festungen des Landes:** 2 CUC. Vom Ort aus gibt es eine Fähre (siehe „Verkehrsverbindungen“), oder man fährt mit dem Boot vom Hotel *Pascaballo* über die Bucht. Der Weg über Land von Westen ist ziemlich weit. Er führt an der Bauruine des Kernkraftwerkes vorbei. Das kleine Dorf unterhalb des Castillo wird gern fotografiert. Die beste Sicht auf die Häuser hat man bei der Ankunft mit der Fähre.

Playa Rancho Luna

Kleiner weißer **Sandstrand,** ca. 18 km außerhalb von Cienfuegos. Zugang von der parallelen Straße neben dem gleichnamigen Hotel. Das Taxi von Cienfuegos kostet ca. 8 CUC.

Jardín Botánico de la Soledad

Der **botanische Garten von Cienfuegos** gehört zu den bedeutendsten in Lateinamerika. Er liegt fast 20 km nordöstlich bei Guaos. Mit einer *Coco Amarillo* kostet die Fahrt für zwei Personen 15 CUC. Auf einer riesigen Fläche kann man seit 1900 Pflanzen aus aller Welt betrachten. Es gibt 2000 Pflanzenarten, davon 45 Arten Palmen und 20 Bambusarten. Ursprünglich als Versuchsfeld für Zuckerrohranbau geplant, entwickelte es sich unter seinem Gründer, dem Zuckerbaron *Atkins,* bald zu einem Garten, der später von der Harvard-Universität übernommen wurde. Eintritt 3 CUC, Di–So 9–17 Uhr. Es gibt einen Getränkeverkauf, aber nichts zu essen.

Laguna de Guanaroca

Die Lagune, ein einsames **Naturschutzgebiet** und Rückzugsort für viele Vogelarten, liegt am Río Arimao, bevor er in den Golf von Cienfuegos fließt. Man fahrt die Hauptstraße nach Rancho Luna, kurz davor am Abzweig nach Pepito Tey gibt es einen Parkplatz mit Bar. Die zweistündige Tour zur Lagune kostet 11 CUC, die sich aber lohnen. Man bekommt einen Führer und läuft durchs Gebüsch zur Lagune, wo ein Ruderboot wartet. Damit geht es auf die andere Seite zu einer Aussichtsplattform, wo Hunderte Rosa Flamingos leben; die meisten sieht man in den Wintermonaten. Man sollte früh aufbrechen. Buchung auch über das Cubabacán-Büro.

Cueva de Martin Infierno

Die große **Höhle** liegt in den Bergen der Sierra del Escambray in der Gemeinde Cumanayagua in der Gegend von El Colorado. Im Inneren gibt es **einen der weltgrößten Stalagmiten,** er ist über 67 m lang. Entdeckt wurde die Höhle 1967 und nach einer alten Geschichte benannt. Sie ist etwa 700 m lang und liegt in 650 m Höhe. Drinnen leben die kleinsten Fledermäuse der Welt. Man kommt nur zu Fuß hin, die Eingänge El Naranjo und Colorado liegen an steilen Hängen. Man sollte sich in Cienfuegos oder Trinidad bei Infotur erkundigen, ob es Führungen gibt.

An der Küste

Auf der Weiterfahrt an der Küste in **Richtung Trinidad** erreicht man nacheinander vier **Flussmündungen,** an denen sich viele Einheimische erfrischen, z.B. an der Brücke über den **Río Yaguanabo.** Davor liegt eine schöne Raststätte über dem Wasser (Carretera a Trinidad, km 55), in der angeschlossenen *Villa Yaguanabo* (Islazul) ③ kann man in mehreren Hütten übernachten, Tel. 042 541905. Weitere kleine Strände an Flussmündungen sind nach 80 km die **Playa Inglés** und an der Provinzgrenze die **Playa Caleta de Castro.**

■ **Unterkunft: Villa Guajimico** (Cubamar) ③, Carretera 42, Tel. 042 540946. Abseits der Straße 42 km hinter Cienfuegos, dort, wo man wieder ans Meer kommt, liegt an der Mündung des Río La Jutía die einfache Ferienanlage. Mit Pool an den Klippen und Hütten am unsauberen Strand. Die Bucht ist voller Seegras, 50 Hütten stehen zur Vermietung, acht davon liegen am Strand. Hierher kommen vor allem Taucher, es gibt Kurse etc.

Museo del Vapor

Wer über Palmira nach Santa Clara weiterfährt, kommt bei Cruces an der Zuckermühle Maltiempo („schlechtes Wetter") vorbei. Hier findet sich ein großes Eisenbahn-Ausbesserungswerk mit dem **Dampflokmuseum** Museo del Vapor. Im November feiert man das **Dampflok-**

153cu kh

El Nicho

Die Quelle des Río Hanabanilla liegt in einer wunderschönen Landschaft in der **Sierra del Escambray.** Obwohl 50 km von Cienfuegos entfernt, lohnt sich ein Tagesausflug auf jeden Fall! Z.B. *Mintur* in Cienfuegos, Calle 37, No. 1406, e/4 y 16, Tel. 451631 und 451627. Am Dorf El Nicho hat man einen Blick auf den Hanabanilla-Stausee. Dann kann man die zahlreichen **Wasserfälle** bei El Nicho und ein Bad im kalten Wasser genießen. Es gibt ein ziemlich teures Restaurant am Wasserfall. Von den Hotels werden Touren für 30 CUC pro Person mit Mittagessen angeboten. Man fährt die Straße links hinter der Tankstelle auf dem Weg von Cienfuegos nach Playa Rancho Luna in Richtung Trinidad ab, über Los Guaos, Cumanayagua und Barajagua, dann rechts zum See. Von dort mit dem Boot für 12 CUC zum Wasserfall. Zurück auf dem gleichen Weg, da die Straße bei La Felicidad in einem unglaublich schlechten Zustand ist. Die Stelle ist natürlich nicht gerade menschenleer. Der Eintritt beträgt 9 CUC pro Person, Touren können auch von Trinidad aus gebucht werden.

fest, was für Freunde alter Dampfrösser reizvoll ist, da man auf fast 20 km Strecke mitfahren kann, gezogen von einer amerikanischen *Baldwin* von 1903.

Wasserfall El Nicho in der Sierra del Escambray

Santa Clara

0 200 m

Unterkunft
- 2 Motel Los Caneyes
- 8 Hotel Santa Clara Libre
- 14 La Granjita

Essen und Trinken
- 1 Paladar La Concha
- 3 Taberna El Mejunje
- 5 Casa de la Governador
- 6 Restaurant Colonial 1878
- 9 Los Verbena
- 10 Eisdiele (Coppelia)
- 11 El Arrecife
- 12 Paladar Bogedita del Centro
- 13 Paladar La Terraza

Einkaufen/Sonstiges
- 4 Supermärkte
- 5 Kunstgewerbeladen
- 7 Cubatur-Büro

Nachtleben
- 6 Bar La Marquesina

Santa Clara

- **Vorwahl:** 042
- **Einwohner:** 191.000

Die Stadt, in der *Che* begraben liegt, ist ein guter Zwischenstopp auf der Route von Trinidad nach La Habana. Die bekannte **Universitätsstadt** liegt ca. 300 km südöstlich von La Habana.

Hier fand der letzte große Kampf der cubanischen Revolution statt, bevor *Fidel Castro* mit seinen Rebellen siegreich in La Habana einzog. Am 31. Dezember 1958 stieß *Che Guevara* mit seinen Kämpfern nach Santa Clara vor. Am 22. Januar 1998 hielt Papst *Johannes Paul II.* während seines Cuba-Besuchs hier eine Messe ab.

Auch in Santa Clara änderte man nach der Revolution die kirchlichen **Straßennamen:**

9 de Abril	San Miguel
General Roloff	Caridad
Berenguer	San Mateo
Ciclón	Fordoñes de Hara
Maestra Nicolasa	Candelaría
Morales	Sindíco
Serafin García	Nazareno
Eduardo Machado	San Cristobal
Evangelista Yanes	Padre Tuduri
Pedro Esterez	Unión

Monumento Che Guevara: Das Denkmal des Revolutionärs ist die größte Attraktion dieser armen Gemeinde. Es wurde zum zwanzigsten Todestag hier aufgestellt. 1997 wurden die sterblichen Überreste des Volkshelden feierlich ins Mausoleum am Denkmal überführt, in dem auch 38 seiner Kampfgefährten ruhen. *Fidel* selbst entfachte dort eine ewige Flamme. Hinter dem Monument liegt der Eingang zum Che-Museum, das Bilder und Dokumente zeigt. Fotografieren auf dem Gelände verboten.

Monumento al Tren Blindado: Der gepanzerte Zug sollte Nachschub für *Batistas* Truppen heranholen, doch er kam nur bis Santa Clara, wo ihm die Revolutionäre auflauerten – so fielen ihnen jede Menge Waffen in die Hände. Besichtigung jederzeit, meist 1 CUC, die Wagen stehen neben dem Bahnübergang.

Das **Denkmal** für den Oberst der nationalen Befreiungsarmee *Leoncio Vidal* steht im **Parque Vidal.**

Zigarrenfabrik, Calle Maceo, esq. Berenguer. Führung 4 CUC, Tickets sind über das *Cubatour*-Büro erhältlich. Im Shop kann man diverse Fabrikate kaufen.

Die **Iglesia del Carmen** aus dem 18. Jh. steht unter Denkmalschutz und ist ebenfalls einen Besuch wert.

An der Nordseite des Parque Vidal liegen das **Teatro de la Caridad,** das 1885 erbaut wurde und heute eines der letzten kolonialen Theater auf Cuba ist und das **Museo de Artes Decorativos,** in dem man kunstgewerbliche Objekte aus der Zeit zwischen dem 17. und 20. Jh. besichtigen kann.

Unterkunft

Hotels

- **Santa Clara Libre** (Islazúl) ②, Parque Vidal 6, e/Martha Abreu und Tristá, Tel. 207548. 162 einfache Zimmer im Hochhaus mit geschichtsträchtigen Einschusslöchern in der Fassade. Restaurant und Bar mit Fernsicht im obersten Stock.

■ **Motel Los Caneyes** (Cubanacan) ③, Ave. Eucaliptos y Circunvalación, 5 km außerhalb der Stadt, Tel. 218140. 90 klimatisierte Zimmer mit Bad in palmgedeckten Bungalows, mit Pool unter Bäumen, ruhig, außer wenn am Wochenende Disco ist. Ausflüge zur Insel Las Brujas werden angeboten. Dazu gibt es ein gutes Restaurant.

■ **La Granjita** (Cubanacan) ③, außerhalb an der Carretera de Malezas km 1,5, Tel. 218190, reserva@granjita.vcl.tur.cu. 2-stöckige achteckige Häuschen, strohgedeckt, mit Pool, Restaurant, manchmal gibt es eine Show, außerdem Internet und Pferde. Das Essen ist gut, die 62 DZ sind geräumig.

Privat

■ **Hostal Vista Park ①,** Leoncio Vidal 1 Altos, e/Parque Vidal y Maceo, Tel. 219727, tolle Lage, toller Ausblick mit Balkon und Dachterrasse.

■ **Louisa Costa Pérez,** Maceo Sur 326, e/Ave. 9 de Abril y Serafin García, Tel. 294167, serviert Mahlzeiten, freundlich, Patio, 1 DZ mit priv. Bad, 20 CUC, zentrumsnah.

■ **Hostal Florida,** Maestra Nicolasa (Candelaria) 56, e/Colón y Maceo, Tel. 208161. *Angel Rodriguez Martinez* vermietet zwei Zimmer zu 25 CUC, schöne, hohe Räume voller Antiquitäten und netter Patio, Zimmer nicht verschließbar.

■ **Familia Linares,** Julio Jover 32 altos, e/Luis Estevez y Maximo Gomez, Tel. 225800, linaresmanuel96@yahoo.com, großes Kolonialstilhaus, zentral, Zimmer mit Bad, große Terrasse, ab 20 CUC, spricht auch Englisch.

■ **Dra. Diana L. Romero Campos,** Colón 236, e/Serafin Garcia y Morales, Tel. 203815. Mit Patio. Zimmer mit Bad, zentrumsnah gelegen, 20 CUC.

■ **El Castillito,** Sr. José Fernández Gonzáles, Calle Cespedes 65-A e/Maceo y Union, Tel. 292671 und 53563677. Zentral in der Nähe des Boulevard, trotzdem ruhig, DZ mit AC, Safe und Kühlschrank, Bad, große Terrasse. Die Dame des Hauses spricht Englisch und kocht gut, 25 CUC, Frühstück 4 CUC pro Person. Parkplatz beim Nachbarn 2 CUC pro Nacht.

■ **Ramon Rodríguez,** Independencía 205, Apto. 1, e/Unión (Pedro Estévez) y San Isidro, Tel. 203179, 2 Zimmer, modern, ab 25 CUC.

■ **El Patio,** Maceo 102, e/Gloria y Musica, Tel. 207054, 2 DZ, mit Bad. Hohe Räume mit Fenstern und Türen zum Patio. Freundliche Familie. *Pedro* ist Arzt und spricht Englisch. DZ ab 20 CUC.

■ **Yadin Valdes Leon,** Bonifacio Martinez 60, e/Sindico y Caridad, Tel. 206754. 2 Zimmer, Bad, Terrasse für 15 CUC.

■ **Hostal de Olga y Zaida,** Evangelista Yanes Yanes 20, e/*Máximo Gomez* y *Carolina Rodriguez,* Tel. 211711, vermietet 2 Zimmer mit AC und Kühlschrank, schöner Patio, Dachterrasse, zentrumsnah, aber sehr ruhig, 35 CUC.

■ **José und Vivian Rivero,** Maceo 64 e/Independencía y Martí, Tel. 203781, AC und schöne Gartenterrasse, super Essen, Doppelzimmer 15 CUC.

■ **Ernesto y Mireya,** Calle Cuba 227, altos e/Pastora y Síndico, Tel. 273501, Zimmer mit Bad, Kühlschrank, AC, Wohnzimmer kann mitbenutzt werden, super Essen, DZ ab 25 CUC.

■ **La Pergola, Carmen y Obregón,** Luis Estévez 61 e/Independencía (Boulevard) y Marti, Tel. 208 686, ausgezeichnetes Essen; *Carmen* und *Carlos* sind hilfsbereit und sympathisch; AC, TV, Kühlschrank, Riesensalon, Patio und besagte Pergola, ab 25 CUC.

■ **Hostaljorgesheila**, Calle Pons y Naranjo (Toscano) 66, e/ (Coronel Gálves) Real e Independencia Rpto. Raul Sancho, www.hostaljorgesheila.yolasite.com. Freundlich geführte Unterkunft, Zimmer mit Bad und TV, 25 CUC.

■ **Adrianos Hostal,** Marta Abreu 56 e/Villuendas y Zayas, Tel. 205008, www.hostalmarta.com, kolonial groß, 4 Zimmer, 20–25 CUC, gleicher Besitzer wie *La Pergola.*

■ **Casa Mary,** Dra. *Maria Isabel Obregon,* San Cristobal (Eduardo Machado) 118, e/Maceo y Unión (Pedro Esterez), Tel. 223441. Schönes Haus, tolles Essen, nette Frau, ab 25 CUC.

Essen und Trinken

- **Restaurante Colonial 1878,** Máximo Gómez, e/Marta Abreu y Independencía. Cubanische Küche im schönen Innenhof eines Kolonialgebäudes. Ziemlich teuer, Service – na ja. Man kann probieren, die Pesokarte zu bekommen.
- **Paladar La Terraza,** im 1. Stock der Seraffin Sánchez 5, e/Cuba y Colón, verkauft für Pesos.
- **Paladar Bogedita del Centro,** Villuendas Sur 264 e/9 de Abril y Serafín García. Schöner Paladar mit gutem Essen.
- **Taberna El Mejunje,** Marta Abreu 107, e/Zayas y Alemán, Disco am Wochenende.
- **Bar La Marquesina,** liegt am Parque Vidal, esq. Goméz. Eine bunte Mischung und lange geöffnet.
- **Paladar La Concha,** Carretera Central esq. Danielito. Mittelgutes Pesorestaurant.
- **Casa de la Governador,** Independencía, esq. Juan Bruno Zayas. Das Beste ist die Atmosphäre, Lobster gibt es für 15 CUC, sonstige Gerichte ab 7 CUC. Geöffnet täglich ab 11 Uhr.
- **Coppelia,** in der Colón, südlich des Parks. Wie überall ein Magnet für Ortsansässige.
- **La Verbena,** Calle Maceo 62, e/Gloria y Buen Viaje, Tel. 206972, nettes Lokal in der Nähe des Parks Vidal, cubanische Küche mit Menüs ab 7 CUC, täglich ab 9 Uhr.
- **El Arrecife,** Cuba 15, esq. San Cristóbal. Fisch und Meeresfrüchte im Stadtzentrum, das Hauptgericht um 7 CUC, geöffnet ab 9 Uhr.

Einkaufen

- **Post,** Callc Colón 10.
- **Läden** sind in der Fußgängerzone Independencía „Boulevard", e/Maceo y Zayas.
- **Kunstgewerbeladen,** Luis Estévez Norte 9, e/ Parque Vidal & Independencía.
- **Boulevard Supermarkt,** Independencía, e/ Maceo and Zayas, alles Mögliche.
- **Markt Sandino,** außerhalb, am Estadio Sandino und zentral, Cuba 269.
- **Fotoladen,** Independencía Oeste 55.

Verkehrsverbindungen

- Die **Fernbusstation** ist 2 km außerhalb, das blaue Gebäude Marta Abreu an der Ecke Independencía y Oquendo, Tel. 222522. *Víazul* hat seinen Schalter am Eingang der Busstation, 3x tgl. La Habana, 18 CUC; 1x tgl. Varadero, 12 CUC; 1x tgl. Trinidad, 8 CUC; 3x tgl. Santiago, 35 CUC.
- **Regionalbus:** An der Calle Marta Abreu, e/Calle Pichardo, 1 km außerhalb.
- **Bahn:** Der Bahnhof ist zentraler, nämlich nördlich des Parks Vidal an der Estévez. Es gibt Züge nach La Habana, Cienfuegos, Sancti Spíritus, Santiago de Cuba, Holguín, Bayamo und anderen Städten. Weiterfahrt mit Zug Nr. 1. Nach Santiago de Cuba fährt der Zug Nr. 1 für 33 CUC zweimal täglich. Man sollte versuchen, schon morgens im Büro, Luis Estévez Norte 323, zu reservieren.
- **Flughafen:** *Abel Santamaría (SNU)*. Von hier mit *Cubana* nach La Habana und Santiago, mitunter landen Chartermaschinen aus Canada. Außerdem Militärbasis.
- **Auto:** Tankstellen sind an der Carretera Central esq. General Roloff, und esq. Ave. 9 de Abril. *Transtur* (Tel. 208177) hat einen Schalter im Hotel *Santa Clara Libre,* und **Taxis** warten am Busbahnhof auf Kundschaft.

Hanabanilla-See

Der Stausee Hanabanilla liegt in der Sierra del Escambray. Eine schmale Landstraße führt 30 km in Richtung **Manicaragua** (Unterkunft ist schwierig). Hier links ab Richtung Cumanayagua. Zwischen Ciro Reondo und Barajagua führt links ein Abzweig geradewegs in die Berge zum malerisch gelegenen Stausee. Das künstliche Wasserreservoir erstreckt sich mit einigen Inseln über eine Länge von 32 km. Es ist ein **Eldorado für Angler.** Die umliegenden Berge eignen sich gut zum **Wandern.** Von oben wirkt der See wie ein tief zwischen die Berge eingelassener Spiegel. Man kann auch auf dem See rudern oder eine Bootsfahrt zum Río Negro am Südende des Sees unternehmen. Zum Baden wegen des Felsenstrandes Gummischuhe tragen. Etwa 50 Meter vom renovierten, einfachen Hotel *Hanabanilla* (Islazúl) ②, Tel. 042 208461, 201100. Das vierstöckige Hotel hat 125 kleine Zimmer und bietet von den oberen Stockwerken aus einen fantastischen Ausblick auf den See. In fußläufiger Entfernung liegt auch das kreolische *Río Negro Restaurant.*

Sagua La Grande

- **Vorwahl:** 042
- **Einwohner:** 11.900

Dieser Ort liegt im Norden der Provinz Cienfuegos, an den Ausläufern der Sierra de Bamburanao.

Im Jahre 1812 wollten die Spanier Santa Clara etwas entgegensetzen und installierten den Ort „Villa de la Purísima Concepción de Sagua La Grande". Sagua bedeutet „viel Wasser". Die waldreiche Küste wurde einst von den Spaniern abgeholzt und zum Bau des Escorial-Palastes in Madrid verwendet. Bemerkenswert ist, dass Sagua la Grande zu den ersten Städten der Welt mit einer Kanalisation, einem öffentlichen Wasserleitungssystem, Strom, Straßenbahnen und Farbfernsehen gehörte. Hier stationierten die Sowjets im Jahr 1962 Raketen, was zur **Cuba-Krise** führte. Heute ist es ruhig geworden in dem kleinen Städtchen.

Die **neoklassische Architektur** zeugt von dem Reichtum seiner vorrevolutionären Bewohner. Die Plaza Wilfredo Lam ist Fußgängerzone. Leider fehlen die Mittel zur Renovierung der meist heruntergekommenen Stadtvillen. In der *Casa de Cultura* gibt es verschiedene kulturelle Veranstaltungen. Es gibt eine Bahnstation aus dem Jahr 1882, von der aus man zum Hafen **Isabela de Sagua** fahren kann. Ein Zug aus Santa Clara hält gegen 19 Uhr hier. Das **Casino Español** von 1909 wartet noch auf seine Renovierung. Die großen Maler *Wilfredo Lam* und *Alfredo Sosa Brava* sowie der Sänger *Antonio Machin* sind Söhne der Stadt. Außerdem liegt der fischreiche **Stausee Alacranes** in der Nähe, der sich über das Dorf Sieticito erreichen lässt. In Sagua zweigt eine schmale Straße nach Osten ab, über die man nach einem weiten Bogen nach **Playa Uvero** am Meer kommt. Die Häuschen der Fischer stehen auf Stelzen am Ufer.

Nach Westen führt die Straße wieder ans Meer, wo man vor Corralillo rechts zum **Playa El Salto y Ganuza** fahren kann. Auf der Straße kann man weiter nach Westen in Richtung Cardenás fahren, man erreicht hinter Corralillo einen Abzweig, der zu dem an der Provinzgrenze gelegenen kleinen Ort **Baños de Elguea** mit seinen berühmten **Heilquellen** führt.

Über 1000 **Schiffswracks** liegen hier vor der Küste, versenkt durch Piraten, Spanier oder das Wetter. Lange ließ man sie einfach liegen, in den 1970er Jahren begann *Carisub* im Regierungsauftrag nach den Schiffen und Schätzen zu suchen und fand etwa die *Brigantine Ines de Soto* mit über 30.000 Münzen amerikanischer Prägung und die Fregatte *Arrow* mit 2000 englischen Keramikteilen.

Unterkunft, Essen und Trinken

- Man findet in Sagua La Grande selbst zurzeit keine Unterkünfte. **Essen** kann man in der *Cafetería El Louvre* oder im *El Colonial.*
- **Sporthotel Elguea** (Islazúl) ②, Corralillo, Tel. 2686292. Man kann Angelausflüge buchen. Die Attraktion sind die hiesigen Mineralquellen, das Wasser kommt mit einer hohen Konzentration an Brom mit 45 °C aus dem Boden. 139 Zimmer. Am Ende einer Sackgasse, die Therme ist riesig und alt.

Remedios

- **Vorwahl:** 042
- **Einwohner:** 20.000

Das kleine Städtchen bietet einige Kolonialgebäude mit verzierten Fenstergittern. Wer zu Weihnachten hier ist, kann sich die **Karnevalsparade** ansehen, die am 26.12. ihren Höhepunkt erreicht, wenn die zwei Stadtteile um die beste Parade wetteifern. Viele Besucher aus dem Umland und Touristen tragen zum bunten Treiben bei.

San Juan de los Remedios wurde 1524 von *Vasco Porcallo de Figueroa* gegründet. Der Ort war das kulturelle Zentrum der Gegend, bis Santa Clara 1689 diesen Platz einnahm. 1692 vernichtete ein Feuer die ganze Pracht. Es wurde dann in späteren Jahren wieder im alten Stil aufgebaut. Heute erfreuen die alten Häuser um den schattigen Platz die Besucher. Die hiesigen **Tabakplantagen** tragen erheblich zur Zigarrenproduktion des Landes bei.

Empfehlenswert ist ein Gang durch den **Parque Martí** mit seinen alten Bäumen, unter denen die Bänke zur Rast einladen.

Museo de las Parrandas Remendianas: Hier geht es um die Karnevalsumzüge, deren Geschichte hier anschaulich dargestellt ist. Di–Sa 9–12 und 13–17 Uhr, So 9–13 Uhr, Eintritt: 1 CUC, Máximo Gómez 71. Die Parrandas gehen auf die Initiative des Wirtes *Cleorio* gegen Ende des 19. Jh. zurück. Angeblich hat er die Kinder des Ortes angestiftet, einen Umzug mit jeder Menge Krach zu veranstalten, um seine Abneigung gegen die christliche Andacht auszudrücken. Die Kinder haben diesen Spaß natürlich gern unterstützt und machten Krach, was das Zeug hielt. Es gibt auch eine gegenteilige Erklärung: Die Kinder sollten die Gläubigen zum Kirchgang wecken. Daraus entstand im Jahre 1820 das Fest, das um die Weihnachtszeit herum gefeiert wird.

MEIN TIPP: Gleichzeitig gefeiert wird das **Fest des Feuerwerks,** eigentlich eine Raketenschlacht, bei dem wieder unterschiedliche Stadtbezirke wetteifern. Schönheit ist hier unwichtig, Hauptsache es rumst ordentlich. Wie die Sieger ermittelt werden, bleibt ein Rätsel. Auf jeden Fall ist es für Besucher ratsam, in Deckung zu gehen und in dem Geballere Ohrstöpsel zu tragen.

In der Calle Cienfuegos 30, eine Straße vom Park nach Osten, steht das alte **Theater Rubén Villena.** Das aktuelle Programm hängt im Fenster, Preise in CUP.

Kathedrale: Die Parroquia de San Juan Bautista am Parque Martí stammt aus dem 16. Jh. und hat einen geschnitzten, vergoldeten Altar. An der Decke sind geschnitzte Kassetten aus Mahagoni zu sehen. Bemerkenswert ist auch die Statue der Inmaculada Concepción. An Wochentagen kann man die Kirche von 9 bis 11 Uhr besichtigen.

Es gibt noch eine **Kirche am Park,** die Nuestra Señora del Buen Viaje, übersetzt: „Kirche für die gute Weiterreise".

Das **Museo de Música** beschäftigt sich mit dem Komponisten *Alejandro García Caturla,* der bis zu seiner Ermordung 1940 hier lebte. Parque Martí 5.

Galerie Carlos Enríquez, am Parque Martí 2, zeigt die Werke des Künstlers *Carlos Enrique.*

Unterkunft

- **Mascotte** (Hoteles E) ③, M. Gómez 14, am Parque Martí, Tel. 395144, 395467. Das zweistöckige Kolonialstilgebäude bietet 10 Zimmer. Nr. 1 und 5 sind die sicher schönsten, sie sind groß, ruhig und komfortabel.
- **Gladys Aponte,** Brigadier González 32a, e/Independencía y Margall, Tel. 395398, ein großes Zimmer mit Aussicht, ein kleineres mit Dachterrasse, Zimmer ab 20 CUC, Frühstück ab 3 CUC.
- **Casa Richard,** Maceo 68 e/Fe, del Valle y Cupertino García, Tel. 396649, geräumiges Haus von 1910 im Zentrum, schöner Hof, ab 20 CUC.
- *Haydee y Juan,* José Antonio Peña 73, e/Maceo y La Pastora, Tel. 395082. Das **Hostal** liegt im historischen Zentrum, ist im Kolonialstil mit einigen Veränderungen, drei Zimmer mit Bad, mehrere Terrassen, 25 CUC.
- **Hostal Casa Yohn,** Independencia 24, e/Brigadier González y Gonzalo de Quesada, Tel. 395240, historisches Haus mit Hof, Pool und Internetanschluss, ab 25 CUC.
- **Hostal Las Chinitas,** Independencía 21A, e/Brigadier Glez. y Maceo, Tel. 395316. Chinesischer Cubaner, spricht etwas Englisch. Vorzügliches Essen, tolle Gastfreundschaft. 2 Zimmer mit Bad und AC 20 CUC, Frühstück 2 CUC, abends 8 CUC.
- **Hostal EL Patio,** Elsa Valdés Martinés, Calle José A. Peña 72. Mutter und Tochter führen dieses alte kleine, mit Antiquitäten eingerichtete Häuschen, Zimmer mit Bad, für 25 CUC.

Essen und Trinken

- In der Máximo Gómez 130 gibt es gegenüber der Kathedrale eine **Snackbar,** und eine weitere ist in der José A. Peña 61. In beiden kann mit Pesos bezahlt werden.
- *Rumbos* **El Louvre** befindet sich an der Südseite des Parks in der Máximo Gómez 122, das Beste ist die Lage.

- **Las Arcadas,** im Hotel *Mascotte* bietet noch das akzeptabelste Essen im Ort.
- **Las Leyendas,** Máximo Gómez e/Margali y Independencia, Kulturzentrum mit diversen Veranstaltungen.
- **Casa de Cultura,** José A. Peña 67. Dort finden ortsansässige Musiker ihr Publikum.

Verkehrsverbindungen

- Am südlichen Ortsausgang liegt eine **Busstation,** in der täglich Reisemöglichkeiten nach Santa Clara und nach Norden zum Küstenort Caibarién bestehen.
- Für den innerörtlichen Transport kann man eine **Kutsche** oder einen Radelmann mieten. Für einen Peso wird man zum Busbahnhof gebracht.

Caibarién

- **Vorwahl:** 042

Von Remedios bis zum **Fischerort** Caibarién sind es etwa 10 km. Am Ortseingang begrüßt eine riesige Krabbe aus Zement die Reisenden. Um den Ort herum gibt es ein paar Hotels und einen Campingplatz; der liegt an der Calle 6, die im Westen des Ortes vom Hotel *España* zur felsigen Punta Blanca führt. Vorher sollte man bei *Havanatur* am zentralen Plaza de la Libertad nachfragen, ob die Hotels oder der Campismo offen und willig sind, einen aufzunehmen. Der Markt ist in der Nähe des Bahnhofs in der Calle 6.

Das **Museo Maria Escobar Laredo** im Liceo am Parque Central, Ave. 9, esq. Calle 10, zeigt u.a. die größte Sammlung von Aufnahmen des Fotografen *Martínez Otero* auf Glasplatten in ganz Lateinamerika.

Entlang des Ufers hat man eine Promenade angelegt, der Prado zeugt noch von der früheren Größe. Im Parque Central steht die Gloieta, ein alter Pavillon. **Karneval** ist Ende August und Mitte Dezember. Im Januar lassen alte Lokomotiven gehörig Dampf ab beim alljährlichen *Festival del Vapor.*

Die Hauptstraße ist der Paseo Martí. An der Plaza de la Libertad gibt es außer dem Liceo noch ein altes Apartmenthaus im Art-déco-Stil.

Der örtliche **Strand Punta Brava** ist gar nicht mal so schlecht und mit Sonnenschirmen und Essensständen bestückt.

Wer zu den vorgelagerten **Inseln** will, kann sich überlegen, ob er in Caibarién preiswert übernachtet und dann zweimal am Tag die 80 km fährt, anstatt eines der teuren All-inclusive-Angebote in Anspruch zu nehmen.

Unterkunft, Essen und Trinken

- **Villa Costa Blanca** ②, Tel. 363654, ein einfaches, kleines Haus mit 4 Zimmern im Residential District an der Playa Santa Lucía, rechts der Straße.
- **Brisas del Mar** (Islazúl) ①, Tel. 351699, Carretera Playa Final, direkt am Strand auf der östlich vorgelagerten Halbinsel, ruhige Atmosphäre, 7 von 12 Zimmern haben Meerblick, mit Pool und Terrasse. Neben dem Hotel liegt ein kleines Restaurant mit gutem Essen, das auch Zimmer vermietet.
- **Hostal el Carretero,** *Fernando* und *Mayra,* Calle 18 No. 2112, e/21 y 23, Tel. 363675, 351362, 2 DZ ein Bad. 45 CUC Pauschalpreis für 2 Personen inkl. Essen. Sehr freundliche und witzige Gastgeber. Man kann ganz für sich sein. Gemütliche Dachterrasse.

- **Jorge Felix y Marisol,** Ave. 7, No. 1815, e/18 y 20, Tel. 364277, ein Zimmer mit Bad, eines mit Gemeinschaftsbad, 40 CUC mit Essen, toller Gastgeber, einfache Zimmer, Parken gratis.
- **La Nena,** *Noemi y Roberto,* Ave. 13 No. 1415 B, e/14 y 16, gegenüber der alten Busstation, Tel. 364463, 2 Zimmer im oberen Stockwerk mit Bad und gemeinsamem Aufenthaltsraum, Dachterrasse.
- **Restaurante La Vicaria,** Plaza de la Libertad, esq. Ave. 9, einfaches Restaurant.

Verkehrsverbindungen

- Vom Bahnhof fahren **Züge** über Remedios nach Santa Clara. Es gibt auch mehrere **Busse** dorthin, sie fahren vom alten Busbahnhof, der westlich der Stadt liegt. Die Tankstelle ist am Ortseingang, von Remedios kommend.
- Es gibt ein kleines Flugfeld, einen Yachthafen und eine Tankstelle gegenüber dem Flugfeld und eine weitere, wenn man weiterfährt auf der Cayo Santa María vor der einzigen Kreuzung.
- Ein **Hop-on/Hop-off-Bus** fährt an den Hotels und den Stränden vorbei: alle halbe Stunde von 9–21 Uhr für 5 CUC am Tag.

Ausflüge

Die **Cayos de la Herradura** vor der Nordküste der Provinz Villa Clara sind bislang wenig bekannt und locken mit einsamen Stränden, wenig Infrastruktur, aber Natur pur. Zur Inselgruppe gehören die **Cayo las Brujas** und die **Cayo Santa María.** Durch die Abgeschiedenheit der Lage dieser Inselgruppe sind die Cayos nur mit einem Mietwagen oder Taxi zu erreichen.

Kurz hinter Caibarién kann man über einen 45 km langen **Damm** zur Playa La Estrella auf die Cayos fahren. Der Damm Pedraplén hat 45 Brücken, durch die bei Ebbe und Flut das Wasser strömen kann, deshalb soll es durch diesen Damm keine Umweltschäden geben. Wer den Damm benutzen will, muss am Schalter seinen Pass zeigen und pro Strecke 2 CUC Benutzungsgebühr zahlen.

Unterkunft

- Auf der Cayo Las Brujas, der Insel der Hexen, gibt es die Ferienanlage **Villa Las Brujas** (Gaviota) ②, Tel. 350199. 24 Zimmer mit Balkon oder Terrasse, Restaurant *El Farallón* mit Wendeltreppe zum hohen Ausguck, Bar, Frühstücksterrasse. Zufahrt: Vor dem Flughafen links ab. Nicht-Gäste können gegen Gebühr Strand und Liegen benutzen. Übernachtung nur mit Vorbestellung, Essen ist eher bescheiden, die Anlage äußerst angenehm.

Ansonsten gibt es **All-inclusive-Hotels,** hier eine Auswahl:

- Das **Melia Buenavista** (Sol Melía) ④, Tel. 042 350500, liegt an der Nordwestspitze der Insel, am Ende der Straße. Daneben befinden sich das **Sol Cayo Santa María** und die **Villa Zaida del Río.**
- Mittig liegen die Häuser der **Cayo Santa María** (Melia) ④, eine 300-Zimmer-Anlage und entsprechend teuer. Tel. 351500, 8 km hinter dem Flughafen. Für 4 CUC kann man den Hotelstrand benutzen, dazu gibt es sogar ein Sandwich gratis. An der Zufahrt ist ein kleiner Laden.
- Danach folgt das **Melía las Dunas** ④ mit 80 Häuschen. Das Hotel ist in Bereiche „Mit Kindern" und „Ohne Kinder" unterteilt.
- Das renovierte **Cayo Santa Maria** (Gaviota, früher Sirenis) ③, in der ersten Reihe, wird von der Playa Cayo Santa María eingekesselt, die dahinter in den Dünen liegt.
- Nun erwarten einen noch das **Husa Cayo Santa María** ④, Tel. 042 350400, eine etwas ältere Anla-

ge am Strand mit 10 Minuten Fußweg ins Dorf und das **Royalton** ④,Tel. 042 350600, das noch etwas luxuriöser ist und dem Gast alle Annehmlichkeiten bietet.

- Das **Iberostar Ensenachos** ④, früher *Occidental Royal Hideaway,* Tel. 042 350300, ist das teuerste, mit einem Steg zum Strand, aber auch hier der übliche All-Inclusive-Service mit allen Vor- und Nachteilen.
- An der Laguna del Este entstehen ein **Shoppingkomplex** und die **Hotels** *Warwick Cayo Santa María* und *Ocean Casa del Mar.* An der Perla Blanca wird das 800-Zimmer-Hotel *Laguna del Este* gebaut. Auf der Cayo las Brujas zwischen den Playas Salina und Manteca entstehen die Hotels *Farallon Bomba Este, Farallon Bomba Oeste* und *San Agustín.*

Aktivitäten

- **Riff zum Tauchen** in Strandnähe. 54 CUC in der Saison, Tel. 207599, Punta Pequillo, Playa Salina. Es gibt auch einen Flughafen.
- Der beste **Badestrand** in der Nähe ist die Playa Ensenachos.
- Die nahe gelegene Marina bietet **Katamaran-Segeln** an die Riffe zum Schnorcheln, Tretboote und Surfbretter.
- **Playa Perla Blanca,** bei dem Wegweiser zum Hotel *Sol Santa Maria* geradeaus weiter, die folgende Schotterpiste 7 km weiterfahren, dann kommt ein Holzschild mit der Aufschrift „Playa Perla Blanca" nach links – noch 2 km – eine sehr schlechte Piste – dann das Auto beim Parqueo abstellen und nach 3 Min. Fußmarsch ist man am Meer. Der Naturschutzwächter verkauft gekühlte Cola.
- Ein **Delfinario** (vom Hotel *Ensenachos* rechts ab) verspricht vergnügliche Stunden, Eintritt 3 CUC. Wer zu den Tieren ins Becken steigt, kann hinterher ein Video davon kaufen, ½ Std. 60 CUC. Die Anlage auf Stelzen im Wasser wird von *Gaviota* betrieben, Tel. 350013. Auch ein Restaurant und eine Bar stehen zur Verfügung.
- **Krankenhaus:** Ausländer behandelt die *Clínica Cubanacán Turismo y Salud,* Sucursal S.L. Residencial No. 14, Santa Lucía, Tel. 336370.
- **Busrundfahrt:** Für 1 CUC kann man mit einem Sightseeing-Bus einmal den Playa Perla Blanca hoch und runter fahren; Halt an den Hotels.

An der Straße von Caibarién nach Remedios, ca. 3 km nach dem Krabben-Denkmal, liegt das Zuckerfabrikmuseum **Museo de Agroindustria Azucarero Marcelo Salado.** Hier steht eine riesige Dampfmaschine, eine Lokomotivensammlung und die Fabrikanlagen. Mo–Fr 8–16 Uhr, Tel. 363286.

Wer auf der Carretera Nacional weiter nach Morón oder Ciego de Avila will, kann 45 km weiter in Mayajigua an einem See übernachten. *Villa San José del Lago,* (Islazul), Carretera a Mayajigua, 46 kleine gelb-grüne Doppelhäuschen, am Wochenende viele Cubaner, ab 36 CUC, bei Mayajigua, 40 km östlich. Viele Flamingos, Ruder- und Tretbootverleih, Thermalpool.

Trinidad

- **Vorwahl:** 0341
- **Einwohner:** 40.000

Trinidad bietet auf Cuba das ausgeprägteste **koloniale Flair,** der Stadtkern mit seinem alten Straßenpflaster und seinen pastellfarben gestrichenen Palästen wirkt wie ein Freilichtmuseum. Man sieht die Bewohner ihre Vögel in verzierten Käfigen spazieren tragen und die Menschen in den Hauseingängen sitzen. Trinidad ist **Weltkulturerbe.** Täglich ist

der Ort Ziel von etwa einem Dutzend Bussen mit Tages-Touristen aus Varadero und La Habana. Aber abends fahren sie zurück, und die Stadt gehört wieder den Einheimischen und den Besuchern, die bleiben. Die Stadt ist voller Souvenirläden und Kneipen.

Parken kostet 1 CUC, private Garage etwa 3 CUC.

Man hat auch hier einige **Straßen** umbenannt. Es folgen die aktuellen und die alten Namen:

Antonio Guiteras	Mercedés
Antonio Maceo	Guitérrez
Abel Santamaría	Lirio
Camillo Cienfuegos	Santo Domingo
Ciro Redondo	San José
Conrado Benítez	Candelaría
Ernesto Valdés Muñoz	Media Luna
Frank País	Carmen
F. Javier Zerquera	Rosario
Fidel Claro	Angarilla
Fernando H. Echerrí	Cristo
Francisco Gómez Toro	Callejón de Peña
Francisco J. Zerquera	Rosario
Gustavo Izquierdo	Gloria
General Lino Pérez	San Procopio
José Martí	Jesús María
José Mendoza	Santa Ana
Jesús Menédez	Alameda
Juan M. Márquez	Amargura
Lino Pérez	San Procopio
Mario Guerra	San Cayetano
Pablo Pichs Girón	Guaurabo
Piro Guinard	Boca
Simón Bolívar	Desengaño
Rubén Martínez Villena	Real
Santiago Escobar	Olvido

‹ Kolonialarchitektur in Trinidad

Trinidad

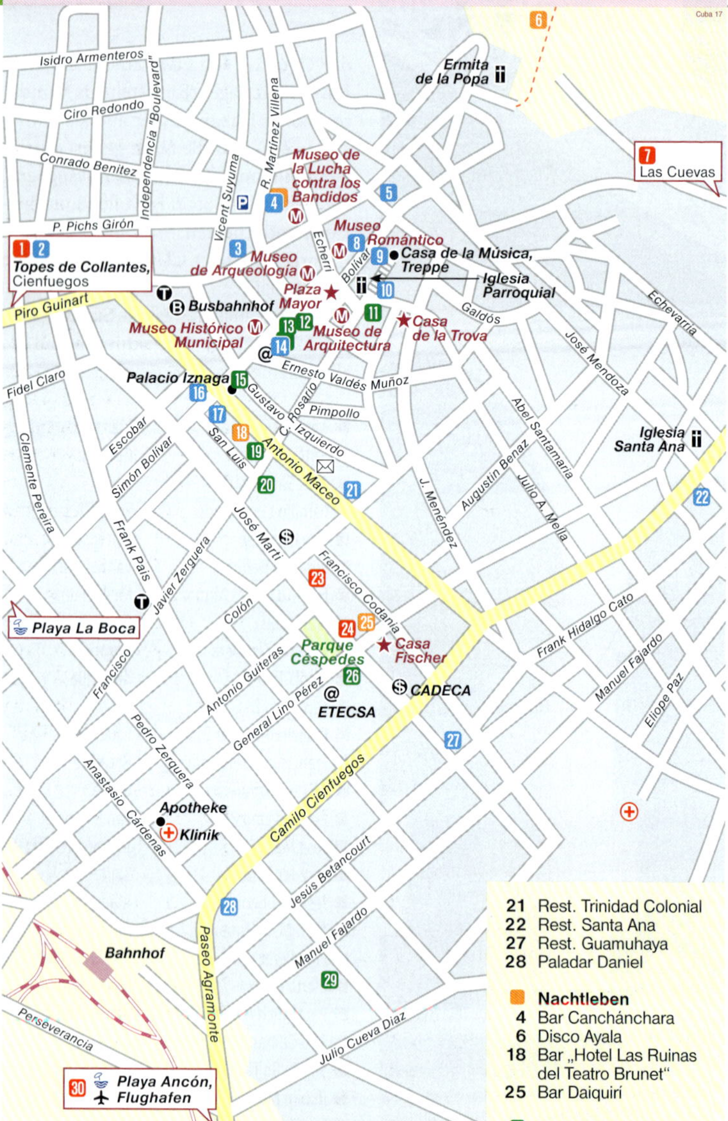

Unterkunft
1 Finca María Dolores
7 Motel Las Cuevas
23 Hotel La Ronda
24 Grand Hotel
30 Hotel Costasur

Essen und Trinken
2 Casa del Campesino
3 El Jigüe
4 Taberna Canchánchara
5 Paladar Estela
8 Museo 1514 (Quince Catorce)
9 La Nueva Era
10 Casa de los Conspiradores
14 Restaurant Mesón del Regidor
16 Piadinaria
17 Paladar Sol y Son, Cafetería Las Begonias
21 Rest. Trinidad Colonial
22 Rest. Santa Ana
27 Rest. Guamuhaya
28 Paladar Daniel

Nachtleben
4 Bar Canchánchara
6 Disco Ayala
18 Bar „Hotel Las Ruinas del Teatro Brunet"
25 Bar Daiquirí

Einkauen/Sonstiges
11 Gallery Trinidad
12 Fondo Cubano de Bienes Culturales
13 Galería del Arte
14 Infotur
15 Infotur
19 Cubatur
20 Casa de la Cultura
26 Cubacar
29 Bauernmarkt

Geschichte

1513 wurde Trinidad von *Diego Velázquez* **als dritte cubanische Siedlung gegründet.** Reich wurde die Stadt Anfang des 19. Jh. durch den Zuckerboom, aber nach der Sklavenbefreiung und dem Unabhängigkeitskrieg verlor Trinidad an (wirtschaftlicher) Bedeutung. Geldmangel und die fehlende Anbindung an das Hinterland (es gab früher keine ausgebaute Straße nach Trinidad) ließen die Entwicklung eines anderen Gewerbezweiges nicht zu, und so ist die Stadt bis heute mehr oder weniger in ihrer ursprünglichen Form erhalten geblieben. 1950 wurde Trinidad zum Nationaldenkmal und 1989 von der UNESCO zum Weltkulturerbe erklärt.

Sehenswertes

Überall, wo man in Trinidad geht, läuft man über Kopfsteinpflaster und geht entlang von Häusern, die hohe Holztüren haben und deren Fenster vergittert sind. Als Beginn eines Rundgangs empfiehlt sich die **Plaza Mayor,** dem zentralen Platz. Um ihn herum gruppieren sich die Stadtpaläste der reichsten, ehemals hier lebenden Familien in Trinidad – die *Iznagas,* die *Brunets* und die *Ortíz.* Heute beherbergen diese Paläste Museen. Am Fuße des Platzes ist die Tafel der UNESCO angebracht. Am besten gehen Sie morgens in die Stadt, bevor die Reisebusse kommen.

Museo de Arqueología Guamuhaya: Der frühere Palast der Familie *Ortíz* zeigt Funde aus präkolumbischer Zeit. Dazu gehören ein rund 2000 Jahre altes Grab, Felszeichnungen und ein Schädel. Plaza Mayor, Calle Simón Bolívar 457, Tel. 93420, geöffnet Di–So 9–17 Uhr, 1 CUC.

Museo de Arquitectura Trinitaria: Interessanter Überblick über die verschiedenen örtlichen Bauweisen und außerdem eine Auswahl von sehenswerten Fenstergittern. Calle Desengaño 83, Tel. 93208, geöffnet Di–So 9–17 Uhr, 1 CUC.

Museo Romántico Trinidad: Das gelb getünchte Gebäude aus dem 19. Jh. an der Nordseite des Platzes gehörte der Familie *Brunet* und zeigt eine Sammlung von Möbeln und kolonialem Haushaltsgerät. Plaza Mayor, Tel. 94363, geöffnet Di–So 9–17 Uhr, 2 CUC.

Ermita de la Popa: Um dieses kleine Gotteshaus aus dem 17. Jh. zu erreichen, muss man von der Plaza Mayor steil bergauf gehen. Die Ermita steht oben auf dem Hügel. Sie ist heute eher eine Ruine, doch der weite Blick von der Sierra del Escambray bis zum Meer ist herrlich.

Iglesia Parroquial de la Santísima Trinidad: Die Kirche der Heiligen Dreifaltigkeit wurde an der nordöstlichen Seite der Plaza Mayor von 1884 bis 1892 anstelle einer hölzernen Kapelle erbaut. Ihre Attraktion ist der Cristo de Veracruz, eine Christusfigur, die eigentlich in die Stadt Veracruz in Mexiko transportiert werden sollte. Ein Sturm zwang jedoch das Schiff zur Umkehr. Die Kirche hat übrigens keinen Kirchturm, denn der Pfarrer ist mit dem Geld für den Turm nach Spanien durchgebrannt. In der Kirche selbst befindet sich ein kleines Museum.

Ein Stück weiter passiert man ein Haus, in dem *Alexander von Humboldt* (1769–1859) während seiner Erkundung Lateinamerikas wohnte. Geht man weiter, kommt man zum Markt.

Museo Histórico Municipal: Das frühere Stadthaus des Zuckerbarons *Vantero* zeigt heute die wechselvolle Geschichte der Stadt. Wer die Plaza Mayor mal von oben sehen will, kann den zum Museum gehörenden Turm besteigen. Calle Simón Bolívar 423, Tel. 94460, geöffnet Mo–Fr 9–17 Uhr, So 9–13 Uhr, 2 CUC.

Museo de la Lucha contra los Bandidos: Im Franziskanerkloster, dessen Turm zum Wahrzeichen Trinidads wurde, befindet sich Kurioses aus dem Kampf gegen die Banditen. Gleich nach der Revolution gab es nördlich von Trinidad Proteste gegen *Fidel*. Echerri No. 59, geöffnet: Tgl. außer Mo 9–17 Uhr, Eintritt: 1 CUC.

Ruhige Straße in Trinidad

Praktische Tipps

Unterkunft

Trinidad bietet Hunderte von privaten Quartieren, die alle um die Gunst des Reisenden buhlen. Man sollte sich keinem *Jinetero* (Schlepper) anvertrauen, da der eine Provision des Vermieters bekommt, die dieser auf die Zimmerpreise aufschlägt. Ein Gang durch den Ort sagt mehr als die Beteuerungen eines Provision suchenden Einheimischen.

Hotels

■ **Motel Las Cuevas** (Horizontes) ③, Finca Santa Ana, 1 km nordöstlich der Stadt, westlich der Eremita, Tel. 996133. Auf einem Hügel oberhalb der Stadt gelegen, bietet es 110 einfache Zimmer in 60 Häusern und eine schöne Aussicht. Restaurant, Pool, es können Pferde und Roller gemietet werden. Am Ortseingang Richtung Flughafen, Playa Ancón, am

cu002-2016 kh

Ortsende links in die Camilo Cienfuegos. Bevor diese zum Feldweg wird (links kleine Kirche) links ab, die steile Auffahrt hoch. Die namensgebende Höhle erreicht man über Treppen vom Motel, 1 CUC.

■ **Finca María Dolores** (Cubanacán) ③, Carretera a Cienfuegos km 1,5, Tel. 996410. Die einfache, in die Jahre gekommene Unterkunft liegt auf einer 20 Hektar großen Farm, Pferde können ausgeliehen werden, hilfsbereites Personal. 44 Zimmer, am besten sind die mit Blick auf den Río Guaurabo. Ein Taxi ist schwer zu bekommen.

■ **Hotel La Ronda** (Hoteles E) ②, Martí 45, am Park Céspedes, Tel. 992248, 17 einfache Zimmer um den Patio, renoviert.

■ **Grand Hotel** (Iberostar) ③, Calle José Martí 262 y Lino Perez, gegenüber der Plaza Carillo, Tel. 996070, schöne Zimmer mit Balkon, um einen Patio gebaut, super Service.

Privat

■ **Hostal La Navarra** ②, Cleofe Zayas y Victoria Echerri, Piro Guinart 210, e/Maceo y Gustavo Izquirda, Tel. 993426. Zwei Zimmer im Zentrum, Koloniales Haus mit Patio und Terrasse. Ab 20 CUC.

■ **Casa Hospedaje, Marisol Herrera,** Pablo Pichs Girón 251, e/Independencía y Vicente Suyama, Tel. 993048. Zwei Zimmer, eines mit Dachterrasse, von der man den Sonnenuntergang sehen kann. Zimmer 25 CUC, gutes Essen für 8 CUC.

■ **Casa Léon,** Calle Jesus Menéndez 215, e/Juan M., Tel. 994376. Das Kolonialstil-Haus hat einen netten Patio, kühle Räume und einen zuvorkommenden Hausherrn.

■ **Roman Calderon Zulueta y Barbara,** Calle Maceo 540, Tel. 993246. Liegt in der Nähe vom Busbahnhof. Zwei Zimmer mit AC und Warmwasser, gutes Essen, Dachterrasse. DZ 25 CUC und 5 CUC fürs Abendessen.

■ **Casa Jorge Mendez Perez,** Camilo Cienfuegos 121, e/Frank País y Miguel Calzada, Tel. 922464, ein komfortables Haus mit vier gut ausgestatteten Zimmern, Pool und Terrasse mit einem herrlichen Blick auf die Stadt. Die Gastgeber sind freundlich. 30 CUC.

■ **Mercedes Albalat Milford,** Martí 330, e/Francisco Javier Zerguera y Simón Bolívar, Tel. 993350, Haus im Kolonialstil mit mehreren Zimmern, 15 CUC, freundlich, warmes Wasser, zentrumsnah.

■ **Carmen Rosildo y Coreano,** Calle Maceo 652, e/Pablo Pichs Girón y Conrado Bénitez, Tel. 993958, Zimmer mit Bad, freundlich, 20 CUC, gutes Essen.

■ **Sandra y Victor,** A. Maceo 613, e/Guinart y Pablo Pichs, Tel. 992216. Zentral und modern. DZ mit Terrasse im 1. Stock, 25 CUC, Essen 8 CUC.

■ **Pablo Cadalso Esplugas,** Calle Ernesto Valdés Muños 69, e/Fco. Javier Zerquera y P. Lumumba, Tel. 993652, 993515. Zimmer mit Bad, Kühlschrank und AC, im Zentrum. Kleiner Garten. Der Hausherr war früher Koch.

■ **Rosa Gonzalez,** Rita Montelier 21, e/Ramon Romano y Enrique Villega. Zwei Zimmer mit Balkon, gutes Essen auf privater Terrasse 20 CUC, Frühstück 3 CUC, zentral.

■ **Maritza Marin Dominguez,** Calle Colón 323, e/Gustavo Izquierda y Antonio, Tel. 994394, Zimmer mit Bad im Erdgeschoss, kleiner Patio, Essen auf Wunsch, Tochter spricht Englisch, 25 CUC.

■ **Carlos Gil Lemes,** im Zentrum, José Martí No. 263, e/ Colón y Francisco J. Zerquera, Tel. 993142, 25 CUC Saison. Ein Zimmer in einem schön renovierten alten Kolonialhaus, grüner Patio.

■ **Casa Margot,** Alfredo y Margarita, Calle Camilo Cienfuegos 206, e/José Martí y Francisco Cadahía, Tel. 992453. Das Ehepaar *Alfredo* und *Margarita* ist sehr herzlich. Zwei Doppelzimmer mit Klimaanlage und eigenem Bad.

■ **Hostal Teresita Hernandez Rosa,** Independencía 99, e/Ciro Redondo y Isidoro Armentero, Tel. (beim Nachbarn) 993594, nach *Miguel* fragen, 10 CUC.

■ **Hostal Vary y Francy,** José Martí 450, e/Piro Guinart y Fidel Claro, Tel. 992925, yarifrancy2013@gmail.com, ein großes Zimmer mit Klimaanlage und Bad, Terrasse und Dachterrasse, gutes Frühstück, 25 CUC und 4 CUC Frühstück pro Person.

■ **Casa Meyer,** Calle Gustavo Izquierdo 111 (Gloria), e/Piro Guinard y Simon Bolivar (Desengaño),

Tel. 993444, meyer_cuba@yahoo.es, zwei Zimmer mit Bad in einem Kolonialhaus mit Patio, Garten und Veranda, ab 20 CUC.

■ **Hostal Rigoberto** *(Rigoberto M. Béquer)*, Antonio Guiteras 108, e/Anastacio Cárdenas y Pedro Zerquero, Tel. 993428, 20 CUC, Frühstück, 2 Zimmer mit Klimaanlage und Bad. Im Zentrum, trotzdem ruhig. Hilfsbereite Leute.

■ **Casa Tamargo,** Francisco Javier Zergueya 266, e/Martí y Maceo, Tel. 996669, felixmatilde@yahoo.com. Herrliches Kolonialhaus mit alten Möbeln, offenem Esszimmer und zwei schönen Zimmern um einen tollen Patio. Dachterrasse. Tolles Essen.

■ **Belkis Aquino & Jesùs del Pino,** Maria Guerra No. 175, e/José Martí y Frank Pais, Tel. 996827. Zwei Durchgangszimmer in der oberen Etage mit Dachterrasse. 20 CUC, Frühstück 3 CUC.

■ **Barbara y Nancy Jesús Menéndez,** Calle Alameda 87, e/Colón y Smith, Tel. 996212, schöner Garten, Zimmer mit Bad, AC, auf dem Dach mit Terrasse und schönem Blick, 12 CUC pro Person.

■ **Isabel y Grisel Echenagusía,** Mario Guerra 182, e/Martí y Frank Pais, Tel. 992243, griselisabel @gmail.com. Drei unterschiedliche Zimmer im oberen Stock, mit Bad und AC, das vordere mit Balkon. Auf dem Dach Terrasse mit Rundblick, sehr liebenswürdig.

■ **Hospedaje Juan Rafael Escalante González,** Calle Frank País 562, e/Pablo P. Girón, Tel. 994524. Äußerst nette Leute, exzellente Küche, Zimmer der Spitzenklasse mit kleinem Balkon, 25 CUC.

■ **El Rustico,** Calle Juan Manuel Marquez 54A, Tel. 993024, unweit der Plaza Mayor, schön ausgestattet, mit großer Terrasse, 25 CUC.

■ **Fidel Devora y Gladys Rodríguez,** Vicente Zuyama 9 e/Pablo P. Girón y Piro Guinart. Nähe Busbahnhof, Dachterrasse mit Blick über Altstadt und Meer. Großes, hohes, schönes Zimmer. 25 CUC inkl. Frühstück.

■ **Dileivy Hernandez Copdevila,** Clemente Pereira 229, e/Pablo Pichs Girón y Piro Guinart, Tel. 992994. Im 1. Stock, Terrasse. Die Hausherrin kocht, wäscht und bügelt preiswert, ab 25 CUC.

■ **Hostal Tito y Vicky,** Mario Guerra 177, e/José Martí y Frank Pais, Tel. 993952. 2 DZ, mit Bad, AC, Terrasse, Patio. Blick über Trinidad. Zentral, ruhig. 20 CUC pro Zimmer, 10 CUC für Abendessen und Frühstück. Die Familie spricht etwas Englisch.

■ **Hostal Don José,** Maceo 535, e/Piro Guinart y Simón Bolívar, Tel. 993032, jesemtorres2009@gmail.com. Typisches Kolonialhaus in der Innenstadt, zwei einfache Zimmer, netter kleiner Garten, demnächst ein weiteres Zimmer im hinteren Teil des Grundstücks. 25 CUC.

Essen und Trinken

■ **Restaurant Trinidad Colonial,** Maceo 402, esq. Colón, im vornehmen, 300 Jahre alten Kolonialbau, Tel. 4196473, tgl. 8–23 Uhr. Fisch, Fleisch und Meeresfrüchte um 12 CUC, Garten mit Zwergpalmen.

■ **Restaurant Guamuhaya,** Calle Martí 310, Tel. 996473. Koloniale Atmosphäre, die üblichen Gerichte zu den ortsüblichen Preisen.

■ **El Jigüe** *(Higüeh)*, Calle Rubén Martínez Villena 70, Tel. 196476, tgl. 10–18 Uhr. Nicht ganz billig, aber koloniale Atmosphäre und köstliches Geflügel als Spezialität des Hauses.

■ **Casa del Campesino,** in der Finca *María Dolores*. Hier werden zum Essen traditionelle Campesino-Gesänge und Tänze „gereicht", nicht jedermanns Sache. Das Essen ist ebenso traditionell wie ausgezeichnet.

■ **Restaurant Mesón del Regidor,** im ehemaligen Wohnzimmer des königlichen Inspizienten und auf der Terrasse werden Schweine und frischer Fisch serviert. Simón Bolívar 454, e/E. Valdez Muñoz y R. Martínez Villena, Tel. 996573, 10–22 Uhr. Einfach und preiswert.

■ **Paladar Daniel,** Camilo Cienfuegos 20, e/Anastacio Caradenas y Pedro Zerquera, Tel. 994395.

■ **Paladar Estela,** Simón Bolívar 557, Tel. 994329, die Plätze im Garten sind die besten. Gerichte um 8 CUC, gute Portionen, Weinauswahl.

■ **Taberna Canchánchara,** Calle del Real, e/Boca y San José, Tel. 994345, tgl. 10–17 Uhr. Auf dem begrünten Innenhof des 1723 erbauten Hauses liegt das Lokal unter einem schattigen Dach. Touristen strömen hierher, um Canchánchara zu probieren, ein Gemisch aus 6 cl Rum, 3 cl Limonensaft, 2 cl Honig und Eis. Gute Musik.

■ **Restaurant Santa Ana,** Patio im klassischen Kolonialstil. Das Gebäude war ein Gefängnis, ist heute ein Kulturzentrum. Spezialität: Schweinesteak. Preiswert ab 6 CUC. Santo Domingo esq. Plaza Santa Ana, tgl. 9–22.45 Uhr, auch Teil eines Shops.

■ **Paladar Sol y Son,** in der Simón Bolívar, e/José Martí y Frank País, rechts hinter der Kreuzung zur Maceo, Tel. 992926, nur abends, fast ein Restaurant, gutes Essen, schöner Patio.

■ **Cafetería Las Begonias,** Antonio Maceo esq. Simón Bolívar, Patio im klassischen Kolonialstil. Immer voll, Bar im hinteren Teil, auch Frühstück.

■ **Casa de los Conspiradores,** Cristo, esq. Rosario, Plaza Mayor, rechts neben der Treppe. Galerie und Restaurant. Schön ist der winzige schattige Garten am Nachmittag, wenn noch Ruhe über dem Platz liegt.

■ **Piadinaria,** Antonio Maceo, esq. Simón Bolívar. Hier gibt es dünnes Fladenbrot mit verschiedenen Füllungen, preiswert und gut.

■ **La Nueva Era,** Simón Bolívar 518, e/Juan M. Márquez y Fernando H. Echerri. Weitläufiger Hof mit diversen Terrassen und Sitzecken, mittendrin steht der Ford A der Eltern, oft sind Musiker zu Gast, ab nachmittags geöffnet, Preise moderat.

■ **Museo 1514 (Quince Catorce),** Simón Bolívar 515, e/Juan M. Márquez y Fernando H. Echerri, Tel. 994255, restaurant1514@gmail.com. Das ist mal ein besonderes Restaurant: Tagsüber sind Geschirr, Besteck, Tischdeko und Gläser im Haus auf Tischen ausgestellt, wie in einem Museum. Abends werden dann damit die Tische im Patio und auf den Terrassen fürstlich eingedeckt. Man speist von seltenen Tellern und trinkt aus alten Kristallgläsern im Schein der vielen Kerzen. Der Besitzer *César Esquerra Álvarez,* die Seele des Hauses, behauptet, alle diese Schätze seien von seiner Familie gesammelt worden. Serviert wird gute kreolische Küche zu angemessenen Preisen. Man sollte reservieren.

Nachtleben

■ **Casa de la Musica,** Calle Fernando H. Echerri, das grüne Haus rechts hinter der Pfarrkirche der Santísima Trinidad an der Plaza Mayor. Live-Musik ab 22 Uhr, Eintritt: ab 2 CUC; CD-Verkauf. Viele Leute sitzen einfach davor, um Musik zu hören, vorher wird oft kostenlos auf dem Platz Musik gemacht, ansonsten ist es hier ziemlich touristisch.

■ **Disco Ayala,** hinter der Ruine der Ermita oberhalb der Stadt, auf dem Gelände des Hotels *Las Cuevas,* manchmal wird 3 CUC verlangt. Tanz bis in den frühen Morgen. Malerisches Ambiente in einer Grotte, mit Wasserbecken.

■ **Bar Daiquirí,** Lino Pérez 313, preiswert, junge Leute treffen sich hier rund um die Uhr.

MEIN TIPP: **Bar Las Ruinas del Teatro Brunet,** Antonio Maceo 461, e/Bolívar y Zerquera. Kein Theater, sondern eine Ruine. Abends Musik und Show, oft Jazz.

■ Ansonsten sitzt man am Wochenende auf der **Treppe an der Kirche** und genießt den Abend.

Aktivitäten

■ **Infotur,** Calle Gustavo Izquierdo 101, e/Piro Guinart y Simón Bolívar, Tel. 998257, trinidir@enet.cu. Hier kann man Touren buchen oder sonstige Informationen einholen.

■ **Centro cultural** *(Casa Fischer),* Calle General Lino Pérez, esq. Francesco Codanía, meist 24 Stunden geöffnet. Eines der Prunkstücke Trinidads, 1870 von einem Herrn *Fischer* aus Deutschland erworben. Ausstellungen, Live-Musik, am Wochenende finden Folkloreshows statt.

■ **Fahrradverleih** nahe der Bar *Las Ruinas del Teatro Brunet,* 3 CUC pro Tag.

■ **Autoverleih:** *Cubacar* residiert in der Calle Lino Pérez 366 und im Hotel *Ancón*.

■ **Fiestas Sanjuaneras** mit Tanz und Musik im Ort. Ende Juni.

■ **Krankenhaus:** Ausländer behandelt die Klinik in der Calle Lino Pérez 103, esq. Reforma, Tel. 996 492.

Internet

Ende 2015 war man dabei, ein flächendeckendes WLAN-Netz einzurichten.

■ **Im Internetcafé** an der Maceo, esq. Bolívar kann man für 2,50 CUC surfen.

■ **ETECSA,** Lino Pérez, e/Miguel Calzada y Martí, täglich 8.30–19.30 Uhr.

Einkaufen

■ **CADECA** (Wechselstube): zwei auf der Calle José Martí, eine in der Marceo, esq. Camilio Cienfuegos, Mo–Sa 8–18, So 8–13 Uhr.

■ **Banco de Credito y Comercial:** Calle José Martí, e/Rosario y Colón.

■ **Banco Financiero Internacional:** Calle José Martí, esq. Calle Camilio Cienfuegos.

■ **Kunstmarkt:** gegenüber der *Casa de la Musica,* allerlei Souvenirs.

■ **Fondo Cubano de Bienes Culturales:** Simón Bolívar 418, Laden mit Querschnitt durch das Kunsthandwerk.

■ **Casa de la Cultura:** Zerquera 406, Maler arbeiten und verkaufen hier.

■ **Galeria del Arte:** Calle Simón Bolívar 43, esq. Rubén Martinez Villena, tgl. 9–17 Uhr. Werke cubanischer Künstler; darunter afrocubanische Arbeiten.

■ **Gallery Trinidad,** Rosario 352, kleine Galerie, aber interessante Künstler.

■ **Apotheke,** Calle Lino Pérez 103, esq. Anastasio Cárdenas, Tel. 996492.

■ **Tankstellen** befinden sich auf der Calle Real an der Kreuzung zum Flughafen und an der Straße nach Sancti Spíritus, Calle Frank País, esq. Zerquera.

Verkehrsverbindungen

■ Die **Busstation** befindet sich bei der Piro Guinart 224, e/Gustavo Izquierdo y Antonio Maceo. Tickets kauft man vor dem Bahnhof bei Taquilla Campo. Im Bahnhof selbst ist der *Víazul*-Schalter, Tel. 902660, 902404, www.viazul.com. Nach Santiago für 33 CUC: ab 19.30 Uhr, an 6.45 Uhr. Am Wochenende 4-mal täglich Bus zur Playa Ancón und zur Playa la Boca.

Víazul fährt tägl. nach: **La Habana,** 6 Std. 30 CUC; **Cienfuegos,** 3 Std. 8 CUC; **Varadero,** 6 Std. 24 CUC; **Sta. Clara,** 7 Std. 8 CUC; **Santiago,** 13 Std. 40 CUC, Abfahrtszeiten erfragen oder unter www.viazul.com nachschauen.

■ Der **Bahnhof** liegt südlich, rechts von der Straße nach Casilda, den Lino Pérez hinunter zu den Bahngleisen, links herum sieht man eine Scheune und ein altes Gebäude. Hier ist das Büro und hier heißt es verhandeln. Man bekommt eine nummerierte Karte, mit der man sich in die Warteschlange einreiht. Man sollte den Fahrpreis abgezählt bereithalten und ihm dem Schaffner geben. Blaue Züge fahren in das Tal Meyer (2 Stunden, 80 Centavos), täglich etwa 10 und 17.30 Uhr mit Stopp in Iznaga. Braune Züge fahren nach Condado (zweieinhalb Stunden), täglich gegen 9 und 13 Uhr.

■ **Flug:** Südlich des Ortes in Richtung Casilda liegt der *Alberto Delgado Flughafen (TND).* Man kann auch den 50 km entfernten Flughafen *Jaime Gonzalez (CFG)* bei Cienfuegos benutzen. *Inter* bietet täglich mehrere Flüge von La Habana via Varadero nach Trinidad. Die Strecke La Habana – Trinidad kostet pro Weg 52 CUC. Wer nach Santiago möchte, fliegt mit *AeroCaribbean.*

■ **Mietwagen:** *Havanautos* im Hotel *Costasur,* Tel. 996100; *Transautos* im Hotel *Ancón,* Tel. 993155 und im Motel *Las Cuevas,* Tel. 992340; *Nacional Rent a*

Car in der Calle Frank Paí 479, e/Fidel Claro y Simón Bolívar; Tel. 992577.

■ Wer Trinidad mit dem **Boot** ansteuert, fährt zur **Marina Cayo Blanco** an der Playa Ancón: Faro Cayo Blanco, 21°48'N,80°02'W, Península Ancón, Tel. 994414, Seekarten: 1141/1835, *Geocuba*. Das Hafenbecken mit seinen 9 Plätzen ist für 2 m Tiefgang geeignet. Am Steg gibt es einen Pavillon des Tauchcenters (ACUC, SSI, CMAS) und ein Restaurant.

Ausflüge

Empfehlenswert ist der etwa fünfstündige Ausflug zu Pferd zum **Parque el Cubano** und **Wasserfall Javira,** den *Rumbos* für 10 CUC anbietet, auch mit Taxi möglich. Manche Vermieter versuchen, den Ritt für 20 CUC anzubieten. Oft wird auch am Parkeingang noch ein Eintrittsgeld von 6,50 CUC gefordert. Fragen sie deshalb vorher nach den kompletten Kosten.

Playa La Boca

Dieser Strand an der Mündung des Guaurabo ist 4 km vom Ortsrand Trinidads entfernt. Man folgt der Simón Bolívar südlich bis über die Eisenbahnschienen und nimmt dann an der nächsten Gabelung die rechte Straße. Hier ist es ursprünglicher als an den anderen Stränden, also auch lauter und schmutziger. Trotzdem gut, um sich ein paar Tage zu entspannen. Im *Restaurante El Galeón* in der Calle Real 52a kann man ganz passabel essen.

Privatquartiere

■ **Villa Río Mar,** San Jose 65 entre Rio y Rea, Tel. 993108, manresa@nauta.cu, ein großes Haus, zwei Zimmer mit Bad und AC, Terrasse mit Meerblick, nette Leute, 25 CUC.

■ **Villa Sonja,** Ave. del Mar 11, esq. calle D, Tel. 992923, zwei Zimmer in hübschem einstöckigem Haus, mit Bad und AC, schönem Garten, 25 CUC, aber alles vorher genau aushandeln.

■ **El Capitán,** Calle Real 82, Tel. 993051, einstöckiges Haus am Strand Richtung Playa Ancon. 2 Zimmer, eins mit Meerblick, super Essen, nette Leute, Bushaltestelle vor der Tür, 25 CUC.

■ **Hostal Sol y Mar,** *Joaquín Pomés Figueredo, Olga Santos Sosa,* Ave. del Mar (Calle Real) No. 87, Playa la Boca, Tel. 645530, bietet 2 Zimmer in einem großen Haus im Kolonialstil, mit Bad, AC und Meerblick, Terrasse, die Besitzer sprechen nur spanisch, 25 CUC.

■ **Azaris 61,** Calle Real 61, Tel. 993301, schönes Haus am Strand mit schattigem Baum, Patio und Seeblick, ein großes Zimmer mit AC, gute Küche. 25 CUC.

■ **Hostal el Ocaso,** *Alina Fernández y Rolando Capdesuñer,* Ave. del Mar 28, am Ortsende an der Straße nach Ancón links, Tel. 993063. Ein sehr angenehmes Haus, freistehend mit schattigem Garten und großer Dachterrasse, 2 Zimmer mit AC, Bad und Minibar, 25 CUC.

■ **Idel y Domingo,** *Idel García Lozano y José Domingo Renduelez,* Ave. del Mar 9, zum Meer hin. Auf der Veranda sitzend, von Pflanzen umgeben, und eine leichte Brise vom Meer – so lässt es sich aushalten. An der Ecke gibt es Pizzas und eine Strandbar. 2 Zimmer mit AC, Ventilator, Kühlschrank und Bad, Parkplatz, 25 CUC.

■ **La Roca,** Calle Real 1, e/Gran Via y Ave. del Mar, am Ortseingang hinter der Gabelung, rechter Hand am Meer, Tel. 349765, mit einer Veranda unter Bäumen, 2 DZ mit Bad und AC, 25 CUC, das Haus ist auch ein Paladar.

Playa Maria Aguilar

10 km von Trinidad entfernt, belebter und nicht ganz so schön. Auch hier gibt es ein einfaches Hotel. Ein Grillrestaurant liegt ebenfalls auf dem Strand.

Mitte August feiert man hier das **Fest der heiligen Elena.** Biegt man am Ortsende rechts ab, stößt man auf die Uferstraße. Dort gibt es die Bar *Las Caletas.* Links erreicht man zuerst María Aguilar und dann die Playa Ancón. Insgesamt etwa 18 km. Der schönere Weg führt über La Boca immer am Meer entlang, wo man ab der *Las Caletas Bar* wieder auf dem gleichen Weg weiter fährt.

Unterkunft

■ **Hotel Costasur** (Club Amigo) ③, Caslida, Carretera Maria Aguilar, 3 km westlich vom Hotel *Ancón* am Strand, 30 Minuten Fußweg von der Marina, Tel. 996172. 111 Zimmer, 20 Bungalows. Die Bungalows sind etwas gemütlicher, als die heruntergekommenen Zimmer im Altbautrakt, Meerwasserpool. Wegen der scharfkantigen Steine ist es schwierig, ins Wasser zu gelangen. Mit Bar, Disco und Tennisplatz. All inclusive. Schnorchel und Fahrräder können geliehen werden. Ein Weg führt von dort am Flughafen vorbei zum kleinen Fischerdorf Caslida.

■ **Cristina Hostal,** Calle Real 69, Tel. 995126, Mobil 53130296, 5 km südlich in Casilda, 2 große Zimmer mit Bad, großer Patio, 20 CUC, nette Leute, *Gustavo* war mal Zahnarzt, gutes Essen.

■ In Casilda, ca. 5 km von der Playa Ancón entfernt, liegt die **Hospedaja-Lodging Rafael Albalat Sariol** *(El Rubio),* Calle Iznaga 125 e/Perla y Norte, Puerto Casilda, Tel. 995119. Riesiger Garten mit Terrasse. Das Essen ist super, der Chef hat ein eigenes Fischerboot, ab 20 CUC.

Playa Ancón

Die Playa Ancón ist ein Palmen gesäumter **Strand** auf einer Landzunge südlich von Trinidad. Leider werden hier bald mehr große Hotels stehen. Über die Palmen bestandene Zufahrtsstraße kann man mit einem Touristenbus diesen schönen Fleck erreichen. Der Havanatur-Pendelbus fährt von 8 bis 18 Uhr für 2 CUC nahe des Parks Céspedes in der Calle Luis Pérez an die Playa. Fahrpläne für den Pendelbus hängen im Havanatur-Büro. Vor dem Internetcafé stehen Taxis, die Fahrt kostet 10 CUC hin und zurück, der Fahrer holt einen zur gewünschten Zeit wieder ab. Man sollte sich das Auto mit mehreren Reisenden teilen. Die beliebten *Amarillos* kosten für 2 Personen 8 CUC, man kann sich jedoch den Wind um die Nase wehen lassen. Entfernung von Trinidad 18 km.

Es gibt auch einen **Touristenzug** für 2 CUC. Abfahrt mehrmals täglich bei der Antonio Maceo, der Zug kurvt dann quer durch die Stadt, wo Mutige noch aufspringen können.

Ein **Hop-on/Hop-off-Bus** fährt aus der Innenstadt von Trinidad an die Strände: alle halbe Stunde von 9–21 Uhr für 5 CUC am Tag.

Trotz der Bebauung geht es noch ruhig zu, es ist reichlich Platz zum Baden da – Vorsicht vor Seeigeln, nur mit Badeschuhen ins Wasser.

Am Strand kann man sich nachmittags für 2 CUC Liegen mieten. Schnorcheln ist vom Strand aus möglich, und wo Felsen sind, gibt es natürlich am meisten zu sehen. Abends gibt es Hummer am Strand, die Strandbar liegt neben dem Hotel *Ancón*.

Unterkunft

■ **Trinidad Del Mar** (Brisas) ④, All-inclusive, Tel. 996500, 240 Zimmer mit Blick auf Berge und Meer, kolonial angehauchte Architektur, die übliche Ausstattung, WLAN, Pool mitten in der Anlage, Essen eher einfach.

■ **Hotel Ancón** (Gran Caribe) ④, das alte All-inclusive-Hotel ist 5-stöckig und hat 280 Zimmer. Optisch kein Meisterwerk, aber die Umgebung macht es wett, denn es liegt an der besten Stelle des Strandes, von allen Balkonen kann man den Sonnenuntergang im Meer sehen. Tel. 996120.

Valle de los Ingenios

Dieses Tal verdankt seinen Namen den vielen **Zuckerfabriken** *(ingenios)* aus dem 19. Jh. Es liegt einige Kilometer hinter Trinidad auf der linken Seite der gut ausgebauten Straße Richtung Sancti Spíritus. Pinkfarbene Hinweisschilder weisen den Weg ins Tal. Der alte uruguayische Zug, der von Trinidad nach Iznaga fuhr, ist leider defekt. Preiswerter geht es ohnehin mit einem *Amarillo-Taxi.* Die „Kokosnuss" fährt zwei Personen für 15 CUC hin und zurück, Taxi ca. 25 CUC. Erläuterungen des Fahrers sind im Preis inbegriffen. Eine Bustour, gebucht über ein Hotel, kostet etwa 15 CUC.

In diesem Tal standen einmal 57 *trapiches,* **Zuckermühlen.** Wie das Leben der Herren und Sklaven einmal ausgesehen hat, kann man noch heute im Herrenhaus der *Iznaga* im gleichnamigen Dorf besichtigen. Dort steht ein 52 m hoher Turm für das Wachpersonal neben einem 52 m tiefen Brunnen. *Iznagas* Söhne, so sagt die Überlieferung, waren in dieselbe Mulattin verliebt. Sie sollte demjenigen versprochen werden, der höher baute oder tiefer grub. Es blieb beim Unentschieden. Trotzdem ist der berühmte Sklaven-Beobachtungs-Turm das spannendere Bauwerk. Man kann ihn besteigen (1 CUC), oben angekommen hat man eine herrliche Sicht über das Tal. Danach kann man das Dorf besuchen, in der Cafeteria einen Drink nehmen oder ein wenig im Tal durch die Zuckerfelder wandern. Die Rückfahrt ist mit dem Zug möglich.

Ingenio San Isidro: Am Schild rechts ab, 1,5 km hangaufwärts, danach 300 m abwärts. Halb überwucherte Ruinen mit dreistöckigem Glockenturm.

Ingenio Guaímaro (bei San Juan): Am Schild rechts ab, nach 200 m wieder rechts auf einen schlechten Weg. Das unrestaurierte Ingenio liegt in einem Wäldchen, man kann sich zum Besichtigen dort den Schlüssel geben lassen.

Nationalpark Sierra del Escambray

Wer Erholung in einem Naturschutzgebiet sucht, kann von Trinidad mit dem Auto in einer Stunde den **Nationalpark Topes de Collantes** erreichen. Es geht von der Calle Maceo am Pare-Schild links ab, über eine serpentinenreiche, steile Landstraße 770 m hinauf nach Nordwesten. Beim Mirador kann man eine Pause einlegen und bei einem Drink den Blick genießen. Nach einer Dreiviertelstunde wird die Gegend plötzlich wieder stadtähnlich. Das ist das Kurgebiet. Das Klima hier oben ist feucht, und es regnet oft, die Straße ist miserabel.

⊡ Wasserfall El Salto de Caburní

1954 beschloss man den Bau eines riesigen Lungensanatoriums. Der kasernenartige Klotz in 800 m Höhe bekam den Namen **„Kurhotel"**. Nach der Revolution wurde eine Schule daraus, da Bildung wichtiger war und die reichen Amerikaner sowieso nicht mehr kamen. In den letzten Jahren wurde der Kurbetrieb wieder aufgenommen und das Behandlungszentrum für Lungenkrankheiten wurde abermals berühmt.

Das **Hauptinfozentrum** des Parks liegt von Trinidad aus rechts vor dem Kurhotel; hier bekommt man Wanderkarten. Der Naturpark ist nach wenigen Kilometern erreicht. Eintritt 6,50 CUC. Es gibt dort ein Restaurant, von wo aus man zum **Wasserfall Salto de Caburní** aufbrechen kann. Holzschilder weisen den beschwerlichen, steilen Weg.

Zum Besuch der üppigen Welt der Farne im **Parque la Represa** benötigt man einen Führer (im Infozentrum am Kurhotel), Eintritt 6,50 CUC. Dieser Park liegt um den Río Vega unterhalb des Hotels *Los Helechos*. In einer ehemaligen Batista-Villa im Park gibt es eine Cafeteria.

Die **Finca Godina** gehörte ursprünglich zu einer Kaffeeplantage. Heute sind hier Naturfreunde und Vogelschützer unterwegs. Sie liegt kurz vor dem Naturpark auf der linken Seite der Straße den Hügel hinauf. Weiter nach Westen wird immer noch Kaffee angebaut. Man erkennt die Plantagen kaum. Die Kaffeepflanzen wachsen schattig an den Hängen verstreut unter den mächtigen Bäumen. Eine geführte Tour (über *Rumbos*) kostet 20 CUC. Ein paar 100 m weiter westlich liegt die **Cueva La Batata;** ein unterirdischer Bach rauscht durch die Höhle.

aber auch nicht teuer. Einige Bungalows sind renoviert worden, andere in desolatem Zustand.

■ **Hotel Villa Rancho Hatuey** (Islazúl) ②, Tel. 328315, liegt auf einem bewaldeten Hügel an der Straße nach Santa Clara 4 km außerhalb, 2-stöckiger Bau mit kleinem Pool, oft Reisegruppen.

■ **Hotel Plaza** (Encanto) ②, Tel. 327102. Das alte zweigeschossige Herrenhaus von 1843 (27 Zimmer) steht in der Calle Independencía Norte 2, esq. Ave. de los Mártines, gegenüber dem Park und ist seit 1996 ein Hotel. Preiswerte Zimmer, tolles Ambiente, klasse Service. Check-in ab 16 Uhr.

■ **Hostal del Rijo** (Islazúl) ②, Plaza Honorato del Castillo 12, gegenüber der Kirche, Tel. 328588, 328 583, das restaurierte neoklassische 16-Zimmer-Haus eines Doktors. Toller Blick von der Dachterrasse. Schönes Hotel mit vielen alten Details, Autoanfahrt schwierig.

■ **Hotel Don Florencio** (Encanto) ②, Independencía Sur 63, Tel. 328588. Das alte 2-geschossige Stadthaus ist knallblau gestrichen. Es gibt einen Laden im Haus, jedoch kein Restaurant, zum Frühstücken muss man ins Hotel *Plaza Independencía Norte 2* laufen.

Privat

■ **Martha Rodríguez Martínez,** Placído 69, e/ Calderon y Tirso Marín, Tel. 323556, 200 m vom Park entfernt. Zwei Zimmer mit Bad, 20 CUC, man kann abends auf dem Dach sitzen.

■ **Rafael Quinones** *(El Guajiro),* Máximo Gómez 9 Altos e/Cervantes y Honorato, 20 CUC die Nacht, 22 CUC mit Frühstück und Abendessen, ist im 1. Stock, man kann auch aufs Dach, aber dort nicht sitzen. Nahe am Parque Serafin Sanchez.

■ **Antonio Santisteban,** Honorato 7 Sur, e/Llano y Independencía, Tel. 324185, reizvolles Haus mit zwei Zimmern, ein sehr großes mit Balkendecke und altem Bad, ein kleineres mit modernem Bad, ab 20 CUC.

■ **La Casa Azul,** Maceo 4 Sur e/Avenida de los Mártines y Doll, Tel. 324336. Zwei schöne DZ, eins davon mit Dachterrasse, Bad, AC, Aussicht wunderbar. Nettes älteres Ehepaar, gutes Essen! 5 Min. zum Platz, ruhig. Zimmer 25 CUC, 3 CUC für Frühstück, 7 CUC pro Person für Abendessen.

< Straße in Sancti Spíritus

■ **Casa Héctor Luis,** Máximo Gómez 11 Sur, e/ Parque Central y Honorato, Tel. 334658. Im diesem Haus aus dem Jahr 1838 gibt es 4 DZ, 2 im Erdgeschoss und 2 neuere oben, mit Terrasse, der Innenhof ist üppig mit Pflanzen versehen, das Haus mit antiken Möbeln. 25 CUC, tolles Frühstück ab 4 CUC pro Person, Parken möglich.

Essen und Trinken

■ **Quinta Santa Elena,** San Miguel (Quintero) 60, Tel. 328167, alte Villa in Sichtweite der Brücke, gutes Essen, schöner, schattiger Garten, kreolische Küche, Hauptgerichte ab 5,50 CUC, 10–24 Uhr.

■ **Las Arcadas,** annehmbares Essen zu moderaten Preisen im Hotel *Plaza.*

■ **Mesón de la Plaza,** *Pollo* und *Sangría* gibt es in der Nähe der Kirche, Maxímo Gómez Sur 34. gut, aber oft mit Bustouristen voll.

■ **Restaurante 1514,** in der Céspedes Norte 52 in einem herrschaftlichen Haus aus dem 19. Jh. Einfache und preiswerte Lokalküche.

■ **El Sotano,** Calle Eduardo Chivas, e/26 de Julio y Jesús Menendez, Peso-Paladar am Fluss, ab 11 Uhr.

■ **Los Amigos,** Céspedes Sur 56, e/Raimundo y Ernesto V. Muñoz, modernes Ambiente in altem Gemäuer, Allerweltsküche zu moderaten Preisen, geöffnet ab 12 Uhr.

■ **Los 500 Años,** Dolores 63, e/Plácido y Panchito Gómez Toro, Tel. 325095, gute Küche im Zentrum in einem alten Gebäude, Hauptgerichte ab 8 CUC, geöffnet ab 11 Uhr.

■ **Restaurante del Rijo,** Honorato del Castillo 12, esq. Máximo Gómez. Gute Speisen zu fairen Preisen im edlen Ambiente des gleichnamigen Hotels mit Blick über den Platz.

Einkaufen, Sonstiges

■ **Kunsthandwerk:** Independencía Sur 55.

■ **Fotoladen:** Independencía Norte 50.

■ **Gemüsemarkt:** Céspedes Sur, esq. Valdéz Muñoz, Independencía Sur esq. Honorato.

■ **Casa de Comisiones:** eine Art Flohmarkt, Independencía Sur 6. Hier gibt es auch Straßenstände mit Waren des täglichen Bedarfs.

■ **Bank:** Independencía Sur 2.

■ **CADECA** (Wechselstube): Independencía Sur 31.

■ **Internet:** *Telepunto* in der Independencia Sur (Fußgängerzone), e/Cervantes y Honorato del Castillo, 17–23 Uhr, oder in den Hotels *Plaza* und *Zaza.*

■ **Post,** Independencía Sur 8.

Aktivitäten

■ In der *Casa de la Trova,* Máximo Gómez sur 26, finden **Musikveranstaltungen** statt, auch in der *Casa de la Musica,* hinter dem Museo de Arte Colonial und im *Quinta Santa Elena* gibt es Musik.

■ **UNEAC:** der Künstlerverein residiert in der Independencia Sur 10.

■ **ARTex** hat seine Bühne am Park Serafín Sánchez.

■ Die **Casa de la Cultura** liegt in der M. Solano 11 und bietet ebenfalls Veranstaltungen.

Verkehrsverbindungen

■ Die Station für **Überlandbusse** ist 2 km östlich an der Carretera Central, km 388, esq. B. Maso, Tel. 26517. *Víazul-* und *Astro-*Busse fahren mehrmals täglich nach Trinidad, 70 km, 2 Stunden, nach Ciego de Avila, 2 Stunden, und nach Santa Clara, 2 Stunden. Außerdem verkehren Víazul-Busse in Richtung La Habana und Santiago.

■ Der **Bahnhof** ist im Südwesten, am Ende der Ave. Jesús Menéndez über den Río Yayabo. Das Problem ist allerdings, dass Sancti Spíritus nicht an der Hauptstrecke liegt. Man muss in dem 20 km entfernten Guayos aussteigen. Das Aus- und Einsteigen geht wegen des Bahnsteigs nur vom ersten Wagen aus. Wer hier ankommt, findet meist ein Taxi nach Sancti Spíritus. Umgekehrt wird ein Problem daraus. Die Züge verkehren, wie so oft auf Cuba, unregelmäßig. Wer mittags an der Bahnstation in Guayos ankommt, ist dem Fahrplan und dem Wohlwollen des Schaltermannes ausgesetzt, ob er dieses öde Kaff noch am selben Tag verlassen kann, man sollte das Ticket in Sancti Spíritus kaufen.

- Die **Tankstelle** liegt in Richtung Santa Clara, 5,5 km auf der Carretera Central.
- **Kutsche zur Busstation,** Avenida de los Martínez, an der Ecke zur Adolfo del Castillo.

Ausflüge

Stausee Zaza

Am südöstlichen Rand der Stadt liegt der **größte Süßwassersee Cubas.** Beim Bau wurden ganze Dörfer überflutet. Noch heute ragen die Spitzen der Palmen aus den Fluten. Am Ufer haben Freizeiteinrichtungen ihren Platz gefunden und bieten nach einigen anstrengenden Museumsbesuchen etwas Erholung. Die Hauptattraktion jedoch ist der Fischreichtum der Gegend. Außer im Stausee kann man auch im gleichnamigen Fluss, im Río Agabama oder in den Seen Lebrige und Dignora sein Glück versuchen. Die Saison ist von November bis April.

Unterkunft

- Hinter der *Finca San José* gibt es das **Hotel Zaza** (Islazúl) ③, km 5,5, Tel. 327015. Von der Straße nach Ciego de Ávila rechts ab führt eine Straße, gesäumt von Riesenbambus, auf die Halbinsel mit der einfachen Anlage. Manchmal laute Musik von der Pooldisco. 65 Zimmer, zwei Restaurants, Bar Mirador mit Aussicht. Die Bar *Media Luna* ist 5 km entfernt vom Haupthaus. Internetmöglichkeit, im Garten wachsen Mangobäume. Ein Teil der Anlage wird abgerissen.
- An der Verbindungsstraße von Remedios nach Morón liegt 20 km hinter Yaguajay der kleine Ort Mayajigua. Hier findet sich die kleine **Bungalowanlage Villa San José del Lago** (Islazul) ③, Ave. Antonio Guiteras, km 1,5, Tel. 0534 1546108. Die einfache Anlage mit 67 Zimmern liegt am namensgebenden kleinen See. Die meisten Gäste kommen wegen der Heilquellen, die den See speisen, aber auch einen normalen Pool gibt es.

Ciego de Ávila

- **Vorwahl:** 033
- **Einwohner:** 90.000

Die Stadt dient den umliegenden Farmen als Marktstätte. Außerdem gibt es ein Kraftwerk. Koloniale Sehenswürdigkeiten gibt es hier nicht zu bestaunen, da die Stadt erst 1840 gegründet wurde. Benannt ist sie nach dem Schergen *Diego Velázquez.* Um sich vor Freiheitskämpfern zu schützen, ließen die Gründer die Verteidigungslinie Trocha mit Gräben, Zaun und Wachtürmen bauen, trotzdem wurde sie dreimal erobert. Zehn der schmucklosen Türme kann man noch auf der rechten Seite der Bahngleise und der Straße nach Morón sehen, kurz vor Santo Tomás. Die Stadt entwickelte sich schnell zu einem Handelszentrum. Heute landen hier viele Touristen, um sofort weiter zur Inselgruppe Jardines de la Reina zu fahren. Näheres über diesen Nationalpark siehe Kapitel „Inseltouren".

Im Ort kann man rund um den **Park Martí** schlendern. Um diesen Park mit dem Monument des Dichters befinden sich das **Theater** (1927) und das **Regierungsgebäude** von 1911.

116cu kh

Das **Museo Municipal Simon Reyes** liegt an der José Antonio Echevarría 25 in einer typischen Villa und zeigt Exponate aus dem afro-cubanischen Leben, 1 CUC.

Außerdem gibt es einen kleinen **Zoo** an der Independencía Este.

Der **Parque de la Ciudad** liegt im Nordwesten der Stadt am Ende der Calle Bembeta. Er ist eine Art Naherholungsgebiet mit dem künstlichen See La Turbina in der Mitte, auf dem ein Lokal schwimmt, allerlei Skulpturen, Spazierwege und ein Eisenbahnwagon als Café sind die Höhepunkte. Wer sich betätigen möchte und zu alt für den Spielplatz ist, kann ein Ruderboot mieten. Schließlich gibt es noch ein Flugfeld für Modellflieger. Der Architekt *Evens López Carvajal* schuf diese ungewöhnliche Freizeitanlage, in der es noch einige weitere Details zu entdecken gibt.

Der preisgekrönte Boulevard lädt zum Schlendern ein, die moderne Fußgängerzone liegt an der Independencía.

Das Theater in Ciego de Ávila

Unterkunft

Hotels

■ **Hotel Sevilla** ②, Independencía Oeste 57, Tel. 225603. Von 1920, bestes Haus am Platz, zentrale Lage am Parque Martí mit 24 Zimmern, die Balkone gehen zum Park und von der Bar hat man einen guten Blick, keine Kreditkarten.

■ **Hotel Santiago-Habana** (Islazúl) ②, Honorato del Castillo s/n esq. Chicho Valdés, an der Hauptstraße, Tel. 225703, 5-stöckiges Haus mit 75 Zimmern im typischen 1950er Jahre Stil mit Pool von 1957, trotzdem gute Unterkunft.

■ **Ciego de Ávila** (Islazúl) ②, dieses moderne, vierstöckige Haus hat 142 Zimmer und liegt etwas außerhalb, Carretera a Ceballos, km 2,5, Tel. 228 013. Mehrere Bars und Laden, die Disco ist gut besucht. Meist Reisegruppen.

Privat

■ **Aleida Cabrera Ávila,** Independencía 259/ Linea, Tel. 200162, 2 Zimmer mit Bad, Salon, Patio, 20 CUC.

■ **Eliecer M. Hernández y Gladys Luis Marrero,** Independencía 205, e/4ta y Ornélio Hernández, Tel. 203179, 20 CUC das Zimmer, Frühstück 3 CUC, sehr schöne Zimmer, Dachterrasse, viele Vögel im Haus, der Hausherr besitzt einen alten *Buick*.

■ **Maria del Carmen,** Pina Calle Cuarta 9, e/Independencía y Candelario Agüero, Tel. 224860. Sehr liebenswürdige Familie, schönes DZ mit Bad und kleiner Küche, Auto kann geparkt werden. 20 CUC für das DZ.

■ **Martha,** José M. Agramonte 19, zwischen Independencía und Joaquín Agüer, Tel. 224596, zentral, 2 DZ, modern, Dachterrasse, 20 CUC.

■ **Casa Yolanda,** Calle 5ta. 15, e/Republica y Hicacos, gegenüber dem Zoo, Tel. 214026, yol.wong@hotmail.com, schönes Haus, 2 kleine DZ mit Bad und separatem Eingang, Parkplatz, 20 CUC.

Essen und Trinken

■ **Restaurante Colonial,** cubanische Küche, moderate Preise und ein Innenhof, in der Independencía Oeste 110.

■ **Doce Plantas Don Pepe,** Schwein und Huhn bei Live-Musik, geöffnet tgl. außer Mo und Di, Independencía Oeste 103.

■ **El Rápido,** der unvermeidliche Schnellimbiss liegt am Parque Martí, esq. Libertad y Honorato de Castillo.

■ **Café La Fontana,** hier trifft der Name *Café* wirklich zu, die Speisekarte bietet verschiedene Kaffeeköstlichkeiten, auf den Tischen liegt die Parteizeitung, es werden Neuigkeiten ausgetauscht. Independencía, esq. Maceo.

■ **Bar Solaris,** im 12. Stock des höchsten Gebäudes am Parque Martí. Cocktails ab 5 CUC.

■ **Restaurant Flotante Madre de Agua,** schwimmt wirklich im See, der sich östlich vom Hotel *Ciego de Ávila* erstreckt. In der Grünanlage um den See liegen noch weitere Lokale. In diesen kosten einfache Hauptgerichte ab 6 CUC.

■ **El Flamenco,** der Paladar liegt am Krankenhaus und serviert gutes Essen.

■ **Restaurant Confronta,** Parque Martí, e/Correo Nacional, kleines Angebot mit gutem Essen, nette Bar mit guten Drinks in Peso Cubano. Der Vorbesitzer steht als Gipsmodell hinter der Bar.

■ **El Crucero,** Calle Libertad 366 (Altos), e/2 y 3, Bar mit AC, Sitzplätzen draußen und ganz guten cubanischen Gerichten, 11–15 und 18–22 Uhr.

■ **Eisdiele,** die örtliche, oft überfüllte *Coppelia* steht an der Independencía Oeste, esq. Simón Reyes.

Aktivitäten

■ **Casa de la Cultura,** Independencía 76, e/Maceo y Honorato del Castillo.

■ **Casa de la Trova,** der Musentempel ist in der Libertad 130, esq. Simón Reyes und zieht jeden September Musiker aus ganz Cuba an.

■ **Kino** gibt es in der Maceo 51 und Ecke Maceo y Joaquín Agüero.

Einkaufen, Sonstiges

■ **Supermarkt:** Cruz Verde, Independencía, esq. Máximo Gómez.

- **Gemüsemarkt:** Chicho Valdés Este, e/Agamonte y Calle 1.
- **Bank:** Independencía Oeste 152, oder Independencía Este, esq. Maceo, oder Agüero Oeste, esq. Honorato del Castillo.
- **CADECA** (Wechselstube): Independencía Oeste 118, e/Maceo y Simón Reyes.
- **Post:** Chicho Valdés, esq. Marcial Gómez
- **Tankstellen:** westlich des Ortes in Majagua, an der Umgehungsstraße nahe dem Busbahnhof und auf der Calle Morón vor der Auffahrt auf die Umgehungsstraße.

Verkehrsverbindungen

- Die Station für **Überlandbusse** ist an der Carretera Central östlich des Zoos, 1,5 km in Richtung Camagüey, Tel. 203197. *Víazul* und der preiswertere *Astro* kommen hier durch. *Víazul* nach La Habana 27 CUC, er fährt um 6, 12.40 und 16.40 Uhr, *Astro* kostet 20 CUC. Das übliche Problem: Meist sind die Busse voll, und man muss hoffen, dass Reisende aussteigen und den Platz räumen.
- Der **Bahnhof** ist südwestlich am Ende der Agramonte. Im Nahbereich gibt es zwei Züge nach Morón für 1 CUC, Nr. 503 täglich um 14.05 Uhr nach Camagüey. Außerdem den täglichen *La Habana-Express* für 25 CUC. Alle anderen Züge kommen hier nachts durch. Nach La Habana: 2 und 4 Uhr; Santiago: 21 Uhr; Holguin: 16.45 Uhr; Bayamo: 3 Uhr. Außerdem gibt es einen restaurierten **Dampfzug** des Zuckerministeriums MINAZ. Dieser fährt am Wochenende ab 9 Uhr nach Santo Tomás und zurück, vorbei an den Trocha-Türmen.
- **Flug:** Der Flughafen *Máximo Gómez (AVI)* befindet sich in Ceballos, 24 km nördlich der Stadt, auf halbem Weg nach Morón: *Aeropuerto Máximo Gómez (AVI)*, für alle Arten von Flügen. Nach La Habana oder Santiago kostet der Platz etwa 50 CUC. Cubana-Büro in der Chicho Valdéz 83, Tel. 201117. Das Taxi in die Stadt kostet etwa 13 CUC.
- **Mietwagen:** *Havanautos* hat ein Büro im Flughafengebäude und ein Büro im Hotel *Ciego de Ávila, Transtur* nur im Hotel.
- **Turistaxi:** Tel. 22997

Ausflüge

- **Mirador:** kurz vor der Bolivia, ist sehenswert, Fußmarsch statt Auto ist für die Ersteigung zum Ausblick sinnvoll.
- **Florencia:** dortige Höhlen sind zu besichtigen, sehr schöne Natur und Flüsse, leider etwas schwierige Anfahrt, deshalb besser fahren lassen.

Morón

- **Vorwahl:** 033
- **Einwohner:** 90.000

Wenn man von Ciego de Ávila nach Norden zu den Cayos fahren will, erreicht man auf halbem Wege die Kleinstadt Morón, **inmitten weiter Zuckerrohrfelder** gelegen.

Morón existiert seit der Mitte des 18. Jh. und ist damit rund hundert Jahre älter als die Provinzhauptstadt. Im Ortskern stehen noch einige der alten Häuser im Kolonialstil. Früher war hier das **Zentrum der Hahnenkämpfe.** Das erklärt auch die Hahnenskulptur am südlichen Ortseingang, die zweimal am Tag kräht. Ursprünglich war sie als Erinnerung an einen Bürgermeister aufgestellt worden, der „der Hahn" genannt wurde. Nach der Revolution hat man ihn wegen der politischen Zugehörigkeit des Namensgebers zerstört und später „unpolitisch" wiedererrichtet. Nun soll er an

Hahnenkämpfe erinnern. 1871 ging die spanische Befestigungslinie **Trocha Júcaro-Morónin** in Höhe Moróns quer über die Insel. Sie bestand aus Holzpalisaden und einem Graben mit diversen Wehrtürmen. Beides wurde aber von der Rebellenarmee unter *Maximo Gómez* und *Antonio Maceo* überwunden.

Wer die **Zigarrenfabrik** besichtigen will, sollte sich bei seinem Vermieter den Weg beschreiben lassen, das Gebäude liegt etwas versteckt. Führung 2 CUC.

Berühmtester Sohn der Stadt ist der Musiker *Pio Leyva*.

Sehenswert ist das **Museo Municipal De Morón,** auch als „Caonabo Museum" bekannt, mit seiner Sammlung indocubanischer Exponate und zur Geschichte des Hahns und anderer Bräuche. Es befindet sich in einem eklektizistischen, palastartigen Gebäude, Calle Castillo 164.

Mein Tipp: Der **Bahnhof** von 1924 ist der zweitgrößte in Cuba, eine Mischung aus französischer und Südstaatenarchitektur. Hier installierte die amerikanische Firma *Baldwin Locomotive Works* ein Ausbesserungswerk für ihre Loks, die sie nach Cuba lieferte. Der über 600 m² große Warteraum war komfortabel mit Mahagonibänken und einem schönen Terrazzo-Boden von *Luis Mion* ausgestattet. Eine Treppe aus Carrara-Marmor führte zu den Eisenbahnbüros im Obergeschoss. Die Denkmalbehörde vergab den Renovierungspreis für das Gebäude.

Information

- Infos gibt es bei **Cubanacán** in der Cristobal Colón 49, Tel. 502181.
- **Infotur** residiert in der Calle Martí, Bar *Kíkiri*, Tel. 505513.

Unterkunft

Hotels

- **Hotel Morón** (Islazúl) ③, an der Ave. de Tarafa s/n, Tel. 502230, 2 km vom Zentrum entfernt, vierstöckig, in den Lagunen, 216 Zimmer. Oft Reisegruppen, der Pool steht auch für Nichtgäste zur Verfügung, der Service ist gut, meiden Sie am Wochenende Zimmer in Disconähe.
- **La Casona de Morón** ②, Ave. Cristobal Colón 41, Tel. 502236. Dieses Anglerhotel liegt in einer kolonialen Villa mit nur 7 Zimmern.

Privat

- **G. Marguerita Sierra,** Callejas No. 89, e/Martí y Castillo, Tel. 503798, großes Zimmer, überdachter Patio, Garten, 20 CUC, gute Küche.
- **Hostal Maite la Qbana,** Luz Caballero 40b, e/Libertad y Agramonte, Tel. 504181. Zentral, 1 Zimmer bis 5 Pers. und eins bis 3 Pers., Bad, AC, Terrasse mit Blick auf Morón und Pool, 25 CUC pro Zimmer bei 2 Pers., Frühstück 3–5 CUC, Abendessen bis 10 CUC. *Maite* spricht Englisch und Italienisch.
- **Hostal Vista al Parque,** *Idolka Maria Gonzalez Rizo,* Luz Caballero 49d (altos), e/Libertad y Agramonte, Tel. 504181 (Nachbar *Maite*). In der Nähe der *Casa de la Trova* zwei Zimmer mit Bad, AC, Sonnenterrasse, *Idolka* spricht Englisch, 25 CUC.
- **Alida de Avila Companionis,** Calle Serafin Sanchez 106, e/Martí y Castillo, Tel. 504168. Wohnung im 1. Stock wird vermietet. 2 Zimmer, Bad, Kühlschrank, 2 Terrassen, ab 20 CUC, gutes Abendessen ab 5 CUC, Frühstück 3 CUC, Garage.
- **Casa Gina,** Callejas 89, e/Martí y Castillo, Tel. 52956585, *Gina* spricht Spanisch, Italienisch, der Sohn Englisch. Das Haus ist sehr schön, ab 20 CUC.
- **Hospedaje Liberluz,** *Carlos Manuel Baez Rodriguez,* Calle Libertad 148, e/Luz Caballero y Padre Cano, Tel. 505054, 52816484. Ein Zimmer mit Bad und kleinem Balkon, 20–30 CUC, auch gutes Restaurant.
- **Casa Belkis,** Castillo 175, e/Callejas y Serafín Sánchez, Mobil 52971477, Tel. 505777, hostalbelkismoron@gmail.com, 2 Zimmer, eins auf dem Dach

mit Terrasse, eins für vier Menschen, jeweils mit Bad und AC, alles renoviert und gut gemacht, 25 CUC, Frühstück 5 CUC, Parkplatz 2 CUC. Mit Patio.

Essen und Trinken

- **Las Fuentes** in der Calle Martí 169, e/Agramonte y Libertad, 11–23 Uhr, bietet die größte Auswahl, billiger ist es im **Las Delicias** gegenüber. Auch das **Restaurant im Hotel Morón** ist besser, als es aussieht.
- **Paladar Maite la Qbana,** eine Alternative in der Luz Caballero 40b, e/Libertad y Agramonte. Die Küche hat einen Hang zum Italienischen.
- **El Ángel,** Calle 12, No. 16a, e/Ave. Tarafa y Carretera a Ciego de Ávila (esq. Tanque de agua), Hauptgerichte ab 7 CUC, geöffnet ab 12 Uhr.
- **Don Papa,** Enrique Varona 56, e/5 y 6, einfacher Laden, Hauptgerichte ab 7 CUC, geöffnet ab 12 Uhr.
- Die **Casa de la Trova** in der Calle Libertad 74, e/ Martí y Narcisco López ist der Auftrittsort der lokalen Volksmusiker, derweil tobt sich die Jugend in der Hoteldisco aus.

Aktivitäten

- Im Dezember gibt es ein **Eisenbahnfest,** bei dem alte Loks unter Dampf gesetzt werden.
- Am ersten Juniwochenende wird jedes Jahr ein **Bolerofest** gefeiert.

Verkehrsverbindungen

- **Bus:** Abfahrt vom Bahnhof nach Ciego de Ávila. Zu den Cayos fahren nur die blauen und gelben Busse morgens um halb sieben für die cubanischen Hotelangestellten. Víazul bietet den Cicuito Norte, eine Rundfahrt von Trinidad nach Ciego de Ávila und zurück an. In Moron stoppt der Bus um 12.35 Uhr.
- Im Ortskern, Ecke Martí y Poey, liegt der **Bahnhof,** an den ein Bahnbetriebswerk angeschlossen ist – das Bahnhofsgebäude aus dem Jahr 1924 präsentiert sich wie ein Museum. Man kann alle zwei Tage nach Santiago, Santa Clara und Nuevitas fahren, nach Ciego de Ávila und Camagüey zweimal täglich. Oft fallen jedoch Züge aus, auch der eingesetzte Schienenbus nach Ciego de Ávila ist nicht immer sicher, besser, man versucht es 37 km weiter von der Hauptstrecke in Ciego de Ávila aus.
- Die **Tankstelle** befindet sich in der Nähe des Hotels. Die Straße Richtung Camagüey und Nuevitas ist gut, ebenso in die andere Richtung nach Caibarién.
- Der nächste **Flughafen** ist 23 km entfernt bei Ciro Redondo.

Ausflüge

Angler zieht es 20 km nach Norden, zur **Laguna de la Redonda,** in dem dortigen Angelzentrum kann man Touren buchen oder ein Boot mieten. Man biegt von der Straße nach Cayo Coco ab und erreicht nach kurzer Fahrt den kleinen See, der von Mangrovendickicht umgeben ist. Das *Centro Turístico* und eine Bar ermöglichen einen Zwischenstopp.

In der Nähe liegt die **Laguna de Leche,** der Milchsee. Seinen Namen hat dieser große 66 km^2 Salzwassersee wegen der Trübung der Wasseroberfläche durch Kalk. Er ist durch einen natürlichen Kanal mit dem Atlantik verbunden. Auch hier sind Angler und Naturfreunde anzutreffen. Er ist nur von der Südseite zugänglich, wo es diverse Lokale an der Straße gibt. Um Ostern wird der **Carnaval acuático** mit geschmückten Booten gefeiert. Auf der Weiterfahrt sieht man auf der Halbinsel Turiganó eine Siedlung mit niederländisch anmutenden **Fachwerkhäuschen,** die *Celia Sánchez* hier errichten ließ. Naturfreunde und Angler lieben die Gegend, deshalb zieht es immer mehr Urlauber hier hin. Bald darauf erreicht man bei San Rafael die **Bahia de Perros,** die Hundebucht, und das Meer. Hier kann man über einen Damm zur Insel **Cayo Coco** fahren, siehe Kap. „Inseltouren".

Wer von Ciego de Ávila kommt und es nicht bis Camagüey schafft oder einen ruhigen Flecken sucht, kann in der Kleinstadt **Florida** die Carretera verlassen und vor der Tankstelle links in den Ort fahren. Hinter dem Bahnhof in der Calle Joaquin Aguero 525, e/25 de Julio y Perucho Figueredo kann man in der *Casa Láncara* unterkommen, einem Kolonialhaus aus dem Jahr 1910 mit begrüntem Patio: 2 Zimmer mit eigenem Eingang, Kühlschrank und Safe, 25 CUC. An der Hauptstraße zum Bahnhof gibt es ein Café, eine Pizzeria und das *Restaurante 1907,* der Zustand der Straße ist grenzwertig.

Camagüey

- **Vorwahl:** 0322
- **Einwohner:** 300.000

Camagüey ist eine der ältesten Städte Cubas, umgeben von grünen Weiden und endlosen Zuckerrohrplantagen. Bei einem Spaziergang durch das denkmalgeschützte Zentrum fallen die riesigen, bauchigen Tonkrüge auf, die neben den Eingangstüren der Häuser oder in den Patios stehen. Da die Stadt früher dauernd mit Wassermangel zu kämpfen hatte, fingen die Leute das Regenwasser in Krügen auf. Die örtlichen Töpfer brannten aus dem Ton der Sierra de Cubitas **große Tonkrüge** *(tinajones)* die schnell zu einem Statussymbol wurden. Bald konnte man in ganz Cuba diese Gefäße kaufen. Es gab noch eine Variante zum Wasserfiltern: Das gesammelte Wasser floss aus einem Krug über einen porösen Stein in den darunter stehenden *tinajo.* Leider werden die meisten *tinajones* nur noch als Dekoration benutzt und so kommt es öfters zu Wasserknappheit.

In neuerer Zeit wurde die **drittgrößte Stadt Cubas** durch die Züchtung der F1-Rinder bekannt, eine Kreuzung aus Holsteinrind und Zebu, die das Klima gut vertragen. Der erfolgreiche Züchter war ein Bruder *Fidel Castros.* Die örtlichen Cowboys werden *vaqueros* genannt.

Camagüey ist die Geburtsstadt des berühmten mulattischen Dichters *Nicolás Guillén.* Er wurde 1902 in der Calle Hermanos Agüero No. 58 als Sohn einer Unabhängigkeitskämpferin geboren.

Der zweite berühmte Sohn der Stadt ist General *Ignacio Agramonte.*

Die Straßen heißen heute nach den **Helden der Revolution:**

Agramonte	Estrada Palma
Bartolomé Masó	San Fernando
Céspedes	Hospital
Enrique Villuendas	Rosario
El Solitario	Santa Rita
José Ramón Silva	San José
O. Primelles	San Estéban
Padre Olallo	Pobre
Quiñoes	Francisquito
Ramón Guerrero	Popular
E.J. Varona	San Ramon Norte
Plaza La Soledad	Plaza el Gallo

Camagüey

Essen und Trinken
1 Paladar El Retorno
5 Paladar La Terraza
6 La Bigornia
7 El Patio
9 Bar Casablanca
11 Café Colonial
13 Rest. Don Ronquillo
15 Eisdiele (Coppelia)
19 La Perla de Cuba
20 La Volanta
21 Café Ciudad
22 Casa de la Trova
23 Paladar El Coloso
24 Paladar El Cardenal
25 El Ovejito
26 La Campaña de Toledo

Unterkunft
2 Hotel Puerto Principe
3 Hotel Plaza
4 Hotel Colón
8 Hotel Isla de Cuba
10 Camino de Hierro
14 Gran Hotel
16 Hotel Villa Maraguán
27 Hotel Camagüey

Einkaufen/Sonstiges
12 Infotur-Büro
17 Tienda El Cartel
28 Gemüsemarkt El Río
29 Kunstgewerbeladen

Nachtleben
18 Bar El Cambio

Die **Funda del Catre** ist die engste Gasse Cubas, und die Matías Varona, Ángel, San Rafael und Lugareño gehen auf die **Cinco Esquinas,** die fünf Ecken.

Anfang Februar gibt es die **Kulturtage** *Jornadas de la Cultura Camagüeyana.*

Parken kann man für 3 CUC auf dem Platz vor der Iglesia de Nuestra Señora de la Merced.

Geschichte

1514 gründete *Diego Velázquez* die Siedlung an der Nordküste in der Nähe des Hafens Nuevitas. Die Küstenlage hatte jedoch unablässige **Piratenüberfälle** zur Folge, daher zog die gesamte Siedlung zweimal um, bis sie 1528 am heutigen Platz im Landesinnern heimisch wurde. Doch selbst in dieser Lage brannte der berüchtigte jamaikanische Pirat *Henry Morgan* die Stadt 1668 nieder. *Morgan* brachte es sogar bis zum Gouverneur in Jamaika.

Um mögliche weitere Eroberungen zu erschweren, so besagt die Legende, legte man den Ort danach mit einem **völlig konfusen Straßenplan** an, aber keine 12 Jahre später griff ein französischer Pirat die Stadt an.

Der spanische Name *Santa Maria del Puerto Príncipe* galt bis 1923, dann wurde die Stadt nach dem indianischen Kazikenhäuptling *Camagüey* genannt.

Sehenswertes

Parque Agramonte: Der ehemalige Kirchplatz von 1528 ist heute dem Freiheitskämpfer *Ignacio Agramonte* gewidmet, der während des Unabhängigkeitskampfes gegen Spanien 1873 erschossen wurde. An den Ecken des Platzes stehen vier Königspalmen symbolisch für die vier Patrioten, die 1851 von den Spaniern hingerichtet wurden. Alle wichtigen Gebäude der Stadt stehen um den Platz herum.

Der **Parque Casino Campestre** ist der größte Stadtpark Cubas. Durch ihn fließt ein Nebenarm des Hatibonico, der Rio Juan del Toro. Im Park stehen z.B. die Denkmäler der spanischen Piloten, die 1933 in 19 Stunden von Sevilla hierher flogen.

Catedral de Nuestra Señora de la Candelaria: Die Kirche wurde 1530 errichtet, doch in den zahlreichen Kämpfen um die Stadt immer wieder zerstört. Der Glockenturm stürzte 1777, einen Monat nach seiner Fertigstellung, von selbst ein. Die katholische Señora de la Candelaria entspricht der afrocubanischen Gottheit *Oyá,* der Königin des Totenreichs. Heute erstrahlt die neoklassizistische Fassade frisch renoviert.

In der **Iglesia de la Merced** kann man ein Grab mit einem Christusbild besichtigen, das aus 23.000 Silbermünzen zusammengesetzt wurde.

Etwas weiter südlich befindet sich die **Plaza San Juan de Dios.** Der kopfsteingepflasterte Platz, der im 18. Jh. angelegt wurde, ist von hell getünchten Kolonialhäusern umgeben. Um den Platz herum befinden sich die 1728 erbaute, gleichnamige Kirche im Barockstil, das **Hospital San Juan de Dios,** ein ehemaliges Krankenhaus im maurischen Stil sowie einige Cafés und Restaurants. Abends finden auf dem Platz gelegentlich Flohmärkte statt. Ein schöner Ort zum Verweilen. In einer schattigen Ecke kann man sich auf Bänke setzen und Bronzeskulpturen betrachten, welche Frauen im Gespräch darstellen.

Museo Casa Natal de Ignacio Agramonte: In diesem Herrenhaus wurde *Agramonte* 1841 geboren. Plaza de los Trabajadores, e/Agramonte y Candelaria, geöffnet: Di–So 9–13 Uhr.

Das blaue **Geburtshaus** des berühmten Dichters *Nicolás Guillén* liegt in der Calle Hermanos Agüero 58.

Museo Provincial de Historia: Ehemalige spanische Kaserne. Ave. Mártires, geöffnet: Di–So 9–17 Uhr. Hier findet man naturkundliche Exponate und eine Gemäldegalerie.

Teatro Principal, General Espinosa. Sehenswertes Gebäude mit Marmortreppe, die von Palmen flankiert ist, farbige Glasfenster. Hier trat früher das Ballett von Camagüey auf, das neben der Truppe von *Alicia Alonso* das berühmteste Ensemble auf Cuba ist. Freitag und Samstag tritt bisweilen das aktuelle Ballett auf, 20.30 Uhr, 5 CUC.

Plazuela de Carmen, mit Skulpturen, die Menschen aus dem Viertel zeigen. Hier liegt auch ein gutes Restaurant.

Die **Plaza de los Trabajores** wurde renoviert und präsentiert sich bunt.

Praktische Tipps

Unterkunft

Hotels

- **Gran Hotel** (Islazúl) ②, Calle Maceo 67, e/General Gómez y Ignacio Agramonte, Tel. 284264. Hübsches, einfaches Hotel mitten in der Stadt, an der Fußgängerzone mit nettem Jugendstil-Café im 5. Stock und einer Bar auf dem Dach. 72 Zimmer. Keine Anfahrt mit Auto möglich, die Zimmer sind erst in den oberen Stockwerken renoviert.
- **Plaza** (Islazúl) ②, Van Horne 1, e/República y Avellaneda, Tel. 282457. Das dreistöckige Gebäude hat 80 Zimmer, meist fensterlos wie das Restaurant, alt, laut aber mit Pool.
- **Hotel Villa Maraguán** (Cubanacán)②, Circunvalación Este, Tel. 272017. 34 Zimmer, vier Suiten, moderate Preise. Östlich der Stadt auf einem Hügel. Wie ein Gutshof aufgebaut, mit Pool, Restaurant, Shop, am Wochenende Disco.
- **Colón** (Islazúl)②, Calle República 472, Tel. 283 346. Das neobarocke Gebäude beherbergt auf zwei Stockwerken rund 50 Zimmer. Mit gelegentlichen Showdarbietungen und gemütlichem Aufenthalt in alten, geflochtenen Schaukelstühlen. Kleiner Innenhof mit Pflanzen.
- **Hotel Camagüey** (Horizontes) ③, das Hotel liegt an der Carretera Central, etwa 5 km südwestlich der Stadt, Tel. 287267. Vierstöckiges Haus, inmitten eines Gartens, großer Pool, 140 Zimmer.
- **Hotel Puerto Principe** (Islazúl) ②, Avenida de los Mártires 60, Tel. 282469. Turm aus den 1940er Jahren, 70 unterschiedlich große Zimmer, manche mit Balkon und Blick auf die Straße, einfach, aber nettes Personal.
- **Isla de Cuba** (Islazúl)①, Oscar Primelles 453, esq. a Popular, Tel. 291511. Das dreistöckige Gebäude ist recht gut ausgestattet, 43 Zimmer.
- **Camino de Hierro** (Islazul) ③, Maceo 67, an der Plaza el Gallo, ein relativ neues Hotel in einem schönen Kolonialhaus aus dem 18. Jh, das im 19. Jh. aufgestockt wurde. 10 nette Zimmer.

Privat

Achtung! Es gibt viele aggressive Schlepper, die einen irgendwohin lotsen wollen.

- **Sr. Carlos Peñalva Serrano,** Calle Pancha Agramonte 168, e Cuba y Callejon del Cura, La Caridad, Tel. 281791, 10 Minuten zu Fuß zum Zentrum, nette Familie. 20 CUC, Frühstück 3 CUC, liegt an der Straße, Parkplatz am Haus, toller Garten.
- **Los Vitrales,** Calle Avellaneda, e/General Gomez y Martí, im Zentrum, Tel. 295866, 2 Zimmer in

einem Kolonialhaus, voll mit Antiquitäten, hohe Räume, grüner Patio, ab 20 CUC.

■ **Osvaldo y Liza Redroso,** *Manuel R. Silva,* San José 578 (altos), e/San Rámon y Industria, Tel. 291821, 20 CUC, Frühstück 3 CUC, Gebühr fürs Parken 2 CUC, netter, gesprächiger Besitzer, eigene Dachterrasse.

■ **Elisa Baez Astillero,** Astillero 24 e/San Rámon y Lugareno, Tel. 295054. Zwei große Räume, zentrumsnah.

■ **Andrés Diaz y Martha Valls Garcia,** Prolongación de Fernando de Zayas, Apto. 8, e/1ra y 2da paralela, Stadtteil La Vigia, Tel. 284087, andreshouse @medscape.com. Ruhiges Zimmer im 1. Stock, separater Eingang, AC, Bad, 20 CUC.

■ **Casa Daqlgis,** Calle Independencía 251, e/Hermanos Agueros y General Gomez, blaues Eckhaus an der Plaza, 1. OG, Tel. 285732 (nur spanisch), zwei Zimmer, 25 CUC, AC, Bad, tolles Frühstück 5 CUC. Dachterrasse mit Blick über Camagüey.

■ **CasAlta,** *Orlando Hernández & Elba,* Calle Cisnero 160 (altos), e/Raúl Lamar y Rosa la Bayamesa, Tel. 274712, Mobil 54660291. Das gut erhaltene Kolonialhaus aus dem 19. Jh. mit 2 großen, nett eingerichteten Zimmern steht im historischen Zentrum ca. 100 m vom Park Ignacio Agramonte entfernt, von der Dachterrasse Ausblick auf die Altstadt, ab 25 CUC. Das nette Lehrer-Ehepaar spricht kaum Englisch.

Essen und Trinken

Man kann im Hotel *Colón* und im *Gran Hotel* essen oder in folgenden Lokalen:

■ **La Campaña de Toledo,** Plaza San Juan de Dios 18, gegenüber Hurtado, Tel. 286812, geöffnet tgl. 10–18 Uhr. Eine Kolonialvilla an idyllischer Plaza, schattiger Patio, spanische und kreolische Gerichte, Spezialität ist Schweinefleisch. Hochpreisig.

■ **El Ovejito,** Hermanos Agüero 280, tgl. 10–22 Uhr, Tel. 92524, nähe Plaza del Carmen. Stilvoll mit alten Möbeln eingerichtetes Herrenhaus mit guten Fleischgerichten, Spezialität ist Lamm. Hauptgerichte um 10 CUC.

■ **La Perla de Cuba,** Calle Independencía, esq. Calle Martí, hier werden die *pollo asado* nach Gewicht und in CUP bezahlt.

■ **Paladar El Retorno,** Bellavista 115, Vigía, etwas außerhalb, aber gut und preiswert, familiär, man kommt durch das Wohnzimmer.

■ **Paladar El Cardenal,** Martí, e/Hospital y San Antonio, auf der linken Seite im ersten Stock, preiswert und gut.

■ **Café Ciudad,** Calle Martí, esq. Cisneros am Parque Agramonte, ein nettes Café in schönem Raum, man kann auch draußen sitzen. Guter Kaffee und günstige Sandwiches, was will man mehr?

■ **Café Colonial,** an der Ave. Agramonte, esq. República, schattiger Patio, abends Live-Musik für etwa 2 CUC.

■ **La Volanta,** am Südostende des Parque Agramonte in einem alten Kolonialhaus. Hier kann man Essen (für Pesos) bekommen.

■ **La Terraza,** Station Rosa 8, e/Ste. Rita y San Martin, sehr guter Paladar.

■ **Don Ronquillo,** Agramonte e/República y López Recio, versteckt in der Galería Colonial, hochpreisig, modern, mit Weinauswahl.

■ **Bar El Cambio,** Martí 152, tgl. 10–24 Uhr. Beliebtes Lokal, das der Keramiker *Oscar Rodríguez La Seria* gestaltete. Ein angenehmer Ort, mit dem besten Mojito der Stadt.

■ **Paladar El Coloso,** Martí 309, esq. San Antonio, gute Küche.

■ **Casa de la Trova,** Martí y Cristo 171, tgl. ab 21 Uhr. Das blau-weiße Haus am Park Agramonte. An den Wochenenden kann man mit vielen anderen Touristen im bewachsenen Patio den Boleros, Sones und Guarachas lauschen.

■ **El Patio,** Calle República, e/San Martín y Santa Rita, ein Block vor dem Hotel *Colón,* cubanische Menüs ab 6 CUC, ab 8 Uhr geöffnet, auch Frühstück.

■ **Bar Casablanca,** Ignacio Agramonte, e/República y Lope Recio. Das renovierte Haus beherbergt ein besseres Restaurant, die Preise sind noch moderat, ab 9 Uhr geöffnet.

■ **La Bigornia** heißt der örtliche Jazzclub, Calle República, esq. a Correa.

■ Eine **Eisdiele** und die **Pesocafetería Cubanitas** liegen in der Independencía neben der Post.

Einkaufen

■ **Töpferei Oscar Rodríguez La Seria:** Bellavista 420, Tel. 81416. Der Künstler ist international bekannt für seine Tonarbeiten (nur mit Anmeldung).

■ **Galerie des Malers Jover und seiner Frau,** die beide auch schon Ausstellungen im Ausland hatten. An der Tür links neben der Bar *El Cambio* klopfen und es wird geöffnet.

■ **CADECA** (Wechselstube): Ave. República, e/Calle Oskar Primelles y El Solinario; im Hotel *Camagüey* und am Flughafen; **Banken** gibt es gegenüber der Kirche Merced und an der Independencía am Plaza Maceo.

■ **Western Union,** Maceo 54, esq. General Gómez, im Laden *El Encanto* im 2. Stock.

■ Am Ufer des Río Hatimbonico, an der Calle Matadero liegt der größte **Gemüsemarkt.** Er hat jeden Tag geöffnet und bietet reichlich Essensstände mit Spanferkel-Sandwiches und anderen Köstlichkeiten.

■ Ein kleinerer Markt, **Mercado central,** liegt in der Bahnhofsgegend, an der Quiñones.

■ Ein **Fotogeschäft** gibt es in der Agramonte 430.

■ Musik-CDs bekommt man in der **Tienda El Cartel,** Cisneros 208, ein Block nördlich vom Park Agramonte.

Sonstiges

■ **Internet:** 6 CUC kostet die Stunde Surfen bei *Tele-Punto* in der República gegenüber vom Cubana-Büro.

■ **Infotur** hat ein Büro in der Agramonte 448, hier werden Ausflüge organisiert.

■ **Havanatour** hat einen Tresen im *Gran Hotel* und eine Vertretung in der República 271.

■ **Cubanacán** ist im Hotel *Plaza* anzutreffen.

■ **Hospital:** *Policlínica Centro's medical,* Calle República 211, Tel. 297810.

■ **Apotheke:** *Servimed,* Calle Ignacio Agramonte 449, Tel. 251952.

Verkehrsverbindungen

■ Die **Fernbusstation** liegt 3 km südwestlich des Zentrums an der Carretera Central Oeste, esq. Perú, Tel. 270395. Fahrradtaxis bringen einen am preiswertesten hin. **Regionalbusse** fahren von der Station in der Nähe des Bahnhofs an der Ave. Carlos J. Finlay ab. Dreimal täglich kurvt ein Bus zur Playa Santa Lucia. Da Camagüey an der Hauptstrecke liegt, kommt man bis zu 6x am Tag Richtung La Habana oder Santiago. Beachten Sie, dass es mehrere Strecken gibt, die hier parallel laufen, aber andere Endhaltestellen haben, z.B. Busse aus Santiago fahren nach La Habana oder nach Varadero.

■ **Bahn:** Tickets erhält man im Büro über dem Haupt-Ticketbüro gegenüber dem Hotel *Plaza.* Züge fahren von der **Estacion de Ferrocaril,** Avenida Carlos J. Finlay unregelmäßig nach: La Habana, Holguin, Las Tuna, Manzanillo, Matanzas, Santa Clara, Bayamo und Santiago. Die Zeiten sollte man direkt im Büro erfragen. Ein Zug geht nach Morón.

■ **Flughafen:** Der *Aeropuerto Ignacio Agramonte (CMW),* befindet sich etwa 10 km vom Zentrum an der Straße nach Nuevitas, Ave. Finlay, km 7,5, Tel. 261010 oder 267292. Fluggesellschaften: *AeroCaribbean* im Flughafen, Tel. 61862, 6102; *Cubana de Aviación* im Flughafen, Tel. 61862, Calle República No. 400, esq. Correo, Tel. 91338.

■ **Mietwagen:** *Havanautos* und *Cubacar* haben einen Schalter im Hotel *Camagüey. Rex* einen im Flughafen.

■ **Taxis:** Die Preise sind nicht selten erschreckend hoch, handeln Sie mit dem Fahrer! Zum Busbahnhof sollte es nicht mehr als 2 CUC kosten.

Ausflüge

45 km Richtung Ciego de Ávila liegt **Florida** mit einer Zuckermühle und einem Jagdrevier. Es gibt im Ort eine Tankstelle, einen Imbiss und eine Bahnstation.

■ **Unterkunft:** Angesichts nur weniger Alternativen ist das **Hotel Florida** (Islazúl) ①, Tel. 514670, noch einigermaßen akzeptabel. Carretera Central, km 536, 2 km westlich. Ein Plattenbau mit dem Charme einer Fertiggarage. Speziell für Jäger, Saison Okt. bis März und Juli/August. 74 Zimmer mit Bad. Shop, Restaurant und Pool.

Cangliones des Río Máximo: Rd. 55 km nördlich der Stadt beim Örtchen **Solá** hat sich der Fluss über 100 m tief in die Kalksteine der Sierra de Cubitas gegraben. Die dabei entstandenen Gumpen locken Einheimische zum Baden an.

Nuevitas

Fährt man von Camagüey nach Nordosten, ist nach etwa 60 km **Minas** erreicht. Dort gibt es einen kleinen Bahnhof, von dem man außer zu den größeren Städten noch zum Küstenort Nuevitas fahren kann. In einer Fabrik bei Minas werden Geigen und Gitarren hergestellt, geöffnet ist Mo–Fr 7–11 und 13–17 Uhr.

Durch die Ansiedlung von Zement- und Zuckerfabriken hat **Nuevitas** mittlerweile fast 40.000 Einwohner. Die hügelige Stadt bietet schöne Ausblicke, z.B. vom Parque Salvador Cisneros Betancourt. Die zweitürmige Kirche Nuestra Señora de la Caridad wurde 1885 eingeweiht. Das Zentrum hat einen kleinen Park. Darum herum liegen eine Reihe Holzhäuser; zwei Straßen weiter lockt das Historische Museum Besucher an, die sich hier eine Reihe ausgestopfter heimischer Tiere ansehen können.

Auf dem vorgelagerten **Cayo Sabinal** errichtete man das **Fort San Hilarion,** wo seit 1831 die letzten Piraten inhaftiert waren. Im zweiten Weltkrieg schickte Admiral *Dönitz* U-Boote hier hin, welche über 200 Schiffe in der Karibik versenkten. Heute ist der dortige Mangrovengürtel unter Naturschutz gestellt, im **Refugio de Fauna Cayo Ballenatos y Manglares** leben acht endemische Tierarten und 15 endemische Pflanzen.

In den **alten Stadtvierteln** Canta Rana, La Loma, Pastelillo, La Gloria und Tarafa zeigen die Gebäude böhmische Glasmalereien und Mosaikböden.

Der ortsnahe Strand, **Playa Cuatro Vientos** (vier Winde), verläuft unterhalb des Hotels *Caonabo*. Vorgelagert sind drei kleine Inselchen. In der Bucht kann man im Winter **Flamingos** beobachten. Die meisten Hotels organisierten Touren zu den Plätzen.

Unterkunft

■ Am Ortseingang steht das **Hotel Caonaba** (Islazúl) ①, Tel. 414803, auf einem Hügel, 200 m vom Strand, Calle Alaisa. Hier kann man ein paar Tage ausspannen, mit Blick auf die Bucht. 45 einfache Zimmer. Autoverleih möglich.

■ **Privat** kann man bei *Eduardo Cabilla* wohnen, Calle Céspedes 6, e/Martin y Agramonte, gegenüber der Polizei, Tel. 412115. Zwei Zimmer mit Bad und AC, das obere hat eine Dachterrasse mit Blick zur Bucht, ab 20 CUC.

Sonstiges

- **ETECSA,** Calle Maceo 40, e/A. Arango y Agramonte, tagsüber Internetzugang.
- **Casa de la Cultura La Avellaneda** liegt an der Ecke Máximo Gómez y Joaquín de Agüero.
- **Klinik** für alle Fälle, Tel. 336203.

Verkehrsverbindungen

- Der **Bahnhof** liegt nahe des Hafens im Norden des Ortes. Wenn die Züge nicht ausfallen, fahren sie 2x am Tag nach Santa Clara und Camagüey.
- Die **Busverbindung** nach Camagüey ist auch nicht verlässlicher. Letzte Rettung sind eventuell Lastwagen, die in der Regel vom Bahnhof abfahren, oder man leistet sich ein Taxi vom Hotel.
- Am Ortseingang nahe dem Hotel gibt es eine **Tankstelle,** an der man auch seine Wasser- und Rumvorräte ergänzen kann.

Ausflüge

Wenn man mit dem Auto in westlicher Richtung die Bucht umrundet, kommt man nach 20 km zur **Halbinsel Cayo Sabinal.** Die schlechte Zufahrtsstraße zweigt südwestlich des Ortes von der Straße nach Camagüey ab. Zur Insel führt eine Brücke mit einem Damm (5 CUC) an der es eine Passkontrolle gibt. Der Damm beeinträchtigt seit seinem Bau den natürlichen Wasseraustausch der Küstenregionen, was zu Umweltschäden führte. Daraus zog man Lehren für den Bau der anderen Dämme.

Die Kalksteininsel hat ein vorgelagertes **Korallenriff** und ist von Sümpfen durchzogen, die Heimstätte stechender Insekten aller Art sind. Hierhin haben sich die von der Cayo Coco geflüchteten

Flamingos zurückgezogen. *Rumbos* betreibt ein Restaurant am Ende der Straße, an der **Playa los Pinos,** wo es eine Art Nehrung gibt. Man kann für etwa 25 CUC in einfachen Hütten wohnen. An der nordöstlichen Spitze Punta Maternillos steht seit 1850 der **Leuchtturm Faro Colón.** Die Gegend ist bewaldet.

Playa Santa Lucía

■ **Vorwahl:** 032

An der sumpfigen Flussmündung des **Canal de la Boca,** auf der anderen Seite der Bucht von Nuevitas, wird Salz gewonnen. Hier liegt ein kleines Touristenzentrum, in dem noch der eine oder andere Cubaner verkehrt. Der 20 km lange, **weiße Strand** wird durch ein mächtiges Korallenriff geschützt. Leider gibt es nur wenige Bäume am Strand, es wurden Kokospalmen angepflanzt. Die Küste rechts und links der Hotels ist unbewohnt. Das vorgelagerte **Korallenriff** und einige **versunkene Schiffe** locken Taucher an.

Es gibt zwei Strände: Zuerst erreicht man die **Playa Santa Lucía.** Ein paar Kilometer weiter westlich liegt die **Playa Los Cocos,** wo auch die Straße endet. Das Wasser wird schnell tiefer, also gut zum Schwimmen. Wer weiter läuft, bekommt in der Lagune links der Straße im Juli vielleicht die rosafarbenen Flamingos zu sehen, die seit ihrer Flucht von Cayo Coco neue Plätze suchen.

La Boca ist ein kleiner Fischerort am Ende der Halbinsel. Hier herrscht noch ein wenig karibisches Treiben mit allerlei bunten Essensständen. Der Strandabschnitt nennt sich **Playa Los Cocos** am Canal de la Boca, der schmalen Durchfahrt nach Nuevitas. Wer von hier aus **Sabinal** gegenüber besuchen will, kann sich von La Boca aus hinüberfahren lassen.

Das **Tauchrevier** ist, wie so oft auf Cuba, bemerkenswert: am Korallenriff gibt es neben Höhlen- und Tunnelsystemen versunkene Schiffe zu erforschen. Einige Tauchschulen bieten die Möglichkeit, im Urlaub einen international anerkannten Tauchschein zu machen, es gibt genügend Tauchlehrer für ACUC, SSI und CMAS, z.B. *Sharks Friend* im Hotel *Brisas Santa Lucía.* 40 CUC kostet das Tauchen am vorgelagerten Riff, besonders zu empfehlen ist jedoch ein Tauchgang im Verbindungskanal zur Lagune, wo das Wrack der 1898 gesunkenen *Mortera* fast ganz überwuchert ist. Auch die Wracks „Nuestra Senora de Alta Gracía" und „Pizaro" kann man ertauchen. Die Attraktion sind zahme **Bullsharks** – wer starke Nerven hat, kann zusammen mit ihnen tauchen, 70 CUC.

Es gibt weitere **Freizeitaktivitäten** und sogar die Möglichkeit, Ausflüge zu Pferd zu machen. Wem das nicht reicht, der lässt sich mit dem Hubschrauber über die Playas fliegen.

Reiseinfos und **Tickets** erhält man im Büro des Hotels *Brisas Santa Lucia.*

Unterkunft

Nach dem Kreisverkehr kommen die **Hotels** auf der Meerseite:

■ **Club Amigo Mayanabo** (Cubanacán) ④, Tel. 365168. Aufgehübschte Anlage aus alten Zeiten, All inclusive.

118cu pr

■ **Brisas Santa Lucía** ④, Tel. 336317. Große Hotelanlage an der Ave. Turística, aus 3-stöckigen Häusern, die sich um den Pool herum gruppieren. 400 Zimmer, zum Teil behindertengerecht.

■ **Hotel Caracol** (Cubanacán) ④, Tel. 336302, hübsche, 2-stöckige Häuschen mit Balkon oder Terrasse. Das Hauptgebäude ist schneckenförmig angelegt, mit Restaurant, Grill, Pool. Der Service ist nicht so gut und die Musik, wie so oft, zu laut. All-inklusive, palmenbestandener Strand.

■ **Villa Taraco,** *Escuela Santa Lucía* (Cubanacán) ③, Tel. 336310. Alte 2-stöckige Häuser direkt am Meer. Früher war es ein Jazzclub, heute ist es eine Hotelfachschule. Nicht die schlechteste Wahl. Ganz gute Unterkunft. 30 Zimmer, Freiluftbar, Restaurant, netter Service der Schüler.

Camping

■ **Campingplatz,** etwa 4 km östlich des Ortseingangs in Richtung Punta Ganado. Wer hier übernachten will, muss über Tel. 398837 reservieren.

Essen und Trinken

■ **Bocana Grill,** steht auf Pfählen am Kanal, gegenüber der Cayo Sabinal.

■ **El Rápido,** gegenüber der *Escuela Santa Lucia,* preiswerte Gerichte für jedermann.

■ **Rancho King,** Cafetal San Miguel, Carretera de Santa Lucía, km 35, etwa 2 km von der Straße nach Camagüey entfernt. Kreolische Küche und Rindfleisch vom Grill, Mo–Fr 12–20 Uhr.

■ **Bonsai,** der örtliche Asiate, südlich der Hotelmeile gelegen, serviert auch einheimische Küche. 10–22 Uhr.

■ **Luna Mar,** kreolische und pseudo-italienische Küche im Centro Comercial.

■ Wer preiswert essen will, bekommt von einheimischen Fischern für 8–10 CUC **Langusten im Privathaus** serviert.

Sonstiges

■ **Internetcafé:** ETECSA an der Hauptstraße am Kreisverkehr.

■ Am Hotel *Club Santa Lucía* gibt es ein kleines **Einkaufszentrum** und ein Büro der *Cubanacán.*

■ **Nachtclubs** gibt es in den Hotels, z.B. im *Brisas.*

■ **Reisebüros** von *Cubanacán, Cubatur* und *Havanatur* finden sich in den Hotels an der Ave. Turística.

Verkehrsverbindungen

■ **Mietwagen:** *Cubacar* im Hotel *Cuatro Vientos,* Tel. 36317; *Havanautos* in der *Villa Coral,* Tel. 6429.

■ **Taxi:** Ein *Taxi particular* nach Camagüey kostet 25 CUC.

■ **Flug:** Es gibt ein kleines Flugfeld für innercubanische Flüge *(ICAO, MUSL),* irgendwann sollen hier auch größere Flugzeuge landen können. Nächstgelegener Flughafen ist in Camagüey.

■ **Bus:** Wenn Touristen vom Hotel zum Flughafen gefahren werden, kann man versuchen, dort mitzufahren, etwa 18 CUC kostet die Fahrt. Oder man fährt bei den Tagesausflügen etwa nach Trinidad bis dorthin mit.

Wochentags fahren lokale Busse frühmorgens und abends die Hotelmitarbeiter von Camagüey nach St. Lucia. Sie halten hinter dem Kreisverkehr am Wohngebiet der Cubaner.

■ **Kutsche:** Von den Hotels zur Playa Los Cocos kostet eine Fahrt enorme 6 CUC, von der Playa Santa Lucia nach La Boca unglaubliche 20 CUC.

■ Von den Hotels zur Playa de Cocos fährt eine **Bahn auf Gummirädern** für All-inclusive-Gäste.

■ Es gibt zwei **Tankstellen** *(Servi Cupet),* eine am Eingang der Strandmeile und eine zweite, mit Snackbar, am Hotel *Cuatro Vientos.*

Cayo Sabinal

Diese zum Teil recht sumpfige Halbinsel an der westlichen Seite der Bucht von Nuevitas erreicht man am besten mit dem Boot von den Hotels in Playa Santa Lucia aus. Ein herrliches, noch weitgehend ruhiges Fleckchen Erde. Hier kann man Anfang des Jahres Flamingos beobachten. An der Punta de Maternillos steht der Leuchtturm Faro Colón aus dem Jahre 1851. Die **Playa Bonita,** die davor liegt, ist einsam. Außerdem gibt es auf der Insel noch eine Festungsruine. Bootsausflüge bieten die großen Hotels für etwa 40 CUC an. Um 17 Uhr müssen laut Anordnung alle Boote wieder im Hafen sein.

Unterkunft

- Wohnen kann man an der **Playa los Piños** in einer Anlage, die aus fünf **Bambushütten** besteht. Buchung Tel. 032 44754.
- An der **Playa Brava** gibt es ein **Rumbos-Restaurant,** das auch einige **Hütten** für 25 CUC die Nacht vermietet.
- Auch die **Playa Bonita** hat ein **Rumbos-Restaurant,** hier werden Bootstouristen von Santa Lucía hingeführt.

Straßenstand: das Verkehrsschild wurde gleich mitgestrichen

119cu kh

Guáimaro

Dieser 20.000 Einwohner zählende Ort südöstlich von Camagüey ist Cubanern als **„Ort der Verfassung"** bekannt. Die wurde hier in einer der vielen Versammlungen 1869 entworfen. Es gibt eine Tankstelle.

Übernachten kann man in einem kleinen Hotel, etwas außerhalb an der Carretera Este nach La Tunas (Tel. 032 44803), oder bei *Maiby González Torres,* Calle Victoria 48 Altos, e/Loma y Irene Muñoz, Tel. 83449, 82466. Zwei Zimmer mit AC im 1. Stock, Bad, Küche, Wohnzimmer und Terrasse. Zwei Zimmer bietet *Casa Verde,* Calle Victoria 39, im Zentrum an, Tel. 032 82995, eins nach vorn mit Terrasse und Gemeinschaftsbad, eins nach hinten mit privatem Bad. Es gibt auch noch den Campingplatz *Monte Oscuro,* 20 km nördlich an einem Staudamm. Hier kann man wandern oder sich ein Pferd leihen.

Las Tunas

- **Vorwahl:** 031
- **Einwohner:** 119.000

Victoria de Las Tunas ist eine moderne Stadt mit einem Stahlwerk und verschiedenen Glasfabriken. Sie liegt in der Mitte der gleichnamigen Provinz und ist durch die Carretera Central und die Bahnlinie von La Habana nach Santiago mit dem Rest der Insel verbunden.

Die Stadt gibt es seit Mitte des 18. Jh., im Unabhängigkeitskrieg wurde sie allerdings niedergebrannt. Die Bauern der umliegenden Dörfer nutzten den Ort weiterhin als Marktflecken. Erst vor etwa 30 Jahren wurde er wieder zu einer Stadt.

1829 wurde hier der Dichter *Juan Cristóbal Nápoles Fajardo*, genannt „El Cucalambé", geboren. Seine nationalistischen Achtsilbenreime zum Indianerleben der Siboneys erregten den Unmut der Spanier und verbreiteten sich sehr schnell während der Unabhängigkeitskriege.

Sehenswertes

Provinzmuseum General García: Francisco Varona s/n, das Gebäude mit der Uhr hinter dem Hotel *Caribe*. Es stellt hauptsächlich Leben und Werk des Poeten *Fajardo* dar, der einige berühmte Songs textete. Das Museum ist Di–Sa 13–21 Uhr, So 8–12 Uhr geöffnet.

Memorial a los Mártires de Barbados erinnert an das Bombenattentat auf den Cubana-Flug 455, bei dem im Jahre 1976 alle 73 Insassen starben. Calle Lucas Ortíz 344, e/Teniente Peiso y Mártires de Barbados.

Der **Parque Vicente García** ist der Mittelpunkt, hier liegen Wechselstube, Bank, der Supermarkt *Casa Azúl* und ein Lokal.

Castillo de salcedo (Fuerte de Loma), die alte Festung an der Avenida Libertad auf einem Hügel stammt von 1889.

Skulpturen stehen an jeder Ecke, die Bildhauer-Hochschule versorgt den Ort mit immer neuer Kunst.

Musikfestival: Alljährlich im Juni oder Juli findet ein Festival der traditionellen Musik zu Ehren von *El Cucalambé* statt, das immer Massen von Neugierigen anzieht. Der Austragungsort liegt allerdings außerhalb der Stadt, in der Anlage des Motels *Cornito*.

Im **Botanischen Garten** an der Carretera del Cornito, km 1, gedeihen Bäume und Sträucher der Region.

Praktische Tipps

Unterkunft

Hotels

- **Hotel Las Tunas** (Islazúl) ②, Ave. 2 de Diciembre, e/Ave. Carlos J. Finlay y Ave. 30 de Noviembre, Tel. 345014, altes 4-stöckiges Haus auf einem Hügel, 130 Zimmer. Mit Pool und Restaurant. Günstig, aber eng und ziemlich heruntergekommen.
- **Motel El Cornito** ②, Carretera Central, km 8, außerhalb der Stadt in einem Garten, von Bambushainen umgeben, in Richtung Camagüey, von der Carretera Central abfahren, Tel. 345015. Im hinteren Teil gibt es einen Teich. Die einfache Anlage besteht aus Einzel- und Mehrfachbungalows, Pool. Im Sommer, wenn das Festival hier stattfindet, wird es voll.
- **Hotel Cadilliac** (Islazúl) ②, Calle Ángel Guardia, e/Francisco Vega y Francisco Varona, Tel. 372

791, interessant mit seinen Art-déco-Rundungen, renoviert, 8 Zimmer, an der Plaza de Armas, nicht die schlechteste Wahl.

Privat

Auf der Lucas Ortíz liegen einige Häuser, die Zimmer vermieten:

- **W. Zeik Corpas,** im Zentrum, Francisco Vega 188, e/Lucas Ortíz y Vicente García, nette Zimmer für etwa 22 CUC die Nacht.
- **Casa Marianela Santiago,** Lucas Ortíz 101, Tel. 43259. Mehrere Räume für 20 CUC.
- **Enrique y Glennys,** Adolfo Villamar 30A (altos), e/Joaquín Agüero y Guardia, Tel. 45596. Über Wendeltreppe zugänglich, Salon, helles klimatisiertes Zimmer mit Tropenholzmöbeln, Kühlschrank, Bad, Mahlzeiten, Parkplatz, ab 20 CUC.
- **Casa Fidel,** 26 de Julio 13a, e/Pelayo Paneque (Rodolfo Ramirez) y Waldemar Membrado (Antonio Maceo), 2 Zimmer im Obergeschoss eines moderneren Hauses, mit separatem Eingang, Aufenthaltsraum, Bad und Küche, Parkmöglichkeit. *Fidel* und seine Frau *Maruchi* leben im Erdgeschoss und sprechen nur spanisch. 25 CUC.

Essen und Trinken

- **La Bodeguita** heißt der örtliche *Rumbos* in der Francisco Varona 293, esq. Lucas Ortíz. Ganz annehmbare Küche, nette Einrichtung.
- **Restaurante de la Familia Los Patios,** Ave. Vicente García s/n, e/Julián Santana y Ramón Ortuño. Pizzeria und Bar, Peso-Lokal, hier muss man zuerst wählen und dann bezahlen.
- **El Bakan,** Suarez 12, ein Peso-Lokal mit einfacher Küche.
- **El Baturro,** Vicente García s/n, e/Julián Santana y Ramón Ortuño. Wohl das beste Lokal im Ort, die Wände sind mit Gedichten beschrieben, italienische Küche, das Hauptgericht ab circa 5 CUC.
- **Doñaneli,** Bäckerei in der Calle Francisco Varona, e/Flora y Menocal.
- **Cafetería Piropo Dos Gardenias,** Calle Francisco Varona s/n, e/Lucas Ortíz y Vicente García, nicht nur Kaffee ist im Angebot.
- **La Venecia,** von dem Pesolokal lässt sich beim Frühstück der Park überblicken.

Nachtleben

- **Casa de la Cultura,** Vicente García 8, Konzerte, Lesungen etc.
- **Discos,** auf dem Gelände vom *Las Tunas* Hotel, geöffnet ab 22 Uhr, Eintritt 2 CUC. Preiswerter ist das *Cubana* in der Francisco Varona 275 und das *Luanda*, in der Varona 256.
- **Nachtclub Sala de Fiesta Luanda,** Calle Francisco Varona s/n, esq. a Menocal, hier vergnügen sich Einheimische.
- **Café Cantante del Teatro Tunas,** im Theater, Calle Francisco Varona, e/Ángel Guardia y Joaquín Agüero, Musikdarbietungen aller Art, unregelmäßig geöffnet.
- **Piano Bar Ébano y Marfil,** Calle Colón 149, e/Francisco Vega y Julián Santana, hier rührt sich was.

Einkaufen, Sonstiges

- **Bank:** *BFI,* Vicente García 69 und Vicente García, esq. 24 de Febrero.
- **CADECA,** Calle Colón 14, e/Vicente García y Francisco Vega.
- **Post,** Vicente García 6.
- **Etecsa,** am Boulevard de Las Tunas.
- **Internet:** im *Telepunto de Las Tunas,* Calle Francisco Vega 237, e/Lucas Ortíz y Vicente García.
- **Gemüsemarkt,** vor dem Bahnhof in der Avenida Camillo Cienfuegos.
- **Supermarkt Casa Azúl,** Vicente García, esq. Francisco Vega, am Park.

- **Apotheke:** *Farmacia Internacional,* im Hotel *Las Tunas,* Ave. 2 de Diciembre, e/Ave. Carlos J. Finlay y Ave. 30 de Noviembre.
- **Infotur** hat ein Reisebüro in der Calle Francisco Varona 298, Tel. 372717, 371512, infotunas@info tunas.co.cu
- **Tankstellen:** Carretera Central Oeste, km 2; Carretera Central Oeste y Circunvalación; Calle Francisco Varona, esq. a Menocal.
- **Kunsthandwerk,** Colón 171 und Ecke Francisco Varona und Guardia. Im ersten Stock gibt es eine Bar.
- **Fotoladen,** Lucas Ortíz, esq. Francisco Vega.

Verkehrsverbindungen

- Die **Busstation** ist südlich vom Parque Vicente Garcia an der Francisco Varona 240. Die Überlandbusse sind oft voll, und man muss hoffen, dass Fahrgäste aussteigen. *Víazul* fährt diese Ziele an: **La Habana,** 40 CUC, **Trinidad,** 24 CUC, **Ciego de Ávila,** 14 CUC, **Sancti Spíritus,** 18 CUC. Die **Regionalbusstation** ist in der Nähe des Bahnhofs.
- **Bahn:** Die Bahnstation ist am Nordostende der Stadt am Stadion Julio Antonio Mella. Von hier kommt man nach Holguín, Santiago, Camagüey und La Habana. Für die zehnstündige Fahrt in die Hauptstadt zahlt man 35 CUC. Den aktuellen Fahrplan sollte man vor Ort erfragen.
- **Flug:** Der Flughafen *Hermanos Ameijeiras (VTU)* befindet sich 11 km außerhalb, Tel. 42484. *Cubana* fliegt 4x die Woche für 96 CUC nach La Habana. Das Cubana-Büro ist in der Lucas Ortíz 211, das Taxi zum Airport kostet 3 CUC.
- **Kutschen** für kleine Rundfahrten gibt es z.B. an der Frank País.
- **Mietwagen** gibt es im Hotel *Las Tunas.*
- **Tankstellen** an der Ecke Francisco Varona y Lorca und an der Carretera nach Camagüey.
- **Zur A 1** muss man von der Innenstadt kommend nicht nach rechts wie ausgeschildert fahren, sondern nach links über teils fürchterliche Straßen.

Ausflüge

Von Las Tunas nach Norden fahrend, erreicht man nach 50 km den Hafenort **Puerto Padre.** Vor dem Ort erstecken sich einige Seen mit Stränden und flachen Zonen, die vielen Tieren eine Heimat geben. Im Ort selbst gibt es auch eine Tankstelle. Zu sehen gibt es dort noch das **Castillo de Salcedo,** 25 de diciembre s/n. Die alte Festung an der Avenida Libertad vor dem Busbahnhof auf einem Hügel stammt von 1889. Die Avenida Libertad führt geradewegs zum Ufer. Den alten Landungssteg hat ein Hurrikan zerstört, aber man hat sich Mühe gegeben und einen Malecón angelegt, der ganz hübsch ist. Kurz vor dem Wasser liegt der **Parque de Independencía,** an der nächsten Ecke ist auch ein *El Rápido* Restaurant mit Sonnenschirmen aus Beton. Wem das nicht reicht, kann sich ins Café *Marinita* setzen, einen Block östlich. Einkaufen kann man im **Complejo commercial** an der Ave. Libertad e/24 de Febrero y Angel Amejeira (Enrique Rosende).

Die **Bahía de Puerto Padre** ist durch einen Kanal mit dem Meer verbunden, ebenso wie die westlich liegende **Bahía de Malangueta.** Dazwischen liegt übrigens ein Militärgebiet. Die Straße nach Westen führt nach Nuevitas. Biegt man rechts ab, kann man die **Playa Covarrubias** erreichen.

Punta Covarrubias

Dies ist der Atlantikstrand der Provinz. Feiner, weißer Sand und flache Landrücken bestimmen die Küste. Von **Puerto Padre** sind es rund 50 km. Die Straße ist schlecht. Außerdem gibt es ein Tauchcenter, ansonsten ist es hier bisher noch recht ruhig. Von Las Tunas fährt man über La Guinea nach Norden. In Guanito rechts abbiegen, nach etwa 25 km Fahrt ist das Meer erreicht.

Bahía de Puerto Padre

Fährt man die Straße weiter nach Osten kommt man zur **Playa Las Bocas,** wo man sich ebenfalls einmieten kann. Hier befinden sich auch ein Lebensmittelladen sowie eine kleine Bar. Die Carretera 21 endet nach etwa 10 km an der **Playa Lanita,** diese liegt ziemlich ungeschützt. Vor dem Ort stehen 100 Hütten des *Campismo* **Playa Corella.** Von Las Bocas kann man ein Boot nehmen und sich über den Kanal nach **El Socucho** übersetzen lassen. Von hier aus kann man wieder **Puerto Padre** erreichen.

- **Unterkunft: Luis González,** Cuba 28, e/Martí y 24 de Febrero, Puerto Padre. Sehr sauber und ruhig, 2 Zimmer mit AC und eigenem Bad. Das gesamte Haus ist geschmackvoll eingerichtet, die Familie nett und hilfsbereit. Ab 20 CUC. Das Essen wird im Raum zum Patio serviert.
- Zum Essen kann man ins **Restaurante La Marinita** gehen, Calle Paco Cabrera 24, Tel. 031 515 522, und danach in den **Tropical Sala de Fiesta 1913,** Calle Jesús Menéndez s/n, hier gibt es öfters Musikveranstaltungen.
- Eine **CADECA-Wechselstube** findet sich in der Calle Carlos Manuel de Céspedes 56.
- **Tankstellen** gibt es in der Ave. Libertad 156 und an der Carretera a Puerto Padre, km 38, Vázquez.
- Eine **Pannenhilfe** ist die *Asistencia Técnica,* Jesús Menéndez, Tel. 031 516909.

Playa la Herradura

Der zweite schöne Strand liegt auf der Ostseite der Bucht Puerto Padre. Man fährt zum gleichnamigen Ort und hält sich dort rechts, Richtung Holgúin. Hier kann man auch tanken. Nach den Ansiedlungen **Delicias** und **Jesús Menéndez** kommt man nach **Lora.** Hier biegt man links zum Meer ab und erreicht nach insgesamt 30 km Fahrt die Playa la Herradura mit türkisfarbenem Meer und weißem Sand. Es gibt dort einige Zimmer und Hütten, z.B. bei *Zory y Gaby* direkt am Strand, Tel. 53626766, schönes Zimmer mit Veranda und Schaukelstuhl, gutes Essen, Frühstück kostet 3 CUC.

Des Weiteren findet man an der Playa ein paar **Verkaufsstände** sowie ein größeres preiswertes **Restaurant** am Ende der Bucht.

Ab Holguín zahlt man etwa 25 CUC für eine **Taxifahrt** hierhin.

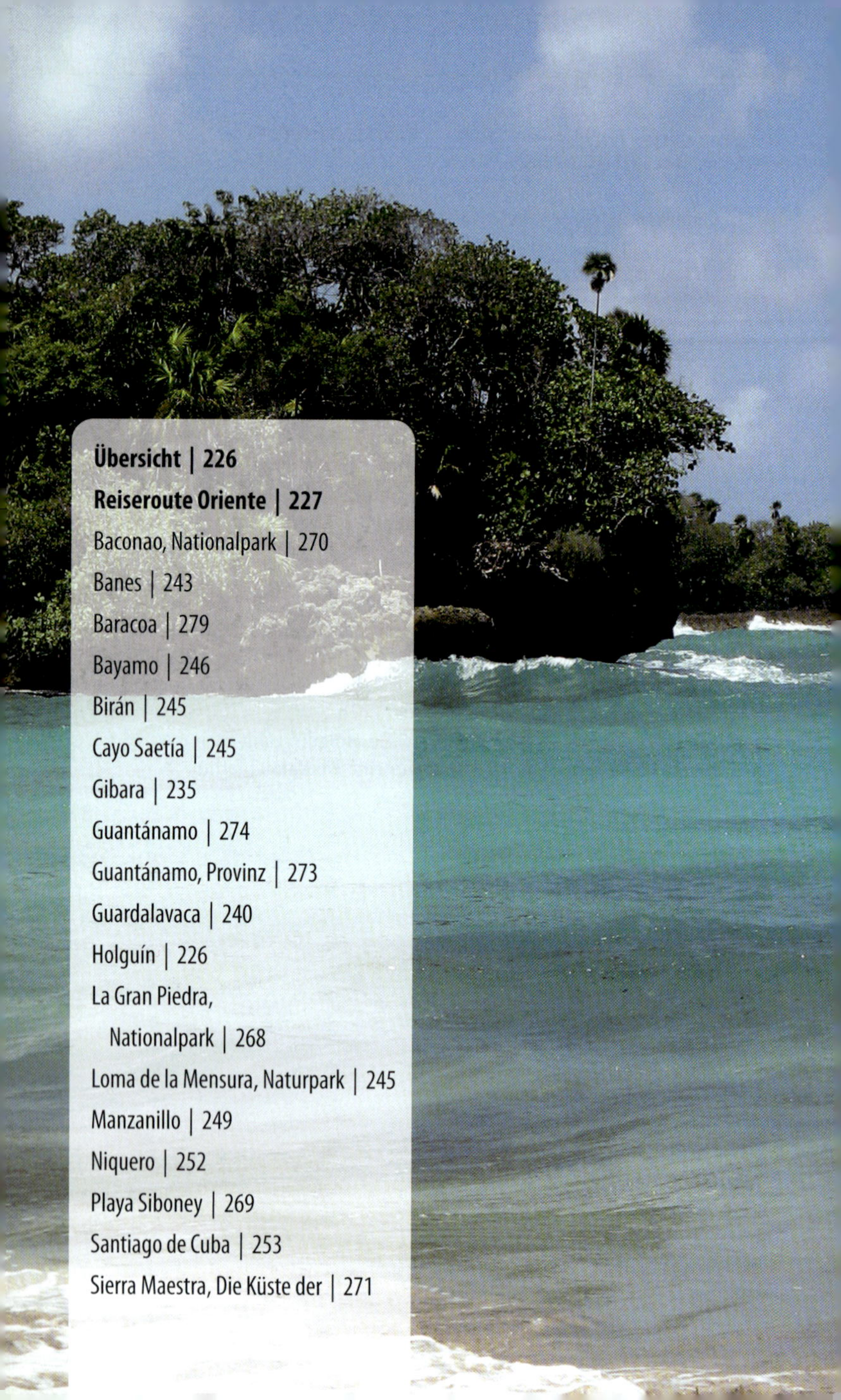

120cu-kh

4 Der Oriente

Im östlichen Teil der Insel liegt die 1000 Meter hohe Gebirgskette Sierra Maestra mit geschichtsträchtigen Orten wie Granma und Bayamo. Die zweitgrößte Stadt der Insel, Santiago de Cuba, bietet einen Einblick in kreolische Sitten. Über die koloniale Stadt Holguín kommt man zu den Stränden bei Guardalavaca, und wer ans äußerste Ostende der Insel vorstößt, findet in Baracoa eine beschauliche Kleinstadt mit karibischem Flair.

< Mündung des Río Yumurí

DER ORIENTE

Der Oriente ist hauptsächlich das Gebiet **Ostcubas,** eingeteilt in die vier Provinzen **Holguín, Granma, Santiago de Cuba** und **Guantánamo.**

Übersicht

Die **Provinz Holguín** im Norden ist von der Landwirtschaft geprägt. Dazu findet man noch Tabakfelder. Guardalavaca ist der Anziehungspunkt für Ruhesuchende, die Felsformationen dort lassen einige herrliche schattige Sandstrände frei.

Die **Provinz Granma** zwischen Santiago, Las Tunas und Holguín, um die Orte Manzanillo und Bayamo, lebt vom Reisanbau und der Rinderzucht. Im Osten beginnt die Gebirgswelt der Sierra Maestra mit ihrem Nationalparks.

In der **Provinz Santiago de Cuba** liegt der größte Teil der Sierra Maestra. Sie grenzt an die Provinzen Granma und **Guantánamo.** Die größte Stadt ist Santiago de Cuba. Hier hat sich die Industrie angesiedelt, es gibt einen Hafen mit einer Fischereiflotte und ein größeres Öllager. Lange konnte sich Santiago unabhängig von den kulturellen Einflüssen La Habanas entwickeln und seine eigene, karibische Lebensart praktizieren, hier findet der berühmte Karneval statt. Außerdem kann man Cubas höchsten Berg besteigen, den 1972 Meter hohen Pico Turquino. Der äußerste Osten mit den Städtchen Guantánamo und Baracoa ist ein ruhiges Fleckchen Erde.

NICHT VERPASSEN!

- **Santiago de Cuba,** Cubas zweitgrößte Stadt vor schöner Landschaftskulisse | 253
- **Baracoa,** vom Berg aus hinunter in den Hafen schauen | 279
- **Río Toa im Naturpark Alejandro de Humboldt,** Ausflug zum Wasserfall | 288

Diese Tipps erkennt man an der gelben Hinterlegung.

Holguín

- **Vorwahl:** 024
- **Einwohner:** 300.000

In der Regel sieht man von Holguín nur den **Flughafen Frank País,** auf dem die internationalen Jets landen. Meist wird man als Pauschaltourist direkt zu den Hotelanlagen nach Guardalavaca nördlich von Holguín oder in die Region Santiago de Cuba gefahren. Dabei besticht die Stadt durch ihre Sauberkeit und bietet dem Besucher einige interessante koloniale Bauwerke. Außerdem gibt es diverse schattige Parks.

Reiseroute Oriente

Holguín – Santiago de Cuba – Baracoa

1. Tag

Santiago de Cuba, die Stadt des cubanischen Karnevals und der karibischen Lebensfreude zieht alljährlich zehntausende Europäer an. Von Holguín aus kann man den *Astro*-Bus für 9 CUC oder den komfortableren *Víazul* für 12 CUC nach Santiago nehmen. Wer von La Habana kommt, erreicht Santiago mit dem Zug Nr. 1, der am Nachmittag dort startet. Alternativ kann man für 90 CUC fliegen.

2. Tag

Erkunden der Stadt: Gegenüber vom Hotel *Casa Grande* ist ein Reisebüro, in dem man einen Cubana-Flugschein von Baracoa nach La Habana erstehen kann (ca. 90 CUC, Flüge sonntags, dienstags und freitags). Man sollte die Unterkunft in Baracoa reservieren; mein Favorit ist das Hotel *El Castillo.* Abends kann man sich in Santiagos Nachtleben stürzen.

3. Tag

Wer sich für die Geschichte von Festungen interessiert und die grandiosen Blicke aufs Meer genießen will, dem sei ein Ausflug zur **Festung Morro** und der **Insel Granma** empfohlen. Man fährt mit dem Bus nach Ciudamar. Von dort ist die Festung zu Fuß in 15 Min. erreichbar. Von Ciudamar verkehrt stündlich ein Schiff zur Cayo Granma. Oder man macht die Fahrt mit einem Taxi, der Fahrer wartet.

4. Tag

Steile Berge, atemberaubende Natur und einen Einblick in die religiöse Seele Cubas gibt eine Fahrt zum **Gran Piedra,** ins **Valle El Cobre,** zur berühmten Basilika oder zum Parque Bacanao. Mit dem Fahrradtaxi kommt man zum Busbahnhof und kann eine Buskarte für den *Víazul* nach **Baracoa** für den nächsten Tag kaufen. Dabei kann man sich das Denkmal für General *Maceo* ansehen.

5. Tag

Aufbruch in den feuchten und üppigen **Osten Cubas.** Hier wachsen die meisten Früchte und hier sind die Menschen weit von der *Capital* entfernt, was sich auch in ihren Festen ausdrückt. Man fährt am morgens gen Baracoa. Dort hat man vom Hotel *Castillo* eine einzigartige Sicht über Baracoa. Hier kann man ein Taxi bekommen, das am nächsten Tag zur Playa Maguana fährt. Das kostet 20–25 CUC.

6. Tag

Entspannen an der **Playa Maguana** oder man macht einen Spaziergang um die Bucht. Das geht am besten über den Strand. Es gibt eine Brücke *(puente)* rechts von der Straße des 1. April, die über den schmalen Fluss auf den Strand führt. Nun läuft man um die Bucht und kann am Hotel *Porto Santo* einen Kaffee und ein Taxi für die Rückfahrt bekommen.

7. Tag

Ein Ausflug auf den **Tafelberg El Yunque** oder zum **Fluss Yumuri** bringt unvergessene Eindrücke von der üppigen Landschaft der östlichen Provinz. Infos gibt es beim Hotel.

8. Tag

Rückreise nach **Holguín** oder **La Habana;** dienstags, freitags und sonntags fliegt eine Maschine der *Cubana* gegen 7 Uhr morgens.

Der Oriente

0 10 km
Altagracia
Redention
San Miguel de Baga
Camalote
Punta Brava
Puerto Manatí
Tabor
Punta Covarrubias
222
Playa Covarrubias
Manatí
Bahía de Malanguета
Amistad Cubano Bulgara Stausee
Agramonte
Sibanicú
Siboney
Cascorro
Hatuay
Victoria
Guanito
Macedonio
La Guinea
222
Castillo de Salcedo
Marti
Vázquez
Najasa I Stausee
219
LAS TUNAS
Guáimaro
Najasa
Bartle
La Breñosa
San Francisco
Bejuco
220
Las Tunas
San Augustín
Las Pulgas
Colombia
Calixto
Arroyo Muerto
Las Parras
Jobabo
El Café
Cubitas
Amancio Rodríguez
La Caridad
Omaja
Santo Rosa
Las Delicias
La Elina
El Domitorio
Sábalo
Mir
Santa Beatriz
Guayabal
Vado del Yeso
LAS TUNAS
Guamo
Cauto El Paso
Cauto
Río Cauto
Cauto Embarcadero
Punta Birama
GOLFO DE GUACAYABO
Sabana Nueva
GRANMA
Cayo Redondo
249
Cayo Manzanillo
Manzanillo
Julia
Leuchtturm
Las Novillas
Veguitas
La Demajagua
252
Barranca
Yara
Froya
Finca La Demajagua
Campechuela
San Ramón
Cabagan
Palmarito
252
Ceiba Hueca
Bartolomé Masó
Buey Arriba
Museo Sánchez
Media Luna
San José
Corradillo
Stausee Paso Malo
Vicana
271
SIERRA
252
Calla-hacas
Cienaguita
Niquero
Las Mercedes
Villa Santo Domingo
272
Alto del Naranjo
Pico Turquino 1972
272
252
Bélic
Estacadero
273
Marea del Portillo
1296
La Mula
Playa Las Coloradas
Pilón
La Plata
Las Cuevas
Ocujal
420
NATIONALPARK DESEMBARCO DE GRANMA
Mota Uno
Leuchtturm
Leuchtturm
Punta Hicacos
Cabo Cruz

Cuba_K04a
ATLANTISCHER
OZEAN
Playa Lanita
223
Playa la Herradura
Puerto Padre
Bahía de Puerto Padre
Jesús Menéndez
Delicias
Lora
Maniabón
Rojas
La Yaya
Velasco
Los Alfonsoss
San Andrés
Unas
GRUPO DE MANIABO
Leuchtturm
236
Playa Caletones
Tanques azules de Gibara
240
Playa Esmeralda
Guardalavaca
Leuchtturm
Punta Rosa
235
Gibara
Bariay
Bahía de Naranjo
Sana
Caliche
Chorro de Maíta
Haticos
Canadom
Rafael Freyre, Santa Lucia
Los Ángeles
Frey Benito
Auras
Banes
Aguas Clarasu
Bijaru
Bahía de Banes
Leuchtturm
226
Holguín
La Agua
Tacajó
Antilla
Punta Marglarito
Buenaventura
Mayabe-Stausee
Mayabel-Tal
Deleite
La Chiva
Cayo Saetía
Candido
HOLGUÍN
Bahía de Nipe
Guatemala
Carbonera
Baguáno
Herrera
Felton
Bahía de Levista
Cacocum
Antonio Maceo
Monte Alto
Guaro
Mayarí
Nicaro Levisa
Salado
Estrada
Cueto
NATIONALPARK LOMA DE LA MENSURA
Lipio Chiquito
Urbano Noris
Sierra del Cristal
Los Jobos
Marcane
Cauto
Cauto Cristo
Birán
Arroyo Seco
Babiney
Alto Cedro
Anschlusskarte S. 230
Santa Ursula
Hato Nuevo
Arroyo Blanco
Julio Antonio Mella
246
Bayamo
Jiguaní
SANTIAGO DE CUBA
Santa Rita
Baire
Contramaestre
La Mantonia
Auza
La Prueba
A1
Guisa
Charco Redondo
Carlos Manuel de Cespedes
Alto Songo
Palma Soriano
1730
Dos Caminos
La Maya
Arroyo Rico
San Luis
1340
Cruce de Los Baños
Santa Maria
Bellaire
El Cristo
Cuatro Caminos
MAESTRA
Dos Palmas
267
El Caney
El Cobre
GRAN PIEDRA NATIONALPARK
SIERRA MAESTRA NATIONALPARK
253
Santiago de Cuba
La Gran Piedra
1234
271
Playa Siboney
NAT.PARK BACONAO
Chivirico
Playa Sevilla
266
269
272
Playa Blanca
Antonio Maceo
Castillo El Morro
Playa Siboney
Daiquiri
Playa Larga
El Uvero
Playa El Indio
243
KARIBISCHES MEER

0 10 km
ATLANTISCHER
Leuchtturm
Canadom
243
Banes
Leuchtturm
Punta Marglarito
La Chiva
245
Bahía de Nipe
Cayo Saetía
Punta Mavari
Playa Corinthia
Guatemala
Carbonera
Felton
Leuchtturm
Leuchtturm
Cayo Moa Grande
Baguáno
Bahía de Levista
Barrederas
Provinzmuseum
Mayarí
Nicaro
Levisa
Cayo Mambi
Cebolla
289
Moa
Cupey
Punta Guarico
245
NATIONALPARK LOMA DE LA MENSURA
289
Sagua de Tánamo
Cananova
Punta Gorda
Yamanigüey
Sierra del Cristal
Gañete
1231
HOLGUÍN
Nibujón
285
Playa Managua
Santa Rita
1139
NATIONALPARK ALEJANDRO DE HUMBOLD
Arroyo Seco
ALTURA DE BARACOA
Mayarí Arriba
Santa Catalina
Playa Managua
288
288
El Yunque 569
Río Toa
SANTIAGO DE CUBA
Las Carolinas
Palenque
GUANTÁNAMO
Bayata
Felicidad de Yateras
277
Zoológico de Piedra
Río Duaba
CUCHILLAS DE BARACOA
La Prueba
La Comunal
El Salvador
Puriales de Caujeri
1176
Alto Songo
Costa Rica
Jamaica
Manuel Tames
La Maya
274
Guantánamo
Los Canos
278
Imías
Cuatro Caminos
Cabanas
Niceto Pérez
Paraguay
San Antonio del Sur
Yacabo
GRAN PIEDRA NATIONALPARK
Bahía de
Playa Sabanalamar
La Gran Piedra
1234
Valle de la Préhistórico
Yateras
Playa Siboney
NAT.PARK BACONAO
Caimanera
Boquerón
Tortuguilla
Guantánamo
Playa Yateras
Daiquiri
Playa Larga
Hatibonito
Playa El Indio
Sigua
Playa Cazonal
Hoheitsgebiet der USA
KARIBISCHES MEER
Anschlusskarte S. 229

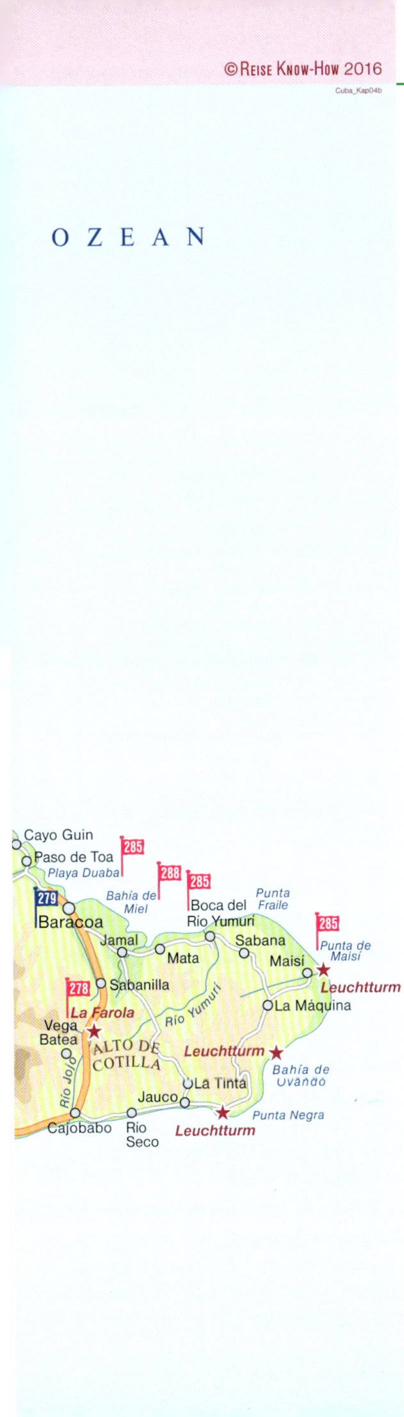

Die Provinzhauptstadt **San Isidoro de Holguín** entstand allerdings recht früh, vermutlich 1545. Sie wurde nach ihrem Gründer benannt, dem spanischen Kapitän *Garcia de Holguín*. Das Stadtrecht besitzt der Ort seit 1752.

Man nennt Holguín auch „Stadt der Parks". Im Zentrum liegt der **Park Galixto Garcia.** Der Namensgeber war ein General des Befreiungskampfes gegen die Spanier. Dieser enorm große Platz war von den Militärs als Exerzierplatz gedacht und sollte auch die Macht der Spanier demonstrieren. Nach der Befreiung bekam er den Namen des cubanischen Helden, sein Standbild steht im Zentrum. Zahlreiche Händler haben hier ihre Stände aufgebaut. Das Haus von *Galixto Garcia* kann man in der Miro-Straße besichtigen. Die für einen Stadtrundgang wichtigen Häuser liegen um den Platz herum. Es gibt mehrere Kaufhäuser, die Gemäldegalerie Moncada, die größte Bibliothek der Stadt und das Kulturhaus. Außerdem liegen hier das Trova-Haus, wo volkstümliche Lieder gesungen werden, das **Theater Eddy Suñol** und das Martí-Kino. Von Interesse sind auch das Provinzmuseum La Periquera und die Bayado-Galerie, wo man Kunsthandwerk und kaufen kann. Holguíns ältestes Haus steht in der Morales-Lemus-Straße.

Im Gebäude *La Periquera* (Wellensittichkäfig), Calle Frexes an der Plaza Galixto García, befindet sich das **Museo de Historia Provincial La Perquera,** hier wird die Geschichte der Region veranschaulicht. Mo–Fr 9–17, Sa 9–13 Uhr. Das klassizistische Gebäude wurde 1860 als repräsentatives Handelshaus gebaut. Im Obergeschoss befand sich die Wohnung. Im Unabhängigkeitskrieg vermie-

tete der Besitzer es an die Militärs, die wegen ihrer bunten Outfits von den Stadtbewohnern „Wellensittiche" genannt wurden, das Haus hieß seitdem „Vogelkäfig". 1875 starb der Eigentümer, ohne sein Haus je bezogen zu haben, 1978 wurde es zum Denkmal erklärt.

Neben diesem Haus liegt das Kino *Martí* mit seiner verzierten Fassade. Die cubanischen Blockbuster kann man sich hier für einen Peso ansehen.

Librería Villena heißt die ganz gut sortierte Buchhandlung auf der Frexes, zwei Blocks westlich des Platzes.

Der **Parque Peralta** hat seinen Namen von General *Julio Grave de Peralta,* der in Marmor gehauen zur Kathedrale blickt – er war einer der Anführer der Befreiungskriege gegen die Spanier.

Die **Kathedrale San Isidro** mit den zwei Türmen von 1720 wurde auf der Stelle der ersten Dorfkirche erbaut und ist in gutem Zustand.

Am schattigen **Parque Céspedes** liegt die **Iglesia San José** mit ihrem hohen Glockenturm, und dahinter, an der Calle Manduley, befindet sich das Museum **Galeria Holguín.**

Der Oriente

Schließlich gibt es noch die **Plaza de la Revolución** östlich des Zentrums – sie dient als Aufmarschplatz für die Parade zum 1. Mai.

Mein Tipp: Im **Museo de la Historia Natural Carlos de la Torrey Huerta** in der Calle Marceo 129, e/parque Galixto García y Peralta ist Cubas größte Kollektion von Polymita-Schneckenhäusern untergebracht. Geöffnet So–Do 9–17 Uhr, Sa 13–17 Uhr.

Die **Orgelfabrik** in der Carretera 301 ist die einzige Fabrik Cubas, in der mechanische Musikinstrumente hergestellt werden. Interessierte können das Gebäude wochentags besichtigen. Im Jahr werden etwa fünf Orgeln gebaut, kleinere Instrumente wesentlich mehr. Es gibt mehrere Orgelgruppen im Ort, die regelmäßig Konzerte geben.

Der überdachte Markt von 1848, die **Plaza de la Marqueta,** war einst das Zentrum von Kunst und Kultur. Nach starkem Verfall soll sie wiedererrichtet werden und dann die größte Attraktion des Ortes sein. Rings um den Platz liegen diverse Galerien.

Nicht weit vom Zentrum erhebt sich der Kreuzberg **Loma de Cruz,** ein Hügel mitten in der Stadt, den man besteigen kann; eine Treppe mit 450 Stufen führt hinauf. Sie hat diverse Treppenabsätze und verläuft in der Flucht der Hauptstraßen Maceo und Manduley. Oben öffnet sich eine weite Sicht über die Stadt, das Mayabe-Tal und die Hügel. Am schönsten ist es, wenn die Abendsonne ihre Strahlen über die Stadt schickt und die Häuser in rot-goldenes Licht taucht. Bequeme Zeitgenossen fahren über die Straße auf der Westseite nach oben. Mitunter gibt es oben eine Freiluftbar mit Musik.

Unterkunft

Hotels

- **Hotel Pernik** (Islazúl) ③, Ave. Jorge Dimitrov, esq. Plaza de la Revolución, Tel. 481011. Ein rechteckiger Hotelkasten mit mehr als 200 Zimmern, Bar, Restaurant, Schwimmbad. Die Zimmer haben Kunst an den Wänden und eigenen Internetanschluss.
- **Villa El Bosque** (Islazúl) ③, Ave. Jorge Dimitrov, esq. a 9na, Tel. 481012. 69 Zimmer in Betonbungalows, bewaldeter Garten, Bar, Disco, Schwimmbad. Man kann zu Fuß in die Stadt gehen.
- **El Mirador de Mayabe** (Islazúl) ③, Tel. 422 160. Die schöne Anlage liegt auf einem Hügel, 8 km außerhalb in südöstlicher Richtung; von der Straße zum Flughafen auf die Stadtumgehung abbiegen, dann rechts ab, Alturas de Mayabe, km 8. Vom Pool aus kann man über das Tal von Mayabe bis zur Stadt Holguín schauen. Das Hotel hat einen großen Pool, eine Bar und die regionale Attraktion „Pancho", einen Esel, der Bier trinkt. In einem herrlichen Garten liegen angenehme Bungalows mit Blick in die ruhige Landschaft. Von Holguín kommt man per Rad oder Taxi zum Hotel. Privat oder offiziell, mehr als 10 CUC hin und zurück sollte man nicht zahlen. Von der Straße nach Cuaba im Süden links abbiegen.

Privat

- **Hostal Salermo,** Calle Narciso Lopez 164, e/Frexes y Martí, Tel. 427347, 5 unterschiedliche Zimmer in einem großem, alten Haus im Zentrum, ab 25 CUC.
- **Rosaida Ballester,** Arias 336, e/Dosieteo y Carbo, Tel. 429681, Mobil 52783445, 3 Zimmer, eins mit separatem Eingang, 20 CUC.
- **Roberto Ferrer Gonzalez,** Calle Luz 32, e/19 y Paz, reparto Luz, Tel. 425730, 2 Zimmer mit Bad, eines nach vorne mit Privateingang, großer Patio, ab 20 CUC.
- **Antonio Ochoa Ochoa,** Calle Morales Lemus 199, e/Martí y Frexes, Tel. 423959. Geführt von einem älteren Ehepaar, hilfsbereit, nur Frühstück, hohe Räume, AC, 25 CUC.

4

■ **Casa Leovigildo,** *Elena M. Santiesteban,* Calle Narciso Lopez 156, e/Frexes y Martí, Tel. 422839, zwei Zimmer, große Patios, offene und herzliche Familie, 20 CUC.

■ **Santiago Andraca Roblejo y Consuela,** Narciso López 258, Apto. 3, 2do Piso, e/General Rodríguez (Coliseo) y Segunda (Calle 2), Tel. 426146. Zimmer im 2. Stock eines unspektakulären Wohnblocks mit Bad. Der Hausherr sammelt Fähnchen aus den Herkunftsländern seiner Gäste, Zimmer ab 20 CUC.

■ **Hostal Vivian & Daniel,** Calle 19 No. 17, e/Luz y Río, 2 km vom Zentrum, Tel. 422308. 2 DZ mit Bad und Terrasse. Garage. Der Hausherr spricht u.a. Deutsch und Englisch, 25 CUC.

■ **Villa ELY,** Ave. Cajigal 222, e/26 y 28, Alcides Pino, Tel. 441695. *Roberto* vermietet in einem extra Gebäude, 33 CUC mit Frühstück.

■ **Hostal La Roca Holguinera,** Calle 26 No. 16 (altos), e/Carretera de Gibara y 5 (Reparto Alcides Pino), Tel. 441178, 052 927921, cl8dbv@frcuba.co.cu. 4 DZ auf zwei Etagen in einem netten Haus mit Innenhof und Terrasse. Apartment mit privatem Eingang und Balkon zur Straße. Hilfsbereiter Besitzer, man kann sich vom Busbahnhof abholen lassen.

Essen und Trinken, Nachtleben

■ **Polinesio,** in der *Casa de doce pisos,* dem 12-stöckigen Hochhaus im Zentrum, Di–So ab 17 Uhr. Polynesische Küche. Der Zugang ist über den Fahrstuhl an der Rückseite, nur mit Reservierung, Büro im Erdgeschoss.

■ **Restaurante 1720,** Calle Frexes 190, esq. Miró. In einem restaurierten Herrenhaus, Essen zu moderaten Preisen, Touristen-Treffpunkt.

■ **Terraza-Bar,** Calle Mandule, esq. Frexes, mit Blick über den Park Calixto García.

■ **Taberna Pancho,** Ave. Jorge Dimitrov, in der Nähe vom Hotel *Pernik*, preiswert, guter Kaffee.

■ **Dimar,** Calle Mártires 133, e/Luz Caballero y Martí, Plaza de la Marqueta, kleines Fischlokal, preiswert, ab Mittag.

■ **La Malagueña,** Martí 128, schräg gegenüber dem Centro de Arte. Sieht aus wie ein Paladar. Gutes Essen für 20 Pesos.

■ **Isla Cristal,** im modernen Bürohaus *Pico Cristal* Ecke Calle Libertad und Martí. Hier ist auch die Cubana-Geschäftsstelle. Abends Disco.

■ **La Caverna,** Maceo, esq. Aguilera. Beatles-Bar: Die *Fab Four* stehen als Bronzefiguren in Lebensgröße an einem Tisch. Liedtexte stehen außen an den Fensterscheiben. Täglich ab 16 Uhr geöffnet.

■ **Mirador Aurora,** Luz Caballero 132 (altos), e/Pepe Torres y Máximo Gómez, Tel. 472801, einfache Gerichte ab 5 CUC, geöffnet ab 11 Uhr.

■ **Restaurante-Bar Yelly Boom,** Martí 180, e/Renato Guitart y Dositeo Aguilera, geöffnet ab 7 Uhr, Frühstück wird auch angeboten. Das Lokal tauchte im Film „Honig für Ochun" auf.

■ **Loma de la Cruz,** Alturas de la Loma de la Cruz, wenn man die Treppe hochgestiegen ist, muss man nach links gehen, mit dem Wagen auf der Ave. Capitán Urbino nach Westen und dann rechts den Berg hinauf. Traumhafter Blick. Internationale und cubanische Küche, geöffnet ab Mittag.

■ Nachtschwärmer gehen in die **Disco Cristal** in der Manduley 199.

Aktivitäten

■ In der **Casa de la Cultura** und der angrenzenden **Casa de la Trova** am Plaza Calixto García finden bis spät nachts Auftritte lokaler Musikgrößen statt.

■ **Casa de la UNEAC,** Veranstaltungsort in der Manduley e/Caballero y Marti.

■ Anfang Mai findet das Fest der Pilgerer statt, die **Romería del Mayo.** Dann wird auf den Plätzen der Stadt Musik gemacht.

■ **Gabinete Caligari,** Plaza Calixto García. Das ist der angesagte Ausgehort der Stadtbewohner. Die Musik ist modern, Salsa bis Hip-Hop.

■ **Infos** bekommt man in der Havanatur-Agentur, Calle Frexes 172, e/Narciso López y Morales Lemus.

Einkaufen, Sonstiges

- **Fondo Nacional de Bienes Culturales:** Kunstgewerbe mit Cafeteria am Calixto-García-Platz.
- **Centro de Arte:** nebenan, im 2. Stock.
- **La Epoca,** Frexes 194, für alles Mögliche.
- **Agropecuarios** in der Calle 19 (Morales Lemus) und an der Calle 3 im *reparto* Dagoberto Sanfield.
- **Geldwechsel:** *CADECA,* Calle Frexes, e/Cervantes y Narciso López; Calle Libertad 205, e/Luz Caballero y Martí.

Verkehrsverbindungen

- Der **Bahnhof** ist an der Calle Vidal Pita, im Süden der Stadt. Der Zug Nr. 15 fährt jeden Tag um 18.15 Uhr nach La Habana. Er hält in allen größeren Städten auf dem Weg, z.B. Las Tunas, Ciego de Ávila, Camagüey, Santa Clara, Matanzas. Eine Fahrt kostet 27 CUC. Tickets gibt es im *Ladis*-Büro gegenüber dem Bahnhof an der Ecke zur Manduley. Auf alle anderen Züge ist kein Verlass.
- **Bus:** *Astro* fährt verschiedene Städte an. Carretera Central, Ecke Independencía. *Víazul* bietet folgende Routen: **La Habana,** 47,50 CUC; **Santiago,** 11 CUC; **Trinidad,** 28 CUC. Abfahrtszeiten siehe vor Ort. Der **Busbahnhof** liegt in der Carretera Central 19, e/20 de Mayo y Independencía, Tel. 461036, 461340, 422111.
- Ein **Hop-on/Hop-off-Bus** fährt an den Hotels vorbei durch die Stadt bis nach Guardalavaca: alle halbe Stunde von 9–21 Uhr für 5 CUC am Tag.
- **Flug:** Der *Flughafen Frank País (HOG)* liegt 15 km außerhalb, Tel. 439330. *Cubana* fliegt für 85 CUC dreimal die Woche mit einer Fokker nach La Habana. Hier landen auch die Charterjets aus Europa. Büros von *Cubana* und *Aerocaribbean* im Gebäude Pico Cristal, Calle Libertad, esq. Martí, cubanahog@hog.cubana.avianet.cu, aerocaribbeanhog@enet.cu.
- Eine **Tankstelle** gibt es an der Carretera Central in Richtung Las Tunas, an der Straße nach Gibara im Norden.
- **Mietwagen.** *Havanautos* hat einen Schalter im Motel *El Bosque, Micar* und *Transtur* im Hotel *Pernik.*

Ausflüge

Südlich der Stadt liegt das **Mayabe-Tal.** Man fährt die Umgehungsstraße 10 km nach Süden und biegt links ab. Hier sind große Obstplantagen um den Stausee Presa de Mayabe. In der Mitte erhebt sich der Hügel, auf dem das Hotel *Mirador de Mayabe* liegt, das im Kapitel „Unterkunft" näher beschrieben ist. Ein kleiner Botanischer Garten buhlt um die Aufmerksamkeit der Gäste. Es gibt eine Busverbindung von der Stadt aus, dreimal am Tag zur Bushaltestelle am Fuße des Hügels.

Gibara

- **Vorwahl:** 05324
- **Einwohner:** 15.000

Auf dem Weg von Holguín zu den Stränden um Guardalavaca kann man über Gibara fahren, bevor man die touristisch erschlossenen Strandregionen erreicht. Als *Kolumbus* 1492 an der Küste Cubas entlang segelte, machte er auch hier halt. Der Zusammenfluss des Río Yabazón und des Río Cacoyuguín gab Anlass, die Siedlung **„Río de Mares"** zu taufen, ein Name, der im 19. Jh. nach einer heimischen Pflanzenart in *Gibara* umgewandelt wurde. Der Ort entwickelte sich zu einer bedeutenden Hafenstadt, auch heute noch lebt man vom Fischfang.

Hauptsehenswürdigkeiten sind die alten Häuser aus der Kolonialzeit mit ihren Buntglasfenstern und hölzernen Veranden, die um den schattigen Platz der Kirche San Fulgencio herum liegen. In der Independencía 15 kann man das **Stadtmuseum** besuchen und anschließend in den ersten Stock hinaufsteigen, wo das **Kolonialmuseum** untergebracht ist; es zeigt alte Gemälde und Gegenstände aus der spanischen Besatzungszeit. Das **Historische Museum** ist in einem prächtigen Haus in der Luz Caballero 23 untergebracht. Im Nebenhaus kann man sich im *Restaurante El Colonial* stärken. Wer lieber einen Blick aufs Meer hat, sollte ins *Restaurante La Concha* neben dem *Hostal El Faro* gehen. Abends wird aus dem Lokal eine Disco. Die beste Wahl ist das *Restaurante La Esperanza* an der Hafenstraße, wo man schon für 5 CUC etwas zu essen bekommt. Unten ist die Strandbar, darüber auf der Terrasse wird das Essen serviert.

Der berühmteste Sohn der Stadt ist der Schriftsteller und Filmkritiker *Guillermo Cabrera Infante*, der hier 1929 geboren wurde. Im April werden die Unterkünfte knapp, denn dann findet das internationale **Festival des alternativen Films** statt *(Festival de Cine Pobre)*.

Vom Parque de las Madres gelangt man auf eine Landzunge, auf der die **Festung Fernando Siete** steht, 1817 zur Stadtgründung erbaut, inzwischen restauriert und eine Sehenswürdigkeit. Hinter dem Ort erhebt sich eine weitere Festung, der **El Cartelón** auf einem Hügel mit Blick auf die Stadt. Die Spanier ließen sie anlegen, vollendeten den Bau aber nicht. Da Gibara einst wie La Habana eine Stadtmauer umgab, stehen noch Reste der Türme.

Man kann mit einer Fähre über die Bucht setzen und von der Mole noch 3,5 km weit laufen; dann erreicht man einen kleinen Strand. Wer nach **Caliche** zum Playa Blanca übersetzt, kann sich von hier mit einer Kutsche zu den Orten Rafael Freyre oder Frey Benito bringen lassen, von denen es nach Guardalavaca geht. Wer nicht mehr zurückkommt, muss sich nach **Los Bajos** durchfragen, dort kann man Privatzimmer anmieten.

Tanques azules de Gibara heißt die **größte unterirdische Grotte von Cuba.** Sie liegt versteckt nahe der Playa Caletones im Schutzgebiet El Mulito an der Punta de Mangle, ein Pfad führt hin. Wer mag, kann drinnen 24 m tief tauchen. Man sollte auf jeden Fall in einer *Casa* einen Führer anheuern, denn im Gebiet der *Cavernas de los Panaderos* erstrecken sich 29 zusammenhängende Höhlen.

Strände

Der örtliche Badestrand liegt am Ende der Independencía. Wem die Strände **El Boquerón, El Faro** und der **Playa del Vallado** im Ort zu öffentlich sind, kann z.B. die Uferstraße nach Nordwesten fahren, wo sich einige Strände bis zur Provinzgrenze zu Las Tunas aneinander reihen, etwa an der **Landspitze Punta de Mangle;** die wird von den Vögeln als Einflugschneise benutzt, entsprechend bieten sich Gelegenheiten zur Vogelbeobachtung. Auf dem Weg zum **Playa Caletones,** einem herrlichen Sandstrand, passiert man den Leuchtturm an der **Punta Rosa** und fährt an Cubas erstem Windpark vorbei, wo zwölf Windräder Strom erzeugen.

Verlässt man den Ort nach Osten in Richtung Guardalavaca oder nimmt man ein Boot über die Bucht, kommt man zu dem breiten Sandstrand **Playa Blanca.** Umrundet man die Landzunge Punta Peregrina, folgt der lange **Playa Los Bajos,** der bis nach Bariay reicht.

Außerdem gibt es in der Nähe einige **Süßwasserseen** auf halbem Wege nach Holguin, die sich auch gut für eine Abkühlung eignen.

Unterkunft

Hotels

- **Hotel Buenavista** (Palmares) ①, General Sartorio 25, Plaza del Fuerte, Tel. 844399, 4 einfache Zimmer über dem Restaurant *El Faro.*
- **Hotel Ordoño** (Cubanacán) ②, Calle J. Peralta e/ Donato Mármol y Independencía, Tel. 844448. Im höchsten Gebäude der Stadt aus dem Jahr 1927, restauriert, 27 Zimmer, 6 lassen sich als Dreibettzimmer nutzen. Von der Terrasse schöner Ausblick.
- **Hotel E Arsenita** (Cubanacán) ②, Calle General Sartorio 22, e/Martí y Luz Caballero, Tel. 844400, 12 Zimmer in einem rot-weiß gestrichenen 2-stöckigen Kolonialhaus vom Anfang des 20. Jh. Von der Dachterrasse kann man das Meer sehen.

Privat

- **Vitral,** riesiges Haus im Kolonialstil, Independencía 36, e/J. Peralta y Calixto García, Tel. 844469, Patio, Buntglasfenster, Dachterrasse, 25 CUC.
- **Villa Caney,** Calle Sartorio 36, e/J. Peralta y Luz Caballero, Tel. 844552, 2 geräumige Zimmer mit Bad hinter dem grünen Patio eines kolonialen Hauses in Strandnähe, 25 CUC.
- **Casa de los Amigos,** Céspedes 15, e/J. Peralta y Luz Caballero, Tel. 844115, lacasadelosamigos@yahoo.fr. Haus einer in Gibara lebenden französischen Künstlerin. 2 Zimmer mit Bad, Salon und Patio, alle kunstvoll ausgeschmückt, 25 CUC.
- **Los Hermanos,** Céspedes 13, e/Luz Caballero y Peralta, Tel. 844542, großes Kolonialhaus im Zentrum nahe dem Malecón mit 4 Zimmer, Patio. Die Chefin kocht hervorragend. Die Zimmer sind schon etwas älter, eins hat einen Balkon, 25 CUC.
- **Hostal Las Brisas,** Calle J. Peralta 61, e/J. Mora y M. Grajales, Tel. 845134, Gibara, direkt am Meer. Der Vermieter spricht Französisch und Englisch, mit privatem Hof und Dachterrasse, 20 CUC.

Essen und Trinken

- Essen kann man im **El Mirador** beim El Cuartelón mit Blick über die Stadt. Im **El Faro,** La Concha, am Parque de las Madres, Tel. 844596, blickt man auf die Bucht. Daneben ist ein **Pesos-Schnellimbiss,** eigentlich der bessere Ort zum Essen. Das **La Cueva,** Calle 2da, esq. Carretera a Playa Caletones, ist Bar und Restaurant mit guter Küche ab 12 Uhr.

Verkehrsverbindungen

- Wer mit dem **Bus** nach Holguín will, muss die Straße nach Süden etwa 1 km lang laufen. Der Bus fährt 2x täglich. Im *Paladar La Mina* am Busbahnhof kann man ein gutes *pollo frito* essen.
- Ein **Taxi** nach Holguin kostet etwa 20 CUC.
- Die **Fähre** nach Caliche mit Halt in San Antonio fasst 18 Reisende und fährt 2x am Tag, 1 CUC.
- **Tanken** kann man am Ortseingang, von Holguín kommend.

Von Gibara nach Guardalavaca

Der Weg ist höllisch, wenn man von Floro Pérez nach Fray Benito abfährt. Unterwegs, nach etwa 35 km, passiert man den Abzweig zum *Campismo Silla de Gi-*

bara, der rechts auf einem Hügel (Las Tinajitas) liegt. Einfache Unterkunft, aber schöne Aussicht. Mit Pool und Bar. Reservierung unter Tel. 421586 in Holguín.

Der **Silla de Gibara,** ein wie ein Sattel geformter Hügel, wurde früher von den Schiffern als Navigationspunkt benutzt, man kann ihn besteigen, um weit über die Landschaft und die See zu schauen. Wer nicht zu Fuß klettern will, kann vom *Campismo* ein Pferd mieten. Oben gibt es ein Lokal, *El Mirador.*

Der kleine See **La Represa** 5 km vor dem Weg zum Campingplatz wird von Einheimischen gern zum Schwimmen genutzt, wenn er Wasser hat. Einheimische kennen die Grotte **Las Cavernas,** die über 10 km lang ist. Das Personal der dortigen Festung kann Touren organisieren.

Playa Santa Lucía

Die Playa Santa Lucía mit dem dazugehörigen Ort **Rafael Freyre** liegt 25 km westlich von Guardalavaca. Rafael Freyre wird auf manchen Karten und von den Einheimischen auch nach der Bucht Santa Lucía genannt. Die örtliche Zuckerfabrik wurde vor einigen Jahren zum **Museum** umgestaltet. Interessant ist es noch etwa 7 km weiter, am Strand **Playa Blanca.**

■ **Unterkunft:** Die **Villa Don Lino** (Islazúl) ③ ist eine ruhige Bleibe an der Playa Blanca. Das einfache Haus besitzt 35 Bungalows und einen palmenbestandenen Strand, Tel. 430308/10. Die Attraktion ist eine Show auf einem nachgebauten Segelschiff. Die Anlage ist nach wie vor empfehlenswert.

Bariay

Bariay ist ein kleiner Ort mit einer vorgelagerten Insel gleichen Namens, angeblich der erste, den **Kolumbus 1492** auf Cuba sah. Er dachte, er sei in Japan gelandet. An der Straße nach Gibara biegt man in Frey Benito rechts ab. Hier steht eine spanische Festung aus dem 19. Jh., und seit der 100-Jahrfeier ein Denkmal – 16 Indianerstatuen werden von den griechischen Säulen der Alten Welt in die Enge getrieben. Außerdem gibt es ein **Museumsdorf zum Indianerleben.** Ein Besuch der Anlage dauert etwa vier Stunden und kostet mit Verpflegung 20 CUC.

Man kann auch mit einem Boot von Guardalavaca nach Bariay fahren oder von Don Lino etwa 3 km zu Fuß nach Westen zur Playa Blanca gehen.

■ **Essen und Trinken:** Im **Colombo** gibt es preiswerte cubanisch-internationale Gerichte, geöffnet ist ab Mittag.

Bahía de Naranjo

Weiter in östlicher Richtung kommt man zuerst zur **Bahía de Vita.** Diese Bucht ist als Yachthafen bekannt und bei Ausländern beliebt. Von Weitem grüßt der moderne Leuchtturm und der Skipper findet alles was er braucht. Als nächstes folgt die Bucht von Naranjo. Die Gegend ist sanft hügelig. Von der Verbindungsstraße sind es etwa 8 km bis zur Orangenbucht. In ihrer Mitte auf einer kleinen Insel liegt ein **Delfinarium.**

Hier kann man für 40 CUC gemeinsam mit den Tieren schwimmen gehen. Mittags gibt es eine Showeinlage, die extra kostet. Die Überfahrt von der Marina zur Delfininsel Cayo Naranjo kostet 12 CUC. Man kann von allen Hotels in Guardalavaca Touren buchen.

Früher war die Anlage mitten in der Lagune ein Erholungsgebiet des Militärs auf teilweise künstliche Inseln, die durch Brücken verbunden sind.

■ **Unterkunft: Villa Cayo Naranjo (Bungalow Birancito)** (Gaviota) ④, mitten im Wasser dem Delfinarium gegenüber steht ein Häuschen auf Stelzen in den Mangroven; hier können Naturliebhaber übernachten. 2 Zimmer und Restaurant, die Ausstattung ist einfach, aber die Delfine schwimmen um einen herum. Tel. 802298. Reservierung und Mückenschutz sind wichtig.

Playa Costa Verde, Playa Pesquero

Von der Kreuzung Quatro Palmas erreicht man den Strand namens *Costa Verde*. Hier hat man ein teures *Resort* gebaut: das *LTI Costa Verde*, Tel. 433510; es kostet für Selbstbucher über 200 CUC die Nacht, ähnlich wie das *Playa Costa Verde* mit zweistöckigen Bungalows, Tel. 433520. Preiswerter ist das *Playa Pesquero*, einst Cubas größtes Hotel, Tel. 433 530. Umgeben von einer großen Parkanlage, hat es 900 Zimmer, Freizeitangebote, Restaurants und Geschäfte, Pools und Tennisplätze. *Fidel Castro* persönlich weihte es 2003 ein, heute verharrt es in einem Zustand ruhiger Bedeutungslosigkeit, aber der schöne Strand ist der alte geblieben.

Playa Esmeralda

An der Ostseite der Bucht von Naranjo schließt sich die Playa Esmeralda an, die vielfach schon zu Guardalavaca gerechnet wird. Für **Taucher** wurde hier altes Kriegsgerät versenkt. Die Panzer unter Wasser bieten ein gespenstisches Bild. Für Nichttaucher empfiehlt sich der ausgeschilderte Naturwanderweg Las Guanas. Von der Carretera, an der es mehrere Luxushotels gibt, sind es 2 km bis zum Meer. Die Straße ist gut ausgebaut.

Unterkunft, Essen und Trinken

■ **Sol Rio Luna y Mares** (Sol) ④, All inclusive, Carretera a Guardalavaca, Tel. 430060. Die Straße zur Playa Esmeralda ganz durchfahren und am Ende links abbiegen. Zwei Hotels bilden jetzt eine Einheit, mit 240 Zimmern am Esmeralda-Strand und nach hinten. Der mehrstöckige Bau umgibt einen Hof mit Pool. Diverse Bars und Wassersportangebote können auch Leute benutzen, die nicht im Hotel wohnen.

■ **Río de Oro** (Sol) ④, Tel. 430090, etwa 1 km auf der Straße zur Playa Esmeralda geht rechts der Weg zur Playa Caletica ab, an der das Hotel liegt. Fast 300 Zimmer, man kann sogar Bungalows mit eigenem Pool mieten.

■ **Essen** kann man im *El Conuco Mongo Viña,* Tel. 433310-107. Das Terrassenlokal liegt an der Naranjo-Bucht in Richtung der Hauptstraße nach Guardalavaca, Abzweig am Hotel *Río de Luna y Mares.* Von hier genießt man den Blick über die Bucht. Cubanische Küche. Der Besitzer hält allerlei Tiere. Ganztägig geöffnet.

Guardalavaca

■ **Vorwahl:** 024

Der **Name** heißt übersetzt „Hüte die Kuh", man glaubt allerdings, dass es ursprünglich hieß: „Guarda la barca", also „Pass auf das Schiff auf", was wahrscheinlicher ist, da es hier Piraten und eine geschützte Bucht gab.

Dieser Hauptort des Urlausvergnügens liegt etwa 70 km nordöstlich von Holguín. Mit dem Taxi kostet die Fahrt zwischen 25 und 30 CUC, wenn der Fahrer dort wartet. Der **reine Touristenort** liegt in einer feinsandigen Bucht, umrahmt von malerischen Felsen und bewachsen mit Mandelbäumen und Strandwein. Deshalb ist dieser Strand auch über weite Teile schattig, was ihn von anderen Stränden auf Cuba unterscheidet. Die meisten Hotels sind „all inclusive". Daraus folgt, dass man nicht einfach an die nächste Hotelbar gehen und einen Kaffee trinken kann. Aus diesem Grund fühlen sich hier viele Leute nicht wohl. Am Westende der Bucht liegen die **freien Strände.** Auch sie sind herrlich mit Bäumen bestanden. Dazwischen gibt es einige preiswerte Bars, die auch von den „inklusiven Leuten" gern besucht werden.

Unterkunft

Brisas, Club Atlántico, Melía, Blau, alle Hotelketten sind hier vertreten, es gibt keine Alternative, auch das kleine El Cayuelo soll Hotelanlagen weichen. Einkaufsmöglichkeiten sind am Südende der Strandmeile und auf der Landseite der Straße vorhanden, wo es auch eine Bank gibt.

> Playa Esmeralda bei Guardalavaca

Hotels

- **Villa Cabaña** (Islazúl) ①, Calle 2da, Tel. 430 314. Diese alte Anlage liegt in zweiter Reihe hinter dem *Atlántico* und der *Clínica International.* 20 Apartments liegen in Sechserblocks im Garten verteilt. Die Rezeption ist mittendrin.
- **Club Amigo Atlántico** (Brisas) ④, Tel. 430180. Alt, aber groß, mit 230 Zimmern, teuer. Die Atlántico-Bungalows mit 136 Zimmern sind schöner und preiswerter, aber sie liegen vom Meer abgewandt.
- **Brisas Club** (Brisas) ④, Tel. 430218. Großzügiges Strandhotel, 230 Zimmer, östliches Strandende.

Privat

Es gibt Apartmenblocks, in denen Zimmer vermietet werden, z.B.:

- **Armando Garcia Garcia**, Edificio 11, Apto. 15, Tel. 430230, 2 Zimmer, vom Balkon gibt es Meerblick, zum Strand läuft man 10 Minuten, 20 CUC.

www.fotolia.de © kavcic

■ **Hostal Carmen,** 4 Caminos, Yaguajay, Tel. 0529 32221, *Carmen Martinez* vermietet 3 Zimmer mit Bad in Yaguajay, dem Ort nach Guardalavaca, in Richtung Banes, nettes Haus, ab 25 CUC.

Essen und Trinken

■ **El Ancla,** von diesem Fischrestaurant am Westufer der Guardalavaca-Bucht hat man einen herrlichen Blick über den Strand und das Meer. Es steht auf einem Felsen über der Brandung. Vom westlichen Strandende aus führt ein Weg über die kleine Brücke hin. Autofahrer müssen zur Hauptstraße zurück und dort in Richtung Holguín fahren, 800 m weiter geht rechts ein Sandweg zum Lokal ab. Ab 9 Uhr geöffnet.

■ **Pizza Vicaria,** im *Centro Comercial,* Bulevar Playa Guardalavaca, 9–22 Uhr. Hier kommt man auch ohne All-inclusive-Bändchen rein und zahlt 5 CUC für die Pizza. Es gibt hier auch noch die **Bar La Rueda.**

■ **El Cayuelo,** das preiswerte Fischrestaurant, Tel. 420736, am Ostende des Ortes ist traumhaft gelegen: Man kann unter Palmen am Strand sitzen.

Aktivitäten, Sonstiges

■ **Disco La Roca,** hier treffen sich Einheimische und Touristen; die große Terrasse öffnet sich zum Meer; nur in der Saison, tgl. ab 21.30 Uhr, 3 CUC.

■ **Tauchen,** *Marian* und *Jan Snijders* bieten mit ihrem Tauchcenter am Hotel *Sol Río de Mares* Anfänger- und Fortgeschrittenenkurse an.

■ Es werden **Bootsausflüge** zur Bahía de Naranjo angeboten (s.o.).

■ **Krankenhaus:** Ausländer behandelt die *Clínica Cubanacán Turismo y Salud,* Sucursal Guardalavaca Calle 2da, No. 15, e/1ra y 2da, Tel. 430291, 430312.

■ **Reisebüro:** *Asistur, Centro Comercial TRD.*

■ **Geldwechsel:** in allen Hotels.

Einkaufen

■ Einkaufen kann man in **Centro Comercial Los Flamboyant** in den zweistöckigen Gebäuden beim Hotel *Atlántico.* Hier gibt es auch **Wechselstuben.** Musik kann man im **Artex-Laden** hinter dem Hotel *Guardalavaca* kaufen. Am Hotel *Atlántico* gibt es einen **Souvenirladen.**

Verkehrsverbindungen

■ Wer nach Holguín will, kann versuchen, einen Platz in einem der **Shuttlebusse** von einem der Hotels zu bekommen, das kostet je nach Verhandlungsgeschick ca. 10 CUC, das **Taxi** kostet das Dreifache.

■ Die **Tankstelle** liegt auf dem Weg zur Playa Esmeralda. Per Auto sind es nach Santa Clara 7 Stunden Fahrt, die A 1 ist gut ausgebaut.

Ausflüge

Oberhalb des Dorfes Yaguajay, an der Straße nach Banes, liegt das **Museo Chorro de la Maíta.** Es zeigt Taíno-Gräber mit Skeletten aus den Jahren 1490 bis 1540. Die Grabstätte ist die größte bekannte dieser Art. 62 Skelette liegen im Museumsraum auf Gipssockeln, wie man sie ausgrub. Von einem Gang an den Wänden kann man von oben auf das Grabfeld hinab sehen. Mo–Sa 9–17 Uhr, So 9–13 Uhr, 5 CUC. Essen kann man ab 12 Uhr bei *Doña Barbara* am Ortseingang rechts vor dem Abzweig nach Banes; es gibt Fischgerichte um 8 CUC.

Guardalavaca Umgebung

Banes

- **Vorwahl:** 024
- **Einwohner:** 80.000

In diesem Städtchen rund 30 km südöstlich von Guardalavaca liegt eine weitere wichtige kulturhistorische Stätte: Das **Museum für indianische Kultur,** benannt nach dem Kazikenhäuptling *Baní,* zeigt etwa 1000 Exponate aus den Gräbern der Taínos, hauptsächlich kleine Tonfiguren. Hinzu kommen ein goldenes Fruchtbarkeitssymbol, das vielleicht jedoch von den Spaniern stammt. *Museo Indocubano Bani,* General Marrero 305, esq. José Martí, geöffnet Di–Sa 12–18 Uhr, So 14–18 Uhr, Erklärungen auch in Englisch, 5 CUC.

Lange Zeit lebte man vom Zuckeranbau, auch die *United Fruit Company* trieb hier ihr Unwesen, bis die Revolutionäre um *Castro* dem ein Ende setzten.

Banes hat einen Busbahnhof und ein **historisches Museum.** In der **Kirche** hat *Mirta Diaz-Balart* 1948 einen gewissen *Fidel Castro* geheiratet.

Eisenbahnfans können in der Calle Tráfico eine amerikanische Dampflok von 1888 bewundern. Sie steht neben dem Museum und zog noch bis 1960 Bananenzüge durch die Gegend.

Unterkunft, Essen und Trinken

- Der **Campismo Puerto Rico Libre** mit Fantasiearchitektur ist die preiswerteste Bleibe. Privat kann man in der Villa von *Sergio Aguilera* wohnen,

Iglesia 4089, zone nicaragua, Tel. 802412 oder im **Colonial Guest House,** Calle H 1526F, e/Carretera de Veguitas y Francisco Franco, Tel. 802204, einstöckiges Kolonialhaus am Ortseingang, einfaches DZ, mit Dachterrasse, Garten, 25 CUC.

■ Das sehr einfache **Motel Oasis** ①, Tel. 93447, liegt 2 km vor der Stadt, an der Straße nach Los Pasos. 28 Zimmer.

■ **Motel Brisas de Banes** ②, von Los Pasos in Richtung Guardalavaca, 10 km von Banes entfernt, rechts auf einem Hügel gelegen. An einem Stausee liegen acht einfache Hütten, 30 CUC pro Häuschen.

■ **Essen** kann man im *Restaurant Roberto* in der General Marrero 710 oder gegenüber im Schnellrestaurant *La Vicaria.* An derselben Straße liegt in der No. 327a das übliche Schnellrestaurant *Doña Yulla.* Der Paladar *Delicias* liegt am Parque Céspedes. **Musikfreunde** können im Patio des *Café Cantante* auf ihre Kosten kommen, Hausnummer 320.

Verkehrsverbindungen

■ Die **Busstation** liegt an der Ecke Tráfico und Los Ángeles, 6x pro Tag gibt es einen Bus nach Holguín und am Nachmittag einen zum nächsten Bahnhof.

Aktivitäten

■ Wer baden will, verlässt den Ort nach Süden und erreicht nach 12 km die steinige Playa de Morales

Fidel Castro Ruz

Am 13.8.1926 wird *Fidel Castro Ruz* als **Sohn einer wohlhabenden spanischen Einwandererfamilie** in Birán (Oriente) geboren. Er absolviert die Schule in Santiago und studiert anschließend in La Habana Jura. 1949 fällt er durch Protestaktionen gegen die Regierung auf, bei denen das Rathaus von Cienfuegos besetzt wird.

Bei der Verhandlung nutzt er sein rhetorisches Talent und hält seine erste wichtige Rede: „Ich klage an!" Darin prangert er Misswirtschaft und Korruption auf Cuba an. Die Verhandlung endet mit einem sensationellen Freispruch.

Als sich *Batista* an die Macht putscht, reicht *Castro* sofort Klage beim Gericht ein und fordert 100 Jahre Gefängnis für den Diktator, die er von Rechts wegen für seine Taten bekommen müsste.

Nach dem Abschluss des Studiums auf Cuba setzt er sein Studium in New York und Bogotá fort. Danach widmet er sich ganz der **politischen Arbeit.** Er beginnt eine breitere Schicht von Bauern und Arbeitern für den Gedanken der Befreiung zu begeistern. Man will im Oriente mit dem Widerstand beginnen, und so leitet er mit seinem Bruder *Raúl* den Sturm auf die Moncada-Kaserne in Santiago ein, der allerdings fehlschlägt.

Nach der Begnadigung durch *Batista* geht *Fidel Castro* ins Exil nach Mexiko. Dort lernt er *Ernesto „Che" Guevara* kennen und kehrt im Jahr 1956 mit ihm und 80 Revolutionären auf der Yacht *Granma* nach Cuba zurück. Es beginnt ein revolutionärer Guerillakrieg gegen das Batista-Regime, ein Feldzug gegen den Diktator, der **1959** mit dem **Sieg der Revolutionäre** endet.

mit einigen Sandeinsprengseln. Den Weg noch 6 km weiter nach Norden, kommt die palmengesäumte **Playa de Puerto Rico.** Hier gibt es einige Hütten in einem Strandweinwäldchen. Der *Campismo Popular* vermietet auch an Ausländer für 3,50 CUC. Wer noch nicht genug hat oder Leuchtturmfan ist, kann dem Weg weiter nach Norden folgen und kommt zum **Cabo Lucrecia.**

Birán

In Birán kann man das **Geburtshaus von Fidel Castro** besichtigen, er wurde hier 1926 geboren. Man fährt von Cueto 7 km über eine Asphaltstraße nach Birán. Man lässt das Dorf rechts liegen und fährt, an einigen Häusern vorbei, auf einem Feldweg Richtung Norden. Nach 2 bis 3 km befindet sich links die Zufahrt zum Gelände. Hinter den Hütten der haitianischen Arbeiter kommt die Farm der Familie *Ruz.* Wer sie sich näher ansehen möchte (10 CUC), frage im Dorf nach dem Führer *(historiador).*

Naturpark Loma de la Mensura

Auf dem Weg nach Osten erreicht man die Verbindungsstraße Holguín – Baracoa. Vom Durchgangsort **Mayarí** lohnt ein 30-km-Ausflug zum Naturpark Loma de la Mensura. Vom Ort gibt es einen Weg in die hügelige Umgebung im Süden, die **Altiplanicie de Nipe** ist interessant für Botaniker. Die häufigen Regenfälle haben hier einzigartiger Pflanzen entstehen lassen. Touristisch erschlossen ist der 900 m hohe Loma de La Mensura, ein stiller Ort. Wohnen kann man im Hotel *Pinares de Mayarí,* die schlechte Straße am Berg vorbei, rechts abbiegen.

In der Nähe befindet sich **der höchste Wasserfall des Landes, El Salto de Guayabo,** das Wasser stürzt hier über 27 m tief hinab.

Wohnen kann man im 600 m hoch gelegenen Häuschen der *Villa Pinares de Mayari* (Gaviota) ②, Tel. 521412. Holz- und Steinbungalows mit Terrasse, Kühlschrank, mit Pool und Fahrradverleih. Die Zimmer werden recht gut gepflegt, aber die Anlage selbst ist in die Jahre gekommen.

Cayo Saetía

Die Insel Cayo Saetía liegt in der **Bahía de Nipe,** 60 km von Guardalavaca entfernt. Man nimmt die Abzweigung nach Felton, dann am „Gaviota"-Schild rechts abbiegen. Für die Fahrt auf das 40 km² große Eiland muss man 10 CUC Maut bezahlen. In den Wäldchen wurden Antilopen, Büffel und andere Wildtiere ausgesetzt, die Jäger abschießen dürfen. 1400 CUC sollen für die Antilope gezahlt werden. Dafür bekommt der Jäger nur die Trophäe mit, der Rest geht an Vater Staat. Angeboten werden Jeep- und Pferdeausflüge. Die schönen Strände sind einsam. Früher war die Insel für das gemeine Volk gesperrt, auch heute kommen noch öfter höhere Beamte zur Entspannung hierher. Kleiner Strand, viele Mücken.

Unterkunft

■ **Unterkunft: Villa Cayo Saetía** (Gaviota) ④, Carretera a Felton, Tel. 024 96900. Das Hotel mit Bar und Restaurant bietet 12 mittelmäßige Zimmer im Kolonialstil, häufig ausgebucht. Essen ebenfalls einfach. Ein Ort für Ruhesuchende.

Bayamo

■ **Vorwahl:** 023
■ **Einwohner:** 130.000

Die **gemütliche Hauptstadt der Provinz Granma** am Río Bayamo, durch deren Straßen Pferdekutschen kurven, liegt malerisch vor der Gebirgskulisse der **Sierra Maestra.** Im Gegensatz zu der Ruhe, die die Stadt heute ausstrahlt, ging von ihr jedoch oft der Gedanke der Rebellion aus. Träge windet sich der Fluss durch den Ort und der Spaziergänger findet sogar eine Fußgängerzone, die General García, die am Parque Céspedes beginnt.

Bayamo wurde 1514 von *Diego Velázquez* gegründet. Ursprünglich sollte hier das erbeutete Gold eingeschmolzen werden, später dominierte der Anbau von Ingwer und Indigo. Überfälle von Piraten, Erdbeben und Feuer ließen nur wenige Gebäude übrig.

Der Großgrundbesitzer *Carlos Manuel de Céspedes* befreite am 10. Oktober 1868 seine eigenen Sklaven auf seinem Gut La Demajagua, um mit ihnen gegen die spanische Herrschaft zu kämpfen. Im 20. Jh. beteiligte sich Bayamo neben Santiago de Cuba am Kampf gegen die Diktatur *Batistas.* Obwohl die Stadt an der Carretera Central liegt, kommen wenige Touristen.

Vom Originalbau der **Capilla de los Dolores** an der Plaza del Himno Nacional war nach einem Feuer nicht viel übrig geblieben, doch heute ist sie wieder aufgebaut. Innen gibt es einen schönen Barockaltar. Direkt daneben steht die **Iglesia San Salvador,** beide miteinander verbunden.

Die **Plaza de la Revolución** ist der erste Platz auf Cuba, der so genannt wurde. Hier steht ein Denkmal für *Carlos Manuel de Céspedes* und ihm gegenüber eins für *Jorge Figueredos,* der die Bayamese komponierte. Zahllose Bänke säumen die Wege.

Museo Casa Natal de Carlos Manuel de Céspedes, Calle Maceo 57, Tel. 4238 64, Di–Sa 12–19 Uhr, So 9–13 Uhr. Das Geburtshaus zeigt koloniale Möbel, historische Dokumente und die Druckerpresse, auf der die erste freie Zeitung der Insel gedruckt wurde.

Museo Provincial, Calle Maceo 58, Tel. 424125, Di–Sa 10–17 Uhr, So 9–13 Uhr. Hier ist eine bunte Sammlung archäologischer Fundstücke zu begutachten. Prunkstück ist das Bildnis von General *Maceo,* das aus 13.000 Holzstückchen zusammengesetzt wurde.

Unterkunft

Hotels

■ **Royalton** (Islazúl) ②, Maceo 53, Tel. 422290, renoviertes Hotel in einem Kolonialhaus an der Nordwestseite des Parque Céspedes. Die schönsten Zimmer gehen zum Park mit Balkon.

■ **Escuela Telégrafico** ②, José Antonio Saco 108, Tel. 425510, 14 Zimmer mit Balkon, schlechtere Lage als das *Royalton,* aber guter Service.

■ **Villa Bayamo** (Islazúl) ②, Carretera de Manzanillo, km 5,5, Tel. 423102, von der Kreuzung mit der Ave. Amado Estévez aus nach Norden. Einfaches Haus, außerhalb der Stadt. Die Bar ist 24 Stunden geöffnet. 34 Zimmer in Bungalows um den Pool.

■ **Sierra Maestra** (Islazúl) ②, Tel. 427970, an der Carretera Central, 3 km Richtung Santiago, 200 Zimmer, 4-stöckiger Klotz, nichts Besonderes.

■ **Villa El Yarey,** (Cubanacán) ①, Carretera Vía Santiago, Jiguaní, 4 km auf der Carretera Central nach Osten, dann 6 km nach Norden, nach Dos Ríos. Hier südwestlich in Richtung Jiguaní. 14 strohgedeckte Hütten, tolle Landschaft, nettes Personal.

Privat

■ **Dolores Marson Sosa,** Pio Rosado 171, e/Capote y Parada, Tel. der Nachbarin 424584 und 422 974, 2 Zimmer, eins mit AC, unweit des Bahnhofs, 20 CUC.

■ **Luz Delfina Martí,** Donato Mármol 118, e/Maceo y Francisco Vicente Aguilera, Tel. 423555, schönes Kolonialhaus mit zwei großen DZ, ab 20 CUC.

■ **Ana Martí Vázquez,** Céspedes 4, e/Maceo y Canducha Figueredo, Tel. 425323, bayamo_ana_marti@particuba.net. 2 Zimmer in einem eleganten Haus, mit Antiquitäten möbliert.

■ **Isabel M. Fonseca,** Donato Mármol 158, e/Canducha Figueredo y Maceo Nähe Parque Céspedes, Tel. 423296. Zentral gelegen mit 2 Zimmer mit Bad und AC, Balkon, schöne Dachterrasse, sehr nette und hilfsbereite Vermieter, leckeres Essen, 18 CUC.

■ **Hostal Bayamo,** Ave. Amado Estevez 67 (altos), e/9 y 8, Tel. 429127, http://hostalbayamo.com. In der Nähe der Plaza de la Patria, y Yilian Santana. *Martín* und *Antonio Losada López* vermieten 4 komfortable Zimmer in einem neueren 2-stöckigen Haus mit eigenem Bad, auf der Dachterrasse gibt es einen kleinen Pool, 20–25 CUC, Frühstück 4 CUC.

■ **Casa España,** *Fernando y Lili,* Ave. Fco. Vicente Aquilera 13a, e/Donato Marmol y José Joaquín Palma, Tel. 423270. Ein junges Paar vermietet 2 Zimmer mit Bad, AC und großen Fenstern, 25 CUC, grandiose Dachterrasse mit Aussicht.

■ **Libia Martí Vázquez,** Calle Máximo Gómez 56, e/Saco y León, außen eher belanglos, aber man hat einen herrlichen Blick auf den Fluss und den umliegenden Wald. Ein Zimmer mit Bad und Balkon, toller schattiger Patio, 25 CUC.

Essen und Trinken

■ **Restaurante 1513,** Calle Garcia, esq. Calle Lora, Tel. 425921, tgl. 12–22 Uhr. Kreolische Küche zu moderaten Preisen, ganz gute Wahl.

■ **La Presa,** Calle Amado Estevel, esq. Carretera Central, Tel. 424123, tgl. 8–17 Uhr. Frischer Fisch zu zivilen Preisen.

■ **Paladar Polinesio,** Donato Marmol 107, e/M. Capote y Pio Rosado, 12–24 Uhr, Tel. 422449. Eine gute Wahl zu vernünftigen Preisen.

■ **Restaurante Plaza,** teuer, im *Royalton Hotel.*

■ **Paladar Sagitario,** Donato Marmol 107, e/Maceo y Vicente Aguilera, Hühnchengerichte werden ab Mittag im schönen Patio serviert. Einer der ältesten Paladare.

■ **Eiscafé,** am Südende der Plaza Revolución.

■ **La Bodega,** Plaza del Himno Nacional 34, vorne zum Platz, in der Mitte Villa, hinten zum Fluss, was will man mehr? Geöffnet meist ab 11 Uhr, Essen ab 5 CUC.

■ **La Casona,** hinter der Kirche, begrünter Hof, hier wird Hatuey-Bier ausgeschenkt.

Aktivitäten

■ Samstagnachmittag kann man zum **Künstlerverband UNEAC** in die Calle Céspedes 158 gehen, um Bolero zu hören, anschließend kann man in die Calle Máximo Gómez schlendern, wo **Freiluftpartys** veranstaltet werden („Noches de la Cultura Bayamesa").

■ **Reisebüros:** *Ecotur,* Hotel *Sierra Maestra,* Carretera vía Santiago de Cuba, km 1,5; *Islazul,* General García 207, e/Lora y Masó; *Cubanacán,* Hotel *Telé-*

grafo Calle Saco, esq. Mármol; *Havanatur,* Libertad s/n, e/Canducha, Figueredo y General Antonio Maceo, *reparto* El Cristo.

Einkaufen

- **Geldwechsel:** *BANDEC,* Amado Estévez y Plaza de la Patria; General García 101; *CADECA,* Carretera Central y 2da, *reparto* Jesús Menéndez.
- **DHL,** Maceo, e/Céspedes y Libertad.
- **Apotheke:** *Farmacia Internacional,* General García, e/Figueredo y Lora.
- **Kunstgewerbe:** an der Plaza del Himno 20.

Verkehrsverbindungen

- Innerorts fahren **Pferdekutschen** für einen Peso durch die Stadt.
- Der **Busbahnhof** ist an der Carretera Central, esq. Jesús Rabí, südöstlich des Parque Céspedes. *Víazul* fährt 3x täglich für 8 CUC nach Santiago, einmal für 48 CUC nach La Habana und 4x für 6 CUC nach Holguín. Weitere Städte muss man direkt erfragen. Man kann in allen großen Orten an der Strecke aussteigen. Büroadresse: Carretera Central 501, Tel. 422167.
- **Züge** fahren vom Bahnhof in der Calle Sacco, esq. Linea, täglich nach Manzanillo und Camagüey und alle zwei Tage nach La Habana und Santiago.
- **Mietwagen:** *Havanautos* an der *Servi Cupet* Tankstelle, Carretera Central in Richtung Santiago, Tel. 427375.
- **Flughafen:** *Aeropuerto Carlos Manuel de Céspedes (BYM),* 4 km Richtung Holguín, Tel. 427506. Flug nach HAV: 103 CUC.
- **Weiterfahrt nach Santiago:** Von der Kirche in der Ortsmitte auf der General García am Park Céspedes vorbei nach Südosten, Bald ist die Carretera Central erreicht, rechts liegt das Hotel *Sierra Maestra.*

Ausflüge

Nationalpark Sierra Maestra

70 km fährt man von Bayamo nach Santo Domingo, passiert werden die Ortschaften Bueycito, Bartolomé Masó und

Celia Sánchez Manduley

Celia Sánchez wurde am 9. Mai 1920 in Media Luna als Tochter eines bekannten Arztes geboren. Sie wurde Mitglied der Untergrundbewegung M-26-7, die sich zum Ziel gesetzt hatte, den Diktator *Batista* zu stürzen. Sie unterstützte *Castro,* der sich nach dem Desaster der Granma mit ein paar Getreuen in die Sierra Maestra retten konnte. Sie wurde in den nächsten Jahren zu seiner engsten Vertrauten. **Nach dem Sieg der Revolution wurde sie zur ersten Frau im Staate.** In ihrem kleinen Apartment in der Calle 11 in Miramar organisierte sie den Alltag des Revolutionsführers. Der residierte in der ersten Zeit im oberen Stock des ehemaligen Hilton Hotels in Vedado. Von vielen wird sie als Mutter der Nation gesehen. Sie starb am 11. Januar 1980 im Alter von 59 Jahren an Krebs. Ihr zu Ehren wurde eine 200 m lange Treppe in Manzanillo gestaltet.

Providencia. Bei **Bartolomé Masó** liegt das kleine Hotel *Balcón de la Sierra* ② (km 1, Tel. 023 565535) mit schöner Aussicht und Pool. Zwischen Kaffeeplantagen lugen Gehöfte hervor, steile Pässe geht es hinauf und wieder hinab. Dann ist die Bungalowanlage *Villa Santo Domingo* (Islazúl) ① am Flussufer erreicht, Tel. 023 565568. Zu essen gibt's im *Paladar la Orguidia,* dem Haus links neben der Bücherei, 200 m vor dem Hotel. Privat kann man bei *Heidi* und *Lukas* wohnen, Carretera la Plata, km 19; es werden zwei Zimmer vermietet, ein DZ mit Bad und ein kleineres, beide mit Terassenplatz, 20 CUC.

Zum Parque Nacional de la Sierra Maestra sind es 5 km auf steiler Straße bis zum Sattel „Alto del Naranjó", dann weiter zu Fuß. Der Weg links führt in einer zweitägigen Tour auf den höchsten Berg Cubas, den **Pico Turquino** (1972 m). Geführte Touren kosten etwa 58 CUC inkl. Führer und einer Übernachtung im Basislager, bevor es die 5 km bergauf geht. Der Weg rechts führt nach etwa 3 km zur **Comandancia de la Plata,** in der *Fidel Castro* ein geheimes Hauptquartier hatte. Touren zur *Comandancia* ab der *Villa Santo Domingo* gibt es ab etwa 15 CUC.

Mit dem Taxi kostet ein Weg etwa 20 CUC, der Führer verlangt 10 CUC. Vorher sollte man in Erfahrung bringen, ob der Park auch geöffnet ist. Diese sowie weitere **Informationen** erhält man in Bayamo an der General García, Ecke General Lora gegenüber dem Restaurant 1513 im Islazúl-Büro, das bei der Reservierung von Nationalparktouren hilft (siehe Kapitel „Land und Leute" bei „Nationalparks").

Río Cauto

Auf der Straße in Richtung Las Tunas erreicht man nach 30 km eine Brücke über den Río Cauto. Eine jahrelange Dürreperiode hatte den Fluss fast austrocknen lassen. Verschärfend kam hinzu, dass die Bewohner die Bäume am Ufer zur Brennholzgewinnung fällten. Erosion und das Absinken des Grundwassers waren die Folge. In einem aufwendigen **Wiederaufforstungsprogramm** wurden vor einigen Jahren an einem 50 m breiten Uferstreifen neue Bäume gepflanzt.

Manzanillo

- **Vorwahl:** 023
- **Einwohner:** 110.000

Wenn man von Bayamo nach Westen fährt, erreicht man an der Küste Manzanillo. Diese Stadt ist nicht sehr touristisch, da hier einige Industriebetriebe angesiedelt sind. Eine Universität bildet in Medizinwissenschaften aus. Der Aufenthalt in diesem Städtchen lohnt allerdings doch. Der Naturfreund kann hier zum **Nationalpark Sierra Maestra** aufbrechen und auch der **Nationalpark Desembarco de Granma** ist nicht weit.

1784 wurde der Hafenort gegründet. Berühmtheit erlangte er durch seine Werften, außerdem ging Manzanillo in die Musikgeschichte ein. Zum einen erfand *Carlos Puebla* hier die „Nueva Trova", zum anderen wurde 1890 eine Fabrik für zweiregistrige, mechanische Orgeln gegründet, die heute noch existiert.

Die Gebrüder *Bobolla* importierten zuerst französische Drehorgeln und fingen dann an, selbst zu produzieren, es entstanden auch große Orgeln.

Der Mittelpunkt des Ortes wird durch einige Häuser im spanischen Kolonialstil bestimmt, die um den **Parque Céspedes** liegen. An den Ecken stehen Statuen der Helden *Martí, Merchan, Maceo* und *Masó*. Die Straßen, die hier beginnen, sind nach ihnen benannt. Der Pavillon aus den 1920er Jahren mit maurischen Elementen ist stark an den Patio de los Leones der Alhambra angelehnt und war eine Auftragsarbeit des Bürgermeisters. Dieses Wahrzeichen der Stadt ist prima restauriert. Am Platz steht die **Iglesia de la Purísma Concepción,** sie weist einen vergoldeten Altar und einige Schnitzereien auf.

Die **Gedenkstätte für Celia Sánchez Manduley** befindet sich in der Calle Caridad, esq. Calle L. Das Monument besteht aus einer Treppe, die mit einem keramischen „Wandgemälde" belegt ist. *Celia Sánchez* war eine der Führerinnen der Revolution an der Seite *Castros*. Es gibt ein Infozentrum mit einem guten Blick auf die Stadt, das Meer und eine Bronzefigur, die sich mal die Schuhe ausgezogen hat.

Das **Teatro Manzanillo,** ein beeindruckender Bau an der Antonio Maceo esq. Villuendas, wurde 1885 eröffnet. Da das Holzdach nur mit dünnem Zinkblech gedeckt war, musste es saniert werden und konnte im 21. Jahrhundert wiedereröffnet werden. 1852 gründete eine Gruppe von Bürgern eine Gesellschaft, welche die Mittel zum Bau eines Theaters beschaffen sollte. Anteilsscheine und Kredite führten dann zu dem nun neoklassizistischen Prachtbau.

Das Stadtmuseum **Museo Histórico Municipal,** Martí 226, zeigt Exponate aus der Zeit der Spanier und die Einrichtung der Villa, in dem sich das Museum befindet, Di–Sa 8–12 und 14–18 Uhr, Sa, So 8–12 und 14–22 Uhr.

Am Wochenende feiern die Einheimischen ein **Straßenfest.** Alle 14 Tage wird auf der Ave. 1. de Mayo ein **Markt** abgehalten, auf dem es auch Musikdarbietungen und diverse Essensstände gibt. Der örtliche **Karneval** schließlich findet Ende Juli/Anfang August statt.

Entspannen kann man im **Parque Maso** an der Ave. 1. de Mayo. Hier wachsen verschiedene Bäume, und man hat einen guten Blick auf die Bucht von Manzanillo.

Unterkunft

■ **Hotel Guacanayabo** (Islazúl) ②, Circunvalación Camillo Cienfuegos, Tel. 574012. Den 110-Zimmer-Plattenbau gibt es seit Anfang der 1980er. Mit Pool und Bar, abends Disco. Über eine Treppe gelangt man in die Avenida 8, die zum Malecón führt. Grandiose Aussicht, sehr gutes Essen, ansonsten etwas weit außerhalb und ziemlich laut.

■ **Privat:** *Casa Cesar y Blanca,* Sariol 245e, e/Saco y Dr. Codina, Tel. 573131, ein DZ für 25 CUC, Frühstück 3 CUC, Abendessen 5 CUC. *Casa Fernando y Ada Pedro,* Figueredo 105, e/Martí y Mártinz de Vietnam, Tel. 572522, hohes Zimmer, kein Fenster, 25 CUC, Frühstück 3 CUC. *Adrian y Tonia,* Martires de Vietnam 49, esq. Caridad, Tel. 573028, separater Eingang, hohe Räume, Dachterrasse, 25 CUC. *Casa d'Rubén, Rubén Fonseca Rivera,* Calle León 256, e/ San Salvador y Concordia, Tel. 575160, casadruben @correodecuba.cu, ein Zimmer mit eigenem Eingang, in einem modernen Haus,Bad, AC, zentrumsnah, 25 CUC, Frühstück 4 CUC, mit Garage.

Essen und Trinken

■ **Restaurant 1800,** an der Nordwestecke des Parque Céspedes, Merchán, e/Maceo y Saco. Das Lokal ist keine Schönheit, aber das Essen schmeckt und liegt auf der unteren Preisstufe, um 8 CUC.

■ **Café La Fuente,** esq. Ave Jesús Menéndez y Maso, auch am Parque Céspedes gelegen. Hier kann man ein Bier auf der Terrasse trinken.

■ **Jang Tse,** ein Chinamann an der Ecke Calle Merchan y Masó, preiswert.

■ **Restaurante Las Américas,** Maceo 83, gleiche Ecke. Nur nachmittags ab 12 Uhr geöffnet. Kreolische Küche, Preise in CUP, auch sehr preiswert.

■ **Pizzeria Nápoles,** an der Südwestecke des Parks werden kleine Gerichte verkauft, die mit Pesos bezahlt werden.

■ **Eisdiele,** Ave. 1. de Mayo, gegenüber dem Kino; oft muss man Schlange stehen.

■ **Büro Islazúl,** neben der Vermittlung von Hotelzimmern gibt es hier *pollo frito.*

■ **La Licetera,** Ave. Masó, e/9 y 10, am Malecón gelegen. Es lohnt sich, die lokalen kreolischen Spezialitäten zu probieren! Geöffnet ab 12 Uhr.

■ **Restaurante Balcón del Guacanayabo,** an der Calle Camilo Cienfuegos, man kann auch in einfachen Bungalows für 15 CUC übernachten, außerdem ist täglich Disco.

Nachtleben

■ **Casa de la Trova,** Merchán 213. Trova und Boleros.

■ **Brisas del Mar,** die Bar liegt am Malecón und bietet am Wochenende eine Musikshow.

■ **Cabaret Costa Azul,** Ave. 1. de Mayo, esq. López, direkt am Meer. Di bis So wird hier gefeiert und eine Show geboten.

Sonstiges

■ **Post:** in der Calle Martí 184.

■ **Bank:** Merchán 262, esq. Saco (werktags 8–15 Uhr).

■ **CADECA** (Wechselstube): Martí, esq. Narcisco López.

■ **Kunstgalerie:** Martí 225, neben dem Museum.

■ **Supermarkt:** Martí, esq. Loynaz.

■ **Märkte:** *Agropecuario La Plaza,* Calle Martí, e/Batería y Muñiz, der Gemüsemarkt ist jeden Tag geöffnet, So nur bis Mittag; *Agropecuario La Kaba,* dieser kleinere Markt liegt in der Perucho Figuerdo, esq. Loma.

■ **Fotoladen:** in der Dr. Codina 105, e/Martí y Mártinz de Vietnam.

■ **Internet:** im *Centro Multiservicios,* Dr. Codina, esq. José Miguel Gómez.

Verkehrsverbindungen

■ **Flug:** Der Flugplatz *Sierra Maestra (MZO)* liegt am Fuße derselben, 10 km außerhalb vom Ort, an der Straße nach Cayo Espino, km 7. Mit *Cubana* geht es dreimal die Woche für 100 CUC nach La Habana. Das Taxi vom Parque Céspedes kostet 7 CUC.

■ **Bus:** Der Busbahnhof liegt nur 2 km östlich vom Zentrum Richtung Bayamo. Mit *Astro* kann man nach Yara und Bayamo oder Richtung La Habana und Holguín fahren. Der Busbahnhof aus dem Film „Die Warteliste" ist es aber nicht, man nannte ihn nur so.

■ **Lastwagen** verkehren nach Yara, Media Luna und Pilón. Man wartet an der Kreuzung bei der Tankstelle.

■ **Bahn:** Der Bahnhof liegt am Nordende der Stadt, die Merchán immer geradeaus. La Habana, Santiago und Bayamo sind die erreichbaren Ziele, letzteres mehrmals am Tag. Die Karte kostet 2 CUC, etwa 30 CUC muss man für das Ticket nach La Habana zahlen. Allerdings sind die Züge oft verspätet oder fahren unregelmäßig.

- **Pferdedroschken** zum Busbahnhof, Luz Caballero, esq. Doctor Codina; Pferdedroschken am Malecón: Malecón, esq. Saco.
- **Mietwagen:** an der Tankstelle, 3 km Richtung Media Luna.

Ausflüge

Finca La Demajagua

Um diesen berühmten Ort zu erreichen, muss man 10 km nach Süden, in Richtung Media Luna fahren. Ein beschilderter Abzweig führt Richtung Meer. Hier hat, wie im Geschichtskapitel beschrieben, der Plantagenbesitzer *Céspedes* im Jahr 1868 als Erster seine **Sklaven bewaffnet** und mit ihnen für die **Unabhängigkeit** von Spanien gekämpft. Heute befindet sich hier, unter großen Bäumen, ein Museum. Man kann sich die alten Zuckerkessel und die Dampfmaschine ansehen, die einst zum Antrieb des Rohrschredders benutzt wurden. Die Sklavenglocke, mit der die Unabhängigkeit eingeläutet wurde, hängt ebenfalls hier. Die Spanier zerstörten die Zuckerfabrik, die Eisenteile liegen malerisch, von einem Baum durchwachsen, hinter dem Denkmal.

Museo Sánchez

In **Media Luna,** 50 km Richtung Südwesten, steht das Museum der Revolutionsheldin und Kampfgefährtin *Castros.* Der Zuckerort ist ihre Geburtsstätte. Zu sehen gibt es in dem weißen Holzhaus Fotodokumente, ihre Schuhe, ihre Waffen, etc. Paúl Podio 111, 9–17 Uhr.

Niquero

Von Manzanillo kann man zum **Nationalpark Desembarco de Granma** fahren. 12 km hinter Media Luna kommt man an eine Kreuzung, rechts ab erreicht man über La Marea de Limones nach 10 km den **Hafenort** Niquero mit zwei Tankstellen und einem Hotel. Er wurde von Holzfällern und Fischern gegründet, entwickelte sich aber dann in Richtung Landwirtschaft. Zucker und Gemüse wurden von hier verschifft.

Weiter südlich, 5 km hinter Bélic, an der **Playa Las Coloradas,** ging am 2. Dezember 1956 die Besatzung der **Yacht Granma** mit *Fidel Castro* an Land und begann ihren Kampf gegen das Batista-Regime – **Portada de la Libertad** heißt die Stelle. Im Ort gibt es ein **Museum** (2 CUC), das über die archäologischen Funde in der Gegend informiert. Es wurden einige frühzeitliche Grabhöhlen untersucht. Auch eine Kopie der Yacht steht hier, das Original befindet sich im Revolutionsmuseum in La Habana. Ein Steg führt aufs Meer hinaus zur Stelle der Strandung.

Für den **„Revolutionsweg“**, *Castros* Strecke in die Berge, braucht man sieben Stunden, der Weg ist über 30 km lang. Am Ende dieser geführten Tour gibt es einen Bus, der zum Museum zurückfährt.

Im Ort gibt es eine Tankstelle, eine weitere in Richtung Cabo Cruz. Hier kann man auch seinen Hunger stillen.

Samstagnacht werden in Niquero die Straßen dicht gemacht, und dann steigt eine Fete mit Musik, Grillständen etc. Touren arrangiert das *Royalton Hotel* in Bayamo für 45 CUC.

Die unbefestigte Straße endet in **Cabo Cruz,** einem kleinen Fischerdorf mit Leuchtturm ohne jegliche Infrastruktur.

Unterkunft

■ **Hotel Niquero** (Islazúl) ②, Calle Martí, esq. Céspedes, Tel. 023 592498, 3 Stockwerke, 26 einfache Zimmer, freundliches Personal, Bar und Dachterrasse mit Aussicht. Von den Balkonen kann man dem Treiben auf der Straße zusehen.

■ Etwas außerhalb nach Südwesten gibt es einen **Campingplatz** am Strand, wo man sich für 5 CUC pro Person in eine Viererhütte einmieten kann. Wie auf allen *Campismos* wird es am Wochenende voll, denn der Strand lockt viele Einheimische an.

Santiago de Cuba

■ **Vorwahl:** 022
■ **Einwohner:** 500.000

Die **zweitgrößte Stadt** der Insel liegt eingebettet in eine tolle Kulisse aus Bergen, Meer und Wäldern. Sie war aufgrund ihrer geografischen Lage schon immer Anlaufstelle für Einwanderer aus Jamaika und Haiti. Daher ist der Anteil der dunkelhäutigen Bevölkerung in Santiago sehr viel höher als in anderen Städten. Die ungezwungene Lebensweise vermittelt ein ausgenommen karibisches Flair, und der **Karneval** scheint hier besonders ausgelassen gefeiert zu werden. Die engen Gassen sind gefüllt mit Leuten, Musik ist allgegenwärtig. Jedes Jahr

⌄ Renovierte Häuser in Santiago de Cuba

cu003-2016 kh

126cu kh

im Juli findet der Karneval statt. Dann verwandelt sich die ganze Stadt in ein Volksfest. Unzählige kostümierte Tänzer und Trommler der berühmten *congas* und *comparsas* ziehen durch die schmalen Straßen. Der Höhepunkt der **Fiesta del Caribe** sind die Auftritte der Tumbas Francesas aus Haiti.

Santiago kann sehr anstrengend sein, die Leute sind ärmer als in anderen Landesteilen, die Straßenhändler und *jineteros* oft sehr aufdringlich, Taschendiebe häufiger als in östlichen Städten. Aber trotzdem hält einen die Stadt mit ihrem karibischen, exotischen Flair gefangen

Der Engel wacht über den Markt

und man fährt immer wieder gern in diese Wiege des Son. Es lohnt sich unbedingt, die **Calle Heredia** hinunterzuschlendern oder den Stadtteil **Tivoli** zu besuchen.

Reisende sind oft verwirrt, wenn sie nach dem Weg fragen und den Straßennamen nicht auf der Karte finden. Ähnlich wie in La Habana wurden **viele Straßen nach der Revolution umbenannt,** aber die alten Namen von der Bevölkerung weiter benutzt. Hier für einige Straßen die alten Namen:

10 de Octubre	Galle
Cornelio Robert	Jagüey
Bartolomé Masó	San Basilio
Desiderio Mesnier	Santa Rosa
Diego Palacios	Santa Rita
Donato Mármol	San Augustin
Felix Peña	Santo Tómas
Galixto García	San Fernando
General portuondo	Trinidad
General Lacret	San Pedro
General Máximo Gomez	San Gerán
Gonzalo de Quesada	San Ricardo
Habana	José Miquel Gómez
Hartmann	San Félix
Joaquin Castillo Duany	Santa Lucía
José Antonio Saco	Enramada
Jesús Menédez	San Cristóbal
Lacret	San Pedro
Mayía Rodrígez	Reloj
Monsenor Barnada	Cuartel de Pardo
Morua Delgado	Rastro
Narciso López	San Antonio
Padre Callejas	Santa Isabel
Peralejo	Factoría
Pio Rosado	Carnicería
Plácido	Paraíso
Portirio Valiente	Calvario
Princesa	J. Diego
Prudencio Martínez	Pedrera

- Raul Pujols — Calle de Siboney
- Porfirio Valiente — Calvario
- Rafael Salcedo — San Carlos
- J. B. Sagarra — San Francisco
- Saturnio Lora — Nueva
- Sánchez Hechevarría — San Gerónimo
- Sao del Indio — San Mateo

Geschichte

Diego Velázquez gründete die Stadt 1514. Zehn Jahre später verlegte er als erster Gouverneur den **Regierungssitz** von Baracoa nach Santiago. Man suchte Gold, fand aber Kupfer. Bis 1549 blieb Santiago Hauptstadt und Zentrum des Sklavenhandels.

Eine Zeitlang war der Schmuggel von Rum und Tabak zu den Nachbarstaaten eine wichtige Einnahmequelle der Santiagueros. Diese Aktivitäten zogen auch wiederholt Piraten an, was zum Bau der Festung El Morro führte.

1792 waren etwa 30.000 französische Pflanzer mit ihren Sklaven vor der „schwarzen Revolution" auf Haiti nach Santiago geflohen. Diese **Haitianer** begründeten unter anderem den Kaffeeanbau in der Sierra Maestra. Mit ihnen zog auch die französische Lebensart in Santiago de Cuba ein, was sich natürlich auch in Musik, Tanz, in Kleidung und Küche niederschlug.

Santiago de Cuba war auch Ausgangspunkt fortschrittlicher Ideen. Insbesondere die Französische Revolution übte einen großen Einfluss auf die Bewohner dieser Stadt aus. Die Freiheitsbestrebungen gegen die Spanische Krone begannen in Santiago de Cuba. Gleichzeitig forderte man die Abschaffung der Sklaverei. Die Freiheitskämpfer *Céspedes* und *Martí* sind auf dem Stadtfriedhof begraben. Mit dem fehlgeschlagenen Sturm auf die Moncada-Kaserne am 26. Juli 1953 der Rebellen um *Fidel Castro*, begann hier in Santiago die **cubanische Revolution.** Bis zum Sieg im Jahre 1959 war Santiago de Cuba immer wieder Schauplatz bewaffneter Aufstände gegen die Diktatur *Batistas.*

Sehenswertes

Die wichtigsten Sehenswürdigkeiten finden sich um den **Parque Céspedes** entlang der José A. Saco. Der mit Bäumen bestandene Platz ist das Herz Santiagos, um den sich historisch interessante Gebäude gruppieren. Die Palmen darauf hat 2013 leider ein Hurrikan hinweggefegt.

Kathedrale: Den Platz beherrscht die mächtige, gelb getünchte **Catedral de Nuestra Señora de la Asunción.** Das Hauptportal bildet eine große Terrasse oberhalb des Parque Céspedes. Der geschnitzte Chorstuhl stammt aus der ersten Kirche an dieser Stelle (1516), im 19. Jh. wurde ein neuer gebaut und der alte in den Seitentrakt verbannt, alles andere wurde in späteren Jahren erneuert.

Ayuntamiento: Vom hölzernen Balkon des Rathauses verkündete *Fidel Castro* am 1.1.1959 den Sieg der Revolution. Es liegt an der Nordseite des Platzes, der Kathedrale gegenüber. Das Gebäude ist eine Nachbildung des früheren Rathauses, das in den Zwanzigern des letzten Jahrhunderts durch ein Erdbeben zerstört wurde.

Casa Diego Velázquez: Die Casa Diego Velázquez ist das älteste Haus Santiagos (1516). Es war das Wohnhaus des Gouverneurs *Diego Velázquez.* Heute beherbergt das Gebäude das **Museo de Ambiente Histórico Cubano.** Hier gibt es Mobiliar aus cubanischen Edelhölzern und einen Goldschmelzofen im Innenhof zu sehen. In diesem Ofen schmolz man das Gold ein, das man den Azteken geraubt hatte. Danach wurde es per Schiff an den König von Spanien geschickt. Calle Peña Félix 612, e/Agüilera, links vom Rathaus, Mo–Sa 9–17 Uhr, So 9–13 Uhr.

Antonio Maceo

Der Mulatte wurde 1845 in Santiago de Cuba geboren. Er kämpfte bereits in der *guerra de los diez años* seit 1868 an der Seite von *Carlos Manuel de Céspedes.* Die zermürbenden Angriffe seiner Rebellenschar waren gefürchtet. Nach dem **Frieden von Zanjón** (1878) wurden den Cubanern zwar mehr Rechte zuerkannt, aber die Freiheit von Spanien gab es nicht. Daraufhin ging *Maceo* ins Exil nach Costa Rica. Jahre später plante er mit *José Martí* und *Máximo Gómez* die endgültige Befreiung Cubas. Mitte der 1890er Jahre kehrte er nach Cuba zurück, um an der Seite *José Martís* für die **Unabhängigkeit** Cubas zu kämpfen. Im Oktober 1896 erreichte *Maceo* mit seinen Gefährten Mantua. Am 7.12.1896 fiel er im Kampf. Ein Denkmal ist ihm als einem der heldenhaftesten Kämpfer dieser Zeit in Santiago de Cuba errichtet worden. Von *Maceo* stammt auch der Ausspruch: „Nach Freiheit fragt man nicht, man erobert sie mit der Machete". Das Geburtshaus **(Casa Natal de Antonio Maceo)** des Revolutionärs kann man in der Calle Los Marcos 207 besuchen.

Vom **Balcón de Velázquez,** einer alten Festung an der Bartolomé Masó, esq. Mariano Corona, hat man einen guten Blick über die Stadt und die Bucht. Davor finden freitags Kulturveranstaltungen statt, die in der Regel nichts kosten.

Museo del Carnaval: Wer den Karneval verpasst, kann hier die prächtigen Kostüme und Musikinstrumente der berühmtesten Karneval-Comparsas der Stadt bewundern. Manchmal gibt's auch Darbietungen. Calle Heredia 303, e/Pio Rosade y Forfine Valente, Di–Sa 9–17, So 8–12 und 18–22 Uhr, 2 CUC.

Museo Emilio Bacardí: In dem klassizistischen Gebäude, das von der berühmten Rum-Familie gegründet wurde, ist das Museum für cubanische Geschichte untergebracht – mit zeitgenössischer Kunst angereichert. Pio Rosade, esq. Agüilera, Tel. 24240, geöffnet Di–Sa 9–11, Mo 9–12 und 14–18, So 9–12 Uhr.

Die alte **Bacardí-Rumfabrik** gegenüber dem neuen Bahnhof existiert noch. Seit der Revolution wird hier unter anderem *Rum Caney* gebrannt. Keine Besichtigungen, nur Ausschank *(barrita).*

Moncada-Kaserne/Museo Histórico 26 de Julio: Die Kaserne der verhassten Diktatur wurde 1953 unter der Führung von *Fidel Castro* und seinen Gefährten angegriffen. Dieser Angriff sollte zum Fanal eines Volksaufstandes werden. Die Aktion endete mit einem Fiasko (siehe Kapitel „Geschichte"). Das Gebäude im cubanischen Art déco wurde liebevoll restauriert, die Einschusslöcher, die das Haus während des Sturmes erhielt, sind ebenfalls restauriert worden. Heute ist

› Monumento Maceo

darin eine Schule und das Historische Museum 26. Juli zu besichtigen. Calle General Portuondo, e/Avenida Moncada, geöffnet: Di–Sa 8–22 Uhr, Mo 8–12 und 14–18 Uhr, So 8–12 Uhr.

Museo de la Lucha Clandestina, Calle General Rabí 1, e/Diego Palacios y San Carlos. Eine Adresse, deren Nennung vor 1959 Angst und Schrecken in der Bevölkerung verbreitete. Das Gebäude ist der ehemalige Palast des Polizeikommissariats der Batista-Diktatur. Hier wurden unzählige Regimegegner zu Tode gequält. Heute beherbergt es das Museum des Untergrundkampfes. Tel. 624689, täglich bis 17 Uhr, 1 CUC.

Necrópolis Santa Ifigenia: Dieser Friedhof ist mindestens so eindrucksvoll wie der in La Habana. *José Martí* und *Manuel de Céspedes* sind hier begraben. Vor dem Martí-Monument kann man sich jede Stunde die Wachablösung ansehen. Die Wege sind von prächtigen Mausoleen gesäumt. Eintritt und fotografieren je 1 CUC.

Casa Natal de José María de Heredia: Das Geburtshaus des rebellischen Dichters liegt gleich hinter der Casa de la Trova und ist heute ein kleines Museum, wo wichtige Stationen im Leben des Künstlers nachgezeichnet sind. Di–Sa 9–17 Uhr, So 10–12 Uhr.

Casa de la Trova: Hier trafen sich schon immer die Troubadoure Santiagos, um ihre Leidenschaft des Son zu frönen, einer der wichtigsten cubanischen Musikrichtungen, die Anfang des 20. Jh. in Santiago entstand und sich über die ganze Insel verbreitete. Heute ist der Son zum Nationalrhythmus geworden. Die Calle Heredia, in der die Casa de la Trova liegt, ist als Kulturstraße von Santiago immer einen Spaziergang wert. 5 CUC.

125cu kh

Santiago de Cuba

Essen und Trinken
1 El Morro, El Cayo
6 Paladar La Caribeña
8 Balcón del Puerto
10 Eisdiele La Arboleda
13 Eisdiele
15 Setos
19 Paladar La Carreta
21 La Terraza
25 Restaurant Palmares
37 Paladar Las Gallegas
38 Santiago 1900
44 Taberna de Dolores
45 Casa colonial
46 Don Antonio

Nachtleben
3 Casa de las Tradiciones
7 Taberna del Ron
16 Cabaret Tropicana, Casa del Caribe
18 La Iris
22 Bar La Fontana
28 Schachcafé

30 Claqueta Bar
33 Casa de la Trova
41 Patio ARTex
42 Pena coro madrigalista
43 Bar/Discoteca Santiagos

■ **Einkaufen/Sonstiges**
4 Centro Comercial La Plaza
5 Casa de Tabaco
11 Supermarkt
23 Kino Cuba
24 Discoteca Egrem
26 Casa del Tè
27 Islazul Oficina de Ventas
29 Kino Rialto
31 Libreria La Escalera
34 Rumbos, Reisebüro
35 Cubatur
36 ARTex
40 Barra del Ron Caney

Padre Pico: Die steile Treppenstraße ist ein bekannter Punkt in Santiago. Man kann von oben über das Häusermeer schauen und anschließend gemütlich durch die Gassen hinunterschlendern.

Museo Casa Natal de Frank País: Als *Fidel Castro* mit seinen Getreuen von Mexiko aus in Cuba landete, hatte *Frank País* in Santiago den Widerstand gegen das Batista-Regime organisiert und musste dafür sein Leben lassen. Das Museum des Geburtshauses befindet sich in der Avenida General Banderas.

Casa de las Religiones Populares: zeigt Stücke zur Santería-Religion, Calle 13, No. 206, Mo–Fr 9–17 Uhr, 2 CUC.

Hügel San Juan, Zoo: Am Eingang steht der Friedensbaum, ein Kapok, von einem Eisenzaun umgeben. An dieser Stelle kapitulierten die Spanier 1898. In der Nähe, auf dem Hügel San Juan, kam es zum Kampf zwischen Cubanern, Spaniern und Amerikanern unter *Theodor Roosevelt,* was zur Kapitulation der Spanier führte. Einige Kanonen und diverse Monumente zeugen noch davon. Von hier hat man einen herrlichen Blick auf die Berge. Ave. Raúl Pujol, Di–So 10–17 Uhr. Der Zoo – inzwischen renoviert und mit einem Internetcafé versehen – ist der zweitgrößte des Landes, zu Zeiten des Ostblocks schickten die sozialistischen Bruderländer eine Menge exotischer Tiere, andere entstanden von selbst, als man cubanische Esel und Zebras in ein Gehege steckte. Alles in allem ein netter Ort, 1 CUC.

Die Stadt hat jetzt auch eine Uferpromenade *(Malecón),* **El Paseo de La Alameda Michaelsen,** benannt nach dem Bremer Handelsmann *Hermann Friedrich Wilhelm Michaelsen,* 1878 Gründer der Handelskammer in Santiago. Er trat in der Stadt mehrfach als Wohltäter in Erscheinung, sodass man ihm sogar ein Denkmal widmete. Schon 1840 hatte man einen Park am Meer gebaut, den Paseo Alameda, der 1929 in Alameda Michaelsen umgetauft wurde. Der Rest außenrum blieb allerdings Hafen und Brache oder wurde zugebaut. Das ändert sich jetzt: Vom Park ausgehend, entsteht eine 400 m lange Promenade mit Bäumen bis zum alten Zollgebäude. Der Spielplatz wird renoviert, entlang der befestigten Wege werden Laternen aufgestellt. Es gibt ein Restaurant auf Stelzen im Wasser, in einem Lagerhaus soll eine Brauerei mit Ausschank entstehen, auch neue Hafenfähren wird es geben. In den nächsten Jahren soll der Malecón erweitert werden und sogar wieder eine Straßenbahnlinie in Betrieb gehen. Sie soll vom Anfang des Malecón bis zum Paseo Martí reichen und die Verkehrslage beruhigen. Nach dem Hurrikan *Sandy* hatte die Regierung Geld für den Wiederaufbau bereitgestellt. Auch neue Kunstwerke sind zu sehen, etwa das „Steinerne Wohnzimmer" des Künstlers *José M. Díaz.* Ermöglicht wurde der rasche Bau der Promenade durch viele freiwillige Helfer.

Praktische Tipps

Unterkunft

Hotels

■ **Santiago de Cuba** (Melía) ④, Ave. de las Américas, esq. M, Tel. 687070. Liegt etwas abseits. Die Santiagueros nennen das Haus „Zuckerspeicher". Es sieht sehr futuristisch-technisch aus. 300 Zimmer, Luxusklasse. Fitnesscenter, Bars und Diskothek, schattige Pools, 2,5 km zum Zentrum. Leider gibt es derzeit erhebliche Hurrikanschäden.

■ **Hotel Casagrande** (Gran caribe) ④, Calle Heredia 201, esq. Lacret, am Parque Céspedes, Tel. 653021. Das erste Haus am Céspedes-Park, nichts für Ruhesuchende. Guter Standard, mit Restaurant auf der schönen Dachterrasse. 58 Zimmer. Das Café im Hochparterre ist laut, voll und mit einem ständigen Strom von Besuchern gesegnet, die Dachterrasse ist ruhiger, das Essen dort weniger gut, aber preiswerte Cocktails. Die Zimmer 1–9 liegen zum Platz und sind ruhiger als die zur Heredia.

■ **Hostal San Basilio** (Cubanacán) ②, Calle San Basilio 403, e/Calvario y Carnicería, Tel. 651702. Das nette 8-Zimmer Kolonialstil-Hotel liegt in der Nähe des Parque Céspedes und stößt mit der Rückseite an den Club *Patio ARTex* (siehe unter „Nachtleben"), was bedeutet, dass es nachts etwas laut werden kann.

■ **Las Américas** (Islazúl) ②, Ave. de las Américas y General Cebreco, Tel. 642011. 68 Zimmer, renoviert, günstig-moderat. Ein einfaches, doch komfortables Hotel mit kleinem Pool, Restaurant und Cafeteria.

■ **Hotel Rex** (Islazúl) ②, Ave. Victoriano Garzón 10, altos e/Pizarro y Perez Carbo, Tel. 356507, bietet einfachste Zimmer an. Beim Sturm auf die Moncada-Kaserne hielten sich einige Revolutionäre unter *Abel Santamaría* hier auf. 24 Zimmer, modern eingerichtet, mit WiFi und Dachbar mit Blick auf die Plaza de Marte.

■ **Gran Hotel Imperial** (Cubanacán) ③, José A. Saco, e/Santo Tomás y General Lacret, 5-stöckiges Haus aus dem 19. Jh. im Zentrum, 39 Zimmer, mit Café, Restaurant, Shop und Dachterrasse.

■ **Hotel Libertad** (Islazúl) ②, Aguilera 658 e/Serafín Sánchez y Pérez Carbó, Tel. 651586, 651589, an der quirligen Plaza de Marte gelegen. Mehr Jugendherberge als Hotel, 17 Zimmer, mit und ohne Fenster, Dachterrasse.

■ **San Juan** (Islazúl) ③, Carretera a Siboney, km 1,5, Tel. 687200, jcarpeta@sanjuan.co.cu. 109 Zimmer, die meisten davon in geräumigen Bungalows. Einfach, großer Pool, Wechselstube. Die Anlage grenzt an den Zoo. Ansonsten aber ruhig mit Dschungelatmosphäre. Das heute nicht weiter erwähnenswerte Hotelrestaurant *Leningrado* war einst Santiagos beste Adresse.

■ **Villa Gaviota** ③, Ave. Manduley 502 (am Ende), Tel. 641346, 12 renovierte Häuser in grüner Umgebung mit Pool im Stadtteil Vista Alegre, jedes Zimmer ist anders.

■ **Hotel Rancho Club** (Islazúl) ②, Carretera Central, km 4,5, Altos de Quintero, Tel. 633202, director @rancho.co.cu, am nordwestlichen Stadtrand in Höhe des Autobahnendes, bietet sich für die erste Übernachtung an. Einfache Anlage.

■ **Hotel Versalles** (Cubanacán) ③, Alturas de Versalles, km 0,5, von der Carretera del Morro, rechts in die Ave. 1ra, Tel. 691016, liegt im gleichnamigen Wohnviertel im Osten Santiagos am Hang. 72 Zimmer mit Balkon und Blick auf Stadt und Garten, teilweise in zweistöckigen Bungalows, Restaurant, Bar und Pool.

■ **Balcón del Caribe** (Islazúl) ②, Carretera del Morro, km 7,5, Tel. 691506. Günstiges Haus mit traumhafter Lage auf einer Steilklippe über dem Meer. 72 Zimmer und 20 Bungalows, ziemlich einfach. Alle Bungalows mit Meerblick, Terrasse und Hängematte, direkt an der Steilküste. Mit Pool.

■ **Hotel Punta Gorda** (Cubanacán) ③, Carretera de Punta Gorda s/n, am Südende der Bucht, Tel. 691 704. Hotel direkt am Wasser mit guter Aussicht auf die Marina Marlin und das Castillo del Morro. Früher gab es nur ein Restaurant an der Marina, jetzt wird alles ausgebaut.

Privat

■ **Dr. Armando Carballo Fernandez,** San Felix (Hartmann) 306, e/Habana (José Miguel Gómez) y Trinidad (General Portuondo), Tel. 653144, 624961. Nahe Parque Céspedes gelegen. 2 Zimmer mit Bad und AC, Dachterrasse, ab 20 CUC, Parken am Haus.

■ **Casa Martha,** Sta. Rosa (Desiderio Mesnier) 168, e/Rabí y Santiago, Tel. 653138 und 0053 52999562. Schönes Haus im Kolonialstil, zentral und trotzdem ruhig, mit Ausblick. Zimmer mit Bad, grüner Patio, gute Küche, 25 CUC.

■ **Clara Aurora,** Pio Rosado (Carnicería) 865, e/ Santa Rosa y Princesa, Tel. 658845, cadiez@fiq.uo.edu.cu. Hügelig und ruhig, von hier sind es nur ein paar Gehminuten zum Parque Céspedes. DZ 20 CUC, Frühstück 5 CUC.

■ **Lourdes de la Caridad Gomez,** Felix Peña 454, e/San Francisco y San Geronimo, Tel. 654468. Das Haus von *Lourdes* hat zwei große Zimmer und einen schönen Innenhof. Es können bis zu vier Personen im Zimmer übernachten. 15–20 CUC.

■ **Edgardo Gutierrez Cobas,** Calle Terraza 106, entre 1ra y 5ta, Reparto Ampliación de Terrazas, Tel. 642536. Der Ingenieur und seine Frau, eine Ärztin, sprechen Englisch; das Haus liegt in der Nähe des „Zuckerspeichers" *(Hotel Santiago).* Ein großes und ein kleineres DZ, ab 20 CUC.

■ **Adria Vega Mola,** Calle 5ta. 50, e/M y Terrazas, Rpto. Ampliacion de Terrazas, Tel. 641491. Gutes Essen, der Sohn spricht Englisch. 20 CUC.

■ **Casa Tanja,** Castillo Duani (Santa Lucía) 101, e/ Padre Pico y Callejón Santiago, Tel. 624490. In der Nähe des Parque Céspedes, hohe Räume um einen grünen Patio, schöner Blick von der Terrasse, angenehmer Ort.

■ **Manrique Nistal Bello** (bzw. *Mario Bello*), Calle Princesa (J. Diego) 565, e/Carnicería (Pio Rosado) y Calvario (Portirio Valiente), Tel. 652196. Sehr nette Familie, hilfsbereit, englisch sprechend, gute Küche, AC, ein kleines und ein größeres Zimmer, Blick aufs Zentrum, 20 CUC.

■ **Vivian Carreras Martinez,** Castillo Duany 163, 1/2 Interior, esq. Corona y Padre Pico, Apto. 13 Altos, Tel. 625311. Zwei Zimmer, Dachterrasse mit Blick über die Bucht, feines Essen.

■ **Señor Paco Martín,** Calle San Pedro 360, e/ San Germán y Trinidad, Tel. 626095. Ein gepflegtes Doppelzimmer in kolonialem Stadthaus mit Patio. Sr. Martín ist wie sein Zimmer äußerst korrekt. 25 CUC, Abendessen ab 8 CUC.

■ **Nerka Reyes Gonzales,** Calle 4ta, 407,esq. a 17, Vista Allegre, Tel. 644242, Zimmer mit AC in alter Villa, 30 CUC inkl. Frühstück.

Essen und Trinken

Santiago de Cuba bietet viele günstige und empfehlenswerte Restaurants. Hier eine kleine Auswahl:

■ **Santiago 1900,** San Basilio 354, Tel. 623507. Kreolische Küche. Normalerweise sind die Preise in Pesos, aber ich hörte vermehrt Klagen, dass Touristen Pauschalrechnungen vorgelegt wurden.

■ **La Terraza** *(Arlettys),* Calvario 807, e/Santa Rita y San Carlos, Paladar auf dem Dach, Klingel links oben an der Tür.

■ **Casa colonial,** Calle Porfirio Valiente (Plaza Dolores), sehr gutes Essen für kleines Geld.

■ **Taberna de Dolores,** Agüilera, e/Porfirio Valiente (Calvario) y Maryía Rodrígez (Reloj). An der Plaza Dolores werden einfache Gerichte in einem Patio serviert. Preiswert, manchmal aber herrscht ziemlicher Trubel.

■ **Don Antonio,** Plaza Dolores. Eleganter Kolonialbau, gute Küche, moderate Preise.

■ **El Cayo,** auf der Insel Cayo Granma in der Hafenbucht, tgl. 11–19 Uhr. Hier gibt es frischen Fisch und Meeresfrüchte. Dazu begeistert ein schöner Ausblick auf die Stadt und die Festung El Morro.

■ **El Morro,** Carretera del Morro, km 9, Tel. 691 576, tgl. 12–21 Uhr. Gleich neben der Festung El Morro liegt dieses idyllische Gartenrestaurant auf den Klippen über dem karibischen Meer. Es bietet kreolische Küche und Snacks, z.B. gefüllte Teigtaschen, unter schattigen Pergolen mit einem grandiosen Blick auf die See. Zivile Preise und guter Service, häufig von Bustouristen frequentiert.

■ **Las Gallegas,** Bartolomé Maso 305; ab 8 CUC, schöner Balkon, einfaches Essen.

■ **Paladar La Caribeña,** San Carlos 262, e/S. Pedro y Santo Tomás. Auf dem Dach des Hauses mit Rundumblick lässt es sich gut speisen, allerdings recht teuer.

■ **Paladar La Carreta,** Enramada 563, e/San Augustín y Barnada. Preiswert, einfach, gut.

Casa del Tè, am Parque Céspedes in der Agüilera, manchmal kann man hier *Chanchanchara* bekommen. Freundliche Bedienung.

Balcón del Puerto, Carretera Puerto Boniato, göttliche Aussicht beim Dinner. Etwa 10 km nördlich bei Puerto Boniato.

Palmares, Calle Tamayo Fleites, esq. Calle Hartman (San Felix). Gemütliches Restaurant, viele Einheimische. Das Essen schmeckt gut und ist billig.

Coppelia La Arboleda, Ave. de los Libertadores, esq. Victoriano Garzón. Eistempel mit Milchshakes und Schlangestehen.

Setos, Ave. Manduley 154, e/5 y 7, im Stadtteil Vista Alegre. Spanisch-cubanische Mischküche ab 8 CUC für das Menü, das Haus mit seinen hohen Decken und alten Fliesen stammt aus dem Jahr 1902 und wurde restauriert, mit Innen- und Außenbereich und Bar, geöffnet ab 12 Uhr.

Nachtleben

Cabaret Tropicana, Autopista Nacional, km 1,5, Tel. 691576, Mi–So 21–2 Uhr. Nicht so berühmt wie das gleichnamige Haus in La Habana, doch geboten wird ebenfalls eine glänzende und tänzerisch hervorragende Show.

Casa de la Trova, Calle Heredia 208, e/Hanman y Lacret, erste Vorstellung um 20.30 Uhr, ab 22 Uhr im Patio, Eintritt: je nach Band zwischen 5–10 CUC (siehe „Sehenswertes").

Casa de las Tradiciones, Calle Rabí 154, hier trifft man viele Salsa-Fans in ursprünglichem Ambiente.

Pena Coro madrigalista, neben dem Bacardí-Museum; hier wird fast täglich Son und traditionelle cubanische Musik gespielt.

Taberna del Ron, vom Parque Céspedes die Calle Heredia nach Osten, hinter dem Museo del Ron rechts, gemischtes Publikum, sauber, guter Service, guter *Mojito.*

Claqueta Bar, Salsa live neben dem Kino *Rialto,* Felix Peña 654, Eintritt 2 CUC.

Bar La Fontana, José A Saco, esq. San Pedro. Moderne Pesobar mit gemütlichem Inventar.

Patio ARTex, Calle Heredia 304, genauso begeisternd wie in der *Casa de la Trova,* nur sind hier die Musikströmungen jünger, mitunter Eintritt.

Santiagos, Calle Heredia 304, e/Galvario y Garniceria, 12–3 Uhr. Eintritt 1 CUC.

Schachcafé, unscheinbares Haus zwischen der Nationalbank und der Kathedrale, tgl., außer Mo, Show beginnt um 23 Uhr. Eintritt 1 CUC.

Casa del Caribe, Ave. Manduley, e/Calle 13. Afrocubanische Zeremonien, Live-Musik.

La Iris, Plaza del Marte, Sportsbar mit Großleinwand und sechs Fernsehern für die Übertragung von Sportevents.

Veranstaltungen

Teatro Martí, Félix Peña 313, hier werden spanischsprachige Stücke aufgeführt, am Wochenende ist Kindertheater angesagt.

Orféon Santiago, Heredia 68. Hier kann man vormittags in der Woche bei klassischen Chorproben zusehen.

Sala Van Troi, José A. Saco 415, Theaterstücke und Puppentheater.

Im März findet alljährlich das **Festival de la Trova** statt, wo die berühmtesten Sänger Cubas sich ein Stelldichein geben.

Das **Festival de Caribe** Mitte Juli bietet afrocubanische Tänze und Kostüme.

Auch der **Karneval** Ende Juli ist hier ursprünglicher als in anderen Städten Cubas. Zahlreiche Gruppen und Tänzer ziehen ausgelassen tanzend und singend durch die Straßen. In den letzten Jahren hat sich der Karneval zum Publikumsmagnet entwickelt.

Im August findet ein **Bolero-Singen** statt, und im Dezember schließlich haben die Chorsänger das Wort.

■ In der Calle Heredia findet einmal pro Monat die **Noche Cultural** statt, bei der auch Artisten und Zauberer auftreten. Verschiedene Musikgruppen werben bis zum frühen Morgen um die Gunst des Publikums.

Einkaufen, Sonstiges

■ **Geldwechsel:** Calle José A. Saco auf der rechten Seite zwischen Calle Villalón und Calle Prudenico Martínez, ca. 1 km vom Parque Céspedes entfernt; außerdem in der Calle Aguilera 508 direkt hinter der Plaza de Dolores.

■ **Banco Internacional de Crédito y Comercio:** José A. Saco (Enramadas) 451, e/Porfirio Valiente (Calvario) y María Rodríguez (Reloj), untergebracht in einem Art-déco-Gebäude.

■ **Post:** Aguilera y Clarín, nahe der Plaza Martí, in der Aguilera 310 und an der Ecke der Heredia zur San Félix. Geöffnet 7–20 Uhr; außerdem in den Hotels *Casagrande* und *Santiago*.

■ **Markt:** Aguilera, esq. Padre Pico.

■ **Rum:** *Barra del Ron Caney,* Calle Peralejo 103, Eingang von der Calle Bartolomé Masó, tgl. 9–17.30 Uhr. In der Rumfabrik kann man Hochprozentiges kaufen und trinken.

■ **Zigarren:** *Casa de Tabaco,* Ave. Jesús Menéndez 703, e/Aguilera y Aduana, Tel. 22366, Mo–Fr 10–18 Uhr. In der *Fábrica de Tabaco Cesar Escalante* kann man Zigarren erstehen.

■ **Kunsthandwerk:** *Casa de la Artesania,* Calle Lacret 724, Tel. 24027, Mo–Sa 9–21 Uhr.

■ **Boutiquen:** *La Maison,* Ave. Manduley 52, Reparto Vista Alegre, Mo–Sa 8–21 Uhr. Diverse Boutiquen in einem Gebäude.

■ **Kunst:** *Galería Miguel Ángel Botalín Pampín,* Núñez de Balboa 8, e/ Pedro Alvarado y Calle 10, www.cubanart.org; *ARTex,* General Lacret e/Aguilera y Heredia, auch Souvenirs.

■ **Bücher:** *Librería La Escalera,* Calle Heredia 265, e/San Félix y Carniceria. Buchladen am Parque Céspedes, gute Auswahl aktueller cubanischer Literatur.

■ **Musik:** *Discoteca Egrem,* der Plattenladen der Egrem-Studios in der José A. Saco 309 bietet traditionelle cubanische Musik in großer Auswahl.

■ Das **Centro Comercial La Plaza** findet man in der Ave. Jesús Menéndez, esq. José a Sacco, letztere ist ab der Höhe des Parque Céspedes die Einkaufsstraße der Stadt. In Versalles zwischen Ave. 1Ra y Ave. Quinta ist auch noch ein größerer Laden.

■ **Reisebüro Aventoura,** Dependance im Hotel *Casa Granda,* Tel. 53090704.

■ **Krankenhaus:** Ausländer behandelt die *Clínica Internacional de Santiago de Cuba,* Ave. Raúl Pujol s/n, esq. 10, *reparto* Ferreiro, Tel. 642589, 687001.

Internet

Die Stadt verfügt über ein Internetcafé pro 18.000 Einwohner. Im *Centro tecnológico-recreativo Ferreiro,* einer neuen Einrichtung im Osten der Stadt, gibt es auch Internetzugang über WLAN.

■ **ETECSA,** in den Arkaden unter der Kathedrale, Heredia, esq. Calle Felix Pena; **Telepunto,** Hartman, esq. Callejón del Carmen; **Centro Multiservicios de Céspedes,** Heredia s/n, esq. Santo Tomás; **Centro Multiservicios de Alameda,** Ave. Jesús Menéndez 603, e/José A. Saco y Callejón Cuba; **Centro Multiservicios de Vista Allegre,** Calle M, esq. Ampliación de Terrazas.

Verkehrsverbindungen

■ **Bus:** Der Busbahnhof liegt 5 km außerhalb der Stadt, Ave. de los Libertadores, esq. Calle 9 (Yarayo), Tel. 628484. Er wird ab Ende 2015 renoviert und erweitert.

Víazul: 4x tgl. La Habana, 1x Varadero. Für 50 CUC kann man um 19.30 Uhr nach Trinidad fahren. Der Bus nach La Habana hält auf dem Weg auch nachts in allen großen Städten und braucht 16 Stunden bis nach La Habana. Er fährt um 9.30 Uhr, um 15.15 Uhr und um 20 Uhr ab. Es gibt eine tägliche Verbindung von Baracoa um 7.45 Uhr für 15 CUC, Ankunft: 12.45 Uhr. Eine Fahrt nach Niquero dauert 7 Stunden.

Regionalbus 214 fährt nach Playa Siboney, der 207er nach Juraguá.

Ein **Taxi** vom Busbahnhof zum Parque Céspedes sollte nicht mehr als 5 CUC kosten.

■ **Mietwagen:** *Cubacar* im Hotel *Casagranda; Havanautos* im Hotel *Las Américas; Rex* im Hotel *Santiago;* alle drei auch am Flughafen.

■ **Flug:** Der internationale Flughafen *Aeropuerto Antonio Maceo (SCU)* liegt 7 km südlich. Es gibt keine Direktflüge aus Europa nach Santiago. Für nationale Flüge empfiehlt sich der Flugplan von *Cubana* oder man fragt einfach am Flughafen nach. *Cubana* fliegt täglich mehrmals nach La Habana. Am Sonntag gibt es auch einen Flug nach Baracoa. *Cubana*, Calle Gen. Lacret (San Pedro) e/Avenida Jose A. Saco, Tel. 686258. *Aerotaxi* unterhält Flüge nach Baracoa und Guantánamo, am besten vor Ort nachfragen, da sich die Zeiten häufig ändern. Büro im Flughafen, Tel. 651577. Das **Taxi** zum Airport schlägt mit etwa 5 CUC zu Buche. Der Bus 212 fährt von der Ave. de los Libertadores über Ciudmar zum Airport, der 213 hält auf dem Hinweg bei der Punta Gorda (Fähre zur Insel Granma).

■ **Bahn:** Der neue Bahnhof ist am Malecón (Ave. Jesús Menéndez), ein ganzes Stück nördlich des alten. Er ist architektonisch außergewöhnlich gestaltet. Von La Habana verkehren bis zu drei Züge täglich. Der Express „El Francés" fährt alle drei Tage um 18.25 Uhr nach La Habana mit Stopps in Camagüey und Santa Clara. Er ist schon morgens um 7 Uhr am Ziel und tritt dann abends die Rückreise an. Man sollte mindestens eine Stunde vor Abfahrt vor Ort sein. Weitere Züge gibt es von Guantánamo, Holguín und Bayamo. Diese sind jedoch sehr langsam und fahren unregelmäßig. Tickets im Bahnhof, Tel. 622836, 627759 oder in der Calle Aquilera e/Bernada y San Augustin, Tel. 652143. Seit Ende 2015 gibt es eine Zugverbindung nach Mella und Alto Cedro in der Gemeinde Cueto in der Provinz Holguin.

■ **Straßenbahn:** Nach ihrer Instandsetzung wird in Santiago de Cuba eine Straßenbahn den Malecón La Alameda mit der Ave. Juan Gualberto Gómez-Flor Crombet verbinden; die Strecke hat eine Länge von insgesamt 2 km. 1908 erstmals in Santiago eingesetzt, sind die Schienen heute zum großen Teil unter dem Asphalt verschwunden. Der Straßenbahnwagen wurde einst in Philadelphia/USA gebaut und ist wegen der engen Gassen ein eher kleines Modell.

■ **Yachthafen:** Die *Marina Internacional Marlin* in **Punta Gorda** hat ein Hafenbecken für Schiffe bis 5,80 m und dreißig Anleger. Position: 19°59,04' N,75°52,30'W, Kontaktaufnahme unter HF 7462 Khz: CMA 8; VHF: Kanäle 72 und 16. Von Land aus erreicht man den Hafen in der Calle 1ra No. 4 über die Carretera Turística, die zum Castillo del Morro führt, Tel. 691446.

■ Santiago erhält neue **Personenfähren** für die Fahrt vom neuen Malecón bis in die Bucht zur *Marina Marlin.*

■ **Tankstellen** findet man u.a. an der Ecke der Ave. de los Libertadores/Céspedes, am nördlichen Ortseingang an der Carretera Central und an der Ecke Ave. 24 de Feb./Carretera del Morro, selten mit *94 especial.*

Bei der Anfahrt sollte man die **Geschwindigkeitsbegrenzungen** an den Ortseingängen und auf der Autopista beachten – dort stehen Polizeiposten. Das Gassengewirr macht das Fahren beschwerlich.

Ausflüge

Von den Reisebüros und von den Hotels werden verschiedene Touren angeboten, z.B. nach **Baconao,** zum **Gran Piedra** oder zur **Basilika El Cobre** für rund 50 CUC, meist jedoch nur als Gruppenfahrt. Im Folgenden ein paar Touren als Anregung für Alleinfahrer. *Cubatur* hat ein Büro in der Heredía esq. General Lacret gegenüber dem Eingang des Hotels *Casa Granda.*

Castillo El Morro

Am Anfang der Bucht von Santiago steht die **Festung** El Morro, von der aus man einen unvergleichlichen Blick auf die Küste und das Bergland der Sierra Maestra hat. Sie wurde 1640 auf einem hohen Felsen neben der Hafeneinfahrt Santiagos zum Schutz vor Piratenübergriffen erbaut. Heute sind die ehrwürdigen Mauern restauriert und das **Museo de la Piratería** ist hier untergebracht. Man sieht zum Beispiel den Schrägaufzug, mit dem man das Schießpulver aus dem Kellermagazin zu den Geschützstellungen gefahren hat. Das Pulver musste an einem sicheren Ort untergebracht sein, sonst riskierte man bei einem feindlichen Angriff einen Treffer, was zur Explosion der Festung führen konnte. Leider nur spanische Beschriftungen.

Der **Ausblick,** der sich einem von der Festung über die Bucht und die Küste bietet, ist sensationell und eine Fahrt zum Castillo wert. Am besten benutzt man den Stadtbus 212 bis nach Ciudadmar. Von dort ist El Morro zu Fuß in etwa 15 Minuten zu erreichen. Es fährt auch ein Camioneta für 4 Peso von der Ecke Parque Céspedes Calle San Pedro. Mit dem Taxi etwa 15 CUC, wenn der Fahrer dort wartet. Eintritt 5 CUC. Es gibt an der Steilküste ein Restaurant mit Blick aufs Meer, das *El Morro,* in dem eine Tafel stolz verkündet, dass *Paul McCartney* mal hier gewesen ist.

Wer den Ausblick ohne Eintritt genießen will, geht nach rechts den Weg hinunter. Bald kommt eine Kanonenbastion und danach führen Stufen zum Meer.

Die *Carretera Turística,* die von Santiago zum Castillo führt, wurde durch den Hurrikan *Sandy* stark beschädigt, ist inzwischen aber repariert. Auf der **Halbinsel Punta Gorda,** wo aus dem ehemaligen Yachtclub eine **Marina** hervorgegangen ist, steht ein neues Hotel. Vom Malecón in Santiagos Innenstadt gibt es einen Fährbetrieb zur Marina.

Cayo Granma

Die kleine, sehenswerte **Insel in der Bucht von Santiago** kann man mit Booten von Punta Gorda aus erreichen. Die Fähre kann mit Pesos bezahlt werden, obwohl man meist doch 1 CUC los wird. Die Buslinie 212 hält im Zentrum, die Santo Tomas nach Süden stadtauswärts auf der rechten Seite nach ca. sechs Querstraßen. Sie verkehrt mindestens einmal pro Stunde von einem Anleger, der neben dem neuen liegt. Achtung, letzte Rückfahrt meist gegen 18 Uhr! Früher war es eine Zwischenstation für Sklaven, heute leben hier 1500 Menschen in pastellfarbenen Holzhäusern. Hier gibt es keine Autos, an dem verträumten Eiland scheint der Fortschritt vorbeigegangen zu sein, obwohl die meisten Bewohner täglich nach Santiago zur Arbeit pendeln. Man kann zur Iglesia de San Rafael auf dem Hügel steigen und einen 10-minütigen Spaziergang durch den Ort machen. Das Fischrestaurant *Villa Lurdita* mit Bar sorgt für das leibliche Wohl, während man von der Terrasse den schönen Blick über die Bucht bis nach Santiago genießen kann. Ein weiteres preiswertes Restaurant, *El*

Paraiso, erreicht man, wenn man vom Anleger links in den Ort wandert.

El Cobre

Die gewaltige Sierra Maestra erstreckt sich im Hintergrund, westlich von Santiago de Cuba. Sie war Zufluchts- und Sammelort für die *Guerrilleros,* aber auch wegen ihrer Kupfer- und Manganvorkommen ist sie von Bedeutung für den Antillenstaat. Im kleinen **Bergbauörtchen** El Cobre zeugen zahlreiche Spuren vom jahrelangen Metallabbau.

Im 17. Jh. berichteten die Einwohner von Marienerscheinungen, sodass in El Cobre eine kleine Wallfahrtskirche errichtet wurde, die Ziel zahlreicher Pilger wurde. Später baute man an dieser Stelle eine größere **Kathedrale** aus Stein zu Ehren der Nationalheiligen Jungfrau Maria. In deren Vorraum werden zahlreiche Votivgaben ausgestellt, *Ernest Hemingway* hat seine **Nobelpreismedaille** für „Der alte Mann und das Meer“ hier hinterlassen, und *Fidel Castros* Mutter hat hier für ihren Sohn gebetet. Am schönsten ist der Besuch der Messe am Sonntag. Am 8. September findet alljährlich eine Wallfahrt zur Nuestra Señora de la Caridad statt.

Im Jahr 2012 besuchte der damalige Papst *Benedikt XVI.* den Ort.

■ **Unterkunft: Villa El Saltón** (Horizontes) ②, Tel. 022 56326, ein kleines Berghotel mit guter Küche. Ein Wasserfall hat drei natürliche Schwimmbecken ausgespült. Von hier lassen sich ausgedehnte Wanderungen durch die Mahagoniwälder und die

kleinen Gemüseplantagen der Gegend unternehmen. Anfahrt: In die Carretera Central bei Jiguani nach Süden abbiegen, durch Baire bei Contramaestre auf dem sehr schlechten Weg immer Richtung Cruce de los Baños oder alternativ über Palma Soriano und Cruce de los Baños, auch eine schlechte Strecke, dauert länger. DZ etwa 60 CUC. Der Bus von *Viazul* hält in Contramaestre.

In Richtung Gunatánamo

Vom Hotel *Santiago* in Richtung San Blas auf die A1 fahren. Eine reizvolle, gewundene Straße durch liebliche Landschaft kann man erleben, wenn man die A1 an der Ausfahrt El Cristo verlässt. Hinter Alto Songo gelangt man wieder auf die Hauptstrecke. Eine Tankstelle findet man in La Maya, 10 km weiter.

Nationalpark La Gran Piedra

Der „Große Stein" ist mit **1234 m** der höchste Berg in der östlichen Sierra Maestra. Den Gipfel des Felsklotzes im gleichnamigen Nationalpark muss man zu Fuß über eine Treppe mit 450 Stufen erklimmen. Das letzte Stück geht noch über eine Eisentreppe, also nichts für Ungeübte. Von oben eröffnet sich bei gutem Wetter eine einzigartige Rundsicht über die Sierra, evtl. sogar bis Haiti.

127cu kh

El Saltón, der Wasserfall beim gleichnamigen Hotel

Je früher man oben ist, desto klarer ist die Sicht. Deshalb sollte man versuchen, bis spätestens 11 Uhr oben angekommen zu sein.

Die Treppe gehört zur Hotelanlage, die Benutzung kostet 2 CUC. Weniger wanderbegeisterte Menschen können mit dem Auto weiter bis zum **Mirador Gran Piedra** fahren. Auch von hier gibt es eine grandiose Aussicht, wenn das Wetter mitspielt.

Etwa 2 km hinter dem Hotel (s.u.) kann man die ehemalige **Kaffeeplantage El Cafetal La Isabélica** besuchen. Zu Fuß braucht man eine halbe Stunde bis dorthin. Das Haus der französischen Gründer wurde in ein **Museum** umgewandelt, eine gute Gelegenheit, sich über den Kaffeeanbau zu informieren. Eintritt 2 CUC. Carretera de la Gran Piedra, km 14, geöffnet: Di–Sa 9–17, So 9–13 Uhr.

Ein **Botanischer Garten** liegt ca. 1 km vor dem Hotel links in den Bergen. Von hier wird ganz Cuba mit Gardenien versorgt. Man kann sich gegen eine kleine Spende die Pflanzen zeigen lassen.

■ **Unterkunft:** Wer im Naturpark ganz oben übernachten will: Das kleine, rustikale **Motel Villa La Gran Piedra** (Islazúl) ③ verbreitet gemütlichen Charme. 17 *cabañas,* 5 Bungalows am Steilhang. Carretera La Gran Piedra, km 14, Tel. 022 686147.

Verkehrsverbindungen

Es empfiehlt sich, diesen Ausflug mit einem **Taxi** zu machen. Das kostet inkl. Warten ca. 40 CUC. Für 20 CUC pro Tag plus Benzin kann man sich auch im Hotel Casa Grande ein **Motorrad leihen.** Allerdings ist die Straße nicht unbedingt für eine gemütliche Fahrt geeignet. Außerdem gibt es einen unregelmäßig verkehrenden **Bus. Selbstfahrer** sollten auf Steine achten, die auf dem Weg liegen können.

Playa Siboney

Östlich von Santiago kann man sich an der Playa Siboney erholen. Der **Strand von Santiago** ist leider ziemlich felsig und nicht sehr sauber. 2012 traf der Hurrikan *Sandy* in der Nähe auf das Festland und zerstörte viel Infrastruktur.

Es gibt einige **Unterkünfte,** die ab 20 CUC in der Saison kosten können: *Villa Siboney,* 7 Hütten am Strand, Tel. 022 39321; *Casa Pepin,* Malecón, Tel. 022 628 442; das einstöckige Haus liegt direkt am Meer, hat eine erstklassige Küche und einen großen Garten, keine Fremdsprachen; *Raúl Ferrán y Sra Teresa,* Ave. Serrano 60, 2 Zimmer gegenüber dem einfachen Hotel *Playa Siboney,* Tel. 022 39546, gute Küche, Zimmer mit Aussicht, keine Fremdsprachen; *Casa Guillermo,* Malecón, e/4ta y 5ta, 2 Zimmer in einem zweistöckigen Haus, Terrasse mit Meerblick, Tel. 022 399518.

Mein Tipp: Etwas weiter nach Osten zweigt links eine Straße zur *Finca El Porvenír* ab. Hier, in einem bewaldeten Tal, hat man den Fluss aufgestaut und in ein gemauertes **Schwimmbad** geleitet. Herrlich mit Liegestühlen und einer Imbissbude. Hier kann man auf ein Bier im Schatten sitzen und das Treiben am und im Schwimmbad beobachten.

Ein weiterer, hauptsächlich von Cubanern frequentierter Strand ist die **Playa Juraguá,** die noch weiter östlich liegt.

Die **Playa Daiquirí,** nach der der Rumcocktail benannt wurde, ist Militärgebiet, das ehemalige Hotel eine Entzugsklinik.

Die ehemalige Hühnerfarm **La Granja Siboney** diente *Fidel Castro* und seinen Anhängern als Hauptquartier vor dem Sturm auf die Moncada-Kaserne. Heute ist es ein Museum. Das Ende kann anhand der noch vorhandenen Einschusslöcher im Mauerwerk der Farm ebenfalls nachvollzogen werden.

100 m davor liegt das **Museo de la Guerra hispanica-cubana-norteamericana.** Es stellt Exponate zur spanisch-amerikanischen Seeschlacht von 1898 aus.

Nationalpark Baconao

Fährt man von Playa Siboney weiter an der Küste entlang nach Osten, erreicht man hinter dem Reservat El Indio die **Strände Juraguá** und **Bocajagua,** bei Baconao. Der gesamte Park wurde von der UNESCO als Biosphärenreservat anerkannt, sodass der gesamte artenreiche Baumbestand unter Naturschutz steht. Im Frühling bewegen sich die roten **Krabben** zu Tausenden aus den Bergen zur Küste zum Eierlegen. Danach, ab Mai, marschieren Heere von blauen Krabben ins Meer. Die Cubaner essen sie. Der Ort Baconao ist eine Ansammlung von kleinen Häusern.

Als Touristenattraktion wurden im **Valle Préhistórico** lebensgroße und äußerst naturgetreue **Dinosaurier aus Beton** aufgestellt, die einen Eindruck von der Größe der Tiere vermitteln, sehen aber merkwürdig aus. Sie wurden von Strafgefangenen in monatelanger Arbeit vor Ort gegossen. Eintritt 2 CUC, fotografieren kostet ebenfalls 2 CUC. Im Park gibt es ein **Naturhistorisches Museum,** geöffnet 8–16 Uhr.

Zwei Kilometer hinter dem Saurierareal in der Nähe der Tankstelle wird im **Automuseum** Museo Nacional de Transportes La Punta u.a. *Benny Morés* Cadillac ausgestellt. Die Wagen sind allerdings teilweise in schlechtem Zustand. Eintritt 2 CUC, fotografieren 1 CUC, 8–17 Uhr geöffnet. Zum Essen fährt man dann ins *Bocajagua,* Playa del Indio.

Der **Kaktusgarten** in der Nähe des Río Sigua zeigt schön gestaltet etwa 150 Arten der stacheligen Pflanzen. Mit einer Höhle, geöffnet 8–17 Uhr, 5 CUC.

Unterkunft

- **Club Amigo Los Corales** (Cubanacan) ④, Carretera de Baconao, km 38,5, Tel. 022 356121, 300 Zimmer in 2-stöckigen Häusern am Strand bei Baconao, All inclusive, alle Wassersportarten.
- **Hotel Costa Morena** (Islazul) ③, in Sigua, ist preiswerter. In der Nähe vom Kaktusgarten vor dem Reservat El Indio am Kiesel-Strand, Tel. 022 356 126. 110 Zimmer in zweistöckigen Häusern, teilweise mit Flusssteinen gebaut. Direkt vor dem Hotel kann man in den Klippen schnorcheln, der Strand ist etwa 200 m weiter, wurde 2012 vom Hurrikan *Sandy* etwas mitgenommen.
- **Villa Los Mamoncillos** ①, Tel. 022 39233, liegt an der Playa Verraco, 35 km von Santiago entfernt, vermietet manchmal an Ausländer, 88 Zimmer.

Die Küste der Sierra Maestra

Wer eine einsame und beeindruckende Route ein Stück fahren möchte, sollte die Küstenstraße von Santiago nach Westen in Richtung Pilón fahren – zur Rechten die Sierra Maestra, steil abfallend, zur Linken das Meer. Die **einzige Tankstelle** auf der Strecke ist **in Pilón.** Der Zustand der Straße ist unglaublich schlecht, man sollte vorher bei den Einheimischen nachfragen. Brücken sind gesperrt, sodass man eine Furt suchen muss. Die Straße wurde bislang nicht mehr repariert. Achten sie hier auch unbedingt auf ihre **Sicherheit,** bei Hindernissen besser sofort umdrehen und nicht halten, es könnten Wegelagerer sein!

Strände westlich von Santiago

Es gibt eine Reihe kleiner Badestrände entlang der Route, der erste ist die **Playa Mar Verde** nach 20 km.

8 km weiter, in **Ensenada Juan González,** erwartet den Taucher ein **Wrack,** die spanische „Vizcaya", die kurz vor der vorletzten Jahrhundertwende im seichten Gewässer leckschlug und sank. Die Aufbauten ragen noch aus dem Wasser, für Schnorchler ein interessantes Objekt.

Etwas weiter kann man sich eine gesunkene spanische **Galeone** ansehen. Das Schiff soll „Oquendo" geheißen haben. Wer schnorcheln will, kann die rund 50 m vom Strand schnell zurücklegen. Man sieht sogar noch Kanonen, die nicht geborgen wurden.

Den nächsten Strand erreicht man bei **Caletón Blanco,** 10 km weiter die Straße entlang. Hier ist leider Sperrgebiet. Es gibt einen *Campismo,* ob man dort übernachten kann, ist nicht sicher.

Nach insgesamt 65 km Fahrt von Santiago aus erreicht man ein Militärheim. 12 km weiter, an der **Playa Sevilla,** liegt das große weiße All-inclusive-Hotel *Sierra Mar* (Brisas) ④, Tel. 022 329110. Der Name stammt von den spanischen Schiffen, die hier 1898 gesunken sind. **Tauchgänge** einer Korallenformation gibt es beim *Sierra Mar Diving Center* (Tel. 022 226337). Diese Attraktion kann man allerdings auch per Flossen und Schnorchel vom Strand aus erreichen. Mietwagenschalter im Hotel, Essen im Restaurant *Ozeano,* in der Nähe des Hotels. Vorher, in Río Seco, zweigt rechts eine ziemlich miese Straße ab, die nach Cruce de los Baños führt.

■ **Unterkunft:** 10 km weiter, hinter der Playa Blanca, erreicht man 6 km vor Chivirico in den Alturas de Palo Gordo das kleine **Hotel Guamá,** Tel. 022 626124, 626125. Vier *cabañas* und vier Zimmer in erhöhter Lage über dem Meer, z.T. mit Klimaanlage und Bad (Kaltwasser). Das schönste Zimmer ist C4, oft ausgebucht, DZ 15 CUC.

■ **Essen** kann man im **Restaurante Cayo Dama,** km 62, Tel. 022 691446. Es liegt 2 km vor Chivirico auf einer kleinen Insel, man kann sich auch dort hinüber rudern lassen.

Chivirico

Nun ist man schon 75 km von Santiago entfernt. Die schmale Bucht von Chivirico ist gut geschützt durch die Berge und erwärmt von Meeresströmungen, sodass ein angenehmes Klima herrscht.

Es wird das unvermeidliche Zuckerrohr angebaut. In dem 4000-Seelen-Ort gibt es ein Kino und einen Busbahnhof, von dem man Di, Do und Sa weiter nach Pilón fahren kann, jeweils gegen 11 Uhr; dreimal täglich geht es wieder zurück nach Santiago.

Mit der **Pferdekutsche** kann man 5 km weiter nach Westen zur Brücke bei Calentura fahren. Von hier in die Berge nach Al Acarraza sind es etwa 13 km. Weiter sollte man nur mit einem Führer gehen.

Für 40 CUC kann man eine **Jeepsafari** zu den fünf Wasserfällen in der Gegend buchen. Das gleiche lässt sich auch zu Pferde erleben, was noch preiswerter ist.

■ **Unterkunft:** Oberhalb der Küstenstraße liegt das rote **Hotel Los Galeones Sierra Mar** (Cubanacán) ④, Carretera a Chivirico, km 60, Tel. 022 329 110, in traumhafter Lage an der Steilküste. Der Name stammt von den spanischen Schiffen, die hier 1898 gesunken sind. Tauchgänge können gebucht werden. Eine 300-Stufen-Treppe führt vom Hotel hinunter zum Wasser und zur Strandbar. Das Schwimmen ist wegen der Strömung allerdings nicht ungefährlich. 20 m über dem Meer liegen drei Blocks in unterschiedlicher Höhe. 200 Zimmer mit Balkon. Es gibt einen Bustransfer zum Einkaufen nach Chivirico. Hurrikan *Sandy* hat den Strand 2012 erheblich verkleinert, aber das Personal und die Lage sind nach wie vor gut.

Rund um den Pico Turquino

Bei **El Uvero** gibt es ein Monument für den ersten gewonnenen Überfall *Castros* auf einen Stützpunkt *Batistas* 1957. An der Straße stehen zwei gelbe Lastautos, die die Rebellen erbeuteten.

Wer noch weiter will, fährt die gut ausgebaute Straße mit tollen **Ausblicken** zum Abzweig vor dem Pico Turquino. Wohnen kann man für 5 CUC die Nacht in den einfachen Steinhäuschen der Anlage *Campismo La Mula* (Tel. 022 26262). Es gibt alle zwei Tage eine Busverbindung nach Chivirico.

30 m vor der Küste sank im Jahre 1897 die „Cristobál Colón", wo man ihr **Wrack** heute in 15 Meter Tiefe betauchen kann. Auch ohne Tauchgerät kann man es dort liegen sehen.

In der **Touristinfo** in Las Cuevas kann man eine einfache Unterkunft mieten.

Wer Bergtouren liebt, braucht einen Führer für die 10-stündige **Wanderung zum Pico Turquino** und muss 8 CUC beim Posten „Flora y Fauna" bezahlen. Die Touren starten um 4 Uhr morgens von La Mula. Wanderschuhe sind wichtig, man sollte genügend Trinkwasser mitnehmen. Die Touren werden von Cubanern gemacht, Ausländer besuchen den Berg oft über Bartolomé Maso von Norden her.

Die Weiterfahrt gestaltet sich schwierig, die **Straße** ist in einem jämmerlichen Zustand, teilweise kann man sie auch gar nicht mehr als Straße bezeichnen, auch die Brücken sind 2012 ein Opfer des Hurrikans geworden, sodass ohne Allrad kein Weiterkommen ist.

Marea del Portillo

Hinter **Mota Uno** weichen die Berge etwas zurück, und in Marea del Portillo gibt es wieder Unterkunft. Portillo ist nicht mehr als eine Anhäufung von Häusern. Angeblich Cubas wärmster Ort, auf jeden Fall ziemlich trocken. Der

Strand hat ziemlich dunklen Sand. Hier zweigt eine schmale Straße nach Norden, nach Bartolomé Masó, ab. *Cubanacán* hat ein Büro im Hotel.

■ **Unterkunft: Farallón del Caribe – Marea del Portillo** (Club Amigo) ④, Tel. 023 597102 und 597081, All inclusive, 180 Zimmer. Davor gibt es einen palmengesäumten Strandabschnitt mit dunklem Sand, Tennisplatz und den üblichen Wassersportmöglichkeiten. Das Nachbarhotel steht seit Längerem leer.

■ **Krankenhaus:** Ausländer behandelt die *consultorio* im Hotel *Completo Marea del Portillo y Farallón del Caribe,* Carretera Marea del Portillo, Pilón, Tel. 023 597081, 597008, 597102, 597103.

Pilón

Der nächste etwas größere Ort ist Pilón 17 km westlich von Portillo. Hier endet die mit Oleandersträuchern gesäumte Küstenstraße, und man biegt nach Norden in Richtung Manzanillo und Bayamo ab. Es gibt eine Tankstelle, die Leute sind freundlich.

Unterkunft

■ **Motel Mirador** ①, Tel. 023 548866, tolle Aussicht. Es liegt etwas über 5 km in östlicher Richtung auf einem Hügel. Von hier kann man eine Wanderung in die Berge unternehmen. Vier Hütten, oft belegt.

■ **Villa Punta Piedra** (Cubanacán) ②, Tel. 023 594421, liegt mit seinen beiden Gebäuden auf dem dunklen Sandstrand, 11 km hinter Pilón und 5 km westlich von Marea del Portillo, 4x am Tag freier Bustransfer in den Ort. 12 Zimmer, Restaurant und Disco.

Provinz Guantánamo

Hier ist die *Guantanamera* zuhause, das vielbesungene Mädchen aus Guantánamo (s. im Kap. „Land und Leute" unter „Musik und Tanz"). Guantánamo ist die **östlichste Provinz Cubas.** Von Maisí, dem östlichsten Punkt der Insel, kann man in klaren Nächten die Lichter Haitis am Horizont erkennen, das nur etwa 70 km entfernt liegt. Als die Sklavenaufstände auf Haiti ausbrachen, flohen viele Plantagenbesitzer hierher und brachten ihre französisch geprägte Kultur mit.

Lange Zeit war Guantánamo, ähnlich wie Santiago, vom kulturellen Leben La Habanas abgeschlossen und konnte so eine eigenständige Kultur entwickeln. Bekannt wurde der Ort durch den **amerikanischen Militärstützpunkt,** der seit 1909 existiert. Die Bucht mitsamt dem Stützpunkt ist hermetisch abgeriegelt.

In Guantánamo gibt es die **höchste Luftfeuchtigkeit der Insel,** die Temperaturen liegen oft über denen der restlichen Provinzen. Dies hat den Anbau vieler Obstsorten begünstigt. Auch der *United Fruit Company* war das nicht verborgen geblieben, weshalb sie vor der Revolution einige Plantagen anlegen ließ.

Guantánamo

- **Vorwahl:** 021
- **Einwohner:** 215.000

Guantánamo ist eine **ruhige, typisch cubanische Stadt** zwischen Santiago und Baracoa. Die gleichnamige Provinz ist die heißeste des ganzen Landes. Insgesamt wirkt alles marode. In der Hauptstraße zeugen verfallene Prachtbauten vom Ruhm vergangener Tage. Den Stadtrand zieren sozialistische Neubauten und Industriegebäude. Der Ort selbst ist eine afrikanisch geprägte Stadt.

1819 wurde die Stadt mit Namen Santa Catalina del Saltadero del Guaso im Mündungsgebiet dreier Flüsse gegründet, dem Río Guaso, Río Bano und dem Río Jaibo. Ab 1843 hieß die Stadt dann Guantánamo.

Hierhin flohen die französischen Farmer, als ihnen der Boden in Haiti zu heiß wurde. Der Zuckeranbau entwickelte sich, und die Stadt wurde an das Schienennetz angeschlossen.

Das **Wahrzeichen** der Stadt ist **La Fama,** Tochter *Zeus* und Göttin des Gerüchts. Die Skulptur des italienischen Künstlers *Chini* bläst die Posaune vom Dach des Palacio Salcines, Calle Pedro A. Pérez 804, esq. Prado. Darin ist das **Museo de Artes Decorativas,** das eine Sammlung von Fresken und Keramiken enthält. Es wird allerdings derzeit gerade renoviert.

Bekannt wurde der Ort 1898, als die **US-Amerikaner** während der Unabhängigkeitskriege gegen Spanien hier einen **Flottenstützpunkt** errichteten. Legitimiert wurde diese Maßnahme durch den Zusatzartikel *Platt Amendment* in der jungen cubanischen Verfassung. Am 10. Oktober 1909 pachtete die US-Administration das etwa 120 km² große Areal für jährlich 4085 Dollar, wobei Cuba nach 1959 aus Protest diese Schecks nie einlöste. Nach der Revolution wurde der Stützpunkt zum Anlass für allerlei Reibereien. Mit den 70.000 Tret- und Panzerminen, die die US-Armee hier seit den 1960er Jahren verbuddelt hat, ist Guantánamo **eines der größten Minenfelder der Welt.** Dazu kommen Hunderte Kilometer Stacheldrahtzaun. 2003 lief der Pachtvertrag aus, er kann aber nur einvernehmlich gekündigt werden.

Auf dem Stützpunkt leben ca. 3000 Militärs und 4000 Zivilisten. Außerdem gibt es einen Hafen und zwei Flughäfen, ein Krankenhaus und ein Aufnahmelager, in dem eine große Zahl von *balseros* (Floßflüchtlinge) leben, die von den Amerikanern bei ihrer Flucht aus dem Wasser gefischt wurden. Einige versuchten auch, in den Stützpunkt einzudringen, um in die Vereinigten Staaten zu emigrieren, und andere wiederum waren so tollkühn, über die Minenfelder nach Cuba zurückzukehren. Bei Überschwemmungen wurden Minen und auch gleich deren Warntafeln von der Strömung mitgerissen.

[>] Neugierige Kinder in Guantánamo

Im **Gefangenenlager** von Guantánamo sind seit 2002 mutmaßliche **Terroristen und Taliban-Kämpfer** untergebracht. Selbstverständlich ist der Stützpunkt nicht zu besichtigen, nur von Ferne kann man einen Blick darauf werfen (s. „Ausflüge").

Wenn man in einem der Hotels wohnt, kann man gemütlich mit der Pferdekutsche ins Zentrum fahren, zum Park muss man dann aber noch ein paar Häuserblocks laufen. Kutsche: 2 Pesos, Velotaxi: 5 Pesos pro Person, Rückweg wegen der Steigung: 10 Pesos.

Zu sehen gibt es die **Kathedrale Parroquia de Santa Catalina de Riccis** inmitten des kleinen Parks. Das **Museo Municipal** beherbergt Gegenstände zur Ortsgeschichte und berichtet über die Indianer, die diesen Landstrich ursprünglich besiedelten. Es liegt an der Martí, esq. Prado in einem Kolonialgebäude, das lange Gefängnis war. Hier steht ein Modell der Gegend, auf der man sich die Lage der US-Basis ansehen kann.

Die **Hauptstraßen** tangieren den Park Martí, es sind die Pedro A. Pérez, die am Samstagabend zur Partymeile wird, und die Galixto García mit ihren Geschäften. Hier liegt auch die große Markthalle.

Unterkunft

Hotels

■ **Hotel Guantánamo** (Islazúl) ②, Calle 13 Norte, e/Abogados y 2 de Octubre, Tel. 381015, das größte Hotel mit 124 Zimmern liegt an der Plaza Mariana Grajales, im Sozialismus-Stil, wurde aber kürzlich renoviert.

■ **Casa de los Ensueños** ②, Calle 15 Norte, esq. Abogados, *reparto* Caribe, Tel. 326304. Das Hotel hat nur 3 Zimmer, also unbedingt reservieren! Staatlich, aber schöner.

128cu kh

■ **Villa La Lupe** (Islazúl) ②, Tel. 382634, Carretera El Salvador, km 3,5, ruhig gelegene Bungalowanlage am Ufer des Río Bano, der zum Baden geeignet ist, mit Restaurant *Quetzalcoatl.* Diverse geräumige Hütten um den Pool, etwas renovierungsbedürftig.

■ **Hotel Martí** (Islazúl) ②, Calixto García, esq. a Aguilera, Tel. 329500, mitten in der Stadt bietet dies 2-stöckige Art-Déco-Haus 20 Zimmer mit Balkon.

Privat

Folgende Zimmer kosten ab 15 CUC:

■ **Rafael Ramos Diaz,** San Gregorio 753, e/Prado y Jesús del Sol, Tel. 326826, aalmaralesarceo@yahoo.es. Das kleine blaue Haus hat nette Vermieter, einen Patio und eine angenehme Atmosphäre.

■ **Angela Saleido Leyra,** 13 Norte 561, e/Luz Caballero y Carlos Manuel, Tel. 383704, ein Zimmer, Haus mit Patio.

■ **Cira Alberti Otero,** Martí 819, e/Prado y Aguilera, Tel. 326546, Kolonialhaus, 2 moderne Zimmer mit Bad. Das Zimmer oben unter dem Dach ist das beste.

■ **Osmaida Blanco Castello,** General Pedro A. Perez 665, e/Paseo y Narciso Lopez, Tel. 325193, 4 Zimmer und ein festerloses im Rückgebäude. Dachterrasse und Patio.

■ **Casa Foster,** *Lisette Foster Lara,* General Pedro A. Perez 761 (altos), e/Jesús del Sol y Prado, Tel. 325 970. Zentral, Nähe Plaza, 3 Zimmer mit Bad und AC. Dachterrasse. Vermieter sprechen Englisch.

Essen und Trinken

Der **Parque Martí** ist der Mittelpunkt der Stadt, um ihn herum findet sich alles, was der Reisende braucht.

■ **Café Sol,** am Park Martí bei der Casa de Cultura; verkauft kalte Getränke.

■ **El Rápido,** Flor Combet, esq. Los Maceos. Schnell ist nur der Name, geöffnet ab 10 Uhr, Fastfood.

■ **Eisdiele,** General Pérez, esq. Bernabe Varona.

■ **La Ruina,** eine Ruine, in der Calixto García, Ecke Emilio Giro, mit 9 Meter hohen Decken, geöffnet ab 10 Uhr abends, Restaurant im mittleren Preisniveau, auch Shows.

■ **Restaurante Vegetariano,** Pedro A Pérez e/ Flor Crombet y Aguilera, ab 12 Uhr wird in der Casa de Cultura für CUP (Peso cubano) einfachst gekocht, nur eben fleischlos.

■ **Pizzeria Holguín,** Pesopizzeria am Park Martí, Calle Galixto García, esq Flor Crombet.

■ **Panaderia de Palmita,** Flor Crombet 305 e/ Calixto García y Los Maceos.

■ **Girasoles,** Calle 15 Norte, ein einfaches Restaurant im Erdgeschoss eines Wohnblocks hinter dem Hotel *Guantánamo.*

■ **Cafetería La Primada,** Calle Calixto García y Aguilera, Tel. 328192. Getränke auf der Basis von Kakao und Kokos.

■ **Restaurante Bodeguita de Paseo,** Ave. Estudiantes, e/Beneficencia y Carlos Manuel. Ab Mittag werden einfache Gerichte serviert.

■ **Taberna La Ruina,** Calle Calixto García, esq. Aguilera. In einem heruntergekommenen Haus gibt es ab 10 Uhr Menüs; mit Bar.

Aktivitäten

■ **Casa de la Cultura:** an der Westseite des Park Martí.

■ **Casa de la Trova Benito Odio,** Calle Pedro A. Pérez, esq. Crombet. Wie der Name schon sagt: Hier wird traditionelle Musik gespielt.

■ **Patio Sandunga de ARTEX,** Calle Máximo Gómez, e/D. Mármol y B. Varona. Veranstaltungsort für örtliche Musiker.

■ **Joven La Bamba:** Aguilera, e/Calixto García y Los Maceos. An Wochenenden ab 21 Uhr. Hier spielt die Musik auf dem Dach.

■ **Gaviotatours:** Büro im *Hostal La Habanera,* Maceo, e/Frank País, Tel. 644115.

■ **Internet:** bei *ETECSA* gegenüber der Plaza de la Revolución, kostet 6 CUC die Stunde.

Einkaufen, Sonstiges

- **Plaza del Mercado Agro Industrial:,** Los Maceos, esq. Prado. Die Markthalle mit roter Kuppel ist nicht zu übersehen, hier ist ein Markt für alles Mögliche. Mo–Sa 7–19 Uhr, So 7–14 Uhr.
- **Agropecario:** 13 norte Plaza Mariana Grajales. Wer schnell noch einen Zentner Zwiebeln braucht, kann sie hier für ein paar CUP bekommen. Mit Essensständen.
- **Kunsthandwerk,** im 1. Stock des Hauses Calixto García 855.
- **Zun-Zun,** Devisenladen, Maceo y Aguilera.
- **Tankstelle:** eine Cupet-Station findet sich auf dem Circunvalación Noroeste.
- **Krankenhaus:** *Hospital Provincial,* Ave. 26 de Julio, e/11 y 13 Norte, *reparto* Caribe, Tel. 355450.
- **Apotheke:** *Farmacia Internacional,* Calle Crombet, e/Calixto García y Los Maceos.
- **Geldwechsel:** *BFI,* Calle 13 de Junio (Ahogado) y 14 Norte; *CADECA,* Calle Pedro A. Pérez 963, e/Carretera y Emilio Giro; *BANDEC,* Calle 11 Norte, esq. Ahogado, reparto Caribe, und Calle Calixto García 952; *Fincimex Western Union,* Calle San Justo.

Verkehrsverbindungen

- **Flug:** *Cubana* fliegt täglich für 90 CUC vom Flughafen *Mariana Grajales (GAO),* Carretera de Paraguay, nach La Habana, Reservierungen für *Cubana* in der Calle Calixto García 517, e/Prado y Aguilera, Tel. 355453. *Aerotaxi* fliegt von Baracoa nach Guantánamo. Abflugzeiten kann man am Flughafen erfahren.
- **Bus:** Die Busstation ist in der Ave. Camilo Cienfuegos Tel. 628484. *Víazul* fährt täglich nach Baracoa für 10 CUC und für 6 CUC nach Santiago. Der *Terminal de Astro* liegt an der Carretera Central a Niceto, km 2,5.
- **Bahn:** Alle drei Tage fährt der Zug 11/12 nach La Habana (910 km, 80 CUC). Der Bahnhof ist in der Calle Pedro A. Pérez, e/Paseo y el 1 Norte.
- **Mietwagen:** *Transtur* hat ein Büro im Hotel *Guantánamo.*
- **Tankstellen:** *Oro Negro* liegt in der Los Maceos an der Ecke zur Jesús del Sol und *Servi Cupet* an der Straße nach Baracoa.
- Es gibt eine **Straße** nach Norden in Richtung **Moa,** die nächste größere Ortschaft ist **Sagua de Tánamo.**

Ausflüge

US-Militärbasis: Um von Weitem einen Blick auf die Amerikaner zu werfen, muss man sich einer geführten Gruppe anschließen, da das gesamte Gebiet Sperrzone ist. Man braucht ein Visum, was ein bis zwei Tage dauert. Das geht über das Hotel *Guantánamo* oder über das Hotel *Santiago* in Santiago.

Die Touren gehen zum 320 m hohen Hügel **Mirador de Malones** (kleine Bar). Wohnen kann man eventuell in der Sperrzone in dem Hafenort **Caimanera** im gleichnamigen Hotel (Islazúl) ②, Tel. 021 499415. Es liegt ganz schön auf dem Hügel Loma Norte, 20 Zimmer, mit Pool und einer Bar, von der man auf die US-Basis schauen kann. Im Ort wohnten früher Arbeiter der Militärbasis, heute nur Fischer und Salzhersteller.

Einfacher ist ein Ausflug zum **Zoológico de Piedra,** dem steinernen Zoo. Von Guantanámo 5 km auf der Carretera in Richtung Baracoa, dann ca. 15 km nach Norden am Hugel Alto de Boqueron in Felicidad de Yateras, http://zoologicodepiedra.com. Dieser Park zeigt über 400 Tierskulpturen aus Kalkstein. Der Bildhauer *Murió Ángel Íñigo Blanco,* ist ein Landwirt der mit 10 Jahren anfing Skulpturen herzustellen, dementsprechend reicht die Gestaltung von lustig bis perfekt. Er und seine Söhne sind oft anwesend. Es ist ein ruhiger, fast mystischer Ort.

Weiterfahrt in Richtung Baracoa

Nach 10 km durch die Ebene nach Osten zweigt die Straße zum Flughafen ab. Nun geht es im Tal des Río Yateras zum Meer. Ab der **Playa Yateras** (nur Strohschirme, keine Infrastruktur) führt die Straße an der Küste entlang. Da die Berge den Regen abhalten, ist es eine trockene Gegend. 1 km nachdem die Straße das Meer erreicht hat, liegt rechts am Strand das Restaurant *Doña Yuya,* ein typisches strohgedecktes Haus. Der Strand selbst liegt zwischen Felsen und ist für eine Rast schöner als die Playa Yateritas. **Unterkunft** findet man in der *Villa Reve,* auch *Casa Fidel* genannt, Carretera Baracoa, km 43,5, Tortuguilla, Tel. 021 871039. Das Grundstück grenzt ans Meer, toller Garten, nette Leute, ruhig, kleiner Pool, wunderbar.

Der nächste bekannte Strand folgt, nach San Antonio del Sur (Tankstelle!), in **Imías.** Eine Raststätte kommt hinter dem Ort rechts, außerdem gibt es einen gepflegten *Campismo* mit rustikalen Feldsteinhäuschen. Leider werden selten Ausländer aufgenommen, aber am Eingang vermietet *José* eine Unterkunft in ihrem Haus. Der Fluss bewässert das Tal, sodass sich die Landwirtschaft lohnt. Bis Cajobabo geht die beeindruckende Fahrt entlang der Küste, meterhohe **Kakteen** stehen am Strand, hier lohnt ein kurzer Spaziergang. Dabei sieht man **versteinerte Korallenriffe** und auf der anderen Seite in der Ferne die Gebirge aufragen. Es gibt für Cubaner eine Anlage mit 70 Hütten direkt am Strand von Cajobabo. Geht man noch 2 km weiter, erreicht man eine felsige Stelle mit einem **Denkmal Martís',** der hier 1895 landete, um sich den Rebellen gegen Spanien anzuschließen.

In Cajobabo biegt die Hauptstraße ins Landesinnere ab. Hier wird die Vegetation üppiger. Durch den Dschungel geht es im Tal des Río Jojos aufwärts, und mit Serpentinen und Brücken überwindet man 600 Meter Höhenunterschied. Vorsicht Steinschlag! Man befindet sich in der **Sierra del Purial.** Es ist der Pass über den Alto de Cotilla. Hinter der Brücke über den Yumurí kommen die **Cuchillas de Baracoa** in Sicht, die üppige Niederschläge abbekommen. Tolle Ausblicke ergeben sich beim **Viadukt La Farola,** wo selbst *Víazul* oft hält. Dies ist der einzige Weg nach Baracoa, deswegen stehen oft Einheimische an der Straße und bieten Obst oder Schokolade und Cucuruchu-Tüten aus Baracoa an. Die Menschen sind arm hier, der Straßenverkauf bietet ihnen ein Zubrot.

Den östlichsten Punkt Cubas, **Punta de Maisí,** erreicht man auch aus Cajobabo, indem man einfach an der Küste weiterfährt. Hinter Río Seco kommt nach etwa 14 km die Punta Caleta mit einem Leuchtturm. Danach geht es noch 5 km an der Küste weiter, dann windet sich die Straße ins Gebirge und nach einer Fahrt von weiteren 25 km ist der Ort **La Máquina** erreicht. Hier biegt die fürchterliche Piste zur Punta de Maisí ab. Weiteres siehe „Ausflüge von Baracoa". Wer auf der „Hauptstraße" in La Máquina weiterfährt, kommt nach einigen abenteuerlichen Schlaglöchern am Río Yumuri an. Von hier führt eine bessere Straße nach Baracoa.

Baracoa

- **Vorwahl:** 021
- **Einwohner:** 38.000

Hier herrscht die höchste Luftfeuchtigkeit Cubas, und die Temperaturen steigen schon mal auf über 38 °C. Im Winter regnet es oft. Das **östliche Ende Cubas** ist typisch karibisch: Strände, Palmen und Lebensfreude. Angeblich haben die Einwohner gegen Ende des 19. Jh. einen zerlumpten spanischen Landstreicher namens *Pelú* weggejagt, und dieser verfluchte daraufhin den Ort, er möge ewig zurückbleiben.

Der lokale Rumbos-Imbiss hat sich zu einem belebten nächtlichen Treffpunkt entwickelt. Jeden Abend im Sommer spielt hier eine lokale Band Son-Musik. Samstagabend verwandelt sich die Hauptstraße häufig in eine Open-Air-Bühne und am Straßenrand wird gegrillt. Es kreisen die Rumflaschen, man sollte immer einen Becher in der Tasche haben. *Alejo Carpentier* schrieb über diesen Ort: „der Liliput aus Frangollos, warmer Schokolade und Haifischgulasch". *Frangollo* ist ein frittierter Brei aus Gemüsebananen und Kakao. Letzterer wird in der Gegend angebaut und zu einer köstlichen Schokolade fermentiert, was die Grundlage für dieses typisch ostcubanische Gericht bildet. Das Haifischgulasch suchte ich vergebens. Dafür ist die Spezialität der Gegend, *cucurucho*, überall zu finden. Sie besteht aus Kokosmilch, Fruchtpüree und Zucker. Das Ganze wird in spitz gerollte Bananenblätter gefüllt und verschnürt. So hält sich diese Süßigkeit etwa drei Tage.

Der Ort liegt an der **Bucht** von Baracoa, in die ein Fluss mündet. Allerdings passiert das nicht direkt, sondern erst fließt er auf merkwürdige Weise um die halbe Bucht, im Abstand von etwa 5 m zum Meer, um dann an der Nordostseite ins Meer abzufließen. Das Wasser des Flusses ist sehr langsam, die Wucht der Wellen jedoch, auch in der Bucht, ist erheblich, sodass Sanddünen vor die Flussmündung gespült werden. Das Flusswasser sucht sich dann in einem Bogen den Weg. In der Regenzeit gibt es mehr davon, als dieser natürliche Kanal abführen kann. Die Folge: Der Fluss staut sich, das Hinterland wird überflutet. Um dem abzuhelfen, kommt die Armee und sprengt eine Bresche in die Düne, die nach ein paar Monaten aber wieder versandet ist, und das Spiel beginnt von Neuem.

Besuchen sollte man die kleine **Catedral de Nuestra Señora de La Asunción** aus dem 19. Jh., die eine große Sehenswürdigkeit birgt, nämlich das Holzkreuz, das *Kolumbus* angeblich im Jahr 1492 in Baracoa zurückließ. Inzwischen wurde die Kirche renoviert und das Kreuz hinter Gittern gesichert. Vor dem Gotteshaus steht die Büste des Indianerhäuptlings *Hatuey*, der gegen die Spanier kämpfte. Nachdem er gefangen genommen worden war und sich geweigert hatte, Christ zu werden, wurde er hier 1512 verbrannt.

Leider hat Hurrikan *Ike* seinerzeit deutliche Spuren in der Stadt hinterlassen, und einige Häuser am Malecón sind seitdem zerstört.

Das **Museo Municipal** in der Calle Martí, esq. Malecón beherbergt Gegenstände zur Ortsgeschichte und zum Kampf der Indianer, außerdem wird eine Sammlung bunter Polymita-Schnecken-

häuser ausgestellt. Es liegt in der **Festung Matachin** am Südostende des Ortes.

Geht man die Coroneles Galamo stadtauswärts, trifft man an der Ecke zur Calle García eine elend steile Treppe, die man in der glühenden Mittagshitze aufwärts keucht, um oben angekommen hoffentlich das **Museo Arqueológico,** Las Cuevas del Paraíso, geöffnet vorzufinden und sich die Gegenstände der Taino-Indianer aus der Vor-Columbus-Zeit anzuschauen, oder man stolpert gleich weiter in die Kneipe *El Rancho* und trinkt dort 2 Mojitos um den Rückweg beschwingter zu bewältigen.

Eine weitere Festung, die **Fuerte de la Punta,** bewacht den kleinen Hafen, in dem sich der Rumpf eines gesunkenen Frachtschiffes langsam mit Rost überzieht. Links zwischen den Gebäuden führt eine Treppe zum Wasser.

Die dritte Festung, das **Castillo de Seboruco** aus dem Jahre 1739 hat eine wechselvolle Geschichte hinter sich. Das

Blick über Baracoa

129cu kh

Gebäude liegt auf einem Hügel in der Stadt und wurde erst um 1900 vollendet, dann außer Dienst gestellt und in ein Hotel umgewandelt. In der Lobby hängen noch alte Fotos vom Umbau.

Die **Tabakfabrik Manuel Fuentes** befindet sich in der Calle Martí 214.

Unterkunft

Hotels

■ **La Rusa** (Gaviota) ②, das rötliche Haus am Malecón, Gómez 161, Tel. 643011, wurde von der 1970 verstorbenen Tänzerin *Magdalena Rubenskaya* geführt, die *Alejo Carpentier* zur Hauptfigur seines Romans „La consagracíon de la primavera" inspirierte. Gäste wie *Fidel Castro, Errol Flynn* und *Alain Delon* kamen sicher nicht wegen der engen 12 Zimmer hierher. Auch wer nicht hier wohnt, kann auf der überdachten Terrasse einen Drink nehmen und dem Treiben zuschauen.

■ **Hostal La Habanera** (Gaviota) ②, Calle Maceo 126, Tel. 645273. Geschmackvoll eingerichtet, bis auf die abgehängte Plastikdecke, mit Restaurant und Mietwagenschalter. 10 Zimmer, die besten sind die vier, die sich den Balkon zur Straße teilen.

■ **Hotel Villa Maguana** (Gaviota) ②, Tel. 6412 04. 22 km nördlich an der Straße nach Moa, hat den schönsten Strand der Gegend. Es liegt am Meer und wurde um vier 4-Zimmer-Häuschen erweitert, aber immer noch fantastisch. Mit Restaurant.

■ **Porto Santo** (Gaviota) ③, Tel. 645106. Das Haus liegt um die Bucht herum, direkt am kleinen Flughafen. Trotzdem recht ruhig. Es hat einen Pool und einen eigenen, kleinen Strand, viele der 80 Zimmer haben einen Balkon zum Meer.

■ **El Castillo** (Gaviota) ③, auf den Resten eines alten Forts oberhalb der Stadt erbaut, traumhafter Blick über Baracoa, Tel. 645165. 34 Zimmer mit AC, TV, Meerblick, Bad. Toller Pool, Restaurant, Laden. Es gibt einen 3-stöckigen Neubau mit 28 Balkonzimmern. Blick in Richtung El Yunque.

■ **Hostal Río Miel** (Gaviota) ②, Ave. Malecón, esq. Ciro Frías, Tel. 45164-66. Das gelbe Haus hat 12 Zimmer in den zwei oberen Stockwerken des würfelförmigen Hauses.

■ **Hostal 1511** (Gaviota) ②, Ciro Frías, e/R. López y Maceo, Tel. 645224. 15 Zimmer in einem Kolonialstil-Haus zwei Straßen oberhalb der Kathedrale.

Privat

Privatzimmer gibt es in unüberschaubarer Anzahl, man hat den Eindruck, jedes dritte Haus ist eine *Casa Particular.* Hier eine kleine Auswahl:

Baracoa

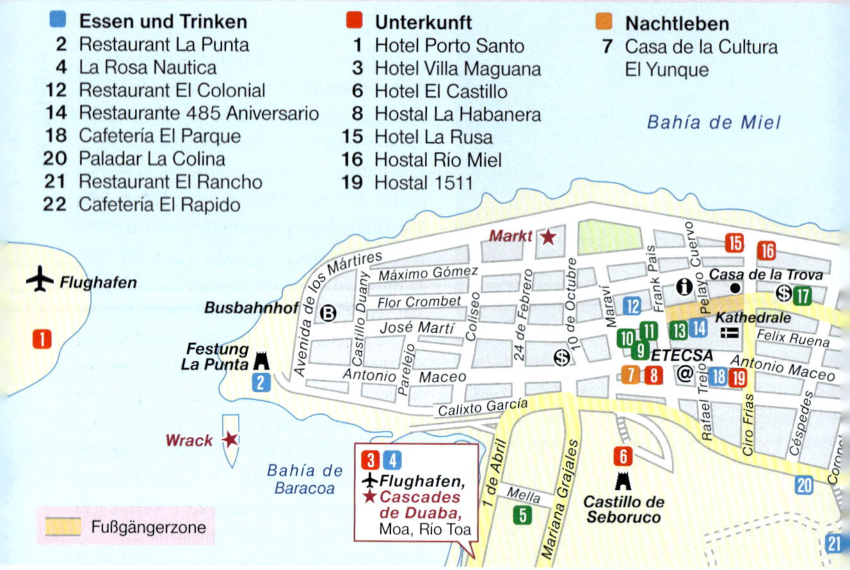

■ **Casa Atlantis,** Martí 393, Tel. 645158, direkt am Strand, Ortsanfang rechts, 3 Zimmer mit Bad, die Chefin, eine Tierärztin, ist freundlich, kleiner geschützter Patio zum Meer, 20 CUC.

■ **Casa Tropical,** Martí 175, Tel. 643688. *Arnoldo und Frank Oliveros* bieten 3 Räume (mit Gemeinschaftsbad) im kleinen Garten und eine sehr gute Küche dazu, ab 20 CUC.

■ **Carmen Vernier Rodríguez,** Calle Martí 98, e/ 10 de Octubre y 24 de Febrero, Tel. 242531. Ein Kolonialstilhaus im Zentrum, relativ ruhig, trotz der zentralen Lage, hohe Decken, grüner Patio. 20 CUC.

■ **Ana Torres,** Calixto Garcia No. 162, e/Céspedes y Coroneles Galano, Tel. 642754. Zwei Zimmer, gute Küche. Am Ortsrand, zu Fuß zum Zentrum sind es nur einige Minuten. DZ 20 CUC, Abendessen pro Person 5 CUC, Frühstück pro Person 3 CUC.

■ **Nelia y Yaquelin,** Mariana Grajales 11, e/Calixto García y Julio A. Melba, Tel. 643625, nettes, kleines Zimmer für 20 CUC, Meerblick, Frühstück 3 CUC.

■ **El Mirador,** Calle Anton Marceo 86, 1. Piso, e/ 10 de Octubre y 24 de Febrero, Tel. 643592. Im 1. Stock, hohe Räume, ein Zimmer mit Balkon zur Straße, eins nach hinten zum El Yunque mit Einliegerbad, freundliche Leute, ab 20 CUC.

■ **Isabel Cabrales Roguez/José Carlos Hernández,** Flor Crombet No. 110, e/Maravi y Frank, schöne Unterkunft im Zentrum der Stadt, 15 CUC, gutes Essen.

■ **Pedro Ruiz Lemus,** Calle República 27, e/Moncada y Abel Díaz, Tel. 642548, pedroruizle@gmail.com. Älteres Ehepaar, sehr hilfsbereit, hervorragendes Essen, großes Zimmer mit AC, schöner Garten, 25 CUC.

■ **La Colina,** Galixto García 158, 2 große Zimmer im 2. Stock des Hauses am Hang. Fantastischer Blick von der Terrasse. Unter dem gleichnamigen Paladar des Kochs *Alberto.* Tel. 642658 und 052 704365, inaudissd1969@ gmail.com, ab 20 CUC.

■ **Clara Carratalá Lobaina Mariana,** Grajales 30, Baracoa, Tel. 643361, zwei Zimmer, 35 CUC inkl. Frühstück und sehr gutem Abendessen.

■ **Sres. Nalvis y Efer,** Calle Martí 147, e/Pelayo Cuervo y Ciro Frías, Tel. 643389. 2 Zimmer im kolo-

nialen Stil im Zentrum. Von der Terrasse hat man Meerblick. 20 CUC.

■ **Casa Colonial,** Elsa Figueroa Toirac, Martí 152, Tel. 643849. Zimmer 20 CUC mit Bad und AC. Gutes Essen (8 CUC), Frühstück 4 CUC. Freundliche Gastgeberin, spricht nur Spanisch.

■ **Oscar Romero Lambert,** *Isabel Artolo Rosell,* Calle R. López 39, e/Ciro Frías y Céspedes, Tel. 645236, 2 Zimmer mit Bad, eins auf dem Dach, mit großer Terrasse. Schöne Aussicht. Zimmer 20 CUC, Frühstück 3 CUC, Abendessen 8 CUC.

■ **Casa Bella Vista,** Galixto Garcia 55 e/Coliseo y Peralejo, Tel. 643993. Großes Zimmer mit Balkon, tolle Sicht auf die Bucht und El Yunque, ruhig, ab 20 CUC, plus Essen.

Essen und Trinken

■ **La Punta,** relativ gutes Restaurant im Hof der gleichnamigen Festung am Nordende, zu normalen Preisen ab 5 CUC das Hauptgericht.

■ **El Colonial,** Martí 123, Tel. 643161. Hervorragendes Restaurant mit winzigem Innenhof und antiken Möbeln. Die Preise sind angemessen, Hauptgerichte ab 6 CUC.

■ Einen **El Rápido** gibt es an der Tankstelle am Ortseingang, und die Freiluft-Cafeteria **El Parque** in der Maceo 142 nimmt Pesos.

■ **La Colina,** Paladar mit exzellentem Essen auf der Dachterrasse des Hauses Galixto García 158, *Alberto* ist ein Meister des Grills.

■ **El Rancho,** preiswertes Essen, der Mojito kostet hier 3 CUC. Blick über die ganze Stadt. Hinter der Kirche die Calle Coroneles Galamo in Richtung Berg laufen und die schmale Treppe 140 Stufen hinauf. Oben angekommen, liegt das Lokal hinter dem Museum.

■ **Restaurante 485 Aniversario,** für den *Pollo* zwischendurch in der Maceo 139.

■ **La Rosa Nautica,** Calle 1. de Abril 185, Altos im Barrio La Playa, Tel. 645764 und 58144654, das Lokal ist ein Kleinod, etwas versteckt speist man zu zivilen Preisen ab 5 CUC mit Blick auf die Bahía del Miel.

Aktivitäten, Sonstiges

■ **Casa de la Cultura:** Calle Maceo 122. Mit Theatersaal, hier arbeitet der Maler *Eliseo Osorio.*

■ **Casa de la Cultura El Yunque:** Calle Maceo 124, die schmale Treppe vor dem Ecklokal hoch aufs Dach, Mo–So 8–12 und 14–18 Uhr, oft auch nachts geöffnet, manchmal gibt es Live-Musik.

■ **Casa de la Trova:** Touristenmusik, links von der Kathedrale. Offizielle Öffnungszeiten gibt es nicht, man muss einfach hingehen, 21 Uhr, am Sonntag auch um 10 Uhr.

■ Mitte April findet der **Karneval** statt, der die Stimmung zum Höhepunkt treibt.

■ **Internet:** bei *ETECSA,* Calle Martí.

■ **Touren:** *Cubatur,* Calle Maceo 149, Tel. 645306; *Havanatur,* Calle Martí 181, Tel. 642171.

Einkaufen, Sonstiges

- **Kunst:** *Mondo Municipal de Bienes Culturale,* Calle Maceo 120, Mo–Sa 8–18 Uhr. Der Kunstgewerbeladen des Ortes.
- **Schokolade:** *Casa del Chocolate,* Calle Martí, hier gibt es Kakao in verschiedensten Arten, alle aus Baracoa-Anbau.
- Vor der Kathedrale gibt es ein paar **Andenkenstände.**
- **Markt:** 24 de Febrero, esq. Malecón.
- **Geldwechsel:** *BANDEC,* Calle Maceo 99; *CADECA* und *Western Union,* Calle Martí 241; *Fincimex Western Union,* Calle Martí, La Pasada.
- **Krankenhaus:** *Clínica Internacional,* Calle Martí 237.

Verkehrsverbindungen

Baracoa scheint das Ende der Welt zu sein, hier kann man stecken bleiben, weil alle Busse oft zwei Tage im Voraus ausgebucht sind. Man sollte das Rückfahrt-Ticket schon vorher kaufen, oder man sucht sich rechtzeitig ein legales Taxi nach Guantánamo. Von dort aus ist es kein Problem weiterzukommen. Privat-Taxis sind wegen der Polizeikontrollen zwischen Guantánamo und Baracoa nicht zu empfehlen.

- **Bus:** Frühmorgens fährt tgl. ein *Astro*-Bus für 9 CUC von Santiago de Cuba. Alle zwei Tage kommt ein Bahnbus von Guantánamo. 1x pro Woche ein Bus von Camagüey. Jeden zweiten Tag kommt ein Bus aus La Habana nach 20 Stunden Fahrt in Baracoa an. Jeden Tag fährt *Víazul* über Santiago in Richtung La Habana. Wer über Santiago hinaus möchte, sollte sein Ticket schon in Baracoa zu kaufen, in Santiago kann es mit den Plätzen eng werden. Preis 13 CUC. Abfahrt in Santiago 7.30 Uhr, Ankunft 12.15 Uhr. *Cubatur* fährt Di und Fr nach Holguín, 30 CUC, auch nach Santiago zum Parque Cespédes kann man einen Platz bei *Cubatur* buchen.
- **Flug:** Am anderen Ende der Bucht gibt es den kleinen *Flughafen Gustavo Rizo (BCA). Cubana* fliegt donnerstags und sonntags von La Habana direkt nach Baracoa für 128 CUC, mit Zwischenlandung in Santiago de Cuba dienstags und freitags für 100 CUC. *AeroCaribbean* fliegt einmal pro Woche, donnerstags über Varadero, nach La Habana. *Aerotaxi* verbindet in unregelmäßigen Abständen Baracoa mit Punta de Maisí, Guantánamo und Santiago de Cuba.
- **Motorroller** kann man im Hotel *El Castillo* für 26 CUC pro Tag leihen, unten im Ort geht das auch preiswerter. Ein Fahrrad kostet pro Tag ca. 3 CUC. Das Fahrradtaxi sollte innerorts nur 5 Pesos kosten.

Ausflüge

Es gibt ein paar **schöne Strände** in der Umgebung, allerdings sind sie entweder klein oder weit entfernt, sodass es hier wohl niemals Massentourismus geben wird. **Organisierte Touren** gibt es im *Cubatur*-Büro in der Calle Maceo y Pelayo Cuervo, Tel. 645306, bei *Havanatur* in der Calle Martí, e/ Céspedes y Coroneles Galano, Tel. 645358, bei *Ecotur* in der Calle Maceo 120, e/Frank País y Maraví, Tel. 643627 und im Büro von *Gaviotatours,* Calle Maceo s/n, esq. Rafael Trejo, Tel. 645164.

Wer zum **Humboldt-Nationalpark** möchte, muss vorher zur Bibliothek, Calle Martí, Ecke Frank País, und dort den Eintritt bezahlen, bevor er sich Richtung Moa auf den Weg macht. Im Park gibt es Unterkunft für 10 CUC p.P. in Strohhütten (Weiteres s. Kap. „Land und Leute“, unter „Nationalparks“).

Playa Duaba

Strand an der Mündung des Río Duaba, man kommt mit dem Fahrrad gut dorthin. In der gleichnamigen **Finca,** einer ehemaligen Plantage, kann man essen und sich die Pflanzen ansehen. Mi, Fr und So bietet die Finca kreolisches Abendessen und um 20.30 Uhr eine Kabarett-Vorstellung. Carretera Mabujabo, km 2.

Playa Managua

Die Playa Managua ist der **bekannteste Strand Baracoas.** Er liegt von Palmen umsäumt an der Straße Richtung Moa, ca. 20 km vom Zentrum entfernt. Eine Taxifahrt kostet etwa 20 CUC, wenn man den Fahrer dort warten lässt. Preiswerter sind die Fahrten, die die Hotels in Baracoa anbieten (7 CUC). Es gibt täglich einen Bus für 5 CUC. Abfahrt um 10 Uhr beim Cubatur-Büro, Plaza de Independencia, die Rückfahrt ist gegen 16 Uhr. Für Hungrige gibt es eine Imbissbude und für Müde das Hotel *Villa Maguana.*

La Boca del Río Yumurí

Mündung des Río Yumurí, 30 km östlich von Baracoa, mit dem Auto Richtung Guantánamo, kurz hinter den letzten Häusern von Baracoa links (etwa eine Stunde). Taxis fahren für 20 CUC. Da der Weg dorthin ziemlich bergig ist, ist es mit dem Fahrrad anstrengend. Üppige Landschaft in einem Tal mit Kokoswäldern und schwarzen Sandstränden. Kurz vor dem Fluss durchfährt man den **Paso de los Alemanes,** einen gewaltigen Felsen, der einen natürlichen Tunnel für die Straße geschaffen hat. In dieser Gegend siedelten sich im 19. Jahrhundert Deutsche an, die sich unbeliebt machten, weil sie von den Bauern, die die Küstenstraße benutzten, Wegezoll kassierten. Der Fluss selbst lädt zum Baden ein.

In der kleinen Ortschaft gibt es nur einen Imbiss. Dort kann man auch ein Boot chartern, das einen unter reger Anteilnahme der Dorfbevölkerung flussaufwärts bringt. Lokale Führer organisieren Wanderungen durch die Stromschnellen in das Bergdorf **Yumurí.**

Punta de Maisí

Nach 20 km Fahrt von La Boca del Río Yumurí muss man in La Máquina auf eine Furcht erregende Piste abbiegen. Auf der hoppelt man dann noch 12 km vorbei an Kaffeeanpflanzungen. Die Straße wird angeblich oft geschlossen, man kann sich nicht darauf verlassen, dass sie überhaupt passierbar ist. Dort ist der **östlichste Punkt Cubas** mit einem alten Leuchtturm, der seit 1862 in Betrieb ist. Man kann ihn mühsam über eine 144-stufige Treppe besteigen. Oben angekommen, bietet sich einem ein fast endloser Blick über das Meer in Richtung Haiti. Die Insel ist an dunstfreien Tagen gut zu sehen. Wer keine Lust zum Klettern verspürt, kann am Strand vor dem Turm relaxen. Am Punta de Maisí gibt es sogar eine Landepiste für Flugzeuge. Die Gegend ist sehr trocken. Hier treffen sich der Atlantik und die Karibische See im **Paso de los Vientos.**

130cu kh

Río Toa

Ca. 10 km von Baracoa entfernt, in Richtung Moa. Gut mit einem Fahrrad zu erreichen, da die Straße intakt und der Verkehr gering ist. Organisiert: 20 CUC. Ein einfaches Lokal, die *Finca Rancho Toa,* hat sich auf Bustouristen spezialisiert, Carretera a Moa, km 3.

500 m weiter Richtung Westen links ab Richtung Campismo, liegen die **Cascades de Duaba.** Der Wasserfall ist ohne Führer schwer zu finden, und man muss auf jeden Fall ein steiniges Flussbett durchwaten.

Bahía de Miel

Am südlichen Ende Baracoas liegt die „Honigbucht", Bahía de Miel. Wenn man auf dem wenig einladenden Strand weitergeht, kommt man an die **Mündung des Río Miel.** Da die Fähre nur Cubaner mitnimmt, muss man hinüberwaten oder schwimmen. Das Gepäck transportiert das Boot. Landeinwärts rechts erreicht man ein Fischerdorf. Die Landschaft ist sehr grün, mit Königspalmen und Bananenpflanzen. Ausladende Bäume spenden dem Wanderer Schatten und machen Lust auf die Berge hinter der Ortschaft. Die Bewohner organisieren auch Touren.

El Yunque

So heißt der 569 Meter hohe **Tafelberg,** ein Wahrzeichen der Region. Man fährt 2,5 km auf der Straße nach Moa bei der *Finca Duaba* links ab und 4 km weiter zum *Campismo El Yunque.* Hier muss man einen Führer nehmen. Ab 8 Uhr sollte jemand da sein. Man läuft mindestens zwei Stunden hoch und zwei zurück und muss durch den Oberlauf des Río Duaba waten, was unangenehm werden kann; gut sind dazu ein paar Wassersandalen. Der Aufstieg geht bis zum Aussichtspunkt „Meseta del Yunque", unterwegs wachsen Kaffeesträucher, Jagüeycillos, Mahagoni, Zedern, Majaguas und Ocuje *(Calophyllum antillanum).* Man braucht nicht unbedingt eine geführte Tour von *Cubatur* in Baracoa buchen, aber ein Führer im Park ist vorgeschrieben (ca. 20 CUC) und festes Schuhwerk erforderlich, außerdem sollte man ausreichend zu trinken mitnehmen. Das Nationalparkbüro liegt an der Straße nach Moa, 30 km westlich von Baracoa am Meer.

Weiterfahrt in Richtung Westen

Nach Westen bis zur nächsten Stadt Moa sind es von Baracoa etwa 75 km, meist an der Küste entlang. Die Straße ist allerdings in einem jämmerlichen Zustand. 20 km hinter der Villa Managua ist die Provinzgrenze am Río Jiguaní erreicht. Die Ortschaften **Yamanigüey** und **Punta Gorda** sind unscheinbar, zwischendurch kommen braun-grüne Felsgesteine in Sicht, manchmal spärlich mit Buschwerk bewachsen. Hinter Punta Gorda wird die Straße geringfügig besser.

« Vorherige Doppelseite: Am Río Miel

Moa selbst ist für Reisende nicht so interessant. Es liegt zwar an einer Meeresbucht und am Río Sagua de Tánamo, aber hier gibt es größere Nickelvorkommen. Das Metall wird im Tagebau gewonnen, deshalb ist die Stadt von Abraumhalden und terrassenförmigen Abschürfungen umgeben. Der Ort wird durch die Verhüttungsbetriebe dominiert, die an ihren Schornsteinen zu erkennen sind. Durch ein cubanisch-kanadisches *joint venture* wurde eine neue Nickelfabrik gebaut, die weniger Abgase in die Umwelt entlässt, als die alte Anlage. Einzige **Übernachtungsmöglichkeit** ist das vierstöckige *Hotel Miraflores* (Islazúl) ② in der Ave. Amistad s/n auf einem Hügel, Tel. 05324 606125, jcarpeta @miraflores.co.cu, das 140 Zimmer und einen Pool hat und ganz okay ist.

Es gibt jedoch immerhin das **Provinzmuseum** El Muceo de Historia de la Comunidad de Moa, Calle Mario Muñoz Monroy 28. Dieses zweistöckige Haus war es das erste Hotel mit vier Räumen im Obergeschoss, in denen dann die Chefs der amerikanischen Unternehmen wohnten, die hier investierten. 1982 wurde in Cuba ein Gesetz zur Bildung von Provinzmuseen verabschiedet, so entstand auch dieses Haus.

Nahe dem Ort liegt der kleine **Flughafen** *Orestes Acosta (MOA)*, von dem aus man nach Santiago fliegen kann.

Bei der Weiterfahrt nach Westen biegt die Straße ins Landesinnere, es wird bergiger und nach 38 km Fahrt erreicht man das Bauerndorf **Sagua de Tánamo** am Saguafluss. Entlang der Strecke gibt es ab und zu Kontrollpunkte des Militärs. Wer nach Guantánamo will, fährt am Ortsausgang links ab und ist nach 75 km Fahrt durch die Saguaberge dort. Wer die Küstenstraße weiterfahren will, hat noch 50 km am Fuße der Sierra de Cristal bis Mayarí vor sich. Allerdings ist die Bezeichnung „Küstenstraße" nicht ganz korrekt, denn man sieht das Meer nur von Ferne immer wieder durch die Hügel blitzen. 20 km hinter Sagua de Tánamo kann man rechts ab zur **Playa Corinthia** gelangen. Hier gibt es keine Unterkunftsmöglichkeiten.

In **Baguáno** kann man um die Bucht herum nach Guardalavaca weiterreisen oder den Weg nach Holguín nehmen. Der Rest der Strecke ist im Kapitel „Von Guardalavaca nach Osten" beschrieben.

5 Inseltouren

Der Archipiélago de Camagüey an der Küste in Höhe des gleichnamigen Ortes hat mit dem Cayo Guillermo und dem Cayo Coco zwei Ferienparadiese zu bieten, die man bequem mit dem Auto erreichen kann. Zur größten Insel Cubas, der Isla de la Juventud, braucht man die Fähre, und wen es noch weiter in die Karibische See treibt, der nimmt ein Flugzeug nach Cayo Largo.

< Hütte am Strand der Insel Cayo Largo

INSELTOUREN

Cuba ist von **Korallenriffen** umgeben, die schwere Wellen von der Küste fernhalten, davor haben sich eine Reihe Inseln gebildet, die allesamt den Traum der Karibik-Urlauber widerspiegeln: Lange Strände mit weißem, feinen Sand, dazu Palmen die Schatten spenden. Vor der Nordküste liegt der **Archipélago de Camagüey** mit seinen Inseln **Cayo Coco** und **Cayo Guillermo.** Auf der karibischen Seite Cubas liegt die **Isla de la Juventud** und unweit davon **Cayo Largo del Sur.** Die **Jardines de la Reina** liegen vom Tourismus unberührt im Südosten.

NICHT VERPASSEN!

- **Cayo Coco,** z.B. Hummer essen im Ranchón Los Marquéz | 294, 296
- **Isla de la Juventud,** Tauchen beim Hotel Colony | 297
- **Cayo Rico/Iguana,** Leguane füttern | 308

Diese Tipps erkennt man an der gelben Hinterlegung.

Archipiélago de Camagüey

Archipiélago de Camagüey heißt die faszinierende Inselwelt, die sich nördlich der Provinzen Ciego de Ávila und Camagüey erstreckt. Die Cayeria del Norte, auch **Jardines del Rey** – Gärten des Königs – genannten, rund 400 flachen Inselchen im türkisblauen Meer sind ein Naturparadies mit reicher Flora und Fauna, in dem rund 200 verschiedene Vogelarten und viele Leguane leben. Außerdem locken die vielen Cayos mit **traumhaften Stränden** und geradezu unwirklich anmutendem, weißem feinen Sand. In der letzten Zeit hat man zur Sicherung und zum Schutz der Böden Palmen angepflanzt. Ansonsten wachsen hier hauptsächlich Mangroven und Schildkrötengras.

Die Inseln sind als **Naturschutzgebiete** ausgeschrieben und trotzdem touristisch erschlossen, auch mit einem Flughafen an ihrem östlichen Ende. Auf den Inseln sind **Sonnenanbeter, Schnorchler, Taucher und Hochseefischer** unter sich. Naturfreunde können Pelikane, Flamingos und den weißen Reiher *coco blanco* entdecken. An größeren Tieren findet man Wildschweine, Rinder und Pferde.

Da die meisten der Hotels *all inclusive* sind, sollte man nur als Pauschaltourist längere Zeit hier absteigen. Es gibt preiswertere Unterkünfte an den Stränden auf der Hauptinsel Cuba.

Cayo Coco

■ **Vorwahl:** 033

Die viertgrößte Insel des Archipels Camagüey erreicht man über den 25 km langen **Damm Piedraplén** (2 CUC, Reisepass notwendig!). Der Damm führt von Morón über die Hundebucht (Bahía de Perros) zur Playa Larga. In westlicher Richtung kann man über einen weiteren Damm bis zur Cayo Guillermo fahren (rund 100 km). Ein anderer Damm führt von Jiqui hinüber zur Insel Cayo Romano und von dort weiter zur Cayo Cruz.

Auf Cayo Coco wird zwar der Tourismus ausgebaut, aber die Regierung hat dem Gebiet **sanften Tourismus** verordnet, um die Pflanzen- und Tierwelt der Insel zu schützen. Ökologen vom Forschungszentrum *Ecosistiemas Costeros* versuchen, das natürliche Gleichgewicht

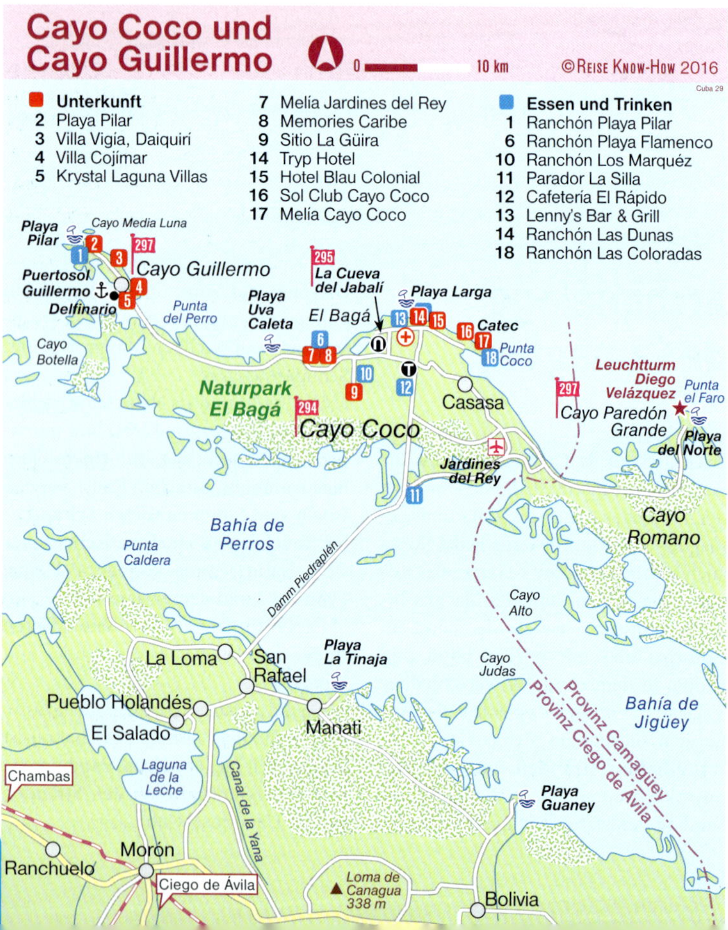

trotz des hohen Touristenaufkommens zu gewährleisten. Bei *Transtur* kann man **Vogelbeobachtungstouren** buchen. Leider haben die Baumaßnamen im Osten der Insel weiter zugenommen. Es gibt hier mittlerweile 3500 Hotelbetten.

Eigentlich kommen nur Urlauber hierher, die ihre Hotelanlagen nicht verlassen, es gibt außerhalb der Anlagen am schmalen Strand wenig zu erleben. Die All-inclusive-Touristen erkennt man an den bunten Plastikarmbändern. Sicherheitsvorkehrungen an Stränden und in Hotels sind ziemlich offensichtlich, Cubaner werden selbst beim Verlassen ihrer Arbeitsstätten überprüft. Privatunterkünfte gibt es auf Cayo Coco weit und breit nicht. Auch **Gesundheitstouristen** kommen. In der *Clinica Dental* kann man sich gegen harte Währung alle Arten von Zahnbehandlungen angedeihen lassen. Medizinisch behandelt werden Ausländer in der *Clínica Internacional Cayo Coco,* Tel. 302192, 308150, 302194, 302157/59/93. Ein Infobüro gibt's im Hotel *Blau Colonial.*

Die Insel an der Korallenküste ist etwa 40 km lang und zum größten Teil mit Mangroven bewachsen. Mangroven wachsen in sumpfähnlichen Gegenden, was zur Folge hat, dass **Stechmücken** den größten Anteil an der Inselpopulation ausmachen. Man sollte also die Gegend nie ohne ausreichenden Mückenschutz betreten. Zur Bekämpfung der Plagegeister wurde die Mückenlarven fressende Fischart *Larvifargos* hier ausgesetzt.

Sehenswert sind vor allem die **Korallenriffe.** Die Rosa Flamingos sind selten geworden, die scheuen Tiere wurden von dem Lärm fast alle verscheucht.

Die **Cueva del Jabalí** (Wildschweinhöhle) ist eine ziemlich touristische Angelegenheit mit Bar und Cabaret-Show, Di–Sa ab 22 Uhr, 6 CUC Verzehr. Westlich von Punta del Cuerno.

Der alte Flughafen westlich von Sitio La Güira an der Playa Prohibida verfällt und wurde zum **Naturpark El Bagá** umgestaltet. Durch die Mangroven führen Pfade und es gibt einen Aussichtspunkt, Loma del Puerto. An der Cueva startet der 2 km lange Weg „Las Dolinas".

Unterkunft

- **Sitio La Güira** ①, zwischen Tankstelle und Naturpark El Bagá liegt ein kleines Haus mit zwei Zimmern und Gemeinschaftsbad sowie ein paar Palmstrohhütten am Strand Uva Caleta, beides gehört *Rumbos.* Das Haus ist in der näheren Umgebung das Preiswerteste. Man erkennt es an dem grünen Zementkürbis an der Straße.
- **Melía** ④, Tel. 301180 und 01 802121723. Am Strand Las Coloradas am äußersten östlichen Ende auf einer kleinen Halbinsel, 250 Zimmer in bunten Häuschen, All inclusive.
- **Melía Jardines del Rey** ④, 2015 eröffnet und mit 1176 (!) Zimmern das größte Hotel auf der Halbinsel.
- **Sol Club Cayo Coco** ④, Tel. 301280. Mit 270 Zimmern das größte Hotel der Insel: 2- und 3-stöckige Gebäude. Sehr guter Standard. Bei Tauchern sehr beliebt, All inclusive.
- **Memories Caribe** (Blau) ③, Tel. 302350. 300 Zimmer in 2-stöckigen Häuschen um einen künstlichen See. Zudem Restaurants und Bars, Disco und alles, was man sonst vielleicht braucht.
- Weitere **All-inclusive-Unterkünfte** sind von Ost nach West: *Iberostar Mojito, Tryp, Colonial, Be Live Villa, Pestana, Memories Flamenco, Memories Caribe, Playa Coco* und *Blue Bay.*
- **Krystal Laguna Villas** (NH) ②, Tel. 301470. Zum Teil auf Pfahlbauten in einer Lagune.

Als **Alternative** bietet sich die Übernachtung in **Morón** an, 2 CUC/Auto Gebühr an der Passkontrolle und 45 Min. Fahrt dorthin.

■ **Catec** liegt östlich vom Hotel Melía an der Playa Las Coloradas. Man kann 1,5 km durch die Dünen dorthin laufen und Lobster für 15 CUC essen.

Essen und Trinken

Da alles All inclusive ist, gibt es nur wenige Bars und Restaurants. Wer trotzdem Lust auf einen „Ausbruch" verspürt, sollte es an den Strandbuden probieren, die *Palmares* oder *Islazul* betreiben. Von West nach Ost sind das:

■ **Ranchón Playa Pilar,** am gleichnamigen Strand, vom hauseigenen Turm hat man eine gute Rundumsicht, ab 9 Uhr morgens diverse Gerichte ab 7 CUC.

■ **Ranchón Los Marquéz,** beim *Sitio La Güira,* 5 km von der Playa La Jaula entfernt, bietet weit und breit das preiswerteste und beste Essen.

■ **Ranchón Playa Flamenco,** beim *Melía Jardines del Rey,* über den Strandzugang zwischen den Hotels zu erreichen, ab 10 Uhr geöffnet.

■ **Lenny's Bar & Grill,** an der Playa Prohibida 2 km westlich des Hotels *Villa Cayo Coco,* zu Fuß etwas weit, besser ist es, einen Roller zu mieten. In der Strohhütte sind diverse kanadische Autoschilder angebracht. Zu essen gibt es die üblichen kreolischen Gerichte.

■ **Ranchón Las Dunas,** beim Tryp-Hotel, wo auch die Tourismusschule ist, Huhn ab 3,50 CUC.

■ **Ranchón Las Coloradas,** von *Catec* betrieben, mit einem herrlichen Blick am Ostende.

■ Die **Cafetería El Rápido,** in der man auch etwas zu Essen bekommen kann, befindet sich an der Tankstelle.

■ Auf dem Damm, kurz bevor man die Insel erreicht, gibt es ein *Rumbos*-Büro. Die dem Büro angeschlossene Snackbar heißt **Parador La Silla,** ist für eine Rast gut geeignet und hat einen hölzernen Aussichtsturm.

Verkehrsverbindungen

■ Der Flughafen **Jardines del Rey (CCC)** östlich von Casasa ist der Ort, über den die meisten Touristen die Insel erreichen, Tel. 309165. Von hier fahren Busse zu den Hotels. *AeroCaribbean* fliegt täglich um 12.30 und 18 Uhr von La Habana nach Cayo Coco. Die erste Maschine fliegt um 1.45 Uhr wieder zurück, die späte fliegt dann am nächsten Tag um 8.45 Uhr zurück (etwa 70 CUC). *Aerotaxi* kurvt mit seinen geflügelten Bussen für 50 CUC nach Trinidad. *Cubana* hat ein Büro im Tryp-Hotel, Tel. 301300. Die Fahrt zum Flughafen von den Hotels dauert ca. 30 Min.

■ Es gibt eine **Tankstelle** am Ende des Dammes, an der ersten Kreuzung.

■ **Mietwagen:** *Havanauto* an der Tankstelle oder im Hotel *Sol Club Cayo Coco. Cubacar* hat ein Büro an der zweiten Kreuzung. **Motorroller** kosten etwa 18 CUC ohne Versicherung für 3 Stunden, es besteht Helmpflicht. In allen Hotels gibt es Fahrräder.

Die **Straße** endet im Nordosten auf der Cayo Paredón Grande. Im Jahr 1865 wurde hier der weithin sichtbare Leuchtturm Diego Velázquez errichtet. In der Nähe kann man sich in die Fluten des Atlantiks stürzen und später versuchen, dem Leuchtturmwärter die Erlaubnis zur Besteigung des Turms abzuschwatzen.

■ **Lokaler Transfer:** Um zwischen den Stränden und Hotels hin und her zu fahren, gibt es einen Bus, der von 9 bis 17 Uhr etwa stündlich alle großen Hotels von Cayo Coco und Cayo Guillermo abfährt. Fahrtunterbrechungen beliebig, das Ticket für einen Tag kostet 5 CUC. Die Hotels auf Cayo Guillermo werden ab 9.40 Uhr erreicht. Außerdem gibt es noch die **Straßen-Eisenbahnen** mit übergestülpter Lokomotivenattrappe. 3 Stunden, 12 CUC inkl. Drink in Sito la Güira. Kutschfahrten müssen ausgehandelt werden, das kann teuer werden.

- Ein **Hop-on/Hop-off-Bus** fährt an den Hotels und den Stränden vorbei: alle halbe Stunde von 9–21 Uhr für 5 CUC am Tag.

Östlich von Cayo Coco liegt **Cayo Paredón Grande,** noch weiter entfernt folgt **Cayo Cruz.** Beide Inseln werden touristisch erschlossen. 2015 wurde mit dem Bau einer Straßenverbindung nach Cayo Cruz begonnen, nach Paredón Grande führt schon eine Straße über drei Brücken. Auf dem gerade einmal 9 km² großen Eiland Paredón gibt es im Norden drei Strände: Los Pinos, Los Lirios und Playa del Norte, wo seit 1857 der 40 m hohe, gelb-schwarze Leuchtturm *Diego Velázquez* steht.

Cayo Guillermo

Die westliche Nachbarinsel Cayo Guillermo, ebenfalls über einen Damm zu erreichen, ist nur 13 km² groß. Leider sind auch hier die Flamingos in ruhigere Gebiete ausgewichen. Dafür begrüßt eine **unglaubliche Unterwasserwelt** die Taucher; in den Hotels werden vielfältige Aktivitäten geboten. Eine Überfahrt für 5 CUC auf die winzige unbewohnte **Cayo Media Luna** kann gebucht werden.

Hemingway kam zum Fischen hierher und verarbeitete die Gegend literarisch in seinem Buch „Inseln im Strom". Nach seiner Yacht „Pilar" nannte man den schönsten Strandabschnitt **Playa Pilar.** Er gehört zu den schönsten Stränden Cubas!

Die Marina **Puertosol Guillermo** beim Hotel *Villa Cojímar* bietet Hochseefischen an (250 CUC/halber Tag).

Kitesurfen wird am langen Strand beim *Sol Cayo Guillermo* angeboten.

Das **Delfinario,** eine Delfinshow-Arena, wurde 2015 eröffnet; sie liegt neben der Marina.

Unterkunft

Alle Hotels auf Cayo Guillermo sind für All-inclusive-Gäste, also von zu Hause aus zu buchen. Hier die größten:

- **RIU Villa Vigía** ③, 260 Zimmer in einer weitläufigen Anlage.
- **Gran Caribe Club Villa Cojimar** ③, 200 Zimmer in Häuschen.
- **Sol Cayo Guillermo** ③, 268 Zimmer.
- **Iberostar Hotel Daiquirí** ④, 312 Zimmer.

- **Mietautos** gibt es bei *Transtur* im Hotel *Daiquirí.*
- Wer nicht im Hotel essen will, geht zum **Ranchón Playa Pilar** (s.o.).

Isla de la Juventud

- **Vorwahl:** 046
- **Einwohner:** 70.000

„Dichte Wälder, die eine grasgrüne Farbe hatten, bedeckten die Küste, sie wurden nur von gelegentlichen Sandbänken unterbrochen."

(*Robert L. Stevenson*, „Die Schatzinsel")

Die „Insel der Jugend" erstreckt sich auf 3050 km². In der Mitte des Eilandes ist es hügelig. Die Marmorgebirge **Sierra de Caballo** und **Sierra de Casa** sind mit

Isla de la Juventud

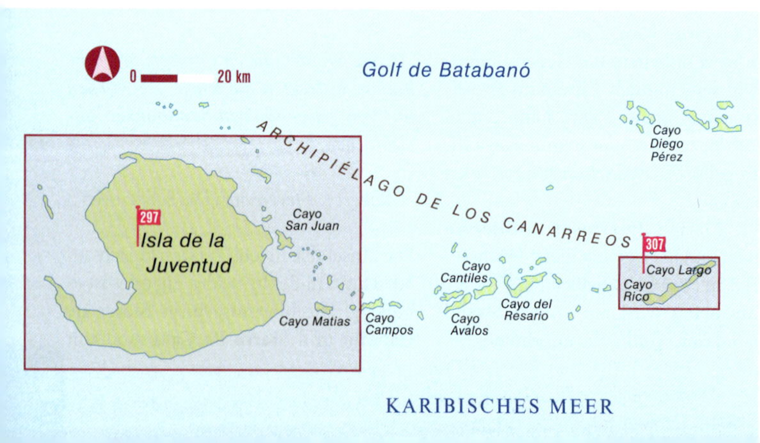

Cuba 27

Cayo Largo del Sur

0 2 km

261 bzw. 295 m die höchsten Erhebungen um die Hauptstadt. Im flachen Norden werden im großen Stil Zitrusfrüchte angebaut. Jugendliche, die hier in den Ferienlagern einige Zeit verbrachten, haben einst die Plantagen angelegt. Außerdem wird seit einigen Hundert Jahren Marmor abgebaut, und es gibt ein cubanisch-kanadisches Projekt zur Gold- und Silbergewinnung.

Der Süden der Insel besteht aus Buschland und Sumpf. In dieser Region leben Krokodile und Wasservögel. Schöne Strände, aber vor allen Dingen eine **faszinierende Unterwasserwelt,** machen heute den Reiz des großen Eilandes aus. Immer mehr Touristen kommen, um sich die ruhige Welt in der Tiefe des Meeres anzuschauen. Insbesondere von der **Punta Francés,** der halbinselförmigen Ausbuchtung im Südwesten der Insel, kann man die Korallengärten mit dem Boot in kürzester Zeit erreichen.

Am 16. Mai 1996 tauchte die damals 29-jährige Cubanerin *Deborah Andollo* bei der Pasaje Escondido, an der Punta Francés ohne Ausrüstung 110 Meter tief, davon 60 Meter mit Ballast senkrecht nach unten, der Weltrekord im Luftanhalten (Apnoetauchen) von 2 Minuten und 15 Sekunden.

Das **Tauchzentrum** ist am Hotel *Colony,* 46 km von Nueva Gerona entfernt, Tauchlehrer unterrichten nach CMAS und SSI, von hier aus werden 56 Reviere besucht. Eine Druckkammer ist in Nueva Gerona.

Als *Kolumbus* die Insel – von den Einheimischen *Siguanea* genannt – 1494 entdeckte, nannte er sie zunächst *Isla Evangelista.* Danach wurde sie als die Papageieninsel bekannt und als Versteck von Piraten wie *Sir Francis Drake, John Hawkins* und *Henry Morgan* gewählt; dies inspirierte *Robert Louis Stevenson* zu seinem Buch **„Die Schatzinsel“** –

133cu kh

Schätze wurden allerdings bis heute nicht gefunden. Später nannte man das Eiland *Isla de los Piños*. Vom 19. Jh. bis zur Revolution diente sie als Gefängnis, in dem auch *José Martí* und *Fidel Castro* einige Zeit verbringen mussten. 1925 wurde sie in „Insel der Jugend" umbenannt, denn hier wurden riesige Jugendlager eingerichtet. Einige Jugendliche sieht man heute noch an den Stränden ihre Freizeit verbringen, aber es ist eine verschwindend geringe Zahl, und die meisten der einfachen Unterkünfte verfallen inzwischen.

An der Punta del Este kann man **Höhlenmalereien der Taínos,** der indianischen Ureinwohner, entdecken. Die vorgelagerten kleinen Inseln im Osten sind Heimat von Schildkröten, Echsen und Pelikanen. Der größte Ort der Insel ist Nueva Gerona.

Durch diverse **Hurrikane** der letzten Zeit ist der Tourismus auf der Insel eingebrochen und die Einrichtungen verfallen langsam. Alles wirkt etwas heruntergekommen.

Anreise

Um auf die Insel zu gelangen, gibt es zwei Möglichkeiten:

- **Flug:** *Cubana* fliegt täglich von Havanna nach Nueva Gerona und zurück. Der Flug dauert ca. 30 Minuten und kostet knapp 40 CUC pro Strecke. Der Flughafen *Rafael Cabrera Mustelier (GER)* liegt 5 km südlich von Nueva Gerona.

- **Fähre:** Es verkehrt eine Fähre zwischen Batabanó auf dem Festland und der Isla de la Juventud. Die Fahrt dauert rund 2 Stunden und kostet 50 CUC. Das Ticket sollte mindestens einen Tag im Voraus am Schalter der Schifffahrtsgesellschaft *NCC* gekauft werden. Das Büro von *NCC* befindet sich am Astro-Busbahnhof in Havanna, von dort fährt auch der Bus nach Batabanó (ca. 5 CUC).

Nueva Gerona

- **Vorwahl:** 046
- **Einwohner:** 60.000

Im 1830 gegründeten Hauptort Nueva Gerona kommen die Schiffe und Flugzeuge vom Festland an. Der Ort liegt am größten Fluss der Insel, dem Río Las Casas. Dahinter ragen die Sierra de las Casas und die Sierra de Caballos auf.

El Presidio Modelo heißt das Modellgefängnis, in dem *Fidel Castro* nach dem Angriff auf die Moncada-Kaserne in Santiago de Cuba gefangen war. Das Haus beherbergt heute unter anderem ein Museum. Ursprünglich waren in dem Rundbau bis zu 5000 meist politische Gefangene untergebracht. Ein großer Teil des Gefängnisses ist inzwischen verfallen. Der Presidio liegt außerhalb des Ortes, in östlicher Richtung, an der Straße nach Bibijagua, geöffnet Mo–Sa 8–17 Uhr und So 8–13 Uhr.

Museo de Ciencias Naturales, Calle 41, No. 4625, esq. A 52. In diesem Naturhistorischen Museum gibt es eine Kopie der Höhle der Punta del Este. Da die echte schwer zu erreichen ist, bietet sich hier eine gute Gelegenheit zur Besichtigung. Geöffnet Di–Sa 9–17 Uhr, So 9–13 Uhr, 2 CUC. Das angrenzende Planetarium ist geschlossen.

◁ Fischer an der Isla de la Juventud

Nueva Gerona

Unterkunft
- 16 Villa Isla de Juventud (ehem. Villa Gaviota)
- 17 Hotel Bamboo, La Cubana

Essen und Trinken
- 1 Restaurant La Cocinitá
- 2 Casa de los Vinos
- 3 Restaurant La Vajilla
- 4 Restaurant La Insula
- 6 Restaurant El Conchinito, Mesón La Mitta
- 8 Restaurant El Dragón
- 12 Eisdiele (Coppelia), Pizzeria La Gondóla
- 13 Pizzeria Isola
- 14 Restaurant El Río
- 15 Restaurant El Avión
- 17 Restaurant Bamboo

Nachtleben
- 5 Cetro Cult. Suco Suco
- 6 Cabaret El Patio
- 18 Disco La Movida

Einkaufen/Sonstiges
- 5 Ecotur, Fondo de Bienes Culturales
- 6 Taller de Cerámica
- 7 Bauernmarkt
- 9 Cubalse Supermarkt
- 10 Kino
- 11 Autovermietung
- 13 Supermarkt

Gemeindemuseum: Calle 30, e/37 y 39. In der Casa de Gobierno.

Museo de la Lucha Clandestina: Gezeigt werden Dokumente zum Kampf gegen das Batista-Regime. Geöffnet Di–Sa 9–17 Uhr, So 9–12 Uhr.

El Pinero: Dieses alte Fährschiff tat hier ab den 1920er Jahren Dienst. Auf ihm fuhren *Castro* und die anderen Freigelassenen zum Festland. Am Ende der Calle 28, auf dem kleinen Platz am Fluss.

Der **Parque Central** wird von der Kirche, dem Museum, dem alten Kino und der Fußgängerzone Calle 39 begrenzt.

Am Platz steht die **Iglesia Nuestra Señora de Los Dolores.** Tatsächlich schmerzhaft ist der Anblick der Kirche für Freunde stiltreuer Architektur, denn die barocke Fassade wurde nach einem Hurrikan 1929 in Zuckerbäckerfarbtönen gestrichen und mit dem Turm einer Trutzburg mit halbrunden Balkonen versehen.

Unterkunft

Hotels

■ **Villa Isla de Juventud** (Gaviota) ②, Carretera a La Fé, km 2,5, Tel. 323035. Das angenehme, zweistöckige 20-Zimmer-Haus liegt an der Straße zum Flughafen und nach La Fé. Einfache Zimmer. Hinter dem Haus gibt es eine Brücke über den Río Las Casas, von wo man einen kleinen Ausflug machen kann.

■ **Rancho El Tresoro** (Caribe) ②, Tel. 323035, ranjoij@enet.cu. Der renovierte, sehr einfache Komplex aus den 1950er Jahren liegt südlich vom Ort in einem Wäldchen, Autopista, km 2,5. 50 Zimmer, auf mehrere Blocks verteilt.

■ Die Hotels **La Cubana,** Calle 39, e/16 y 18, Tel. 323512, und **Bamboo,** Tel. 324924, am Ende der Calle 46 sind Cubanern vorbehalten. Das *Bamboo* verfügt auch über ein beliebtes Restaurant.

Privat

■ **Casa Daili,** Calle 8, No. 4932, e/49 y 53, Tel. 322 972. Das Haus einer Taxifahrerin liegt nahe der Busstation nach Süden. 1 kleines Zimmer mit Bad, 20 CUC. Terrasse und Aufenthaltsraum, gutes Essen.

■ **Casa García,** Calle 45, No. 3606, e/36 y 37, Tel. 324903. 2 DZ mit Bad, AC und Küchenzeile. Innenhof, Dachterrasse und kleine Bar.

■ **Villa Peña,** Calle 10, No. 3710, e/37 y 39, Ecke Fußgängerzone, Tel. 322345. 2 Zimmer im Erdgeschoss, separater Eingang, Dachterrasse, 20 CUC. Unter der gleichen Telefonnummer vermietet auch die Cousine zwei Zimmer, im Haus gegenüber.

■ **Villa Más,** Calle 41, No. 4108, Apto. 7, e/8 y 10. 2 DZ mit AC und Kühlschrank, von der Dachterrasse hat man einen guten Blick, Garage vorhanden.

■ **Marina Troncoso,** Calle 35, e/24 y 22, Tel. 061 24379, gute Bleibe für 20 CUC.

■ **Maydelin y Mendez**, Calle 45, No. 3632, e/36 y 38, Tel. 326428. Übernachtung 20 CUC, Frühstück 3 CUC, Abendessen 7–10 CUC, 2 Zimmer mit Gemeinschaftsbad in einem einstöckigen Haus, sehr sauber, Essen mehr als genug und gut, *Maydelin* spricht etwas Englisch.

■ **Casa Joel Diaz Prout,** Calle 49, No. 2214, e/22 y 24. DZ 15 CUC, mit Balkon, kein Telefon, nette und hilfsbereite Menschen.

■ **Gerardo y Anita Ortega Abreu,** Calle 20, No. 3518, e/35 y 37, in der Nähe der Disco La Vajilla, Tel. 326560. 2 Zimmer in der aufgestockten 2. Etage, schattige Terrassen, 25 CUC.

Essen und Trinken

Am besten, man spaziert einfach durch die **Calle 39,** denn dort sind die meisten Lokale zu finden.

■ **El Dragón** heißt der örtliche Asiate in der Calle 39 (José Martí), esq. 26, etwa acht Tische in schöner Umgebung, moderate Preise, geöffnet normalerweise ab 12 Uhr.

■ **El Conchinito,** Calle 39, esq. 24, luftiges Lokal, kreolische Kleinigkeiten, hauptsächlich Schwein, ab Mittag geöffnet.

■ **La Cocinitá,** Calle 18, esq. 41, Kleinigkeiten.

■ **La Vajilla,** Calle 37, e/20 y 22. Nicht immer geöffnete Esshalle, abends Disco.

■ **Pizzeria La Gondóla,** Calle 35, esq. 30 bietet neben den üblichen Pizzen „à la Cubana" auch Fleischgerichte, geöffnet meist 12–22 Uhr, preiswerte cubanische Pizzen für CUP.

■ **La Insula,** Calle 39, esq. 22, Edelrestaurant des Ortes, am Wochenende nachts auch Party. Auch preiswerte Gerichte.

■ **El Río,** ein Fischrestaurant vor der Brücke am Fluss in der Calle 32, e/33 y Río, Pesolokal mit gutem Essen und Terrasse.

■ **Casa de los Vinos,** Calle 20, esq. 41. In dieser netten, rustikal eingerichteten Seemannsbar werden diverse Getränke serviert – hier trinken hauptsächlich Einheimische obskure liebliche Weinsorten, tgl. außer donnerstags, meist ab 18 Uhr.

■ **El Avión,** Calle 41, e/38 y 40, cubanische Küche, in der Einrichtung eines Flugzeuges, für Pesos.

■ **Pizzeria Isola,** Calle 30, esq. 35, einfache, aber gute Pesopizzeria.

■ **Mesón La Mitta,** *Paladar* im ersten Stock der No. 2416, Calle 39, e/24 y 26, einfach und gut.

■ **Coppelia,** die beliebte Eisdiele in der Calle 32, esq. 37 liegt im Innenhof eines ehemaligen Theaters und hat ab 11 Uhr geöffnet.

Aktivitäten

■ **Casa de La Cultura,** Calle 37, esq. 24, Live-Bands hauptsächlich am Wochenende.

■ **Centro Cultural Suco Suco,** Calle 39, e/24 y 26. Im netten Patio spielen örtliche Musiker am Wochenende den *Suco Suco,* der in abgemilderter Form auch in Europa in den 1950er Jahren kurz ein Modetanz war. Geöffnet ab 19 Uhr.

■ **Reitausflüge:** Bei *Sergio Morales Sosa* kann man Reitpferde mit und ohne Begleiter leihen.

5 CUC Stunde. Carretera Siguanea, km 1,5, Nueva Gerona, Tel. 23309.

- **Ecotur:** Wer in die Sperrzone im Süden oder ins Refugio de los Indios will, muss hier den Führer buchen, meist 10 CUC. Calle 24, e/31 y 33, Tel. 327101, Mo–Fr 8–17 Uhr, Sa bis 12 Uhr.
- Anfang März feiert die Stadt das **Grapefruit-Festival (Festival de la Toronja),** eine Art Karneval mit Umzügen, Kostümen und Musik.

Einkaufen, Sonstiges

Entlang der Calle 39, e/22 y 28 bzw. Calle 35, e/24 y 32, befindet sich eine Reihe von Geschäften.

- **Wechselstube CADECA:** Calle 39, esq. 20 y 22; Calle Martí 1802 und 2602 (Automaten).
- **Bank BANDEC:** Calle José Martí, e/18 y 20.
- **ETECSA:** Calle 41, No. 2802, esq. 28, Internetzugang und Telefonieren ab 8.30 Uhr.
- **Post:** Calle 39, e/18 y 20, Mo–Sa 8–18 Uhr.
- **Fotoladen:** Calle 39, esq. 26, e/20 y 22.
- **Farmacía:** Calle 39, esq. 24, die Notfallapotheke hat Mo–Sa 9–23 Uhr geöffnet.
- **Hospital:** *Hospital General Héroes de Baire,* Calle 39a, e/41 y 45, Tel. 323012, Krankentransport: Tel. 322366.
- **Galerie:** Calle 39, e/24 y 26.
- **Fondo de Bienes Culturales,** Calle 39 No. 1810, e/24 y 26, Kunsthandwerk und regionale Produkte, Mo–Sa 9–20 Uhr.
- **Disco La Movida,** Calle 18, am Fluss, Salsa ohne Alkohol, Open Air ab Mitternacht.
- **El Patio,** an der Calle 24, e/37 y 39. Hier gibt es am Wochenende Kabarett-Shows ab 23 Uhr, danach Party. Ab 3 CUC.
- **Bauernmarkt:** Calle 35, esq. 24, Di–Sa ab 7 Uhr morgens.
- **Taller de Cerámica,** Calle 37, esq. 26, Getöpfertes aus der Region.
- **Cubalse-Supermarkt:** Calle 35, e/30 y 32. Das Nötigste für Selbstversorger, geöffnet Mo–Sa 10–18 Uhr.
- **El Boulevard,** Calle José Martí, e/22 y 24, Bekleidung und Parfüm.
- **Tankstelle:** Calle 39 (José Martí), esq. 30; Calle 39, esq. 34.

Verkehrsverbindungen

Ganz wichtig ist das Ticket für die Rückfahrt bzw. den Rückflug, da es schon mal zu Ausfällen oder Verspätungen kommen kann. Wer gleich bei der Hinreise Rückfahrt/-flug bucht, muss dann nur zusehen, dass er rechtzeitig am Terminal erscheint.

- **Flug:** Der Flughafen heißt *Rafael Cabrera Mustelier (GER). Cubana* fliegt täglich von La Habana. Preis: 43 CUC, one way. Tel. 322200. Achtung: Wer nicht eine Woche vor dem Rückflug sein Ticket reserviert, muss ein VIP-Ticket lösen. Das kostet 6 CUC mehr, aber es bietet dann auch eine bevorzugte Behandlung. *Aerocaribbean* fliegt täglich um 7.40 und 17.15 Uhr von La Habana. Zurück geht es um 8.50 und 18.25 Uhr (ca. 100 CUC). Vom Airport fährt der Bus „Servicio aero" für 1 CUC ins Dorf, Taxi 5 CUC.
- **Schiff** von Batabanó: Die Anlegestelle NCC ist an der Ecke von Calle 31 und 24. Tickets inkl. Bustransfer von La Habana kosten ca. 15 CUC.

Es gibt einen **Katamaran** am Tag gegen 8 Uhr und von Nueva Gerona um 11 Uhr. Er ist nur von La Habana aus buchbar, man sollte morgens um 7 Uhr am Astroterminal sein, um Bus und Fähre zu buchen, tagsüber ist das nicht möglich, weil der Terminal dann nicht besetzt ist. Die Gesellschaft heißt *Empresa Viamar.* Der Bus von La Habana zum Fähranleger kostet 5 CUC und geht 4x pro Tag. Ich rate unbedingt einen Rückfahrtschein zu buchen! Der Katamaran nimmt 8 Personen für sage und schreibe 50 CUC pro Überfahrt mit.

■ **Yachthafen:** am Schnellbootterminal im Ort oder in Dársena im Westen der Insel. Mittlerweile legen auch vermehrt Schiffe an der Marina El Colony an, mit einem kleinen Dock für Reparaturarbeiten, Tankstelle und Verkauf von etwas Zubehör, Anmeldung: VHF Kanal 16.

■ **Mietfahrzeuge:** *Cubacar,* Calle 32, esq. 39, Tel. 326666; *Havanautos,* Calle 32, esq. 39, Tel. 324432; *Transtur,* am Schiffsanleger, Calle 37, e/20 y 22, und am Hotel *El Colony,* Tel. 326666. *Havanautos* verleiht auch Zweiräder.

■ **Pferdedroschken:** in der Regel 5 CUC pro Stunde, doch alles ist Verhandlungssache.

■ **Taxi:** Ein deutscher Taxifahrer kann über Tel. 01 52616270 gerufen werden; *Cubataxi,* für alle Transporte, Tel. 326666 und 323121.

■ **Bus:** Der Busbahnhof liegt in der Calle 45, esq. 39a. Hier können Unerschrockene den Versuch unternehmen, eine Verbindung zu bekommen.

Ausflüge

Thermalbad La Fé

Die Thermalquelle am Ortsrand von La Fé speist **zwei Pools,** die zum Entspannen im Heilwasser einladen. Man kann den Besuch mit einem Abstecher zur Krokodilfarm oder zum Botanischen Garten verbinden.

Krokodilfarm

Bei Cayo Piedra 30 km südlich von Nueva Gerona liegt die **Criadora Cocodrilo;** die Farm kann besichtigt werden (wird manchmal als Tour vom Hotel *Colony* aus angeboten).

Botanischer Garten

5 km westlich von La Fé (ursprünglich Santa Fé) liegt der botanische Garten **Jungla de Jones** mit den wichtigsten heimischen Pflanzenarten. *Jones* war ein Botaniker, der vor Ort lebte und von seinen Reisen Pflanzen mitbrachte. Nach seinem Tod und der Ermordung seiner Frau verfiel der Garten; erst nach der Revolution wurde er wieder in Schuss gebracht. Nach Führungen kann man in La Fé am Marktplatz im Restaurant *El Ranchón* fragen. Es gibt hier auch eine **Heilquelle** mit Badehäuschen.

Museo Finca El Abra

Hier hatte *José Martí* 1870 einige Monate vor seiner Ausweisung verbracht. Der Besitzer des Anwesens, *José Sardá,* holte den erkrankten Helden auf sein Gut. Die Marmorbrüche, in denen *Martí* Zwangsarbeit verrichten musste, sind nördlich der Finca, lohnen aber nicht den staubigen Weg. Die Finca selbst liegt malerisch am Fuße der Sierra de Las Casas, südwestlich von Nueva Gerona und ist von alten Bäumen umgeben. Es führt eine schöne Allee dort hin. Das **Museum** ist Di–So 9–17 Uhr geöffnet.

Sierra de Casa

Wer die Sierra besteigen will, sollte es vom Ende der Calle 22 aus tun. Am Fuß der Berge gibt es eine **Höhle** und eine **Schwimmstelle.** Die Spitze des Berges wird „Pilotensitz" genannt. Vom steinernen Sitz hat man bei gutem Wetter eine schöne Rundsicht.

Playa Paraíso

Ein schöner **Strand,** nahe der Stadt, nördlich von Chacón. Man erreicht ihn von Nueva Gerona für 3–4 CUC mit der Pferdekutsche, mit dem Taxi für 3–5 CUC hin und zurück oder mit dem Fahrrad. Malerisch mit Hügel und Inselchen, aber mit unattraktivem Sand versehen. Es gibt ein Hotel, das aber nicht an Ausländer vermietet. Leider gibt es keinen Laden dort, der Kokosnussverkäufer stillt die ärgsten Bedürfnisse für einen CUC pro Stück. Es folgt die **Playa El Gallego** mit einem Holzsteg.

Playa Bibijagua

Marmorteilchen der umliegenden Hügel färben den Sand dort schwarz, 6 km von Nueva Gerona entfernt. Die Kutsche bringt einen für 5 CUC und der Taxifahrer für 6 CUC hin und zurück. Der Strand teilt sich in den „cubanischen Strand“ und den Strand vom Hotel *Villa Gaviota* auf. Das blaugrüne Wasser vor dem palmenbesetzten Strand ist, wenn der Wind günstig steht, absolut klar und in den ersten 200 m seicht. Freunde des Schnorchelns finden hier schon in 2 m Tiefe reichlich bunte Fische zwischen den Meerespflanzen. Verpflegungsmöglichkeiten sind außer dem Kokosnussmann nur in einem Haus am Strand zu finden. Hier kann man gut und preiswert Meeresfrüchte verspeisen. Das *Hotel Bibijagua* vermietet allerdings nicht an Ausländer. Der **Campingplatz Arenas Negras** bietet ein paar Hütten, die man im Büro de Campismo in der Calle 37, esq. 22 in Nueva Gerona reservieren kann. Der letzte Bus nach Nueva Gerona verlässt Bibijagua gegen 18.30 Uhr.

Bahía de Siguanea

Hier an der Westküste, etwa 40 km von Nueva Gerona entfernt, treffen sich Tauchbegeisterte in einem **Tauchzentrum,** das allen Anforderungen gerecht wird. Am Strand stehen Schatten spendende Palmen. Man braucht einen offiziellen Führer, da das Gebiet als Reservat ausgewiesen ist, Tel. 38194. Hier an der **Punta Francés** gibt es über 50 Tauchplätze mit Höhlen und Tunnels in sehr klarem Wasser. Der Strand ist sehr flach, aber wer weit hinausläuft, kann auch ohne Boot schnorcheln. Die Fahrt hin und zurück kostet 30 CUC.

Wenn einmal wöchentlich ein Kreuzfahrtschiff anlegt, ist es mit der Ruhe allerdings vorbei.

Es verkehrt ein **Bus** für ca. 3 CUC von Nueva Gerona zum Hotel *Colony:* Abfahrt morgens um 7 Uhr, zurück abends um 17 Uhr, er hält an der Calle 41, esq. 18. Ein **Taxi** kostet etwa 20 CUC. Beim Hotel führt ein langer Steg auf das Meer hinaus zur Bar, hier können sich auch Nichttaucher vergnügen.

■ **Hotel Colony** ③, Carretera Siguanea, km 42, Tel. 398181 und 398282. Der 2-geschossige Plattenbau aus dem Jahr 1958 gehörte in vorrevolutionärer Zeit der Hilton-Gruppe. Das Hotel liegt an einem wunderschönen Strand. Es gibt auch Häuschen mit Balkon oder Terrasse, die zwar teurer sind, aber auch die bessere Wahl. Die Hurrikans der letzten Jahre haben das Gebäude weiter in Mitleidenschaft gezogen, aber man repariert tapfer dagegen an. Tagesausflüge inklusive Schnorchelausrüstung und Verpflegung ab 25 CUC.

Süden der Insel

Der touristisch unerschlossene südliche Teil der Insel ist bedeckt von Busch- und Sumpfland, darin befinden sich Wildschweine und Enten, sowie deren Jäger. Wenn man jagen will, braucht man eine Erlaubnis. Diese Jagderlaubnis bekommt man in den Touristenbüros der *Villa Isla de Juventud* oder bei *MININT,* Calle 16 am Hafen von Nueva Gerona.

Der Strand **Punta del Este** liegt im Südosten der Insel, 60 km von Nueva Gerona entfernt. Zwei **Höhlen** laden zur Besichtigung ein, die *Cueva de Punta del Este* und die *Cueva de Caleta Grande.* In beiden sieht man gut erhaltene Felszeichnungen aus der Zeit der Taïnos. Die Cueva de Punta del Este ist mit über 200 Zeichnungen bedeckt und gilt als so etwas wie die „sixtinische Kapelle" der Höhlenmalerei. Sie wurde 1910 entdeckt, man vermutet in den Zeichnungen eine Art Kalender. Mückenschutz ist dringend zu empfehlen.

Erwähnenswert im Süden der Insel ist noch die einsame **Playa Larga.** 15 km durch den Wald nach Westen erreicht man die **Punta del Guanal,** wo Meeresschildkröten ihre Eier ablegen. Ein Stück weiter steht einer der ältesten Leuchttürme ganz Lateinamerikas, der **Faro de Carapachibey.**

Der letzte Punkt im Südwesten ist **Cocodrilo,** ein 700-Seelen-Ort am Ende der Welt mit nichts: keine Tankstelle, kein Hotel, nur Gegend. Die Bewohner sind einst von den Cayman-Inseln eingewandert, manche sprechen englisch. Sie nannten ihren Ort einst Jacksonville. Die Mischung fand auch in der Musik ihren Niederschlag. Aus traditionellem Tanz und cubanischen Son wurde der **Sucu-Sucu.** Vom Hotel *Colony* kann man Tagesfahrten hierher buchen. Für 8 CUC geht es mit dem Boot zur **Playa Punta Francés** bei Cocodrilo. Verpflegung für Nichtgäste des *Colony* 15 CUC.

Zugang zur Punta del Este

Achtung: Man braucht eine **Erlaubnis** für das Gebiet um Punta del Este. Deshalb empfiehlt es sich, eine Tour zu buchen. Es werden Touren mit Fahrer und Wagen für etwa 75 CUC angeboten. In Cayo Piedra gibt es einen Kontrollpunkt. Wer eine Genehmigung hat, kann weiterfahren.

Cayo Largo

■ **Vorwahl:** 045

Tauchen, Korallenriffe, Sand und Meer, wer das sucht und sonst nichts, ist hier bestens aufgehoben. Hier gibt es sogar einen Nacktbadestrand, die **Playa Paraíso.** Die 25 km lange Insel liegt gegenüber der Halbinsel Zapata im Karibischen Meer. Sie gehört zum **Archipel Los Canarreos,** das sich östlich der Isla de la Juventud erstreckt. Ihre Sandstrände sind blendend weiß. Es liegen häufig Ooide Kalksteine im Wasser, sie wurden bei ihrer Entstehung durch die Wellen ständig gedreht. Einziger Nachteil sind die gefühlt Milliarden von Moskitos, die sich allabendlich aus den Mangrovensümpfen der Küste aufmachen, um sich auf die Touristen zu stürzen. Ansonsten ist alles da, was ein Ferienparadies auszumachen scheint: Hotelburgen, weißer Sand, gutes Wetter und eine Eisenbahnattrappe zur Rundfahrt.

Im Nordwesten der Insel beim Hafen **Puertosol** liegt eine Siedlung der cubanischen Angestellten. Hier ist auch eine kleine Bar, ein Laden und ein Schnellimbiss. Von der Hotelmeile kann man die 7 km mit dem Bus fahren (5x täglich).

Verkehrsverbindungen

- **Schiffsverbindungen** zum Festland oder zu den Nachbarinseln gibt es **nicht.**
- Es gibt einen kleinen **Flughafen:** *Vilo Acuna* (CYO), Tel. 05346 248125. *Aerotaxi* und *Cubana* haben dort ein Büro, Infos über *Cubatur*, Tel. 348018. Man sollte nicht auf eigene Faust versuchen, hierhin zu kommen, das wird teuer. Der Flug mit *Cubana* kostet allein schon 70 CUC, besser sind da Tages- oder Zweitagestouren ab La Habana.
- Wer mit dem **eigenen Boot** kommt: Marina Puertosol, VHF Kanal 16 oder 19, bei Combinado in der Nähe vom Flughafen, bietet ein kleines Hotel, Einkaufsmöglichkeiten und ein Tauchzentrum.

Die Strände

Cayo Largo liegt weit in der karibischen See, hier kann der Wind schon mal unberechenbar stark sein. Deshalb ist beim Schwimmen Vorsicht geboten. An den Stränden wird bei Gefahr die rote Flagge gehisst, wer dann immer noch meint, baden zu müssen, darf sich nicht wundern, wenn ihn die plötzlich ankommenden Wellen gegen ein Riff schleudern!

2001 verwüstete Hurrikan *Michelle* die Insel völlig, sodass die **Hotels** alle ziemlich neu sind.

Es gibt einen winzigen Ort mit Hafen, Markt, Läden und Restaurants im Westen der Insel.

Playa Paraíso, Playa Sirena: Etwas weniger als zwei Stunden läuft man auf dem Weg von den Hotels nach Westen. Die Landebahn bleibt rechts liegen, und bald erreicht man eine schmale Landzunge, auf der zuerst der Nacktbadestrand Playa Paraíso und etwas weiter die Playa Sirena kommen. Das besondere Kennzeichen dieser Bucht ist ihre geschützte Lage. An der Playa Sirena gibt es ein kleines Restaurant und einen Laden für Taucher. Man kann auch eine Bootstour vom Hotel aus machen oder für 25 CUC an einem motorisierten Ausflug teilnehmen.

Playa Blanca, Playa Los Cocos: Das sind die Strände, die man nacheinander erreicht, wenn man die Hotelmeile in nordöstlicher Richtung verlässt.

Die **Playa Tortuga** liegt etwa 7 km hinter der Playa de Los Cocos. Hierher kommen die **Schildkröten** zur Eiablage. Es gibt eine Schildkrötenfarm, aber die ist am anderen Ende der Insel, am Flughafen vorbei, bei Combinado. Es leben hier Carey-, Caguama- und grüne Schildkröten. Wer noch mehr Energie hat, kann mit dem Fahrrad zur Punta del Este fahren, der Weg ab Los Cocos ist aber eher schlecht.

Cayo Rico/Iguana: Ein Inselchen voller Leguane, 15 km westlich, mit dem Boot in etwa einer Stunde zu erreichen. Die zutraulichen Tiere sind Besucher gewöhnt und fressen sogar aus der Hand. Eine Tour vom Hotel aus kostet inkl. Verpflegung 45 CUC. Man kann vom Boot aus schnorcheln.

Botanischer Garten: Zwischen den Hotels *Villa Lindamar* und *Sol Club Me-*

lía Pelícano, neben einem Teich an Straße, liegt dieser kleine Privatgarten, der zu besichtigen ist.

Unterkunft

Alle Hotels gehören zur Gran-Caríbe- oder zur Sol-Melía-Gruppe. Zu empfehlen ist eine Vorabbuchung vom Heimatland aus, Buchungszentrale *Sol-Melía Deutschland:* Tel. 0180 2121723. Ab 120 CUC das DZ, All inclusive.

- **Gran Caríbe Resort,** Tel. 248111/18, hierzu gehören die folgenden Hotels: **Isla del Sur** ③, Tel. 248111/18, rechteckiger Bau, 57 Zimmer mit Blick zum Pool, daneben eine kleine Bungalowsiedlung im cubanischen Dorfstil. Dieser Komplex war der erste auf der Insel. Auch hier findet sich alles, was man so braucht: Bank, Läden sowie eine Erste-Hilfe-Station. **Villa Lindamar** ③, Tel. 248111/18. Diese Hotelanlage mit palmstrohgedeckten Hütten verfügt über 63 Apartments mit dem üblichen Komfort. Es gibt einen Bustransfer zur Tauchbasis. **Villa Marinera** ③, Tel. 248384, 248133, Tauchbasis am westlichen Ende beim Ort, Bootstransfer zur Playa Sirena, renovierte Bungalows am Strand, Pool und Shop.
- **Villa Soledad** ③, Tel. 248111/118, einfache Anlage mit 43 Zimmern in Häuschen. Restaurant, Bar und Pool benutzt man im Nachbarhotel.
- **Villa Coral** ③, 60 Zimmer in mehreren Kolonialstilhäusern, wahlweise Meer oder Gartenblick. Restaurant und Bar. 2015 renoviert.
- **Gran Caribe Playa Blanca** ④, Tel. 248080, re servasbarcelo@cayolargo.co.cu, am östlichen Ende der Hotelkomplexe, hinter dem Caprichio. Der Strand ist schmal, es geht entspannt zu.
- **Melía Sol Cayo Largo** (vorher *Sol Club*) ④, Tel. 248260, dies ist die teuerste Anlage, eine Reihe von 4-Zimmer-Häusern.
- **Villa Playa Blanca** (Ole) ④, 45 luxuriöse Häuschen, neu aus Holz hinter die Dünen gebaut, gratis Shuttle zu den Stränden.
- **Villa Iguana-Capricho** ④, neu eröffnet, 46 zweistöckige Hütten im Osten, die Bungalows befinden sich hinter der Düne, Meerblick nur für Gäste im oberen Stock.
- **Sol Pelicano** ④, Hotel mit 300 Zimmern, Tennisplatz und allem Komfort.
- **Sol Cayo Largo** ④, Familienhotel mit allen Einrichtungen, jedes Zimmer mit Terrasse oder Balkon.
- **Barcelo Cayo Largo** ④, Hotel mit 110 Zimmern und 184 Bungalows, mit Tennisplatz, Pools und allem Komfort.

Aktivitäten, Essen und Trinken

- **Tauchen:** Das Tauchsportzentrum liegt gegenüber der Playa Sirena in der Bungalowanlage *Villa Marinera.* Pro Tauchgang zahlt man 35 CUC, Mengenrabatt möglich. Ausrüstung kann geliehen werden. Mit dem Boot werden 40 verschiedene Reviere angefahren.
- In der **Taberna del Pirata** hinter der Playa Paradiso gibt es einfache Gerichte und Sandwiches.
- Die **Discoteca Iguana Azul** ist im alten Flughafengebäude untergebracht. Nachts gibt es einen Busservice zu den Hotels.
- **Läden** für den Reisebedarf etc. gibt es in allen großen Hotels.

Jardines de la Reina

Vor der Südküste der Provinzen Ciego de Ávila und Camagüey liegen die „Gärten der Königin". Die gesamte Gruppe aus mangrovenbewachsenen Inseln ist 160 km lang und wurde zum **Nationalpark** erklärt.

Der kommerzielle Fischfang ist hier verboten, dadurch hat sich eine reiche Unterwasserfauna erhalten können. Dieses **Tauchparadies** gilt als das exklusivste Cubas. Die einzigen Bewohner der Eilande sind Leguane, Jutías, cubanische Nagetiere und viele Vogelarten.

Das **Korallenriff** am Rande der Inselkette ist eines der größten der Welt und nahezu unzerstört, für Sportfischer eines der großen Paradiese.

Von Ciego de Ávila kann man über den 25 km entfernten Fischereihafen **Embarcadero de Júcaro** an der Küste ins Inselreich gelangen. Touren werden offiziell zwar nicht angeboten, aber man kann es bei *Havanatur* in La Habana versuchen, Tel. 2042906, vielleicht tut sich ja etwas.

Unterkunft

■ Die einzigen Unterkünfte in den Jardines sind **Hotelschiffe.** Das Hotelschiff *Flotante Tortuga* ④ ist ein Ponton mit sieben komfortablen Kabinen, es gehört der italienischen Gruppe *Avalon.* Mittlerweile fahren fünf weitere Schiffe in das Gebiet – ein exklusives Vergnügen: 1 Woche Vollpension inkl. 15 Tauchgänge kostet zwischen 3000 und 4200 US-Dollar. Buchung über www.nautilus-tauchreisen.de, http://cubandivingcenters.com, www.magictours.at oder www.cuba-diving.de. Die **Hotelschiffe** liegen vor den **Cayos Cinco Balas.** Cuba hat strenge Vorschriften für das Tauchen in dieser Gegend erlassen, Nachttauchen gibt es hier z.B. nicht. Dafür lohnt es sich für Tauchfreunde hier besonders, verschiedene Haie und Schildkröten zu beobachten. Rochen umschwärmen das Boot. Ich hörte, dass bisweilen auch ein Krokodil vorbeischaut, um sich sein Fresschen abzuholen, das die Besatzung bereitstellt. Ebenso haben sich 2 m lange Seidenhaie als Spielgefährten der Taucher eingefunden, seitdem einer der Tauchlehrer begann, das Verhalten der Haie zu studieren.

☐ Tauchparadies Karibisches Meer

011cu kh

Praktische Reisetipps A–Z

6

Alle Informationen darüber, was man braucht, um die Insel entspannt zu bereisen.

< Nur wenige Euro kostet der Großverbraucher-Zwiebelzopf auf dem Bauernmarkt von Sancti Spíritus

Anreise

Flug

Nonstop- oder **Direktverbindungen** aus dem deutschsprachigen Raum nach Cuba bestehen mit *Condor* von Frankfurt nach La Habana, Varadero und Holguín, ebenfalls mit *Condor* von München und Wien nach Varadero, mit *Air Berlin* von Düsseldorf nach Varadero, mit *Eurowings* von Köln/Bonn nach Varadero sowie mit *Edelweiss Air* von Zürich nach Varadero.

Daneben gibt es **Umsteigeverbindungen** mit *Air France* (über Paris), *Iberia* (über Madrid) sowie *KLM* (über Amsterdam). Diese können billiger sein als die Nonstop-Flüge, aber man muss auch eine längere Flugdauer einkalkulieren.

Die Dauer eines Direktflugs nach Cuba liegt etwa bei **10 Stunden,** mit Zwischenlandung oder Umsteigen sind es zwei bis drei Stunden mehr. Die Einreise selbst kann dauern, denn bei der Passkontrolle geht es oftmals nur langsam voran.

Flugpreise

Je nach Fluggesellschaft, Jahreszeit und Aufenthaltsdauer auf Cuba kostet ein **Economy-Ticket** von Deutschland, Österreich oder der Schweiz hin und zurück nach La Habana ab **700 Euro.**

Hauptsaison auf Cuba sind die Sommerferienzeit und das Winterhalbjahr, in dem die Preise für Flüge rund um Weihnachten/Neujahr besonders hoch sind und 1000 Euro betragen können.

Preiswertere Flüge sind oftmals mit **Jugend- und Studententickets,** je nach Fluggesellschaft für alle jungen Leute bis 25 Jahre und Studenten bis 34 Jahre, möglich.

Kinder unter zwei Jahren fliegen ohne Sitzplatzanspruch für 10 % des Erwachsenenpreises, ab dem 12. Lebensjahr gilt der Erwachsenentarif.

Gelegentlich bieten Airlines **befristete Sonderangebote** an. Dann kann man z.B. mit *Iberia* für rd. 550 € nach La Habana und zurück fliegen. Diese Tickets haben eine kurze Gültigkeitsdauer und eignen sich nicht für Langzeitreisende.

In Deutschland gibt es von Frankfurt aus die häufigsten Verbindungen nach Cuba. Tickets für Flüge von und nach anderen deutschen Flughäfen sind oft teurer. Da kann es für Deutsche attraktiver sein, mit einem **Rail-and-Fly-Ticket** per Bahn nach Frankfurt zu reisen (entweder bereits im Flugpreis enthalten oder nur 30 bis 60 Euro extra). Man kann je nach Fluglinie auch einen **Zubringerflug** der gleichen Airline von einem kleineren Flughafen in Deutschland buchen. Außerdem gibt es die **Fly & Drive-Angebote,** wobei eine Fahrt vom und zum Flughafen mit einem Mietwagen im Ticketpreis inbegriffen ist.

Buchung

Folgendes **Reisebüro** hat oft günstigere Preise als viele andere:

- **Jet-Travel,** In der Flent 7, 53773 Hennef, Tel. 02242 868606, www.jet-travel.de. Buchungsanfragen oder Onlinebuchungen auf der Website unter der Auswahl „Flüge“.

Kleines „Flug-Know-how"

Check-in

Nicht vergessen: Ohne **gültigen Reisepass** (auch für Kinder, s.u. „Ein- und Ausreisebestimmungen") und **Touristenkarte** kommt man nicht an Bord eines Flugzeuges nach Cuba!

Bei den meisten internationalen Flügen muss man **zwei bis drei Stunden vor Abflug am Schalter** der Fluggesellschaft eingecheckt haben. Je nach Fluggesellschaft kann man das in der Regel ab 23 Stunden vor dem Flug vorab zu Hause im Internet erledigen und muss am Flughafen nur noch die ausgedruckte Boardkarte mit Barcode nach unten auf den Scanner legen und sein Gepäck am entsprechenden Schalter abgeben. Reist man nur mit Handgepäck, kann man je nach Fluggesellschaft nach einer kurzen Prüfung gleich durch die Schranke in den Boardingraum.

Das Gepäck

In der **Economy Class** darf man pro Person in der Regel ein Handgepäckstück bis zu 7 kg in die Kabine mitnehmen (nicht größer als 55 x 40 x 20 cm) und bei Bedarf zusätzlich ein Gepäckstück bis zu 23 kg einchecken. In der **Business Class** sind es pro Person meist zwei Handgepäckstücke (insgesamt nicht mehr als 12 kg) und ein Gepäckstück bis zu 30 kg zum Einchecken. Aufgepasst: Bei sogenannten Billigfluggesellschaften gelten andere Gewichtsklassen. Man sollte sich beim Kauf des Tickets über die Bestimmungen der Airline informieren.

Beim **Packen des Handgepäcks** sollte man darauf achten, dass man Getränke oder vergleichbare Substanzen (Gel, Parfüm, Shampoo, Creme, Zahnpasta, Suppe, Käse, Lotion, Rasierschaum, Aerosole etc.) nur in geringen Mengen bis zu jeweils 100 ml mit ins Flugzeug nehmen darf. Diese Substanzen muss man separat in einem durchsichtigen Plastikbeutel (z. B. Gefrierbeutel) transportieren, den man beim Durchleuchten in eine der bereitstehenden Schalen auf das Fließband legen sollte. Auch das Notebook oder Smartphone muss in eine solche Schale gelegt werden. Hat man einen Gürtel mit einer Schnalle aus Metall, empfiehlt es sich, diesen auszuziehen und ebenfalls in die Schale zu legen, da sonst in der Regel der Metalldetektor anschlägt und man vom Flughafenpersonal abgetastet werden muss.

Aus Sicherheitsgründen dürfen Nagelfeilen sowie Messer und Scheren aller Art, also auch Taschenmesser, nicht im Handgepäck untergebracht werden. Diese Gegenstände sollte man unbedingt daheim lassen oder im aufzugebenden Gepäck verstauen, sonst werden sie bei der Sicherheitskontrolle einfach weggeworfen. Darüber hinaus gilt, dass leicht entzündliche Gase in Sprühdosen (Schuhspray, Campinggas, Feuerzeugfüllung), Benzinfeuerzeuge und Feuerwerkskörper etc. nicht im Koffer oder dem Handgepäck transportiert werden dürfen.

Von einem Verschließen des Gepäcks mittels eines Vorhängeschlosses wird abgeraten, da das Gepäck vom Flughafenpersonal bei Auffälligkeiten beim Durchleuchten durchsucht werden können muss.

Last Minute

Last-Minute-Flüge werden von einigen Airlines mit deutlicher Ermäßigung **ab etwa 14 Tage vor Abflug** angeboten. Die Flüge lassen sich bei folgenden Spezialisten buchen:

- **L'Tur,** www.ltur.com
- **Lastminute.com,** www.lastminute.de
- **5 vor Flug,** www.5vorflug.de
- **Holiday Check,** www.holidaycheck.at

Mit dem eigenen Boot

Für Skipper gibt es eine Menge Anlaufziele an Cubas Küsten. Wenn Sie in die 12-Meilenzone einfahren, nehmen Sie über Funk Kontakt mit der Hafenbehörde *Autoridad Portuaria* auf. Die erreicht man über den VHF-Kanal 68. Wer es weniger formell versuchen will, ruft auf dem HF-Kanal 2790 bei der *Red Turistica* an. Schlägt auch das fehl, dann bleibt nur noch die Küstenwache auf HF 2760 oder VHF Kanal 16. In Varadero kann man für drei Tage ohne Visum an Land gehen. **Yachthäfen** gibt es in La Habana, Maria La Gorda in der Provinz Pinar del Río, Varadero, Cayo Coco, Playa Ancón bei Trinidad, Bahía de Naranjo (Marina Bahía de Vita) bei Guardalavaca, Punta la Gorda bei Santiago und Jucaro in der Provinz Ciego de Ávila.

Auto fahren

Auf Cuba herrscht **Rechtsverkehr.** Die **Verkehrsregeln** sind den europäischen sehr ähnlich. Bei der Fahrt gibt es einiges zu beachten: Anstelle des Blinkers benutzen viele Cubaner den aus dem Fens-

014cu kh

ter gestreckten linken Arm. Das Rechtsabbiegen geschieht meist einfach ohne Benutzung des Blinkers.

Verkehrsampeln befinden sich immer hinter den Querstraßen, was irritierend ist beim Abbiegen, da man unversehens die rote Ampel des Querverkehrs passiert. Allerdings gibt es immer mehr Ampeln mit digitalem Sekundenzähler.

Auf dem Land gibt es trotz guter Straßen unvorhersehbare **Schlaglöcher** in der Straßendecke. Auch **Bahnübergänge** sind der Schrecken der Autofahrer, da die Warnleuchten oft ausfallen. Manchmal ragen auch die Schienen sehr hoch über das Straßenniveau hinaus. Um nicht die Ölwanne des Wagens zu ruinieren, sollte man langsam darüberfahren. **Nach Einbruch der Dämmerung** sollte man sich außerhalb der großen Städte möglichst nicht mit dem Auto auf die Straße wagen, denn es gibt dort unbeleuchtete Fahrradfahrer, Fußgänger, Tiere und Autos – dadurch steigt das Unfallrisiko enorm.

Die Hauptstraßen sind gut ausgebaut und über weite Teile des Landes von blühenden Sträuchern gesäumt. Wenn man über Land fährt, sollte man über eine gute **Orientierung** verfügen, da es nur wenige Hinweis- und Ortsschilder gibt. Man sollte sich alle Orte in Zielrichtung merken, da die nächste Stadt nicht unbedingt auf Hinweisschildern angeschlagen ist, mitunter auch nur die größte oder die am weitesten entfernt liegende.

< Mit Warn-Wagenheber: schnell mal den Reifen wechseln

Das **Tankstellennetz** auf Cuba ist mittlerweile gut. Im Landesinneren gibt es natürlich weniger Tankstellen. Man sollte den Mietwagen vollgetankt übernehmen, um nicht gleich mit der Tankstellensuche beginnen zu müssen. Mietwagen müssen mit *Super-Benzin (Gasolina Especial 92 Oktan)* betankt werden, das einheitlich 1,40 CUC kostet. Dieselkraftstoff ist mit 0,90 CUC preiswerter, aber Dieselfahrzeuge haben nur wenige Autoverleiher im Angebot. Touristen tanken bei *Oro Negro* oder *Servi-Cupet.* Es gibt immer noch Tankstellen nur für Einheimische, die meist ein wenig mitgenommen aussehen. Das Procedere beim Tanken geht normalerweise wie folgt: Man fährt an die Zapfsäule und geht zum Schalter; dort bezahlt man einen Betrag, und für die entsprechende Menge Benzin wird die Zapfsäule freigegeben (das soll den Spritdiebstahl eindämmen). Oder man sagt dem Kassierer, dass man den Tank voll haben möchte *(lleno, por favor),* dann kommt ein Mitarbeiter und betankt den Wagen, anschließend zahlt man an der Kasse. Viele Tankstellen führen übrigens ein gutes Sortiment an Rum und Softdrinks.

Durch das Handelsembargo der USA und den Zusammenbruch der Sowjetunion kam es zu einer Treibstoffknappheit. Es gibt eine monatliche Zuteilung in der Heimatgemeinde. Für Touristen gilt dies jedoch nicht, da sie an Tankstellen mit den vom Staat so sehr benötigten harten Devisen zahlen.

An den Ausfallstraßen sieht man bisweilen Menschenansammlungen, die von Lastwagen mitgenommen werden wollen. Um dies zu organisieren, gibt es staatliche Angestellte, die wegen ihrer gelben Westen *amarillos* genannt werden. Sie vergeben die Warteplätze. Lastwagen müssen immer halten und werden von den „Gelben“ mit Fahrgästen versorgt.

Wer jemanden mitnehmen will, sollte fragen: *A donde?* (Wohin?). Fragt man, ist das die Straße nach XY, bekommt man oft Falschaussagen von Leuten, die mitgenommen werden wollen und so ihre Chance wittern. Das Sie selbst woandershin wollten, haben die Tramper dann aus „Versehen“ überhört.

Parken in La Habana kostet grundsätzlich 0,50 CUC für die erste Stunde und 0,25 CUC für jede weitere Stunde. Meist taucht nach Verlassen des Autos sofort ein Parkwächter auf, der ein winziges Zettelchen mit der Ankunftsuhrzeit beschriftet und es dem Fahrer aushändigt. Beim Wegfahren zeigt man den Zettel und zahlt. Ohne Zettel sind selbst ernannte Parkplatzwächter unterwegs.

Vor größeren Ortschaften gibt es **Geschwindigkeitsbegrenzungen** auf meist 40 km/h. Man sollte sie unbedingt einhalten, denn kurz hinter dem Schild steht ein fester Polizeiposten – die Beamten stoppen Raser sofort!

Seit 2014 haben cubanische Autos neue **Nummernschilder;** Touristen aus Deutschland dürften sie bekannt vorkommen, denn sie sind mit der FE-Schrift versehen, die auch die Kennzeichen deutscher Autos schmückt. Staatliche Autos haben einen blauen Streifen links, alle anderen sind weiß. Die Buchstaben bedeuten: A = staatlich; F, M = Armee und Innenmisterium; C, D, E = Diplomaten; K = ausländische Unternehmer; P = Privatautos; PEXT = ausländische Journalisten; T = Touristenautos (Mietwagen).

Bekleidung

Wer im Sommer nach Cuba fliegt, sollte nur leichte Bekleidung mitnehmen. Es ist Tag und Nacht warm und feucht. Im Hotel sollte man versuchen, die Klimaanlage so einzustellen, dass es keinen eisigen Strom von Zugluft gibt. Männer sollten lange Hosen im Gepäck haben, da in einigen Hotels und Restaurants eine angemessene Garderobe gern gesehen ist. **Leichte Tropenkleidung** benötigt man während des ganzen Jahres. Wichtig ist, dass die Kleidungsstücke nicht allzu eng am Körper anliegen, sondern weit geschnitten sind, um so ein Maximum an Bewegung und Belüftung zu ermöglichen.

Eine **Kopfbedeckung** sollte im Gepäck nicht fehlen. *La sombra* heißt „der Schatten“, von diesem Wort leitet sich auch der **Sombrero** ab. Man kann es mit den üblichen Baseballcaps versuchen oder einen Strohhut kaufen, allerdings verformen sich die billigen in der tropischen Feuchtigkeit und werden dann zu unförmigen Gebilden. Am besten ist der **Panamahut,** der den Vorteil hat, dass man ihn zusammenrollen kann und er dann nicht viel Platz im Urlaubsgepäck benötigt. Es gibt das Modell zum Zusammenrollen und eine Variante, die man flachdrücken kann. Gegen die Polarluft der Klimaanlage in Verkehrsmitteln hilft sehr gut ein Leinentuch, das man auch als Strandmatte oder Einkaufsbeutel benutzen kann. Außerdem empfiehlt es sich, Socken mit in den Bus zu nehmen.

Ganz wichtig sind **Schuhe,** in denen man bequem laufen kann. Cuba hat heftige Tropengewitter, deswegen haben die

Menschen überall im Land Ablaufrinnen quer oder schräg über die Bürgersteige gezogen, um die Fluten abzuleiten. In größeren Städten, wo es eine Kanalisation gibt, können schon mal die Schächte offen oder die Roste beschädigt sein, da ist man mit dünnen Sandalen schlecht beraten und hat sich schnell den Fuß verstaucht. Für steinige Strände oder Flussdurchquerungen eignen sich Gummilatschen gut.

Einkäufe

Lebensmittel

Eine ausreichende Versorgung ist immer noch nicht gewährleistet. Der Gang in ein Geschäft ist für uns verwöhnte Europäer nicht sehr ergiebig. Touristen können in den *tiendas*, den **„Devisenläden"**, Lebensmittel aus dem Import kaufen. Die Preise sind etwa so hoch wie bei uns. Mittlerweile können auch Cubaner dort ihr Glück versuchen – wenn sie Pesos Convertible besitzen. In den größeren Städten kann man auch Konsumgüter erwerben.

Auf den **Bauernmärkten** wird dagegen mit Pesos bezahlt. Seit 1995 können die Landarbeiter auf solchen *agromercados (mercados agropectuarios)* Gemüse auf eigene Rechnung verkaufen. Der angeschriebene Preis beträgt etwa ein Viertel gegenüber dem Preis in Convertibles, allerdings kann es passieren, dass von Touristen der Preis in Convertibles verlangt wird. Weigern Sie sich, wenn sie keine nationalen Pesos besitzen, zeigen sie dem Händler eine 0,25-CUC-Münze, wenn er einen Peso verlangt. Probieren sie mal die Tomaten, die unvergleichlich aromatisch schmecken!

Kunst und Kunsthandwerk

Als Mitbringsel werden vor allem Gemälde und Kunsthandwerk gekauft. Für die **Ausfuhr größerer Bilder** ist eine „Autorización de Exportación" notwendig. Diese besteht aus einem nummerierten Schreiben und einer nummerierten Marke, die auf die Rückseite des Gemäldes geklebt wird. Das Schreiben trägt Stempel und Unterschrift eines Beamten. Man muss den Verkäufer nach der *autorización* fragen. Bilder ohne das Papier bekommt man natürlich billiger, die Ausfuhr ist dann aber illegal. Auskünfte und Genehmigungen bekommt man bei *Bienes Culturales*, Calle 17, No. 1009, e/10 y 12, La Habana, Tel. 07 839658.

Die meisten **Ölbilder** lassen sich gut rollen. Bei **Fotos** ist das nicht zu empfehlen, da die Gelatineschicht beim Austrocknen rissig werden kann. Man sollte zusammengerollte alte Fotos zu Hause in Spülmittelwasser aufweichen lassen und dann zwischen zwei Glasplatten oder auf einer Presse trocknen.

Bücher

Bücher sind auf Cuba teuer, aber mit etwas Glück kann man trotzdem noch ein seltenes oder vergriffenes Buch in spanischer oder englischer Sprache kaufen. In den Devisenläden der Hotels finden sich immer mehr cubanische Klassiker zu annehmbaren Preisen, etwa ein Gedichtband von *Nicolás Guillen* für 5 CUC.

Die Herstellung der „Havanna“

Nachdem die *vegueros,* die Tabakpflanzer, auf den *vegas* genannten Plantagen im Vuelta Abajo bei Pinar del Río die Blätter geerntet haben, müssen sie getrocknet und fermentiert werden. Dazu werden sie in den kleinen Feldschuppen mit Strohdach, den *casas de tabaco,* über Monate zum **Trocknen** aufgehängt. Durch die Sonnenhitze, die auf die Dächer brennt, reifen die Blätter. Zwischendurch werden sie immer höher gehängt, da im oberen Teil des Schuppens die Luft trockener ist. Die **Fermentation** in *gavillas* geschieht mit Hilfe der Feuchtigkeit.

Diese Blätter bekommen nun die nächsten Fachleute, die Dreher, *torcedores.* Die Arbeit des Zigarrendrehers wird auch heute von Hand verrichtet. Männer und Frauen jeden Alters sitzen rauchend an Holztischen von der Form altmodischer Schulpulte, schneiden und rollen die Tabakblätter, während sie dem **Vorleser** lauschen, der mit Information und Unterhaltung aus Zeitungen und Büchern die Arbeit etwas kurzweiliger gestaltet. Diese Vorleser sind eine cubanische Erfindung aus der Fabrik Partagas. Vorleser zu sein ist ein ehrenvolles Amt, und aus ihren Reihen gingen noch bis zur Mitte des 20. Jahrhunderts Journalisten und Redner hervor. Natürlich kam auch Politisches zum Vortrag, deshalb versuchten die Spanier in den letzten Jahren ihrer Herrschaft, die Vorleser zu verbieten, was jedoch nicht gelang.

Die Zigarrendreher haben Tabakblätter *(tripas)* von jeder Farbe vor sich liegen, die sie je nach Sorte und Struktur in Form rollen, mit Deckblättern *(capas)* versehen und an einem Ende zuschneiden. Die halbfertigen Zigarren werden in Holztafeln mit Rillen gelegt, deren Hälften zusammengeklappt und unter eine Handpresse geschoben werden. Im nächsten Arbeitsgang wird das offene Ende der Zigarre zugespitzt, mit dem vorher aus einem Tabakblatt zugeschnittenen Rundstück versehen und schließlich verklebt.

Die **Deckblätter** sind der ganze Stolz der Dreher. Sie müssen makellos und mindestens 25 cm breit sein. Früher streute man auf die Strohdächer der Trockenschuppen Vogelmist, um ein zu schnelles Trocknen der Blätter zu verhindern.

Als letzter Arbeitsgang kommt die **Bauchbinde** um die Zigarre. Dieses kleine Stück Papier wurde von einem europäischen Händler als Werbeträger auf seiner Ware ersonnen. Da sie zusätzlich die Finger des Rauchers vor Nikotinverfärbungen schützt und auch noch die Deckblätter zusammenhält, trat sie ihren Siegeszug alsbald durch die ganze Zunft an. Das führte zu Auswüchsen, handsignierte oder mit Goldstaub und Vogelfedern verzierte Exemplare kann man heute in Museen bewundern.

Zum Schluss werden die Zigarren noch einmal kontrolliert und dann in Zedernholzkisten verpackt, die die Feuchtigkeit speichern und so die Qualität erhalten. Ein geübter Zigarrendreher bringt es auf 200 Stück pro Tag.

Stempel und Verpackung

Leider gibt es viele **Fälschungen** von Leuten, die von den Namen der weltbesten Zigarren profitieren wollen. Wenn man in Europa die cubanische Zigarre in Kisten kaufen möchte, sollte man zunächst eine probieren und sich das Objekt der Begierde anschauen. Die Kiste sollte in einem guten Zustand sein und nicht so aussehen, als sei sie durch ein Dutzend Hände potenzieller Käufer gegangen.

Vorn links ist die grün-weiße **Staatsbanderole** mit roter Nummer und nur unter UV-Licht sichtbarer Mikroschrift. In der oberen rechten Ecke ist der **Habanos-Aufkleber.** Wenn die Banderole aufgerissen wurde, heißt dies erst mal nichts. Auf jeder Kiste gibt es den **Habanos-Stempel,** den Sie sich näher anschauen sollten. Dies sollte ein Brandstempel sein und kein brauner Druck. Darunter kann ein gedruckter Stempel sein, der zwei Reihen Buchstaben enthält. Die obere Reihe hat mind. zwei Buchstaben, die für die Fabrik stehen:

BM	*Briones Montoto,* „Romeo y Julieta"
EL	*El Laguito*
FPG	*Fernando Pérez German,* „Partagas"
FR	*Fernandez Roig,* „La Corona"
JM	*José Martí,* „H. Upmann"
LP	*Lázaro Peña,* „El Rey del Mundo"

Darunter steht das **Datum** oder ein **Buchstabencode:**

N	**I**	**V**	**E**	**L**	**A**	**C**	**U**	**S**	**O**
1	2	3	4	5	6	7	8	9	0

„Juni 2016" wäre dann z.B. mit „OANA" gestempelt.

Vollständig **von Hand** gefertigte Zigarren tragen die Bezeichnung *Totalmente a mano,* Zigarren mit **Shortfiller** das Kürzel *TC (tripa corta).*

Kosten die Zigarren weniger als 40 % des üblichen Preises, sind es Fälschungen. Wenn man sich ein wenig auskennt, sollte einem ein hohes Gewicht verdächtig sein. Amateure rollen zu feuchten Tabak zu fest.

Zigarren

Überall auf der Straße wird man angesprochen, ob man Zigarren kaufen will. Die hat dann vielleicht der Bruder des Verkäufers in der Küche gebastelt und sie hat mit der berühmten *Havanna* nur das Aussehen gemeinsam. Also Hände weg vom Kauf auf der Straße! Wenn man eine gute Zigarre kaufen möchte, dann geht man in die **staatlichen Läden** in La Habana, in die großen Hotels oder in eine Zigarrenfabrik. **Zigarren niemals von privat kaufen!** Der Kauf auf dem Airport vor der Abreise lohnt nicht, da die Auswahl dort begrenzt ist. Seit einigen Jahren haben die offiziellen Schachteln ein holografisches Siegel.

Die **Zigarrenproduktion** ist ein jahrhundertealtes, kunstvolles Handwerk, dessen Beherrschung viel Erfahrung erfordert und auf Cuba in hohem Ansehen steht. Die *puros habanos* werden unter den Namen *Partagas, Monte Cristo* oder *Cohiba* in alle Welt exportiert und genießen unter Kennern Weltruhm. In La Habana gibt es sechs Zigarrenfabriken: *La Corona, H. Upmann, El Rey del Mundo, Romeo y Julieta, Partágas* hinter dem Capitolio und *El Laguito* in Miramar.

Der Sohn eines Schweizer Tabakladenbesitzers, **Zino Davidoff,** reiste Ende des 19. Jh. durch Amerika, um seine Kenntnisse aufzubessern. Zwei Jahre arbeitete er auf cubanischen Plantagen und lernte alles über Tabak und die Herstellung einer guten Zigarre. Nach Europa zurückgekehrt, begann er der *Havanna* dort zum Durchbruch zu verhelfen.

Nach der Revolution gab es einen Einbruch im Tabak-Geschäft. Für *Fidel Castro* passten die goldverzierten Verpackungen und die vielen Sorten nicht in die Vorstellung von Gleichheit und Volksherrschaft. Also sollte es nur noch eine Zigarre des Volkes in einer schmucklosen Verpackung geben. Dadurch ging der Export schlagartig zurück. Keiner wollte die Volkszigarre im Ausland kaufen. Zur Rettung nahm man von Regierungsseite Kontakt mit dem größten europäischen Zigarrenspezialisten, *Zino Davidoff*, auf.

Der sah natürlich auch seine Leidenschaft und sein Geschäft bedroht und reiste eilends nach Cuba, um die Hersteller zur Rückkehr der „schnörkeligen" Vielfalt zu bewegen. Da das Geschäft schlecht ging, entschloss man sich, für den Export in die kapitalistischen Länder die alten Variationen wieder einzuführen. Und tatsächlich kam der Erfolg wieder. Die Zigarre des Volkes gibt es für die Cubaner trotzdem. Anfangs flohen auch einige reiche Tabakpflanzer vor der Revolution und nahmen ihre Kunst und die Namen ihrer Marken mit, um im Ausland an den Erfolg anzuknüpfen. Einige versuchten mit rechtlichen Mitteln, die Zigarrenproduktion auf Cuba zu bremsen. So gibt es etwa die *La Corona*, die nicht aus Cuba kommt, neben der echten *Havanna* gleichen Namens.

Formen: Eine gerade Zigarre wird als *Parejo* bezeichnet, während die *Figurado* unterschiedlich dick ist. Die *Culebra* ist ein Bündel aus drei korkenzieherartig gedrehten Zigarren. Es war ursprünglich die Tagesration der Zigarrendreher, die Form erschwerte den „Missbrauch" der Eigenbedarfsstücke.

Zigarrenmarken (Auswahl)

- *Cohiba, El Laguito*
- *Cohiba, Lanceros*
- *Cohiba, Vitola No. 1*
- *Cuaba, Generosos*
- *Cuaba, Tradicionales*
- *Partagas, Coronas Grande*
- *Partagas, Mille Fleur*
- *Partagas, Serie du Connaisseur*
- *Romeo y Julieta, Cedros de Luxe No. 1*
- *Romeo y Julieta, Chicos*
- *H. Upmann, Super Coronas*
- *H. Upmann, Coronas Major*
- *H. Upmann, Royal Corona*

Geschäfte für Zigarrenliebhaber

- **Fábrica Partagas:** Industria 520, e/Dragones y Barcelona, Habana Vieja. Diese Fabrik liegt hinter dem Capitolio, hier befindet sich der bekannteste Zigarrenladen La Habanas. Gut sortiert und mit sachkundigem Personal. Am hinteren Ende des Ladens gelangt man in die gemütliche Raucherbar.
- **Casa de Habana:** Mercaderes, esq. Obrapía, Habana Vieja.
- **Fábrica La Corona:** Agramonte 106, e/Colón y Refugio, Habana Vieja, Tel. 338389. In den Räumen des ehemaligen Theaters gibt es auch seltene Sorten zu kaufen. Eine Raucherbar ist angegliedert.
- **Hostal Conde de Villanueva:** Mercaderes 202, esq. Lamparilla, Habana Vieja. Der Hotelladen bietet eine gute Auswahl.
- **Hotel Nacional:** am Malecón. Hat eine sehr gute Auswahl, viele Accessoires und eine stilvolle Raucherbar.
- **Hotel Habana Libre:** Vedado. Hat die größte Auswahl des Stadtteils.
- **La Casa del Habano Varadero:** gegenüber dem Hotel *Cuatro Palmas*, Avenida 1ra, e/Calle 61 y 62. Großer Laden, viel Auswahl und gute Beratung, aber teuer.

Ein- und Ausreisebestimmungen

Zur Einreise benötigen Deutsche, Österreicher und Schweizer einen nach Einreisedatum noch mindestens sechs Monate gültigen **Reisepass** und eine **Touristenkarte,** die man bei der Buchung über einen Reiseveranstalter bekommt. Individualreisende können die Karte auch bei der Botschaft bekommen, dort kostet sie 25 Euro. Eine Kopie des Passes muss mitgeschickt werden. Zur Sicherheit sollte man sich mindestens zwei Wochen vor der Abreise um dieses Dokument bemühen.

Die **Touristenkarte** berechtigt zu einem Aufenthalt von 30 Tagen und wird bei der Ausreise am Zoll einbehalten. Weitere 30 Tage können zu Urlaubszwecken in Cuba beantragt werden. Dazu begibt man sich ins Immigrationsbüro *(oficina de imigración)* des Bezirks, in dem man gerade wohnt. Für den Stempel sind dann 25 CUC fällig. Diese bezahlt man in Briefmarken. Die speziellen „CUC-Marken" können bei den mit harter Währung operierenden Banken gekauft werden. Es empfiehlt sich die Verlängerung rechtzeitig zu beantragen und möglichst bereits um 8 Uhr morgens im Immigrationsbüro zu sein. Eine *Imigración* ist z.B. in La Habana im Stadtteil Miramar, in der Calle 186 entre 1ra y 5ta.

Bei **Reisen mit Kindern** benötigt jedes Kind seinen eigenen Reisepass. Kindereinträge im Reisepass eines Elternteils sind nicht mehr gültig. Reisen Minderjährige nicht in Begleitung beider Elternteile, kann man vor allem bei Flugrückkehr in die EU nach einer Einverständniserklärung des anderen Sorgeberechtigten gefragt werden, als Schutzmaßnahme gegen eine mögliche Kindesentführung; weitere Informationen z.B. unter www.auswaertiges-amt.de, Stichwort „Einverständniserklärung für Minderjährige". Reist man mit Pflegekindern, sollte man sich vor der Abreise informieren, ob zusätzliche Dokumente zur Einreise notwendig sind.

Außerdem benötigt man eine **private Reisekrankenversicherung.** Deutsche gesetzliche Versicherungen werden nicht anerkannt. Die Dokumente dazu müssen mitgeführt werden (dabei ist es empfehlenswert, die Versicherung zu bitten, die Begleitpolice in spanischer oder englischer Sprache auszustellen). Falls man länger als zwei Monate in Cuba bleiben möchte, gibt es die Möglichkeit, ein **Visum** zu beantragen. Doch dies scheint eher ein schwieriges Unterfangen zu sein. Die unangenehmen Formalitäten kann man auch durch die Visum Centrale erledigen lassen (www.visumcentrale.de, www.visumcentrale.at, http://cibtvisas.ch) Dort kann man sich auch ein **Businessvisum** besorgen.

Aktuelle Einreisebestimmungen

Die genannten Einreisebestimmungen können sich **kurzfristig ändern,** daher raten wir, sich grundsätzlich kurz vor Abreise beim Auswärtigen Amt (www.auswaertiges-amt.de, www.bmeia.gv.at oder www.eda.admin.ch) oder bei der jeweiligen Botschaft zu informieren.

Man kann auch direkt bei der entsprechenden **Botschaft der Republik Cuba** in seinem jeweiligen Land versuchen, ein Visum zu bekommen:

- **Deutschland:** Stavangerstr. 20, 10439 Berlin, Tel. 030 44717319, www.cubadiplomatica.cu/alemania
- **Österreich:** Kaiserstr. 84, 1070 Wien, Tel. 01 8778198, www.cubadiplomatica.cu/austria
- **Schweiz:** Postfach 5275, Gesellschaftsstr. 8, 3012 Bern, consulcuba.berna1@bluewin.ch

Sonst muss man es wie überall machen: kurz ins Ausland und wieder zurückreisen. Für einen Pauschalpreis bieten die staatlichen Touristikunternehmen einen Flug nach Mexiko an, mit Hotel und der neuen Touristenkarte. Die Touristenkarte berechtigt nur zum Aufenthalt in lizenzierten *casas particulares* bzw. Hotels. Möchte man bei Freunden wohnen, muss die Touristenkarte in ein **Besuchervisum** umgewandelt werden, was ebenfalls im zuständigen Immigrationsbüro beantragt wird. Bezahlt wird wiederum mit „CUC-Marken". Beim Antrag muss man von dem Familienoberhaupt begleitet werden. Cubaner, die lizenzierte *casas particulares* führen, dürfen eine Person pro Jahr einladen.

Geschäftsreisende brauchen ein kostenpflichtiges **Visum** von der Botschaft der Republik Cuba. Für den Antrag benötigt man ein Formular, das es in der Botschaft und bei *Cubatur* (www.cubatur.cu) gibt, ein Passbild und einen frankierten Rückumschlag. Außerdem muss der Pass mitgeschickt werden.

Einreise

Eingeführt werden dürfen zwei Liter Alkohol, eine Stange Zigaretten und die Dinge des persönlichen Bedarfs, solange sie eine „angemessene Stückzahl" nicht überschreiten. Was angemessen ist,

cu004-2016 kh

hängt allerdings von dem Ermessen des Beamten der Einreisebehörde ab. Teure oder spezielle Dinge, wie technische Geräte, sollte man bei der Einreise registrieren lassen. Beim **Zoll** muss man eventuell nachweisen, dass man pro Reisetag 50 CUC zur Verfügung hat, oder dass man sein Hotel schon bezahlt hat. Devisen sind eben wichtig für den Staat.

Verboten ist die Einfuhr von pornografischen und staatsfeindlichen Zeitungen, Zeitschriften oder Büchern. Verboten ist auch die Einfuhr frischer Lebensmittel aus gesundheitspolizeilichen Gründen, das gilt auch für das noch übrig gebliebene Butterbrot oder den Apfel im Handgepäck, diese sollte man im Flugzeug zurücklassen. Die Ein- und Ausfuhr von Pesos ist ebenfalls verboten.

Ausreise

Bei der Ausreise wird von Touristen eine **Gebühr** von 25 CUC erhoben. Bei Pauschalreisen bezahlt diese der Veranstalter. Individualreisende sollten darauf achten, dass die Gebühr auf den Flugpreis aufgeschlagen wird, ansonsten gibt es noch die Möglichkeit, auf dem Heimatflughafen am Schalter zu zahlen. Die Schalter für Bareinzahlungen in Cuba gibt es seit 2015 nicht mehr.

Eine Besonderheit gibt es im Zusammenhang mit dem **Washingtoner Artenschutzabkommen.** Cuba züchtet Krokodile in Reservaten und Farmen. Deshalb darf man, mit den entsprechenden Papieren versehen, Produkte aus Krokodilhaut ausführen.

Verboten ist die Ausfuhr von den bunten Polymita-Schneckenhäusern. Bei Kunstwerken ab etwa 100 CUC, wie beispielsweise Gemälden, muss man ein Formular beim Zoll vorlegen, das die Galerie beim Kauf ausstellt. Darauf sind der Künstler, der Laden und der Verkäufer mit seiner Unterschrift sowie eine laufende Nummer vermerkt. Bei kleinen Zeichnungen oder Drucken reichen auch Name und Anschrift des Verkäufers (Näheres siehe unter „Einkäufe").

Zigarrenfreunde können 20 lose Zigarren, bis zu 50 in verschlossenen und versiegelten Kisten ausführen. Damit der Schwarzhandel eingedämmt wird, muss man die Quittung vorzeigen, wenn man mehr als 50 Zigarren ausführt. Denken Sie auch daran, dass Sie zwar die „Lungentorpedos" aus Cuba leicht herausbekommen, aber noch durch einen europäischen Zoll müssen, da heißt es dann: zahlen.

Wer über Paris fliegt, muss beim Rückflug aus dem Transit in den Schengenraum einreisen. Dies bedeutet, dass man cubanische Waren durch die Zollkontrolle bringen muss. Da Flüssigkeiten verboten sind, wird einem der *Havana Club* abgenommen, es sei denn, man hat auf dem Flughafen eine durchsichtige **Zolltüte** gekauft, die die Kassiererin mit dem Kassenzettel versehen und zugeklebt hat.

Weitere **Infos zu den Zollbestimmungen** bei der Rückeinreise nach Europa unter „Einkäufe".

< Die Botschaft der Schweiz in Miramar/La Habana

Einfuhrbestimmungen für Europa

Bei der Rückreise nach Europa gibt es **Freigrenzen und Verbote,** die man beachten sollte, um eine böse Überraschung am Zoll zu vermeiden. Folgende **Freimengen** darf man einführen:

- **Tabakwaren** (für Personen ab 17 Jahren): 200 Zigaretten oder 100 Zigarillos oder 50 Zigarren oder 250 g Tabak oder eine anteilige Zusammenstellung dieser Waren.
- **Alkohol** (für Personen ab 17 Jahren) **in die EU:** 1 l Spirituosen (über 22 Vol.-%) oder 2 l Spirituosen (unter 22 Vol.-%) oder eine anteilige Zusammenstellung dieser Waren, und 4 l nicht-schäumende Weine, und 16 l Bier; **in die Schweiz:** 5 l bis zu 18 Vol.-% und 1 l über 18 Vol.-%.
- **Andere Waren** (in die EU): für See- und Flugreisende bis zu einem Warenwert von insgesamt 430 Euro, Reisende unter 15 Jahren 175 Euro (bzw. 150 Euro in Österreich); (in die Schweiz): ein Gesamtwert von 300 SFr für neu angeschaffte Waren für den Privatgebrauch.

Wird die Wertfreigrenze überschritten, sind **Einfuhrabgaben** auf den Gesamtwert der Ware zu zahlen und nicht nur auf den die Freigrenze übersteigenden Anteil. Die Berechnung erfolgt entweder pauschal oder nach dem Tarif jeder einzelnen Ware zuzüglich sonstiger Steuern.

Einfuhrbeschränkungen bestehen u.a. für Tiere, Pflanzen, Arzneimittel, Betäubungsmittel, Feuerwerkskörper, Lebensmittel, Raubkopien, verfassungswidrige Schriften, Pornografie, Waffen und Munition; in Österreich auch für Rohgold und in der Schweiz auch für CB-Funkgeräte.

Nähere Informationen

- **Deutschland:** www.zoll.de
- **Österreich:** www.bmf.gv.at
- **Schweiz:** www.ezv.admin.ch

Elektrizität

Die **Netzspannung** auf Cuba beträgt 110 Volt, 60 Hz. Meist werden **amerikanische Stecker** benutzt. Also braucht man elektrische Geräte, die sich auf 110 Volt umstellen lassen und dazu einen **Steckeradapter** auf die amerikanische Dose, die Standard auf Cuba ist. Hierbei gibt es zwei Formen: Die alten Steckdosen haben schmale Schlitze, für die man unbedingt einen Adapter braucht, neuere amerikanische Dosen haben Löcher, in die sowohl Flachstecker als auch Stecker mit runden Stiften passen; in diese Dosen kann man auch europäische Rundstecker einstöpseln. Vereinzelt findet man 220 Volt, 60 Hz. Das ist der Starkstrom für Herde, manchmal haben diese auch eine Steckdose anderer Norm und man kann dort anzapfen.

Inzwischen sind Stromabschaltungen zwar selten geworden, trotzdem ist eine **Taschenlampe** immer hilfreich. Wer empfindliches Gerät am Stromnetz betreiben will, sollte einen Spannungskonstanthalter im Gepäck haben, da die häufigen **Stromschwankungen** zwischen ca. 90 und 130 Volt zu erheblichen Beschädigungen der Geräte führen können. In den meisten Unterkünften hat ein freundlicher Cubaner mit dem Filzstift die Spannung auf die Steckdose geschrieben. Ich habe auch schon Hotels erlebt, in denen hinter amerikanischen Steckdosen 220 Volt lauerten. Mitunter schöpft man Verdacht, wenn der Tauchsieder sofort heiß wird und die Dose nicht beschriftet ist. In der Regel haben diese Steckdosen jedoch neben den zwei üblichen, rechteckigen Löchern noch ein drittes für die Erdung. Im Zweifel hilft nur zu fragen, oder man untersucht die elektrischen Geräte in unmittelbarer Umgebung der Dose. Fernseher und Kühlschränke zum Beispiel haben ein Typenschild auf der Rückseite, auf dem die Spannung angegeben ist. Allerdings kann man sein Handy-Ladegerät durchaus mit 110 Volt betreiben, nur dauert das doppelt so lange.

Essen und Trinken

„Eine Languste braucht elf Minuten im Backofen oder sechs am Spieß über Holzkohlenfeuer. An Gewürzen nur Butter, Knoblauch und Zitrone".

Fidel Castro

Die cubanische Küche hat **afrikanische und kreolische Einflüsse** und wurde auch von den Kolonialherren geprägt. Die neuen Herrscher der Insel brachten ihre Lebensmittel mit und versuchten sie auf der Antilleninsel anzubauen. **Bohnen** *(judías)* zum Beispiel gibt es in allen spanischsprachigen Ländern, also auch auf Cuba. Hier ist die schwarze Bohne inzwischen heimisch geworden.

Das Essen auf Cuba ist **nichts für verwöhnte Gaumen.** Schweinefleisch und Hähnchen gibt's immer, Rindfleisch oder Fisch eher selten. Bei den Hauptgerichten werden die Zutaten oft sehr weich gekocht, außerdem ist die Küche ziemlich schwer. Die Versorgungslage auf dem Land ist schlecht, also versucht man aus dem Wenigen etwas zu zaubern. So entstehen aus Mangel oft neue Varianten altbekannter Gerichte.

Die Cubaner, die keinen offiziellen Zugang zum CUC haben, bekommen **Bezugsscheine** für Grundnahrungsmittel und Kleidung, die sogenannte *libreta.* Damit kann man Brot kaufen und Erzeugnisse der Region wie Reis, Bohnen, Zucker und Kaffee erhalten. Milch gibt es nur für Kinder bis zu sieben Jahren. Fisch und Fleisch sind für die meisten Cubaner unerschwinglich, deshalb halten sich viele Menschen Haustiere in den beengten Verhältnissen, um wenigstens hin und wieder etwas Tierisches verspeisen zu können.

Sollte man in Versuchung kommen, **Pizza** essen zu wollen, sollte man daran denken, dass Cuba nicht Berlin ist. Man bekommt eine ziemlich weiche Angelegenheit mit viel Ketchup und etwas Käse, jedoch oft mit gutem, frischem Teig zubereitet. Mit einer Gruppe Cubanern an der Hauswand lehnen und eine frische, ölig tropfende Peso-Pizza in der Hand, in Packpapier gewickelt, ist definitiv ein Vergnügen, das es zu Hause so nicht gibt.

Der **Nachtisch** ist meist von Karies hervorrufender Süße und gehört in der Regel in die Rubrik Pudding.

Zu Hause cubanisch Kochen

Die meisten **Zutaten** bekommt man auch in unseren Warenhäusern oder in Asia-Shops. Zumindest Ingwer, Koriandergrün und Bataten gibt's auch hier. Sollte man im Buchladen ein cubanisches Kochbuch entdecken, muss man bedenken, dass es sich dabei wohl um die Küche der Exilcubaner handelt, denen meist eine größere Auswahl an Gemüse zur Verfügung steht.

Essensmöglichkeiten

Grundsätzlich finden sich drei verschiedene Möglichkeiten der Verköstigung auf Cuba, die man unbedingt kennen sollte, damit man vorher schon eine Aussage über die Qualität machen kann: Es gibt die staatlichen **Restaurants,** die privaten **Paladares** und schließlich die **Restaurants von Organisationen.** In den nächsten Jahren sollen über 12.000 gastronomische und Serviceeinrichtungen privatisiert werden. Bestehende Betriebe werden an Kooperativen oder Privatunternehmen verpachtet, darunter fast alle staatlichen Restaurants und Reparaturdienstleister. Bisher ist dieser Prozess bei fast einem Drittel der Betriebe abgeschlossen. Besonders die Zulieferung muss im Einzelfall geklärt werden.

▲ Grillmeister: Das Schwein für den Abend ist schon mittags auf dem Spieß

Restaurants

Diese sind alle staatlich geführt, daher kann es schon mal sein, dass die Kaffeemaschine „defekt" ist, wenn die Staats-

140cu kh

diener mal gerade keine Lust haben, sich mit Kaffeesatz zu beschmuddeln. In den internationalen **Hotels** hat man zwar oft einen ausländischen Aufpasser, aber hier kocht man weniger cubanisch. Man hat sich auf den Geschmack der Touristen eingestellt und brutzelt eher Altbekanntes. **Fischgerichte** sind oft auf der Speisekarte, und die Früchte lassen den Glauben an einen Mangel schnell vergessen. Allerdings gibt es jeweils nur die Früchte der Saison, da der cubanische Staat keine ausländischen Lebensmittel einführt.

In vielen **teureren Lokalen** wird man auch heute noch vom Kellner an einen Tisch begleitet, also sollte man nicht zielstrebig zum nächsten leeren Tisch stürzen, der eventuell schon für jemand anders vorgesehen ist.

Paladares

Die Grundnahrungsmittel sind oft knapp auf Cuba, auch wenn die üppigen Büfetts in den Hotels von Varadero dies nicht vermuten lassen. Die Zutaten dafür müssen mit CUC gekauft werden und wer die nicht hat, kann seinen Gästen nicht so viel bieten. So wurde vielfach zur Selbsthilfe gegriffen und es entstanden die *paladares,* **private Restaurants im Wohnzimmer.** Der Name leitet sich von einer damals populären brasilianischen Seifenoper ab. In diesen Lokalen gibt es meist gutes Essen zu günstigen Preisen. In touristischen Paladares muss in CUC bezahlt werden, denn die Inhaber müssen ihr Gemüse selbst in CUC einkaufen. Es empfiehlt sich immer, vorher nach dem Preis zu fragen, um keine Überraschungen zu erleben. Inzwischen hat man die (steuerlichen) Auflagen für diese Privatlokale gelockert, sodass es immer mehr mit immer mehr Sitzplätzen gibt.

Wenn man mit einem Vermittler in ein Paladar geht, erhält er eine Kommission von mindestens einem CUC – der Betrag wird natürlich dem Gast aufgeschlagen. Ohne einen solchen Vermittler findet man das Lokal meist nicht. Oft ist das Essen in einem Paladar nicht nur billiger, sondern auch besser als in den öffentlichen Restaurants – die Betreiber sind motivierter als die staatlichen Angestellten. Da die Vorräte begrenzt sind, empfiehlt sich zeitiges Kommen.

Cubanische Gerichte

Ananasgemüse
Die Ananas wird halbiert und ausgehöhlt. Gefüllt wird sie mit klein geschnittenem Gemüse, das kurz gedünstet wurde, z.B.: Paprika, Gurkenstücke, Tomaten, Frühlingszwiebeln. Gewürzt wird mit Kurkuma und Koriandergrün. Das Ganze kommt dann mit Ananasstücken wieder in die Schale und wird mit Kokosflocken bestreut.

Calalú
Dies ist nicht die Suppe aus Jamaika, sondern eine Speise der *Yorubas* aus Mehl und Schweinefleisch und das Lieblingsgericht des Gottes *Changó.*

Conejo con ajo
Kaninchen in Knoblauch, steht leider nicht oft auf der Speisekarte.

Picadillo habanero
Rindergehacktes mit Tomaten und Oliven gebraten.

Congrí
Das **cubanische Nationalgericht** ist eine Mischung aus zwei Teilen Reis und einem Teil schwarzen Bohnen. Die Bohnen werden mit der dreifachen Menge Wasser über Nacht eingeweicht. Dazu kommt eine klein geschnittene Paprikaschote. Mit dem Wasser wird das Ganze fast gar gekocht. In der Pfanne werden inzwischen klein geschnittene Zwiebeln, Tomaten, Knoblauch und Chilis in Öl angedünstet und mit Wasser abgelöscht. Wenn alles kocht, kommen die Bohnen, Salz und Pfeffer dazu, dann der gut gewässerte Reis. Alles zusammen noch einmal aufkochen, evtl. noch Wasser dazugeben und dann 20 Min. im geschlossenen Topf quellen lassen. Der Reis saugt die Flüssigkeit dabei auf. *Congrí* wird auch *moros y cristianos* (Mauren und Christen) genannt und kalt als Beilage serviert.

Ropa vieja
Die „Alten Kleider" sind eine Art Resteverwertung. Zutaten sind Rinderrippe oder Braten sowie Zwiebeln, Tomaten, Chillies, Knoblauch und Gewürze. Das Rindfleisch wird eine Stunde in Wasser gekocht und anschließend zerfasert. Das Gemüse wird angebraten und dann etwas eingekocht. Zum Schluss wird das Fleisch hinzugegeben.

Fufu
Kochbananen werden püriert und mit gerösteter Schweineschwarte gemischt.

Fritura de malanga
Die Süßkartoffel Malanga, als Brei frittiert.

Ochinchín
Die Lieblingsspeise der Göttin *Ochún,* Krebsfleisch wird mit etwas Kresse, Mangoldblättern und Mandeln zubereitet.

Tamales
Mit Fleisch oder Gemüse gefüllte Maismehltaschen, die in Maisblättern eingewickelt gebacken werden.

Tostones
Unreife Kochbananen *(platanos verdes)* werden in Scheiben geschnitten und zwischen zwei Holzbrettern platt geklopft. Anschließend werden sie gewürzt, in Ei gewendet und frittiert.

Pollo
Hähnchen gibt es häufig, mal frittiert, mal gegrillt *(pollo frito).* Am feinsten schmeckt es mit Orangensaft.

Nachspeisen

Zucker gibt es überall auf der Insel, so sind auch die meisten Nachspeisen damit reichlich versehen. Hier ein paar Kostproben:

- Im Roman „Paradiso" von *Lezama Lima* steht das Rezept einer **Creme** aus Kokosraspeln, Ananasraspeln und einer halben Dose Kondensmilch. Darüber wird Anisett-Likör geträufelt. Im Kühlschrank abkühlen lassen.
- **Flan** ist eine sehr süße Crème Caramel, davon kann man nur kleine Portionen essen.
- **Natilla** ist der ebenso süße Vanillepudding.
- **Casquito de guayaba con queso** ist Guavenmarmelade mit einer Scheibe Käse. Oder man mischt Kokosflocken mit Käse und Zucker, das heißt dann *coco rallado y queso.*
- **Churros** sind Fettgebäck, mit Zucker bestreut.
- **Cucuruchu** ist eine Spezialität aus Baracoa, eine in Tüten aus Bananenblättern gefüllte Fruchtmischung aus Ananas, Kokosmilch und Honig. Als Deckel wird ein Blatt darüber gebunden.
- Das beste **helado** (Eis) wird auf den Straßen für ein paar Pesos verkauft.

Zuckersirup im Heimverfahren

Man setze einen Liter Wasser auf, bringe es zum Kochen und rühre ein Kilo Zucker hinein. Dies schäumt stark. Der Schaum wird abgeschöpft. Nach fünfminütigem Kochen lässt man die Masse erkalten, wobei sie klebrig und gummiartig wird und nur schwer aus dem Topf geht. In Flaschen abgefüllt, hält sie dann ein halbes Jahr. Wer diese Mühe scheut, kann sich im gut sortierten Supermarkt auch das fertige Produkt, z.B. von *Riemenschmid*, kaufen (ca. 7 Euro). Verwendung findet der Sirup zur Herstellung von Cocktails und Speiseeis.

Restaurants von Organisationen

Die dritte Möglichkeit umgeht das Paladar-Gesetz, indem das Geschäft als Clubheim ausgewiesen wird. Deshalb gibt es hier mehr Tische, also auch mehr zahlende Gäste. Ansonsten gilt alles, was für die Paladares gesagt wurde. So gibt es z.B. in La Habana das *Flor de Loto* der chinesischen Freundschaftsgesellschaft und das *El Nardo* der Sportjugend.

Getränke

Wasser

Mineralwasser bekommt man überall. Mit Kohlensäure *(con gas)* in grünen Flaschen oder ohne *(sin)* in blauen, werden sie von *Ciego Montero* aus Holguín vertrieben. Die Cubaner trinken oft in Flaschen abgefülltes Leitungswasser, was unseren Mägen Probleme bereiten kann.

Kaffee

Als ein Straßenverkäufer dem Helden in „Drei traurige Tiger" einen Kaffee anbietet, sagte dieser: „Nein danke, ich muss noch fahren". Hier das Rezept für den starken **Café cubano:** Man braucht dazu eine dieser achteckigen, italienischen Espressokannen und natürlich fein gemahlenen Kaffee, der auf der Insel angebaut wird. Man kann ihn auch in hübschen Schmuckverpackungen als Souvenir mitbringen. Dann braucht man noch eine Schüssel, einen Quirl, einen Esslöffel Zucker pro Person und eine Prise Zimt, dann kann es losgehen. Der Start ist der gleiche wie in Italien, aber sobald sich der Kaffee aus dem Röhrchen in der Mitte auf dem Boden (der Maschine) auszubreiten beginnt, nimmt man die Kanne vom Herd, schüttet diesen Schluck in eine Schüssel mit dem Zucker und schlägt ihn mit dem Quirl schaumig. Die Kanne kommt wieder auf den Herd. Ist der Kaffee durchgelaufen, wird er in Tassen gefüllt. Ein Löffel Schaum darauf und eine Prise Zimt dazu.

Weniger stark ist der *Café americano.* Er wird auch mit Milch serviert und ist ähnlich wie Pulverkaffee. *Café con leche* ist der Milchkaffee, wie man ihn aus Spanien kennt. *Café mezclado* ist mit Zusätzen wie z.B. Zichorie.

Guarapo

Das ist der **Zuckerrohrsaft,** den es vielfach „frisch gepresst" gibt. Dafür wird der Stängel durch zwei gezahnte Walzen gekurbelt und der Saft aufgefangen. Serviert wird er dann mit Eiswürfeln.

Softdrinks

Der säuerlich schmeckende Tamarindensaft wird in Dosen verkauft. Es gibt eine Cola namens *Tropicola* bzw. *Tucola,* die für die Zubereitung von *Cuba Libre* verwendet wird. Bei Hitze hilft das alkoholfreie Malzgetränk *Malta,* das immer häufiger zu finden ist.

▷ Bald ist das Bier kalt, die Eismänner sind da

Bier

Bier *(cerveza)* trinken die Cubaner am liebsten. *Cristal* und *Mayábe* sind die bekanntesten und auch teuersten Marken. *Bucanero* ist in manchen Gegenden etwas preiswerter als *Cristal,* schmeckt aber ähnlich. *Hatuey* heißt das dunklere Starkbier. *Guama* mit 4,8 % schmeckt ein wenig säuerlich, ist aber gut trinkbar. Für Freunde frisch gezapften Gerstensaftes gibt es in La Habana **zwei Kleinbrauereien,** die beide zum österreichischen Salm-Konzern gehören. Die ältere entstand an der Plaza Vieja, San Ignacio, esq. Muralla, eine weitere gibt es seit 2014 an der Ave. del Puerto gegenüber der Iglesia de Paula. Hier wurde eine Werfthalle in einen Veranstaltungsort verwandelt, die Brauanlage fand in einem Glaskasten Platz.

Rum

Das Wort erschien erstmals in *Diderots* und *d'Alemberts* berühmter Enzyklopädie Mitte des 18. Jh. In einem Fachbuch heißt es: „*... die Ausdehnung des karibischen Rums entspricht etwa der Entfernung zwischen Aquavit und Grappa*". Bei dieser Längenausdehnung wird einem sofort klar, dass Rum (spanisch: *ron*) überall anders schmeckt.

Auf Cuba war es **Facundo Bacardí,** ein spanischer Einwanderer, der 1838 eine kleine Rumfabrik in Santiago de Cuba gründete. Dank der guten Qualität seines Schnapses konnte er mit seinen drei Söhnen rasch ein expandierendes Unternehmen aufbauen. Die Familie *Bacardí* unterstützte die Revolutionäre in den 1950er Jahren finanziell, vermutlich

141cu kh

Rumherstellung

Rum ist ein Destillat aus Zuckerrohr und wird in allen Ländern erzeugt, in denen es Zuckerrohr gibt. Man verwendet den Brei aus Zucker und Wasser, *Melasse* genannt. Die Melasse lässt man in der Rumfabrik erst einmal gären. Dazu braucht es eine speziell auf Cuba gezüchtete Hefesorte. Hinzukommen die Rückstände aus alten Brennvorgängen, *Dunder* genannt. Dabei entsteht ein Alkoholgemisch, das bei der anschließenden Destillation durch Verdampfen vom Wasser getrennt wird. Der gewonnene Rum hat um 80 % Alkoholgehalt und wird *aquardiente*, brennendes Wasser, genannt. Nun muss der Rum reifen. Dazu wird er in Holzfässer aus kanadischer Eiche abgefüllt und ab und zu bewegt. Der Rum zum Mixen ist nach drei Jahren reif und sieht nach dem Filtern durch Holzkohle klar aus. Wir kennen alle den *Bacardí*, der zum Synonym für dreijährigen, weißen Rum geworden ist. Die Trinkstärke von 40 % wird durch Zugabe von Quellwasser erreicht. Die pur getrunkenen Sorten brauchen mindestens fünf Jahre und heißen dann *añejo*. Vor dem Abfüllen wird der Rum gefiltert, wodurch die älteren Jahrgänge ihre charakteristische braune Farbe verlieren. Die wird ihnen mit Karamell wieder zurückgegeben. Jetzt wird er Alkoholgehalt durch Zugabe von Wasser eingestellt. Anschließend wird er 1½ Monate in Fässern gelagert, bevor er in Flaschen abgefüllt wird. Den Kubikzentimeter Rum schmeckt man angeblich auch noch aus der Verdünnung mit 100 Litern Wasser heraus.

um sich bei den zukünftigen Machthabern in ein günstiges Licht zu setzen. Das schlug allerdings fehl. *Castro* enteignete die *Bacardís*, und diese gingen nach Puerto Rico, von wo sie die Flasche mit der Fledermaus über den ganzen westlichen Globus „fliegen" ließen. Heute sitzt das Tier übrigens wieder auf seiner goldenen Kugel auf dem Dach des Stammhauses der Familie, schräg hinter dem Revolutionsmuseum in La Habana, und wartet auf das Abtreten der Kommunisten, denn dann werden seine ursprünglichen Besitzer wiederkommen. Das Haus ist renoviert und hat seine Art-déco-Kacheln oben an der Fassade zurückerhalten. Die ursprüngliche Fabrik in Santiago de Cuba wurde von der Revolutionsregierung weiterbetrieben, das Produkt aus rechtlichen Gründen (Herr *Castro* ist Anwalt) in „Havana Club" umbenannt. Produziert wurde alsbald ein Getränk, das genauso mit Preisen geehrt wurde wie der ursprüngliche *Bacardí*. Von den fast zehn Millionen Litern *Havana Club* trinken die Cubaner selbst immerhin 20.000 Liter jährlich. Die Faustregel beim Kauf: je dunkler die Farbe, desto älter und teurer das Getränk.

Guayabita del Pinar

So heißt ein Likör mit eingelegten Guayabitas, kleinen **Guaven.** Diese Spezialität gibt es nur in Pinar del Río, die Guayabitas wachsen dort wild. Es gibt eine 30%-ige süße *(dulce)* und eine 40%-ige herbere Variante *(seca)*. Die Früchte gären einen Monat in Stahltanks unter Zugabe von Karamell und Vanille. Der Geschmack ist etwas gewöhnungsbedürftig, aber als Sammler seltener

Schnäpse konnte ich auch hier nicht widerstehen. Exportiert wird der gelbliche Schnaps nicht, die Jahresproduktion von etwa einer halben Million Flaschen wird im Lande selbst getrunken.

Cocktails

Hier einige **Rezepte zum Selbermixen.** Wer die einschlägigen Bar-Mix-Bücher besitzt, kann dort nachschlagen und findet mitunter abweichende Rezepte. Diese Cocktails sind weltweit bekannt, und so haben sich die Varianten entwickelt. Oft wird statt Limone eine Zitrone verwendet. Beim Zucker scheiden sich die Geister. Ein „berühmter" Mixer verwendete Puderzucker. Die meisten Rezepte schlagen Zuckersirup vor, der Cubaner nimmt natürlich braunen Rohrzucker, und die Europäer haben schon immer den gebleichten Fabrikzucker aus der Rübe genommen. *Salucita!*

Daiquirí

Der Name ist dem gleichnamigen Strand am Fuße der Sierra Maestra angelehnt. Dort waren einst angeblich Landvermesser und Geologen tätig, die sich nach ge-

Rumkrieg

Zwischen dem Rumhersteller **Bacardí** und **Havana Club,** vertreten durch *Pernod-Ricard,* tobt ein Kampf, der von Bacardís Seite mit allen Mitteln geführt wird.

Als Castro 1960 cubanische Betriebe verstaatlichte, floh die Familie *Arechabala* auf die Bahamas und destillierte dort mit den *Bacardís* weiter Rum. In der cubanischen Destille wurde unter dem Namen *Havana Club* produziert und exportiert.

Bacardí unternahm daraufhin alles, um Cuba zu schaden und schreckte sogar vor Mord nicht zurück. Eine harmlosere Attacke war der Vertrieb eines Rums mit Namen *Havana Club* von *Bacardí,* nach internationalem Recht ist das **Piraterie** und somit verboten.

Cuba ist Mitglied des Abkommens für Internationale Marken-Registrierung. Im cubanischen Büro für industrielles Eigentum sind außer *Coca-Cola* etwa 3000 weitere US-Marken registriert, deren Einträge regelmäßig erneuert werden. Obwohl amerikanischen Unternehmen der Export nach Cuba untersagt ist und der Markenschutz nach drei Jahren Nichtvermarktung verfällt, erkennt Cuba diese Regelungen an. Leider hatte es *Havana Club* umgekehrt versäumt, in den boykottierten Ländern den Markenschutz zu erneuern. Dies veranlasste *Bacardí* das Recht für sich zu beanspruchen.

Die EU und **Pernod-Ricard** verklagten daraufhin bei der WTO *Bacardí* wegen Betrugs, Raub des Markennamens und Täuschung des Verbrauchers. Das Bezirksgericht New York Süd entschied aufgrund des Helms-Burton-Gesetzes 1999 zugunsten von *Bacardí.* Allerdings schlugen die Wellen in der Öffentlichkeit so hoch, dass Bacardí die Fälschung vom Markt nahm.

Castro hatte 1994 persönlich *Pernod-Ricard* mit dem Export beauftragt, doch die Anwälte ermitteln weiter, Havana Rum and Liquors heißt nun Havana Club Holding, Bacardí kaufte 1996 von einer Liechtensteiner Firma das Havana Club-Markenrecht. Die Prozesse gehen weiter.

taner Arbeit diesen Drink als Erstes in Santiago de Cuba mixen ließen, wenn sie abends in die Hotelbar einfielen. Verwendet werden: 5 cl weißer Rum, 2 cl Zuckersirup, 2 cl Zitronensaft. Im Shaker mit Eis schütteln und abgießen. Ich persönlich bevorzuge die Variante „frozen", bisweilen auch „frappé" genannt. Dabei kommen die Zutaten plus acht Eiswürfel in den Elektromixer und ab geht die Post – bis daraus ein alkoholisierter Eisschnee geworden ist. Statt Zitronensaft schmeckt übrigens auch Grapefruitsaft in diesem Drink.

Stammhaus Bacardí in La Habana

018cu kh

Mojito

Dieses Getränk gilt als **Metapher Cubas,** wie *Cabrera Infantes* Protagonist in „Drei traurige Tiger" bemerkte: Wasser, Vegetation, Zucker, Rum und Kälte. Ein Büschel Minze und den Saft einer halben Limone mit einem halben Teelöffel Zucker in einem großen Glas verrührt, statt der Limone geht auch *Lime Juice* aus dem Getränkeregal. Die Minze leicht zerdrücken. Dazu 4 cl weißer Rum und reichlich Eis. Das Ganze mit Mineralwasser auffüllen.

Dieses Getränk kostet auf dem Lande 1,50 CUC, in Restaurants und in La Habana maximal 3 CUC, nur in den dortigen Luxusbars wie etwa der *Floridita* und in der *Bodegita del Medio* kosten sie 6 CUC.

Cubanita

Die cubanische Variante der *Bloody Mary* hat folgende Zusammensetzung: 5 cl Tomatensaft, Eis, Limettensaft und 2 cl Rum, gewürzt mit Pfeffer und Tabasco.

Cuba Libre

„Freies Cuba" ist das Mixgetränk für Eilige: 4 cl Rum über ein paar Eiswürfel in ein hohes Glas schütten, mit *Tropicola* auffüllen und eine Limonenscheibe dazu – fertig. Übrigens: Verlangen Sie nicht nach „Cola", denn das ist ein geradezu unanständiges Wort auf Cuba, sondern bestellen Sie das ortsübliche Zuckerwasser *Tropicola* oder *Tucola*.

Fotografieren

Auf Cuba ist es **verboten, militärische Objekte, Brücken und Flugplätze und verschiedene öffentliche Gebäude** zu fotografieren, die als solche allerdings nicht immer gekennzeichnet sind. Mit *zona militar* bezeichnete Gebiete dürfen weder betreten noch fotografiert werden!

Fototipps

- Die **Auflösung** ist ein wichtiger Faktor beim Fotografieren, in Megapixeln angegeben drückt sie die Genauigkeit aus, mit der das Bild für immer ausgestattet wird. Für den Gebrauch im Internet reicht ein Megapixel, zum Drucken sollten es acht sein, allerdings ist dann auch die Qualität der Optik und des Sensors ausschlaggebend.
- **Fotoapparate** sind empfindlich gegen Nässe, Verschmutzung und Wärme. Bei Hitze lässt die Qualität nach, da der Sensor schneller Rauschen (nicht gelöschte Ladungsteilchen) produziert, welche die Bilder krisselig aussehen lassen.
- In La Habana und Santiago bieten vereinzelt Läden **digitale Druckdienste** an.
- Schauen Sie auch, ob das **Ladegerät** mit 110 Volt betrieben werden kann (siehe auch „Elektrizität"). Auf jeden Fall brauchen Sie einen Adapter auf US-Flachstecker, damit kann man auch seine Akkus mit 110 Volt aufladen, was nur länger dauert.
- Dass die Bitte um **Fotografie-Erlaubnis** bei Personen manchmal mit einer Geldforderung verbunden wird, sollte einen aufgrund der auf Cuba vorherrschenden Armut nicht sonderlich aufregen.

Welche Kamera man für seine Reise wählt, hängt von den eigenen Ansprüchen und dem Geldbeutel ab. Auf Reisen sollten Sie Beschädigung oder Diebstahl einkalkulieren. Gute Bilder werden nicht von der perfekten technischen Ausrüstung gemacht, sondern vom Menschen hinter der Kamera.

Frau allein auf Cuba

Geht eine Frau allein durch die Straßen, wird sie oft **Komplimente, Pfiffe** oder ähnliche **Anmache** hören. Cubaner flirten recht aufdringlich und penetrant. Frau sollte sich auf keinen Fall darauf einlassen. Es ist ein Spiel, das nur mit der Kenntnis der Regeln gespielt werden sollte. Bleiben Sie nicht stehen und versuchen Sie nicht, den Frechling zurechtzuweisen. Das ist gegen die Regeln. Sagen Sie im Weitergehen eine Nichtigkeit, und die Sache ist erledigt, das Spiel gespielt und fertig. Dennoch: Sollten Sie ernsthaft angemacht werden, hilft ein: *„Déjame tranquila, no me molestes!"* (*„Lass mich in Ruhe, stör' mich nicht!"*). Mit der Zeit lernt Frau, dass Ignorieren der beste Weg ist, um nicht belästigt zu werden.

In Begleitung männlicher Touristen hören die Belästigungen meist auf, also kann frau „verbal" immer mit einem Mann unterwegs sein, d.h. man sollte sein Gegenüber immer in der Annahme lassen, dass der „Ehemann" nicht weit ist. Dass man nachts als Frau nicht allein in die finstersten Gassen von La Habana

019cu kh

gehen sollte, ist sicher ohnehin klar. Auch das Nacktbaden ist auf Cuba, wie in allen lateinamerikanischen Ländern, nicht üblich.

Gehen Sie mit männlichen Cubanern aus, wird von Ihnen häufig erwartet, dass Sie die Rechnungen begleichen. Am besten ist es, die Situation vorher zu klären. Leider ist vielfach aus der Sicht des Cubaners der ganze Abend darauf ausgelegt, ein Essen, Getränke oder den Discobesuch bezahlt zu bekommen. Das ist umgekehrt natürlich oftmals exakt das Gleiche.

Geld

Währungen

Cuba hat zwei geltende Währungen, den **Peso Cubano** (Abk. **CUP**) und den **Peso Convertible** (Abk. **CUC**). 1 Peso entspricht 100 Centavos. Der offizielle Umtauschkurs von Convertibles in cubanische Pesos ist 1:25, also bekommt man für den Convertible 25 Pesos Cubano. Ein Rücktausch von Pesos in Convertibles ist bei staatlichen Wechselstuben und Banken möglich, aber nicht gern gesehen – und es gibt nur staatliche Banken. Wenn in diesem Buch von „Pesopizza“ oder einem „Pesocafé“ gesprochen wird, ist damit immer die Bezahlung mit Peso Cubano gemeint.

Wechselkurse (Stand November 2015)

- 1 CUC = 22,22 CUP; 1 CUP = 0,04 CUC
- **1 CUC = 0,88 Euro; 1 Euro = 1,13 CUC**
- 1 Euro = 25,21 CUP
- 1 CUC = 0,95 SFr; 1 SFr = 1,05 CUC

Peso Convertible (CUC)

Der Peso Convertible (CUC, Slangausdruck: *Chavito*) ist im Wert **etwa gleich dem US-Dollar.** Convertibles sind außerhalb des Landes wertlos, sie können mit Glück bei den Wechselstuben am Flughafen in Hartwährung zurückgetauscht werden. An den Wechselstuben *(CADECA)* kann man problemlos CUP bekommen.

Die Cubaner werden in **Pesos Cubano** bezahlt, Ausnahmen waren lange Zeit Tabak- und Zuckerrohrarbeiter, die als Anreiz einen Teil ihres Lohnes in US-Dollar erhielten. Dadurch entstand eine Parallelwährung, die jeder haben wollte.

Da der US-Dollar auf Cuba nicht ausreichend vorhanden war und Castro natürlich keine Dollar drucken lassen durfte, erfand man den *B certificado,* auch als **Peso Convertible** bezeichnet. Das Verhältnis zum US-Dollar war und ist etwa 1:1, es ist sozusagen der „Dollar made in Cuba“.

Achtung! Es sind **Betrüger** am Werk, die gerade gelandeten Touristen Dollar oder Euro gegen Pesos Convertible zum sagenhaften Kurs von 2:1 wechseln wollen, da sie angeblich gerade unbedingt echte Fremdwährung brauchen. Leider bekommt der Tourist dann Pesos Cubanos, die Laien erst einmal nicht unterscheiden können. Also hüten Sie sich vor freundlichen Cubanern, die Ihnen etwas von Pesos Convertible erzählen!

Euro

Der Euro wird in staatlichen Banken und Wechselstuben ohne Abschlag gegen den Peso Convertible getauscht.

Direkt mit Euro zahlen kann man in den **Touristengebieten** wie Varadero, Cayo Largo, Cayo Coco und der Region Holguín, Guardalavaca. Wer Trinkgelder in Euro geben will, kann nur Papiergeld verwenden, das die Einheimischen dann gegen eine andere Währung tauschen können. Wenn Sie ein Cubaner anspricht, der Euro-Münzen gegen Papiergeld tauschen will, können Sie das bedenkenlos tun.

Da die **Preise** in den Läden und Restaurants alle in Peso Convertible ausgezeichnet sind, gibt es ein Problem mit der Umrechnung. Wer 1 Euro statt den geforderten CUC gibt, zahlt drauf, da der Euro mehr wert ist.

Die aktuellen **Sortenkurse** findet man auch im Internet unter: www.bc.gov.cu/Espanol/tipo_cambio.asp.

Wechselstuben und Banken

Die Kurse der staatlichen Banken und der Wechselstuben **CADECA** sind festgelegt, es ist also egal, wohin man geht. Auch die Hotels wechseln manchmal. Das Problem liegt an einer anderen Stelle. Die CADECAs haben in der Regel nicht so große Bestände an Pesos Convertible vorrätig wie die Banken, sodass man ggf. nicht den gewünschten Betrag bekommt. Ein weiteres Problem sind die unsicheren Datenleitungen und der Strom, der manchmal ausfällt. In solch einem Fall können kleine Wechselstuben nicht mehr arbeiten. Das Leitungsproblem hat man auf dem Lande oft auch beim Bezahlen mit VISA-Card. Ich empfehle dringend, den Betrag in Pesos Convertible für eine Übernachtung etc. in Bargeld stets zu behalten. Früher wurde grundsätzlich der Reisepass verlangt, seit 2015 habe ich auch Geld tauschen können, ohne den Pass vorzuzeigen. Will man als Hotelgast in seinem Hotel wechselt, ist es nicht erforderlich, den Pass vorzulegen.

Achtung: Zählen Sie auch beim Umtausch in Banken nach! Versuchen Sie, **kleinere Scheine** zu bekommen, denn das erspart Probleme bei der Geldrückgabe, will man z.B. mit einem 20-CUC-Schein an einer Strandbude ein Mineralwasser bezahlen.

An den Wechselstuben findet man eine Warteschlange für Einheimische und eine für Ausländer. Wer Peso Cubano tauschen will, muss die Frage stellen: „¿Cual es la cola para vender divisa?", wobei mit *divisa* Dollar oder Euro gemeint sind. Viele Cubanos stehen hier Schlange, weil sie ihre verdienten CUC schnell in Peso Cubano umtauschen möchten, da ihnen der CUC nicht geheuer ist.

Der **Umrechnungskurs** schwankt, in den CADECAs ist er angeschlagen. Wer abends mit dem Flieger aus Europa ankommt und den Wechselschalter geschlossen vorfindet, hat evtl. ein Problem. Hat man keinen Transfer gebucht, braucht man Geld, um den Taxifahrer zu bezahlen. Dieser nimmt entweder Euroscheine, oder man versucht an der Hotelrezeption zu wechseln; wollen die Diensthabenden das nicht machen, hilft nur Beharrlichkeit. Der Kurs ist natürlich schlechter als in der CADECA, aber das Geld für den Taxifahrer und zwei Hähnchen plus Mojitos sollte man letztlich schon gewechselt bekommen.

Die wichtigsten **Banken in La Habana** sind:

- **Banco Financiero Internacional,** Oficios esq. Brasil, Habana Vieja.
- **Banco de Crédito y Comercio,** Calle 23, No. 64, Vedado.
- **CADECA,** Calle 23, e/Calles K y L, Vedado.

Münzen und Scheine

Peso Cubano (CUP)

Münzen (runder Rand): 5 und 20 Centavos, 1 und 3 Pesos (CHE-Münze). **Noten:** 1, 3 (CHE), 5, 10, 20, 50, 100 Pesos.

Bisher war die höchste Banknote der 100-Peso-Schein (= 4 CUC). Da man den CUC bis bzw. im Laufe des Jahres 2016 abschaffen will, brauchen die Cubaner höherwertige Scheine für größere/teurere Anschaffungen. Nun gibt die Zentralbank neue Scheine im Wert von 200, 500 und 1000 CUP aus. Sie haben zusätzlich ein Hologramm, Blindenschrift und ein Celia-Sánchez-Wasserzeichen. Den 200er ziert *Frank País,* den 500er *Ignacio Agramonte,* auf dem 1000er-Schein ist *Julio Antonio Mella* zu sehen. Außerdem arbeitet man an der Verbreitung von Kreditkarten, die Zahl der Lesegeräte soll sich im Land signifikant erhöhen.

Peso Convertible (CUC)

Münzen (achteckig geprägter Rand): 1, 5, 10, 25, 50 Centavos, 1 und 5 Peso. **Noten:** 1, 3, 5, 10, 20, 50, 100 Pesos. Leider steht auf den Münzen nicht drauf, ob es ein *convertible* oder ein *cubano* ist, aber alle „revolutionären" Abbildungen sind auf den Cubanos, für die Convertibles fand man „touristische" Abbildungen. Abgegriffene oder korrodierte Bronzemünzen sind immer Pesos Cubanos.

Manche Cubaner sammeln die Münzen und Scheine mit dem Abbild *Che Guevaras,* um sie teuer an Touristen zu verkaufen. Das ist legal und in Ordnung, wenn Sie ein Erinnerungsstück suchen.

Was kauft man mit Peso Cubano?

Mit dem nationalen cubanischen Peso, auch „moneda nacional" genannt, kann man an Kaffee- und Eisständen, Pizzabuden, Inlands-Telefonen, auf den Agromärkten und bei der Post für Briefmarken innerhalb Cubas bezahlen. Man sollte auf die Preise achten und überlegen, ob die Pizza statt 6 CUC nicht ggf. nur 6 Pesos kostet. Bei aufgeschriebenen Preisen ist das **Zeichen für Pesos** das gleiche wie für Dollar, nur dass das Peso-Zeichen **einen** senkrechten Strich hat und das Dollarzeichen **zwei!** Viele Preisauszeichnungen sind immer noch in Dollar, wenn CUC gemeint ist, das hatte sich so eingebürgert.

Mehr als 10 CUC lohnen den Umtausch nicht. Dann hat man etwa 250 Pesos in der Tasche. Die Pizza am Stand kostet ca. 5 Pesos, Bananen vom Markt zwischen 1 und 5 Pesos das Stück, ein Brot ca. 5 Pesos. Für weniger als einen Euro gibt es sogar acht Glas Rum, vier Glas Fassbier, 26 kleine Softeis oder 130 Busfahrten.

Wenn Sie mögen, versuchen Sie in Peso Cubano zu bezahlen, das ist immer preiswerter.

Bargeld und Schecks

Wer Cuba nur kurz besucht, sollte **Bargeld** besitzen, also schnell CUC umtauschen, am besten gleich am Flughafen. Eine kleine Menge Pesos in der Tasche zu haben, im Gegenwert von etwa 10 CUC, ist ein Vorteil, mehr lohnt sich für Kurzurlauber nicht.

Für längere Aufenthalte eignen sich **Travellerschecks.** Die können bei manchen Banken eingetauscht werden, besser noch im Hotel oder den CADECA-Wechselstuben. Zum Einlösen braucht man den Pass. Die Kommission beträgt 2–4 %. Am günstigsten ist es bei der *Banco Nacional de Cuba.* Man sollte Hunderter-Schecks mitnehmen. Wichtig: Die Schecks dürfen nicht von einer amerikanischen Bank stammen, am besten sind *VISA Interpayment Traveller-Schecks* auf Euro-Basis (*Travelex,* www.travelex.de). Wer den Bank-Wartezeiten aus dem Weg gehen will, kann es im Hotel *Nacional* versuchen, zumal es dort auch längere Öffnungszeiten gibt. Der Tipp hat sich aber inzwischen herumgesprochen …

Kreditkarten

In den USA ausgestellte Kreditkarten werden nicht akzeptiert. In den letzten Jahren mehren sich Klagen, dass auf Cuba **VISA-Karten oder MasterCards gesperrt** wurden. Da VISA zunehmend Karten aus dem amerikanischen Fundus in Europa verwendet, erkennt die cubanische Maschine anhand der Nummer die amerikanische Karte. Mittlerweile gibt es allerdings in mehreren Städten Bankautomaten, die VISA-Karten problemlos annehmen. In anderen Fällen bringt ein Besuch im örtlichen **FinCimex-Büro** Rettung, welches die Karte dann für Cuba von Hand freischalten lässt. *FinCimex* findet sich in:

- **La Habana:** Zentrale, 3ra Ave. 408, esq. 6, Miramar, Playa, Tel. 2041417, Calle 8, No. 319, e/3ra y 5ta Ave., Miramar, Playa, Tel. 243191, 241399, Büro im Hotel *Habana Libre,* esq. 23 y L, El Vedado, Tel. 554444
- **Bayamo:** Ave. Frank País, e/2da y Ave. Figueredo, Edificio Novedade, *reparto* Jesús Menéndez
- **Camagüey:** General Gómez 105, e/Maceo e Independencía

Abschaffung des CUC

Von 1993 bis 2004 gab es in Cuba **drei Währungen:** Den Peso Nacional CUP, den US-Dollar und die Hilfswährung Peso Convertible CUC, die den Dollar darstellte, auf cubanischem Papier gedruckt. Dieses Durcheinander ordnete man 2004 und schaffte den Dollar als offizielle Währung ab. Bis zu einem Stichtag tauschten alle Cubaner ihre Dollars in CUC um. Das ging relativ problemlos über die Bühne.

Nun geht es auch dem CUC an den Kragen. Seit Juni 2014 haben die Devisenläden des Landes ihre CUC-Bestände bei der Zentralbank in CUP getauscht. In den ersten großen Läden in La Habana kann man seitdem auch mit cubanischen Pesos bezahlen, der Umtauschkurs ist, wie schon lange, 25:1. Man kann sogar mit beiden Währungen gleichzeitig zahlen.

Wann die komplette Abschaffung des Convertible erfolgt, ist noch nicht ganz klar, vielleicht schon im Laufe des Jahres 2016.

- **Ciego de Ávila:** Calle Cuba, esq. Maceo
- **Cienfuegos:** Calle 33 s/n, e/56 y 58
- **Guantánamo:** Crombet s/n, e/Los Maceos y Moncada, Servicupet Confluent
- **Holguín:** Frexes s/n, esq. Carbó
- **Las Tunas:** Ave. 1. de Mayo 55, e/45 y J.R. Ochoa
- **Matanzas:** Calzada Esteban, esq. a San Ambrosio
- **Moa:** Ave. 1. de Mayo s/n
- **Nueva Gerona:** Calle 39, e/30 y 32, Altos del Cupet El Parque
- **Pinar del Río:** Luis Pérez, esq. Gerardo Medina 633
- **Sancti Spíritus:** Ave. de los Mártires s/n, esq. Circunvalación, *reparto* Los Olivos 1
- **Santa Clara:** Carretera Central 103, e/Virtudes y San Pedro
- **Santiago:** Santo Tomás 565, e/Aguilera y Enramada
- **Varadero:** Calle 1ra, No. 1501, e/15 y 16

Um mit der Kreditkarte **Bargeld** am Geldautomaten abzuheben, muss man den jeweiligen PIN-Code eingeben. Im **VISA-Zentralbüro** im Hotel *Habana Libre* sowie beim *BFI (Banco Financiero Internacional),* im Hotel *Nacional,* im Hotel *Panorama,* am Flughafen und bei den **Wechselstuben** *(CADECA)* können CUC in bar über die internationale Kreditkarte abgehoben werden. Ob und in welcher Höhe Kosten für die Barabhebung anfallen, variiert je nach kartenausstellender Bank und der Bank, bei der die Abhebung erfolgt. Man sollte sich daher vor der Reise bei seiner Hausbank informieren, mit welcher Bank sie vor Ort zusammenarbeitet und auch bei www.geld-abheben-im-ausland.de die Konditionen für die Kreditkarten vergleichen, mit denen man im Ausland gebührenfrei Bargeld abheben kann. Achtung: Hat man bei Barabhebungen am Geldautomaten die Wahl, sollte man den Betrag immer in der Landeswährung vom Konto abbuchen lassen und nicht in Euro. Bei einer Abbuchung in Euro wird die *Dynamic Currency Conversion* zugrunde gelegt, die erhebliche Kosten verursachen kann, bei Abbuchung in der Landeswährung wird hingegen der offizielle Devisenkurs der eigenen Bank zugrunde gelegt, was am sichersten ist.

Mit VISA-Kreditkarte liegt das monatliche **Barabhebungslimit** teilweise zwischen 250 und 500 CUC. Man sollte sich darüber am besten vorher zu Hause informieren.

Bekannt ist, dass es Überlastungen der Leitungssysteme gibt. In Varadero und La Habana geht es noch, aber in anderen Orten braucht man Geduld. Deshalb rate ich davon ab, in den Lokalen oder den Devisenläden mit Kreditkarte zu zahlen.

Die **Wechselstuben CADECA** zahlen Pesos Convertible auf die Kreditkarte bei **Vorlage des Passes** aus.

Einige wenige **cajeros automaticos** geben das Geld auf Kreditkarte heraus, Sie sollten sich nicht darauf verlassen!

Achtung: **Western Union** transferiert nur von den USA! **Asistur,** www.asistur.cu, transferiert auch von Europa, deren Büros gibt es in:

- **La Habana,** Prado 208, e/Trocadero y Colón, Tel. 8664499
- **Varadero,** Edificio Marbella, apto. 6, Ave. 1ra, No. 4201
- **Cienfuegos,** Calle 54, No. 3111, e/31 y 33; Ciego de Ávila, Villa Azul, Carretera a Cayo Guillermo, km 1,5
- **Guardalavaca,** *Centro Comercial TRD* (westlicher Strandzugang, keine Straße)
- **Santiago,** Hotel *Casagranda,* Calle Heredia 201, esq. San Pedro (General Lacret)

UTS aus der Schweiz transferiert über FinCimex-Büros bzw. mit einer eigenen Karte, nähere Infos unter www.uts-transaction.com/de.

Achtung! Maestro- und V-Paykarten (EC-Karten) können im Land **nicht** benutzt werden.

Wichtige Banken

- **Banco Nacional de Cuba,** Calle Aguiar 411, esq. Lamparilla, Habana Vieja, 8.30–17 Uhr
- **Banco Financiero Int. S.A. (BFI),** Línea No. 1, esq. 17, Edificio Someillán, Vedado, 9–15 Uhr
- **Banco Internacional de Comercio (BICSA),** Ayestarán 340, esq. 20 de Mayo, 9–14 Uhr

Reisekosten

Man sollte vor der Reise Schätzungen anstellen. Hier einige **Anhaltspunkte:**

- **Unterkunft:** Die Übernachtung kostet mindestens 25 CUC im Doppelzimmer (privat), das Frühstück dazu meist 5 CUC pro Person. In Hotels kann die Nacht natürlich auch 120 CUC kosten.
- **Essen:** An Ständen oder in Restaurants auf dem Lande kommt man täglich mit 15 CUC aus, in Städten muss man das Doppelte rechnen.
- **Getränke:** Kaffee und Bier kosten nicht viel, aber der *Mojito* schlägt in La Habana mit 3 CUC zu Buche. Dazu kommt das übliche Trinkgeld für die Musiker, das man geben sollte, wenn einem die Musik gefällt (und die Musik ist gut in Cubas Kneipen). Also kommen nochmals mindestens 10 CUC pro Abend dazu.
- **Transport:** Für Víazul-Busse und Taxis sollte man als Tourist ca. 15 CUC am Tag rechnen.
- **Sonstiges:** Für Museen, Tauchausflüge, Boots- oder Bustouren, Souvenirkäufe und andere Aktivitäten können pro Tag zwischen 10 und 50 CUC einkalkuliert werden.
- **Nicht vergessen:** Vergewissern Sie sich, dass Sie die **Ausreisesteuer** (Flughafengebühr) schon bezahlt haben.

Gesundheit

Laut WHO braucht man **keine Pflichtimpfungen.** Die gute Nachricht: Cuba ist malariafrei! Das heißt natürlich nicht, dass es hier keine Mücken gibt, besonders in den sumpfigen Gegenden an der Südküste wird man abends heimgesucht. Also die entsprechenden Mittel zum Einreiben mitnehmen. Eine Impfung gegen Hepatitis A wird empfohlen. Es hat 2013 vereinzelte Fälle von Cholera in Ostcuba gegeben, die Ansteckungsgefahr für westliche Reisende ist (war) jedoch gering. Bei der Einreise wird man gefragt, ob man im letzten halben Jahr in Afrika war; so versucht man die Einschleppung von Ebola zu verhindern.

Zur Gesundheitsvorsorge siehe auch das Kapitel **„Reisegesundheits-Informationen Cuba"** im Anhang und unter www.crm.de.

Medizinische Versorgung

Auf Cuba gibt es, besonders für Ausländer, eine **sehr gute medizinische Versorgung,** die privat zu zahlen ist. Eine **Auslandskrankenversicherung** muss bei der Einreise nachgewiesen werden (siehe auch unter „Versicherungen").

- In vielen Gemeinden gibt es **Sanitätsstellen** *(Clínica Médica)*. Man kann über jedes Hotel einen Arzt erreichen, manche Hotels haben auch Krankenschwestern angestellt.
- **Polikliniken** sind eigentlich nur für Einheimische, Leistungen werden in CUP abgerechnet.
- **Krankenwagen:** La Habana, Tel. 07 405093, Santiago de Cuba, Tel. 022 626485.
- **Ärzte** sind über das Ausländerspital *Cira García* für Notfälle erreichbar, Tel. 0537 2042811/12. Rechnungen sind in CUC zu bezahlen. Ein Unfallkrankenhaus befindet sich ebenfalls dort (s.u.).
- **Rechnungen** über Behandlungen werden von Kliniken außerhalb von La Habana auf einem Formular von *Cubanacán Turismo de Salud* ausgestellt. Die Kliniken *Cira García* und *Cimeq* benutzen eigene Formulare. Die Originalrechnung muss vom Patienten selbst unterschrieben und mit Unterschrift und Stempel der Klinik versehen sein.
- **Unfallkrankenhaus:** *Clínica Central „Cira García"*, Calle 20, No. 4101, esq. 41, Playa, Tel. 07 2040 330, 2042811-14, 2040331, 2041847, 2044300-09, 2042668, www.cirag.cu, auch Zahnbehandlungen.
- **Hospital Cimeq,** Calle 216 y Ave. 11B, Siboney, Centro Habana, Tel. 07 2736548, 8581226.
- **Hospital Clínico Quirúrgico „Hermanos Amejeiras",** San Lazaro 701, e/Marques Gonzáles y Belascoaín, Centro Habana, Tel. 07 8776077, 8761 000, man benutzt den Eingang in der Padre Varela (Belascoaín).
- **Complejo Científico Ortopédico Internacional „Frank País",** Ave. 51, No. 19603, esq. 202, La Lisa, Tel. 07 2627022, 2627755.
- **Hospital Clínico Quirúrgico „General Calixto García",** Ave. de Universidad, Vedado, Tel. 07 2627 022, 2627755.
- **Hospital Gineco-Obstetrico „Ramón González Coro"** (Geburtsklinik), Calle 21, No. 856, Vedado, Tel. 07 8382631-40.
- **Centro Internacional de Retinosis Pigmentaria „Camilo Cienfuegos"** (Augenklinik), Calle 1, esq. a Calle 13, No. 151, Vedado, Tel. 07 8333538, 8323507, 8364060.
- **Apotheken** in La Habana: *Farmacia Internacional,* Ave. 41, esq. Calle 20, Miramar Playa, und im Hotel *Comodoro* in Miramar, jeweils Tel. 07 2049 385; im Hotel *Habana Libre* in Vedado, Tel. 07 554593.

Reiseapotheke

Das Wichtigste für eine Reiseapotheke für Cuba sind Anti-Mückenmittel, eine Salbe gegen den Juckreiz, Wundsalbe und Pflaster, Fieberthermometer, Mittel bei Durchfall, Mittel, um den Mineralverlust bei Durchfall auszugleichen, Kopfschmerztabletten und eine Salbe, um Sonnenbrand zu lindern. Bei Magenproblemen empfehlen Cubaner einen starken Kamillentee.

Am Ende der Reise gebe ich meine in Deutschland gekauften Medikamente in der nächsten Poliklinik ab, meist schreibe ich noch spanische Erklärungen auf die Packung.

Hygiene

Die **sanitären Einrichtungen** außerhalb der großen Hotels entsprechen oft nicht dem gewohnten hygienischen Standard in Europa.

Die **Wasserversorgung** bereitet den Cubanern noch Probleme. Es gibt vielerorts Wasser aus dem Tankwagen. Im Hotel kann das schon mal zu Belästigungen führen, wenn nachts der Laster kommt und eine halbe Stunde lang mit laufendem Motor das Wasser mit Hilfe seiner Zapfwellenpumpe in die Tanks auf dem Dach des Hauses drückt. Das ist aber immer noch angenehmer, als das Leitungswasser mancherorts, das durch alte Eisenrohre, Gummischläuche und andere Materialien zum Hahn gelangt. In La Habana Vieja wurde Anfang 2015 das Leitungsnetz erneuert.

Zum **Kochen und Trinken** und zur Eisbereitung nimmt man *agua sin gas*, am preiswertesten aus dem Supermarkt.

In größeren Hotels und Devisenläden bekommt man **Toilettenartikel** zu kaufen, die allerdings sehr teuer sind. Oft wird man von Cubanern nach Seife gefragt. Auch Toilettenpapier ist teuer. In manchen öffentlichen Toiletten wird es von der Toilettenfrau nur blattweise abgegeben, man sollte also besser selbst etwas in der Tasche haben.

Informationsstellen

Fremdenverkehrsamt

- **Cubanisches Tourismusbüro,** Stavangerstr. 20, 10439 Berlin, Tel. 030 44719658 oder 44718949, www.cubainfo.de.

An dieses Büro können sich auch **Schweizer** und **Österreicher** wenden, es ist das einzige deutschsprachige Tourismusbüro Cubas.

Reiseagenturen auf Cuba

- **Aventours,** Edificio Bacardí, Ave. de Bélgica, e/ Progreso y Empedrado, Tel. 07 8632800.
- **Horizontes Hoteles,** Vedado, La Habana, Calle 23, No. 156, e/N y O.
- **Cubatur,** La Habana, Calle 23, esq. L, Tel. 07 833 3569, www.cubatur.cu.
- **infotur,** Vedado, La Habana, Calle F 157, e/Calzada y 9a, 5ta. y 2, Miramar Playa, www.infotur.cu.
- **San Cristóbal,** Calle Oficios 110, e/Lamparilla y Amargura, La Habana, www.viajessancristobal.cu.

Internet

- **www.cubatravel.tur.cu/de:** offizielle Informationen für Touristen in deutscher Sprache.
- **www.granma.cu:** Online-Ausgabe der cubanischen Parteizeitung, auch auf Deutsch.
- **www.cuba-individual.com** und **www.erlebekuba.de:** Infos für Reisende, die zweitgenannte Seite ist ein Reisebüro.
- **www.cubaweb.cu:** umfassende rechtliche Infos einer Tourismusorganisation, auf Spanisch.
- **www.cubana.cu:** die internationale Fluglinie Cubas.
- **www.cubagob.cu:** offizielle Seite der Regierung, demnächst auch auf Englisch; auch Nachrichten über Sport, Kultur, Gesundheit und Wetter (Hurrikanwarnungen).
- **www.ain.cu:** die cubanische Presseagentur mit Veröffentlichungen auf Spanisch und Englisch.
- **www.viazul.com:** die staatliche Busgesellschaft mit Zielen und Fahrplänen.
- **http://desdecuba.com/generationy_de/:** der Cuba-Blog „Generation Y" von *Yoani Sánchez* in deutscher Übersetzung.
- **www.infotur.cu:** *Infotur, Emprestur,* Adressen aller Reisebüros, Flughäfen.
- **www.lapapeleta.cult.cu:** Kulturnotizen und Veranstaltungskalender für ganz Cuba.
- **www.ecured.cu:** *Enciclopedia cubana* mit Historie, Politik, Sport in Foren und Artikeln (Spanisch).

Hotels

Viele Hotels auf Cuba gehören staatlichen Gesellschaften, die bei den Ortsbeschreibungen jeweils in Klammern angegeben sind. Im Internet findet man sie dann auf der Website des entsprechenden Unternehmens:

- **www.cubanacan.de:** *Cubanacán, Brisas, Club Amigo, Hoteles E, Horizontes,* in Deutschland *Tropicana-Touristik.*
- **www.gran-caribe.cu**
- **www.gaviota-grupo.com**
- **www.habaguanexhotels.com:** die Hotels der staatlichen Restaurierungsfirma *Habaguanex*
- **www.islazul.cu:** preiswerte Häuser, die oft die einzigen in der Gegend sind
- **www.meliacuba.com**
- **www.hotelesc.com**
- **www.iberostar.com**

Landkarten

Sehr praktisch, gut lesbar und mit allen wesentlichen Informationen versehen ist die **Cuba-Karte** des Reise Know-How Verlags *(world mapping project)* im Maßstab 1:650.000 (auch als Download auf www.reise-know-how.de). In den Buchläden auf der Insel gibt es einen brauchbaren Straßenatlas mit Ringbindung (Verlag Escandón Ediciónes, Spanien).

Wer eine **elektronische Karte** für sein Smartphone benutzen möchte, sollte bedenken, das die normalen Systeme wie *Google maps* ständig Verbindung mit dem Internet-Server aufnehmen, wodurch sehr hohe Kosten entstehen. Besser ist es, sich vor der Reise einen Offline-Kartensatz auf sein Gerät herunterzuladen. Für *Android* gibt es die Karten, die *Openstreetmap* zur Verfügung stellt, z.B. *MapFactor Navigator Free.* Für das *iPhone* gibt es *City Maps 2Go* mit ganz brauchbaren Karten.

Lernen, Leben, Arbeiten

Menschen, die konkrete **Solidarität** mit Cuba üben wollen, können z.B. bei „Cuba Si" mitarbeiten, einer dem linken politischen Spektrum zuzuordnenden Organisation. Als Initiatoren politischer Kampagnen und Spendenaktionen leisten sie eine unermüdliche Arbeit und unterstützen in zunehmendem Maße eigene Projekte auf Cuba.

- **Cuba Sí,** Arbeitsgemeinschaft der *PDS,* Kleine Alexander Str. 28, 10178 Berlin, Tel. 030 24009455, www.cubasi.org.
- **Kuba Hilfe e.V.** Dieses Projekt unterstützt Kinderheime, medizinische und soziale Einrichtungen in Cuba und die Vermittlung von Patenschaften, www.kuba-hilfe.de.
- **Kirche in Not** unterstützt auch Hilfsprojekte vor Ort, www.kirche-in-not.de.

Studieren: Für ein Studium auf Cuba muss man eventuell bis zu 5000 Euro Studiengebühren zahlen, die Lebenshaltungskosten sind allerdings gering. Spanischkenntnisse werden vorausgesetzt. Interessenten können sich beim cubanischen Bildungsministerium informieren, www.cubaeduca.cu.

Heiraten: Dazu braucht man den Reisepass, Geburtsurkunde und ein Ehefähigkeitszeugnis. Cubanische Dokumente muss das *MINREX* (cubanisches Außenministerium, www.cubaminrex.cu) beglaubigen, und es muss eine Übersetzung vorliegen. *ESTI* (vereidigtes Übersetzungsbüro), Linea 507, esq. a D in Vedado kann das erledigen. Das *Consulto-*

ría Jurídica Internacional, Calle 16, No. 314, e/3ra Ave. y 5ta Ave. Miramar, beschafft die Dokumente. In Deutschland hilft die Botschaft: www.cubadiplomatica.cu/en/Home.aspx. Bei der Einreise nach Europa gelten für den frischgebackenen Eheanhang die jeweiligen Einreiseregeln für Ausländer.

Maße und Gewichte

Die Cubaner verwenden das **metrische System,** daneben auch das amerikanische (Gallonen) und das englische (Zoll, Fuß, Pfund). Die ursprünglichen cubanischen Maße werden kaum noch benutzt, hier sind sie trotzdem: *arroba, libra, quintal, caballería, cordel.* Die ersten drei sind Gewichte, die letzten beiden Maße beschreiben Flächenausdehnungen. *Palma* ist ein altes Längenmaß, ebenso wie die *cinta* (etwa 30 cm) und die *vara* (91,5 cm).

- 1 quintal = 100 libras = 4 arrobas
- 1 libra = 453 g
- 1 arroba = 11,5 kg
- 1 cordel = 0,04 ha
- 1 caballería = 13,4 ha

Mit Kindern unterwegs

Cubaner lieben Kinder! Die meisten Hotels verfügen über **kindgerechte Einrichtungen,** wie z.B. Planschbecken. In vielen Hotels übernachten Kinder bis zu zwölf Jahren frei. Bei All-inclusive-Hotels finden sich oft auch Kindermädchen und Programme für Kinder, damit die Eltern auch einmal etwas alleine unternehmen können. Manche Hotels bieten **Babysitter** an, und in den örtlichen Kulturhäusern gibt es bisweilen Kindervorstellungen am Nachmittag. Spielzeug, Malsachen etc. sollte man mitbringen, denn die sind auf Cuba Mangelware. Am Ende der Reise könnten sie an cubanische Kinder verschenkt werden. Grundsätzlich zu bedenken ist, dass cubanische Kinder anders aufwachsen und in ihrem Leben andere Prioritäten und Werte gelten als bei uns.

Beeindruckend für Kinder sind die **Delfinarien,** z.B. in Varadero, Cienfuegos und Guardalavaca (siehe jeweils in den Ortskapiteln). Es besteht die Möglichkeit, zu den Tieren ins Wasser zu gehen bzw. mit ihnen zu schwimmern.

Wer sich auf Land und Leute einlassen will, kann mit den Kindern evtl. ins örtliche Baseballstadion gehen oder in eine *copelia* (Eisdiele), wo viele cubanische Familien anzutreffen sind.

Achtung: Unbedingt sollte man aus Sicherheitsgründen ein Auge auf die Elektrik in der Unterkunft werfen. Cubaner nehmen es damit nicht so genau, blanke Anschlüsse an Wasserboilern können schon mal vorkommen.

Nachtleben

Es gibt auf der Insel ein ausgeprägtes Nachtleben, das **an Wochenenden** bis zum Morgen dauern kann. Besonders in den großen Städten geht es dann hoch her. Der Vorteil ist, dass man im Hotel oft noch spät abends etwas zu essen bekommt. Andererseits muss man in den Städten auch damit rechnen, dass es in der Nähe von Lokalen oft unruhig ist und auch in der Hotelbar die Musiker erst nach Hause gehen, wenn Mitternacht längst vorbei ist. Lärmempfindliche Menschen sollten die Bereiche meiden, in denen die Cubaner Musik hören und feiern. Das sind gerne die Poolbars oder überhaupt Bars, in denen man die Musik aufdrehen kann.

Die Adressen der angesagten Bars sind in den jeweiligen Ortsbeschreibungen angegeben.

Notfälle

Wird der **Reisepass oder Personalausweis gestohlen,** muss man dies bei der örtlichen Polizei melden. Darüber hinaus sollte man sich an die nächste diplomatische Auslandsvertretung seines Landes wenden, damit man einen Ersatz-Reiseausweis zur Rückkehr ausgestellt bekommt (ohne kommt man nicht an Bord eines Flugzeuges!).

Auch in **dringenden Notfällen,** z.B. medizinischer oder rechtlicher Art, Vermisstensuche, Hilfe bei Todesfällen, Häftlingsbetreuung o.Ä. sind die **Auslandsvertretungen in La Habana** bemüht, vermittelnd zu helfen:

- **Deutschland:** *Embajada de Alemania,* Calle 13, No. 652, esq. á B, Vedado, Tel. 07 8333188, www.havanna.diplo.de
- **Österreich:** *Embajada de Austria,* Calle 70, No. 6617, esq. Ave. 5ta A, Miramar, Tel. 07 2042825, havanna-ob@bmeia.gv.at
- **Schweiz:** *Embajada de Suiza,* 5ta Ave., No. 2005, e/20 y 22, Miramar, Tel. 07 2042611, www.eda.admin.ch/havana

Bei **Verlust oder Diebstahl der Kreditkarten** sollte man diese umgehend sperren lassen. Für deutsche Kreditkarten gibt es die einheitliche **Sperrnummer 0049 116 116** und im Ausland zusätzlich **0049 30 40 50 40 50.** Für VISA-Karten sollten sich Österreicher und Schweizer vor der Reise die Rufnummer der kartenausstellenden Bank notiert haben.

Beim **Verlust von Reiseschecks** gilt: Nur wenn man den Kaufbeleg mit den Seriennummern der Reiseschecks sowie den Polizeibericht vorlegen kann, wird der Geldbetrag von einer größeren Bank vor Ort binnen 24 Stunden zurückerstattet. Also muss der Verlust oder Diebstahl umgehend bei der örtlichen Polizei und auch bei *Travelex/Thomas Cook* gemeldet werden. Die Rufnummer für ihr Reiseland steht auf der Notrufkarte, die Sie mit den Reiseschecks bekommen haben.

Sollte das **Mobiltelefon** im Ausland verloren gehen oder gestohlen werden, sollte man bei einem **Laufzeitvertrag,** aber auch bei bestimmten **Prepaid-Abonnements** die Nutzung der SIM umgehend beim Provider sperren lassen (nicht immer kostenfrei!). So erspart man sich nach der Rückkehr dicke Rechnung, die man selbst nicht vertelefoniert

Notfall-Tipps

Vorsorgemaßnahmenvor Reiseantritt

■ Vor der Einreise muss eine **Auslandsreise-Krankenversicherung** abgeschlossen werden (siehe auch Kapitel Versicherungen).

■ Ein Impfpass und evtl. ein **Gesundheitspass** mit Blutgruppe, Allergien, benötigten Medikamenten u.Ä. sollte mit auf die Reise genommen werden, ebenso die Medikamente selbst.

■ Bei der Hausbank sollte man sich über die Möglichkeiten der **Geldüberweisung** informieren und ggf. rechtzeitig eine Kreditkarte beantragen und sich über Notfallhilfen und Sperrmodalitäten des Kreditkarteninstituts kundig machen.

■ Für Postempfang und Kontoverfügung sollten bei der Post bzw. Bank an vertrauenswürdige Personen **Vollmachten** ausgestellt werden. Gegebenenfalls sollte man seinem Rechtsanwalt eine Vertretungsvollmacht für Notfälle geben.

■ Die **Dokumente** sollten wassergeschützt am Körper aufbewahrt oder im Hotelsafe gegen ausführliche Quittung hinterlegt werden.

■ Auf alle Fälle sollte man sich **Kopien** von Pass, Flugticket, Kredit- und Scheckkarten, Reiseschecks und sonstigen Dokumenten anfertigen, einen Satz wasserdicht verpacken und getrennt von den Originalen mitnehmen, einen zweiten Satz zu Hause hinterlegen.

Im Krankheitsfall

■ Bei **schweren Krankheitsfällen** sollte außer dem Notfallservice der Versicherung auch die Botschaft bzw. das Konsulat des Heimatlandes informiert werden.

Verlust von Dokumenten/Geld

■ Von der **Polizei** sollte bei Verlusten ein ausführliches Protokoll ausgestellt werden.

■ Den betroffenen Stellen sollte der Verlust zügig gemeldet werden, möglichst zusammen mit Nummern bzw. Kopien der verlorenen Dokumente (Pass: Botschaft bzw. Konsulat; Tickets: Fluggesellschaft; Schecks, Kreditkarten: Bank).

■ Botschaften bzw. Konsulate (s. „Notfälle") stellen bei Passverlust einen **Ersatzpass** aus, nachdem die Identität geklärt ist. Beste Voraussetzung dafür ist eine Fotokopie des Originals. Sonst wird beim Einwohnermeldeamt der Heimatstadt angefragt, was Zeit und Geld kostet.

Beschaffung von Geld

■ **Überweisung** von der Hausbank auf ein Konto der *Banco Metropolitano* auf Cuba ist möglich. Auch *Asistur* versendet Geld (www.asistur.cu). *UTS Transaktion* kann Geld an Privatpersonen mittels Kreditkarten, Debitkarten, LSV oder DirectDebit-Karten anweisen. Von der Schweiz aus kann die *AWS switzerland SA* Geld auf eine Debitkarte lautend auf den Namen des Empfängers überweisen lassen, oder es wird dort bar ausbezahlt.

■ Vertreter des **Kreditkarteninstituts** zahlen nach Klärung der Identität ein Notfallgeld. Auf eine rasche Ausstellung der Ersatzkarte sollte man nicht in jedem Fall vertrauen.

■ **Reise-Notfall-Versicherungen** zahlen je nach Vertragsklauseln bis zu 1500 Euro Notfalldarlehen, direkt über Vertreter im Reiseland, falls vorhanden.

■ Die **Botschaften bzw. Konsulate** leihen nur in absoluten Ausnahmefällen Geld, zumeist auch nur in Form von Rückflugticket. Allerdings kann in Notfällen eine Information an Verwandte in Deutschland erfolgen, die das benötigte Geld dann auf ein Konto des Auswärtigen Amtes einzahlen müssen.

hat. Dazu muss man in der Regel **folgende Angaben** machen können, die man sich vorab irgendwo notieren sollte: Rufnummer, SIM-Kartennummer (auf SIM vermerkt), Kundennummer oder Kundenkennwort. Ebenfalls vorher notieren sollte man die **IMEI-Nummer** (elektronische Zulassungsnummer), die nach Eingabe des Tastencodes Stern-Raute-null-sechs-Raute auf dem Display erscheint – diese muss man in der Regel auch bei der Polizei bei der Diebstahl- oder Verlustmeldung angeben.

Weitere **wichtige Kontakte:**

- **Polizei:** Tel. 116, in La Habana Tel. 07 677777 und 820116, Calle Picota, e/Leonor Pérez y San Isidro, am Hauptbahnhof.
- **Feuerwehr:** Tel. 115, in La Habana Tel. 07 811115.
- **Unfallrettung:** Tel. 118, in La Habana Tel. 07 405345 und 407113.
- **Krankenhaus** (in La Habana): *Clínica Central Cira García,* Calle 20, No. 4101, esq. Calle 43, Miramar, Tel. 07 2042811.
- **Rechtsanwälte:** Auf Cuba sind Rechtsanwälte in sogenannten Kollektivanwaltsbüros organisiert. Diese sind berechtigt, vor jedem Gericht aufzutreten. Bei Prozessen besteht grundsätzlich Anwaltspflicht. Eine Adresse für alle Fälle:

  Dr. Maria Elena Pubillones, Bufete Internacional S.A., 5ta Avenida 4002, esq. Calle 40, La Habana, Miramar, Tel. 07 2045126/27, habana@fruhbeck.com, deutschsprachig.

Öffnungszeiten

Banken sind Montag bis Freitag 9–15 bzw. 17 Uhr, am Monatsletzten nur bis 12 Uhr mittags geöffnet. Hotel-Devisenläden sind üblicherweise täglich (auch Samstag und Sonntag) von 10 bis 21 Uhr, **Touristenläden** in der Woche von 9 bis 18 Uhr, Sonntag von 9 bis 13 Uhr geöffnet. Wenn man dringend Geld braucht, lohnt auf jeden Fall der Gang in das nächste größere Hotel.

Die meisten **Museen** in der Hauptstadt La Habana sind am Sonntag und Montag geschlossen.

Orientierung und Adressen

In spanischsprachigen Ländern lauten Adressen anders. In den von den Spaniern **schachbrettartig** angelegten Siedlungen wurden die **Straßen** nummeriert, nur in Städten bekamen sie (religiöse) Namen, die dann nach 1959 oft durch die Namen von Revolutionshelden ersetzt wurden. Die Bevölkerung behielt meist die alten Namen bei, dadurch kann es zu Doppelnennungen kommen.

Die Straßenzüge begrenzen die **Häuserblocks,** die *manzanas* heißen; man benutzt aber als Entfernungsangabe die Bürgersteige, die man *quadras* nennt. So heißt es dann: „sólo tres quadras", „nur drei Querstraßen" (Bürgersteige). Eine *manzana* entspricht vier *cuadras.*

Beispiel: „C. Cuba 212, Apt. 20, 1er piso“ besagt, dass der Gesuchte in der Straße *(Calle)* Cuba Nr. 212 wohnt und dort im Apartment 20, 1. Etage. Namen stehen nicht an den Türen, d.h. man klingelt an der mit „1er piso“ bezeichneten Klingel.

Die Casa de Cultura in Cienfuegos ist in der Calle 25, entre Ave. 54 y 56. Zur genaueren Bestimmung wird angegeben, zwischen *(entre)* welchen Blöcken sich die Straße befindet. *Entre* kann auch e/ oder % geschrieben sein. In diesem Beispiel also zwischen der Avenida 54 (Ave.) und *(y)* der Avenida 56. Bei Avenidas mit Nummern stehen oft noch Buchstaben dahinter. Es sind die Ordnungszahlen, gesprochen und vorne mit der Zahl versehen: *1ra (primera), 2da (segunda), 3ra (tercera), 4ta (cuarta), 5ta (quinta), 6ta (sexta), 7ma (séptima), 8va (octava), 9na (noventa).*

Blick auf die Altstadt von La Habana bei Sonnenuntergang

021cu kh

Die **Avenidas,** mehrspurige Straßen, sind mit den geraden Zahlen versehen und die **Calles** mit ungeraden. In La Habana gibt es auch Calles mit Buchstaben, die Calle O etwa. Davon zweigt die 23 ab. Manchmal gibt es zusätzlich noch Namen, besagte Calle 23 heißt allgemein „La Rampa". Die Straßennummern sind oft auf **weiß gestrichenen Markierungssteinen** gepinselt, die an den Straßenecken stehen. Ecke heißt *esquina* und wird in Adressen *esq.* abgekürzt. Bei größeren Orten sollte man fragen, in welchem Viertel, *barrio* oder *reparto,* sich die gesuchte Adresse befindet. Steht *s/n* in der Adresse, ist sie in einer Kleinstadt, wo es keine Nummern gibt: *sin número.* Weiter kommt vor: *cerca de* für „in der Nähe von" und *enfrente* für „gegenüber".

So leicht die Orientierung in den Städten ist (wenn man sich mal daran gewöhnt hat), so schwierig wird es auf dem Land. Dort gibt es noch nicht überall Ortsschilder, sodass man sich oft fragt, ob die Ansammlung kleiner Häuser schon der Ort auf der Karte ist oder nur eine Kooperative. Dann hilft nur, zu fragen. Will man nach dem Weg fragen, wendet man sich am besten an einen Uniformierten, die sind meist hilfsbereit und sprechen oft Englisch.

Ctra. heißt **Carretera** und CN ist die **Carretera Nacional,** die **Autopista** ist die Autobahn.

Post

Die staatliche Post wurde 2012 neu strukturiert, um effizienter zu arbeiten. Auf der sicheren Seite ist man aber nur, wenn man die Dienste von **DHL** in Anspruch nimmt, vor allem für größere Sendungen. Mit einem Postlauf von vier bis fünf Wochentagen und zuverlässiger Auslieferung ist das die beste Alternative für Wichtiges. Mittlerweile kann man von einigen Postämtern *(casas de correos)* im Land DHL-Sendungen aufgeben. Das Hauptbüro von DHL ist in La Habana/Miramar, Ave. 1 y Calle 42. Büros gibt es auch im Hotel *Las Yagrumas* in Miramar und in Vedado in der Calle Calzada 818, e/2 y 4.

Eine **Postkarte** *(postal)*, egal wohin, kostet 0,75 CUC, Briefe 0,85 CUC. Es gibt „prepaid postcards", da ist das Porto bereits aufgedruckt, also schon bezahlt. Ich hörte, dass diese Karten eher ankommen, da die Marke nicht gestohlen werden kann. Manche Marken kleben nicht und müssen mit Klebstoff an der Karte befestigt werden.

Briefmarken *(sellos)* kauft man in der Post in Pesos oder in den Hotels für teure Devisen. Sammlermarken werden nur gegen CUC verkauft.

Will man sich Post aus Europa schicken lassen, adressiert man die Sendung unter *Poste Restante* an das Correo Central in La Habana (sie kommt im *Ministerio de las Comunicaciónes* an und wird weitergeleitet).

Rad fahren

Treibstoffnot macht Radfahrer. Bis zu drei Cubaner passen auf einen Drahtesel. Fahrräder als Taxiersatz, als Transportmittel für schwere Lasten, überall begegnen einem die draufgängerischen Pedalisten. Da die Räder kein Licht haben, wird es nachts gefährlich, besonders, wenn man aus den Städten auf unbeleuchtete Straßen gelangt.

Beim Ausbruch der Benzinknappheit importierte der Staat eine Million Fahrräder aus China und propagierte die Bedeutung des Fahrrads für Mobilität und Gesundheit. Inzwischen gibt es eine eigene Fahrradindustrie, Fahrradverleihstationen und mancherorts sogar bewachte Fahrradabstellplätze.

Der Túnel de la Bahía, der unter dem Hafen von La Habana hindurchführt,

Wer sein Rad liebt, hat es immer bei sich

022cu kh

darf aus Sicherheitsgründen nicht mit dem Rad durchfahren werden. Dafür gibt es den **Ciclobús,** der im Minutentakt die Radler durch die miefige Röhre transportiert. Die Hafenfähre von der Altstadt nach Regla wird stark von Radfahrern frequentiert, deshalb bilden Radler sogar eine eigene Schlange am Kassenhäuschen.

Wer vorhat, die Insel mit eigenem Rad zu erkunden, sollte sich bei seiner Fluggesellschaft über die Transport-modalitäten informieren. Ansonsten gibt es die Möglichkeit, über spezielle Reisebüros auch an **geführten Radtouren** teilzunehmen, was in den letzten Jahren viele Urlauber nutzten.

Bei der Planung von Strecken auf offenem Gelände: Der Wind weht meist **von Ost nach West.** Wer dann genug hat vom Gegenwind, kann bei Víazul-Bussen auch das Rad einladen.

Man kann sich im Lande ein **Rad leihen.** Dazu sollte man von zu Hause jedoch ein stabiles Schloss mitnehmen. Ich bevorzuge in solchen Fällen die Schlösser mit den Stahlkabeln, die sich auch noch um Bäume schlingen lassen. Außerdem rate ich dringend, sich Gedanken um die Beleuchtung zu machen: ein kleines LED-Rücklicht und eine batteriebetriebene Klemmlampe sollte man auf jeden Fall dabei haben. Ich verwende seit Jahren die berühmten Aluminium-Taschenlampen der Firma *Maglite.* Dazu gibt es Halteklammern und Stirnbänder, mit denen man die Lampe passend befestigen kann.

Wer sein **eigenes Rad** mitnehmen will, sollte sich nach Transportbedingungen und -kosten erkundigen. *Air France* befördert gar keine Räder, *Condor* z.B. verlangt pro Strecke 75 Euro.

Sicherheit

Cuba gilt im Vergleich zu anderen lateinamerikanischen Ländern als sicheres Reiseland, doch auch hier hat die **Kleinkriminalität** zugenommen, man sollte sich daher schützen. Eine starke Polizeipräsenz in La Habana soll Diebe abschrecken. Als Grundregeln gelten: keine Wertsachen zur Schau stellen, alles Wichtige im Hotelsafe lassen. Selbst einfache Hotels bieten gegen geringe Gebühr Safes *(cajas fuertes)* an. Achten Sie auf jugendliche Radfahrer, in La Habana benutzen Taschendiebe auch das Fahrrad. Wenn man einen Leihwagen mietet, kann es passieren, dass Teile wie die Batterie oder die Räder gestohlen werden. In der Regel ist man gegen solche Diebstähle versichert. Man sollte kein Gepäck unbeaufsichtigt lassen, vor allem nicht auf Flughäfen und in den Langstreckenzügen, die in der cubanischen Nacht unterwegs sind. In den Zügen hilft ein einfaches Fahrradschloss, mit dem man sein Gepäck im Gepäcknetz befestigt.

Aktuelle Reisehinweise zur allgemeinen Sicherheitslage

- **Deutschland:** www.auswaertiges-amt.de, Tel. 030 18172000
- **Österreich:** www.bmeia.gv.at, Tel. 01 901154411
- **Schweiz:** www.eda.admin.ch, Tel. 0800 247365

Vorsicht: In manchen Läden versucht man gerne, das Wechselgeld falsch zurückzugeben, oder höhere Preise zu kassieren, als auf dem Preisschild steht. Auch Restaurants können sich bei der Rechnung „irren". Wechseln sie kein Geld bei Privatleuten oder auf der Straße. Auch ist inzwischen mehr Falschgeld im Umlauf.

Polizei

Cuba leistet sich mehrere Polizeiformen. Die **Policía Nacional Revolucionária,** PNR, die „Revolutionäre Nationalpolizei", gibt es seit der Revolution. Sie untersteht dem Innenministerium. Ihre Aufgabe ist die Aufrechthaltung von Ruhe und Ordnung und die Sicherheit im Straßenverkehr. Die Motorradstreifen sind mit Suzuki- oder Moto-Guzzi-Maschinen ausgerüstet, von den Cubanern *caballitos* (Pferdchen) genannt.

Die **Brigada Especial** befasst sich mit der Terrorabwehr und der Bekämpfung von Bandenkriminalität, bei Bedarf unterstützt vom *Grupo Táctico Especial.*

Die **Policia Especializada,** die „Spezialisierte Polizei", dient dem Schutz von Touristen vor Kleinkriminalität, hauptsächlich in La Habana. Ihre Uniformen tragen eine fünfstellige Dienstnummer. Bewaffnet sind sie mit Funkgeräten und Schlagstöcken. Nur die Vorgesetzten führen eine russische Makarov-Pistole mit sich.

Sport und Erholung

Sport spielt auf der Karibikinsel eine wichtige Rolle. Große Sportevents wie die Leichtathletik-WM oder die Olympischen Spiele werden mit Interesse verfolgt. Die Cubaner nehmen begeistert Anteil, leiden mit und führen wahre Freudentänze in den Lokalen auf, in denen die Fernseher bei jeder Veranstaltung laufen. Das Land hat weltberühmte Sportler hervorgebracht, z.B. den Hochspringer *Javier Sotomayor,* der 1992 bei den Olympischen Spielen in Barcelona Gold holte und bis heute mit 2,45 m den Weltrekord hält. Extrem populär auf der Insel ist Boxen; legendär ist *Teofilo Stevenson,* der dreimal olympisches Gold erringen konnte.

Baseball

Beisbol wird mit Begeisterung gespielt. In den Städten sieht man Jugendliche begeistert üben, während die Erwachsenen über das letzte Spiel debattieren. Man sagt, dass Baseball aus Cuba stammt. Die Taïno-Indianer sollen ein ähnliches Spiel namens *Batos* gespielt haben.

Heute hat jede Provinz ihr eigenes „Nationalteam", aufgeteilt in viele regionale Gruppen. Hauptsaison ist von Oktober bis März, dann werden die wichtigen Spiele ausgetragen. Das Prozedere bis zum möglichen Sieg ist langwierig und kompliziert: Jede Mannschaft muss etwa 90 Spiele bestehen. Im Viertelfinale spielen die Favoriten vier Spiele, von denen sie zum Aufrücken drei gewinnen müssen. Im Halbfinale werden sieben Spiele gespielt, der Sieger braucht vier gewonnene Spiele, um im Finale antreten zu können. Dort spielen dann die Sieger aus der Region Oriente gegen die Sieger von der West-Region.

Natürlich will Cuba den USA den Rang als beste Baseballnation streitig machen. Wenn beide Länder gegeneinander spielen, geht es hoch her, und die Lokale mit Fernseher sind umlagert.

Fischen

Wer Salz- oder Süßwasserfische fangen will, braucht, wie in anderen Ländern auch, eine **Erlaubnis.** Diese kostet rund 25 CUC und gilt für die ganze Insel. Außer bei der Jagd auf die berühmten Marline auf hoher See, kann man auch in ruhigeren Gewässern fündig werden, zum Beispiel auf dem Hanabanilla-Stausee, wo es ziemlich viele Forellen gibt. Bei Morón in Ciego de Ávila gibt es die Laguna de Leche und die Laguna de la Redonda, die als Fischgründe bekannt sind.

Fußball

„Viva el Fútbol", heißt das Projekt der cubanischen Kinderhilfsorganisation *Camaquito* (www.camaquito.org). Sie will Kindern und Jugendlichen eine sinnvolle Freizeit durch Fußball ermöglichen. Gleichzeitig soll das Projekt die Bewohner von ärmeren Stadtvierteln beim Bau eigener Sportanlagen unterstützen. Wer Sportbekleidung oder Fußbälle spenden will, kann das über *avenTOURa* machen (www.aventoura.de).

Golf

Nach der Revolution wurde diesem urkapitalistischen Sport auf der Zuckerinsel nicht mehr gefrönt, doch mittlerweile gibt es wieder 18-Loch-Plätze in La Habana und den berühmten **Varadero Golf Club,** die zunehmend von Touristen besucht werden. Weitere Anlagen im Land sind in Planung.

Reiten

In vielen Ferienzentren kann man sich Pferde leihen, auch im Freizeitpark „Lenin" in La Habana stehen die Vierbeiner

Die rote Fahne bedeutet: Baden verboten

0242cu hk

bereit. Man kann sie für eine halbe Stunde oder länger mieten. Wer nicht nur stundenweise reiten will, kann in Viñales an **geführten Touren** teilnehmen, zum Beispiel vom Hotel *La Ermita* aus oder in der Nähe in Pinar del Río vom Hotel *Aguas Claras* oder von Las Terrazas aus. In der Regel bieten alle Hotels für Ökotouristen solche Freizeitaktivitäten an. Doch auch Strandurlauber in Varadero, Cayo Largo und Guardalavaca brauchen auf das Vergnügen nicht zu verzichten.

Tennis

Viele große Hotels besitzen Tennisplätze, sodass auch die Liebhaber dieser Sportart nicht zu kurz kommen.

Tauchen

Eine der großen Attraktionen von Cuba sind seine **Tauchreviere.** Sie offenbaren eine unberührte Unterwasserwelt, die sich auf fast 6000 Kilometer Küstenlinie erstreckt. Die Vielzahl an Unterwasserlandschaften, Höhlen, Tunneln und gesunkenen Schiffen sowie eins der größten Korallenriffe der Welt, das **Canarreos-Riff,** laden zum Besuch ein. Zu sehen gibt es Rochen, Barrakudas, Haie, Muränen, viele Krusten- und Weichtiere und tropische Fische. **Tauchsaison ist ganzjährig** bei einer Sicht bis zu 40 Metern und Wassertemperaturen zwischen 24 und 28 °C.

Fidel Castro war selbst ein begeisterter Taucher, und so nimmt es nicht wunder, dass die Regierung einiges für die Tauchsportler getan hat. In Varadero wurde altes Kriegsmaterial vor der Küste versenkt, Raketen, Flugzeuge und Schiffe. Die wurden nicht einfach angebohrt, sondern fachgerecht behandelt. So hat man alles Gefährliche für die späteren Taucher entfernt, Öle abgesaugt und lose Teile festgeschweißt. Dann wurden die

[>] In Maria La Gorda kann man vom Hotelstrand aus schnorcheln

Schiffe an bestimmten taucherfreundlichen Stellen mit Bojen markiert, versenkt und der Tier- und Pflanzenwelt überlassen.

In Deutschland kann man Tauchtouren z.B. über www.nautilus-tauchreisen.de buchen.

Tauchreviere

■ **María la Gorda:** liegt an der südlichen Küste der Westspitze, gegenüber von Cancún in Mexiko. Dieser Ort war früher Treffpunkt für Korsaren und Piraten und es finden sich noch Überreste von versunkenen Galeonen, Ankern und Kanonen. Direkt am 8 km langen Sandstrand liegt die Hotelanlage *Villa María la Gorda,* mit einer Reihe Bungalows und mit gut ausgestatteten Vier-Doppelzimmer-Häusern.

Zum Tauchen werden vom Hotel aus bis zu 40 Stellen in Tiefen von 5 bis 45 m

024cu kh

angefahren. Herausragend sind die **Höhle La Sala de Maria,** die in rund 20 m Tiefe liegt und das **Tal der Schwarzen Korallen** mit einem großen Korallenriff. **Ancla del Pirata** liegt nur 15 m tief. Hier kann man auch ohne Bootsfahrt, mit dem Schnorchel vom Strand aus, die Wunderwelt unter Wasser entdecken.

■ **Cabo de San Antonio:** Die Westspitze Cubas ist Naturschutzgebiet, doch es gibt eine Tauchbasis, *Marina de Cabo San Antonio,* in der Nähe des Leuchtturms. 8 km davor hat man auch Unterkünfte geschaffen. Vor der Küste liegen 32 ausgewiesene Tauchgründe am Riffgürtel mit sehr poetischen Namen, die

sich im Halbkreis um die Landspitze ziehen, im Süden dicht am Ufer, im Norden entfernter. Eine Plattform liegt 300 Meter vor der Küste. Es werden Tag-und Nachttauchausflüge und zahlreiche Kurse nach ACUC angeboten. Eine Dekompressionskammer ist im Marinehospital in La Habana.

024cu kh

■ Auch direkt am Strand von **Cayo Jutias** und **Cayo Levisa** an der Nordostküste kann man tauchen. Tauchbasis ist im Hotel *Cayo Levisa* und in Palma Rubia (SSI und ACUC), La Palma, Tel. 03 82 756501-03, comercial@cayolevisa.co.cu, 5 km Bootsfahrt von Palma Rubia entfernt. Papageienfische und Hirnkorallen tummeln sich in 3 bis 40 Metern Tiefe. zudem findet man noch einige gesunkene Schiffe aus dem 17. und 18. Jahrhundert.

■ **Isla de la Juventud:** Das Hotel *El Colony* mit seinen 77 Zimmern ist das **Mekka der Unterwasserfans.** Leider hat es unter den letzten Hurrikans erheblich gelitten. Das dazugehörige Tauchzentrum ist voll ausgestattet und besitzt eine Dekompressionskammer. Die Tauchgründe werden vom Hotel aus angefahren. Zur Auswahl stehen 50 Tauchplätze mit Tiefen von 5 bis 46 Metern, die zum Teil für ihre grandiosen Unterwassertäler, -tunnel und -kanäle bekannt sind. Hier findet man über 40 Korallenarten, im Canarreos-Riff auch die seltene Schwarze Koralle, und es wimmelt von Langusten. Etwa eine Stunde Bootsfahrt vom Hotel entfernt liegt die **Cabo Francés,** vor der sich ein 1000 Meter tiefer Graben im Meer auftut.

Tauchsaison ist ganzjährig bei durchschnittlich 24 °C Wassertemperatur. Es herrscht gute Sicht, da das Revier nicht von Wellen beeinträchtigt wird. Außerdem liegen hier alte Schiffswracks, aus einer Schlacht zwischen den Spaniern und den Piraten von *Thomas Baskerville.* Nördlich von Punta Francés, Richtung Cayos Los Indios, sind drei gut erhalte-

< Fertigmachen zum Tauchgang

ne, spanische Galeeren zu finden. Häufige Bewohner sind Stachelrochen. Fünf Tauchgänge kosten 150 CUC.

- **La Habana:** Auch an der Küste der Hauptstadt gibt es Attraktionen unter Wasser. Hier liegen das Panzerschiff *Sánchez Barcastegui* und der Frachter *Coral Island*. Tauchbasen sind das *La Aguja* an der Marina Hemmingway im Westen und die Marina Tarará im Osten.
- An den **Playas del Este** bietet *Professy's Diver Team* in Guanabo seine Dienste an. Neben Tauchgängen (PADI und CMAS) werden auch individuelle Touren organisiert, 9ta, No. 46805, e/468 y 470, Tel. 07 964163.
- **Varadero:** *Castro* ließ vor den beliebten Badestränden mehr als 20 Schiffe und anderes Militärmaterial versenken. Jetzt wächst es langsam zu und bietet den Meeresbewohnern eine neue Heimat. Zum Schnorcheln gibt es wenige Plätze, man kann jedoch mit den Tauchern an verschiedene Stellen fahren und sein Glück versuchen. Einige Wracks liegen nicht tief. Weiter draußen zieht sich die Sabana-Inselgruppe nach Osten. Tauchbasen sind im Hotel *Cuatro Palmas* und die Marina Gaviota.
- **Cayo Largo:** Auf der Inselgruppe im Süden gibt es 38 Tauchplätze zwischen den Korallenriffen. Hier draußen tummeln sich Stachelrochen und Walhaie.
- **Jardines del Rey:** Auch an der Nordküste gibt es weite Riffe, Korallen und Schwämme. In **Santa Lucia:** liegen zwei Schiffe auf dem Meeresboden, ein spanisches aus dem 19. und ein cubanisches aus dem 20. Jh. Beide Wracks sind gut für Taucher zu erreichen, die Wassertiefe beträgt etwa 28 m. Die Tauchbasis ist *Shark friends* im Hotel *Brisas;* auf **Cayo Guillermo** ist das *Green Moray* im Hotel *Melía* stationiert; auf **Cayo Coco** im Hotel *Tryp;* im Norden verspricht die Cayo Las Brujas Unterwassererlebnisse.
- **Zapata-Sümpfe:** Vor der Sumpflandschaft breitet sich die karibische See mit 27 °C warmem Wasser aus. Die Sicht unter Wasser kann bis zu 25 m betragen.
- **Cueva de los Peces:** Vor der Küste liegt ein gesunkenes, 17 Meter langes Stahlbetonboot, das von Schwämmen und Fischen bevölkert ist.
- **Schweinebucht: El Tanque** erreicht man von einem kleinen Sandstrand, der 22,5 km hinter der Playa Larga liegt und 12,5 km vor Girón. Die Korallenrücken ziehen sich entlang einer Wand bis in 35 Meter Tiefe. Bei 12 Metern liegt seit 2006 ein Wrack im nahezu strömungslosen Wasser.

Danach folgt das Lokal *Punta Perdiz* mit einem Tauchgrund an der Uferstraße. Auch hier liegt ein Wrack in 12 Metern Tiefe, umschwirrt von gelbschwänzigen Fischen, auch ein großer Anker wurde von Korallen bevölkert.

Los Cocos liegt gleich daneben mit Wänden, einem Tunnel und einem Wrack in 22 Metern Tiefe. Schmetterlings- und Hundsfische tummeln sich an der Wand, 4 km vor dem Hotel *Playa Girón*. Die **Tauchcenter** sind: *Playa Larga,* Tel. 05345 987212, webnautica@enet.cu; *Playa Girón,* Tel. 05345 984110 und 984117, comercial@peninsula.tur.cu. Die nächste **Druckkammer** hat das Hospital im 93 km entfernten Cárdenas.

- **Caleta Buena** ist ein *Cenote,* ein kleiner Teich voller Fische, 4 km hinter dem Hotel *Playa Girón*. Er ist über einen natürlichen Tunnel mit dem Meer verbunden (neben dem Restaurant).
- **Gardalavaca:** Hier sind die Tauchbasen das *Eagle Ray* am Hotel *Atlántico*

und die *Sea Lovers* im Hotel *Río de Luna y Mares.*

- **Playa Covarrubias:** *Tauchbasis Covarrubias (ACUC)*, Puerto Padre, Tel. 53 31515530, comercial@villacovarrubias.co.cu. Das Areal ist zwischen 5 und 35 m tief. Es leben hier Gelbschwanz-Snapper, Große Barracudas, Cubera, Schweinsfische, Muränen, Kaiserfische, Zackenbarsche und Krebse.
- **Jardines de la Reina:** Die Inseln rund 100 km südlich der Küste sind von verschiedenen kleinen Haiarten, wie den Bullsharks und den Zitronenhaien bevölkert. Man kann die Riffe allerdings nicht so leicht erreichen, da sie unter Naturschutz stehen. Dafür kann man Tauchgänge in **Cienfuegos** (Hotels *Faro Luna* und *Rancho Luna*) und an der **Playa Ancón** bei Trinidad buchen.
- Im **Osten** gibt es in **Marea del Portillo** das Tauchzentrum *Albacoa* an der Carretera Granma, km 12,5, Marea del Portillo, Pilón, Tel. 023 597139 und 597008, reservas@marea.co.cu. Die nächstliegende Druckkammer ist im Militärhospital in Santiago de Cuba. Man taucht in Tunneln, Höhlen und mehreren alten Schiffen (englische und spanische aus dem 17. bis 19. Jh.). Außer Fischen gibt es bei **Cabo Cruz** Schwämme, Korallen und Seefarne zu sehen.

Surfen und Boot fahren

Liebhaber des Surfsports können sich im Winter auf die Passatwinde an den Atlantikstränden beispielsweise bei Guardalavaca freuen. Im Süden ist das Surfen nicht so weit verbreitet, zumal die richtigen Wellenberge in der Gegend um Santiago eher selten sind.

Ansonsten gibt es alles zu leihen, was sonst noch Rümpfe hat, wie z.B. **Kajaks, Ruder-** und **Segelboote** sowie **Tretboote.** Die großen Hotels am Meer bieten eigentlich alles, was man so zum Wassersport benötigt, inklusive dem geschulten Personal.

Bergsteigen

Seine Ausrüstung sollte man selbst mitbringen, Verleihstellen gibt es auf Cuba nicht. Die beste Zeit für das Bergsteigen liegt zwischen Oktober und April, da es dann nicht ganz so heiß ist. Info in Viñales: *Yaroby García Martínez*, Tel. 5229 8692, www.escaladaencuba.com oder *Oscar Jaime*, Adela Azcuy 43. Kompetent ist auch die **Gesellschaft für Höhlenkunde:**

- **Sociedad Espeleológica de Cuba Ersilio Vento Canosa,** La Habana, Calle 9 a, No. 8402, e/84 y 86, Municipio Playa, Tel. 07 2025025.

Die beste Region des Landes zum Bergsteigen ist in der westlichen Provinz **Pinar del Río,** insbesondere im **Nationalpark Valle de Viñales.** Aber auch in der übrigen Sierra de los Organos gibt es genügend Platz, um zahllose andere Routen zu probieren.

Ab Juli werden die Bedingungen schlechter, es wird dann zu heiß und zu schwül zum Wandern, außerdem regnet es täglich, dadurch werden die Wände meist feucht.

In Viñales gibt es sogar ein **Kletterfest** im November.

Weitere Regionen sind die Höhen La Habana-Matanzas und die Escaleras de Jaruco, im Kreis Tapaste, in der Provinz

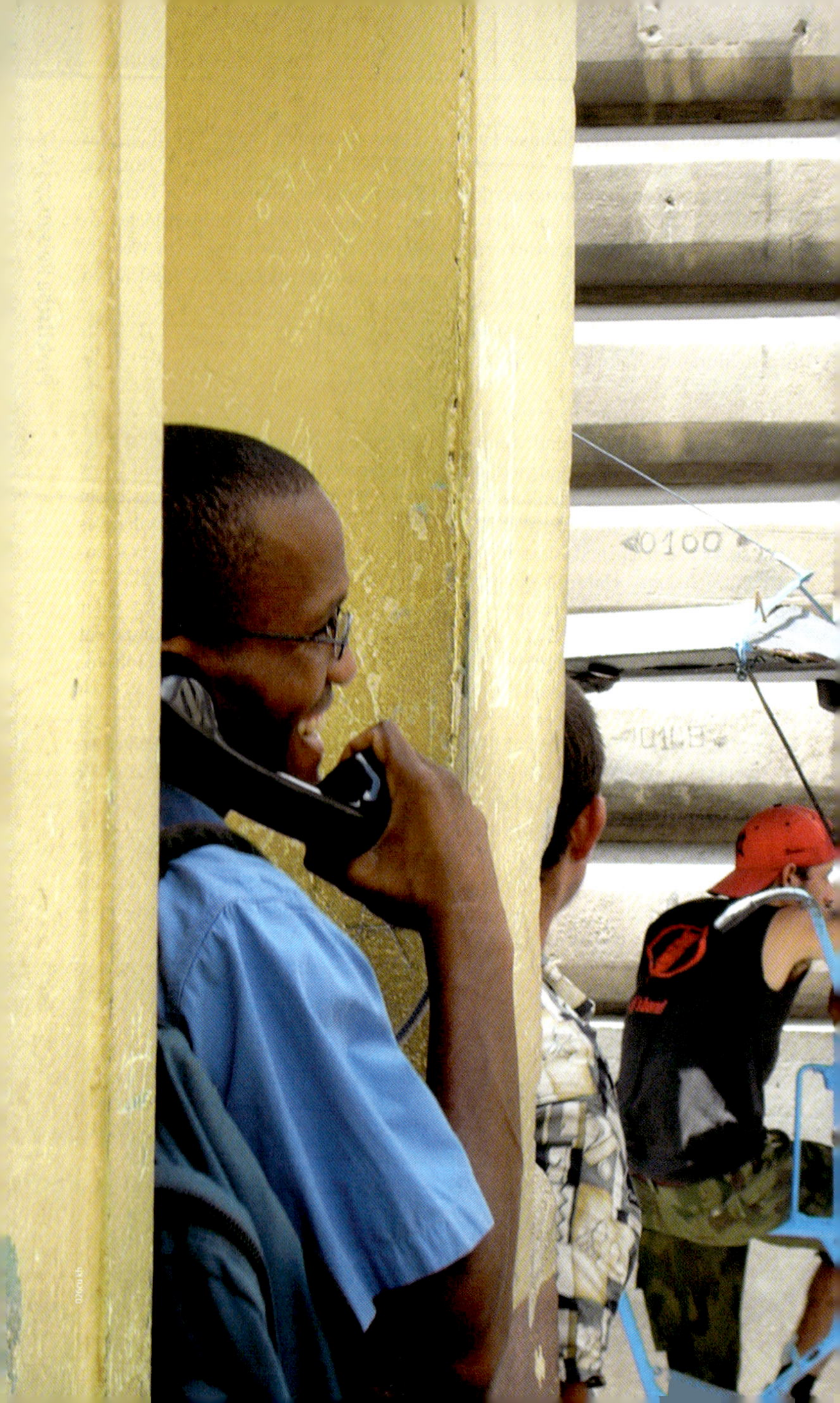

026cu kh

La Habana. In La Habana Stadt wird am El Morro gebouldert. Im Zentrum Cubas liegt das Escambray-Gebirge, allerdings gibt es hier keine einfachen Anfahrten.

Im Osten, in der Provinz Camagüey, liegt die Sierra de Cubitas, dann folgt das gesamte Bergmassiv der Südküste von Santiago de Cuba bis Baracoa. In Santiago kann man gut bouldern. Sogar auf der Isla de Juventud und auf Cayo Coco gibt es Möglichkeiten.

Die cubanischen Kletterer freuen sich übrigens, wenn man ihnen etwas von seiner Ausrüstung da lässt.

Sprache

Die Landessprache ist **Spanisch.** In größeren Städten und in den Urlaubszentren, vor allem in großen Hotels, wird auch Englisch und gelegentlich Deutsch gesprochen. Wenn Reisegruppen im Hotel sind und man Fragen hat, gibt deren Reiseleiter, der in der Regel über gute Sprachkenntnisse verfügt, gern Auskunft. In ländlichen Gegenden spricht man fast nur Spanisch. Auch sind die Beschriftungen in Museen meist nur auf Spanisch. Wer seine Reise selbst organisiert, ist mit einigen Spanischkenntnissen gut beraten.

Eine Besonderheit des cubanischen Spanisch ist die **Aussprache** der Buchstaben „z“ und „c“ (vor „e“ und „i“), die nicht wie das englische „th“, sondern als scharfes „s“ gesprochen werden. Die Cubaner sprechen schnell, auch verschlucken sie gern die letzte Silbe eines Wortes, sodass mehrere Wörter wie ein zusammenhängendes klingen können.

- **Sprachschulen:** Eine Möglichkeit, Spanisch zu lernen, bietet das *Sprachcaffe* in La Habana, Miramar, www.sprachcaffe-kuba.com. In Habana Vieja, Calle Justicia 21, gibt es die Sprachschule *Academia Maximo,* bei der man Gruppenunterricht für Anfänger und Einzelunterricht ab einer Woche bekommen kann. Die Sprachschule kann von Deutschland aus z.B. über *AvenToura* (s. Kapitel „Informationsstellen“) gebucht werden, auch in Verbindung mit einem Salsakurs.
- **Dolmetscher:** *ESTI (Equipo de Servicios de Traductores e Intérpretes),* Línea 507, Vedado, La Habana, Tel. 07 327586, ab 60 CUC pro halbem Tag.

Buchtipps

- **Spanisch für Cuba – Wort für Wort,** Kauderwelsch Band 123, und **Cuba Slang,** Kauderwelsch Band 175, praxisnahe und gut verständliche Sprachführer, erschienen im Reise Know-How Verlag, Bielefeld.

Telefonieren und Internet

Das Telefonnetz Cubas ist digitalisiert worden, wodurch sich viele Telefonnummern geändert haben. Die neuen Nummern sind sechsstellig, in der Hauptstadt siebenstellig. Meist wird nur eine Nummer vorangestellt.

Manche Zimmervermieter besitzen mittlerweile ein Mobiltelefon.

Informationen zum Diebstahl oder Verlust des Handys unter „Notfälle“.

Private Anschlüsse

Inlandsgespräche können an privaten Anschlüssen direkt gewählt werden. Sie kosten 5 Pesos die Minute. Für nationale Gespräche wählt man die 0 und wartet den hohen Ton ab, dann folgt die Vorwahl und die Nummer, wie üblich. Es gibt sogar noch handvermittelte Gespräche; diese sind billiger, etwa 1 Peso, aber die Tonqualität ist schlechter.

Ins Ausland kann man immer nur über den Vermittlungsdienst telefonieren; der Angerufene übernimmt die Gesprächskosten. Es kann jedoch ziemlich lange dauern, bis die Verbindung zustande kommt.

Öffentliche Telefone

Hier sind oft nur nationale Gespräche möglich (5 Pesos die Minute). Münztelefone funktionieren meist mit Pesos, neuere auch mit CUC. Mit den neueren Modellen sind auch Gespräche im gan-

Vorwahlnummern

Landesvorwahl Cuba	0053
Ancón	0419
Arroyo Blanco	0418
Artemisa	047
Baracoa	021
Batabanó	062
Bayamo	023
Camagüey und Umgebung	0322
Caibarién	042
Cárdenas	045
Cayo Coco und Provinz	033
Cayo Largo del Sur	045
Ciego de Ávila	033
Cienfuegos	0432
El Cobre	022
Girón und Playa Larga	059
Granma, Provinz	023
Guantánamo	021
Guardalavaca	024
Holguín und Provinz	024
Isla de la Juventud	046
Jatibonico	041
La Habana	07
Las Tunas und Provinz	031
Manzanillo	023
Matanzas	052
Morón	0335
Nueva Gerona	046
Palma Soriano	0225
Pinar del Río	048
Playa Covarrubias	031
Playa Jibacoa	047
Playa Santa Lucía	032
Playas del Este	077
Rancho Luna	043
Remedios	042
San Antonio de los Baños	0650
Sancti Spíritus	041
Santa Clara (Villa Clara)	042
Santa Cruz del Norte	0692
Santa Lucía	032
Santiago de Cuba	022
Santiago de Cuba, Provinz	022
Soroa	047
Topes de Collantes	042
Trinidad	0341
Varadero	045
Villa Clara, Provinz	042
Viñales	048

zen Land möglich, während die älteren Modelle nur für Lokalgespräche taugen.

Mittlerweile ist das ganze Land von **Kartentelefonen** überzogen, die in blauen Plastikblasen in den Hauptstraßen angebracht wurden. Diese Geräte arbeiten mit den Karten der staatlichen Gesellschaft ETECSA. Die Karten können mit CUC in Hotels und in den Büros der *Correo international* gekauft werden. Die billigste Karte kostet 5 CUC für das Inland. Es können **lokale** und **nationale Karten** erworben werden. Lokalgespräche kosten 5 Centavos (für Ausländer 0,50 CUC) pro Minute, nationale Gespräche zwischen 35 Centavos und 1 CUC. Man telefoniert somit zu einem 20-fach höheren Preis als mit den alten Peso-Telefonen! Der Vorteil liegt jedoch in der Einfachheit und in der (mittlerweile) hohen Verbreitung der Kartentelefone.

Auch **internationale Anrufe** können direkt getätigt werden. Dazu wählt man zuerst 119 – danach die Landeskennzahl und die Ortskennzahl ohne die Nullen. Die Kosten sind jedoch recht hoch: nach Deutschland 5 CUC/Min., in die Schweiz und Österreich 4,50 CUC/Min. Aus den großen Hotels kostet die Minute nach Europa 4,20 CUC.

Correo Internacional

In den Büros von *Correo Internacional* können ebenfalls Anrufe getätigt werden, zudem steht meist auch ein **Fax** bereit. Internationale Anrufe und den Fax-Service bezahlt man in CUC. Für nationale Gespräche gilt dies meist auch, in seltenen Fällen bietet das Büro dafür einen Peso-Service an. Die Preise liegen über denen der Kartentelefone, abgerechnet wird im Minutentakt. Telefonieren und Faxen nach Europa kostet pro Minute ca. 6 CUC.

In den Büros der ETECSA können Telefonkarten in *Moneda National* gekauft werden. 10 Pesos reichen für nationale Anrufe recht lange.

Mobiltelefone

Das nationale Funknetz arbeitet fast flächendeckend auf ganz Cuba. Man nutzt 900 MHz GSM wie in Europa. Der einzige cubanische Mobilfunkanbieter *Cubacel* (www.cubacel.cu) hat **Roamingverträge** mit allen deutschen, österreichischen und schweizerischen Anbietern, d.h. man kann sein Mobiltelefon problemlos auch auf Cuba einsetzen. Wegen hoher Gebühren sollte man jedoch auf der Website seines Anbieters nachschauen, welcher der Roamingpartner günstig ist und diesen per manueller Netzauswahl voreinstellen. Nicht zu vergessen sind die Kosten der Rufweiterleitung ins Ausland, die der Empfänger bezahlt (also Mailbox evtl. abstellen). Der Empfang von SMS ist in der Regel kostenfrei. Besonders gewarnt seien Nutzer von **Smartphones,** denn die Nutzung des Datapacks im Ausland ist mit horrenden Kosten verbunden. Empfehlenswert und preiswert ist das Nutzen von **Skype** zum Telefonieren z.B. in Internetcafés mit DSL oder auch die Internetverbindung per Handy über eine kostenlose WLAN-Verbindung im Hotel oder Café.

Beim Laden des Handys auf Cuba auf die **Netzspannung** achten!

Eine **cubanische SIM-Karte** erhält man in den *ETECSA*-Läden.

Firmen wie **DCalling** bieten einen verbilligten Minutenpreis an (Cuba 89 Cent/Min.). Dazu muss man sich bei dem Unternehmen registrieren und ruft von seinem Handy die Callback-Nummer an und legt nach dem Freizeichen auf, *DCalling* ruft zurück und Sie tippen die Zielrufnummer ein.

Achtung: Der Anruf auf einen cubanischen Mobilanschluss kostet auch den Angerufenen etwas. Daher wird der Anruf oft nicht entgegengenommen.

Vorwahlen

- In Cuba von Mobiltelefon zu Mobiltelefon: Cubanische Mobilnummern beginnen mit einer 05.
- In Cuba vom Mobiltelefon zu einem Festnetzanschluss: Vorwahl + achtstellige Telefonnummer; die erste 0 ist nicht mehr nötig.
- In Cuba aus dem Festnetz zu einem Mobiltelefon: von La Habana in eine beliebige Provinz 0 + Vorwahl + achtstellige Telefonnummer; von einer Provinz in eine andere Provinz 01 + Vorwahl + Telefonnummer.
- Im cubanischen Festnetz: 0 + Vorwahl + sechsstellige Telefonnummer.
- In Cuba vom Mobiltelefon zu einem Anschluss anderswo: 119 oder das Plus-Zeichen, dann Landesvorwahl + Ortsvorwahl + (Mobil)Nummer.

Internet und E-Mail

Cuba war lange gezwungen, über Satellit ins Netz zu gehen, was die Verbindungen langsam und teuer machte. 2011 legte man ein Glasfaserkabel nach Venezuela. Mit der Inbetriebnahme 2013 war die Insel erstmals über eine Leitung mit dem Internet verbunden. 2013 schuf man über 100 neue Zugangspunkte und den nationalen E-Mail-Service *Nauta*. Ende 2014 unterhielt die Telefongesellschaft ETECSA insgesamt 155 **Internetcafés** im ganzen Land, der Preis von 4,50 CUC pro Stunde Surfen ist allerdings für die meisten Kubaner viel zu hoch.

In den letzten Jahren hat sich das Angebot im cubanischen **Intranet** stark erweitert, mittlerweile verfügt es über eine Enzyklopädie, eine Suchmaschine sowie ein soziales Netzwerk. Ärzte, Künstler und Journalisten können einen privaten Internetanschluss beantragen, über 7000 Ärzte taten das bisher.

Seit 2011 gibt es das soziale Netzwerk **Redsocial.** Es richtet sich vor allem an Studierende und kann über das cubanische Intranet aufgerufen werden. Die Idee kam aus dem Bildungsministerium. Am ersten Tag hatte es schon rund 6000 Nutzer.

Die Telefongesellschaft ETECSA hatte für 2015 die Eröffnung von 35 neuen WLAN-Netzen *(WIFI ETECSA)* angekündigt, der Preis für eine Stunde drahtlosen Internetzugang wurde im Juli 2015 landesweit auf 2 CUC festgesetzt. Man kann sich rund um die Uhr mit einer temporalen oder permanenten Nauta-Karte einloggen, entsprechende Coupons sind in allen ETECSA-Filialen erhältlich. **WLAN** gibt es in:

- **La Habana:** Ave. 23 (La Rampa) vom Malecón bis zum *Cine Yara;* im Park nahe der Ave. 51 in La Lisa; Parque Fé del Valle, zwischen Galiano und San Rafael; im Amphitheater von Mariano; Paseo de la Villa Panamericana
- **Pinar del Río:** Parque Independencia und Parque Roberto Amarán
- **Artemisa:** Boulevard und Parque de la Iglesia
- **Mayabeque:** Boulevard de San José und Parque de Güines

- **Matanzas:** Parque La Libertad und Parque Peñas Altas
- **Villa Clara:** Parque Leoncio Vidal und Remedios
- **Cienfuegos:** Parque Martí und im *El Rápido* in Punta Gorda
- **Sancti Spíritus:** Parque Serafín Sánchez und Parque Céspedes in Trinidad
- **Ciego de Ávila:** Parque Martí und im Stadtkern von Morón
- **Camagüey:** Parque Agramonte; Plaza del Gall; in Las Tunas Plaza Martiana und Tanque de Buena Vista
- **Holguín:** Parque Calixto García und Parque Julio Grave de Peralta
- **Granma:** Boulevard de Bayamo und Boulevard de Manzanillo
- **Santiago de Cuba:** Parque Céspedes, Parque Ferreiro und Plaza de Marte
- **Guantánamo:** Parque Martí und Parque Central in Baracoa
- **Isla de la Juventud:** Nueva Gerona/Boulevard

Trinkgeld

Es gibt **keine einheitliche Regelung.** In manchen Lokalen wird inzwischen eine Servicegebühr auf die Rechnung aufgeschlagen; üblich sind 10 % der Rechnungssumme. Ich habe beobachtet, dass mancherorts die Bedienung das Trinkgeld sofort an einen Kassierer ablieferte. Auf meine Nachfrage wurde mir erklärt, dass die Trinkgelder gesammelt und dann auf das gesamte Personal verteilt werden, sodass auch die Angestellten etwas bekommen, die nicht direkt an der „Geldquelle" arbeiten. Bei Liveauftritten geht immer jemand mit dem Hut herum; ich gebe, wenn es mir gefallen hat, meist 0,50–1 CUC.

Uhrzeit

Cuba liegt westlich von Europa, also ist es dort früher. Der **Zeitunterschied** zur mitteleuropäischen Zeit (MEZ) beträgt **sechs Stunden:** Um 12 Uhr mittags in La Habana ist es in Frankfurt bereits 18 Uhr.

Die Uhrzeit wird mit „son las" angesagt, *son las ocho y media* ist dann acht und einhalb, also halb neun. Man benutzt die Zählung bis zwölf mit dem Zusatz „de la tarde" oder „de la noche" für Nachmittag und Abend. Man findet auch die amerikanischen Bezeichnungen **a.m.** (*ante meridiem* = vor dem Mittag) und **p.m.** *(past meridiem)* für nachmittags und abends bis Mitternacht.

Die **Sommerzeit** dauert vom ersten Märzwochenende bis zum letzten Novemberwochenende. Die Uhr wird dann eine Stunde vorgestellt.

Unterkunft

Hotels

Cuba bietet eine ganze Reihe erstklassig ausgestatteter Hotels in traumhafter Lage, die internationalen Standards absolut gerecht werden. Daneben gibt es eine Reihe einfacher Häuser. Zurzeit versucht man energisch, die alten Unterkünfte aus der Zeit des Austausches mit den sozialistischen Bruderstaaten zu renovieren. In den nächsten Jahren wird sich die Kapazität der Hotelbetten wahrscheinlich verdoppeln.

Bei den höherklassigen Hotels dominieren die **Ketten,** zum Teil als Joint-Ventures mit europäischen Firmen. *Cubanacan, Gran Caribe* und der Betrieb des Stadthistorikers, *Leal Spengler, Habaguanex* sind die teureren Häuser, während *Gaviota, Islazul* und *Horizontes* preiswerter sind.

Die meisten Hotels haben keine eigene **Internetseite.** Gehören sie jedoch zu einer der oben genannten Ketten, findet man sie auf deren Homepage (s. im Kapitel „Internet"). Es gibt eine ganze Reihe **Luxushotels,** die ihresgleichen suchen, aber nicht so teuer sind wie z.B. in Deutschland. Wer sich wie ein Kolonialherr fühlen möchte, der sollte sich die Hotels von *Habaguanex* in **Habana Vieja** anschauen, er wird dort mit Sicherheit unvergessliche Stunden verbringen.

Die **cubanischen Sterne** sind etwa wie folgt zu verstehen: *-Hotels bieten nicht mehr als ein Dach über dem Kopf. Bei **-Hotels sollte man auch keinen Komfort erwarten, *** bedeuten schlichte Mittelklasse. ****-Hotels haben einen gehobenen Service.

Preiskategorien der Hotels

In diesem Buch werden die Hotels in Preiskategorien unterteilt, dargestellt durch Ziffern. Die Preise gelten für 2 Personen im **Doppelzimmer (DZ) in der Hochsaison.**

① bis 25 CUC
② 26–50 CUC
③ 51–100 CUC
④ ab 100 CUC

Wer nicht über einen heimischen Veranstalter bucht, sondern vor Ort an die Rezeption eines Hotels geht, zahlt völlig überteuerte Zimmerpreise, besonders in den ausländischen All-inclusive-Häusern. Will/muss man **in Cuba buchen,** sollte man zu einer Reiseagentur gehen, in vielen Hotels sind cubanische Agenturen vertreten, die auch vorab die Verfügbarkeit prüfen können. Wer in La Habana ist, kann zu AvenToura im Bacardí-Haus gehen und es dort versuchen.

Check-in ist in den meisten Häusern erst ab 16 Uhr, die Abreise muss dagegen meist schon bis 12 Uhr erfolgen; wer später abgeholt wird, sollte klären wohin so lange mit dem Gepäck. Manche Hotels verlangen eine Gebühr fürs Abstellen, bei anderen lässt man seinen Koffer einfach an der Rezeption, wo auf ihn aufgepasst wird. Vereinzelt kann man das Zimmer gegen Gebühr auch länger in Anspruch nehmen, etwa wenn der Flieger von Varadero erst abends startet und man noch ein letztes Mal schwimmen und danach duschen möchte.

Das Zimmerpersonal freut sich über ein paar CUC **Trinkgeld** *(propina)* pro Woche, bei nur einer Übernachtung sollte man 1 CUC geben oder eine Sachspende in Form von Seife, Kerzen oder Ähnlichem hinterlassen. Euro-Münzen als Trinkgeld zu geben, ist übrigens problematisch, da diese in Cuba nur schwer zu wechseln sind.

Es gibt Hotels der unteren Preisklassen, die **nur für Cubaner** sind. In manchen Reiseführern sind diese gemeinsam mit den Touristenhotels aufgeführt. Hier bekommt man als Ausländer aber nur nach zähen Verhandlungen ein Zimmer. Das ist dann zwar preiswert, aber die Ausstattung ist in der Regel sehr einfach.

In den letzten Jahren greifen auch in Cuba (teure) **All-inclusive-Hotels** immer mehr um sich. Leider graben diese Häuser den ortsansässigen Restaurants das Wasser ab, denn warum sollte man sein Hotel verlassen und ein Lokal außerhalb aufsuchen, wenn man sowieso für alles bezahlt hat?

Privatzimmer

Casa particular heißt ein Haus oder Zimmer, das von Privatpersonen vermietet werden. Allerdings verhindert die Steuerpolitik diese Privatinitiative eher. Die Eigentümer bezahlen bis zu 250 CUC im Monat, unabhängig von ihren Mieteinnahmen. Haben sie zu wenig Gäste, um diese Summe aufzubringen, und melden sich von der Steuerliste ab, müssen sie drei Monate lang warten, bis sie eine neue Lizenz bekommen. Vermieten sie ohne Lizenz, kann auch der Mieter Ärger bekommen und muss mit einer Geldstrafe rechnen.

Die offiziellen *casas particulares* haben ein **Schild** (s. Abb.) mit dem Zusatz: „Arrenador Divisa". Die Preise liegen zwischen 10 und 30 CUC pro Tag und Zimmer. Wenn man sich von einem Schlepper *(jinetero)* zum Haus bringen lässt, steigt der Preis, da der Cubaner eine Provision erhält. Man sollte das nicht unterstützen, zumal der Vermittler natürlich die Casa empfiehlt, die ihm das meiste zahlt. Solche Provisionen können das Mehrfache eines cubanischen Facharbeiterlohns ausmachen. Manche Schlepper stellen sich auch während der Verhandlungen mit Pensionsbesitzern einfach dazu, um die Provision zu kassieren.

Viele Häuser übertreffen das durchschnittliche Hotelniveau in den großen Städten. Die Vermieter stehen gern mit Rat und Tat zur Seite. Oft sind die Zimmer auch geräumiger als Hotelzimmer. Häufig wird man von einer *Casa* an die nächste weitervermittelt.

Auch über die üblichen **Internetseiten** kann man cubanische *Casas* buchen, z.B. bei www.cuba-individual.com oder http://mycasaparticular.com aus der Schweiz.

Camping

Es gibt auch auf Cuba Zeltplätze. Sie heißen **campismo** – nur Zelte gibt es dort selten. In der Regel stehen dort einfache Hütten, **cabañas,** mit Betten, ein bis zwei Stühlen und einem Tisch. Bettzeug ist nicht vorhanden, kann aber meist ausgeliehen werden. Gebucht werden diese Unterkünfte über das Campismo-Büro in der jeweiligen Provinzhauptstadt. Der Preis pro Übernachtung ist mit etwa 10 CUC recht hoch, dafür kann man meist schon ein besser ausgestattetes Zimmer bekommen. **Wildes Zelten** ist verboten.

Casas particulares haben stets ein blaues Schild vor der Tür

143-cu kh

Unterwegs auf Cuba

Cuba ist über tausend Kilometer lang, in zwei Wochen kann man die Insel unmöglich ganz bereisen. Deshalb finden sich in den Ortsbeschreibungen ein paar **Routenvorschläge für Rundreisen** durch jeweils einen Teil der Insel. Es sind Touren, die man gut mit dem Leihwagen, dem Bus oder der Bahn machen kann. Jede dieser Touren dauert etwa eine Woche, doch sollte man zwei Tage Luft haben, falls ein Verkehrsmittel nicht funktioniert oder ausgebucht ist.

Inzwischen gibt es **Navigations-Apps,** die hilfreich sein können, wenn man wenig spanisch spricht oder sich schlecht orientieren kann.

Geführte Touren sind über Hotels oder über ein Büro der staatlichen Reisegesellschaft *Infotur, Havanatur* oder *Gaviota* zu buchen.

Verhaltenstipps

Man sollte beim Bezahlen im **Restaurant** unter Freunden nicht kleinlich sein, da es meist nur eine Rechnung pro Tisch gibt. Wenn man die Stunde des Zahlens verpasst hat, sollte man sich in der nächsten Bar revanchieren. Auch muss man wissen, dass man in den besseren Restaurants einen Platz zugewiesen bekommt, also sollte man sich zuerst nach dem Kellner umsehen.

Cuba ist ein armes Land. Also sollte man Leuten, die man mag oder die einem geholfen haben, etwas **schenken,** nicht als Almosen, sondern als Aufmerksamkeit oder Dankeschön. Begehrt sind zum Beispiel Kleidungsstücke, Stifte, Papier und Kerzen.

Braucht man (in La Habana) Hilfe, ist der Polizist an der Ecke immer die beste Wahl.

Verkehrsmittel

Fahrpläne

„Fahrpläne? – Welche Fahrpläne, ich bin der Plan!“

(José Hernandez de Villa)

Es gibt Fahrpläne für alle Verkehrsmittel, oh ja, nur bekommt man die nicht zu Gesicht. Kein Cubaner wird sich aufregen, wenn der Bus erst Stunden später fährt. Man sollte froh sein, überhaupt einen Bus und einen Platz darin zu bekommen. Die Cubaner versuchen zwar, die Fahrpläne auch einzuhalten, aber **manchmal muss improvisiert werden.** Und Achtung: der Versuch, den Beamten am Schalter mit Geld zur „Korrektur“ des Fahrplans zu bewegen, scheitert bei alten Revolutionären, weil die nämlich tatsächlich **nicht bestechlich** sind.

Auch wenn das Flugzeug nach Santiago plötzlich einen Abstecher nach Holguín macht, wundert das keinen Cubaner. Man wartet ab, trinkt einen Kaffee und irgendwann kommt man dann doch noch in Santiago an. Wenn dort ein Cubaner auf einen wartet, wird auch er sich nicht wundern, man sollte nur trotzdem versuchen, telefonisch die Verspätung mitzuteilen. Leider kann auch das Telefonieren zum Abenteuer werden, denn das Netz ist oft überlastet. Selten kann man mal schnell zum Flughafen telefonieren, um eine Abflugzeit einzuholen. Am einfachsten ist es, einen Cubaner zum Anrufen zu bewegen, etwa jemanden von der Hotelrezeption.

Bicitaxis

Die dreirädrigen **Fahrradrikschas** gibt es in allen Städten. Sie sind oft fantasievoll ausstaffiert, manche haben ein Dach gegen Regen und Sonne, andere ein Radio. Bicitaxis bringen einen auf kurzen Distanzen durch den Ort, und der Fahrer hat garantiert noch ein Zimmer zu vermieten. In der Regel sind es selbstständige Kleinunternehmer.

Coco amarillo

Die meist **gelben Dreiräder** sind gar nicht zu übersehen. Mit einem Motorrollerfahrgestell und einer geschwungenen Karosserie aus Fiberglas sind sie in allen großen Städten anzutreffen. Sie haben zwei bequeme Sitze und Platz für das Gepäck und die Einkäufe. Außerdem hat man ein Dach über dem Kopf und kann sich trotzdem den Wind um die Nase wehen lassen. Der Preis für eine Fahrt den Malecón von La Habana hinunter liegt bei 5 CUC.

Busse

Wer auf eigene Faust mit öffentlichen Bussen unterwegs ist, lernt ganz schnell „cubanisch reisen". So lautet der Untertitel eines Films, der wörtlich übersetzt „Die Warteliste" heißt. Diese Listen begegnen den Reisenden häufig an Busbahnhöfen, Flughäfen und Schiffsanlegern. In solche *listas de espera* werden die Reisenden der Reihe nach eingetragen und wenn der nächste Bus drei Plätze frei hat, werden eben die ersten drei auf der Liste aufgerufen. Pfiffige Cubaner versuchen, einen besseren Platz auf der Liste zu bekommen. Es liegt mitunter auch am Wohlwollen des Angestellten, wer auf welche Position kommt (Be-

029cu kh

⊡ Garantiert keine Parkplatzprobleme: Cocos sind für den Stadtverkehr bestens geeignet

hinderte haben in der Regel einen größeren Anspruch auf einen Platz).

Wichtig für Reisende in moderneren Überlandbussen: Die **Klimaanlagen** sind meist zu kalt gestellt, es ist ratsam eine warme Jacke, Strümpfe und ein Halstuch mitzunehmen, wenn man nicht mit einer Erkältung aussteigen will. Ich habe gute Erfahrung mit einem großen Leinenschal gemacht, der auch andere gute Dienste leistet.

An manchen Ticketschaltern geht es ziemlich chaotisch zu. Wie im Film „Cubanisch reisen“ fragen Sie nach dem Letzten in der Schlange *(quién es el último)* und wofür er ansteht (z.B. *de Santa Clara*). Es gibt auch professionelle Schlangesteher, die ihren Platz dann verkaufen oder sich für jemanden anstellen.

Busgesellschaften

Astrobus ist die staatliche Busgesellschaft. Mit ihr reisen Cubaner. Der Tourist darf eigentlich nur **Víazul** benutzen, aber es gibt noch Zubringerbusse der Reisegesellschaft **Cubatur,** deren Fahrer auch Reisende mitnehmen, wenn deren Ziel auf ihrer Strecke liegt – höflich fragen kann man allemal.

Víazul

Hier zahlt man auch in CUC, mit dem Vorteil, dass die Busse von *Víazul* meist superpünktlich und **ohne Pannen** verkehren. Auf den Langstrecken wird einem die Air Condition schnell unangenehm, also eine Jacke mitnehmen. *Víazul* fährt z.B. von La Habana nach Varadero, Pinar del Río, Viñales, Trinidad, Santiago de Cuba und Baracoa. **Tickets** können in jedem Cubatur-Reisebüro ohne Aufpreis gekauft werden, was sehr angenehm ist. Auch über www.viazul.com ist eine Reservierung möglich. Bezahlt wird mit Kreditkarte und man muss eine Stunde vor Abfahrt am Bahnhof auftauchen. Übrigens sind die Gepäckträger Staatsbedienstete mit Gehalt.

Leider sind mittlerweile auch die Viazul-Busse überfüllt, sodass es ein Risiko ist, wenn man unterwegs zusteigen will, auch nach Reservierung!

Grundsätzlich sollte man rechtzeitig bzw. früh an der Busstation sein, doch wenn der Bus voll ist, nützt einem das Ticket auch nichts, man muss auf den nächsten warten. Der Ticketkauf erfolgt in La Habana in zwei Glaskabinen für unterschiedliche Ziele. Achten Sie auf den richtigen Schalter, oder fragen Sie nach: *Esta es la cola para XY?* Die Nummer auf dem Ticket ist keine Platznummer, die Platzwahl ist frei. Für das aufgegebene Gepäck erhält man einen Zettel, der am Ziel dem Fahrer zu zeigen ist, damit dieser den Koffer oder Rucksack aus dem Stauraum wühlen kann.

Auf Überlandstrecken halten die Busse in der Regel an einer Raststätte für eine kurze Kaffeepause.

Víazul-Büros

- **Zentrales Telefon:** 8816954
- **La Habana:** Casa Matriz, Ave. 26 y Zoológico, Calle Habana, Vedado, gegenüber dem Zoo.
- **Varadero:** Calle 36 y Autopista, Varadero, und auf dem Flughafen.
- **Trinidad:** Viro Guirnart 224, e/Antonio Maceo y Gustavo Izquierdo.
- **Santiago de Cuba:** Ave. Los Libertadores, esq. Yarayó.

Guaguas

Guaguas heißen die **Normal-Busse.** Die Fahrt kostet 40 Centavos. Meist gibt es an den Haltestellen eine Warteschlange. Der Einstieg ist vorn. Zu empfehlen ist diese Art der Fortbewegung allerdings nur für Hartgesottene.

Camellos

Diese umgebauten amerikanischen Sattelschlepper waren lange Zeit typisch für die Straßen von La Habana. Doch die Zeit der 300 Personen fassenden Sardinenbüchsen ist vorbei, mittlerweile fahren normale Busse.

Camiones

Eine cubanische Spezialität: Vor allem in ländlicheren Gebieten, aber auch zwischen Städten verkehren private Lastwagen. Man zahlt in Pesos. Eigentlich ist es verboten, Touristen mitzunehmen, aber unter den vielen Cubanern fällt man bei einer Kontrolle nicht so schnell auf, somit ist das Risiko für den Fahrer gering. Eine Fahrt kostet 5 bis 20 Pesos, je nach Entfernung. Leider weiß man nie genau, ob an diesem Tag ein Laster hält.

Wer den Film „Guantanamera" gesehen hat, bekommt eine Vorstellung vom Ablauf eines solchen Unternehmens. In den Zeiten des Treibstoffmangels musste der offizielle Busverkehr zu Gunsten des Lasttransportes eingestellt werden. Für den Personentransport wurde diese Lösung gefunden.

Taxis

Bei kürzeren Strecken sollte man auf ein Taxi zurückgreifen. Die Nahverkehrsbusse sind oft überfüllt und meist fahren sie zu Wohnsiedlungen und nicht zu den

Ungewöhnliches Fortbewegungsmittel aus früheren Zeiten: „Camello"

030cu kh

Sehenswürdigkeiten. Man sollte mit dem Taxifahrer die Route und den Preis ausmachen und vereinbaren, ob er einen später dort wieder abholt oder wartet. Dieses Wartenlassen ist eine übliche Methode auf Cuba – viele Fahrer nutzen die Zeit zum Ausruhen oder sie treffen sich mit ihren Kollegen auf den Parkplätzen der Highlights.

Manche Taxis fahren **auch weite Strecken.** Wenn man zu mehreren unterwegs ist, kann eventuell ein Taxi billiger sein als die Tour im Bus. Mir ist es mehrmals passiert, dass plötzlich ein Cubaner auftauchte, der behauptete, den Weg zu kennen, während der Fahrer ihn angeblich nicht kannte. Vermutlich wollten die beiden zusammen einen bezahlten Ausflug machen.

Die **Regierungstaxis** haben festgelegte Preise für ihre Strecken, die man dem Reisenden in der Regel vorher mitteilt.

In den mit einem T gekennzeichneten **Touristen-Taxis** kann man ausschließlich mit CUC zahlen – alle sind mit einem Taxameter ausgerüstet. In diesem Fall sollte man nicht nach dem Preis fragen, sonst wird man als Tourist abgezockt. Das Taxameter einschalten lassen und die Fahrt ist preiswerter. Man sollte übrigens darauf achten, das Geld passend zu haben, da viele Fahrer nicht wechseln können, oder wollen.

Vielfach gibt es auch vorher festgelegte Preise für bestimmte Strecken. Einige einfache Taxis dürfen nur innerhalb eines bestimmten Viertels fahren. Sie haben ein Zeichen an der Windschutzscheibe, das darauf verweist.

Die meisten Peso-Taxis dürfen nach getaner Arbeit auch Touristen fahren. Eines der günstigsten staatlichen Taxis in La Habana ist *Panataxi,* Tel. 07 555 456. Außerhalb der Stadt nimmt man sich am besten die zählerfreien *Cubataxis.* Es ist empfehlenswert, zuerst den Preis auszuhandeln.

Colectivos

Taxis, die eine **fest bestimmte Route** befahren, heißen *Colectivos,* eine Fahrt kostet normalerweise 10 Pesos. Die Fahrer rufen oftmals bei Bushaltestellen ihre Route aus. Man sollte darauf gefasst sein, dass der Fahrer einen Touristen nicht mitnehmen will oder zumindest CUCs verlangt; nicht mehr als 1 CUC zahlen, normal sind ca. 10 Pesos. Derjenige, der vorne sitzt, zahlt den dicksten Batzen, die anderen hinten meist nur einen Anteil von 1 Peso.

Particulares

Das sind **Privat-Taxis ohne Lizenz.** Diese Form, Extra-Devisen zu verdienen, ist **verboten.** Da jedoch die Einkommen sehr niedrig sind, versuchen sich viele Cubaner mit ihren Privatwagen als Taxifahrer. Nimmt man diesen Dienst in Anspruch, sollte man unbedingt den Preis aushandeln, manchmal verlangen die Fahrer mehr als ein staatliches Taxi. Ich habe es auch erlebt, dass der Fahrer das Ziel nur vage kannte und dann im Kreis gefahren ist – oder auch das Benzin ausgegangen ist … Manche Touristen einigen sich mit dem Taxifahrer auf eine legale Begründung der Fahrt; die häufigste Version lautet: „Der Fahrer ist ein Freund von mir und wir besuchen einen gemeinsamen Bekannten." (Dazu muss man dann die Namen der Bekannten und alle anderen Daten auswendig lernen, damit man bei einer Polizeikontrolle überzeugend antworten kann.)

Mietwagen

Das Reisen mit einem Leihwagen ist in Cuba ziemlich **problemlos** (siehe auch „Auto fahren"). Es gibt mehrere cubanische Anbieter, doch ist es ratsam (und evtl. günstiger), das Auto schon von zu Hause aus zu buchen.

Man kann über verschiedene Büros in Deutschland, z.B. *AvenToura,* den Wagen zu einem Hotel seiner Wahl **bestellen,** das erspart Verhandlungen. Außerdem kann man Pakete mit Übernachtungsgutscheinen für bestimmte Mittelklassehotels buchen *(Flexi-Drive).*

Für den Stadtverkehr in La Habana sollte man kein Auto mieten, in den letzten Jahren häufen sich die **Unfälle mit Leihwagen** in der Millionenstadt.

In vielen Hotels auf dem Lande gibt es **Büros der Autoverleiher.** Folgende Firmen sind cubaweit vertreten: *Cubacar, Havanautos, Via Rent a Car, Transgaviota, Rex, Panautos, Transautos* (über *Cubatur*), *Micar.*

Um einen Wagen zu mieten, muss man mindestens 21 Jahre alt sein, an Dokumenten benötigt man den Reisepass und mindestens den EU-Führerschein. Es muss eine Kaution bis zu 300 CUC hinterlegt werden, man kann sie in bar zahlen oder einen Kreditkartenabzug hinterlegen. Bargeld wird bei Rückgabe auch in bar zurückgezahlt. Wer den Wagen an einem anderen Ort als dem Mietort abgibt, zahlt eine Rückführungsgebühr, die z.B. zwischen Varadero und La Habana 25 CUC beträgt.

Der Zustand der Autos sollte bei allen Unternehmen vorher geprüft werden. Man sollte nachsehen, ob es Wagenheber, Radmutternschlüssel und ein intaktes Reserverad gibt. Die Reifen auf Cuba verschleißen schneller. Das Reifenflicken an der Tankstelle kostet etwa 2 CUC. Es kommt vor, dass ihnen „geschäftstüchtige" Jungs die Luft ablassen, um sich anschließend nützlich zu machen.

Wenn man Glück hat, bekommt man einen *Citroën* mit Dieselmotor; *Diesel* ist an den Tankstellen billiger als *Super.* Es kann passieren, dass die preiswerten Wagen ausgebucht sind und Ihnen ein großer Wagen für 95 CUC pro Tag angedreht werden soll – da hilft nur der Gang zum nächsten Büro.

Denken Sie an die häufigen Verspätungen beim Hinflug, ordern Sie den Leihwagen lieber nicht am Ankunftstag zum Flughafen, die Büros schließen in der Regel um 18 Uhr.

Wer sich ganz exklusiv über die Insel bewegen will, kann das auf dem Rücken einer **Harley-Davidson** tun. Die Firma *Edelweis Bike Travel* bietet 10-tägige Gruppen-Touren ab 3500 Euro an (Info in Deutschland: Tel. 02681 5904, www.edelweisbike.com).

Bahn

Cuba ist die einzige Karibikinsel mit einer Eisenbahn! Der Aufbau des cubanischen Verkehrswesens im 19. Jahrhundert geht auf die Zuckerbarone zurück, denen es allerdings nur um den schnellen Abtransport ihrer Ware ging. Die erste englische Zuckermühle mit Dampfmaschine wurde 1792 installiert. Um die Ware schneller von der Mühle zu den Schiffen transportieren zu können, brauchte man ein besseres Transportsystem. Seit 1837 gibt es die Zuckerbahn. 1917 richtete der Schokoladenkonzern *Hershey* eine elektrifizierte Strecke von Casablanca in La Habana zum Hafen von Matanzas ein, die heute noch für den Personentransport benutzt wird. Nach der Revolution fehlte es dem jungen Staat am Kapital zum Ausbau der Ost-West-Bahnstrecke. Sie ist bis heute eingleisig geblieben.

Die staatliche Eisenbahngesellschaft ist vor allem eines: langsam, jedenfalls auf Nebenstrecken. Touristen zahlen in CUC, erhalten aber sofort ihren Platz. Ein bis zwei Stunden Verspätung sind normal. Auf der Hauptstrecke La Haba-

Reisen auf Cuba

Wir fahren auf der Verbindungsstraße nach Norden. Der graue Asphalt windet sich zwischen vereinzelten Bananenplantagen und endlosen Zuckerrohrfeldern hindurch. *Ladas* und einige fernöstliche Mittelklassewagen kreuzen unseren Weg. Nach einer Stunde werden die Felder spärlicher, ab und zu stehen ein paar Königspalmen Spalier. Die ersten Häuser tauchen auf. Ein Ortsschild gibt es nicht. Entweder wird der Reisende mit einer überschwänglichen Zementplastik einer örtlichen Künstlergruppe begrüßt oder gar nicht. Der Verkehr wird dichter, wir kurven zwischen Fahrrädern, Pferdefuhrwerken und Traktoren in Richtung Zentrum und halten an.

Es ist eine Kleinstadt, wie es viele auf der Insel gibt. Die Straßen, sind schachbrettartig angeordnet, in eine Richtung laufen die Avenidas, quer dazu die Calles. Der Mittelpunkt ist ein Baum bestandener Park, wie aus dem Bilderbuch. Daran angrenzend liegt die Kirche und das Verwaltungsgebäude. In der Mitte grüßt ein Denkmal – *Martí, Goméz, Marceo* oder *Céspedes* – die Helden werden verehrt, beschattete Bänke laden zum Verweilen ein.

Ich setze mich auf eine grün gestrichene Bank zwischen den Bäumen in die Nachmittagssonne und lasse das Treiben an mir vorüberziehen. Die Geräusche weben einen sanften Klangteppich, der nur aus der Ferne zu mir durchdringt. Hier ein Quieken und ich denke an ein Schwein. Wird jetzt geschlachtet, was ich heute Abend esse? Ich höre irgendwo Maschinen und Musik, immer abwechselnd drängt sich ein Geräusch in den Vordergrund. Wenn ich mich umschaue, sehe ich alte Holzhäuser mit bunten, verzierten Veranden. Aber alles verfällt. Es wird wild improvisiert, um den Zerfall zu stoppen. Hier ein Stück Blech, dort ein paar Bretter, eine verrostete Regenwassertonne. Die Menschen scheinen auf Ästhetik weniger Wert zu legen. Sind sie so arm, so frustriert, so gleichgültig? Aber es gibt Unterschiede. Zwischen den zerfallenen, verwahrlosten Häusern finden sich immer wieder sorgfältig renovierte Bauten. Wie der sprichwörtliche Fels in der Brandung ragen bunt angestrichene Fassaden hervor. Überall im Land sind liebevoll gepflegte Vorgärten zu sehen, selbst in armen Gegenden.

Diese Widersprüche begleiten einen auf allen Wegen durch Cuba. Sie machen sicherlich auch ein Stück der Faszination der Zuckerinsel aus.

na – Santiago de Cuba ist die Eisenbahn die billigste Variante mit 45 CUC im Especial No. 12/No. 14 und die schnellste im Vergleich zum Bus.

Da die Gleise im Laufe der Jahre immer mehr verschleißen und nicht so schnell ersetzt werden können, bleibt oft nichts anderes übrig, als die Geschwindigkeit zu drosseln, was im Ermessen des Zugführers liegt. Dadurch sind die Angaben über Ankunftszeiten alle hinfällig. Auch sonst sollte man sich nicht auf den Fahrplan verlassen, Ausfälle sind häufig. Ein *running gag* aus dem Film „Die Warteliste“: Wenn etwas nicht funktioniert, wartet man immer auf Ersatzteile aus China oder der Sowjetunion!

Im Zug hat man die Möglichkeit ein Sandwich und Getränke *(refresco)* zu kaufen, bezahlt wird in Pesos. Manchmal gibt es auch Hühnerbeine. Die Qualität des Essens ist ziemlich schlecht. Es empfiehlt sich daher, Essen und genügend Wasser mitzunehmen. Noch weniger empfehlenswert ist die Benutzung der WCs, in denen es oft kein Licht gibt. Achten Sie besonders nachts auf ihr Gepäck, es gibt Taschendiebe.

Auf der Strecke **La Habana – Santiago de Cuba** verkehrt alle drei Tage ein Zug – man erkundige sich am Bahnhof, ob und wann der Zug fährt. *Regular Nr. 13* und *Nr. 14* kosten ca. 10 CUC weniger als der *Especial,* sind aber eine halbe Stunde langsamer, weniger zuverlässig und ohne Air Condition. *Especial Nr. 11* und *Nr. 12* sind klimatisiert, Reisende ohne wärmende Jacke haben nach der Fahrt mit Sicherheit eine Erkältung.

Auf der Strecke **Pinar del Río – La Habana** ist es an den Zwischenstationen möglich, die Karten in Pesos zu kaufen. Leider fallen die Züge nicht selten aus.

Die **Fahrscheine** für weitere Strecken muss man in La Habana beim *Ladis*-Büro kaufen (Abk. für „Langstrecke“) und in CUC bezahlen. Am besten, man hat das Geld passend, da es, wie so oft, immer wieder Wechselprobleme gibt. Das Büro liegt in der Nähe der Estación Central. Im Bahnhof La Coubre (gelbes Gebäude zwischen Hauptbahnhof und Hafenbecken) gibt es im Anbau einen Verkauf am Schalter 4. Man kann Tickets 14 Tage im Voraus kaufen, was man auch tun sollte, da es nur ganz wenige Tickets für CUCs gibt und CUP-Tickets nur an Cubaner ausgegeben werden. *Ladis* unterhält Büros in allen großen Städten Cubas. Einige Züge fahren nur alle zwei Tage. Erkundigen Sie sich nach dem genauen Bahnhof, da etliche Züge an der neuen *Estación La Coubre* zwischen altem Hauptbahnhof und Hafen abfahren.

Mit der Bahn kann man auch Teilstrecken zurücklegen, wobei der Kauf der Fahrkarte immer etwas schwierig ist, da man häufig Schlange stehen muss. Es ist in der Regel auch möglich, die Karten im Zug zu kaufen, aber ich rate davon ab, da im Zug die Preise gerne mal steigen.

Inlandsflüge

Am 20. April 1912 hob sich der erste Cubaner in die Lüfte, *Agustín Parlá Orduña.* Monate später flog *Domingo Rosillo del Toro* einen Weltrekord, indem er die 90 Meilen von Key West nach La Habana in 2 Stunden und 40 Min. zurücklegte.

1929 gründete man **Cubana de Aviación,** sie gehört zu den ältesten Fluglinien der Welt. Anfangs flog man mit den *Ford Triplanes,* einem zuverlässigen Ganzmetallhochdecker mit drei Motoren.

032cu kh

1935 kaufte man *Lockheed Elektras*. 1936 flog Kapitän *Menéndez Peláez* allein in einem offenen, einmotorigen Flugzeug nach Spanien. Von den DC 3, die man 1936 kaufte, fliegen einige noch heute.

Heute ist *Cubana de Aviación* eine moderne **staatliche Fluggesellschaft.** Man fliegt von La Habana aus in alle größeren Städte Cubas, zum Beispiel nach Nueva Gerona für 23 CUC, nach Holguín, Santiago de Cuba, Moa, Baracoa für 80 CUC. Am günstigsten ist es, seinen Flug in La Habana oder Santiago zu reservieren, da die kleineren Cubana-Büros nicht sehr zuverlässig sind.

■ **Cubana de Aviación** (Hauptbüro), Calle 23, No. 64, esq. La Infanta, La Habana, Vedado, Tel. 07 8381 039, www.cubana.cu.

AeroCaribbean

AeroCaribbean ist die **Chartergesellschaft von Cubana,** unterhält jedoch auch Inlandsflüge. Angeflogene Flughäfen sind La Habana, Varadero, Cayo Largo del Sur, Trinidad, Cayo Coco, Manzanillo, Bayamo, Holguín, Santiago de Cuba und Baracoa. Die Preise sind etwas höher als bei Cubana.

Aerotaxi

Aerotaxi verbindet kleinere Orte miteinander, z.B. Nueva Gerona und Pinar del Río. Die Gesellschaft besitzt hauptsächlich Antonow-Doppeldecker mit etwa je acht Plätzen und vier Angestellten. Für Touristen ist es nur mit Glück möglich, ein Ticket zu ergattern.

■ **Aerotaxi,** Calle 27, No. 102, e/M y N, La Habana, Vedado, Tel. 07 8364064.

Eine Antonow AN 2 von Aerotaxi setzt zur Landung in Baracoa an

Aerogaviota

Dies war ursprünglich die Geldbeschaffungsanlage des Militärs, heute nur noch im Charter eingesetzt. Es werden auch Flüge nach Jamaica angeboten, www.aerogaviota.com.

Versicherungen

Egal welche Versicherungen man abschließt, hier ein Tipp: Für alle abgeschlossenen Versicherungen sollte man die **Notfallnummern** notieren und mit der **Policenummer** gut aufheben! Bei Eintreten eines Notfalles sollte die Versicherungsgesellschaft sofort telefonisch verständigt werden!

Der Abschluss einer **Jahresversicherung** ist in der Regel kostengünstiger als mehrere Einzelversicherungen. Günstiger ist auch die **Versicherung als Familie** statt als Einzelpersonen. Hier sollte man nur die Definition von „Familie" genau prüfen.

Auslandskrankenversicherung

Die Kosten für eine Behandlung auf Cuba werden von den gesetzlichen Krankenversicherungen in Deutschland und Österreich nicht übernommen, daher ist der Abschluss einer privaten **Auslandsreisekrankenversicherung unverzichtbar – und vorgeschrieben:** Bei der Einreise nach Cuba müssen Ausländer diese Versicherung nachweisen können, man muss also eine Bestätigung mit sich führen! Bei Abschluss der Versicherung – die es mit bis zu einem Jahr Gültigkeit gibt – sollte auf einige Punkte geachtet werden. Zunächst sollte ein **Vollschutz ohne Summenbeschränkung** bestehen, im Falle einer schweren Krankheit oder eines Unfalls sollte auch der Rücktransport übernommen werden. Diese Zusatzversicherung bietet sich auch über Automobilclubs an, insbesondere wenn man bereits Mitglied ist. Diese Versicherung bietet den Vorteil billiger Rückholleistungen (Helikopter, Flugzeug) in extremen Notfällen.

Wichtig ist auch, dass im Krankheitsfall der Versicherungsschutz über die vorher festgelegte Zeit hinaus automatisch verlängert wird, wenn die Rückreise nicht möglich ist.

Schweizer sollten bei ihrer Krankenversicherungsgesellschaft nachfragen, ob die Auslandsdeckung auch für Cuba gilt. Sollte man keine Krankenversicherung mit Auslandsdeckung haben, kann man sich kostenlos bei *Soliswiss* (www.soliswiss.ch) nach einem Krankenversicherer erkundigen.

Zur Erstattung der Kosten benötigt man grundsätzlich ausführliche **Quittungen** (mit Datum, Namen, Bericht über Art und Umfang der Behandlung, Kosten der Behandlung und Medikamente).

Andere Versicherungen

Ob es sich lohnt, weitere Versicherungen abzuschließen wie eine Reiserücktrittsversicherung, Reisegepäckversicherung, Reisehaftpflichtversicherung oder Reiseunfallversicherung, ist individuell abzuklären. Diese Versicherungen **enthalten jedoch viele Ausschlussklauseln,** sodass sie nicht immer Sinn machen.

Die **Reiserücktrittsversicherung** für 35–80 € lohnt sich nur für teure Reisen. Sie greift in dem Fall, dass man vor der Abreise einen schweren Unfall hat, schwer erkrankt, schwanger wird, gekündigt wird oder nach Arbeitslosigkeit einen neuen Arbeitsplatz bekommt, die Wohnung abgebrannt ist o.Ä. Es gelten hingegen nicht: Terroranschlag, Streik, Naturkatastrophe etc.

Die **Reisegepäckversicherung** lohnt sich seltener, da z.B. bei Flugreisen verlorenes Gepäck oft nur nach Kilopreis erstattet wird und auch sonst wird nur der Zeitwert nach Vorlage der Rechnung ersetzt. Wurde eine Wertsache nicht im Safe aufbewahrt, gibt es bei Diebstahl auch keinen Ersatz. Kameraausrüstung und Laptop dürfen beim Flug nicht als Gepäck aufgegeben worden sein. Gepäck im unbeaufsichtigt abgestellten Fahrzeug ist ebenfalls nicht versichert. Die Liste ist endlos ... Für den Fall, dass etwas passiert ist, muss der Versicherung als Schadensnachweis ein Polizeiprotokoll vorgelegt werden.

⊡⊡ Oldtimerparade?
Nein, Feierabendverkehr in La Habana!

cu006-2016 kh

cu005-2016 kh

033cu kh

7 Land und Leute

Was Sie über die wechselvolle Geschichte und die Bewohner der Zuckerinsel wissen sollten.

„Touristenbaum" (wegen der roten pellenden Rinde) in der Sierra del Rosario

Geografie

„Vor einem Kap der cubanischen Küste, das ich Alpha-Omega nannte, sagte ich eines Tages, dass hier die Welt ende und eine andere beginne.“ (Alejo Carpentier)

Cuba ist die **größte Antilleninsel** und liegt zwischen 20° und 23½° nördlicher Breite und zwischen 85° und 74° westlicher Länge auf der Nordhalbkugel. Die Insel trennt das Karibische Meer vom Atlantischen Ozean. Westlich liegt der Golf von Mexiko, die mexikanische Yucatán-Halbinsel ist 210 km entfernt. Im Osten, 77 km entfernt, liegt die Insel *Hispaniola* mit den Staaten Haiti und Dominikanische Republik. Gen Süden, über die Kolumbusstraße, liegt Jamaika rund 140 km entfernt. Der Erzfeind Cubas, die USA, befinden sich 180 km entfernt im Norden der Insel. Key West in Florida ist nur durch den Bahamas-Kanal von Cuba getrennt.

Die Form Cubas wird oft mit einem auf dem Kopf liegenden Alligator verglichen, der immerhin 1200 km lang und im Schnitt 110 km hoch ist. Das ergibt eine Fläche von etwa 105.000 km². Dazu kommt die Isla de la Juventud mit 2200 km² und etwa 1600 kleine, teils unbewohnte Inseln *(cayos)*.

Nach der Theorie, dass der amerikanische Kontinent sich von Europa und Afrika abgespalten und westwärts verschoben hat, haben der Physiker *Wegener* und später der Geologe *Ampfer* ein Bild unserer heutigen Erde entworfen. Ihr Gedanke der Plattentektonik besagt, dass es auf unserem Planeten größere Festlandplatten gibt, die überwiegend aus Granit bestehen und in der Erdkruste relativ stabil liegen. Sie sind etwa 100 bis 375 Mio. Jahre alt.

Fünf der relativ großen Platten umgeben nun die **Karibische Platte** und scheuern an den Rändern. Die Nordamerikanische Platte schiebt sich dabei unter die Karibische. Dies führte vor etwa 40 Mio. Jahren zu Auffaltungen. Das Ergebnis dieser Entwicklung sind die großen Antillen, zu denen auch Cuba gehört. Auf Haiti erreichen sie eine Höhe von 3175 Metern, um dann vor Puerto Rico in 9000 Meter Tiefe abzufallen. An eben diesen Berührungsstellen entstehen **Vulkane.**

Solche **Faltengebirge** findet man im Osten Cubas, sie bestehen aus Schiefer, Gneis und Kreidesedimenten. Der Westen der Insel besteht dagegen überwiegend aus Kreide und Karst. Die Kreideschichten wurden im Laufe der Jahrmillionen ausgefurcht und abgetragen. Hier gibt es auch die Kegelkarste, die bis zu 300 Meter aus den Ebenen ragen. In der Gegend von Pinar del Río ist dies eindrucksvoll zu sehen. Im Laufe der Jahrtausende wurden aus diesen bizarren Felsen viele Höhlen ausgewaschen. Die Kreideschichten lassen das Wasser schnell in die unteren Schichten versickern, die Oberfläche trocknet rasch ab (Verkarstung). Die Flusstäler bestehen hier aus rotem Schwemmland, Laterit genannt. Auf ihm wächst der **beste Tabak der Welt.**

In jedem Teil der Insel gibt es ein großes Bergmassiv. Im Osten liegt die **Sierra Maestra** mit dem 1972 m hohen Pico Turquino. Daran schließen die Sierra del Cristal und die kleineren Alturas de Baracoa an.

In der Mitte erhebt sich die **Sierra del Escambray,** darin liegt, von Wäldern umgeben, der Hanabanilla-Stausee. Niedriger ist die Macizo de Guamuhaya bei Sancti Spíritus im mittleren Süden.

Im Westen, hinter La Habana, erhebt sich die **Sierra de los Órganos,** die Orgelberge. Die niedrigere Sierra Guaniguánicco hält in Pinar del Río den Regen von den dortigen Pflanzungen ab. Hier wächst der berühmte Tabak, aus dem die Havanna-Zigarre entsteht.

Die **Nordküste Cubas** ist felsig und besitzt eine Steilküste, die oft unterspült ist. Um La Habana und Varadero liegen einige Buchten aus feinem Muschelsand. Geschützt wird die Küstenregion durch eines der größten Korallenriffe dieser Erde; es ist mehrere Hundert Kilometer lang.

Die **Südküste** dagegen ist flach und oft sumpfig. Hier gedeihen Mangroven und es gibt Stechmücken.

Die See um Cuba ist zu weiten Teilen flach, sie wurde nach der letzten Eiszeit vor etwa 10.000 Jahren überflutet. Allerdings gibt es auch tiefe Stellen, nämlich den Caymangraben, der über 4000 Meter tief ist, und im Norden den Puerto-Rico-Graben mit über 9000 Metern Tiefe. Zwischen Cuba und Haiti verläuft der bis zu 7000 Meter tiefe Foscagraben. An diesen Stellen ist die verbleibende Erdkruste dünn und es kommt häufig zu **Seebeben.**

Als die Spanier nach Cuba kamen, bauten sie aus Angst vor Erdbeben nur einstöckige Häuser. In späteren Jahrhunderten stockte man die Gebäude auf, als sich herausstellte, dass es zwar zu heftigen Seebeben in der Karibik kam, aber die Erdbebengefahr doch nicht so groß war, wie vermutet.

Klima

„Gutes Wetter für gewisse Dinge, murmelte jemand." (Alejo Carpentier)

Für Mitteleuropäer ist das Wetter das ganze Jahr über angenehm. Natürlich macht vielen die **hohe Luftfeuchtigkeit** zu schaffen. In der deutschen Sommerferienzeit muss man auf Cuba mit Temperaturen um die 30 °C und einer Luftfeuchtigkeit von 90 bis 95 % rechnen. Im Südosten der Insel liegen die Temperaturen im Durchschnitt um 1 bis 2° höher als im Westen. Im „Winter" ist die Luftfeuchtigkeit wesentlich geringer und die Temperaturen bewegen sich um die 25 °C. Die aktuellen **Wetterdaten** für La Habana gibt es im Internet bei www.wetteronline.de/Kuba/Havanna.htm.

Für das Klima auf Cuba sind die **Meeresströme** verantwortlich. In der Gegend um den Äquator gibt es den Südost-Passat, der einen ziemlich starken Süd-Äquatorialstrom hervorruft, und den Nord-Äquatorialstrom, Ergebnis des Nordost-Passatwindes. Sie schieben warmes Atlantikwasser in die Karibische See. Die stärksten Strömungen gibt es im Winter, wenn die Passatwinde stark sind. Das Wasser bewegt sich mit etwa zwei Stundenkilometern vorwärts, in der Yucátan-Straße verdoppelt sich die Geschwindigkeit des Wassers, und in der Floridastraße schließlich erreicht das Wasser Geschwindigkeiten von etwa 7 km/h. Das befördert nun unaufhörlich warmes Wasser in Richtung Norden. Als Golfstrom erreicht es dann Schottland und Nordskandinavien und hält zum Schluss auch noch Murmansk in Russ-

Klima

La Habana

Regenmenge in mm

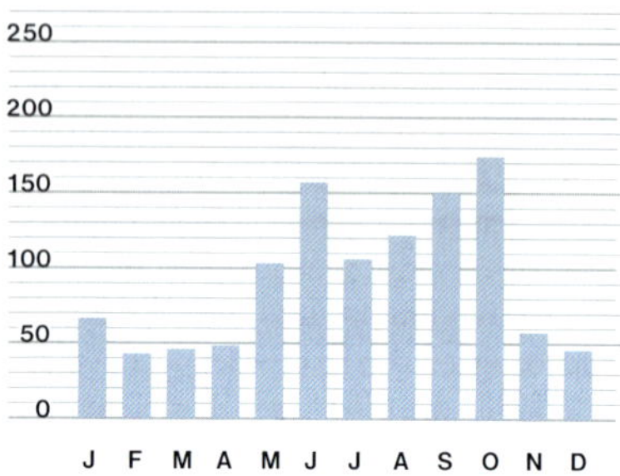

Tägl. Minimum- u. Maximum-Temperatur °c

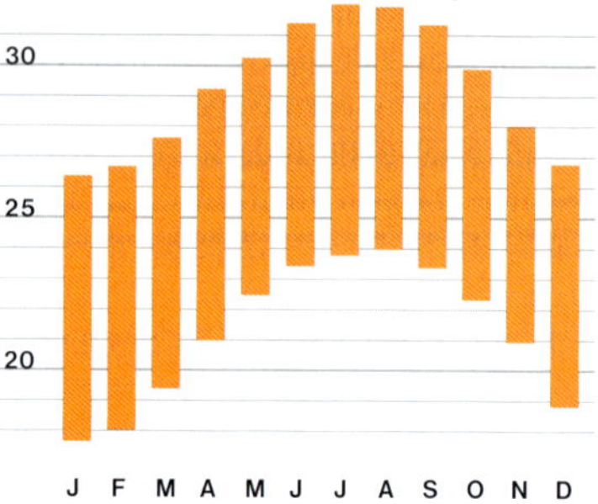

Pinar del Río

Regenmenge in mm

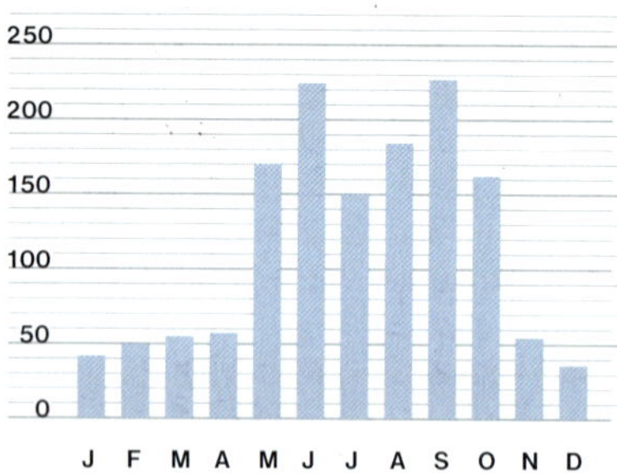

Tägl. Minimum- u. Maximum-Temperatur °c

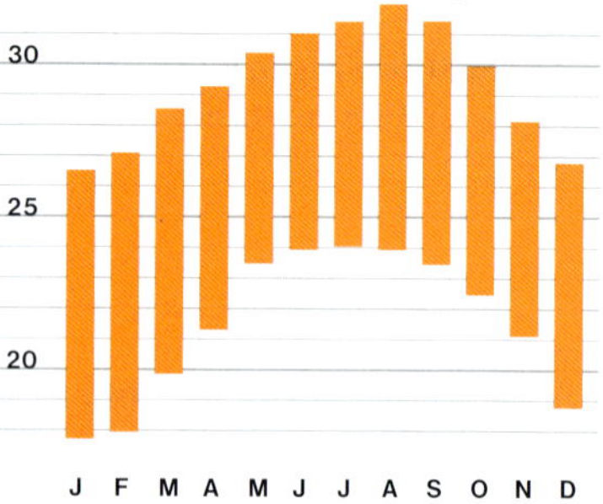

Isla de la Juventud

Regenmenge in mm

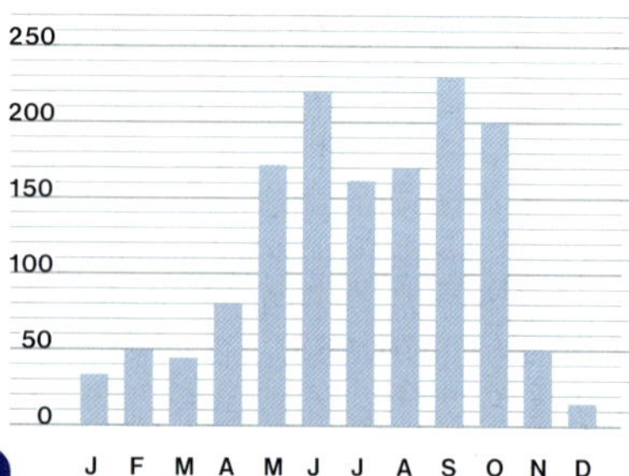

Tägl. Minimum- u. Maximum-Temperatur °c

Sancti Spíritus

Regenmenge in mm

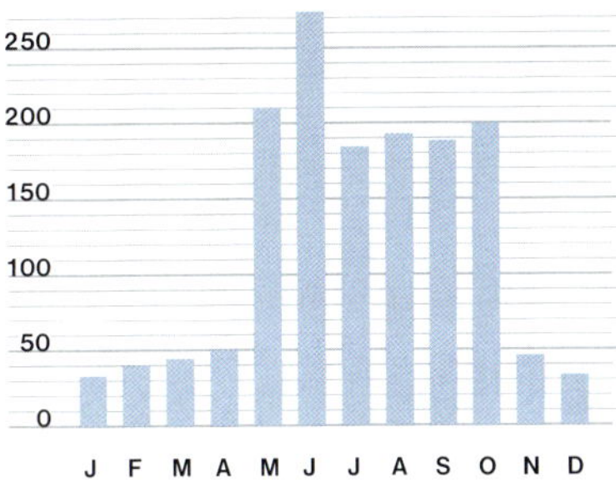

Tägl. Minimum- u. Maximum-Temperatur °c

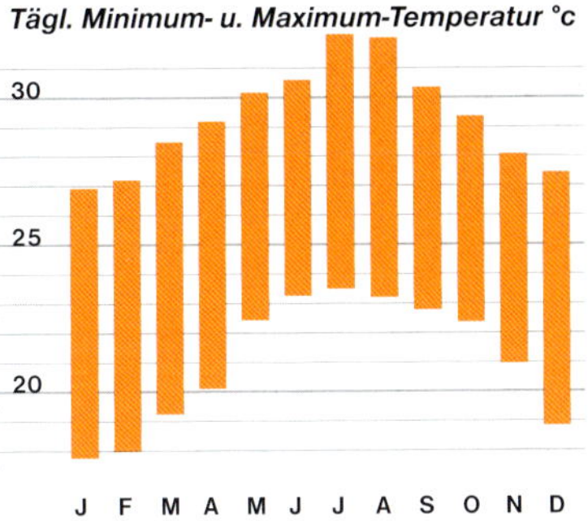

Santiago de Cuba

Regenmenge in mm

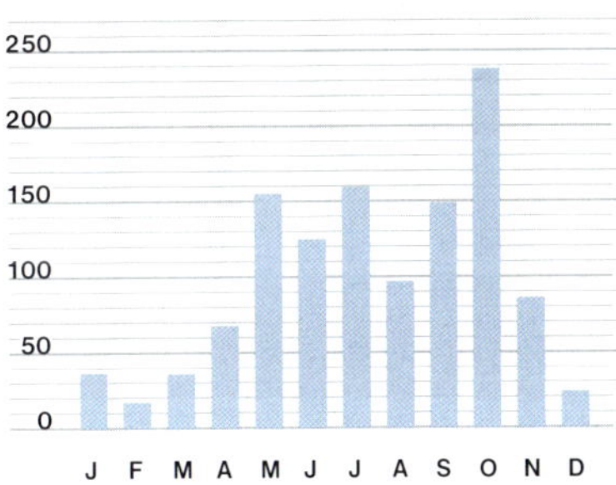

Tägl. Minimum- u. Maximum-Temperatur °c

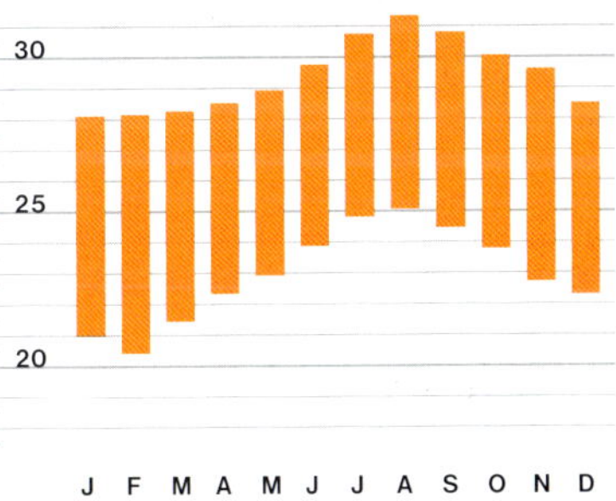

Baracoa

Regenmenge in mm

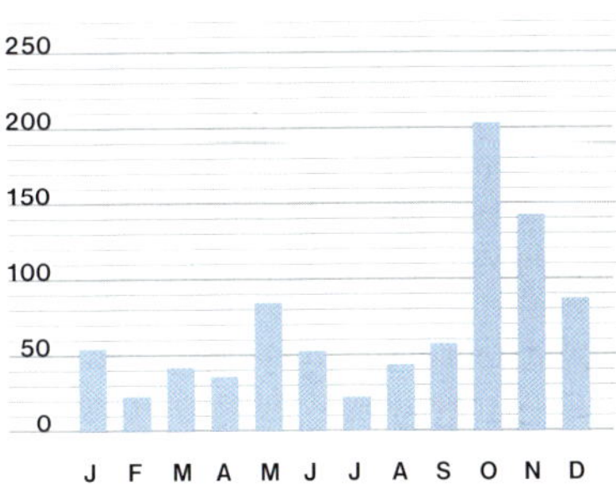

Tägl. Minimum- u. Maximum-Temperatur °c

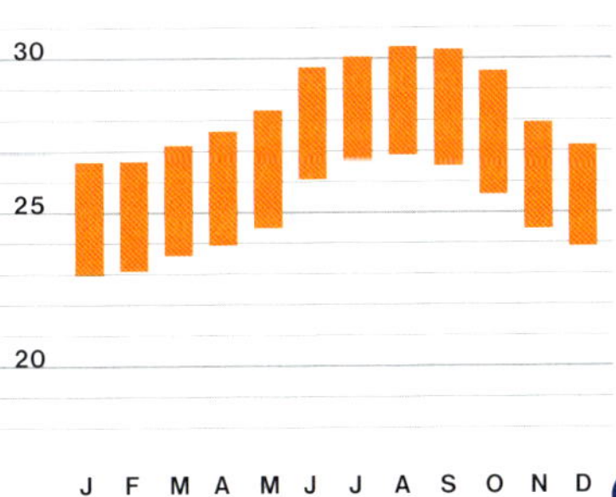

land eisfrei. In der Zeit der großen Segelschiffe fuhr man in den Nordost-Passat Richtung Afrika, schwenkte steuerbord in den Südost-Passat ein und erreichte so die Antilleninseln. Zurück ging's dann mit den Westwinden.

Die Winde um die Antillen verursachen ein **ausgewogenes Klima.** Es gibt hier keinen Sommer und keinen Winter. Die Temperaturunterschiede der verschiedenen Jahreszeiten betragen kaum mehr als fünf Grad. Allerdings ist der Unterschied zwischen der Hitze des Tages und der Kühle der Nacht schon beträchtlich. Das ganze Jahr über geht die Sonne etwa um 6 Uhr auf und gegen 18 Uhr unter.

Von Mitte Mai bis Mitte Oktober dauert die **Regenzeit.** Dies ist die Zeit, in der die Sonne am heißesten scheint. Sie bewegt sich vom südlichen zum nördlichen Wendekreis und zurück. Aus dem heißen Boden steigt Feuchtigkeit auf und hinterlässt auf der Erde eine Tiefdruckrinne, da die Luftmassen nicht so schnell nachströmen können. Wenn sich

144cu kh

heiße Luft in den höheren Luftschichten abkühlt, kann sie die Feuchtigkeit nicht mehr speichern und es regnet. Im Südosten der Karibik entstehen **Hurrikans** *(cyclones)*, die mit hohen Windgeschwindigkeiten auf Cuba eintreffen können. Man muss Mitte des Jahres im Norden oft mit Regen rechnen. *Alejo Carpentier* bemerkte übrigens einst, dass man in La Habana vom Zentrum bis in die Außenbezirke wandern konnte, ohne die endlosen Kolonnaden zu verlassen, und somit, ohne nass zu werden.

Im Winter ist der Zenit der Sonne am südlichen Wendekreis. Über Cuba herrschen Nordostwinde und bescheren eine **Trockenperiode,** in der viele Pflanzen in eine Trockenstarre verfallen und das Wachsen und Blühen einstellen. Die Blätter werden braun und verwelken. Erst zur Regenzeit zeigen sie dann wieder grüne Triebe.

Von Dezember bis März gibt es **Wechselwinde,** die kühlen *nortes*, welche sich mit warmen Südwinden, den *sures*, abwechseln.

Reisezeit

Cuba kann dem Reisenden zu jeder Jahreszeit Vergnügen oder Verdruss bieten. Wer die Hitze scheut, sollte nicht von Mai bis Oktober fahren. Die Cubaner haben im August Ferien und fallen über ihre Strände her. In den Wintermonaten sind diese dann mit den europäischen und kanadischen Urlaubern voll, da dann viele Menschen dem Schmuddelwetter in der Heimat entfliehen wollen. Um Weihnachten herum erreicht die Touristenwelle ihren Höhepunkt. Zwischen Dezember und Februar weht bisweilen ein unangenehmer Wind, sodass es an den Stränden recht kühl werden kann. So eine Kaltfront *(frente frío)* dauert etwa fünf Tage, und dann wird es tagsüber trotz Sonnenschein kaum wärmer als 20 °C, abends kann das Thermometer durchaus 12 °C oder weniger anzeigen. Baden im Meer ist dann kein wirklicher Spaß mehr.

< Tropensturm

Naturkatastrophen

„Zu den schrecklichsten Stürmen, die es dem Vernehmen nach auf allen Weltmeeren gibt, gehören jene, die auf dem hiesigen Meere sowie auf dem festen Lande regelmäßig zu beobachten sind."
(Bartolomé de las Casas)

In den letzten Jahrhunderten gab es im Sommer intensive **Niederschläge,** was zu häufigen Missernten führte. Andererseits wurde es im Osten der Insel in der Regenzeit extrem trocken, was die Reis- und Zuckerernte behinderte und die Erträge verschlechterte. Es musste Reis aus China eingeführt werden.

Dass Cuba bei den alljählichen **Hurrikans** meist glimpflich davonkommt, liegt tatsächlich am Sozialismus! Die staatlichen Strukturen funktionieren gut und schnell, **Evakuierungen passieren reibungslos,** das Staatsfernsehen warnt die Menschen ununterbrochen und gibt Verhaltenstipps. Touristen werden schnell in Sicherheit gebracht. „Ernesto" traf im September 2006 bei Pilón auf Cuba, war aber nur noch 19 km/h schnell und drehte sich mit 25 km/h. Drei Tage später war alles aufgeräumt und vergessen. Normalerweise treffen Hurrikans mit über 100 km/h auf das Festland, wie „Agatha" und „Earl" im Jahr 2010, „Bret", „Irene", „Ophelia" und „Isaac" 2011. Allein 2013 gab es sechs Hurrikans. Trotz der Warnungen starben elf Menschen im Osten Cubas durch den Sturm „Sandy".

Aktuelle Vorhersagen gibt es unter: www.nhc.noaa.gov.

› Ananas

Flora

„Dies ist das schönste Land, das Menschenaugen je gesehen."
(Christoph Kolumbus)

25 % der Insel sind mit **Pinien- und Mahagoniwäldern** bedeckt. Die einstmals dichten Wälder, von denen *Kolumbus* schwärmte, wurden von den Spaniern für den Schiffbau abgeholzt, der Rest fiel in weiten Teilen Zuckerrohr- und Tabakplantagen zum Opfer.

An den Küsten wuchern mittlerweile Mangroven; Kokospalmen vermitteln ein karibisches Flair. Im Landesinneren winken dem Wanderer die großen Wedel der Bananen zu und die Luftwurzeldickichte des Ceibabaumes erstaunen den Spaziergänger in den Städten. Dazu wachsen ihm Bougainvilleen entgegen und die Frangipaniblüte verströmt ihr süßes Aroma.

Obwohl viele Landstriche mit Zuckerrohr-, Tabak- und Maisfeldern übersät sind, gibt es eine **artenreiche Flora.** Große Flächen mit tropischem Regenwald findet man auf Cuba heute nur noch wenig. Im Kapitel über die Naturschutzgebiete sind einige Gebiete genannt, in denen man eine üppige Dschungelvegetation zu sehen bekommt. Auf der Halbinsel Zapata befinden sich außerdem noch große Sümpfe mit Mangrovendickichten. Der bekannteste Baum Cubas ist die **Königspalme,** der Nationalbaum der Karibikinsel.

Hier folgen die wichtigsten Gewächse in alphabetischer Reihenfolge, zuerst der deutsche Name, dann die botanische Bezeichnung und der spanische Name.

Ananas (Ananas sativus; piña)

Dieses Strauchgewächs ist in der ganzen Karibik vertreten. Die englische Bezeichnung „pineapple“ und das spanische *piña* weisen in Speisekarten auf Ananasgerichte hin. Aus dem Strauch, von den stacheligen Blättern geschützt, wächst in der Mitte die Blütendolde heraus, aus der in 15 Monaten die einzige Frucht wird. Das Gewicht reicht von 1 kg bis zur seltenen 10-kg-Variante. Der Strauch trägt in der Natur im 3. und 5. Jahr Früchte. Die Pflanze ist **anspruchslos** und kann große Trockenperioden überstehen. Aus jedem Blatt kann sich eine neue Pflanze entwickeln. Die Frucht wirkt kräftigend, sie wird bei Entzündungen, Wunden, Menstruationsbeschwerden, Venenerkrankungen, Verstopfung und Geschwüren angewendet. Frischer Ananassaft senkt außerdem Fieber und entwässert. In der Naturheilkunde eroberte sie sich, wegen ihres Enzymreichtums, einen wichtigen Platz.

Die Fasern der Blätter liefern die Ananasseide oder Ananashanf, der zu Batist verarbeitet wird. Noch im 19. Jh. wurden daraus Kleider gewebt.

Avocado (Persea americana; aguacate)

Die cubanische Avocado ist **sehr nahrhaft** und wird vielfältig genutzt, meist aber zu Salat geschnitten. In Südamerika kennt man den Baum seit 10.000 Jahren, er wächst auch in trockeneren Lagen bis zu 15 Meter hoch. Die Frucht fällt unreif vom Baum und reift nach, indem sie ein Gas absondert. Zu Hause kann man das forcieren, indem man sie in Papier einwickelt und liegen lässt. Das Fruchtfleisch hat den höchsten Fettgehalt aller Früchte.

Balsa (Ocroma pyramidalis; balsa, lanero)

Ein „Hochgeschwindigkeitsbaum“, was das Wachsen in den ersten fünf Jahren angeht. Er wird bis zu 15 Meter hoch und bietet eines der **leichtesten Hölzer,** das wir kennen. Das junge, weiße Holz

038cu kh

039cu kh

ist leichter als Kork und sehr biegsam. Deshalb wurde das Holz früher zum Flugzeugbau verwendet, heute eher als Bastelmaterial und als Material für Türfüllungen bzw. zum Schalldämmen. Das Gespinst um die Früchte benutzt man zur Herstellung von Seilen, Hüten und Matten. Der Baum hat eine weit ausladende Krone mit vieleckigen, großen Blättern, die bis zu 30 cm lang werden können. Er wächst in den tieferen Regionen des Regenwaldes und braucht viel Sonne. Zu sehen sind diese Bäume in der Gegend von Baracoa.

⌃ Bananenstaude

› Frangipani

Bambus (Arundinaria gigantea; bambú)

Der Riesenbambus kommt überall vor. Der botanische Garten von Cienfuegos besitzt 200 verschiedene Sorten, die Straße zum Hotel am Zaza-Stausee ist von Bambus gesäumt.

Banane (Musa sapientum; plátano)

Die Familie der Bananen bringt verschiedene Früchte hervor. **Koch- oder Gemüsebananen** schmecken roh nicht. Man verwendet sie wie Kartoffeln, vom Aussehen sind sie etwas kantiger als die Obstbananen. Sie können neben grün und gelb auch rot bis violett aussehen.

Obstbananen sind kleiner und schmecken wesentlich intensiver als die Normbanane der *United Fruit*. Die Staude wird bis zu zehn Metern hoch. Aus der Wurzel entspringen die großen lappigen Blätter. Bei Wind reißen sie ein und bieten so weniger Angriffsfläche. Dadurch wird der Strauch nicht durch einen Sturm umgerissen. Nach zehn Monaten entwickeln sich die überhängenden Blütenstände mit den roten Blättern an der Spitze. Die Früchte wachsen von der Blüte nach oben. Die Banane vermehrt sich unterirdisch durch neue Triebe.

Breiapfel (Níspero; mameysapote)

Die längliche Frucht hat eine harte hellbraune Schale und innen rosa gemasertes Fruchtfleisch. In der Mitte befindet sich ein großer schwarzer Stein. Der Geschmack liegt zwischen Kürbis und Pfirsich. Die Frucht wir roh gegessen.

Flammenbaum (Brachychiton acerifolia; flamboyant)

Der Flammenbaum ist einer der spektakulärsten Regenwald-Bäume. Er blüht an sonnigen Plätzen von Ende Juni bis Anfang September. Im Frühling verliert er die meisten seiner Blätter. Wenige Tage danach beginnen die neuen Blätter zu sprießen und es entwickeln sich die **fünfblättrigen Blüten.** Vier der Blütenblätter sind rot, das fünfte ist weiß oder gelblich. Durch dieses Aussehen kam der Flammenbaum zu seinem Namen und das ist auch der Grund, weshalb er ein beliebter Zierstrauch wurde.

Der schnell wachsende Baum kommt ursprünglich aus Madagaskar und kann über 10 Meter hoch werden. Er gehört zur Familie der Hülsenfrüchte. Die 60 cm langen Schoten sind nicht essbar, man kann aber damit heizen.

Frangipani (Plumeria roba; frangipani)

Dieser Strauch, der etwa 10 m hoch wird, gehört zu den Hundsgiftgewächsen *(Apocynaceae)*. Der Stamm ist knorrig und die Äste sind dick. Die lanzettförmigen, 30 cm langen Blätter sind auf der Oberseite dunkelgrün und glatt. Auf der Unterseite haben sie feine Härchen, sodass sie wie mit Filz bezogen aussehen. Das Besondere sind die kelchförmigen, krokusartigen Blüten. Sie können von Weiß über Gelb bis Dunkelrot chan-

040cu kh

gieren und verströmen einen betörenden Duft. Der Name geht auf den Italiener zurück, der als Erster daraus Duftwasser machen ließ.

Guave (Tetrazygia bicolor; guayaba)

Dieser bis zu zehn Meter große Strauch gehört zu den **Myrtengewächsen,** die alle recht anspruchslos sind. Die glatten, runden Früchte sind gelb-grün und können Birnengröße erreichen. Das säuerlich-frisch schmeckende Fruchtfleisch ist reich an Vitamin C. Wenn die Früchte reif sind, lässt sich die Schale leicht eindrücken. Die Kerne sind übrigens essbar.

Güira (Crescentia cujete; güira)

Der Name taucht oft auf Musik-CDs auf. Die Güira ist der **Kalebassenbaum,** aus dem die Maracas, die Rasseln, gemacht werden. Dazu wird die Kürbisfrucht ausgehöhlt und in die holzige Schale Rillen gesägt. Mit dem Stachel eines Stachelschweines oder schlicht mit einem Holzstab reibt man über die Außenseite, was ein schnarrendes Geräusch ergibt.

Jagüey-Baum (Ficus crassinervia; jagüey)

Dieser große Baum liefert ein leichtes Bauholz. Mit seinen üppig herunterhängenden Luftwurzeln ist er ein beeindruckender Anblick. Alte Exemplare sind ein undurchdringliches Dickicht aus Wurzeln, Ästen und Stämmen. Die Pflanze erinnert an die *Ficus benjamina* in europäischen Wohnungen.

Kaffee (Coffea arabica)

Auf Cuba wächst guter Kaffee, davon kann man sich in jeder Bar überzeugen. Ende des 18. Jh. begannen französische Flüchtlinge aus Haiti mit dem Anbau im großen Stil. Die Kaffeepflanze gehört zur Familie der Krappgewächse *(Rubiaceae)*. Im tropischen Klima gedeiht sie in bis zu 1200 Metern Höhe. Die etwa drei Meter großen Büsche haben länglich-spitze Blätter, die das Aussehen von Lorbeerblättern haben. Der Baum kann gleichzeitig blühen und Früchte tragen. An den Blattwurzeln sitzen die weißen, nach Jasmin duftenden Blüten, aus denen sich dann die roten Steinfrüchte entwickeln. Im Inneren dieser Früchte gibt es zwei Kerne, von einer klebrigen, süßen Masse umhüllt – die **Kaffeebohnen.** Nach der Ernte werden sie in der Sonne getrocknet, und bald ist das Fruchtfleisch verdörrt. Man kann die grünlichen Bohnen dann mit leichtem Druck vom Rest lösen. Anschließend werden sie weiter getrocknet und die Spelze und Häutchen gelöst. Die Bohnen können dann in Pfannen über dem Feuer geröstet werden. Man kann die Kaffeefrüchte aber auch in Tanks gären lassen, das Fruchtfleisch abquetschen und das Ganze wieder in Wassertanks fermentieren lassen. Nach der Schlusswässerung werden die Bohnen in einer Schälmaschine von den Spelzen befreit. Dieses Nassverfahren ist aromaschonender.

Kakaobaum (Theobroma cacao)

Die weißen Blüten und danach die dunkelgrünen Früchte wachsen direkt aus dem Stamm. Daran ist dieser 10 bis 15

041cu kh

Meter hohe, immergrüne Baum leicht zu erkennen. Die reifen Früchte sind dunkelbraun und bis zu 20 cm lang. Nach der Ernte nimmt man die Bohnen aus der Schale und lässt sie gären, das baut die Bitterstoffe ab. Das Fertiggetränk, das als Kakao verkauft wird, ist ein Gemisch mit bis zu 50 % Zuckeranteil. Zur Herstellung von **Schokolade** werden die Bohnen durch eine Art Fleischwolf gedreht, und die Masse wird dann mit Zucker zusammen in Blechformen zum Erstarren gebracht. In der Gegend von Baracoa kann man solche Tafeln kaufen.

Kaffee

Königspalme (Roystonea regia; palma real)

Dies ist der **Nationalbaum Cubas.** Er erhebt sich meist über die anderen Palmen und ist an der Verdickung im oberen Drittel des grauen Stammes zu erkennen. Die Pflanze wird 40 Meter hoch und gehört zu der *Arecaceae*-Familie. Königspalmen lieben die Sonne, trotzdem ist ihr Wasserbedarf hoch. Mit ihren Palmwedeln haben schon die ersten Bewohner Cubas ihre Hütten gedeckt. Das Holz ist ziemlich hart und eignet sich als Möbelholz, wohingegen die frischen Blätter auch vom Vieh nicht verschmäht werden. Da die Palme das ganze Jahr über (weiß) blühen kann, gibt es für die Bienen auch das ganze Jahr über

042cu kh

Nektar. Die zentimetergroßen Nüsse verwendet man als Schweinefutter. Auf Cuba steht die Königspalme unter Naturschutz. In der Krone wacht *Changó,* der Gott des Blitzes und des Donners, über die Geschicke der Menschen.

Kokospalme (Cocotero; coco)

Diese bekannte, gefiederte Palme wird bis zu 30 Meter hoch. Der Stamm dieser Strandpflanze wächst immer in Richtung Meer. Fallen die Früchte herunter, können sie durch das Wasser weggeschwemmt und an ferne Küsten getrieben werden. Deshalb ist die Pflanze in der gesamten Äquatorregion verbreitet. Manche Cubaner pflanzen sich selbst eine Nuss in den Garten, um im Alter im Schatten sitzen zu können. Die Schalen brennen, die Blätter decken Häuser, der Saft schmeckt, etc. In den Backabteilungen europäischer Kaufhäuser findet man Kokosflocken in Tüten. Das ist geraspeltes Fruchtfleisch, das getrocknet wurde. Daraus kann man auch wieder Kokosmilch machen, indem man es mit kochendem Wasser übergießt und durch ein Sieb schüttet – eine Alternative für den Notfall. Kokosmilch und Kokoscreme gibt es in den asiatischen Lebensmittelläden in Deutschland preisgünstig in Dosen. Der Unterschied in der Konsistenz ist oft „fließend". Die Dosen sollte man vorher schütteln, da sich durch die Lagerung feste und flüssige Bestandteile trennen können.

Kaufen wir hierzulande eine Kokosnuss, ist sie hart und dunkelbraun. Dies ist aber nur der Kern. Die Nuss am Baum ist viel größer und gelblich-grün. Die Cubaner holen die Nüsse von den Palmen, schneiden eine Öffnung in die Frucht und trinken den Saft. Man kann ihn auch mit einem Schluck *Havana Club* verfeinern. Das faserige Gewebe des Mantels schützt den Kern, der die Samen enthält. Wenn die Nuss älter wird, verfestigt sich der Saft zum Fruchtfleisch, das als Nährboden für die Samen dient.

⌃ Kakao

Korkpalme (Microcyca colocoma; palma de corcho)

Der **älteste Baum Cubas.** Wissenschaftler schätzen das Alter dieser Pflanzenart auf 300 Millionen Jahre. Zwischenzeitlich stand die Insel unter Wasser, danach entstand eine neue Vegetationsstufe. Dieser Baum hat alles überlebt, sogar die Korkgewinnung durch die Einheimischen in den letzten Jahrhunderten. Er wird zehn Meter hoch, sein Stamm etwa 30 cm dick. Die Korkpalme kommt insbesondere im Valle de Dos Hermanos im Westen der Insel vor.

Lebensbaum (Guaiacum officiale, Lignum vitae; guayacán)

Der seltene Lebensbaum gehört zur Familie der *Zigofilaceae,* er gedeiht in Küstenregionen und wächst langsam. Durch Kochen des Holzes gewinnt man die Substanz *Guayacol* **für medizinische Zwecke.** Das Holz hat einen angenehmen Geruch und ist zweifarbig, hellbraun mit sehr dunklen olivfarbenen Stellen. Man schnitzt daraus Kunstgegenstände. Es ist schwer zu schneiden und ziemlich hart, aber es lässt sich gut polieren. Früher hat man daraus Propeller und andere, mechanisch beanspruchte Teile hergestellt. Auch Bowlingkugeln wurden aus diesem Holz gedrechselt.

Malanga (Xanthosoma sagittifolium; tanja)

Eine **Knollenfrucht** mit Nussaroma. Der Name ist afrikanischen Ursprungs. Oberirdisch ähnelt der Strauch unserem Aronstab. Die Pflanze hat, wenn sie wild wächst, grün-weiß gefleckte Blätter. Man benutzt nur die kleineren Knollen. Die müssen gut gekocht werden, sonst wirken sie schleimhautreizend.

Mango (Magifera indica; mango)

Wenn in Europa Pfingsten ist, also in der cubanischen Regenzeit, sind die Früchte reif. Im Tal von Viñales kann man sie an den bis zu 25 Meter hohen Bäumen hängen sehen. Das sieht aus, als wenn man kleine grüne Luftballons an Schnüren in die Bäume gehängt hätte. Die bis zu 18 cm großen reifen Früchte können je nach Sorte eine grüne, gelbe oder rötliche Schale haben, die nicht essbar ist. Die kleinen *Manguitas* sind weiß und rund, sie konkurrieren mit eher lang gestreckten *Bizcochuelos,* die trocken und leicht säuerlich sind. Die großen Apfelmangos schmecken sehr süß. Alle **Sorten** haben einen großen Stein und faseriges Fruchtfleisch, das viel Vitamin A und C enthält. Die Blätter sind wechselständig, glatt und lederig. Achtung: Mangosaft hinterlässt Flecken auf der Kleidung, die nur sehr schlecht wieder herausgehen. Außerdem reagieren manche Menschen allergisch auf den Saft.

Auf Cuba wurde die Pflanze erst 1782 heimisch, nachdem reiche Kreolen sie aus Indien mitgebracht hatten. Der berühmte Gärtner *Gervasio Rodríguez* kultivierte sie dann in Centro Habana und verkaufte die Samen für teures Geld. Ihm zu Ehren wurde eine Straße in Centro Habana „Gervasio“ getauft. Da die Bedingungen für die Pflanze auf der Insel ideal waren, breitete sie sich rasant aus – heute haben viele Privatpersonen

044cu kh

einen Mangobaum im Garten. Die meisten Sorten sind um Ostern herum reif. Wenn bei uns etwas wie Kraut und Rüben durcheinander ist, ist es in Cuba wie Reis und Mango.

Manchinel-Baum (Hippomane mancinella; manzanilla)

Diese Bäume stehen in Küstennähe und sind an den roten, apfelartigen Früchten zu erkennen. Leider sind sie ziemlich **giftig,** und selbst die Sekrete, die der Regen von den Bäumen abwäscht, verursachen beim Menschen Hautausschlag. Das hat schon *Kolumbus* beschrieben, der die Baumart „Todesapfel" nannte. Sie gehört zu den giftigsten Pflanzen überhaupt: Selbst wenn man den Baum abbrennt, bleibt er bis zum Schluss gefährlich, denn der Rauch kann zu Blindheit führen.

Mangroven (Rhizophora Mangele; mangele rojo und Chrysobalanus icaco; icaco)

Diese interessante Pflanze bevorzugt eine ungemütliche Gegend, nämlich die **sumpfigen Regionen** an der Mündung von Flüssen, die zu allem Ungemach auch noch bei Flut von Salzwasser überspült werden. Um hier überleben zu können, haben die Sträucher zwei Sorten von Wurzeln. Einerseits besitzen sie die Stelzwurzeln, mit der sich die Pflanzen in den schlammigen Untergrund krallen und außerdem Atmungswurzeln, mit denen sie in dem nährstoffarmen Boden überleben können. Die Wurzeln breiten sich im weiten Umkreis um die Pflanze aus und bilden ein Dickicht, das vielen Tierarten zur Heimat wurde. Bei Flut ragen mitunter nur noch die Kronen der Büsche aus dem Wasser. Den Salzüberschuss von unten gleicht diese sukkulente Pflanze durch das Sammeln von Regenwasser oben in den Blättern aus. Die Samen bilden an der Mutterpflanze Wurzeln. Wenn die Stecklinge reif sind, fallen sie ab und ihre Wurzeln finden bei Ebbe innerhalb weniger Stunden festen Halt im Schlamm. Fallen die Stecklinge bei Flut, werden sie weggeschwemmt und verbreiten die Pflanze in anderen Uferregionen. Auf Cuba gibt es an der Südküste und auf der Halbinsel Zapata ausgedehnte Mangrovendickichte mit verschiedenen Arten. Nach und nach verlanden die Dickichte und machen anderen Pflanzen platz.

< Mangos

Maniok (Manihot esculenta; yucca)

Die Knollen sind außen braun und innen weiß. Sie sehen aus wie armdicke Petersilienwurzeln. Der Saft der Wurzel enthält Blausäure, woraus Zyankali gewonnen wird. Deshalb muss man bei der Zubereitung sehr vorsichtig sein. Zuerst müssen die Knollen gewässert werden, anschließend trocknet man sie und schält sie. Dadurch wird das Gift unschädlich gemacht. In Europa sind die Knollen ohne Blausäure im Handel. In Afrika sterben immer wieder Menschen, weil sie das Gemüse unvorbereitet verzehren. Die Knollen der drei Meter großen, sehr alten Kulturpflanze sind zehnmal stärkehaltiger als Mais. Die Stärke wird ausgewaschen und kommt als **Tapiokamehl** in den Handel, ebenso wie Sago, das man in Perlform kaufen kann. Unsere Großeltern benutzten es schon zum Soßenbinden, als es die Produkte eines gewissen „Bielefelder Krämers" noch nicht gab. Weitere Namen der Pflanze: Yuca und Kassave.

Ölpalme (Elaes guineensis)

Diese Palme sieht der Kokospalme ähnlich. Aus den Blüten unterhalb der Wedel entwickeln sich Äste mit walnussgroßen Früchten. Um das Öl zu gewinnen, werden sie nach der Ernte gepresst und entsteint. **Palmöl** und -fett kommen aus dem Fruchtfleisch, aus den getrockneten Samen stammt das Palmkernöl. Mittlerweile ist die gesundheitsfördernde Wirkung von Braten mit Palmöl sogar nachgewiesen. In Baracoa gibt es eine Fabrik für Palmöl.

Oleander (Thevetica peruviana)

Groß ist der tropische Oleander, man kann schon von Bäumen sprechen, die z.B. an der Autopista Sur in Varadero in Höhe der Marina den Straßenrand säumen. Der immergrüne Strauch hat, wie seine europäischen Vettern, dünne, lanzettartige Blätter und duftende, trichterförmige gelbe oder orangefarbene Blüten. Der deutsche Name der Pflanzenfamilie, Hundsgiftgewächse, sagt es schon: Alle Pflanzenteile, aber vor allem der Saft sind **giftig.** Trotzdem ist der Oleander in Cuba ein beliebter Zierstrauch, der auf der Insel auch *Lengua de Gato*, Katzenzunge, genannt wird.

Orchidee (Orchidaceae)

Orchideen wachsen meist epiphytisch (zusammenhängendes Wachstum) und bevorzugen sonnige Standorte. Es gibt auf Cuba über 700 Arten, die meisten davon finden sich im **Orchideengarten von Soroa.**

Papaya (Carica papaya; fruta bomba)

In der Karibik heißt sie *Pawpaw.* Auf Cuba hat der Name Papaya etwas Anrüchiges, denn er bezeichnet das weibliche Geschlechtsteil. Man kann die unreife Papaya kochen und überbacken, die Kerne werden in den Salat gemischt und sollen bei Durchfall helfen. Der Wuchs des Baumes ähnelt dem einer Palme, der schlanke Stamm wird fünf Meter hoch. Die tief eingeschnittenen Blätter der Wedel wachsen am Ende längerer Äste; es gibt sie nur an der Spitze der Pflanze, die unteren fallen ab. Die Blüten entstehen an den Blattachsen. Die grüne Frucht wird bis zu 20 cm lang, das Fruchtfleisch ist weich und gelblich. Im Handel sind die Früchte grün, man kann sie in Papier gewickelt reifen lassen. Es ist übrigens das Obst mit den wenigsten Kalorien.

Passionsfrucht (Passiflora edulis; maracujá)

Man lasse sich nicht von der unansehnlichen braunen Schale täuschen: Der Inhalt **schmeckt köstlich,** irgendwo zwischen Zitrone und Guave. Die innen rötliche Frucht hat viele kleine Kerne. Die Maracuja ist eigentlich eine Unterart der Passionsfrucht, wird aber oft verwechselt. Der Strauch der Passionsblume ist eine verholzte Kletterpflanze.

Puderquastenstrauch (Calliandra grandiflora; cabellito)

Dieser spektakuläre, immergrüne Strauch wird 3 bis 6 Meter hoch. Seine Rinde ist mit kurzen Haaren besetzt. Die Blüten sind ein Blickfang durch die 5 cm langen, leuchtend roten Staubblätter, die ihr das puderquastenartige Aussehen geben. Er blüht meist von Mai bis Oktober und wird als Zierstrauch geschätzt.

Reis (Oryza sativa; arroz)

Diese **uralte Nutzpflanze** kommt weltweit in über tausend Sorten vor. Auf Cuba begann man erst im 19. Jh. mit dem Anbau von Nassreis. Reis braucht sehr viele Nährstoffe, die die Pflanze aus Algen bezieht.

Schwangere Palme (Colpothrinax wrightii; palma embrazada)

Den Namen hat diese etwa zehn Meter hoch werdende Palme durch ihre Verdickung in der Mitte des Stammes. Sie kommt überall auf Cuba vor.

Seidenwollbaum (Ceiba pentandra; ceiba)

Dies ist der **heilige cubanische Baum,** der schon von den Mayas verehrt wurde. Auf Deutsch heißt er Seidenwollbaum und gehört der Familie der *Bombaceae* an. Es ist ein majestätischer Laubbaum, der auf vielen Plätzen Cubas seinen Ehrenplatz gefunden hat, so zum Beispiel in Cienfuegos, wo er den Mittelpunkt der Stadt markiert. Weniger respektvolle Zeitgenossen machen Öl, Seife und Medizin aus den Samen. 30 Meter wird er hoch, die Blätter sind elliptisch, die Blüten pinkfarben und die lederartigen Früchte beherbergen Samen, die mit einer Art Wolle umgeben sind. Diese Wolle wird unter dem Namen *Kapok* für Matratzen verwendet. Das Holz ist nicht sehr wertvoll, cremig-weiß, ziemlich weich und nicht lange haltbar. Der Baum kommt überall auf Cuba vor, in der Re-

043cu kh

▷ Ein Puderquastenstrauch blüht

gel jedoch eher in bergigen Regionen, wo das Wasser gut ablaufen kann.

Spanisches Mahagoni (Swientenia mahagoni; caoba)

Dies ist die weichere Variante des beliebten Tropenholzes aus der Familie der *Meliaceae.* Die Farbe des Holzes ist ein sattes Rotbraun. Das Holz wurde früher zum Schiffsbau verwendet, weil es nicht nur dekorativ aussieht, sondern sich bei Feuchtigkeit wenig verzieht und sehr verrottungsfest ist. Es ist das Holz, was von allen bekannten Arten am wenigsten schwindet. Auch Insekten mögen es nicht. Die großen Wälder sind im Laufe der Jahrhunderte geschrumpft, sodass der Baum nun auf Cuba unter **Naturschutz** steht. Cuba war einst bedeckt mit diesen herrlichen Bäumen. Doch die Spanier entdeckten seine Eigenschaften und holzten nahezu alles für den Schiffsbau ab. Das Cubamahagoni war in den 50er Jahren des letzten Jahrhunderts neben dem Pyramiden- und dem Moirémahagoni das beliebteste Holz aus dieser Familie. Der Baum selbst ist mit seinen ovalen Blättern eher unauffällig. Während der trockenen Sommer verliert er die Blätter.

Sternfrucht (Averrhoa carambola; carambole)

Die Sternfrucht bekommt man auch bei uns. Sie schmeckt **säuerlich-frisch** und ist rippenförmig. Wenn man sie quer in Scheiben schneidet, bekommt man dekorative fünfzackige Sterne. Die Pflanze gehört zur Familie der *Oxalidaceae,* der Sauerkleegewächse.

045cu.kh

Die Sorten, die man in Europa kaufen kann, sind gelb, es gibt noch eine weiße Sorte mit einem besseren Aroma.

Strandwein (Cocoloba uvifera; uva caleta)

Wie der Name vermuten lässt, wächst dieser Strauch im Sandboden in der Nähe des Meeres. Er kann bis zu 15 Meter hoch werden. Strandwein krallt sich im Boden fest und schützt die Küsten vor dem Auswaschen und Abtragen durch Wind und Wellen. Gleichzeitig absorbiert er die Hälfte des Salzes aus dem Meer, was nachfolgenden Pflanzen zugute kommt. An den geraden Stängeln entstehen handtellergroße, runde Blätter mit einer Einbuchtung am Stängelansatz. Etwa im April sieht man die ersten grünen Trauben an den Ästen. Der Strandwein ist reif, wenn die Früchte violett sind. Die essbaren Trauben schmecken süß und haben einen Kern. Man kann die Früchte zur Weinherstellung verwenden, in Jamaika macht man daraus Medizin.

Süßkartoffel (Impomoea batatas; bonitatos)

Die stärkehaltigen **Knollen eines Windengewächses** sind bei uns als Süßkartoffel auf dem Markt. Die Zubereitung erfolgt in der Regel wie bei Kartoffeln. Man vermutet, dass *Kolumbus* seiner Königin *Isabella* Boniatos mitbrachte und keine normalen Kartoffeln, als er aus Amerika zurückkehrte.

☐ Strandwein

Tamarinde (Tamarindus indica; tamarindo)

Das vielfältig nutzbare Gewächs spendet Schatten, sieht gut aus und hat dicke, länglich-braune Früchte. Die kann man zu einer braunen, breiigen Masse mit frisch-säuerlichem Geschmack pressen. Auch **Tamarindensaft** ist bei uns im Handel, in der Regel bekommt man allerdings nur die gepressten Blöcke. Mit heißem Wasser rührt man sie dann zu einer Würzsoße an, die noch durch ein Sieb passiert werden muss. Die bekannte Worcestershiresauce enthält auch einen hohen Anteil Tamarindensaft.

Westindischer Lorbeer (Calophyllum antillanum; ocuje)

Dieser bis zu 30 Meter hohe Baum, der auch **Galba** oder **Santa María** genannt wird, ist vor allem für Möbelbauer von Interesse. Sein gelblich-rosafarbenes weiches Holz wird auch für Schnitzereien verwendet. Er wird ähnlich wie bei uns der Kirschlorbeer als Hecke und Sicht- und Windschutz gepflanzt, ebenso zur Gestaltung von Parks.

Yagruma (Cerompia peltata; yagruma)

Diese Laubbäume mit ihren großen Blättern sind gut zu erkennen, denn die fingerartigen, großen Blätter sind auf der Oberseite grün und von unten silbrig behaart. Wenn es sehr trocken wird, dann rollen sich die Blätter zusammen, und man sieht nur die silbrige Unterseite. Die Cubaner nennen ihn den **Wetterbaum:** Wenn er silberne Blätter hat, kann man den Regenschirm zu Hause lassen. Die Yagrumas kommen nur vereinzelt in der cubanischen Landschaft vor. Wenn die Blätter abfallen, bleiben viele an den Ästen des Baums hängen, weil die Stiele kleine, hakenähnliche Fortsätze haben. Dies nutzten die Freiheitskämpfer der Unabhängigkeitskriege, um Nachrichten auszutauschen; die Papierzettel mit den Nachrichten wurden in den losen Blättern versteckt und diese wieder an die Äste gehängt.

Rohr gegen Rübe – der Zuckerstreit

Um die **EU-Zuckerverordnung** tobt ein Streit zwischen reichen Rübenländern und armen Rohr-Nationen. Europas Agrarpolitiker halten den Verkaufspreis künstlich hoch und erschweren den Rohr-Ländern den Export preiswerten Rohrzuckers in die EU.

Die Rübenpolitik machte teuren europäischen Zucker zu einem Exportschlager – und etwa 50 Zuckerunternehmen und rund 270.000 Rübenbauern reich.

Hintergrund ist die **Kontinentalsperre** von *Napoleon* gegen England 1806. Dadurch wurde der Zuckernachschub aus den Kolonien abgeschnitten; nun schlug die Stunde der Rübe. Aus der hatte kurz zuvor der deutsche *Franz Carl Achard* Zucker gewonnen. Bis heute wächst sie in Europa unter staatlicher Obhut.

Firmen in Europa dürfen nicht den Übersee-Zucker kaufen sondern nur den fünfmal so teuren EU-Zucker. Zudem verschleudert die EU den vorher subventionierten und dadurch inzwischen zu Halden angewachsenen Rübenzucker zu einem Drittel des Weltmarktpreises. Dies rief Manipulatoren auf den Plan. Die europäische Betrugsbekämpfungsbehörde fand etwa Merkwürdigkeiten in Serbien und Montenegro. Die kauften den billigen, subventionierten EU-Zucker auf dem Weltmarkt ein und verkauften ihn dann zollfrei als teure Eigenproduktion wieder an die EU.

Im Jahr 2006 hat die EU-Kommission durch die **Zuckermarktordnungsreform** die Subventionen für die europäischen Erzeuger um zwei Drittel gekürzt. Daraufhin schlossen 140.000 Betriebe und 80 Zuckerfabriken. Die EU wurde vom bedeutenden Exporteur zum größten Importeur. Die Zuckerindustrie läuft Sturm und will weitere Verschärfungen bis 2020 hinauszögern.

Zeder (Juniperus barbadensis, Cedrela odorata; cedro)

Dies ist ein **recht schnell wachsender Baum,** dessen rötliches Holz wegen seines herb-angenehmen Geruches für die Zigarrenkisten Verwendung findet. Eine cubanische Variante ist die Barbados-Zeder, auch zur Familie der *Meliaceae* gehörend. Früher wurde das Holz auch im Möbelbau eingesetzt, da das gleichmäßige, geradefaserige Holz sich gut bearbeiten lässt und sogar Insekten vertreibt. Die Zeder kommt im Regenwald der Berge und in geschützten Lagen vor und kann 20 Meter hoch werden.

Zuckerrohr (Saccharum officinarum; caña)

Die Pflanze wurde von *Kolumbus* von den Kanarischen Inseln mitgebracht. 1603 wurde die erste Zuckerplantage errichtet und 1850 waren es bereits 14.000. Cuba war somit der **weltgrößte Zuckerproduzent.** Heute liegt das Land mit 1,2 Mio. Tonnen auf Platz 10. Das mehrjährige Gras ist schilfähnlich und hat, wie der Bambus, knotige Verdickungen am Stängel. Die Stängel enthalten etwa 18 % Zucker. Die Ernte **Zafira** geht von Januar bis in den Mai, ein paar Mühlen öffnen schon im Dezember für die sogenannte *kleine Ernte.* Nach der Ernte werden die Blätter entfernt und die Stängel zwischen zwei Walzen ausgepresst. Diese Maschinen standen in den Zuckermühlen und wurden lange mit Dampf betrieben. Die ablaufende Flüssigkeit wird eingekocht und ergibt nach Trocknung und Reinigung den **Rohrzucker.** Ein wichtiges Hilfsmittel hierzu war eine Zentrifuge. Der Melasse genannte Zuckersirup wird auch bei der Rumherstellung benötigt (siehe Exkurs „Rumherstellung").

In den *Cachimbos,* den kleinen Zuckerplantagen, wurde allerdings nur der braune Zucker hergestellt. Zur Zuckergewinnung wurde der Zuckerrohrsaft in einem großen Kupferbottich gekocht. Nach dem Kochen wurde er in einen zweiten Kessel gefüllt, in dem er kräftig durchgerührt wurde. Das was sich absetzte, wurde ans Vieh verfüttert. Im dritten Kessel wurde Sirup hergestellt. Anschließend schüttete man den Sirup zum Erstarren in Holzformen. Der festgewordene Zucker wurde herausgehackt. Für den raffinierten Zucker wurde der Rohzucker in Trichter gefüllt und dann weiter bearbeitet.

Fauna

Auch hier hat Cuba **Einzigartiges** zu bieten. Es gibt eine ganze Reihe von endemischen Arten und sogar solche, von denen man dachte, sie seien längst ausgestorben. So lebt hier der **Almiquí,** der kleine Cuba-Schlitzrüssler, der sich von Insekten ernährt, die er mit seinem langen Rüssel aus Spalten und Ritzen saugt. 2012 entdeckten Forscher sieben der ausgestorben geglaubten Tiere im Alejandro de Humboldt Nationalpark. Es gibt noch weitere Minitiere, eine der kleinsten Fledermäuse und winzige Frösche.

Die 7000 **Insektenarten** können natürlich hier aus Platzgründen nicht näher behandelt werden. Exemplarisch erwähnt seien hier nur jene Plagegeister, mit denen man während seines Aufenthaltes auf Cuba vermutlich in Kontakt kommt – die **Sandfliegen** (*Plehbotomus; chitra*). Es gibt sie an allen tropischen Stränden, auf Cuba hauptsächlich auf den Inseln und in Maria la Gorda. Varadero scheint ziemlich frei von ihnen zu sein. Sie sehen aus wie 1 mm große, grau-schwarze Mücken und stechen nicht, sondern beißen. Der Biss wird zuerst nicht wahrgenommen, erst nach etwa 10 Minuten setzt der Juckreiz ein, der bis zu vier Tagen andauern kann. Kratzen verschlimmert die Beschwerden, und die betroffenen Hautstellen können sich entzünden. Einheimische sind weniger geplagt. Hauptsächlich brüten sie an den Stellen des Strandes, die nur beim Höchststand des Wassers bedeckt werden. Sie scheuen Wind und Regen und fliegen nicht weit, deshalb sollte man diese Stellen nur nach Vorsorge betreten.

Wer baden geht, sollte sich danach sofort wieder mit **Schutzmitteln** einreiben. Vorsorge bieten die entsprechenden Mittel wie das *Deet*-haltige *Autan* oder *Antibrumm*. Als Notprogramm hilft das Einreiben mit Sonnenmilch und danach eine dicke Schicht Babyöl. Aquacortisonsalbe oder Tigerbalsam lindert den Juckreiz. Die in Europa bekannte Kriebelmücke gehört zur selben Familie. Zwar können Sandfliegen Leishmaniose übertragen, in Cuba jedoch sind keine derartigen Fälle bekannt.

Vögel

Cuba wird von über 100 Vogelarten aus Nordamerika zum Überwintern genutzt; von den heimischen Arten sind über 20 endemisch.

Antillengrackel (Quiscalus niger; grackle antillano)

Dieser Vogel ist auf Cuba **sehr häufig anzutreffen.** Er ist etwa amselgroß und ebenso schwarz, die Weibchen sind etwas kleiner. Man erkennt die Tiere, wenn sie am Boden herumlaufen an ihren senkrecht stehenden Schwanzfedern. Die Grackel ernähren sich von Beeren und Insekten sowie von den Tischen der Hotelanlagen.

Bienenelfe (Mellisuga heleneae; zunzún)

Diese kleinen Vögel sind auf Cuba oft zu beobachten. Obwohl ohnehin eine kleine Vogelart, gibt es den ganz kleinen **Zwerg-Kolibri,** den die Cubaner *zunzúncito* nennen, der von Schwanz bis Schnabel etwa 5 cm misst und an manchen Stellen metallisch von grün bis blau schillert. Diese wechselnden Farben werden durch die Hornschichten des Gefieders verursacht, an denen sich das weiße Sonnenlicht bricht und in seine Spektralfarben zerlegt wird, ähnlich wie bei einem Prisma. Die Vögel wiegen nur ca. 1,8 Gramm, sind bis zu 100 km/h schnell und können auf der Stelle fliegen, um den Nektar mit dem langen Schnabel aus den Blüten zu saugen. Der **Hummel-Kolibri,** cubanisch *zunzún,* ist gerade mal etwas größer als eine Hummel. Beide stärken sich bevorzugt am Nektar der Hibiscussträucher und der Malvenbäumchen.

Cuba-Amazone (Amazona l. Leeucocephala, Amazona l. palmarum)

Diesen prächtigen **Papagei** findet man auf der Antilleninsel selbst und auf der vorgelagerten Isla de Pinos (Isla de Juventud). Insgesamt leben noch etwa 5000 Vögel dieser Art auf Cuba.

Es gibt **zwei regionale Unterarten:** die östliche Cuba-Amazone und die westliche Cuba-Amazone. Die Unterschiede betreffen die Färbung des Gefieders im Kopfbereich. Die Grundfärbung des Gefieders ist grün, an den Seiten des Kopfes haben sie rote Flecken.

Cuba-Amazonen leben in festen Paaren und nisten in der Regel in Baumhöhlen. Diese hacken sie nicht selbst, sondern lassen Spechte und Termiten die Arbeit machen.

Die Paarung der farbenprächtigen Vögel beginnt im Februar. Sie besetzen zuerst die Höhlen und suchen dann den Partner. Im April legt das Weibchen drei bis vier Eier und im Mai schlüpfen die Jungen.

Die Vögel ernähren sich von Früchten und Nüssen, die sie auf Bäumen und Sträuchern finden und fallen mitunter in Plantagen ein, was die Besitzer zur Flinte greifen lässt, obwohl die Vögel **unter Schutz** stehen.

Cubatrogon (Tragon temnurus, Priotelus temnurus; tocororo)

Das ist der **Nationalvogel Cubas.** Dieser Klettervogel hat ein Gefieder, das Cubas Flaggenfarben aufweist. Sein Gesang ist eher klagend. Das Tier wird bis zu 28 cm groß und ernährt sich von Blüten und Früchten.

Fregattvogel (Fregata magnificens; rabihorcado)

Diese großen Vögel leben an den Küsten und jagen anderen Vögeln das Futter ab. Sie sind an ihrem gegabelten Schwanz und den spitz auslaufenden Flügeln gut zu erkennen, wenn sie majestätisch mit langsamen Flügelschlägen im Passatwind dahinsegeln. Die Tiere können bis zu 2,30 Meter Spannweite erreichen. Sie sind schwarz, das Weibchen hat eine weiße, das Männchen eine rote Kehle, die es bei seiner Balz zu einem Sack aufblähen kann. Die Vögel nisten in den unwegsamen Mangrovenwäldern, wo nach etwa 45 Tagen Brutzeit das Jungtier schlüpft.

Karibischer Flamingo (Phoenicopterus ruber ruber; flamenco)

Die rosa Flamingos leben auf den vorgelagerten Inseln der Provinz **Ciego de Ávila.** Ein männliches Tier kann bis zu einen Meter hoch werden, die Flügelspannweite beträgt dann stolze 1,50 m. Die Weibchen sind etwas kleiner. Die rosa Färbung, auf Carotin zurückzuführen, kommt erst im Erwachsenenalter, Jungtiere sind grau. Der karibische Flamingo bevorzugt die flachen Salzwassergebiete der Küsten zwischen den Mangrovendickichten. Sein Gefieder putzt er mit einem körpereigenen Öl, um es gegen Feuchtigkeit zu schützen. Mit den langen Beinen kann er in Regionen auf Nahrungssuche gehen, die einen halben Meter unter Wasser stehen. Seine Beute sind kleine Fische, Insekten und Krustentiere. Er zieht den Schnabel durchs Wasser wie ein Fischer sein Netz und schüttelt dabei den Kopf, um das Wasser ablaufen zu lassen. Das Weibchen legt seine Eier in schlammigen Uferregionen.

Flamingos treten in Schwärmen bis zu 1000 Tieren auf. Vieles erledigen sie synchron: die Suche nach Nahrung, das Putzen, bei Störung fliegen sie alle gemeinsam auf. Touristen und der Autoverkehr haben viele der Kolonien in unwegsame Gebiete verdrängt, wo die Vögel in Ruhe nisten können.

Pelikan (Pelecanus occidentalis occidentalis; pelicano)

Dieser braune Vogel hat eine **Flügelspannweite** von über zwei Metern. Typisch für Pelikane ist ihr breiter Schnabel, mit dem sie durch das Wasser pflügen, um Fische zu fangen. Der **Braune Pelikan** stürzt sich im Fluge ins Wasser, wenn er eine Beute gesichtet hat. Auf dem letzten Meter legt er die Flügel ganz an, um ungebremst einzutauchen; Luftsäcke verhindern das Untergehen. Beim Brüten bekommen die Tiere gelbe Flecken auf Kopf und Brust. Das Weibchen legt zwei bis drei Eier, die nach einem Monat ausgebrütet sind. Auch in La Habana kann man die geselligen Tiere beobachten. Im Winter kurven sie auch an Varaderos Stränden. Die Braunen Pelikane werden 25 bis 30 Jahre alt.

Reiher (Ardea herodias)

Weit verbreitet ist der **Graureiher.** Dieser große Vogel ernährt sich von Kleintieren in den Uferregionen. In seinem grauen Federkleid sind schwarze Streifen. Er hat einen gelben Schnabel und rote Füße. Reiher haben feste Plätze, an denen sie sich aufhalten. Oft sieht man sie bewegungslos in der Gegend herumstehen und auf Beute lauern. Die Tiere ähneln unseren heimischen Ibisarten. So gibt es auch auf Cuba den **Weißen Reiher,** *coco blanco*, der in Symbiose mit Rindern lebt, und den sehr selten gewordenen **Schwarzen Reiher,** *coco negro.*

Spottdrossel (Mimus polyglottus; sinsote)

Dieser beige Singvogel ist überall auf Cuba zu finden. Männchen und Weibchen der etwa 25 cm großen Tiere unterscheiden sich äußerlich nicht, sie haben dunkle Flügel und zwei hellere Streifen. Die Spottdrossel gehört zu den **vielseitigsten Singvögeln** und singt das ganze Jahr über, sogar nachts. Der Vogel bekam seinen Namen, weil er in seinem Gesang nicht nur andere Vögel imitiert, sondern sogar Geräusche aus der Umgebung nachahmt. Die Vögel fressen wirbellose Kleintiere und Beeren.

Truthahngeier (Carthartes aura; tinosa)

Diese Art gibt es überall dort, wo die Landschaft übersichtlich ist. Der riesige schwarze Vogel erreicht eine Flügelspannweite von über 1,50 Metern und hat einen roten Kopf, der an den eines Truthahns erinnert. Die Tiere fressen nicht nur Aas, sondern auch Früchte von den Bäumen. Bei der Beutesuche verlassen sie sich ganz und gar auf ihren **ausgeprägten Geruchssinn.** So fliegen sie morgens von ihren Bäumen auf und segeln in geringer Höhe über ihr Revier. Die Vögel nisten allerdings am Boden. Truthahngeier können lange ohne Nahrung auskommen.

Reptilien

Krokodil (Rhombifer cocodrilio; cocodrilo)

Das Tier aus der Familie der Panzerechsen kommt in letzter Zeit wieder häufiger vor. Man hat die Krokodile wieder eingeführt, auf der **Halbinsel Zapata** werden sie gezüchtet und anschließend ausgesetzt. Sie bewohnen sumpfige Uferregionen und Flussmündungen, wo sie Fische und Kleintiere jagen. Ein ausgewachsenes Krokodil wird nicht selten bis zu vier Meter lang und kann eine halbe Tonne wiegen.

Auf Cuba findet man das **Rauten-** und das **Amerikanische Graukrokodil,** stark vom Aussterben bedroht ist das Spitzkrokodil. Beim Jagen halten die Tiere das Maul geöffnet und schließen den Schlund mit der Zunge, um kein Wasser aufzunehmen. Alle Krokodile sind gute Schwimmer. Auch tauchen können sie lange. Ihre Beute ertränken oder zerreißen sie. Die Krokodile brüten in Höhlen an Uferböschungen. Nach drei Monaten schlüpfen die Jungtiere und werden von den Müttern sofort ins Wasser transportiert, wo sie besser bewacht werden können als an Land. Schon die Taínos fingen die großen Tiere. Auch heute kann man noch Krokodilsteak auf den Zuchtfarmen essen.

Der Verwandte, der **Kaiman** *(Caimanus crocodilius* oder *crocodilius acutus),* kommt ebenfalls auf Cuba vor. Er zeigt bei geschlossenem Maul nur die oberen Zähne, beim Krokodil hingegen sieht man beide Zahnreihen. Der Kaiman hat auch einen gepanzerten Bauch und wird auf Cuba etwa 2,50 Meter lang. Er baut in den Uferzonen von Flüssen unterirdische Höhlen für die Eier. Das Geschlecht der Tiere richtet sich nach der Temperatur, bei der sich die Eier in den Höhlen entwickeln. Die Jungen werden von der Mutter ausgegraben. Kaimane ernähren sich von Fischen, Fröschen und Krabben.

Leguan (Iguanidae; iguana)

„Ein hässliches Gesicht, aber harmlos; ein glitzernder Kamm auf dem Kopf, mit einem Sack unter dem Kinn; ein langer Schwanz und scharfe Knochen auf dem Rücken, die in der Form einer Säge abstehen.“ (Charles Owen) Damit sind die Tiere schon ganz gut beschrieben. Zu der Familie der *Iguanidae* gehören alle Arten der Leguane. Die Familie der Leguane unterteilt sich in acht Unterarten, die sich alle mehr oder weniger ähneln.

Cyclura, der **Fels-Leguan,** ist eine große Echse, die sehr urtümlich aussieht. Sie kommt wiederum in acht verschiedenen Arten auf vielen Inseln vor. Einige Cyclura-Arten haben kräftige Farben, die meisten sind jedoch grau.

Ctenosaura sieht aus wie eine Kreuzung zwischen dem grauen Cyclura und dem Grünen Leguan. Sie heißen wegen ihrem Dorn auf dem Schwanz auch Stachelschwanzleguane. Mit Ausnahme der Cyclura und Brachylophus-Arten sind Leguane nicht vom Aussterben bedroht. Ihr Lebensraum wird jedoch kleiner. Auf den kleinen Cayos vor der Isla de la Juventud kann man noch freilaufende Leguane erleben. Da sie gemerkt haben, dass Zweibeiner freiwillig Essen hergeben, kommen sie neugierig angetrabt, wenn sich ein Boot der Insel nähert. Auch auf der Hotelanlage Buccanero bei Santiago de Cuba lebten Leguanfamilien, die oft auf der Zufahrtsstraße herumlungerten. Was nach dem Hurrican *Ike* aus ihnen geworden ist, kann ich nicht sagen.

Die kleinen **Anolisechsen** werden bis zu 30 cm lang und kommen auf Cuba in unzähligen Arten vor. Die meisten haben besonders intensive Färbungen, die sie je nach Situation ändern können. Manche zeichnen sich durch einen roten Kehlsack aus. Da sie hervorragende Kletterer sind, kann man sie hauptsächlich auf Bäumen und im Unterholz sichten. Auffällig sind die Arten, die beim

Laufen den Schwanz aufrollen *(Leiocephalus carinatus)*. Sie leben an Stränden und in trockenen Gebieten.

Schildkröte

Auf Cuba gibt es **Leder-, Karett-, und Grüne Meeresschildkröten.** Die „Unechte Karettschildkröte" ist mit bis zu 2 m Länge die größte ihrer Art und kann bis zu 200 Jahre alt werden. Schon *Kolumbus* hat bei seiner Umsegelung der heutigen Isla de la Juventud von großen Mengen *Careys* (Karettschildkröten) berichtet. Zur Brutzeit, zwischen April und Juni, zieht es die Schildkröten an den Ort ihrer Geburt zurück. Sie buddeln tiefe Löcher in den Sand und vergraben bis zu 200 Eier; anschließend werden die Löcher wieder zugeschüttet. Je nach Temperatur schlüpfen Weibchen oder Männchen, die Damen lieben höhere Temperaturen. Die Brutplätze werden mittlerweile geschützt, z.B. die Westspitze Cubas, Guanahacabibes. An den Seeufern findet man Sumpfschildkröten.

Schlange

Es gibt auf Cuba **keine gefährlichen Schlangenarten.** Die häufigste unter den 14 Arten, die auf Cuba leben, ist die **Majá de Santamaría** (*Epicrates angulifer*, Cubanische Schlankboa). Die Schlange wird etwa zwei Meter lang und ist ziemlich dick, deshalb bewegt sie sich auch sehr träge. Sie lebt in den Wäldern und hat braun-rote Flecken. Die Afrikaner nannten sie *emboba*. Gar nicht träge ist die **Jubo,** die Cubanische Rennnatter, ein friedfertiges Reptil.

Frosch

Die kleinsten Frösche der Welt sind der **Pygmäen-Frosch** *(Noblella pygmaea)* und der *Eleutherodactylus limbatus,* die u.a. im Nationalpark Alejandro Humboldt heimisch sind und nur ca. 12 mm groß werden.

Fische und andere Meeresbewohner

Insgesamt tummeln sich in den Küstengewässern Cubas etwa **800 verschiedene Fischarten.** Die größten Vertreter sind der Tarpon, der Hai und der Sägefisch. Die Schwarzen und Blauen Marline sind durch *Hemingways* „Der alte Mann und das Meer" bekannt geworden. Kleinere Arten sind Makrelen, Doraden, Zackenbarsche, Barrakudas und fliegende Fische. Die Cubaner machen sich nicht viel aus Fisch. So „musste" *Fidel Castro* höchstpersönlich einmal im Fernsehen demonstrieren, dass man diese Tiere auch essen kann.

Drückerfisch (Balistides vetula)

In den Riffen leben diese bunten Wassertiere, die im Englischen *triggerfish* („Auslöserfisch") heißen, was ihre Besonderheit besser bezeichnet. Wird der Fisch verfolgt, oder ruht er, spreizt er seine Stachelflossen in einer Felsspalte auf. Dieses Auseinanderspreizen kann nur durch den Fisch selbst, mit Hilfe eines Beugemuskels wie etwa bei einem Pistolenabzug, wieder gelöst werden. Dank dieses Auseinanderspreizens ist der

Fisch von seinen Feinden nicht aus den Spalten zu ziehen.

Gaukler (Chaetodontidae)

Diese kleinen, flachen Barsche kommen in unglaublich vielen Farb- und Mustervarianten vor. In den Riffen sind hauptsächlich gestreifte zu sehen.

Kofferfisch (Ostracion quadeicornis)

Diese Verwandten der Kugelfische sind stark gepanzert, mit sechseckigen Knochenplatten. Der Kofferfisch hat einen eher eckigen Kopf, aus dem zwei starke Stacheln ragen, die er zur Jagd benutzt. Es gibt noch ein weiteres, nach hinten gerichtetes Paar Stacheln.

Koralle (Anthozoa)

In den Meeresgebieten mit warmem, sauberem und sauerstoffreichem Salzwasser haben sich die Korallenriffe im Laufe der Jahrhunderte gebildet, da die Tiere Kalk absondern. Diese seeanemonenartigen (korallenartigen) Tiere leben fest auf dem Untergrund und sind auch untereinander verbunden. Sie haben einen sackartigen Körper mit Tentakel am oberen Rand. Kommen Kleinlebewesen mit der Tentakel in Berührung, werden sie durch ein Gift gelähmt. Der Schlund saugt sie ins Innere, wo sie zersetzt und anschließend durch den Darmkanal ausgeschieden werden.

Die Tiere leben in **Symbiose** mit einer Algenart. Die Riffe sind bevölkert mit Hunderten Arten bunter Korallenfische, die diese riesigen, wuchernden Gebilde als Versteck nutzen. Was wir als Koralle kennen, sind die Kalkformationen, die sich unter den Tieren bilden.

Diese Lebensgemeinschaft ist bedroht! Nicht durch Bohrmuscheln und Seesterne, die die Korallen fressen, sondern in erster Linie durch die **Umweltverschmutzung,** d.h. durch den Menschen. Sobald der Lichteinfall im Wasser nicht mehr gewährleistet ist, fehlt der lebensnotwendige Sauerstoff. Trotzdem

046cu kh

> Meeresfische in einem Karsttrichter (cenote)

werden auch heute noch Häuser mit Korallenkalk gebaut. Nicht zuletzt werden oft Andenken aus Koralle angeboten. Je mehr Leute diese Stücke kaufen, desto mehr Menschen sehen darin ein Geschäft und brechen weitere Teile aus den Riffen. Korallenbänke haben eine nicht unerhebliche Schutzwirkung für das dahinter liegende Land. Fehlen diese Wellenbrecher, ist die Küste gefährdet und muss unter erheblichem Aufwand mit Beton gesichert werden.

Vielfach erkennt man die Riffe schon vom Strand aus, da sich das Meer in schäumender Brandung daran bricht. Solche Saumriffe entlang des Strandes sieht man z.B. in Guardalavaca. Der Sand an diesen Stränden besteht aus zermahlenem Korallenkalk, in dem man oft auch größere Korallenstücke findet.

Red Snapper (Lutjanus campechanus)

Dieser Speisefisch ist in der gesamten Karibik verbreitet. Er wiegt etwa 1–2 kg. Das Fleisch ist fest und weiß, und da er nur sehr wenige große Gräten hat, ist er sehr leicht zu essen.

Stachelrochen (Dasyatis americana)

Die US-Amerikaner nennen ihn *Sting Ray*. Die Form dieser Rochen erinnert an einen Drachen aus Kindertagen, viereckig, in einen langen Schwanz auslaufend. An dem sitzt ein Stachel, der von Giftdrüsen umgeben ist. Dieses **Gift** ist auch für Menschen tödlich.

Der Rochen jagt Fische, durch die Bewegung des Schwanzes schlägt er den Stachel in den Leib des Opfers.

Weißer Marlin (Makaira albida; aguja blanca)

Dieser über zweieinhalb Meter lange Raubfisch ist sehr schnell. Unverkennbar sind das spitze, stachelartige Maul, mit dem er andere Fische tötet, und die segelförmige Rückenflosse. Vom **Blauen Marlin,** einem Verwandten, wurde schon eine halbe Tonne schwere Exemplare gefangen.

Weißer Hai (Garcharodon carchainas; tiburón blanco)

Schauergeschichten hin oder her, es gibt ihn in den Karibischen Gewässern, allerdings eher in etwas kühleren Regionen. Er wird dort etwa sechs Meter lang, wie er aussieht, weiß seit *Steven Spielberg* jedes Kind. Meist jagt er Fischschwärme und begnügt sich mit Abfall, der aus Schiffen geworfen wird. Gelegentlich frisst er einen Seehund.

Weich- und Krustentiere

Schnirkelschnecke (Polimita picta; polymita)

Diese kleinen außergewöhnlichen Tiere gibt es **nur auf Cuba.** Sie haben ein bunt gestreiftes Gehäuse in allen Tönen von Weiß über Gelb bis Dunkelrot. Nicht selten werden einem Ketten aus den Gehäusen dieser Schnecken angeboten, allerdings ist die **Ausfuhr streng verboten!** Durch die Sammelwut der Menschen sind die Tiere fast ausgestorben. In Holguín gibt es die größte Sammlung dieser Gehäuse im Naturkundemuseum.

Winkerkrabbe (Uca)

Diese rote Krabbe besitzt eine vergrößerte Schere. Sie dient zum Anlocken des Weibchens. Dazu stellen sich die Männchen auf die hinteren Gliedmaßen und winken mit der roten Schere. Der Lebensraum dieser Tiere sind die Mangrovensümpfe im Süden der Insel.

Säugetiere

Außer **Rindern, Pferden** und **Mauleseln** sind **Schweine** verbreitet, die man überall sieht. Sie sind durch das Unwesen der Piraten hier heimisch geworden, die die Tiere als Proviant mitbrachten und auf Cuba aussetzten.

Almiquí (Solonedon cubanus)

Der nachtaktive Almiquí oder **Cuba-Schlitzrüssler** ist fast ausgerottet. Der Körper ist 28–32 cm lang, der Schwanz misst nochmals 17–25 cm. Mit seinen auffallend großen Krallen reißt der Almiquí vermoderte Baumstämme auf, um an Insekten zu kommen. Die Tiere geben durch Speicheldrüsen ein giftiges Sekret ab, mit dem sie ihre Beutetiere betäuben. Die Schnauze des Schlitzrüsslers ist lang ausgezogen; die Augen sind klein.

Der Almiquí lebt im Gebirge am südwestlichen und südöstlichen Ende von Cuba. Durch die von den Europäern eingeführten Hunde und Katzen sind die Tiere in ihrem Bestand stark bedroht. Bei Gefahr ducken sie sich, sträuben die Haare und grunzen wie Schweine. 2014 sind einige Exemplare in der Gegend von Holguín gesichtet worden.

Baumratte (Capromys melanurus, C. prehensilis, C. pilorides; jutía)

Jutía heißt dieses cubanische Nagetier auf Spanisch; es sieht einer großen Ratte ähnlich und wird etwa 40 cm groß, mit einem 15 cm langen Schwanz. Der borstige, gelblich-braun gesprenkelte Pelz weist auf der Bauchseite einen grauen Streifen auf und an der Schulter ein paar weiße Haare. Dazu kommen schwarze Ohren und Pfoten und ein dickes Hinterteil. Die paarweise lebenden Pflanzenfresser gehen nachts auf Nahrungssuche. Kommt man dem Tier zu nahe, kann es ziemlich ungemütlich werden und zubeißen.

Es gibt auf Cuba drei Arten: **Jutía Andaras** *(Capromys melanurus)* hat ein dunkelbraunes Fell, kleine runde Ohren und klauenähnliche Füße. Das Tier lebt hauptsächlich in den Wäldern der Sierra Maestra. Die Einheimischen essen das Fleisch, es wird mit Honig und Nüssen gekocht. Das Tier selbst ernährt sich von Blättern und Früchten.

Jutía Cazabali *(Capromys prehensilis)* hat eine helle Unterseite und lebt etwa fünf Jahre. Der Schwanz ist länger als beim *Andaras.* Man kann das Fleisch zwar essen, aber es soll unangenehm riechen. Das Tier lebt in hohlen Baumstämmen und ist in Cuba endemisch.

Jutía Conga *(Capromys pilorides)* hat ein leicht gestreiftes Fell und ist mit 40 cm das größte Tier der Art. Das scheue, nachtaktive Tier lebt in Höhlen auf dem Boden.

Auf der Insel Cayo Blanco unweit der Halbinsel Hicacos (Varadero) kann man sich *Jutías* ansehen, eine Großfamilie lebt unter dem dortigen Restaurant und wird von den Touristen gefüttert.

cu007-2016 kh

Fledermaus (Ciroptera)

Die **kleinste Fledermaus der Welt,** *Mariposa* (Schmetterling) genannt, soll in den weit verzweigten Höhlen im Osten der Insel heimisch geworden sein. Sie ist ziemlich selten. Häufiger zu beobachten ist da schon das **Große Hasenmaul** *(Noctilio leporinus),* das etwa 10 cm groß wird. Die **Braune Fledermaus** ernährt sich von Insekten, kleinen Kriechtieren und sogar Fischen, die es mit seinen krallenbewehrten Hinterbeinen aus dem Wasser fängt. Diese Fledermaus lebt im Süden der Insel.

Man hat nachgewiesen, dass ein Tier bis zu 40 Fische pro Nacht mit den Krallenfüßen aus dem Wasser holt und verspeist. Man ist sich in der Wissenschaft jedoch noch nicht einig darüber, ob die Flattertiere die Fische anpeilen können, oder nur nach Sicht fischen.

⌃ Eigentlich ein scheues Tier: Jutía Conga

Riesenfaultier (Megalocnus rodens; gran perezoso)

Vor über 6000 Jahren hat es dieses 1,50 Meter große, träge Pelztier in Cubas Wäldern gegeben. Alles, was von ihm übrig blieb, kann man sich im Naturkundemuseum der Hauptstadt anschauen.

Umwelt- und Naturschutz

„Es wurde Zuckerrohr angebaut, aber mit der Schönheit des Landes war es vorbei."
(Esteban Montejo)

Die Natur gehört zu den wertvollsten Schätzen der Insel, auch wenn aus finanziellen Gründen der Umweltschutz nicht immer an der ersten Stelle steht. Seit 1978 gibt es das „Komitee zum Schutz und Erhalt nationaler Schätze und der Umwelt". Einige vom Aussterben bedrohte Pflanzen stehen bereits unter Naturschutz, die Krokodile werden wieder gezüchtet. Cuba ist auf dem Wege der Besserung. Seit einigen Jahren gibt es ein Regierungsprogramm zur Förderung des **sanften Tourismus.** Hotelprojekte werden mittlerweile zurückhaltender geplant als noch vor fünf Jahren und es gibt mehr kleine Naturreservate.

Die überaus wichtigen **Korallenriffe** sind mehr als tausend Kilometer lang. Größere Korallenriffe gibt es außer dem Great Barrier Reef vor Australien nur noch vor der Küste von Belize. Man versucht, diese Einmaligkeit zu erhalten. Man sollte grundsätzlich **keine Gegenstände aus Koralle kaufen,** man veranlasst die Leute dadurch nur, noch mehr Korallen abzubrechen.

Cuba beachtet das **Washingtoner Artenschutzabkommen.** So dürfen keine Produkte aus Elfenbein oder Schildkrötenpanzern ausgeführt werden. Das sogenannte CITES-Dokument des Artenschutzabkommens verbietet auch den Export von Schmetterlingen und Artikeln aus Walknochen.

In der Gegend von Baracoa werden die Gehäuse der streng geschützten bunten **Polymita-Schnecke** angeboten. Kaufen sie die auf keinen Fall!

Nationalparks von West nach Ost

Península de Guanahacabibes

Die Westspitze Cubas ist zum **Biosphärenreservat** erklärt worden. In dem flachen Gebiet konnte sich eine reiche Küstenflora und -fauna entwickeln. Die ursprünglichen Bewohner hat man nach El Vallecito umgesiedelt.

Das Reservat mit der wellenumtosten Küste ist abgesperrt, hinein kommt man nur mit Genehmigung. Hier leben 172 Vogelarten, von denen elf endemisch sind. Zum Reservat fährt man hinter La Fé in Richtung Maria La Gorda bis nach La Bajada, wo es eine meteorologische Station und den Eingangsposten vor dem Abzweig gibt. Am Ende der Sperrzone liegt das Cabo de San Antonio mit dem Roncali-Leuchtturm. Hierher kommen im Sommer die **Seeschildkröten,** um ihre Eier zu vergraben. Außerdem leben hier wilde Papageien und Eulen.

Ein paar Kilometer weiter liegt die **Playa Las Tumbas** mit der Unterkunft *Villa Gaviota Cabo de San Antonio.* Die Straße endet hinter der Nordwestspitze Punta Cajón am Bootshafen Cabo de San Antonio beim Punta Morros de Piedra. Berühmt sind die weit überkragenden

„Balkone“ aus Kalkstein an der Nordküste. Auch eine Art „Salztorf“ ist entstanden. In der Guanahacabibes-Station kann man versuchen, geführte Touren zu buchen, aber das ist nicht immer möglich, da die Gegend noch militärisches Sperrgebiet ist.

Die Tour **„Bosque Al Mar“** führt durch die Küstenvegetation, vorbei an Orchideen, zur Höhle Cueva de la Barca, in der man ein kühles Bad nehmen kann. Das Ganze dauert etwa 2 Stunden und kostet 6 CUC (Infos in Sandino oder La Fé, das Büro der zuständigen Forstbehörde ist in Pinar del Río). Wer motorisiert ist, kann in María la Gorda wohnen und es von dort aus versuchen.

Sierra del Rosario

Eine wild wuchernde Urwaldregion in der **Cordillera de Guaniguanico.** Hier finden sich fast alle cubanischen Vögel in freier Wildbahn. Die Touristenziele hier sind Las Terrazas und Soroa.

Valle de Viñales

Der Park ist 21 ha groß und begeistert besonders durch die vielen **Kalksteinhöhlen.** Er liegt in der **Sierra de los Órganos,** die zu Piñar del Río gehören. Führer vermittelt jede *Casa* in Viñales oder die örtlichen Reisebüros.

Los Indios/San Felipe

Auf der Insel **Juventud** gelegenes Sandrevier mit endemischen Tierarten. Es ist abgesperrt und schwer zu besuchen.

Montemar (Ciénaga de Zapata)

Zahllose Wasservögel, Säugetiere, Reptilien und Amphibien finden hier noch ideale Lebensbedingungen. Der Park umfasst große Teile der Halbinsel Zapata („Schuh“) in der Provinz Matanzas. *Ciénaga* heißt **Sumpf** und das ist es, was den Park ausmacht, der als größtes zusammenhängendes Feuchtgebiet der Karibik gilt. Ein weiter Teil sind Mangrovensümpfe, die zur Heimat vieler Vögel geworden sind. In der Mitte liegt das **größte Höhlensystem Amerikas.** Außerdem gibt es 30 Reptilienarten und Fische. Und die Insekten nicht zu vergessen. Hier scheint das Mutterland der Stechmücke zu sein. Auch seltene Seekühe und der Tocororo sind mit etwas Glück zu beobachten. Es leben nur einige Menschen hier, ein paar Köhler arbeiten sich an dem toten Holz ab. In der letzten Zeit vermehrt sich der Tourismus. Das Gebiet ist allerdings ohne Führer (10 CUC) nicht zu betreten. Die Attraktion ist die **Krokodilfarm von La Boca,** wo man einige der Panzertiere besichtigen kann. Eine wesentlich größere Zahl lebt auf einer Farm, die für Touristen nicht zugänglich ist.

Man erreicht das Gebiet von der Autobahnabfahrt Jaguey Grande in Richtung *Bahía de Cochinos* (Schweinebucht). Das ist alles recht touristisch und daher auch entsprechend teuer.

Die **Laguna del Tesóro** erreicht man mit dem Boot von der Anlegestelle, etwa 9 km östlich von La Boca, durch das Kanalsystem – eine eindrucksvolle Fahrt. Die Schatzlagune hat ihren Namen von den Taínos, die ihre Schätze aus Furcht vor den Spaniern angeblich hier versenkt haben sollen. Auf zehn kleinen Inseln hat man das Taíno-Dorf *Boca de Guamá* rekonstruiert. Guamá war ein Taíno-Häuptling. Die Inseln sind über Holzstege miteinander verbunden. Die Künstlerin *Rita Longa* schuf die 32 berühmten lebensgroßen Holzfiguren, die das damalige Leben der Indianer zeigen. Wer bleiben möchte, kann eine der 44 Hütten mieten. Daneben gibt es eine teure Cafeteria, ein Restaurant, ein kleines Museum und einen Aussichtsturm. Es heißt, dass sich früher häufig Hochzeitspaare hier eingemietet haben, um ihre Hochzeitsnacht dort zu verbringen.

Topes de Collantes

Das Landschaftsschutzgebiet liegt in der Bergregion Sierra del Escambray. Von Trinidad braucht man mit dem Auto für die 20 km lange, serpentinenreiche Strecke etwa eine Stunde. Vorbei am Lungensanatorium „Kurhotel" aus der Batista-Zeit erreicht man eine Höhe von 770 Metern. Dies ist die Region des **Tropischen Nebelwaldes** mit seinen typischen Farnen, Moosen und Orchideenpflanzen. Für den sich anschließenden Parque Represa braucht man einen Führer, den man am Eingang engagieren kann. Weiteres s. unter „Ausflüge" bei Trinidad.

Jardines de la Reina

Der „Garten der Königin" wurde 1996 wegen der Krokodile, Schildkröten, Echsen und Korallen geschützt und zieht vor allem Taucher an die Sandstrände der 160 km langen Inselkette in der Provinz Ciego de Ávila. Der Park umfasst 250 unbewohnte Inseln und weite Teile des vorgelagerten **Korallenriffes,** das eines der größten der Welt ist. Unterkunftsmöglichkeit besteht nur auf dem Hausboot eines italienischen Veranstalters. Der nächste Hafen ist **Jucáro** (s. auch im Kapitel „Inseltouren").

Caguanes

Der Nationalpark liegt an der Küste der **Provinz Ciego de Ávila** und begeistert durch seine Mangrovendickichte und die unter Wasser stehenden Höhlen.

Cayo Guillermo (Santa María)

Dieser relativ kleine Nationalpark gehört auch noch zur Provinz Ciego de Ávila. Auf seinen Inseln überwintern viele Zugvögel. Bekannt ist der Nationalpark für seine **Rosa Flamingos.** Viele Angler zieht er ebenfalls an.

Desembarco de Granma

In dieser **Urwaldregion der Sierra Maestra** begeistern die vielen Schmetterlinge und natürlich der Regenwald. Man erreicht das Gebiet von Media Luna aus. Dazu fährt man nach Südosten Richtung Pilón. Zwölf Kilometer später biegt eine Straße rechts nach Niquero ab. In Bélic gibt es das Landungsdenkmal mit Museum der Revolutionäre um *Fidel Castro.* Die wirkliche Landungsstelle erreicht man nach zwei Kilometern Fußweg. Den Naturliebhaber zieht es nach so viel Geschichte sicher in den Park, dessen **Eingang Portada de la Libertad** in der Nähe ist. Zunächst sind 3 CUC

Nationalpark Sierra Maestra

Parkeintritt fällig. Dafür erwartet einen eine **einzigartige Küstenlandschaft.** Tiefe Höhlen sind im Laufe der Jahrtausende in den Kalkstein gewaschen worden, dabei haben sich terrassenartige Hänge herausgebildet. Hier wachsen 400 Jahre alte Kakteen und ein Stück unberührter **tropischer Regenwald.** Man hat zehn endemische Pflanzenarten darin gefunden.

Nach etwa neun Kilometern Weg kommt man zum kleinen Fischereihafen **Cabo Cruz** an der äußersten Spitze der Insel. Hier steht seit 1871 ein 30 Meter hoher Leuchtturm. Dazu gibt eine Ausstellung im dazugehörigen Gebäude Auskunft über den langen Leuchter, der zuerst mit Olivenöl befeuert wurde, danach mit Gas und seit Anfang der 1950er Jahre mit Strom. Wer sich dafür interessiert, kann im Laden nachfragen.

8 km südlich des Parkeingangs an der Teerstraße beginnt links ein **faszinierender Wanderweg** namens *Sendero Arqueológico Natural El Guafe,* den man mit Führer im Museum buchen kann. Auf dem zweistündigen Weg begegnet man Schmetterlingen, Kolibris und vielen anderen Vögeln. Am Wegesrand wachsen in den trockenen Lagen Kakteen, in den Feuchtgebieten sieht man Orchideen. Durch ein unterirdisches Flussbett wurden **20 Höhlen** aus dem Kalkstein gewaschen. Der Höhepunkt sind die **Ídolos del Aqu,** die von den Indios aus kleinen Stalagmiten geformt wurden. Alljährlich am 22.12. scheint die Sonne in diese Höhlen. Alles in allem ein großes Erlebnis für Naturfreunde.

Auf *Castros* Spuren kann man in sieben Stunden nach **Alegía de Pío** wandern, von wo man mit dem Bus wieder zurückgebracht wird (35 km).

Sierra Maestra

Hier ist die **Bergwelt** die Attraktion. Start der Touren ist **Yara.** Hier oben hatte *Fidel* sein Hauptquartier, in der Nähe von Bartolomé Masó. Etwa 5 km südlich dieses Ortes an der Straße nach Santo Domingo gibt es den **Campingplatz** *La Sierrita* und für 15 CUC die Vierer-Hütte. Er liegt recht schön und ein Fluss zum Baden ist auch in der Nähe. Von hier kann man versuchen, eine **geführte Tour** zu bekommen. Am Wochenende ist der Campingplatz oft voll, also sollte man schon von Bayamo aus buchen.

Am Besten nähert man sich dem Nationalpark über das 25 km von Yara entfernte **Villa Santo Domingo,** wo es Unterkünfte gibt. Ein Taxi von Bayamo kostet 25 CUC pro Strecke. Es sollte aber ein robustes Fahrzeug sein, das die letzte Steigung vor dem Ziel auch noch schafft. *Villa Santo Domingo* am Río Yara hat 20 Bungalows für 27 CUC (DZ), das Schwimmen im Fluss ist umsonst. Di, Sa und So fährt ein Bus nach Bartolomé Masó. 8 km vorher stehen im Islazúl-Motel *Balcón de la Sierra* sechs Doppelzimmer zur Verfügung (22 CUC in der Saison), oder man mietet sich eine der sechs Hütten für 28 CUC; von deren Terrassen hat man einen wunderschönen Blick ins Tal. Von hier bis **Alto del Naranjo** sind es zu Fuß zwei Stunden anstrengender Aufstieg über die steile Straße, die nur von Allradautos zu bewältigen ist. Wenn man mit einem Leihwagen bis Alto gekommen ist, geht man besser zu Fuß weiter, denn normale Autos schaffen diese Steigung nicht mehr!

In Santo Domingo muss man sich einen **Führer** mieten. Hier sollte man sich entscheiden. Wer zu **Castros ehemali-**

ger Operationsbasis wandern möchte, läuft von Alto del Naranjo ca. vier Stunden durch den Dschungel (hin und zurück). Am besten startet man bereits am frühen Morgen, da am späten Vormittag die aufziehenden Wolken oft die Sicht behindern. Ab 14 Uhr darf man nicht mehr in den Park, um 16 Uhr wird er geschlossen. 2 km vor der Kommandantur gibt es eine Station der Parkwacht. Wer keine Fotografiererlaubnis bei der Parkwacht bezahlt hat, muss die Kamera hier abgeben. Am Ziel sieht man die Gebäude, die den Rebellen als Quartier, Lazarett, Gericht und Standesamt dienten. Auch *Fidels* Unterkunft ist erhalten.

Alexander Freiherr von Humboldt

1769 in Berlin geboren, gilt *Humboldt* als einer der letzten **Universalwissenschaftler.** Der Name *Alexander von Humboldt* kommt auf der Weltkarte häufiger vor als der irgendeines anderen Menschen. Tausende von Örtlichkeiten, Institutionen und Phänomene sind nach ihm benannt. Seine wissenschaftliche Mehode der Forschung nannte er den „begründeten Empirismus". Dabei verglich er alle seine Beobachtungen der Natur miteinander und versuchte Verbindungen herzustellen und Zusammenhänge sichtbar zu machen.

Sechs Jahre hatte sich *Alexander von Humboldt* auf seine große Reise vorbereitet. Am 5. Juni 1799 brach der 29-Jährige zu einer fünfjährigen **Forschungsexpedition** nach Venezuela, Cuba, Kolumbien, Ecuador, Peru und Mexiko auf. Nie zuvor war ein Forschungsreisender auf eigene Rechnung und ohne politischen Auftrag so lange unterwegs gewesen. Im Dienste der Wissenschaft schonte er sich selbst am wenigsten, immer auf der Suche nach neuen wissenschaftlichen Erkenntnissen. Er sammelte eine enorme Menge an geologischen, botanischen, astronomischen, biologischen, und sozialen Materialien und Erkenntnissen.

Nach seiner Reise durch Lateinamerika lebte *Humboldt* in Paris. 1827 kehrte er aus finanziellen Gründen nach Berlin zurück. Dort kämpfte er gegen die „kulturelle Wüste" der preußischen Hauptstadt. Hier wurden auch seine Vorlesungen an der Universität berühmt. Er begann den fünfbändigen „Kosmos" zu schreiben. Der zweite Band wurde 1874 den Buchhändlern buchstäblich aus den Händen gerissen.

Berühmt geworden war seine Amerikareise in Europa durch seine 50.000 Briefe, die er in den Jahren davor schrieb. Sein Werk „Reise in die Aequinoctialgegenden des neuen Continentes", Cotta-Verlag 1861, umfasst 30 Bände.

Humboldts Sicht der Neuen Welt war geprägt vom Humanismus und den Idealen der Aufklärung. Seine wissenschaftliche Wiederentdeckung des Kontinents wurde zur Quelle des National- und Selbstbewusstseins der Kreolen. Der Name *Humboldt* ist in Lateinamerika bekannter als in Europa, in La Habana wurde die Volksausgabe seines berühmten Cuba-Essays zum Bestseller. Darin klagt er die Sklaverei auf der Zuckerinsel als unmenschlich an. Er starb 1859.

Die Wanderung mit dem Führer zum **Pico Turquino** dauert hin und zurück etwa acht Stunden. Für beide Touren sollte man ausreichend Proviant mitnehmen, da es unterwegs nichts zu kaufen gibt. Es werden auch zweitägige Touren für 20 CUC angeboten; Schlafsack, Pullover und Verpflegung bringt man selbst mit (siehe auch „Umgebung Bayamo“).

Baconao

Das riesige Gebiet ist etwa 80.000 ha groß und erstreckt sich von den Ausläufern der Sierra Maestra bei Santiago bis zur Küste. An der Küste befinden sich beliebte **Badestrände,** ein **Aquarium** und **Tauchgründe.** Eine Wanderung durch die **Heimat der Riesenfarne** lohnt sich. Wegen seiner vielfältigen Vegetation wurde der Park von der UNESCO als *Reservat der Biosphäre* eingestuft.

La Mensura

Das Reservat mit seinen Pinienwäldern und den Wasserfällen liegt bei Mayari in der **Provinz Holguín.**

Pico Cristal

In der gleichnamigen Sierra gelegen, ist dieser kleine Nationalpark (16.000 ha) schon in den 1930er Jahren des letzten Jahrhunderts unter Schutz gestellt worden. Hier kann man die **verschiedenen Bergregionen** erwandern und sich so zu Fuß vom Regenwald in die Bergwelt hocharbeiten.

Alejandro de Humboldt

Der Entdecker *Alexander von Humboldt* hat sein Naturdenkmal in der Gegend von Baracoa bekommen. Der Nationalpark, der sich ganz im Osten über rund 66.000 ha erstreckt, bietet einigen Pflanzen und Tieren Zuflucht, die man nirgendwo sonst findet. Zum Park gehören der **monumentale Tafelberg El Yunque** und der **wasserreichste Fluss Cubas, der Río Toa.** Auf einem Gebiet von rund 1500 ha zieht sich tropischer Regenwald bis zum Meer hin. 2640 ha des Parks sind Wasserfläche. Von einem Bootsanleger an der Straße Baracoa – Moa kann man ein Stück auf dem Río Toa fahren. Da Motorboote sehr viel Krach machen, sind Ruderboote zu empfehlen.

Der schlecht zugängliche Park liegt abseits der Hauptstraßen und lässt sich nur mit einem Jeep bezwingen. Es gibt einfache Übernachtungsmöglichkeiten im Infozentrum (Strohhütten und Restaurant, 10 CUC pro Person). Außer schönen Wanderwegen gibt es abends leider auch jede Menge Stechmücken. Das Besondere jedoch sind die **Seekühe** in der Lagune, zu denen man mit Ruderbooten hinausfahren und dann um die Wette schwimmen kann.

Für den Besuch braucht man eine Anmeldung. Die erteilt als **Tourveranstalter** *Cubatur,* Maceo, esq. Pelayo Cuervo, in Baracoa oder *Ecotur,* Calle Coronel Gardoza 24, e/Mariana Grajales y Primero de Abril in Baracoa. Man kann es auch beim *CITMA* in der Bibliothek in Baracoa, Calle Martí, esq. Frank País, versuchen. Exkursionen sind nur mit Guides erlaubt. Das Nationalparkbüro liegt an der Straße nach Moa, 30 km westlich von Baracoa am Meer.

053cu kh

Die Nationalflagge des Landes

Nationalvogel Tocororo

145cu kh

Staatssymbole

Nationalwappen

Das **Wappen** Cubas sieht aus wie ein Schutzschild und ist in drei Teile geteilt. Oben auf dem Wappen weht die rote Mütze, die Phrygische Mütze, mit dem weißen Stern der Pariser Kommune. Am oberen Rand scheint die Sonne über der karibischen See, der goldene Schlüssel darunter weist auf die Schlüsselposition Cubas zwischen Nord- und Südamerika hin. Die linke Hälfte des Wappens nehmen die drei blauen Streifen der cubanischen Flagge ein, Symbol der drei Provinzen Cubas, *Occidente* (Westen), *Centro* (Mitte) und *Oriente* (Osten) und auf der rechten sieht man eine Landschaft und die Palma Real, die Königspalme, der Nationalbaum Cubas. Ein schönes Exemplar dieses Wappens gibt es in La Habana, über dem Tor zur Festung Real Fuerza, zu bestaunen.

Nationalflagge

Die Flagge Cubas zeigt das rote Dreieck mit weißem, fünfzackigem Stern und drei blaue und zwei weiße Streifen. Die blauen Streifen symbolisieren die drei alten Provinzen *(Oriente, Occidente, Centro)*, die weißen Streifen die beiden Freiheitsarmeen. Das rote Dreieck steht für Freiheit, Gleichheit, Brüderlichkeit, in Blutrot, als Symbol für das vergossene Blut. Der einzelne weiße Stern schließlich steht für die Freiheit Cubas.

Die erste Fahne, die sich geringfügig vom heutigen Modell unterschied, nähte die Frau von *Manuel de Céspedes* 1898. Heute hängt sie in der Kathedrale von Santiago. Man hat später den weißen Stern etwas verkleinert und alle Streifen gleichgroß gemacht.

Nationalhymne

Die Nationalhymne, von *Pedro Figueredo Cisneros* geschrieben, wurde 1868 im Kampf gegen die Spanier in Bayamo zum ersten Mal gesungen. Sie heißt deshalb *La Bayamesa.*

„Auf zum Kampf, Bayameser,
das Vaterland wird stolz auf Euch sein.
Fürchtet nicht den glorreichen Tod,
fürs Vaterland zu sterben heißt leben.
In Ketten zu leben ist ein Leben
in Schande und Unterwerfung.
Hört den Ton der Trompete
Zu den Waffen, ihr Tapferen, lauft!“

„Al combate corred, Bayameses
Que la Patria os contempla orgullosa
No temáis una muerte gloriosa

Que morir por la Patria, es vivir.
En cadenas vivir es vivir
en afrenta y aprobio sumido,
Del clarín escuchad el sonido
A las armas, valientes, corred“.

Hörprobe: In Santiago de Cuba auf dem Friedhof alle halbe Stunde am Mausoleum von *José Martí.*

Nationalsymbole

Dann gibt es noch einen **Nationalvogel,** den **Tocororo.** Er ist schwarz und hat die gleichen Farben wie die cubanische Flagge (rot-weiß-blaue Streifen) im Gefieder. Leider sieht man ihn sehr selten (siehe Kapitel „Fauna“).

Die **Nationalblume** ist La Mariposa *(Hedychium coronarium Koenig),* eine etwa ein Meter hohe Pflanze mit dicken Blättern, deren weiße Blüten verschwenderisch duften. Sie haben farbige Streifen wie die cubanische Flagge. Die Pflanze steht für die Tugenden der Cubaner und sie ist ein Symbol für die Schönheit der Cubanerinnen.

Cubas Nationalwappen

Geschichte

Entdeckung

Am **28. Oktober 1492** erreicht *Kolumbus* Cuba und segelt 40 Tage die Nordostküste entlang. Er findet eine üppige Vegetation und freundliche Einwohner vor, die ihm Baumwolle und Goldstücke schenken.

Besiedelt war die Insel schon in der **Frühzeit.** Menschen aus dem heutigen Florida kamen von Norden und andere aus dem Orinoco-Delta von Süden über die Antilleninseln. Insgesamt lebten damals, d.h. zu Beginn der spanischen Kolonisation, etwa 100.000 Menschen auf der Insel. Es gab Gruppen von Fischern, die ihre Instrumente aus Muscheln herstellten und andere Gruppen, deren Werkzeuge aus Stein waren, Jäger und Sammler. Die am weitesten entwickelte Gruppe stammte von den *Aruacos* aus Südamerika ab. Diese betrieben Ackerbau; hauptsächlich bauten sie Maniok an, aus dem der Teigfladen *Casaba* hergestellt wurde, der sich lagern und transportieren ließ. Sie lebten meist in Palmhütten, den *bohios,* und fertigten Tongefäße zum Eigenbedarf an. *Kolumbus* sah die ersten Kanus, die wohl ziemlich groß gewesen sein müssen; jedenfalls war ein von 80 Männern gerudertes Kanu ebenso schnell, wie sein Schiff segelte.

Konquista

Die Besiedlung durch die Europäer begann mit der Gründung der Stadt Baracoa durch den Spanier **Diego Velázquez de Cuellar.** Es folgten Bayamo, Sancti Spíritus, Trinidad und Puerto Príncipe, das heutige Camagüey. 1514 gründete *Velázquez* Santiago de Cuba und ein Jahr später La Habana. Seit 1548 wird auf Cuba Zuckerrohr angebaut.

Eingeschleppte Krankheiten rafften die Urbevölkerung dahin, und die Spanier, getrieben von der Gier nach Gold, begannen mit der **grausamen Eroberung** der Insel. Jeglicher Widerstand wurde mit Gewalt gebrochen, Dörfer niedergebrannt, Frauen vergewaltigt, die Menschen zu Tausenden ermordet. Man schätzt, dass vor der Konquista etwa 100.000 Ureinwohner auf Cuba lebten, doch schon Mitte des 16. Jh. waren es aufgrund von Epidemien und der Vernichtungspolitik der Spanier nur noch 1000 Indígenas.

Der von Haiti über die Meerenge nach Cuba geflohene **Häuptling Hatuey** begann einen aussichtslosen Kampf gegen die Mörder. Er wurde von den Spaniern gefangen genommen. Dann stellte man ihn vor die Wahl, sich taufen zu lassen, oder zu sterben. Daraufhin soll der Häuptling gefragt haben, ob er denn nach seinem Tode in den Himmel käme. Nach der Bejahung durch die Spanier fragte er weiter, ob auch die Spanier nach ihrem Tode in den Himmel kämen. Als das ebenfalls bestätigt wurde, antwortete er, er verspüre kein Verlangen, dorthin zu kommen, wo die Spanier seien. Daraufhin verbrannte man ihn. Selbst als der Pater *Bartolomé de las Casas* einen Brief an den spanischen König *Phillip II.* schrieb, in dem er als Augenzeuge die entsetzlichen Gräueltaten seiner Landsleute geißelte, änderte sich nichts. Nach nicht einmal 160 Jahren waren alle Indios ausgerottet.

Wirtschaftlicher Aufschwung

Im 16. Jh. erlebt Cuba einen großen Aufschwung, vor allem durch den **Anbau von Zuckerrohr,** das *Kolumbus* von den Kanaren mitbrachte, aber auch durch Freibeuter und Handel. Der Hafen von La Habana wird Sammelpunkt der spanischen Flotten. Der König von Spanien, *Phillip II.*, verfügt, dass nur große Schiffsverbände über den Atlantik fahren dürfen – man fürchtet die Piraten.

Kolumbus gab's nur einmal

Lange haben sich mehrere Städte in Spanien und Italien gestritten, wer den „Weltenbummler" in seinen Mauern geboren hat. Mittlerweile gibt es sogar zwei Gräber von ihm. Santo Domingo in der Dominikanischen Republik und Spanien behaupten gleichermaßen, die sterblichen Überreste des *Christoph Kolumbus* zu ver wahren.

1506, am 31. Mai, stirbt der Entdecker und Abenteurer in Valladolid in Spanien. In seinem Testament wünscht er, in Santo Domingo auf jener von ihm *Hispaniola* getauften Insel bestattet zu werden. Da er zu Lebzeiten Ärger mit den Eingeborenen dort hatte, blieben die sterblichen Überreste zur Sicherheit erst einmal in Spanien.

1509 werden sie von Valladolid in ein Kloster bei Sevilla gebracht und in der Klosterkirche beigesetzt.

1540 kommt der Sarg wirklich nach Santo Domingo, wie er es in seinem Testament gewünscht hatte.

1795 treten die Spanier diesen Teil der Insel an die Franzosen ab. Die Überreste *Kolumbus'* werden daraufhin in die Kathedrale von La Habana auf Cuba geschafft.

1898 ist es mit der Friedhofsruhe wieder vorbei, die Spanier verlieren im Unabhängigkeitskrieg ihre beste Kolonie. Doch *Christoph Kolumbus* nehmen sie mit nach Sevilla, wo man das Grab heute besichtigen kann.

So weit, so gut. Allerdings stieß man bereits 1877 in der dominikanischen Hauptstadt Santo Domingo bei Bauarbeiten in der Kathedrale auf einen Sarg mit der Aufschrift „Cristobal Colón". Diesem wurde ein marmornes Mausoleum gebaut.

1999 wurde ein neues Mausoleum errichtet mit amerikanischen Geldern, was bei den Spaniern auf Verstimmung stieß. Auch wenn offizielle Vertreter Spaniens der großen Einweihung beiwohnten, erkennt der Staat die dominikanischen Gebeine nicht als die echten an. Jetzt streiten sich die Gelehrten, welcher *Kolumbus* der echte ist. Die Dominikaner behaupten, die Spanier hätten seinerzeit bei der Überführung nach Cuba die Särge verwechselt und irrtümlich *Kolumbus'* Sohn *Diego* mitgenommen. Diplomatische Verwicklungen sind die Folge. Der Botschafter der Dominikanischen Republik in Spanien, *Dr. Brache,* ersann einen Ausweg. Sein Vorschlag: Spanien schenkt seinen Kolumbus-Sarg jenem Monument in Santo Domingo.

Im Jahr **2009** fanden Experten im DNA-Vergleich der Knochen mit denen des Bruders heraus, dass er tatsächlich in Sevilla liegt. Allerdings sind nur 15 % des Skeletts dort. Wo sich die übrigen Knochen befinden, bleibt unklar, da die Dominikanische Republik keine Erlaubnis gab, die dortigen Knochen zu untersuchen.

Geschichte im Überblick

■ **10.000 v. Chr.:** Archäologische Funde bei Holguín belegen, dass sich etwa im Jahre 10.000 v. Chr. Menschen auf dem Archipel niederließen.

■ **2000 v. Chr.:** Funde von Werkzeugen aus Stein, Holz und Muscheln weisen auf die Existenz eines Volkes von Jägern und Sammlern hin.

■ **1000 v. Chr. bis 1000 n. Chr.:** Einwanderung der **Siboney** und der **Taïnos** vom Stamm der Arawaken nach Cuba.

■ **28. Oktober 1492:** *Kolumbus* wirft Anker in der Bucht von Bariay.

■ **1512:** Baracoa wird von *Diego Velázquez* gegründet. Man hofft Gold zu finden, da die Ureinwohner Goldschmuck besitzen.

■ **1519: Villa de San Cristóbal de La Habana** wird **gegründet.** Der spanische Konquistador *Cortés* segelt mit einer Armada von Cuba nach Mexiko.

■ **1522:** Die ersten afrikanischen **Arbeitssklaven** treffen ein, um in den Zuckerrohrfeldern den Reichtum der Besitzer zu erarbeiten.

■ **1561:** Ab dem 16. Jh. erlebt die Insel den größten Aufschwung durch den Anbau von Zuckerrohr und durch **Freibeuter und Piraten.** Der Hafen von La Habana wird nach Verfügung des Königs *Phillip II.* von Spanien der Sammelpunkt der „Silberflotten".

■ **1604:** Santiago de Cuba wird Hauptstadt. Im Verlauf des 17. Jh. wird Cuba zum größten Zuckerproduzenten der Welt.

■ **1762:** Die Engländer erobern La Habana, tauschen es aber wenig später gegen das spanische Florida ein.

■ **1789:** Aufschwung der Zuckerwirtschaft durch rund 30.000 wohlhabende französische Farmer, die vor der **Sklavenrevolution** auf Haiti nach Cuba geflüchtet sind.

■ **1837:** Cuba baut als drittes Land der Erde eine Eisenbahnlinie, allerdings nur für den Zuckertransport.

■ **1868:** Beginn des **zehnjährigen Unabhängigkeitskrieges** unter Führung von *Carlos Manuel de Céspedes, Antonio Maceo, Máximo Gómez* und *José Martí.*

■ **1878: Friede von Zanjón.** General *Maceo* verlangt die Unabhängigkeit. Generalamnestie für die Freiheitskämpfer; *José Martí* geht nach New York ins Exil.

■ **1870–1886:** Offizielles **Ende der Sklaverei;** US-Kapital fließt nach Cuba. Zuerst versucht man billige Arbeitskräfte aus Asien mit Versprechungen ins Land zu locken, doch nur mit mäßigem Erfolg.

■ **1895:** Am 23. Februar 1895 beginnt unter Führung von *José Martí* und General *Máximo Gómez y Báez* ein erneuter **Unabhängigkeitskampf.** Drei Jahre später intervenieren die USA auf Seiten der Revolutionäre, was den Spanisch-Amerikanischen Krieg auslöst. *Martí* und *Maceo* sterben.

■ **1898:** Nach der Explosion des US-Kriegsschiffes „Maine" greifen die USA in den Befreiungskampf ein. Mit dem Pariser Frieden am 10. Dezember 1898 wird die **Unabhängigkeit Cubas** festgeschrieben. Die USA setzen eine Militärregierung ein und sichern sich Guantánamo als Stützpunkt für 99 Jahre. Die Politik wird in der Folgezeit maßgeblich von den USA mitbestimmt.

■ **1902:** Erster cubanischer Präsident *Tomás Estrada Palma;* Cuba wird Republik, die USA behalten sich allerdings das Interventionsrecht vor.

■ **1906:** Das **Platt Amendment,** das US-Interventionsrecht, beschert Cuba amerikanische Truppen im Lande.

■ **1925:** General *Machado* wird Präsident und erhält diktatorische Vollmachten.

■ **1929:** Die Weltwirtschaftskrise führt zu sozialen Spannungen; Präsident *Gerardo Machado* unterdrückt sie durch seine Terrortruppe, die *Porra.*

■ **1933:** Die USA greifen ein. *Machado* wird gestürzt, es gibt eine Revolutionsregierung.

■ **1940:** Die Verkündung einer neuen Verfassung. *Fulgencio Batista* wird Präsident und geht nach Ablauf seiner Regierungszeit (1944) nach Mexiko, kehrt zurück (1952) und entmachtet durch einen Staatsstreich die Regierung.

■ **1952:** Der Rechtsanwalt **Fidel Castro** erhebt Anklage gegen *Batista*.

■ **1953:** Am 26. Juli stürmt *Fidel Castro* mit 160 jungen Kampfgefährten die Moncada-Kaserne in Santiago de Cuba; der Putsch scheitert.

■ **1959:** Nach mehrjährigem Guerillakrieg kommt *Castro* am 1. Januar an die Macht, *Batista* flieht. Im Laufe des Jahres Handelsabkommen mit der Sowjetunion und erste Agrarreformen.

■ **1960:** Nach dem Sieg werden Landwirtschaft und Industrie verstaatlicht. Es kommt zum endgültigen Bruch mit den USA, da Cuba US-Vermögenswerte von ca. 1 Mrd. US-$ enteignet. Es folgt das **US-Handelsembargo.** 1961 werden die diplomatischen Beziehungen schließlich komplett abgebrochen.

■ **1961:** Exil-Cubaner landen mit Hilfe der USA in der Bahía de Cochinos **(„Schweinebucht")**, um Cuba zu befreien; die Bevölkerung steht auf der Seite der Revolutionäre und schlägt die Invasion zurück.

■ **1962: Cubakrise:** Die UdSSR stationieren Raketen auf Cuba, die USA verlangen den Abbau und verhängen die Seeblockade; die Welt hält den Atem an, ein Atomkrieg droht; der sowjetische Staatspräsident *Chruschtschow* gibt schließlich nach.

■ **1976:** Neue Verfassung und Wahlen zum *poder popular*, der „Volksmacht".

■ **1980:** 100.000 Cubaner flüchten nach Miami.

■ **1991:** Nach dem Zusammenbruch der sozialistischen Staatengemeinschaft in Osteuropa beginnt auf Cuba die „Spezialperiode in Friedenszeiten", was zu Stromsperren und Rationierungen führt.

■ **1995:** Vergabe von Lizenzen für Kleinunternehmer und Lockerungen der sozialistischen Planwirtschaft.

■ **1998: Papst Johannes Paul II.** in Cuba.

■ **Juni 2003:** Die EU beschließt Maßnahmen gegen Menschenrechtsverletzungen. Daraufhin kommt es zum „Einfrieren" der Kontakte zu den Botschaften durch die Cubanische Regierung.

■ **8. November 2004:** Nach elf Jahren wird der US-Dollar als Zahlungsmittel abgeschafft und im Verhältnis 1:1 durch den **Peso Convertible (CUC)** ersetzt.

■ **Januar 2005:** Wiederaufnahme der Kontakte zu EU-Botschaften

■ **2006:** *Fidel Castro* gibt wegen einer Erkrankung die Amtsgeschäfte vorübergehend an seinen Bruder *Raúl* ab.

■ **2009:** Außenminister, Wirtschaftsminister und die Finanzministerin werden ihrer Posten enthoben. Um die Effizienz der Regierung zu erhöhen, werden mehrere Ministerien zusammengelegt. *Raúl Castro* wird zum **Regierungspräsidenten** ernannt.

■ **2011:** *Raúl Castro* verkündet die Entlassung einer halben Million Staatsbediensteter im Laufe der nächsten Jahre zwecks Verschlankung des Beamtenapparates. 250.000 gehen daraufhin und versuchen sich als Privatunternehmer.

■ **2012: Papst Benedikt XVI.** in Cuba.

■ **2014:** Die Regierung erlaubt den uneingeschränkten **Import von Kfz-Neuwagen.** Auch der Kauf ist erlaubt, wobei sich die Angelegenheit relativiert, da die marktüblichen Preise kein normaler Cubaner bezahlen kann.

■ **2015:** Die **USA und Cuba** nehmen diplomatische Beziehungen auf, die US-amerikanische Botschaft in La Habana wird im Beisein von US-Außenminister *Kerry* eröffnet. Im September besucht **Papst Franziskus** die Insel. *Mick Jagger* wird in La Habana gesichtet; Gerüchte kommen auf, die **Rolling Stones** würden 2016 ihr erstes Konzert auf Cuba geben. *Raúl Castro* vermittelt erfolgreich zwischen den kolumbianischen Farc-Rebellen und der Regierung **Kolumbiens;** die Friedensgespräche sollen 2016 zu einem erfolgreichen Abschluss kommen.

Das den *Azteken* geraubte Silber wird in La Habana eingeschmolzen und dann werden daraus Münzen im Wert von acht Reales geprägt. Die sollen nach Spanien gebracht werden. 1715 verlässt eine große Flotte mit einer solchen Ladung den Hafen von La Habana und sinkt mit 7 Mio. Münzen bei einem Piratenüberfall. Der größte Teil ist im Laufe der Jahre zwischen Florida und Cuba wieder gefunden worden, aber man sucht immer noch nach Silber im Golf.

Sklaverei

Das **Zuckerrohr** wird in der Folgezeit Hauptexportgut der Insel. Um es zu ernten, zu transportieren und zu verarbeiten, brauchte man Menschen. Da die Indios ausgerottet waren, mussten neue Arbeitskräfte her. Also versorgten sich die Plantagenbesitzer mit Arbeitern aus Afrika. In den 20er Jahren des 16. Jh. treffen die ersten Schiffe mit Sklaven ein. *Karl V.* von Spanien hatte den Transport von 4000 Sklaven in die karibischen Kolonien gestattet. In den nächsten 300 Jahren wurden rd. 850.000 (!) Afrikaner verschleppt. Es waren meist Menschen aus Nigeria und Ostbenin. Dazu Bantus, Calabar und Mandingos, um nur die bekanntesten Gruppen zu nennen. Man behandelte sie wie Vieh, und machte sie mit drakonischen Strafen gefügig.

Das Wort **chimarrón** bedeutet so viel wie entlaufener Sklave. Die meisten Sklaven gingen in die Berge und ver-

Piraten

Im 16. Jh. sammelten sich Sträflinge, Abenteurer und Seeleute in der Gegend um Cuba, da ihnen die Inseln Schutz boten. Diese ersten „Piraten" gingen meist noch Beschäftigungen wie etwa Jagen und Fischen nach. Doch als die ersten spanischen Schiffe mit Silber beladen in der Karibik kreuzten, tat sich ein neues „Geschäftsfeld" auf.

Als Piraten bezeichnete man bald alle **Kriminellen zur See.** Es gab Piraten, die auf eigene Rechnung plünderten und Leute wie *Piet Henry Morgan* und *Sir Francis Drake,* die im Auftrag der englischen Krone segelten. Die Engländer hatten es natürlich auch auf die Schiffe der Spanier abgesehen. Bald kamen die Holländer und Franzosen mit *Jaques de Sores* als weitere Feinde Spaniens hinzu. Auch zwei Frauen, *Anne Bonny* und *Mary Reed,* reihten sich in die Liste der Piraten ein.

In Folge dieser Kleinkriege wurden auch fast alle cubanischen Städte von Plünderern verschiedener Nationen heimgesucht. Die tief eingeschnittenen Naturbuchten der Karibik waren ideale Verstecke für die Schiffe der Freibeuter. Deshalb ließen die Spanier die Hafenstädte Cubas mit starken Geschützstellungen versehen und die Piraten suchten sich leichtere Beute, wie etwa die Stadt Camagüey auf dem Festland.

Die Silberschiffe der Spanier waren meist Schoner und Karavellen, große schwerfällige Schiffe mit mehreren Decks. Als Begleitung gab man ihnen wendigere Galeonen mit. Durch diese Aktivitäten wurde *Louis Stevenson* zu seinem Roman „Die Schatzinsel" angeregt. Heute vermutet man, dass er damit die cubanische Insel meinte, die heute Isla de la Juventud heißt. Bis zum Fall des spanischen Handelsmonopols 1762 beteiligten sich viele Hafenstädte Cubas selbst am Schmuggel.

suchten sich dort vor den Sklavenjägern und ihren Hunden zu verstecken. Wurden sie gefunden, unterzog man sie grausamen Strafen. Die Sklaven übten passiven Widerstand in der Form, dass z.B. die Sklavenfrauen den Herren keine Kinder schenken wollten. Die Unfruchtbarkeit der Frauen stieg. Unterstützt durch afrikanische geheime Rezepte mit der Papayafrucht, ging die Geburtenrate der schwarzen Frauen drastisch zurück.

Nach der Französischen Revolution benutzen die Sklaven der französischen Herren auf **Haiti** die Gelegenheit, Freiheit und Gleichheit für sich einzufordern. Sie erheben sich mit solch einer Macht, dass viele Franzosen ihr Heil in der Flucht suchen und nach Cuba entkommen. Sie bringen dabei ihre Kenntnisse der Kaffee- und Tabakpflanzung mit auf die Antilleninsel.

Die spanische Krone erlaubt nun den Handel mit Amerika, um die Einnahmen ihrer Erzfeinde, der Engländer, zu schwächen. Das Geschäft mit dem Zucker auf Cuba boomt.

Etwa um 1812 beginnt sich auch auf Cuba ein Widerstandspotenzial zu entwickeln. Die cubanischen Sklaven bringen trotz Nachrichtensperre in Erfahrung, was auf Haiti passiert war und beginnen ebenfalls mit dem Widerstand.

Lesetipp

„Der Chimarrón" von *Miguel Barnet* ist ein Zeitzeugnis. Der Autor hat 1963 einen ehemaligen Sklaven ausfindig gemacht. Der 104 Jahre alte Mann erzählte *Barnet* seine Lebensgeschichte, die dieser in einem faszinierenden Buch wiedergibt.

Gegen die Feuerwaffen ihrer Unterdrücker haben sie jedoch keine Chance. Auch die wenigen, organisierten Aufstände scheitern. Auf die Köpfe der entflohenen Sklaven werden von den weißen Herren Gelder ausgesetzt, was die Sklavenjäger, die *rancheadores* anzieht. Sie verfolgen die Flüchtigen, treiben sie zusammen und ermorden sie. Die Köpfe werden dann auf Lanzen gespießt und an den Straßen ausgestellt.

Der Zehnjährige Krieg (1868–78)

1868 beginnen die Cubaner einen **Befreiungskampf** gegen die spanische Krone. Viele Sklaven schlagen sich auf die Seite der Aufständischen, weil sie sich nach dem Sieg eine Verbesserung ihrer Lage erhoffen. Die Rebellen werden von den Spaniern *Mambisis* genannt, was etwa soviel wie Banditen bedeutet. **Carlos Manuel de Céspedes** wird zum Anführer der Widerständler. *Céspedes* war ein weitgereister Anwalt und Plantagenbesitzer. Als die Sklavenunruhen die Insel überschwemmen, lässt er als Erster die Sklaven seiner Plantage Demajagua frei und gibt ihnen Waffen. An der Spitze seiner Männer marschiert er am 10. Oktober 1868 gegen die Unterdrücker. Selbst als die Spanier seinen Sohn gefangen nehmen und für seine Freilassung die Kapitulation fordern, lässt er sich nicht beirren und antwortet, dass alle Cubaner seine Söhne seien. Daraufhin wird sein Sohn erschossen. *Céspedes* bringt es später zum ersten Präsidenten der neuen Republik. Im Februar 1874 fällt er in San Lorenzo.

1870 wird von den Spaniern das Ende der Sklaverei in mehreren Schritten verkündet. Es wird allerdings noch Jahre dauern, bis die neue Freiheit überall durchgesetzt werden kann. Als Ersatz werben die Plantagenbesitzer Arbeitskräfte in China an.

Der **Friede von Zanjón** 1878 beendet die *Guerra de los Diez Años.* **General Maceo** verlangt die Unabhängigkeit von Spanien. Der Rechtsanwalt *Ignacio Agramonte* aus Camagüey, der damals der Befehlshaber der Befreiungsbewegung seiner Heimatstadt war, entwirft 1879 die erste Verfassung der Republik Cuba. Geschafft hatten sie es dennoch nicht. Es gab zwar mehr Rechte für die Cubaner, eine echte Unabhängigkeit jedoch nicht. Das führt zum **Protest von Baraguá.** Die politischen Führer der Bewegung lehnen das Angebot ab. Die Spanier machen kleinere Zugeständnisse, lassen erste politische Parteien zu und entschließen sich zu einer Generalamnestie für die Freiheitskämpfer.

Der berühmte Dichter **José Martí** geht aus Verbitterung über die nicht erlangte Freiheit seines Volkes nach New York ins Exil – viele andere Kämpfer folgen ihm.

Der Unabhängigkeitskrieg (1895–98)

Máximo Gómez und **José Martí** landen am 24. Februar 1895 mit 4 weiteren Freiheitskämpfern an der *Playita de Cajobabo* auf Cuba und eröffnen einen zweiten Unabhängigkeitskampf. Diesmal gelingt es den Revolutionären, die gesamte Insel zu mobilisieren. In den Kämpfen kommen *Martí* und *Antonio Maceo* ums Leben. Ihre Grabstätten befinden sich auf dem *Cementerio Santa Ifigenia* in Santiago de Cuba. *Gómez* wird General. Er stirbt 1905.

Am 24. Januar 1898 lassen die Amerikaner das Kriegsschiff „Maine" in den Hafen von La Habana einlaufen, um ihre „Freundschaft" mit dem cubanischen Volk zu demonstrieren. Am 15. Februar explodiert das Schiff aus ungeklärten Gründen. 266 Menschen sterben. Daraufhin interveniert die USA militärisch auf Cuba. Später kommt der Vorwurf auf, dass der amerikanische Geheimdienst die „Maine" gesprengt habe, um den USA einen Vorwand zum Eingreifen zu geben. Inzwischen gibt es jedoch neuere Erkenntnisse, die davon ausgehen, dass es sich um einen Unglücksfall gehandelt hat. Sehr wahrscheinlich ist eine Staubexplosion in einem der Kohlebunker tief im Inneren des Schiffes.

Cuba ruft die Republik aus, die USA behalten sich das Interventionsrecht vor, das im sog. **Platt Amendment** festgeschrieben wird. Bis Mai 1902 regiert eine amerikanische Militärregierung. Cuba wird zum größten Zucker- und Tabaklieferanten der USA.

Die Erste Republik (1902–33)

1902 wird die Republik ausgerufen, **Tomás Estrada Palma** wird ihr erster Präsident. Mitte 1906 kommt es zu einem Konflikt zwischen den Liberalen und Konservativen, dem sogenannten **August-Krieg.** Die USA intervenieren und besetzen die Insel bis 1909.

Am 7. April 1917 tritt Cuba auf Seiten der Alliierten in den 1. Weltkrieg ein. Da Cuba nun auch von Exporten nach Europa profitiert, kommt es zu einem Boom der Zuckerproduktion.

Im November 1924 wird **Gerardo Machado y Morales** zum Präsidenten gewählt. Durch seine Diktatur und insbesondere durch die Monokultur in der Landwirtschaft hat die Weltwirtschaftskrise von 1929 verheerende Auswirkungen auf der Insel.

Die zunehmende Verschlechterung der wirtschaftlichen Lage führt im Verlauf der 1920er Jahre zu immer größerer Unzufriedenheit unter großen Teilen der Bevölkerung. In dieser Situation gründen *Julio Antonio Mella* und andere Intellektuelle und Studenten den *Partido Comunista Cubano (PCC),* die **Kommunistische Partei Cubas.**

Zur gleichen Zeit wird der **Mafia** in den USA der Boden zu heiß. Die Geschäfte gehen schlecht. Man verlegt seine Zentralen nach Cuba, wo es sich auch sonst gut leben lässt. Von hier wird das Land mit **Drogenhandel, Prostitution** und **Glücksspiel** überzogen. Mit *Batista* einigt man sich 1935 im Hotel *Nacional* auf ein Monopol für das Glücksspiel. Dafür werden der Regierung jährlich 3–5 Millionen US-$ garantiert. Zusätzlich zahlt das Regime Prämien für die Errichtung der Spielhöllen. Das größte Casino lässt der Mafioso *Meyer-Lansky* im Hotel *Nacional* errichten.

Fulgencio Batista y Zaldívar, der Generalstabschef von Staatspräsident *Machado,* stürzt diesen und bringt **Grau San Martín** an die Macht. Die eigentlichen Fäden im Hintergrund zieht aber *Batista.* Nach *Grau San Martín* herrscht der neue Präsident *Federico Laredo Brú.* Durch die Unterstützung von *Batista* kann er eine Reihe von wirtschaftlichen und sozialen Reformen durchsetzen (z.B. die Abschaffung des „Platt Amendment", das Frauenwahlrecht und den Acht-Stunden Tag).

1940 gewinnt *Batista* selbst die Präsidentschaftswahlen. 1944 übernimmt der Gegenspieler von *Batista, Grau San Martín* wiederum das Präsidentenamt. *Batista* geht nach Mexiko, putscht aber kurz vor den Wahlen 1952, bei denen er kaum eine reelle Chance gehabt hätte, mit Hilfe der Militärs. Es beginnt eine der schrecklichsten **Caudillo-Herrschaften** in Lateinamerika.

Die Revolution

Am Morgen des 26. Juli 1953 stürmt ein unbekannter Radikaler namens **Fidel Castro Ruz** mit 160 Getreuen die **Moncada-Kaserne** in Santiago de Cuba. Der Aufstand misslingt. 68 Gefolgsleute der **Bewegung des 26. Juli** (M-26-7) werden gefoltert und hingerichtet. *Castro* und seine Getreuen werden verhaftet. Bei dem Prozess wegen des Angriffs auf die Moncada-Kaserne hält er seine berühmte Rede „Die Geschichte wird mich freisprechen" *(La historia me absolverá). Fidel,* sein Bruder *Raúl Castro* und die anderen werden verurteilt und kommen ins Modellgefängnis auf der Isla de La Juventud.

Batista kann sich bei den **Wahlen 1954** behaupten, da der Gegenkandidat *Grau San Martín* seine Kandidatur zurückzieht. Nach seinem erneuten Amtsantritt lässt er *Fidel Castro* und andere politische Gefangene frei. Sie emigrieren nach Mexiko. Dort lernen sie **Ernesto**

055cu kh

„Che“ **Guevara** kennen und planen einen weiteren Umsturzversuch des Batista-Regimes.

Auch dieser zweite Revolutionsversuch droht zu scheitern. Am **2. Dezember 1956** landet *Castro* mit der umgebauten **Yacht Granma** an der cubanischen Küste. Mit 82 Mann, die in Mexiko ausgebildet worden waren, will er das Regime stürzen. Eigentlich sollten sie sich mit *Crescencio Pérez* und seinen 100 Rebellen am 30. November treffen. Die *Granma* war jedoch völlig überladen und brauchte dadurch einen Tag länger für die Überfahrt. *Pérez* konnten sie nicht erreichen, da ihr Funkgerät ausfiel und einer der Revolutionäre über Bord ging. Das führte zu einem längeren Wendemanöver. Zu allem Überfluss lief die Granma auch noch bei Niquero auf Grund, sodass sie die schweren Ausrüstungen zurücklassen mussten. *Pérez* wurde inzwischen von den Regierungstruppen geschlagen. Nach der Landung der *Granma* geht *Castro* seinerseits mit seinen Leuten in die Berge. Die Regierungstruppen verfolgen sie und greifen sie bei Alegría del Pío an. Siebzig Revolutionäre sterben, die restlichen zwölf entkommen. In der **Sierra Maestra** beginnen sie mit dem Anwerben neuer Anhänger und dem Guerillakampf.

Am 1. Juli 1957 erklärt Staatspräsident *Fulgencio Batista* den **Ausnahmezustand.** Immer mehr Cubaner sympathisieren mit der revolutionären Bewegung *Castros*, vor allem die arme Landbevölkerung. Trotz des Sieges der Regierungstruppen nach der Landung war die 30.000 Mann starke cubanische Armee nicht in der Lage, die Revolution von zu-

Helden der Revolution

nächst nur zwölf Rebellen, die kaum Waffen und Munition hatten, zu stoppen. Die Rebellen stellten sich keiner offenen Auseinandersetzung. Sie bringen die Bevölkerung auf ihre Seite: Großgrundbesitzer, die die Landbevölkerung unterdrücken, lassen sie hinrichten. In einem Feldlazarett unter der Leitung von *„Che" Guevara* erhalten Arme kostenlose Behandlung, in den Bergen werden Schulen eingerichtet. Nach zwei Jahren ist die Revolution am Ziel und eine Armee von 50.000 Mann auf die Beine gestellt. Diesmal geht man planmäßig vor. *Fidel Castro* marschiert mit seinen Leuten nach Santiago, *Ernesto Guevara* geht nach Santa Clara und *Raúl Castro* stößt mit seinen Anhängern weiter nach Norden vor. Immer größere Teile der Bevölkerung schließen sich der Revolution an.

Am 12. März 1958 ruft *Castro* von der Sierra Maestra aus zu einem **Generalstreik** für den 1. April auf und fordert die Armee auf, sich der Revolution anzuschließen. Während nur wenige Soldaten desertieren, sind die Streikmaßnahmen verheerend für Wirtschaft und Verwaltung. Die Steuerzahlungen werden fast vollständig eingestellt. Tausende von Arbeitern streiken. Es kommt zu einem Versorgungsengpass bei Grundnahrungsmitteln.

Daraufhin befiehlt *Batista* am 5. Mai eine Großoffensive gegen die Revolutionsbewegung *Fidel Castros*. Rund 12.000 Mann, ausgerüstet mit modernsten, amerikanischen Waffen, Panzern, Artillerie und Napalmbomben sollen die etwa 300 Rebellen im Berggebiet der Sierra Maestra vernichten. Die Offensive im Dschungel der Sierra Maestra entwickelt sich zu einem Fehlschlag. Es gelingt den Regierungstruppen nicht, *Castro* und seine Mitkämpfer zu stellen. Gleichzeitig schwächen die Revolutionäre die Armee ständig mit Guerillaattacken. Nach drei Monaten waren 3000 Soldaten desertiert, getötet oder verwundet worden.

Batista verspricht zwar neue Wahlen, aber zu diesem Zeitpunkt waren schon Santa Clara und Sancti Spíritus von den Rebellen befreit.

Am **Neujahrstag 1959** verhindert ein Generalsstreik eine Machtübernahme der Militärs und einen Tag später kann *Fidel Castro* siegreich mit 10.000 Mitstreitern in Santiago de Cuba einmarschieren. Diktator *Batista* verkündet, dass er die Regierung an General *Cantillo* übergeben habe und selbst emigrieren werde, um weiteres Blutvergießen zu vermeiden. Er flieht mit vierzig Vertrauten in einem Flugzeug in die Dominikanische Republik. Später geht er nach Portugal und stirbt 1973 in Spanien.

Nach der Flucht *Batistas* schließen sich Regierungstruppen und Polizeikräfte massenhaft den Rebellen um *Castro* an. Zuletzt entzieht auch die USA dem Batista-Regime die Unterstützung.

Während des Einmarsches kommt es in La Habana zu einer Serie berühmter Bilder, die der mit den Rebellen sympatisierende Fotograf *Alberto D. Tierrez*, genannt „Korda", aufnimmt. Am 2. Januar 1959 proklamiert *Castro* die Regierung unter Staatspräsident *Manuel Urrutía*, der zuvor Richter am Obersten Gerichtshof war, und Ministerpräsident *José Miro Cordona*. *Castro* will nicht Minister werden, sondern lässt sich zum Oberkommandierenden der Streitkräfte ernennen. Die Reste der Batista-Junta lösen sich auf. Bereits am 8. Februar 1959 wird die Regierung Cordona von den USA anerkannt.

Korda gewinnt gegen Smirnoff

(Text: *Maria Helena Capote,* aus der Zeitung „Granma International")

Alberto Korda, Fotograf und Autor eines der am meisten verbreiteten Fotos des 20. Jh. – **Che Guevaras Porträtaufnahme** mit dem langen Haar, der Baskenmütze mit dem Stern und dem „intensiven" Gesichtsausdruck – erhielt von einem britischen Gericht die Anerkennung seines Rechtes als **Urheber des Fotos.** Er hatte die **Firma Smirnoff,** einen Wodka-Produzenten, verklagt, der das Foto auf dem Etikett eines seiner Erzeugnisse abbildete.

„Viele benutzten das Bild in den letzten 40 Jahren, ohne dass ich etwas dagegen unternahm oder meine Rechte einforderte, wenn ich sah, dass es damit in der Welt bekannter wurde. Aber es ist unmoralisch, *Che* mit einem alkoholischen Getränk in Verbindung zu bringen. Das ist meine bisher bitterste Erfahrung. Meines Erachtens wird es endlich Zeit, mit dieser Art kommerzieller Werbung Schluss zu machen", erklärte *Korda.*

Vor Journalisten im Internationalen Pressezentrum in La Habana gab *Korda* bekannt, er habe die Klage über die ihn vertretende cubanische *Agencia de Derechos de Artistas Visuales, ADAVI* (Agentur für die Rechte Visueller Künstler) und die Freundschaftsgesellschaft Cuba-England, in London eingereicht.

Ein vom Gericht anerkannter Vergleich mit der Firma gesteht ihm das intellektuelle Eigentum zu und verbietet die Verwendung des Fotos ohne die Einwilligung des Autors. *Korda,* der äußerte, damit nichts verdienen zu wollen, sagte, die Einnahmen aus der Reproduktion des Bildes würden für den Kauf von Arzneimitteln für cubanische Kinder verwendet. *Korda* starb 2001 in Paris.

Fidel Castro kündigt im Mai 1960 vor 55.000 Zuhörern im Baseball-Stadion von La Habana an, dass das gesamte Eigentum von US-Unternehmen auf Cuba **verstaatlicht** würde. Der Wert des betroffenen Eigentums wird auf 770 Millionen US-Dollar geschätzt, die wichtigsten betroffenen Unternehmen sind die Ölgesellschaften *Texaco, Esso, Sinclair* und die *United Fruit Company.*

Das Programm zur Verstaatlichung großer Bereiche der cubanischen Wirtschaft verschärft die Spannungen mit den **USA** erheblich. *Eisenhower* betrachtet Cuba als den „Hinterhof Amerikas", in dem es keine Kommunisten geben dürfe. Durch die Importverringerung für Zucker will die USA Cuba in die Knie zwingen.

Zu den wirtschaftlichen Auseinandersetzungen kommen im Verlauf des Jahres 1960/61 konkrete Versuche, die Revolution auf Cuba zu beenden. Rund 1200 rechtsorientierte Exil-Cubaner gehen am Morgen des 15. April 1961 an der Playa Girón an Land, um das sozialistische Regime *Fidel Castros* zu stürzen. Durch die cubanische Bevölkerung, die innerhalb weniger Stunden den Widerstand organisiert und selbst koordiniert, wird die Invasion zurückgeschlagen. Nach nicht einmal 72 Stunden schlagen cubanische Regierungstruppen eine vom *CIA* mitvorbereitete **Invasion** in der *Bahía de Cochinos* (**Schweinebucht**) nieder.

Der *CIA* hatte die Konterrevolutionäre ausgebildet und mit Waffen unterstützt. Der Invasion war ein **Bombardement** mehrerer Städte und Flughäfen Cubas durch B-26-Bomber vorangegangen, die zur Tarnung cubanische Hoheitsabzeichen trugen. Es gelang jedoch nicht, die cubanische Luftwaffe auszuschalten. Auch erhob sich das cubanische Volk nicht gegen *Castro*. In Amerika ging schon ein „Revolutionärer Rat" um *José Miro Cordona,* Erzfeind *Fidel Castros* nach seiner Entlassung als Ministerpräsident zu Beginn der Revolution und nun einflussreicher Exil-Cubaner, in die Startlöcher. Der hatte sich schon zum Präsidenten Cubas erklärt und mit der US-Regierung verhandelt.

Amerikanische Kriegsschiffe liegen während der Kämpfe vor der Küste Cubas, greifen aber auf Befehl *Kennedys* nicht ein. 200 Menschen sterben auf beiden Seiten. 1113 Exilcubaner werden gefangen genommen und 1962 für Lebensmittel und Medikamente im Wert von 53 Mio. US-Dollar freigekauft. Die diplomatischen Beziehungen zu Amerika waren schon im Januar abgebrochen worden. Als Reaktion auf den Überfall wird die **CDR** gegründet: Diese Komitees zur Verteidigung der Revolution sollen die Küsten und das Land im Auge behalten, um neue Angriffe des „Staatsfeinds" zurückzuschlagen. Einem Blockwartsystem vergleichbar, überwachen die Mitglieder der Komitees ganze Straßenzüge in den Städten.

Es folgen erste Annäherungen zwischen *Castro* und *Chruschtschow*. Die **Sowjetunion** greift die Entwicklung auf Cuba dankbar auf und bereitet die Installation von atomaren SS-4- und SS-5-Raketen und die Stationierung von insgesamt 44.000 Mann aus allen sowjetischen Teilstreitkräften aus.

Als die neuen Stellungen am 14. Oktober von amerikanischen Spionageflugzeugen entdeckt werden, verhängen die USA eine **Seeblockade** über Cuba. Einen Tag später tritt der UN-Sicherheitsrat auf Initiative der USA und Cubas zusammen. UNO-Generalsekretär *U Thant* nimmt Gespräche mit *Kennedy* über die Bedingungen zur Beilegung der **„Cubakrise"** auf, während *Chruschtschow* einem Appell *Thants* zustimmt, alle weiteren Handlungen bezüglich Cubas zu suspendieren. Der sowjetische UNO-Botschafter *Sorin* erklärt am 25. Oktober 1962, dass auf Cuba keine sowjetischen Offensivwaffen stationiert sind. *Chruschtschow* lässt *Kennedy* mitteilen, dass die Sowjetunion auf jeden US-Invasionsversuch auf Cuba reagieren würde.

Am 28. Oktober 1962 erklärt sich *Chruschtschow* dann doch zum **Abbau der Raketenstellungen** bereit. Die USA beenden im Gegenzug die Blockade Cubas. So wurde möglicherweise ein Dritter Weltkrieg verhindert.

Den USA ist *Castro* ein Dorn im Auge. Die **CIA** setzt in dieser Zeit etwa 12.000 Agenten gegen Cuba ein. Immer neue Nahrung erhält die Theorie, dass der Mord an *Kennedy* durch Mitwirkung der CIA erfolgte, um eine Annäherung *Kennedys* an Cuba zu verhindern.

Am 3. Januar 1962 erklärt Erzbischof *Staffa* in Rom *Castro* als exkommuniziert, da *Fidel Castro* im Herbst 1961 den Weihbischof von La Habana aus Cuba ausgewiesen hatte. Nach kanonischem Recht wird jeder exkommuniziert, der „Hand an einen Kirchenfürsten legt". *Castro* sieht in der Kirche eine Stütze des Batista-Regimes. Deshalb werden staatliche Mittel für katholische Schulen und Kirchen gestrichen und einige katholische Priester wegen Anstiftung zur Aufruhr verhaftet. Eine förmliche Exkommunikationsbulle sendet Papst *Johannes XXIII.* dem cubanischen Ministerpräsidenten jedoch nicht zu.

1972 wird Cuba Mitglied des **Comecon** (Zusammenschluss der sozialistischen Staaten in einer Wirtschaftsgemeinschaft).

Mitte der 1970er Jahre entsendet Cuba Soldaten nach **Angola,** um dort den revolutionären Bewegungen gegen die Interessen der USA zur Seite zu stehen. 1975 erreicht Angola die Unabhängigkeit. Erst 1994 werden alle cubanischen Streitkräfte aus Angola zurückgezogen.

1980 verlassen über 100.000 Cubaner die Insel vom Hafenort Mariel auf allen möglichen Gefährten in Richtung Miami. Viele der eilig zusammengezimmerten Fahrzeuge überstehen die Fahrt nicht und sinken.

1993 wird das **selbstständige Unternehmertum** erlaubt und 1994 der freie Lebensmittelverkauf auf den Bauernmärkten wieder eingeführt. 1995 entwickelt der ehemalige Finanzsenator von Hamburg, *Gobrecht,* ein Steuersystem für Cuba.

Bedingt durch den Zusammenbruch des Ostblocks zu Beginn der 1990er Jahre des letzten Jahrhunderts, kommt es zu einer **schweren Wirtschaftskrise,** die von einer großen Flüchtlingswelle begleitet wird (sog. *balsero*-Krise). Die auf Cuba lebenden Menschen versuchen sich mit dem Lebensnotwendigen zu versorgen. Die Sowjetunion liefert kein Öl und keine Ersatzteile mehr. *El periodo especial,* die **Spezialperiode in Friedenszeiten,** wird ins Leben gerufen.

Die sterblichen Überreste von **Ernesto Guevara** werden im Oktober 1997, dreißig Jahre nach seinem Tod, feierlich in Santa Clara beigesetzt. Eine Viertel-

cu008-2016 if

million Cubaner mit *Fidel Castro* an der Spitze defilieren an dem – eigens zu diesem Zweck in Santa Clara errichteten – Mausoleum mit den Überresten des Revolutionshelden vorbei. *Castro* erhofft sich von der Rückkehr der Gebeine *Guevaras* einen Stimmungsaufschwung bei der durch die schwere Wirtschaftskrise gebeutelten Bevölkerung.

1998 besucht **Papst Johannes Paul II.** La Habana; Weihnachten wird wieder als offizieller Feiertag eingeführt.

Am 8. November 2004 wird der **US-Dollar** nach elf Jahren **als Zahlungsmittel wieder abgeschafft.** Der schon existierende ungeliebte Peso Convertible (CUC) ersetzt nun den Dollar etwa 1:1.

2006 muss sich *Fidel Castro* einer Darmoperation unterziehen und gibt die Amtsgeschäfte offiziell an seinen Bruder *Raúl* ab.

2009 lockert die Regierung einige Verbote, da es für sie in der Zeit des Wandels keinen akuten Bedarf mehr gibt.

Raúl Castro ist mittlerweise zum **Regierungspräsidenten** ernannt worden. Er versucht sich durch Volksnähe beliebt zu machen. 2011 entlässt er jedoch 250.000 Beamte aus dem Staatsdienst, um die Verwaltung schlanker und handlungsfähiger zu machen. Zwei Jahre später werden die Gehälter der verbliebenen Staatsdiener sogar angehoben.

2014 besucht der russische Präsident *Putin* Cuba, um die wirtschaftliche Zusammenarbeit zu reaktivieren. Im April desselben Jahres treffen sich in Panama-Stadt US-Präsident *Barack Obama* und *Raúl Castro* zu einem ersten Gespräch – das Bild ihres historischen Handschlags geht um die Welt. Seitdem haben sich die Beziehungen zwischen den **USA und Cuba** grundlegend verändert. Bisheriger Höhepunkt: Nach 54 Jahren diplomatischer Eiszeit öffnen die USA in Anwesenheit ihres Außenministers *John Kerry* im August 2015 wieder ihre Botschaft in La Habana. Es ist wohl nur noch eine Frage der Zeit, bis auch das US-Embargo der Vergangenheit angehört und in Cuba ein neues Zeitalter beginnt.

Im September 2015 war **Papst Franziskus** zu einem umjubelten Besuch auf der Insel. Im Hintergrund hatte der Vatikan schon seit Jahren an einer Versöhnung Cubas und der USA mitgewirkt – bezeichnenderweise flog der Papst von der Insel weiter in die USA.

◁ Vizepräsident Miguel Mario Díaz-Canel Bermúdez, vielleicht der nächste Präsident

Staat und Politik

„Die Menschen sind wie Gestirne, einige geben Licht ab und andere leuchten mit dem, was sie bekommen."

(José Martí)

Die einzige zugelassene Partei im Land ist die **Kommunistische Partei Cubas** *(PCC)* mit 500.000 Mitgliedern. Cuba ist gemäß der Verfassung von 1976 ein sozialistischer Staat. Das war nicht seit der Revolution so. Die Revolution von 1959 war keine sozialistische, sondern erst im Verlauf der 1960er Jahre wurde der sozialistische Charakter Cubas von *Fidel Castro* hervorgehoben.

Das oberste Verfassungsorgan ist die **Asamblea Nacional del Poder Popular,** die Nationalversammlung der Volks-

049cu kb

macht, die 614 Mitglieder hat. Alle vier Jahre werden die Mitglieder gewählt, alle zwei Jahre wählt die Nationalversammlung die 30 Mitglieder des Staatsrates, des *Consejo de Estado*. Vorsitzender des Staatsrates, und damit Staatsoberhaupt, ist seit 2006 *Raúl Castro*.

Der Parteikongress wählt die 255 Mitglieder des Zentralkomitees, diese ernennen das 24-sitzige-Politbüro.

Verfassung

Nach der Unabhängigkeit wurde im Jahre 1901 eine Verfassung eingeführt, die **post-koloniale Züge** hatte und den Amerikanern jederzeit militärisches Eingreifen gestattete, wenn sie es für notwendig hielten. Die **Reform** 1934 verbesserte die Situation nicht wirklich, da sich nur Wenige um die Durchsetzung scherten. Auch die extrem fortschrittliche 1940er Verfassung schaffte kaum echte Verbesserungen.

1976 endlich gab es die erste **sozialistische Verfassung,** die 1992 reformiert wurde. Wichtige Änderungen waren der Schutz ausländischer Investoren, der Übergang Cubas zum säkulären Staat, also der Trennung von Staat und Kirche, die Einführung der geheimen Direktwahl zur Nationalversammlung und Festschreibung des Umweltschutzes. Staatsoberhaupt *Raúl Castro* propagierte 2013 eine Verfassungsänderung, die seine eigene Amtszeit auf maximal 10 Jahre beschränkt und die Bevölkerung stärker an den Entscheidungen beteiligt.

Auferstanden aus Ruinen: Volksheld aus Bauschutt

Aktuelle Politik

„Revolutionäre gehen nie in Pension."
(Fidel Castro)

Der „Socialismo tropical" überlebte dank einiger kapitalistischer Reformen, die *Fidel Castro* unter dem Druck der Krise zuließ. Ausländische Investoren wurden angelockt. Sie gründeten inzwischen 400 **Joint Ventures** mit staatlichen Firmen, vor allem im Tourismussektor.

Cuba unterhält diplomatische Beziehungen zu 189 Ländern und hat Handelskontakte mit mehr als 140 Ländern.

Nach den **Terroranschlägen** vom 11. September 2001 gegen die USA bezog *Castro* eindeutig Stellung: „Cuba ist gegen den Terrorismus und gegen den Krieg. Der Terrorismus stellt heutzutage ein gefährliches Phänomen dar, das aus ethischer Hinsicht nicht zu rechtfertigen ist und ausgemerzt werden muss."

Inzwischen hat Cuba die Zeichen der Zeit erkannt und einen neuen Exportartikel gefunden: **ökologisch angebauten Zucker.** Die ersten 4200 Tonnen Biozucker wurden in der Zuckerfabrik *Carlos Baliño* in der Provinz Villa Clara hergestellt.

Cuba gilt in der Region mittlerweile als Vorreiter in den Bereichen **Umweltschutz und erneuerbare Energien.** Leider kann vieles aufgrund knapper Devisen nicht umgesetzt werden.

Seit der Erkrankung von *Fidel Castro* standen die Amerikaner in den Startlöchern, sie hatten bereits eine **Interimsregierung** gegründet, um alle Posten in ihrem Sinne zu besetzen zu können.

Nachdem *Fidel* die Macht an seinen **Bruder Raúl** abgegeben hat, schaut alle

Welt auf ihn. Der Wandel ist erheblich: *Raúl* verkneift sich die ideologischen Kampagnen seines Bruders, spricht über die mangelnde Effizienz der Betriebe und die unzureichenden Löhne der Arbeiter. Damit ist der jüngere, so wenig charismatische Bruder viel näher am Volk als *Fidel,* welcher nur noch über den Imperialismus und die globalen Probleme redete.

Raúl Castro ist kein zweiter *Fidel* und versucht auch nicht, dessen Rolle zu imitieren. Er ist ein nüchterner, pragmatischer Verwalter des cubanischen Sozialismus. Die Revolution, so das Credo *Raúl Castros,* muss sich nicht nur in den Reden, sondern auch auf den Esstischen beweisen.

cu009-2016 kh

2009 hoben die Behörden Verbote auf, für die es keinen Grund mehr gibt: jeder Cubaner, der CUC besitzt, kann jetzt in einem Hotel übernachten, ein Auto mieten und organisierte Exkursionen unternehmen, da man nicht mehr jedes Bett für die Touristen braucht. Ebenso können Privatpersonen jetzt einen Mobilfunk-Vertrag abschließen, was vorher nur für Firmen möglich war.

Raúl Castro möchte die Ausübung von Spitzenämtern auf maximal zehn Jahre begrenzen und den Anteil der Frauen und der Nachfahren der afrikanischen Sklaven in der Parteiführung erhöhen.

2011 wurde der Mitarbeiter der amerikanischen Entwicklungshilfebehörde **USAID,** *Alan Gross,* verhaftet, der mehrmals mit einem Touristenvisum nach Cuba eingereist war, um an Regierungskritiker WLAN-Sender und Verschlüsselungsgeräte zu verteilen. Im Dezember desselben Jahres wurden 2900 Personen, allesamt wegen Terrorismus, Mordes oder Spionage verurteilt, amnestiert, darunter auch *Alan Gross.*

Im Januar 2012 erteilte *Raúl Castro* allen **Forderungen nach politischen Reformen eine klare Absage.** Er schloss auch ein Mehrparteiensystem aus. Er werde niemals das Konzept von einer einzigen Partei aufgeben, sagte er zum Abschluss der Nationalen Konferenz der Kommunistischen Partei Cubas.

Als Vizepräsidenten des Staatsrates präsentierte *Raúl Castro* **Miguel Díaz-Canel,** der damit auch Kandidat für die Nachfolge als Staatschef ist. Der Elektroingenieur ist seit 30 Jahren in der Politik aktiv und arbeitet nun schrittweise an der Modernisierung des Landes. 29 Jahre jünger als *Raúl Castro,* scheint er frischen Wind in die Administration zu bringen. 2017 wird man wissen, ob er durchgehalten hat oder der Politik den Rücken kehrt, wie etwa *Carlos Lage*, die einstige Hoffnung vieler Beobachter.

Im Juli 2014 schlossen *Raúl Castro* und Russlands Präsident *Putin* in La Habana wichtige Verträge. Unter anderem erließ **Russland** Cuba 90 % seiner Schulden, die restliche Summe von etwa 2,3 Milliarden Euro (77,7 Milliarden CUP) sollen in Cuba reinvestiert werden. Außerdem will man mit russischem Knowhow die Wasserkraft stärker nutzen, die Ölförderung modernisieren und in den Weltraum vordringen.

2014 wurden **Kommunalwahlen** abgehalten und in direkter und geheimer Abstimmung 12.589 Delegierte gewählt. Laut Wahlgesetz müssen bei den Kommunalwahlen für jeden Sitz mindestens zwei und höchstens acht Kandidaten, die nicht für eine Partei antreten, aufgestellt werden. Es gibt in Cuba keine Parteilisten. Die Kandidaten werden direkt von der Bevölkerung in den Wahlkreisen aufgestellt. Erstmals seit 1959 wurden in La Habana zwei „staatsfeindliche Elemente" offiziell zur Wahl gestellt. Die beiden verpassten zwar den Einzug ins Parlament, doch allein die Nominierung war schon eine Sensation und ein weiteres Zeichen für den **Aufbruch neuer Zeiten,** auch und gerade im Verhältnis zu den USA, zu denen seit August 2015 wieder diplomatische Beziehungen bestehen, die wohl auch ein Ende des US-Embargos nach sich ziehen werden.

< Neu in La Habana: Polizei auf Fahrrädern

Gesundheitswesen

Eine Errungenschaft der Revolution ist die **niedrigste Kindersterblichkeitsrate der Welt** mit 6,5 pro 1000 Geburten. Dazu haben die Cubaner eine hohe Lebenserwartung von 74,7 Jahren.

Auch über die örtlichen **Polikliniken** gibt es nur Gutes zu berichten, obwohl ein Mangel an Medikamenten besteht.

Pro 1000 Einwohner stehen 175 **Ärzte** zur Verfügung, knapp doppelt so viele wie in Deutschland. In den letzten Jahren sind allerdings Versorgungsprobleme aufgetreten.

Cuba nimmt eine Spitzenposition in der **Biotechnologie** ein. Über eine Milliarde US-Dollar hat die Regierung in die Biotech- und Medizinforschung investiert. *Castros* Wissenschaftler haben Impfstoffe gegen Meningitis und neue Krebsmittel entwickelt. Nach Ansicht der Wissenschaftler ist ihr Cholera-Impfstoff für die Medizinkonzerne nicht wichtig, da diese Medikamente von den Dritte-Welt-Ländern nicht bezahlt werden können. Aufgrund des guten Rufes der örtlichen Medizin lassen sich jedes Jahr Tausende Ausländer von cubanischen Ärzten behandeln.

Seit 2002 hat Cuba sechs Goldmedaillen für die Entwicklung neuer Medikamente bekommen, 2011 z.B. für einen Wirkstoff zur Therapie von Diabeteserkrankungen, zuletzt für ein Präparat zur Bekämpfung der Schuppenflechte.

Zur gesundheitlichen Betreuung von **Frauen** gibt es drei Programme: das Mutter-Kind-Programm, das Früher-

157cu kh

kennungsprogramm für Gebärmutterkrebs und ein Erkennungsprogramm für Brustkrebs.

Cuba ist auch bei der Behandlung von **Augenkrankheiten** an der Spitze. Es gibt eine internationale Klinik für Nachtblindheit *(Retinopathia pigmentosa)*. Seit den 1950er Jahren werden Patienten mit Retinopathia pigmentosa behandelt, aber erst seit 1987 konnten sie mit der Technik von *Prof. Peláez*, dem Leiter der Klinik, operiert werden, die den Verlauf der Krankheit stoppt und somit der Erblindung vorgreift. Dieser chirurgische Eingriff ist eine rein cubanische Technik. Seit 1992 existiert in La Habana das „Centro Internacional de Retinosis Pigmentaria Camilo Cienfuegos", in dem seitdem über 4500 Patienten aus 78 Ländern behandelt wurden.

Der letzte Superlativ betrifft den **HIV-Virus,** der auf Cuba intensiv erforscht wird. Die Zahl der Infizierten ist schwer zu überprüfen. Fest steht jedoch, dass es an den Schulen eine weitreichende Aufklärung zu den Risiken des ungeschützten Geschlechtsverkehrs gibt. Tatsache ist aber auch, dass die Aussicht, das schnelle Geld zu verdienen, junge Frauen extrem gefährdet. **Prostitution** und **Sextourismus** haben in den letzten Jahren rapide zugenommen. Verbote helfen da nur wenig, solange die Frauen keine anderen Perspektiven haben.

‹ Historische Apotheke in La Habana

Bildungswesen

„Gebildet sein, um frei zu sein."

(José Martí)

Vor der Revolution 1959 gab es Bildung nur für die Kinder reicher Eltern. Eines der bleibenden Verdienste *Fidel Castros* ist die 1961 nach der Revolution beschlossene **Alphabetisierung:** Cuba besitzt mit 4 % die niedrigste Analphabetenrate des amerikanischen Kontinents. Selbst den USA ist es nicht gelungen, einen besseren Wert zu erreichen. Überall auf der Insel entstanden die Kulturhäuser, die **Casas de la Cultura,** die sich großer Beliebtheit erfreuen. 2014 zeichnete die UNESCO das cubanische Bildungssystem als das beste Lateinamerikas aus.

Der **Schulbesuch** ist Pflicht, die Unterrichtsmaterialien stellt der Staat gratis zur Verfügung. Alle cubanischen Kinder tragen eine Schuluniform, damit die Unterschiede zwischen Kindern reicher und armer Eltern nicht sichtbar sind.

Es soll nicht verschwiegen werden, dass in Cuba ein **Lehrermangel** besteht. Da die Löhne gering sind, versuchen sich viele Lehrer anders durchzuschlagen. Als Sofortmaßnahme hat die Regierung Studenten der staatlichen Hochschule in Schulen zum Unterrichten geschickt. Auch pensionierte Lehrer hat man wieder eingestellt. 2013 gab es schließlich Lohnerhöhungen.

Cuba verfügt derzeit über 22 **Universitäten.** Im Rahmen einer Hochschulreform soll für jede Provinz eine Strategie entwickelt werden, um eine Zusammenlegung mehrerer Standorte zu erreichen.

Die verbleibenden Universitäten sollen saniert und besser ausgestattet werden. Zudem soll das Hochschulpersonal besser geschult werden. Der Deutsche Akademische Austauschdienst vergibt Stipendien an deutsche Studenten, Infos unter www.daad.de.

Seit 2012 versucht man verstärkt, Kinder für künstlerische Tätigkeiten zu begeistern, und schuf eine Initiative zur **Kulturförderung.**

Medien

„Die Republik Cuba macht sich die Prinzipien des proletarischen Internationalismus und der kämpferischen Solidarität zu eigen." (Verfassung, Art. 12.)

Das beste Mittel die Menschen zu erreichen, sind die **Massenmedien.** Das gilt auch für Cuba, und so gibt es im cubanischen Fernsehen jede Menge kämpferische Solidarität.

Fernsehen

Das TV-System gleicht dem amerikanischen *NTSC.* Die „wichtigste" Sendung ist die **Telenovela,** die cubanische Seifenoper. Wenn sie ausgestrahlt wird, hängt halb Cuba vor den Geräten und sieht sich das Drama an. Dann gibt es noch den amerikanischen Fernseh-Piratensender **Tele Martí,** den die Cubaner *Tele Gusano,* Fernsehwurm, nennen. Er überschüttet die Landsleute mit Anti-Castro-Propaganda der übelsten Sorte.

Radio

In Habana kann man auf **Radio Taïno,** FM 93.3, Nachrichten und Konzerttermine in mehreren Sprachen empfangen. **Radio Habana** sendet auf 31m/9550 kHz täglich in Englisch. *Radio Martí* sendet täglich mehrere Stunden akustischen Unrat aus Miami. Es müsse ihnen doch gesagt werden, wie es wirklich ist, behaupten die Castro-Gegner.

Zeitungen

Die wichtigste **Tageszeitung** *(diario)* ist **„Granma"**, die an allen Arbeitstagen erscheint. Es gibt auch eine deutsche Ausgabe, die monatlich erscheint (im Internet unter www.granma.cu). „Trabajadores", „Juventud Rebelde" und „Bohemia" gibt es wöchentlich.

Seit 2015 gibt es die **Zeitschrift „Ofertas"**, die den neuen Selbstständigen eine Plattform für Kleinanzeigen und Stellenausschreibungen bietet. Mit einer Auflage von 60.000 Exemplaren soll die Zeitschrift dem Privatsektor und neu gegründeten Kooperativen auch mit Informationen und Rechtsberatungen zu Geschäftsgründungen zur Seite stehen. Den Rest des Heftes füllen Kleinanzeigen.

Schuluniformen sind für alle Pflicht

059cu kh

Wirtschaft

Cuba ist (noch) eine **sozialistische Planwirtschaft,** in der politische Ziele Vorrang vor ökonomischen Erwägungen haben. Nach der Revolution wurden 90 % der Industrie und über 70 % der Landwirtschaft verstaatlicht. Die Unterstützung Cubas durch die Staaten des früheren Ostblocks, insbesondere der ehemaligen UdSSR, hat dazu geführt, dass sich Industrie und Landwirtschaft entwickeln konnten. Die erste Zuckerrohrschneidemaschine wurde auf Cuba erfunden. Die Regierung der ehemaligen DDR ließ das größte Zementwerk Lateinamerikas in der Nähe von Cienfuegos bauen. Ebenfalls dort wurde mit dem Bau eines Atomkraftwerks nach sowjetischem Vorbild begonnen. Das Zementwerk arbeitet inzwischen wegen der hohen Umweltverschmutzung nur noch mit halber Leistung, der Bau des AKWs wurde in den 1990er Jahren eingestellt.

Nach dem Zusammenbruch des Ostblocks endete auch die finanzielle Unterstützung, sehr viele Güter mussten rationiert werden. Bei der Versorgung gilt folgender Leitsatz: zuerst die Touristen, dann die Devisenläden und dann die Bevölkerung. Es gibt Lebensmittel, die jeder Cubaner garantiert erhält, andere nur alle paar Monate, wenn es sie gibt, und andere nur, wenn er oder sie Glück hat. Obst ist auf den Bauernmärkten erhältlich, es wird vermehrt privat angebaut. Bezahlt wird in Pesos. In den offiziellen Devisenläden gibt es auch alle anderen Lebensmittel.

061cu kh

Da die meisten Cubaner in Pesos bezahlt werden, können sie bei einem **Durchschnittseinkommen** von umgerechnet ca. 15 Euro im Monat ihren Bedarf nur mit CUC in den Devisenläden decken, allerdings besitzt weniger als die Hälfte der Bevölkerung CUCs.

Cuba ist Mitglied der **Welthandelsorganisation,** nicht aber beim Internationalen Währungsfond (IWF) und der Weltbank.

Zucker und die Wirtschaft

Seit der spanischen Kolonialherrschaft ist Zucker das Hauptexportgut Cubas. In den 1950er Jahren des 19. Jh. dienten über zwei Drittel der genutzten Anbaufläche von zwei Millionen Hektar dem Zuckerrohranbau. Diese **Monokultur** hatte eine Vernachlässigung der Nahrungsmittelproduktion zur Folge. Die schwankenden Produktionsergebnisse wirkten sich auf den Arbeitsmarkt aus, sodass große Teile der Landbevölkerung nicht genug zum Leben hatten. Daran änderte sich auch in der ersten Hälfte des 20. Jh. nichts, als Großgrundbesitzer und US-amerikanisches Kapital Hand in Hand die Insel ausplünderten. Erst 1959, mit dem Sieg der cubanischen Revolution, wurde durch **einschneidende Landreformen** der Großgrundbesitz beseitigt. Mehr als 100.000 Pächtern und Siedlern wurde der Boden kostenlos übertragen, während die großen Ländereien in Staatsgüter umgewandelt wurden. In der Landwirtschaft entstanden ein staatlicher und ein privater Sektor.

Mit Loks wie dieser wurde der Zucker zum Hafen gefahren

Die *zafra*, die **Zuckerrohrernte,** geschieht nach der Revolution von 1959 zunehmend mit Hilfe von Maschinen, den *combinadas*, nur ein kleiner Rest wird noch mit der Machete von Hand geschlagen; die Erntearbeiter nannte man deshalb *macheteros*. Die Zuckerrohrarbeiter werden heute gut bezahlt und sind das ganze Jahr hindurch beschäftigt. Die sog. tote Zeit, die Zeit zwischen Ernte und Saat des Zuckers, gibt es nicht mehr. Vor der Revolution war das die Zeit, in der die armen *parceros*, die Arbeiter auf gepachtetem Boden, kaum etwas zum Leben verdienten, aber trotzdem an die Großgrundbesitzer zahlen mussten.

Cubas **Hauptexportprodukte** waren Zucker und Tabak. Meist wird der Tabak sofort zu Zigarren verarbeitet. Beim Zuckerrohr wird der Rohzucker exportiert. Andere Produkte der cubanischen Landwirtschaft sind: Bohnen, Reis, Ananas, Bananen, Mais, Kartoffeln, Kaffee und Zitrusfrüchte.

Nach dem Umbau der Zuckerindustrie (Schließung der Hälfte der Zuckerfabriken) ist die Bedeutung des Zuckers weiter zurückgegangen. Seit die Zuckerpreise weltweit wieder steigen, zeichnete sich jedoch eine Trendwende ab, allerdings liegt die Zuckerproduktion der Insel mit 1,5 Millionen Tonnen extrem niedrig, da die Regierung andere Wirschaftsfelder erschließen möchte.

Die **privaten Kleinbauern** werden vom Staat unterstützt und müssen dafür einen Teil ihrer Erzeugnisse zu festgesetzten Preisen an den Staat verkaufen. Durch den Wegfall des sozialistischen Marktes musste die Regierung neue Wege beschreiten, um die Grundversorgung der Bevölkerung mit Lebensmitteln zu sichern. Die Regierung gründete eine neue Form der Kooperative, mit Namen UBPC, mit der die landwirtschaftliche Produktion durch neue Anreize erhöht werden soll. Dabei wird den Landarbeitern ein Nutzungsrecht des bearbeiteten staatlichen Bodens, der Maschinen und Arbeitsgeräte zugestanden. Bei der UBPC sind die Arbeiter Eigentümer; durch Kopplung ihrer Einkünfte an die erzielte Produktion soll der Arbeitseifer gesteigert werden.

Der größte Teil der auf Cuba verbrauchten **Industriegüter** muss importiert werden. Zuwächse verzeichnen lediglich die Pharmaindustrie und der Biotechnologiesektor, die Getränke- und Tabakproduktion sowie die Raffinierung von Rohöl.

Die wichtigsten **Handelspartner** Cubas sind Venezuela, China und Kanada. Der Tourismussektor liefert nicht mehr so hohe Erträge, da die Versorgung immer kostspieliger wird.

Der **Export** von medizinischen Leistungen, die Behandlung ausländischer, vorwiegend zentral- und lateinamerikanischer Patienten als auch die Entsendung von Ärzten und medizinischem Fachpersonal ins Ausland wird nach und nach eine der wichtigsten Devisenquellen des Landes.

Die cubanische Wirtschaft ist in **Staatsunternehmen** organisiert, die 13 Fachministerien unterstehen. Daneben bestehen über 200 **Joint Ventures,** z.B. vier mit deutschen Unternehmen. Seit 2014 dürfen Cubas Staatsunternehmen 50 statt 30 % ihrer Nettoeinnahmen behalten sowie ihr Lohnsystem selbst festlegen; das soll die Produktivität steigern.

Um die Hafenstadt Mariel westlich von La Habana ist **Cubas erste Sonder-**

060cu zk

wirtschaftszone entstanden. Die *Zona Especial de Desarrollo Mariel* (ZEDM) könnte sich zu einem bedeutenden Logistikzentrum entwickeln: Über 400 Projekte sind geplant, ausländische Investoren aus 30 Ländern haben ihr Interesse bekundet. So plant der Autohersteller *Geely* ein Montagewerk mit einer Kapazität von 10.000 Fahrzeugen jährlich, auch der russische Konzern *GAZ* will in Mariel Laster produzieren.

Alle ausländischen Unternehmen, die in Cuba produzieren wollen, werden von der Regierung überprüft. Cuba will sich nicht ausverkaufen, deshalb untersucht man vorher den volkswirtschaftlichen Nutzen und die Langzeitfolgen jedes einzelnen Projekts.

Tabak

In den Tabakanbaugebieten verdienen die Bauern einen Teil ihres Lohnes in CUC – daran erkennt man schon die Bedeutung dieses Wirtschaftszweiges. Der cubanische Tabak soll **einer der besten der Welt** sein. Auf jeden Fall ist er ein Prestigeprodukt der Antilleninsel.

Schon viele einheimische Indianerstämme praktizierten das **Rauchen** von getrockneten, zusammengerollten Blättern der Tabakpflanze, vor allem bei rituellen Handlungen. Rauchen war nur Männern erlaubt, die Pflanzen wurden von indianischen Schamanen angebaut.

‹ Bei der Tabakverarbeitung

Im 16. Jh. fingen die Spanier und Engländer an, diesem Brauch nachzueifern, doch verhinderten die auftretenden Nebenwirkungen – Rauschzustände und Benommenheit – die Verbreitung, man hielt Tabak für Teufelszeug.

Doch in den folgenden Jahrhunderten verbreitete sich das Rauchen auch in den Adelshäusern in Europa, und man fing an, Tabak anzubauen. In Pinar del Río ist die Zusammensetzung der Böden hervorragend. Außerdem werden die Pflanzen durch die umliegenden Berge geschützt und das dortige Klima sorgt für die optimale Feuchtigkeit.

Der **Tabakanbau** ist eine komplizierte Arbeit, er erfordert viel Wissen, aber auch Gefühl für das Wetter, wenn es z.B. um den richtigen Zeitpunkt für die Ernte geht. Riesige Tabakfelder hat es auf Cuba nie gegeben. Wenn die Trockenheit Ende Oktober in Viñales beginnt, wird der Tabak gesät. Drei bis vier Monate später wird geerntet. In den restlichen Monaten des Jahres werden auf den Tabakfeldern dann Bananen oder Mais angepflanzt. In den letzten Jahren haben Wirbelstürme leider erheblichen Schaden in dieser Region angerichtet.

Bodenschätze

Nickel ist der wichtigste auf Cuba gewonnene Rohstoff, allerdings schwanken die Preise auf dem Weltmarkt erheblich, sodass selten Grund zum Jubeln besteht. Außerdem werden Chrom, Salz, Kobalt, Erdgas und -öl gefördert. Das onshore geförderte Erdöl ist aber von schlechter Qualität und auch nicht ausreichend vorhanden. Es muss deshalb zum größten Teil importiert werden.

Das eigene Öl wird großteils in Kraftwerken zur Stromgewinnung verfeuert.

In den cubanischen Hoheitsgewässern vor der Nordküste liegt ein **Erdöl- und Gasfeld** mit einer Ausdehnung von rund 112.000 km², in dem laut Schätzungen 20 Milliarden Barrel Öl schlummern sollen. *CUPET (Cubapetróleo)* und der spanische Repsol-Konzern begannen 2012 mit den ersten Probebohrungen. Da das Öl in einer Tiefe von 6500 Metern gefunden wurde, sprang *Repsoil* ab. Nun machen die russische Gesellschaft *Zarubezhneft* und *Cupet* alleine weiter, außerdem führt *Gazprom* Untersuchungen durch, Venezuelas *PDVSA,* hat noch vier Felder an der Westspitze Cubas und die indische *Oil and Natural Gas Corp.* hat sich zwei Offshore-Felder gesichert. Brasiliens *Synergy Corp.* ist wohl auch noch im Rennen, ebenso Malaysia's *Petronas.* Norwegens *Statoil* sucht auf der karibischen Seite Cubas, sie mieteten drei Felder zwischen den Inseln der Jardines del Reina und der Küste im Golf von Ana Maria und dem Golf von Guacanayabo.

Seit 2014 erlaubt *CUPET* auch ausländischen Firmen Bohrungen im Meer vor der Nordküste. Seit 2015 gibt es 25 neue Ölbohrungen, vor allem in Nordmatanzas. Die Erkundung von 52 Offshore-Blöcken hat ebenfalls begonnen.

Energie

Die **Stromerzeugung** ist immer noch ein Problem in Cuba. Gerade wird der Bau eines Windparks mit 174 Megawatt Leistung in der Provinz Guantánamo und mit 102 Megawatt in der Provinz Holguín vorangetrieben. Auf dem Gelände von Expocuba im Süden von La Habana wurde der dritte Solarpark der Hauptstadt eröffnet: Die 2500 Solarpaneele können nach Angaben des Netzbetreibers pro Tag 520 Kilowatt erzeugen.

Mitte des 19. Jh. tauchte in der Provinz Camagüey zum ersten Mal an den Straßenrändern der schwer zu beseitigende **Marabú-Strauch** *(Dichrostachys cinerea)* auf. Die aggressive Pflanze hat im Laufe der Zeit weit über 1000 Hektar Fläche in Beschlag genommen; die Samen werden durch Tiere verbreitet. Jetzt hat man begonnen, die Pflanzen in Anlagen zur Stromerzeugung zu verfeuern.

Der Staat fördert inzwischen die **Nutzung erneuerbarer Energien,** im Jahr 2015 lag ihr Anteil am Energiehaushalt Cubas bei mageren 4 %. Außerdem wird die Produktion von stromsparenden LED-Leuchten, von Solaranlagen und Induktionsherden gefördert.

Fischerei

Die Fischerei konnte sich auf Cuba nicht recht durchsetzen. Die Cubaner essen wenig Fisch. Selbst als der Staatschef höchstpersönlich seine Landsleute zum Fischessen aufrief und es gleich im Fernsehen praktizierte, änderte sich wenig. Es gibt eine kleine Fischereiflotte, aber in der Regel sind die Hotels die größten Abnehmer.

Wirtschaftswachstum

2014 wuchs die cubanische Wirtschaft um 1,3 %. Das für das Jahr 2015 geplante Wachstum des **Bruttoinlandsprodukts** von 4 % wurde laut der Zeitung „Granma" im ersten Halbjahr erreicht. Damit konnten zum ersten Mal seit Beginn der Wirtschaftsreformen von 2011 die selbst gesteckten Wachstumsziele eingehalten werden. Im Vergleich zu 2014 wuchsen alle Wirtschaftsbereiche, an vorderster Stelle die Zucker- und verarbeitende Industrie, Bauwesen, Handel und Tourismus. Die landwirtschaftliche Produktion stieg im ersten Quartal ebenfalls. Die geplanten Staatsausgaben werden um 10 % auf knapp 55 Mrd. US-$ steigen, die Einnahmen um 6 % auf 49 Mrd. US$, was ein **Haushaltsdefizit** von knapp 6 Mrd. US-$ bedeutet. Dies wird größtenteils über die Ausgabe von Staatsanleihen finanziert, die die cubanischen Banken zu einer Zinsrate von 2,5 % mit einer Laufzeit von 20 Jahren kaufen.

Mit der absehbaren Aufhebung des jahrzehntelangen **US-Handelsembargos** wird sich die cubanische Wirtschaft komplett transformieren und ganz neue Möglichkeiten internationaler Kooperationen und Geschäfte mit US-amerikanischen und europäischen Firmen wahrnehmen können.

Derzeit gibt es 476.000 Selbstständige *(cuentapropistas)* in Cuba sowie etwa 330 Kooperativen außerhalb der Landwirtschaft; weitere Kooperativen sind in Planung.

Cuba hat nach einer 2015 mit dem Pariser Club neu erzielten Einigung **Außenschulden** in Höhe von 15 Milliarden US-$. Umschuldungsverhandlungen gab es im Laufe der Jahre immer wieder. Mit der Annäherung zwischen Cuba und den USA wird verstärkt ausländisches Kapital ins Land fließen.

Die **Biotechnologie-Forschung** hat Weltniveau. Daneben spielen Zuckerabfallprodukte, Ölderivate, Textil- und Zementindustrie eine Rolle. Die regelmäßigen Hurrikans auf der Insel sorgen dafür, dass selbst **Grundnahrungsmittel** wie Kartoffeln, Bohnen und Reis Mangelware werden können.

Tourismus

Von den 1,6 Mio. Touristen insgesamt kommen jährlich über **215.000 deutsche Urlauber** auf die Zuckerinsel. Die Touristenzahlen sind in den vergangenen Jahren gestiegen, auch immer mehr Kreuzfahrtschiffe laufen Cuba an. In dem Moment, in dem die US-Handelsblockade gegen Cuba wegfällt (was seit 2015 wohl nur noch eine Frage der Zeit ist), ist mit einem Ansturm amerikanischer Touristen zu rechnen. Dann gäbe es neben Direktflügen auch die Ankunft Tausender von Yachten und Kreuzfahrtschiffen in cubanischen Häfen.

Die spanische Hotelkette *Sol-Melía* war die erste, die ungeachtet US-amerikanischer Drohungen bereits vor Jahren auf Cuba investierte. Sie bewirtschaftet Hotels in acht Tourismusgebieten. Um ausländischen Investoren mehr Sicherheit zu bieten, setzte Cubas Regierung die Pachtzeit für Ausländer von 50 auf 99 Jahre herauf.

Die Kapazität der **Hotels** soll bis 2020 von derzeit 61.500 auf 85.000 Betten ausgebaut werden. Priorität genießen die Regionen um Guardalavaca bei Holguín, die Südküste um Cienfuegos und Trinidad, die Playa Santa Lucía bei Camagüey und der Norden von Las Tunas.

Seit 2011 wurden übrigens 16 **Golfplätze** gebaut, was mit Blick auf den Wasserverbrauch ökologisch mehr als bedenklich ist.

Bevölkerung

„Wir alle sind von den Schiffen heruntergestiegen.“

(Alejo Carpentier)

Siebzig Prozent der elf Millionen Cubaner sind Nachfahren der spanischen Einwanderer. 12 % sind Nachfahren der **afrikanischen Sklaven.** Mulatten, Mestizen und ein kleiner Teil Asiaten (vor allem Chinesen) bilden den restlichen Anteil. **Mulatten** sind die Kinder der Spanier und der Afrikaner, **Mestizen** stammen aus der „Mischung“ mit den Ureinwohnern, die wiederum aus den umliegenden Ländern kamen. Rassismus zwischen den Bevölkerungsgruppen gibt es offiziell nicht, da *Fidel Castro* dies sofort nach der Revolution „verboten“ hat. In der Praxis sieht dies aber doch anders aus. Rassismus existiert; er ist, entgegen den Beteuerungen des Staates, ziemlich weit verbreitet. Je heller die Hautfarbe, desto höher das Ansehen der Menschen. Es wird gerne über Landsleute dunklerer Hautfarbe hergezogen. Die Hellhäutigen versuchen geltend zu machen, dass sie ja mindestens die Mittelschicht repräsentieren und die Dunkelhäutigen klagen diesen unleugbaren Umstand an.

Asiaten

„Heute sieht man einen Chinesen und fragt ihn: „Geht es gut?“ und er sagt: „Ich nicht wissen.“

(Esteban Montejo)

Als die Sklaverei abgeschafft wurde, kamen unter unsäglichen Bedingungen Chinesen und Filipinos nach Cuba. Sie waren zwar freiwillig gekommen, mussten dann aber sogar noch ihre „Überfahrt“ abarbeiten. Acht Jahre lang stan-

065cu kh

den sie unter Vertrag bei den Zuckerbaronen. Danach ließen sich viele in La Habana nieder und schufen das **Chinesenviertel** mit seinen Wäschereien und Restaurants. Bald kamen auch chinesische Auswanderer aus Amerika nach Cuba. Gegen Ende des 19. Jh. lebten 40.000 Asiaten in der Stadt, insgesamt schätzt man die Zahl heute auf etwa **150.000.** Sie waren gut organisiert und sehr diszipliniert. Viele begannen auf Cuba eine Existenz als Kaufleute aufzubauen. Verkauft wurden: Seide, Papierwaren und Duftessenzen.

Berühmt waren die **chinesischen Ärzte,** die von Ort zu Ort zogen und gegen gute Münze ihre Dienste und Heilkräuter zur Verfügung stellten. In Sagua la Grande, im Bezirk Villa Clara, gab es ein chinesisches Theater und eine ganze Straße, den Tacón, in dem sich ein chinesisches Geschäft an das andere reihte. Bei den Befreiungskriegen schlossen sich viele den *mambises,* den Heeren der ehemaligen Sklaven an. Heute ist das Barrio chino eher klein und die Menschen haben viel von der karibischen Mentalität übernommen.

Haitianer

Als ganz Haiti durch die **Sklavenaufstände** in Flammen aufging, flohen die Reichen mit all ihrer Habe, teilweise auch mit den Sklaven, nach Cuba. Sie brachten das Französische auf die Insel, Haiti stand lange unter französischer Herrschaft. Alles Fremde wurde daraufhin mit dem Zusatz „francesa“ versehen. Die *Tumba francesa,* die französische Trommel, ist in Wahrheit natürlich ein ur-afrikanisches Instrument.

Juden

Alles bestimmende Religion unter der spanischen Krone war der Katholizismus. Andersdenkende wurden verfolgt, so auch Menschen jüdischen Glaubens. Mit der Unabhängigkeit änderte sich das. Die jüdischen Freiheitskämpfer bekamen einen eigenen Friedhof in La Habana, und es wurden jüdische Gemeinden gegründet, deren Mitglieder vor allem amerikanische Auswanderer waren.

Im Ersten Weltkrieg kamen **polnische und russische Juden** auf die Insel. Die meisten wollten in die USA, wurden dort aber abgewiesen und versuchten es dann über Cuba. Viele blieben und fanden Arbeit. Weitere Juden aus Osteuropa kamen gezielt nach Cuba und etablierten sich als Handwerker und Kaufleute. Der Handel und die Produktion von Textilien erlebten unter jüdischer Anleitung einen ungeahnten Aufschwung. Auch im Verlags- und Zeitungswesen konnten sich viele etablieren.

Auf Grund der amerikanisch orientierten Politik der Cubaner wurden nur wenige verfolgte Juden aus Deutschland aufgenommen. Besonders tragisch war der Fall des **Schiffes „St. Louis“,** das 1939 mit über 900 Flüchtlingen den Hafen von La Habana anlief. Die Einreisepapiere hatten sich die Menschen in Prag von einem cubanischen Beamten erkauft, der sich das Geld selbst einstecken wollte. Als das auf Cuba bekannt wurde, erklärte man die Papiere für ungültig und verlangte wiederum Geld von den Flüchtlingen, die aber nicht bezahlen konnten. Auch die USA verweigerten den Flüchtlingen die Einreise. So musste die St. Louis kehrtmachen und nach Europa zurückfahren. Verschiedene Länder nahmen die Juden auf, die meisten wurden allerdings von den vorrückenden Deutschen in Konzentrationslagern ermordet.

Nach der Revolution emigrierten viele Juden aus Angst vor Enteignung nach Amerika, und so leben heute nur noch wenige Menschen jüdischen Glaubens auf Cuba.

Muslime

In Cuba leben etwa 9000 Muslime, davon 3500 in der Hauptstadt La Habana. Deshalb beschloss die Regierung im Mai 2014, dort eine **Moschee** bauen zu lassen. Der Entwurf erinnert an die Ortaköy-Moschee in Istanbul, mit einem quadratischen Grundriss, einer Kuppel und zwei Minaretten. Der Bau wird von einer türkischen Stiftung finanziert.

Exilcubaner

„Die zweitgrößte Stadt Cubas ist Miami“, sagen die Cubaner. 1959 flohen viele wohlhabende Cubaner vor der Revolution nach Florida; heute leben dort über zwei Millionen Cubaner. Lange waren sie eine verschworene Gemeinschaft, vereint in ihrem Kampf gegen *Fidel Castro* und das verhasste kommunistische System. Der Piratensender „Radio Martí“ überschüttete die Insel mit wüster Propaganda. Eine Wende bewirkte 1998 der Papstbesuch in La Habana. „Der Handschlag mit *Fidel Castro* untergrub die moralische Legitimität der Hardliner“, meinte *Thomas Wenski,* Weihbischof in der Diözese Miami. Nach außen geben sich die meisten Exilcubaner weiterhin als Castro-Feinde, doch haben sich viele mit dem Regime arrangiert. Mit Geld und Lebensmitteln helfen sie Angehörigen, Verwandtenbesuche sind seit Jahren möglich.

Über 50 Jahre lang konnte diese Minderheit ihren **Einfluss** in den USA geltend machen, passend zur antikommunistischen Ausrichtung der US-amerikanischen Außenpolitik. Die Politiker ließen sich mit Wahlzusagen und Geld ködern. Selbst *Bill Clinton* versprach 1992, den *Cuban Democracy Act* durchzusetzen, ein Gesetz, das alle US-Unternehmen, die mit Cuba Handel treiben, mit Geldstrafen belegt. Weil er für seine Wiederwahl 1996 die exilcubanischen Stimmen brauchte, stimmte er sogar dem haarsträubenden **Helms-Burton-Act** zu. Das Gesetz belastet bis heute das Verhältnis zwischen den USA und dem Rest der Welt. Es ist zu einem Symbol für die Arroganz der Weltmacht geworden. Danach riskieren Staaten, die mit Cuba Handel treiben, Sanktionen durch die Vereinigten Staaten.

Religion

„Wie unfassbar bescheiden sind die Menschen, die sich einer einzigen Religion verschreiben!“

(Elias Canetti)

Eine der ersten Maßnahmen der erobernden Spanier war die Installation des Katholizismus auf der Zuckerinsel. Das spanische Mutterland jedoch war weit entfernt, und so entwickelte sich eine **karibische Variante des Christen-**

tums. Die ursprünglichen Religionen der Ureinwohner starben mit ihnen aus. In den folgenden Jahrhunderten prägten die gewaltsam aus ihrer afrikanischen Heimat verschleppten **Sklaven** die religiösen Vorstellungen auf Cuba. Diese hatten keinen einheitlichen Glauben, sondern jede Volksgruppe ihre eigene religiöse Weltanschauung. Gemeinsam war allen Glaubensrichtungen jedoch die zentrale Bedeutung von Trommelrhythmen bei ihren Riten und Festen. Im Laufe der Zeit kristallisierte sich eine Gruppe heraus, die man im Allgemeinen *Santería* nennt. Insgesamt sind heute 56 % der Cubaner **konfessionslos** und 39 % **Katholiken.**

Mit der Unabhängigkeit von Spanien wurde 1901 die **Trennung von Kirche und Staat** beschlossen. Damit entfielen der katholischen Kirche die Einkünfte aus der Besteuerung. Die meisten Revolutionäre sympathisierten mit dem Freimaurergedanken. Unter den zugezogenen Ausländern gab es viele Protestanten, trotzdem blieb der **Katholizismus** eine der Hauptreligionen der Insel.

Heute hat sich die Stellung der einzelnen Religionen auf Cuba gewandelt. In der kommunistischen Partei gibt es keine Christen, in vielen Bereichen sind sie nicht gut angesehen, manche verstecken sogar ihre christliche Gesinnung, weil die sich nicht mit den kommunistischen

Ein Kind als Politikum: der Fall Elián Gonzáles

Ein Fischer hatte den siebenjährigen *Elián* am 26. November **1999** gerettet. Der Junge trieb, an einen Autoschlauch geklammert, auf offener See vor der Küste Floridas. Mutter und Stiefvater waren bei dem Versuch, in die USA zu gelangen, ertrunken. *Elián* kam zu Verwandten in Miami, es begann eine erbitterte Schlacht ums Sorgerecht, die sich für die USA als Politikum erwies, *Castro* einen großen Sieg einbrachte und ansonsten nur ein Polittheater war.

Der Vater, *Miguel González* aus Cárdenas, forderte sein Kind zurück, unterstützt von einem wütenden *Castro*, der Hunderttausende in La Habana auf die Straße schickte, um „Freiheit für Elián" zu fordern. Die Exilcubaner in Miami wetterten dagegen. Das war der Beginn von gewalttätigen Auseinandersetzungen in Miami zwischen rabiaten Castro-Gegnern und den Beamten der US-Einwanderungsbehörde.

Nach US-Gesetzen muss *Elián* bei seinem leiblichen Vater aufwachsen. Die amerikanische Justizministerin *Janet Reno* entschied, den Jungen zurückzuschicken. Aufgebrachte Verwandte und Exilcubaner widersetzten sich sogar den Maßnahmen der Polizei.

Der Vater reiste daraufhin selbst nach Miami, um um seinen Sohn zu kämpfen, indes stilisierten die Miamicubaner das Kind zum Heiligen. Man versuchte, den Vater zu bestechen, damit er mit dem Sohn in Miami bleibe, was er entrüstet zurückwies.

Ein bewaffnetes US-Einsatzkommando stürmte am 22. April 2000 das Haus und übergab den Jungen seinem Vater, der dem amerikanischen Volk und der US-Regierung für ihre Unterstützung dankte und mit ihm zurückflog. Inzwischen studiert *Elián* an einer Militärakademie und wird eine Laufbahn in der Armee einschlagen.

Idealen verträgt. Seit dem Papstbesuch von **Johannes Paul II.** 1998 hat sich das gewandelt, der Heilige Vater legitimierte seine Glaubensschwestern und -brüder.

2012 besuchte Papst *Benedikt XVI.* Cuba zu den Feierlichkeiten zum 400. Jahrestag des Erscheinens der *Virgen de la Caridad del Cobre,* 2015 folgte **Papst Franziskus,** der sowohl mit Staatspräsident *Raúl Castro* als auch mit *Fidel* zusammentraf und von der Bevölkerung freundlich empfangen wurde.

Santería (Regla de Orcha)

Der Name Santería kommt vom spanischen *santo* (heilig). Eine der größten Volksgruppen unter den verschleppten Afrikanern waren die **Niger**- und die **Yoruba-Afrikaner.** Sie brachten ihre animistische Religion mit nach Cuba. Die ihren Alltag bestimmenden Geister passten nicht in die christliche Gesinnung der weißen Herren, und so wurde ihr Glaube, den sie *Santería* nannten, verboten. Die Afrikaner fanden dennoch einen Weg, ihre Religion auszuüben. Sie besahen sich die ihnen aufgezwungenen katholischen Heiligen und fanden für jeden eine Entsprechung in ihrer eigenen Religion. Dadurch konnten sie nach außen hin Christen sein und dennoch ihren eigenen Göttern treu bleiben.

Später, als die **„Vermischung“** nicht mehr zu stoppen war, erlaubte die katholische Kirche auch Opfergaben der Santerías in ihrer Kirche. Dadurch hat sich eine Wandlung in den Kirchenhäusern vollzogen. *Fernando Ortíz* nannte es eine Transkulturation (Kulturübernahme). Heute stößt man überall auf die bunten Gestalten der Santería. Die Revolution von 1959 stand in keinem Widerspruch zur neuen Volksreligion.

Kernstück der Santería ist die rituelle Familie, bei der die Häuser der Mitglieder auch die Kultstätten der Religion sind. Jeder Gott verkörpert einen Teil der Natur. Jeder Mensch ist Sohn oder Tochter eines *Orisha,* eines Gottes.

Orishas

Obbatalá

Androgyner **Gott des Friedens, Erschaffer der Welt.** Kennzeichen ist die Farbe weiß, sein Symbol die Kokosnuss. Er hatte nach der Überlieferung beschlossen, in der *Vírgen de las Mercedes* seine moderne Entsprechung zu sehen. Am liebsten isst er *ecrú,* bestehend aus pürierten Caritabohnen, die in Kokosmilch gekocht werden und ihm als Opfergabe gereicht wird.

Odudúa

Seine/ihre Frau, hat dieselbe Entsprechung und gilt als die **Göttin der Unterwelt.**

Changó

Der **Gott des Blitzes und Donners, der Liebe und der Männlichkeit.** Er trägt ein rotes Gewand, manchmal ist es auch rot und weiß. Seine Entsprechung ist die *Vírgen de Santa Bárbara,* sein Wohnort sind die Königspalmen. Er ist der Gott des Feuers, seine Anhänger versuchen sein Feuer im Rauch der Zigarre zu kopieren. Seine Lieblingsspeise ist *farina de amalá,* eine in Bananenblätter gewickelte Masse aus gekochtem, gesüßtem Maismehl.

Aggayú Solá

Aggayú Solá ist mit dem heiligen *Christophorus* verbunden und gilt als **Beschützer der Reisenden und des Landes,** also ein Gott, den wir uns merken sollten. Er ist der Großvater *Changós,* gleichzeitig der Gott der Wüste.

Babalú Ayé

Dieser suchte seine moderne Entsprechung im Patron der Krankheiten, in San Lázaro. Am 15. Dezember, dem Tag des heiligen *Lazarus* pilgern Zehntausende Cubaner zu den ihm geweihten Kirchen. Es ist eine der größten Walfahrten des Jahres, bei der die Menschen teilweise auf allen Vieren kriechend zum heiligen Ort ziehen.

Elegguá

Verbunden mit dem heiligen *Antonius* gilt er als **Gott des Schicksals,** ein unruhiger Geist. Seine Farbe ist rot-schwarz. Seine Symbole sind runde Steine mit kleinen weißen Muscheln und die Yagüey-Pflanze. Als Schicksalsgott spielt er mit den Menschen und wacht über ihre Wege. Er wird als rot-schwarz gekleideter Mann mit kurzer, muschelverzierter Jacke und hoher Mütze dargestellt. Sein Tag ist Montag. Er tanzt gerne und ist auch sonst ein spaßiger Geselle.

Ochún

Die **Göttin des Goldes, der Liebe und der Sexualität,** Frau von *Changó* und Schwester von *Yemayá.* Ihre Entsprechung ist die *Vírgen de la Caridad del Cobre* und ihre Farbe gelb. Sie ist auch die Göttin des Trinkwassers und des goldenen Honigs. Sie vereinigt alle Eigenschaften der Aphrodite in sich. Der Pfau und der Geier sind ihre Tiere, die Glocke ihr Symbol. Sie erscheint in der Regel als Mulattin. Am Liebsten isst sie *ochinchin,* eine köstliche Mischung aus gekochtem Krebsfleisch mit Mandelmus, Mangold und Kresse.

Oggún

Der **Gott des Krieges, des Waldes und der Werkzeuge.** Seine Farbe ist grün. In der christlichen Religion entspricht ihm der heilige Johannes. *Oggún Aguanillé* ist der Kriegsgott, *Oggún oké* der Gott des Waldes und *Oggún Arere* der Gott der Schmiede.

Osaín

Osaín ist der **Gott der Medizin und der Heilkunde,** selbst hinkt er und hat nichts mit Frauen. Er gilt als die Gottheit der Schwulen.

Yemayá

Die **Göttin des Ozeans und der Mütterlichkeit** trägt ein blaues Gewand und hat 16 andere Götter als Kinder. Man sagt, sie habe Inzucht mit ihrem Sohn *Changó* gehabt, was bei ihrem Mann *Oggún* auf wenig Verständnis stieß. Die Göttin fand ihre Entsprechung in der *Vírgen de la Regla.* Dargestellt wird sie oft mit sieben Röcken in Blau und etwas Weiß. Ihre Tugenden sind Intelligenz, Versöhnlichkeit und Mütterlichkeit. Ihre Zeichen sind der Halbmond und kleine Muscheln, ein Anker und silbern blitzende Metalle. Sie führt oft ein gefährliches Meerestier mit sich, das Olokún.

Priester, Instrumente und Sänger

Der *Babalao* oder *Babalú* ist der Priester der weit verbreiteten Religion. Es gibt etwa 4100 auf Cuba. Die Götter haben alle menschlichen Eigenschaften und bewegen sich unerkannt unter den Erdenbürgern. Um mit den Menschen sprechen zu können, müssen die Götter in den Körper eines Cubaners schlüpfen. Um dies zu erreichen, veranstalten die Priester eine Zeremonie. Dabei werden die heiligen Batá-Tommeln gespielt und die Gemeindemitglieder tanzen zu dem Rhythmus. Nun nimmt der Babalao den Kontakt mit den Göttern auf und bittet sie, in eins der tanzenden Gemeindemitglieder herabzusteigen.

Eine **Batá-Trommel** besteht aus einer Holzröhre, die auf beiden Seiten bespannt ist. Das heilige Innere ist dicht verschlossen. Sie wird auf beiden Seiten angeschlagen. Die kleinere Trommel für rhythmische Verzierungen heißt *Okónkolo,* die mittlere, die die Grundmuster trommelt, ist die *Shaworos* und die Basstrommel, die den Rhythmus bestimmt, die *Iyá.*

Die Trommler sind angesehene Männer, die ihr Wissen über Generationen weitergereicht haben. Sie bringen den Trommeln Opfer und handhaben sie den Vorschriften gemäß. Zu den Festen werden die Trommeln mit Tüchern in den Farben der Gottheiten geschmückt, die Basstrommel etwa ist *Changós* Instrument. Sie ist mit rotem Tuch versehen, an dem weitere Insignien wie Hahnenkämme befestigt sind. Die mittlere Trommel ist gelb oder weiß bespannt, was sie zu *Ochún* und *Obatalá* gehörig kennzeichnet. Manchmal glänzen kleine Spiegel daran. Die hellste Trommel, grün umwickelt, gehört zu *Oggún.*

Zusätzlich treten **Sänger** in Erscheinung, der Vorsänger bestimmt die Muster je nach Aufgabe des Gesanges, der Chor wiederholt die Phrase des Vorsängers oder intoniert eigene Gegengesänge. Derweil tanzen die Mitglieder zum Klang der Trommel solange, bis sie von den exstatischen Rhythmen in Trance fallen. Wenn die Götter herabsteigen, betreten sie den Körper der Tänzer und sprechen aus ihnen. Das in Trance befindliche Mitglied reagiert plötzlich anders und spricht mit fremder Stimme, später kann sich der Betreffende nicht mehr daran erinnern. Es gibt viele religiöse Feste, die durch persönliche Erlebnisse der Mitglieder bestimmt sind, oder Feiern für bestimmte Gottheiten.

Man kann den *Babalao* auch wie einen Arzt oder Therapeuten konsultieren und seine Ratschläge anhören, vorausgesetzt, man kommt als Ausländer in den Genuss solch einer Konsultation.

In der Praxis des Babalao gibt es einen Schrein mit den heiligen Gegenständen, zum Beispiel einen oder mehrere Töpfe, die mit verzierten Tüchern bedeckt sind, ein Wasserbecken und Steine. In den Töpfen werden die Insignien der einzelnen Oríshas aufbewahrt. Manchmal stehen auch christliche Heiligenfiguren darum. Die stellen dann die christlichen Entsprechungen der Oríshas dar. Es gibt bestimmte Rituale, bei denen der Babalao einen Mund voll Rum auf Teile des Altars spritzt, (was übrigens auch „Normalsterbliche“ tun, um den „Göttern“ etwas Feuerwasser zu geben).

Lucúmis

Lucúmis sind eine Gruppe der Santerías, die der christlichen Religion näher standen. Sie versuchten mit den heiligen Zeichen Weissagungen zu tätigen. Die heiligen Zeichen waren Kokosnüsse und Schneckengehäuse, die *diloggúnes*. Dazu fertigten die Lucúmis Figuren der wichtigsten Götter aus Holz an. Der Schicksalsgott *Elegguá* dagegen wurde aus Zement gegossen. Das Wichtigste für die Lucúmis war es, sich Klarheit über die Zukunft zu verschaffen und danach zu handeln. Es gab eine Menge Anhänger während der Zeit der Sklaverei, die handelten, indem sie flohen.

Regla Conga

Es gibt eine mehr animistische Richtung der Santería, die Regla Conga, auch Regla de Palo genannt. Palo heißt Stock, bei ihren Zeremonien verwendeten die Priester zahlreiche Stöcke. Die Mitglieder hatten den Ruf, alle Hexenmeister zu sein und mit dunklen Mächten zu paktieren. Deshalb nannte man sie auch Hexer *(brujos)*. Um die Götter zu beruhigen, gab es ab und zu ein Fest namens *Makuta*. Hier entstand der Tanz, der später mit **Rumba** bezeichnet wurde.

Für die Zeremonien wird ein *Nganga* genannter Topf benutzt, in dem sich die Manifestationen der Götter befinden sollen. Das sind in der Regel Gräser, Stöcke, Steine, Friedhofserde und Knochen.

Ein zentraler Gedanke dieser Religion ist der Zusammenhang aller Gegenstände in der Natur. Einzelne kleine Teile davon reichen den Priestern aus, um den Menschen oder Gegenstand zu beeinflussen. Diese Teile müssen dann ebenfalls in den Nganga. Für die Zeremonien werden die heiligen **Ngóma-Trommeln** benutzt, immer nur, wenn die Sonne scheint.

Das auffälligste Zeichen im Hause eines Angehörigen der Regla Conga ist ein Kürbis, der meist an der Decke aufgehängt ist. In ihm stecken, wie bei einer Windrose, schwarze und weiße Vogelfedern. Das Objekt heißt **Güiro.** Zu ihren Schreinen gehören magische Zeichen wie die Federn von Schleiereulen und Käfige mit den verehrten Majáschlangen. Ein **Literaturtipp** hierzu ist *Matthias Politycki*s „Herr der Hörner", erschienen bei *Hoffmann und Campe.*

Mayombe

Gruppe der Palo-Sekte. Ein Mayombe ist ein böser Geist. Mayombe spielen heißt zaubern. Die Mitglieder der Gruppe haben sich eher den bösen Geistern verschrieben. Bei manchen Ritualen werden tote Tiere benutzt. Vielen Cubanern sind die Mayombes wegen der Zaubereien unheimlich gewesen, und man erzählte sich allerlei Schauergeschichten.

Abakúa

In der Mitte des 19. Jh. gründeten Sklaven aus der Gegend des Calabar an der Nigermündung in La Habana einen Geheimbund, ähnlich dem ihrer Heimat. Dort waren solche Bünde nichts Besonderes. Die Mitglieder *(ñáñigos)* sind ausschließlich Männer. Es werden die „männlichen" Tugenden gepflegt: Mut, Entschlossenheit, Stärke. Das brauchte man, um sich gegen die weißen Herren zu behaupten.

Früher waren es überwiegend Hafenarbeiter, die nach dem Ende der Sklaverei in der Hafengegend von La Habana lebten und dort dem Abakúa-Bund beitraten. Das beunruhigte die weißen Bewohner der Stadt, aber es gab letztendlich keine Möglichkeit, den Bund zu verbieten. Viele *ñáñigos* wurden auf unbewohnte Inseln deportiert, weil die Weißen glaubten, von ihnen gehe Anarchismus aus. Außer einer Geheimsprache benutzten die Mitglieder auch eine geheime Zeichenschrift. Ach hier finden sich besondere, geheime Trommeln bei den Riten. Sie heißen *Ekwé* und bestehen aus einem Zedernholzrohr. Darüber ist mit Schnüren ein Fell gespannt. Durch das Fell geht ein Stock, der beim Spiel mit der Hand gestrichen wird. Dazu kam ein dreieckiges Schlaginstrument aus Blechtafeln.

Es gibt heute unterschiedliche Richtungen dieser Gesellschaft, die einen nehmen auch Weiße auf, andere lehnen das strikt ab. Die *ñáñigos* haben sogar ihre eigenen Gottheiten und religiösen Riten. Die bekanntesten Gestalten sind die *Diabolitos* oder *Íreme*. Als Puppen sind sie beliebte Talismane auf Cuba. Diese kleinen Teufelchen tragen Kleider aus Jute mit bunten Fransen und Glöckchen. Es handelt sich um den Geist eines Verstorbenen, den man nicht erkennen darf. Deshalb tragen sie über dem Kopf meist eine spitze Kapuze mit aufgemalten Augen. Die Glöckchen sollen die Zuschauer das Fürchten lehren. Bei den Zeremonien werden die rituellen Trommeln vom Herrscher der Geister geschlagen, *Morúa Yánsa* ist leicht zu erkennen, da er meist eine Hose trägt, deren eines Bein nur halb so lang ist wie das andere. Die Diabolitos führen dann einen rituellen Tanz nach genauen Regeln auf. Den kann man zwar auch in der Öffentlichkeit sehen, aber die geheimen Riten werden in den Abakúa-Tempeln durchgeführt. Hier ist nur Mitgliedern der Eintritt gestattet.

Arará

Diese Religionsgruppe kam ursprünglich aus dem Benin. Die Sklaven gehörten dem Königreich der Allada an. Heute leben die Nachkommen im Nordwesten Cubas, in der Provinz Matanzas. Sie benutzten zu ihren Riten eine bestimmte Art von Trommeln, die sich von den anderen Trommeln unterscheiden. In La Habana, in der **Casa de Africa,** kann man solche Trommeln sehen. Sie bestehen aus einem röhrenförmigen Holzkörper, der zweigeteilt ist. Der obere Teil ist mit Schnitzereien verziert und der untere Teil mit bunten Farben bemalt. Es werden, wie bei anderen Völkern auch, stets Dreiersätze gespielt, bei bestimmten Festen kommt noch eine weitere, kleinere Trommel hinzu. Die Gesänge haben einen Vorsänger und einen Chor, der antwortet.

Feste und Feiertage

„Die Feste der Heiligen musste man mit großem Ernst besuchen. Wenn einer nicht recht glaubte, musste er sich verstellen."

(*Esteban Montejo*, nach *Miguel Barnet*)

Zu unterscheiden sind **kirchliche Feste** und Feiertage sowie **politische Feiertage,** die meist mit der Revolution und deren Helden zu tun haben. Im Kasten auf der nächsten Seite findet sich eine Aufzählung der wichtigsten Feste.

Karneval

Seit 1645 war es den Sklaven erlaubt, an einem Tag in der Woche zu singen und sich auf der Straße zu treffen. Der erste Karneval auf Cuba fand in Santiago statt. Die dort lebenden Sklaven waren zum Teil französisch-sprechend, deshalb wurde alles Merkwürdige an ihnen mit dem Attribut französisch versehen. Ihre großen Trommeln wurden *Tumba francesa* genannt. Später, nach der Unabhängigkeit, blieben viele Einwanderer aus Haiti in der Gegend von Santiago.

Alle 4 Jahre im Januar durften sich die einzelnen Völker, **Cabildos** genannt, einen König wählen. Nach der Wahl zog die ganze Gruppe dann in einem fröhlichen Umzug zum Gouverneurspalast. Man marschierte mit französisch beeinflussten Tänzen, dem *Frente* und dem *Masón.* Dazu kleidete man sich in französisch angehauchte Fantasieuniformen und Kleider. Die weißen Städter säumten alsbald die Straßen, um dem bunten Treiben zuzuschauen. Der jeweilige Stadtgouverneur ließ milde Gaben, wie Süßigkeiten, aus den Fenstern werfen und empfing die gewählten Könige auf der Treppe, wo er ihnen Geschenke übergab.

Bald wurden von den Ausführenden der Umzüge Vereine gebildet, die **Comparsas.** In Ostcuba bildeten überwiegend Sklaven aus dem Calabargebiet die Mehrheit, deren Religion die Regla de Abakuá war. Beim Karneval finden sich Abwandlungen der Abakuá-Tänze wieder, wie zum Beispiel die Tänze der Íreme, der Teufelchen. Sie tragen Kleider aus fransigem Stoff und lange, spitze Kapuzen, auf die große Augen gemalt sind.

Als **Musikinstrumente** benutzte man zu den Umzügen eine „verweltlichte" Version der heiligen Trommeln, die auf beiden Seiten mit Fellen bespannt waren, Schlagbleche und die Chachá, eine Rassel. Dazu kamen noch kleine Flöten.

Als die chinesischen Kontraktarbeiter an die Stelle der Sklaven traten, brachten sie auch ein Instrument mit, das man eigentlich nur als „Tröte" bezeichnen kann. Korrekt heißt sie heute *corneta china.* Diese einfache Trompete bildet den Widerpart zu den dumpfen Trommelschlägen der Tumba francesa. Am **Karnevalstag in Santiago** ziehen die Comparsas durch die einzelnen Stadtviertel, gefolgt von der ausgelassenen Menge. Außerdem gibt es noch reine Trommlergruppen, die **Congas.** Die ziehen in einer Art Wettstreit durch die Straßen der anderen Stadtviertel, wobei sie versuchen, möglichst viele Anhänger hinter sich zu scharen. Das Ganze nennt sich *Invasion.* Gewonnen hat die Conga, die die meisten Mitläufer hat, am Besten ist es, wenn sich dann auch noch Musiker anderer Congas einreihen.

In La Habana gab es den **ersten Karneval 1650.** Dieses Fest war anders als das religiöse Fest der Weißen, deshalb strömten viele Weiße herbei, um das fremdartige Treiben zu sehen. Man zog in den *Comparsas* durch die Straßen. An der Spitze wurden die Vereinsfahnen getragen. Jede Comparsa wählt jährlich ein neues Erkennungslied und Motto aus. 1884 wurden die Umzüge aus Furcht vor Übergriffen verboten. Nach der Unabhängigkeit von Spanien versuchten die

Januar

- **1. Januar:** *Día de la Revolución*, Tag des Sieges der Revolution (1)
- **2. Januar:** Tag der Siegesfeiern (1)

Februar

- **24. Februar:** Revolutionsbeginn 1895
- **28. Februar**: Geburtstag *José Martí* (2)
- Das Jazzfest in La Habana

März

- **8. März:** Internationaler Frauentag (2)
- **13. März:** Angriff auf den Präsidentenpalast

April

- **19. April:** Sieg in der Schweinebucht. Die karibische Kultur feiert in Santiago.

Mai

- **1. Mai:** Tag der Arbeit (1) mit den üblichen Maiparaden, Festreden etc.

Juni

- Las Tunas feiert sein Cucalumba-Fest.

Juli

- **25.–27. Juli:** Die drei Gedenktage zum Sturm auf die Moncada-Kaserne (1)
- **30. Juli:** Tag der Märtyrer der Revolution (2)

Oktober

- **8. Oktober:** Todestag von *Ernesto „Che" Guevara* 1967 (1)
- **10. Oktober:** Jahrestag des Beginns der Unabhängigkeitskämpfe im Jahr 1868 (1)
- **28. Oktober:** Todestag von Kommandant *Camilo Cienfuegos* 1959 (2)

November

- **27. November:** Tag der studentischen Märtyrer
- Ballettfestival in La Habana
- Musikfestival in Varadero

Dezember

- **2. Dezember:** Landung der *Granma*
- **7. Dezember:** Todestag von *Antonio Maceo*
- Chorfestival in Santiago
- Parrandasfest in Remedios
- Der **25. Dezember** ist wieder ein Feiertag geworden.
- **Silvester** wird mittlerweile auch gefeiert, wegen der Touristen.

Außerdem zu unterschiedlichen Zeitpunkten: **Zafra-Feste,** das Erntedankfest der Cubaner zur Zuckerrohrernte.

Mit **(1)** sind arbeitsfreie Gedenktage bezeichnet. An diesen Tagen bleiben alle Geschäfte geschlossen. Fällt ein Gedenktag auf einen Sonntag, ist der darauffolgende Montag automatisch arbeitsfrei. Die mit **(2)** bezeichneten Tage sind Feiertage, an denen man trotzdem arbeitet.

diversen Machthaber die Popularität der Comparsas für sich auszunutzen. Sie ließen bestochene Gruppen bei ihren Wahlveranstaltungen auftreten, um so die „Fans" der Comparsa für sich zu gewinnen. Wenn ihnen das Treiben zu gefährlich wurde, verboten sie die Umzüge oder die Tanzgruppen.

Diese Festlichkeiten wollte man im 19. Jh. nicht den Farbigen überlassen, und so gab es bald auch **Gegenumzüge der Weißen,** die von großen Firmen gesponsert waren. Da es zwischen den Teilnehmern der beiden Gruppen zu Handgreiflichkeiten kam, wurden die Festlichkeit der Farbigen verboten.

Das Verbot der afrikanischen Trommeln blieb erhalten und so beschränkten sich die folgenden Umzüge auf andere Instrumente, Blaskapellen gaben bald den Ton an.

1937 wurden die Tanzgruppen auf Betreiben eines Stadthistorikers und eines Ethnologen wieder zugelassen.

Nach der Revolution 1969 verlegte die Regierung den Karneval in den Juli, um die Zuckerrohrernte im Frühjahr nicht zu gefährden. Als die „Spezialperiode in Friedenszeiten" begann und die Versorgung immer schlechter wurde, wurde der Karneval ganz verboten, bzw. die finanzielle Unterstützung des Kulturministeriums eingestellt. 1996 wurde er wieder zugelassen und führte nun über den Malecón. Dadurch wollte man auch den Anreiz für Touristen erhöhen.

Seit 1999 findet er **in La Habana** wieder in seiner ursprünglichen Zeit **im Februar** statt und die Route der Festzüge führt wie früher über den Prado. Hier hat jede Gruppe ihre eigene Comparsa: die Chinesen, die Araber, die Studenten und diverse Stadtteilgruppen.

Alltagsleben

„Es gibt drei Siege der Revolution: Gleichheit, Bildung, Gesundheit und drei Niederlagen: Frühstück, Mittag- und Abendessen."

(Cubanische Alltagsweisheit)

„No problem", hört man an jeder Ecke und fast sieht es so aus, als ob no problem zum Volkssport geworden ist. Man organisiert, man amüsiert sich und meistert schon jahrzehntelang sein Schicksal. Manchmal kommt Bewunderung vor diesem Volk auf, das alle inneren und von außen bestimmten Katastrophen so fröhlich und leichtfüßig umschifft. Natürlich bekommt der Ausländer wenig von den Problemen zu spüren. „Alle Staaten haben Probleme", klingt es einem unisono entgegen.

Libreta heißt das kleine Buch, um das sich das tägliche Leben dreht. Hierin werden die monatlichen Lebensmittelzuteilungen verzeichnet. 1962 wurde das Buch erfunden. Pro Monat stehen den Cubanern 30 Produkte zu: 1,5 kg Zucker, 270 g Salz, 2,5 kg Reis, 1 kg Fisch, 0,5 kg Bohnen, 14 Eier und 28 g Kaffee. Dazu kommen noch regionale Produkte, Öl und Waschmittel. Diese Waren werden alle in bestimmten *Bodegas* der Regierung verkauft, und zwar zu einem Zwanzigsten dessen, was diese Waren auf dem freien Markt kosten. Die Preise für die Grundnahrungsmittel sind seit einigen Jahren auch nicht gestiegen.

Nach der Vertreibung *Batistas* wirkten sich die **Reformen** hauptsächlich für die Landbevölkerung aus. Sie bekamen

Strom, eine Wohnung, Arbeit, Bildung und medizinische Versorgung. Bei der jungen Generation, die in die verbesserten Lebensumstände hineinwächst, gibt es keine Vergleichsmöglichkeiten zur Situation vor der Revolution, daher sind es auch die älteren Menschen, die sich an das Elend vor *Castro* erinnern können und die die Fahne der Revolution hochhalten.

In der Zeit des Regimes *Batista* wurde viel mit Baugrund spekuliert. Damit machte die Revolution Schluss. 1960 erklärte man alle Hypothekenbelastungen und alle Mietverträge für ungültig. Die Mieten wurden auf 10 % des Einkommens festgesetzt. Dadurch hatten die Hausbesitzer keine Einnahmen mehr. Der Staat übernahm alles. Die Bewohner mussten ab jetzt für die Instandhaltung der Wohnungen selbst aufkommen.

Soziales Engagement zeigen nur noch wenige der nach 1959 Geborenen, die schon 64 Prozent der Bevölkerung ausmachen. Viele fragen sich, wozu sie studieren sollen, wenn sie dann zu einem Hungerleben verurteilt sind. Ein Taxifahrer verdient an einem Tag mehr als ein Akademiker im Monat. Die monatlichen Marken der Libreta für die subventionierten Grundnahrungsmittel reichen gerade mal zehn Tage.

Wer zu jener Hälfte der Cubaner gehört, die keine Verwandten in den USA hat, nicht selbstständig ist oder bei einem Tourismusunternehmen arbeitet, dem fehlt es an Alltagsgütern wie Seife oder Milch und er muss weitgehend auf Fleisch verzichten.

Viele junge Cubaner suchen ihr Heil in der Visa-Abteilung der US-Vertretung, die jährlich 20.000 Inselbewohnern die Einreise in das gelobte Land des Kapitalismus erlaubt. Für diejenigen die bleiben, sind Devisen das Erstrebenswerteste. Jeder jagt ausländischem Geld hinterher. Wenn eines Tages der Sozialismus im Lande aufgehört hat zu existieren, ist vermutlich auch der cubanische Peso über Nacht nichts mehr wert. Deshalb braucht man für diese Zeit Dollars und Euros, so die gängige Meinung. Seit 1993 darf jeder Cubaner Devisen besitzen, ohne die Herkunft des Geldes nachweisen zu müssen.

Das alles ließ natürlich den Schwarzmarkt erheblich aufblühen, in dem es für gute Dollar eine Menge unglaublicher Dinge zu kaufen gab. Hast du Dollar, kannst du alles haben, woher es kommt, danach sollst du nicht fragen. Das hat sich auch mit der Abschaffung des US-Dollars als offizielle Währung noch nicht geändert. Die Cubaner begründen das alles mit dem Willen zum Überleben. Wer überleben will, muss sich auf jedes Geschäft einlassen, jeden Dollar mitnehmen. Und so stehen die Lehrer auf dem Kunstmarkt und verkaufen Bilder, und die Ingenieure wollen uns mit dem Auto mitnehmen.

CDR

Die CDR sind die **Komitees zur Verteidigung der Revolution** *(Comités de Defensa de la Revolución)*. Diese Vereinigung unterhält überall im Lande ihre Büros. Sie wurde nach dem Überfall der Exilcubaner gegründet. Ihre Mitglieder sollten wachsam die Küsten und das

› Panadería – Bäckerei

Land im Auge behalten, um eventuelle neue Angriffe staatsfeindlicher Elemente sofort zurückzuschlagen. Wie in einem Blockwartsystem überwacht der CDR die Bewohner ganzer Straßenzüge. Die Mitgliedschaft in einem CDR ist zwar nicht Pflicht, es wird aber nicht gern gesehen, wenn sich junge Männer vor der Verantwortung drücken und dort nicht auch für ein paar Stunden Wache stehen. Mit diesen Komitees gelingt es dem Regime, über alle Aktivitäten potentieller Kritiker Auskunft zu bekommen.

Autos

Als die reichen Cubaner 1959 vor der Revolution flohen, mussten sie ihre Prachtkarossen zurücklassen. Diese fahren heute noch und haben das **Bild Cubas in der westlichen Welt geprägt.** So viele alte *Buiks, Chevrolets, Cadillacs* und *Pontiacs* gibt es in ganz Amerika nicht mehr. Leider hat der Zahn der Zeit grausam gewütet; es gibt kaum noch gut erhaltene Oldtimer, zumal sie auch ziemliche Spritfresser sind. In La Habana werden eine ganze Reihe renovierter Nobelkarossen als Taxis eingesetzt. Vor dem Hotel *Nacional* kann man sie z.B. für eine Fahrt buchen, zu erkennen sind sie an dem Emblem auf der Tür.

Natürlich gibt es auch anderes „altes Blech". Ich sah eine ganze Reihe *Opel Kapitän* und bei näherer Begutachtung stellte ich fest, dass bei vielen die Lenksäulen mittlerweile durch Lada-Säulen ersetzt wurden. Die russische Technik musste hier die alten ZF-Lenkgetriebe ersetzen, die schon in den 1960ern gerne zum Klemmen neigte.

Weitere häufig zu sehende Fahrzeuge sind alte *Peugeots 404* und auch diverse Engländer – *Hillmans* und *Morris.* Auf einem VW-Käfer stand eine große Fan-

069cu kh

Botschaft, die „Volkswagen“ verkündete. Ansonsten sind zwei Automarken aus der Produktion ehemaliger Ostblockstaaten, der *Lada* mit seinem Verwandten, dem *Moskwitsch*, die automobilen Herrscher der Insel. Die Regierung versuchte, selbst in das Oldtimergeschäft einzusteigen, indem sie den Verkäufern der alten „Amischlitten“ *Ladas* oder Japaner anbot.

Wichtig sind die Besitzverhältnisse. Die alten Limousinen aus den USA sind alle in Privatbesitz, russische *Ladas* und *Moskwitschs* sind in Privat- und Staatsbesitz. Die neueren Japan- und Koreaautos sind meist in Staatsbesitz, der Eigner kann sie nicht verkaufen. Nach seinem Tode haben die Verwandten lediglich das Vorkaufsrecht. Bei den Amischlitten ist das anders, die sind in der Regel noch in Familienbesitz. Diese Autos bedeuten enormen Reichtum für seinen Besitzer. Deswegen werden die alten Autos so lange gehegt. Auch wenn der Kauf und der Import von Gebrauchtwagen seit 2014 freigegeben sind, ändert sich wegen der hohen Preise erstmal nichts am Straßenbild.

Die Frau in der Gesellschaft

Zur heutigen Situation der Frau auf der Zuckerinsel hier einige Zitate aus der Verfassung: *„Die Frau und der Mann genießen die gleichen ökonomischen, politischen, kulturellen, sozialen und familiären Rechte.“*

„Der Staat garantiert, dass der Frau die gleichen Gelegenheiten und Möglichkeiten angeboten werden, wie dem Mann, um voll an der Entwicklung des Landes teilzunehmen.“

„Die Diskriminierung aufgrund von Rasse, Hautfarbe, Geschlecht, nationalem Ursprung, religiösem Glauben und allem

070cu kh

anderen, das menschliche Ungleichheit verursacht, ist verboten."

Wie sieht dies nun in der Wirklichkeit aus? Der **Frauenanteil** in der Nationalversammlung liegt bei 36 %, im Staatsrat waren immerhin 18 % Frauen, in den Bezirksparlamenten rund 25 % und in den Kreisparlamenten 17 %. Das ist ein ganz ordentlicher Schnitt für ein Land in der Karibik.

Die Anzahl der Frauen steigt im Richteramt auf 45 %, bei den Staatsanwälten gibt es über 55 % Frauen. Auch in anderen leitenden Positionen ist der Frauenanteil hoch. So gibt es in den Gewerkschaften über 40 % Frauen in leitenden Positionen, in Forschung und Technologieentwicklung sogar 50 %.

Das **Familiengesetzbuch** regelt Ehe, Scheidung, väterliches Mitspracherecht und Adoption. Es stärkt die Rechtsgleichheit von Kindern und verfügt, dass in keinem ihrer Dokumente der Zivilstand ihrer Eltern notiert werden darf.

Wenn die Mutter allein das Kind registrieren lässt und den Namen des Vaters angibt, hat dieser innerhalb von 90 Tagen die Möglichkeit, die Vaterschaft zu akzeptieren oder anzufechten. Wenn er nicht erscheint, wird das Kind als das Seine registriert.

Die **Ehe** ist eine Einrichtung mit wachsendem Vermögen. Bei Scheidung wird zur Hälfte geteilt, was an Vermögen seit dem Datum der Eheschließung hinzugekommen ist. Gibt es Kinder, werden sie dem Partner zugeteilt, der in der Lage ist, sie zu behüten und über die Mittel zu deren Bildung und Entwicklung verfügt.

⊲ Noch gibt es auf Cuba viele Ami-Schlitten aus den 1940er und 1950er Jahren

Bei einer Scheidung wird kein Schuldiger benannt.

Die **Mutter** hat das Recht auf 18 Wochen Freistellung (6 vor und 12 nach der Geburt) bei 100 % Lohnfortzahlung. Im Fall einer Mehrlingsgeburt verlängert sich die Freistellung jeweils um zwei Wochen. Ihr steht eine zusätzliche bezahlte Freistellung von sechs Tagen oder zwölf Halbtagen während der Schwangerschaft zu. Sie kann die Freistellung nach der Entbindung um sechs Monate verlängern und erhält für diese Zeit immerhin noch 60 % ihres Lohnes. Darüber hinaus kann sie eine unbezahlte Freistellung beantragen, bis das Kind ein Jahr und drei Monate alt ist.

Die **Sozialversicherung** unterstützt allein erziehende Mütter mit ökonomischen Schwierigkeiten bei der Betreuung und Pflege ihrer Kinder. Das gilt ebenfalls für weibliche Beschäftigte mit unzureichendem Einkommen.

Abtreibung ist eine kostenlose Leistung des Gesundheitswesens. Mädchen werden mit 14 Jahren „sexuell volljährig".

Hilfsorganisation

Die Kinderhilfsorganisation **Camaquito** in Camagüey ist eine politisch und konfessionell unabhängige Organisation, die lokale Selbsthilfegruppen unterstützt.

Prostitution

Als Cuba 1991 in die Krise schlitterte und die Not größer wurde, stieg auch die weibliche und männliche Prostitution an. 1999 verbot die Regierung die Prostitution und führte drastische Strafen wie die Einweisung in Umerziehungslager ein; seitdem wird die Prostitution nur noch **verdeckt** betrieben. In Hotels bekommen Touristen in Begleitung einer cubanischen Frau sofort Ärger. Man hat nicht die Ursachen beseitigen können, sondern versucht, den einfacheren Weg über die Kriminalisierung zu gehen. *Jineteras* („Reiterinnen") heißen die Frauen, die als Gelegenheitsprostituierte arbeiten, professionelle Huren werden *putas* genannt. Die meisten Frauen, die eine Beziehung zu Touristen haben, wollen allerdings nur in den Besitz der Segnungen der Konsumwelt kommen. Im Augenblick brauchen die Frauen die Ausländer, so wie das Land den Tourismus braucht.

Die Gefahr für cubanische Frauen, nachts von der Polizei aufgegriffen zu werden, ist groß. Es wurden auch schon Cubanerinnen, die mit ihren ausländischen Freunden unterwegs waren, verhaftet und dann in die berüchtigten Gefängnisse gesteckt. Heute sind Diskotheken die Orte, an denen sich Cubanerinnen Ausländer angeln. Wer als Mann allein ist, wird sofort angesprochen oder zum Tanzen aufgefordert. Der Staat versucht dies durch Schließung der Lokale zu stoppen oder es gibt Razzien am Ausgang. Manchmal erhalten auch nur Paare den Zutritt, was natürlich das Problem nicht beseitigt.

Fidel Castro hielt eine Rede über die unerwünschten Kontakte zwischen Cubanerinnen und Ausländern, um die wuchernde Prostitution einzudämmen. Danach wurden Cubanerinnen, die sich mit männlichen Touristen zeigten, als *jineteras* angesehen. Sex mit minderjährigen Cubanerinnen wird übrigens auch in Deutschland verfolgt.

Männer, die eine Cubanerin nach Deutschland einladen wollen, sollten gemeinsam zur *Consultoria Juridica* gehen und eine Einladungserklärung aufsetzen. Das erspart der Frau viel Ärger.

Schlepper

Auch die männlichen Pendants der *jineteras,* die **Jineteros,** sind allgegenwärtig auf Cubas Straßen. Die Männer betätigen sich als Schlepper für Restaurants, Bars und Privatunterkünfte, von denen sie in der Regel einen Prozentsatz als „Lohn" erhalten. Oft werden ausländischen Männern dabei auch die Freundinnen oder Schwestern als „Begleiterinnen" angeboten. Dieses Unwesen hat ein solches Ausmaß erreicht, dass es nicht mehr wegzudiskutieren ist. Schuld sind nicht zuletzt die Touristen und Touristinnen, die die Dienste annehmen und so das schnelle Geldverdienen erst ermöglichen. Das schnell verdiente Geld lockt jeden. Auch die Polizei scheint ab und zu ein Auge zuzudrücken.

Dominospiel

„This is not a game, this is a fight."

(Musiker aus Baracoa beim Dominospiel)

Domino ist so wichtig wie Skat in Deutschland. Überall sieht man Cubaner um eine Holzplatte oder einen Tisch sitzen und erregt den Spielablauf diskutieren. Manchmal hört man schon von Weitem das Klacken der Steine auf der Unterlage.

Was passiert: Es gibt 28 längliche Spielsteine, die meist aus dunklem Holz geschnitzt und zweimal mit Punkten markiert sind. Es sind die Zahlen 0 bis 6. Die Rückseite ist leer. Die Steine werden mit der Rückseite nach oben gemischt und jeweils 5 Steine an die 2 bis 6 Spieler ausgegeben. Manchmal sieht man vor den Spielern schräge Brettchen stehen, auf denen sie sich ihre Steine für die Gegner unsichtbar aufbauen können.

Der Spieler, der den höchsten Doppel-Stein zieht, legt diesen in die Mitte des Tisches. Ist kein Doppel-Stein im Spiel, wird neu gemischt. Der zweite Spieler muss einen passenden Stein an den Eröffnungsdomino anlegen. Der nächste Spieler muss nun an einer der beiden Enden den passenden Spielstein anlegen. Gesetzt wird immer nur ein Stein. Ist ein Spieler nicht in der Lage einen Stein anzulegen, muss er solange neue Steine ziehen, bis der passende dabei ist. Es muss gesetzt werden. Doppeldominos werden immer quer an ein Ende angelegt. Dadurch hat man Anlegemöglichkeiten in zwei Richtungen. Wer zuerst keine Spielsteine mehr hat, gewinnt. Ist ein Anlegen nicht mehr möglich, weil alle Steine auf dem Tisch liegen, gewinnt derjenige, der auf seinen Reststeinen die wenigsten Punkte hat. Nun zählt man alle Restpunkte zusammen. Der Gewinner zieht seine Fehlpunkte davon ab, sofern

Cubaner beim Dominospiel

072cu kh

er welche hat. Diese Punktzahl ist sein Plus. Wer zuerst 100 erreicht, ist der Sieger. Allerdings gibt es auch noch andere Varianten, Mitspieler sollten sich vorher nach den Regeln erkundigen.

Wer üben möchte, kann **im Anhang die „Spielsteine“ ausschneiden** und probieren. Schöne Steine gibt es in den Kunstgewerbeläden zu kaufen.

Architektur

„Die unglaubliche Fülle von Säulen in einer Stadt, die ein wahrer Säulenstapelplatz, ein Säulenurwald, eine endlose Kolonnade geworden ist.“

(Alejo Carpentier)

Was ist das, cubanische Architektur? Diese Frage ist nicht leicht zu beantworten. Zuerst einmal ist sie karibisch. Das Karibische in der Architektur entstand, als die Spanier im 16. Jh. die Insel kolonialisierten.

Ursprünglich gab es die einfachen **Hütten,** die mit Palmwedeln gedeckt waren. Sie gehen noch auf die *Taínos* zurück, die ihre Häuser *bohios* nannten. Man trieb Baumstämme an den Ecken in den Boden, flocht dünne Äste dazwischen und verputzte das Ganze mit Kalk. Die Spanier brachten ihren eigenen Stil mit, von maurischen Elementen geprägter Barock. Die einfacheren Häuser, *mudéjares,* gibt es seit dem 17. Jh. Die Häuser waren wegen der Erdbebengefahr höchstens zweistöckig um einen Innenhof *(patio)* gruppiert, der Schutz vor Einblicken bot und meist in einen Garten verwandelt wurde. In der Mitte des Hofes gab es den Brunnen, wie er zum Beispiel im Restaurant La Mina in La Habana noch zu sehen ist. Die Gebäude hatten offene, überdachte Veranden, die vor der brennenden Sonne und den heftigen tropischen Regengüssen gleichsam Schutz boten. Im rückwärtigen Teil lagen die Räume der Bediensteten. *El entresuelo,* das Mezzanin (Zwischengeschoss), war eine Erfindung aus La Habana. Die hohen Grundstückspreise verhinderten eine Ausbreitung der Häuser, also zog man Zwischendecken ein. In den Innenhof gelangte man durch die Spanische Pforte, die groß genug war, Pferd und Wagen hineinzulassen. Bewacht wurde dieses Tor meist durch einen Erker, der in späterer Zeit verzierte Gitter als Fenster hatte. In der Folgezeit wurde diese Hausform mit Barockelementen modernisiert und die ursprünglich eingeschossigen Gebäude wurden aufgestockt.

Die Städte entstanden um einen zentralen Platz herum. Dort gab es das Rathaus, die Kirche, das Theater und später das Museum und ein Standbild eines wichtigen Cubaners in der Mitte.

Die **zentrale Plaza** war wichtiger Bestandteil des cubanischen Alltagslebens, hier kulminierten die Interessen und hier traf man sich nach der Arbeit oder nach dem Kirchgang.

Auf Cuba hatten 400 Jahre lang die Spanier die Macht. Die zeigten sie in den imposanten öffentlichen Gebäuden. Die Städte wurden **schachbrettartig** angelegt, dadurch waren sie leichter zu kontrollieren, als Orte mit verwinkelten, schmalen Gassen. Außerdem wurden hier die modernsten Befestigungsanlagen geplant und von billigen Sklaven gebaut. Die Militär-Ingenieure erwarben sich durch die Planung einen so hohen Rang, dass ihr Können jahrhundertelang die Architektur der Insel beeinflusste. Danach übernahmen ausgebildete Handwerker die Planung. Die erste Architekturfakultät entstand erst im Jahre 1900 in La Habana.

Im 17. Jh. wurden die Handwerkerhäuser durch die ersten europäisch geprägten Stileinflüsse abgelöst. Der **Barock** setzte sich durch, allerdings in einer etwas anderen Form als der spanische Barock. Zuerst nur als Kirchenarchitektur, doch bald begannen auch reiche Hausbesitzer die verschwenderische Pracht der Bögen und Borten in ihre Häuser zu integrieren, in der Regel nur als angebaute Eingangsportale.

Der Anfang des neunzehnten Jahrhunderts in Europa aufkommende **Klassizismus** beeinflusste die cubanische Architektur wesentlich tiefgreifender. Hier dominiert die strenge Gerade, rechwinklig bis in die letzte Kammer, nur bei größeren Ensembles kommt mal ein Kreis vor. Diese Architekturrichtung umfasste alle Elemente des Hauses: Wandflächen, Decken und Eingangsportale unterwarfen sich einer formalen Beziehung, die auf den Gesamteindruck ausgerichtet war. Es kamen die Säulen mit den schlichten dorischen oder den blattgeschmückten korinthischen Kapitellen und Plinthen hinzu. Durch den Reichtum der Zuckerbarone verbreitete sich dieser Stil rasch bis in den letzten Winkel der Insel. Auch in kleineren Städten wie Matanzas und Cienfuegos kann man heute noch prächtige Stadthäuser im klassizistischen Stil bewundern. Um den wuchtigen Säulen etwas Gleichwertiges an die Seite zu stellen, kamen oft noch Scheingiebel hinzu.

Selbst die kleinsten, einstöckigen Häuser in der Provinz bekamen Säulen verpasst. Gefördert und verbreitet wurde dieser französisch angehauchte Klassizismus von der Kunstakademie San Alejandro in La Habana.

Anfang des 20. Jh. kam der Jugendstil in Europa auf, ein heiteres Spiel mit floralen, geschwungenen Linien und Bögen. Auf Cuba konnte sich der *modernismo* genannte Stil nicht so stark durchsetzten. Bei den konservativen Geschäftsleuten stieß das ungezwungene Spiel mit dem Dekorativen auf wenig Gegenliebe, man bevorzugte eher die imposante Strenge klassizistischer Gebäude. Nur wenige ließen sich ganze Gebäude in der neuen Architekturrichtung bauen, die meisten begnügten sich mit einigen dekorativen Elementen an den Außenwänden.

Auf Cuba sieht man viele Häuser, die mit farbigen Mustern als Fresco- oder Sgraffitotechnik ausgeführt sind. Das war eine Zeit lang eine Art Standessymbol. Manche dieser Wandmalereien wurden als *Trompe-l'œil* ausgeführt, es wurden falsche Mauerfugen oder ganze Säulenverzierungen nur aufgemalt. In einigen Städten, wie etwa Sanctí Spiritus, findet man auch heute noch viele Gebäude mit den bunten Friesen. Ursprünglich waren die Häuser in gedeckten Farben gestrichen, um den sengenden Sonnenstrahlen wenig Reflektionsmöglichkeiten zu geben.

Mit dem Zeitalter der Massenfertigung kamen erstmals Fertighäuser nach Cuba. Es waren in der Regel ein- bis zweistöckige Privathäuser in Holzbauweise, die zu Tausenden in den USA gefertigt wurden und per Schiff die Insel erreichten. Dort verbreiteten sie sich im Umkreis der Hafenstädte. Die Technolo-

147cu kh

gie der Fertigung von gusseisernen Bauelementen, wie Säulen, Trägern und Wendeltreppen kam über England in die Vereinigten Staaten, wo schnell große Fabriken entstanden. Die exportierten auch nach Cuba, später entstanden hier eigene Eisengießereien. Die Ergebnisse kann man heute am Molokoff-Markt in Cardenás sehen. Eine schöne Wendeltreppe steht z.B. noch im *Café O'Reilly* in La Habana.

Als der **Historismus** sich auf Cuba etablierte, wurde diese Rückkehr zur kolonialen Architektur wesentlich intensiver aufgenommen. Viele wichtige öffentliche Bauten, z.B. das Capitol, entstanden im ersten Viertel des 20. Jh. Die Estación Central in La Habana wurde zwar von amerikanischen Architekten entworfen, erinnert aber eher an italienische Renaissancekirchen. Als weiteres Beispiel mag das Hotel *Sevilla* dienen. Es entstand 1908 und wurde 1923 umgestaltet. Es ist ein schmuckloser Hochhausklotz (zumindest vom Innenhof aus betrachtet), auf den man ein Restaurant im Historismus-Stil gesetzt hat, mit Säulen und großen Glasfenstern. Die Seitenfront hat eine Mischung aus klassizistischen Säulen mit maurischen Bögen und eher barockem Schmiedeeisen am Eingang, also ein rechtes Stilgemisch.

Mit dem massenhaften Zuzug der Arbeiter in die Hauptstadt wuchs die Platznot, es wurden mehr Mietshäuser gebaut. Ein schönes Beispiel hierfür sind die doppelflügeligen Türen an manchen Altstadthäusern, *puerta compartida* genannt. Durch den einen Flügel gelangte man ins Erdgeschoss und hinter dem zweiten führte eine schmale, steile Treppe in die oben liegende Wohnung. Der Mittelpfosten zwischen den beiden Türflügeln wurde als Trennwand nach hinten geführt.

In den 1930er Jahren gelangte der strengere **Art déco** nach Cuba. Die konservative Mittelschicht sah darin die Möglichkeit ihre Weltoffenheit auszudrücken. Dieser Stil ist auch in Cuba nicht einheitlich, sondern oszilliert auf faszinierende Weise zwischen Neoklassizismus und Streamlinemoderne mit maurischen Versatzstücken. Es gibt keine Stelle auf dem amerikanischen Kontinent, an der mehr Art-déco-Gebäude stehen, als in La Habana. Das Martí-Monument auf der Plaza de la Revolución vom Franzosen *Jean Labatut* ist ein gutes Beispiel. Auch die berüchtigte Moncada-Kaserne in Santiago gehört dieser Stilrichtung an. Das Bacardí-Hochhaus in La Habana bekam im Jahr 2000 seine, an den tschechischen Künstler *Mucha* erinnernde, keramischen Dekorplatten an der Außenfassade zurück. Die Architekten *Rodríguez Castelle* und *Fernández Ruenes Menéndez* schufen 1930 damit eins der größten Art-déco-Denkmäler auf Cuba.

Aus Spanien wurden *Azulejos* importiert, Keramikfliesen mit emaillierten Mustern, die sich sehr schnell über die ganze Insel verbreiteten. Dazu kamen Wand- und Bodenfliesen mit aufgedruckten Mustern aus Steinzeug. Ende der 1920er Jahre hielt auch in Cuba der **schlichte Modernismus** Einzug. Der Edificio FOCSA in Vedado ist ein 35-stöckiges Hochhaus, das als Stadt in der Stadt geplant war, nach der Revolution

◁ Casa Las Americas

begann jedoch der schnelle Niedergang des Gebäudes. Auch das Apartmenthaus *Sol y Mar* in Habana Centro und das Hotel *Perla del Mar* in Cienfuegos stammen aus dieser Architekturperiode.

Die **Revolution von 1959** brachte auch in der Architektur neue Impulse. Zuerst versuchte man es, ähnlich wie in der Stalinallee in Ostberlin, mit romantischen Stilen. Das schönste Beispiel ist die unvollendete staatliche Kunstschule in Cubanacán, eine organische Ansammlung von Gewölben und Freiflächen aus Ziegelsteinen. Leider schwenkte man dann auf die rationelle Fertigung um und bevorzugte die industrielle Plattenbauweise, die wenig innovative Architektur hervorbrachte. Es gab verschiedene Plattenbaukonstruktionen, deren Ideen hauptsächlich aus den ehemaligen Ostblockländern importiert wurden. Cubanisch daran war nur die Verarbeitung von Abfällen des Zuckerrohrs als Füllmaterial. Der sozialistische Ansatz versuchte zudem, die Klassenunterschiede auch in den Gebäuden zu verwischen. Daraus entstanden die bekannten, schmucklosen Gebäude. Als positives Beispiel neuerer Architektur fallen mir die geschwungenen Bauten in Dünnschalenbeton von *Max Borges* ein: Das *Cabaret Tropicana* und der *Club Náutico* in La Habana. Außerdem gibt es noch das Restaurant *Las Ruinas* im Leninpark, bei dem man über die Ruine einer Zuckermühle eine Halle aus Betonelementen stellte. Der Reiz liegt hier allerdings auch wieder im historischen Gemäuer der Mühle, weniger in den Platten.

Durchstreift man die Altstadt von La Habana oder Santiago, entdeckt man nach einer Weile immer mehr **Buntglasfenster.** Dies ist eine Spezialität cubanischer Architektur seit der Mitte des 18. Jh. Die *vitrales,* Fenster mit rechteckigen Feldern aus farbigem Glas, sind meist neben den Türen und über den kleineren Fenstern eingelassen. Die Türen selbst waren im Inneren der Häuser als Doppeltüren mit Holzlamellenflächen ausgeführt, den *mamparas.* Die Mauerdurchbrüche hatten im oberen Teil Rundbögen, in die man die typischen Buntglasbögen, die *medio puntos,* einsetzte. Sie sind in solch einem Formenreichtum zu finden, dass man sie unmöglich alle beschreiben kann. Es ist faszinierend, wie das Licht durch die Rosetten in Innenhöfe und Zimmer fällt, auf dem Weg zum Boden durch die farbigen Gläser in blaue, rote, grüne und gelbe Felder zerlegt.

Im **Museo de Arte Colonial** am Platz der Kathedrale in La Habana gibt es eine ganze Ausstellung alter Glasfenster zu bewundern. Zum Schmuck durch die farbigen Lichtspiele kam der praktische Aspekt der Milderung der Sonnenhitze durch das Buntglas.

In der Regel wurden die Fenster offen gehalten, dann kamen die *barrotes,* die Holzgitter davor, um Eindringlinge abzuhalten. Speziell in Trinidad sieht man auch Eisengitter, die mitunter sogar noch kleine Türen haben, damit bei Plausch mit den Nachbarn kein störendes Gitter dazwischen ist. Die heißen *rejas.* Um den Straßenstaub und die Blicke abzuhalten, waren dahinter meist Vorhänge angebracht.

> Maurischer Baustil

075cu kh

An den Holzdecken entstanden kunstvolle Sternmuster, *aljarjes* genannt. Lange Zeit baute man mit den vorhandenen Materialien wie Kalkstein und dem nicht sehr festen Korallengestein. Als Holz wurde das weiche Zedernholz und das eisenharte Quebracho *(Quibrahacha)* verwendet.

Rettung historischer Zentren

Luis Lápidus ist der Direktor des Centro Nacional de Conservación, Restauración y Museologia. Er hat die schwere Aufgabe übernommen, die Altstadt von La Habana, die 1982 zum **Kulturerbe der Menschheit** erklärt wurde, vor dem Verfall zu retten. Unterstützt wurde er dabei von der Eigenschaft der Cubaner, ihre Geschichte zu lieben, was ja nicht gerade selbstverständlich ist. La Habana ist das größte **Architekturmuseum,** das ich jemals gesehen habe. Ich bin begeistert, mit welcher Energie die Cubaner den Kampf gegen Moder, Zerfall, Termitenfraß und Baufehler aufgenommen haben – und das bei der Materialknappheit. Habanas Altstadt ist die besterhaltenste in der gesamten Karibik, so unglaublich sich das auch anhören mag.

Nach der Revolution von 1959 war die Politik der Regierung auf die Befreiung der Menschen von materieller Not gerichtet. Da mussten die Häuser erst einmal zurückstehen. Später wurde noch ein anderer Faktor von der Castro-Regierung entdeckt: Wenn man kein Geld in die Hauptstadt pumpt, verhindert man den uferlosen Zustrom der Landbevölkerung in die Metropole. Wenn nicht alle in die Hauptstadt strömen, entsteht keine Wohnungsnot dort und es wuchern keine Slumviertel! Deshalb ist La Habana eine der wenigen Hauptstädte in Mittelamerika ohne Slums. Es wurden stattdessen die ländlichen Regionen gefördert. Lediglich einige bedeutende Kulturdenkmäler konnten damals restauriert werden. In den Außenbezirken entstanden neue Wohnblocks, teilweise durch die Mikrobrigaden, die aus Handwerkern bestanden, die von ihrer normalen Arbeit für einige Stunden am Tag freigestellt wurden. In Habana hat sich der historische Kern ausgeweitet, die Stadt ist lebendig gewachsen. Das Gegenbeispiel ist Trinidad, das nach dem Zuckerboom in einen Dornröschenschlaf verfiel. In Habana verlegte sich das moderne Leben ab 1900 in das aufstrebende Viertel Vedado, man ließ die Altstadt erst mal so stehen.

Heute muss die **Sanierung** nachgeholt werden. Man gründete die Kleinbrigaden, die das Baumaterial von der Regierung erhielten und die Arbeit unter fachkundiger Anleitung selbst verrichteten. In vielen Häusern gab und gibt es keinen Strom und keinen Anschluss an die Kanalisation, an anderen Stellen sind die uralten Kanalrohre völlig marode. Die Stadtplaner versuchen, traditionelle Baumerkmale in den Sanierungsgebieten zu erhalten, z.B. schattige Innenhöfe und Säulengänge.

Die UNESCO hat bislang folgende **Welterbe-Stätten** bestimmt: Trinidad und das Tal der Zuckermühlen (1988), die Festung Morro in Santiago (1997), der Nationalpark Granma (1999), das Tal von Viñales (2000), den Humboldt-Nationalpark (2001), Cienfuegos (2005) und das Zentrum von Camagüey (2008).

Literatur

*„Den Poeten – werft ihn hinaus!
Dieser Schlechtgelaunte,
des Sommers mit schwarzer Brille
unter der wachsenden Sonne,
ist ein Spielverderber."*
(Herbeto Padilla)

Die cubanische Literatur ist eine **Entdeckungsreise in die karibische Mentalität,** die sich auch in deutscher Sprache durchführen lässt. Alle wichtigen Autoren sind übersetzt. Sie lesen ein Feuerwerk von Gedanken, Sprachwitz und machen die Bekanntschaft einer weitgehend unbekannten Literatur.

Allwöchentlich treffen sich literaturbegeisterte Inselbewohner in ihren örtlichen Kulturhäusern, Fabriken, Schulen oder sonstigen zugänglichen Räumlichkeiten, um sich gegenseitig ihre Werke vorzulesen, Gedichte zu zitieren und vor allem, um danach darüber zu diskutieren. Fast 500 dieser *talleres literarios* gibt es im ganzen Land. Das Besondere ist, dass hier Soldaten, Schüler, Rentner, Verkäuferinnen und Bauern zusammen über Prosa, Novellen und Kurzgeschichten sprechen und dabei keine Berührungsängste haben.

Cubanische Schriftsteller müssen auf ihre Worte achten, denn der Staat liest mit. In der Vergangenheit haben immer wieder kritische Denker das Land verlassen und die Emigration der Repression vorgezogen.

Der bekannteste cubanische Schriftsteller des 20. Jh. ist mit Sicherheit *Alejo Carpentier.*

Alejo Carpentier

1904 in La Habana geboren, studierte *Alejo Carpentier* Literatur und begann früh zu schreiben. Seine kritischen Essays führten dazu, dass er während der Zeit der Macado-Diktatur 1928 fliehen musste und nach Frankreich ging. Dort lebte er bis 1939, um dann längere Reisen zu unternehmen, die ihn wieder nach Cuba führten. Nach der Revolution brachte er es zum französischen Kulturattaché und Leiter des cubanischen Nationalverlages. Als Romancier schrieb er unzählige Romane, und er war federführend in der literaturtheoretischen Entwicklung des *real maravilloso,* des „Wunderbar Wirklichen", der lateinamerikanischen Literatur. Er starb 1980 in Paris.

Die verlorenen Spuren

- *Los pasos perdidos,* deutsch, Suhrkamp 1979

Die für Cuba und den gesamten lateinamerikanischen Kontinent wichtige Verbindung von abendländischer Kultur und indianisch-„primitiver" Lebensweise bildet den Faden in diesem bekanntesten Werk des cubanischen Romanciers. Es ist eine Zeitreise eines namenlosen Ich-Erzählers, der über sein Dasein in der Großstadt New York nachsinnt und bei einer Reise in den Dschungel für kurze Zeit der Hektik und Allmacht der Zivilisation entfliehen kann.

Barockkonzert

- *Concierto barroco,* deutsch, Suhrkamp 1976

Eine Reise durch die Musikgeschichte, bei der in einem kurzen Roman *Vivaldi, Scarlatti, Händel* und *Louis Armstrong* ihren Auftritt haben und einen reichen Mexikaner mit seinem cubanischen Diener treffen und ihnen ihr Musikverständnis erläutern.

Explosion in der Kathedrale
■ *El siglo de las luces,* deutsch, Suhrkamp 1964

Beschreibt das Leben des Freimaurers *Victor Hughes* aus Haiti, der vor der Sklavenrevolte nach Paris flieht und schließlich wieder in die Karibik zurückkehrt. Er vertreibt die Engländer in Guadeloupe und wird zum Boten einer neuen Zeit, nämlich der bürgerlichen.

Miguel Barnet

Sein wichtigstes Buch ist der **Cimarrón,** die Geschichte eines entlaufenen Sklaven, die dieser dem Autor in langen Gesprächen erzählt. Heraus kam eine sehr lesenswerte Beschreibung der Zustände gegen Ende des 19. Jh. Merkwürdiges und Alltägliches aus der Sicht eines „Negers".

Ein anderes Buch, „Gallego", erzählt die Geschichte eines galicischen Auswanderers auf Cuba. Beide erschienen bei *Suhrkamp.*

Guillermo Cabrera Infante

Er wurde 1929 geboren und begann früh, Erzählungen zu schreiben. Wegen einer dieser veröffentlichten Erzählungen wurde er durch die Batista-Diktatur verhaftet. Es wurde ihm Obszönität vorgeworfen. Er freundete sich mit den Revolutionären an, hatte nach der Revolution einen Posten als Kulturattaché im Ausland, den er allerdings aufgab, als er mit der Regierung wegen seiner Kritik aneckte. Er trat 1965 zurück und ging nach London ins Exil.

Seine wichtigsten Werke sind: **„Ansichten der Tropen im Morgengrauen".** Bei diesem Werk liegt die Betonung auf „Grauen", hier wird die cubanische Geschichte anhand kurzer Streiflichter auf wesentliche Momente vor uns ausgebreitet, dass einem ein Grauen und ein Begreifen gleichermaßen kommen.

„Drei traurige Tiger" *(Tres tristes tigres)* hingegen, ist ein ganz anderes Werk. Hier schäumt es über vor Lebensfreude, Gier und Witz. Das Buch ist ein Angriff des großen Sprachverdrehers, Wortartisten und Satzjonglierers auf die bourgeoise, vorrevolutionäre Gesellschaft. Hier wird mit allen Mitteln geulkt. Selbst in der deutschen Übersetzung ist noch viel Witz übrig geblieben. Allerdings bringt erst die Beherrschung des Englischen, Französischen und des Spanischen den vollen Genuss. Das Werk handelt episodenhaft von drei Cubanern der Mittelschicht in den 1950er Jahren, also kurz vor der Revolution. Ein Musiker, ein Fotograf und ein Journalist geistern nachts durch La Habana und lassen es sich gut gehen, frühe Yuppies also. Erschienen bei *Suhrkamp.*

Eliseo Diego

1920 als Sohn eines Antiquitätenhändlers geboren, arbeitete *Eliseo Diego* als Lehrer und wirkte an der Zeitschrift *Orígenes* mit, für die auch *Lezama Lima* arbeitete. Seine Gedichte und seine Prosa entführen uns nicht in tropische Sehnsuchtswelten, vielmehr wird uns unsere eigene Innenwelt widergespiegelt, und der Autor kommt dabei zu der Schlussfolgerung, dass wir die Lösungen aller Fragen, die uns bewegen, in uns selbst finden müssen. Lesetipp: „In meinem Spiegel".

Nicolás Guillén

Der Mulatte vereint spanische Gedichtmetrik mit cubanischer Allerweltssprache. Geboren ist er 1902 in Camagüey und in La Habana 1989 gestorben. Seine wichtigsten Publikationen sind „Motivos del Son", „Cantos para soldados y sones para turistas" und „El gran Zoo". Der Kampf für die Gleichberechtigung der Farbigen und der Kampf gegen den Kolonialismus bestimmen seine Werke.

José Lezama Lima

Der Autor, der 1910 als Sohn eines Oberst geboren wurde, studierte Jura und gab später literarische Zeitschriften heraus. Nach der Revolution arbeitete er in der Kulturpolitik.

„Paradiso" gilt als sein wichtigstes Werk. Es ist eine Familiensaga um den Jugendlichen *José Cemi,* die im alten La Habana spielt. Das Buch verlangt ungeteilte Aufmerksamkeit, da es mit Metaphern sehr reich gesegnet ist. *Octavio Paz* soll gesagt haben: „Ein Wortgebäude unglaublichen Reichtums" – das stimmt. Es werden aus Worthäusern Satzstraßen gewoben, zu Stadtteilen getürmt, dass man in allen Gassen und auf allen Plätzen dieser Sprachstadt unrettbar untergehen kann – ein Abenteuer!

Im Zentrum La Habanas ist dem Autor ein **Museum** gewidmet (Calle Trocadero 162, e/Industria y Consulado).

Jesús Diaz

Geboren 1941 in La Habana, studierte er Philosophie und Literatur. Er war Drehbuchautor und emigrierte Anfang der 1990er Jahre nach Deutschland. Danach lebte er in Spanien, wo er 2002 starb.

Seine Werke fallen durch die scharfe Beobachtung menschlicher Individuen und ihrer Handlungen auf. Sein erfolgreichstes Werk, **„Die Initialen der Erde"**, schildert meisterhaft die Geschichte um *Carlos,* der zwischen Voodookult und sozialistischer Fortschrittsideologie hin und her gerissen wird. Wir nehmen Teil an seinen Zweifeln, an Heldenhaftem und Gewöhnlichem – sehr packend und einfühlsam erzählt.

Sein wichtigstes Werk **„Die Haut und die Maske"** besticht durch eine exzellente Sprache. Es geht um ein Filmteam, das in La Habana einen Film über eine Familienzusammenführung drehen will. Die Themen sind: Eifersucht, Begehren, Furcht vor Zensur und Geldmangel.

„Erzähl mir von Kuba" erschien 2001 auf Deutsch beim *Piper Verlag.* Es ist die Geschichte des Zahnarztes *Stalin Martinez* der sich in Miami aus Liebeskummer als Bootsflüchtling ausgibt.

2003 ist sein letztes Buch, **„Die Dolmetscherin"**, auf Deutsch erschienen. Diese wahnwitzige Geschichte dreht sich um den impotenten *Bárbaro,* der nach Sibirien geht, um über die Baikal-Amur-Eisenbahn zu schreiben.

Zoé Valdés

Die Erotomanin *Zoé Valdés* hat in Deutschland ein breites Publikum gefunden, das sich von den Castro-feindlichen Anwürfen der Asylantin nicht schrecken lässt. Ihr Roman **„Das tägliche Nichts"** *(La nada cotidiana)* wurde ein Bestseller.

Daína Chaviano

Sie lebt seit 1991 in Miami. Nostalgikern und Mythenverklärten suggeriert die Autorin, nirgends werde so hingebungsvoll kopuliert wie auf Cuba.

„Havanna Blues“ erschien im *Lichtenberg Verlag*. Es geht um den Fleischer *Toño*, der auf Cuba gut angesehen ist, da jeder hinter seiner Ware her ist. So kommt es, dass er sich den Eintritt ins *Tropicana* mit Hackfleisch erkauft. Er kann sich drei Liebschaften gleichzeitig leisten, und auch seinen Freund *Gilberto* umschwärmen die Frauen in der Hoffnung, etwas abzubekommen.

Cristina Garcia

Sie wurde 1958 in La Habana geboren, wuchs aber in New York auf. Heute arbeitet sie in Kalifornien als Korrespondentin für das Time-Magazin.

Was lag näher als eine Geschichte über das Leben in beiden Welten zu schreiben. **„Träumen auf Cubanisch“** (*S. Fischer*, 1992) erzählt die Geschichte von Frauen dreier Generationen. Zwei von ihnen leben in den USA, die Großmutter ist auf Cuba geblieben und schreibt jeden Monat einen Liebesbrief an ihren Ex-Geliebten. Diese Briefe werden allerdings niemals abgeschickt.

Ernest Hemingway

Auch ein bedeutender US-Amerikaner hat mit der Antilleninsel zu tun: *Ernest Hemingway*, der 1899 geborene Sohn eines Landarztes, begeisterte sich fürs Jagen und Fischen. Mit 18 Jahren wurde er Reporter. Im 1. Weltkrieg meldete sich *Hemingway* freiwillig und wurde verwundet. Später war er Berichterstatter im Spanischen Bürgerkrieg, dann in China und Cuba sowie bei der Invasion der Alliierten. Im Jahr 1961 beging er Selbstmord.

Sein Thema ist der Mann, der sich bewähren muss, bei der Jagd, der Fischerei und im Krieg. Seine Werke handeln von selbstgesetzten Normen, von Todesverachtung und inneren Werten. Trotzdem sind seine Texte schnörkellos, geradlinig erzählt und weitgehend „pathosfrei“.

Der Schriftsteller lebte 20 Jahre auf Cuba. Im Stadtteil San Francisco de Paula kann man seine Finca Vigia besuchen. Hier schrieb er große Teile seiner Werke: „Haben und Nichthaben“ (1937) und „Wem die Stunde schlägt“ (1940). Danach 1952 das auf Cuba spielende „Der alte Mann und das Meer“. Dafür bekam er den **Literaturnobelpreis.** Das letzte Buch, das 1970 nach seinem Tode von *Mary Hemingway* aus den Manuskripten erstellte „Insel im Strom“, spielt wieder teilweise auf Cuba.

Die Yacht *Hemingways*, „Pilar“, kann ebenfalls bewundert werden. Mit ihr fuhr er zuletzt 1960 zum Wettangeln mit dem Revolutionsführer. Sieger wurde allerdings *Fidel Castro*.

Mutige können die berühmten Bars **La Bodeguita del Medio** und **Floridita** besuchen, oder sich im Hafenort Cojímar ins Fischlokal **La Terraza** setzen.

Leonardo Padura

Der 1955 in La Habana geborene Krimiautor zeichet in seinen Büchern ein gutes Bild der gegenwärtigen Hauptstadt. In seiner Jugend wurde er zur Zeitung *Juventud Rebelde* strafversetzt, wo er sich zu Ruhm und Ansehen schrieb. Seine lesenswerten **„Havanna-Quartett"**-Romane erschienen auf deutsch als Hardcover, Taschen- und Hörbuch.

Ernest Hemingway als Spion

1942 verpflichtete der amerikanische Botschafter auf Cuba, *S. Braden,* den berühmten Schriftsteller als Agenten für die USA, angeblich in der Floridita-Bar. Die entsprechenden Dokumente grub der „Spiegel" in amerikanischen Archiven aus. *Hemingway* baute ein eigenes Agentennetz auf Cuba auf und wurde somit für die USA zu einem ihrer wichtigsten Informanten.

Bei Bradens Dienstantritt galt Cuba als Spionagenest. *Hemingway* schien ihm gut geeignet, schon seit Jahren lebte jener in seinem Haus, der Finca Vigia in San Francisco de Paula. Er verkehrte mit der Oberschicht und mit zwielichtigen Gestalten. Hinzu kam seine Kenntnis der politischen Verhältnisse in Spanien und seine Erfahrungen, die er während des spanischen Bürgerkrieges gemacht hatte. Schon 1937 hatte er in Spanien für die Republikaner spioniert, 1941 in China für die Amerikaner.

Hemingway verpflichtete seinerseits 26 Agenten und Zuträger, alles Freunde von ihm. Die Informanten beschafften das Rohmaterial und *Hemingway* formulierte daraus die Berichte so intensiv und gekonnt wie seine Romane. Seine Frau *Martha Gellhorn* störte das ständige Kommen und Gehen im Hause Hemingway und bezeichnete die Geheimdienstzentrale ihres Mannes verärgert als „Schwindelfabrik".

Schon bald beschränkte er sich nicht mehr auf die Bespitzelung von Spaniern und Deutschen, sondern weitete seine Tätigkeit aus, was dem FBI missfiel. *Hemingway* sammelte für den amerikanischen Botschafter Material gegen hohe Regierungsbeamte. Prominentestes Objekt seiner Wissbegierde war der Chef der cubanischen Polizei General *Manuel.*

Da *Hemingway* die FBI-Agenten für unerfahren und fantasielos hielt und den Geheimdienst für antiliberal und pro-faschistisch, sollte er entlassen werden. Im April 1943, als die amerikanischen Geheimdienste ihre Territorien neu sortierten, musste *Hemingway* sich einen neuen Job suchen. Nun fuhr er im Auftrag des amerikanischen Marineattachés in Habana mit seinem Motorboot „Pilar" unter Kapitän *Gregorio Fuentes* in den Küstengewässern Patrouille, wo er ohne Erfolg nach angreifenden deutschen U-Booten suchte.

Im Frühjahr 1944 ging er als **Kriegskorrespondent** nach England, um über die Invasion der Alliierten zu berichten. Den Dank von Botschafter *Braden* lehnte er bescheiden mit den Worten ab: Seinem Land zu dienen sei einfach eine Verpflichtung. Sie bedürfe keiner Anerkennung und verdiene kein Lob.

Kunsthandwerk und Malerei

„Unsere Feinde sind Kapitalismus und Imperialismus, nicht abstrakte Malerei.“
(Fidel Castro)

Wenn man heute durch La Habana schlendert, fällt einem sofort die Vielzahl der kleinen Galerien auf, in denen sich die Werke der bildenden Künstler stapeln. Es scheint, als hätten die Cubaner den Verkauf von Kunstwerken als Einnahmequelle entdeckt. Der kleine Kunstmarkt vor der Festung in La Habana wächst. Doch würde man alle Kitschbilder der Bodegita del Medio, alle „Ches“ und alle kitschig-bunten Mulattinnen-Porträts eines Tages entfernen, so bliebe nicht mehr übrig, als in anderen Ländern auch auf den Märkten zum Kauf angeboten wird. Die Touristen haben offensichtlich diese Motive gewollt und der Markt hat darauf reagiert. Nicht zuletzt hat auch die Kunstförderung die **„Revolutionskunst“** positiv beurteilt und so die Maler angespornt, Bildnisse von heroischen Kämpfern, nachdenklichen *Castros* und rauchenden *Ches* zu produzieren. Bei genauem Hinsehen lassen sich aber dennoch einige hervorragende Arbeiten finden.

Die **Holzschnitzer** haben ursprünglich die afrocubanischen Götter aus den heimischen Hölzern geschnitzt. Später kamen dann auch profane Skulpturen hinzu. Nach der Revolution wurde die Ausbildung der Künstler auch vom Staat in die Hand genommen. Die vom Staat verordnete Vereinigung der Kunsthandwerker *ACCA* unterhält in La Habana einen Laden, in dem man ausgesuchte Stücke der Mitglieder erwerben kann.

Alle großen Kunstströmungen beeinflussten die Werke der bildenden Kunst. Die Zeit der Pop Art war besonders fruchtbar auf Cuba. Ende der 1970er Jahre entstand ein regelrechter **Pop Cubano.**

Eine legendäre Ausstellung gab es auch 1980 in La Habana: **Volumen uno.** Die treibende Kraft der damaligen Szene, *Flavio Garciandía,* hatte mit Freunden zusammen seine Werke der staunenden Öffentlichkeit präsentiert. In seinen Bildern geisterten alle Symbole des verkitschten Alltagslebens: Plüschtiere, Sonnenuntergänge, gemischt mit Revolutionären in ungewöhnlichen Konstellationen. Alles in allem entstand eine kritische Auseinandersetzung mit dem Alltag und auch mit der Revolution. Das stieß natürlich nur auf geteilte Freude. Die Aufforderung, die in den Werken der jungen Maler steckte, sich nicht nur in Heldenverehrung zu ergehen, sondern selbst zu agieren, wurde vom Kulturministerium 1988 nicht gesehen und die Ausstellung wegen einer „revolutionären Kopulationsszene“ geschlossen. *Glexis Novo* bezeichnete sich als der beste schlechte Maler Cubas, und seine Kollegen *Aldito Ménendez* und *Carlos Cardenas* hören nicht auf, in ihren Werken der Frage nach dem Schicksal Cubas in der heutigen Zeit nachzugehen.

Vom Massenangebot in den Städten abgesehen, gibt es eine Reihe spannender Kunstwerke zu entdecken. Zu den berühmten Altmeistern der bildenden Kunst zählen:

José Nicolás de la Escalera, er hatte seine Schaffensperiode in der zweiten Hälfte des 18. Jh. *Vicente Escobar* (1792–

1834), begann Alltagsszenen in einer sehr realistischen Art zu malen.

1818 wurde der Franzose *J. B. Vermay* erster Direktor der frisch gegründeten Kunstakademie von San Alejandro. Von hier gingen für die nächsten 100 Jahre die wesentlichen Einflüsse aus. Den **Realismus** gab es immer noch, aber zunehmend gewannen romantische Einflüsse die Oberhand. Man malte Landschaften. Der wichtigste Romantiker war *José Joaquín Tejada.* Eine realistische Landschaftsbetrachtung malten *Valentín Sanz Carta* (1849–1898) und *Guillermo Collazo* (1850–1896).

Anfang des 20. Jh. begann der europäische Einfluss in der cubanischen Kunst. Künstler fuhren nach Europa und lernten ihr Handwerk in Paris. *Eduardo Abela* (1889–1969), *Marcelo Pogolotti* (1902–1988) und *Roberto Diago* arbeiteten sich an ihre Vorbilder Braque, Gris und Picasso heran.

In den Wirren der Revolution der Bärtigen suchte jeder seine eigene Identität und es gab wenig einheitliche Strömungen. Die europäischen Expressionisten waren zeitweise „in". *René Portocrero* schuf eine Reihe bekannter Glasfenster in La Habana.

Der 1902 geborene *Wilfredo Lam* besann sich auf seine afrikanischen Wurzeln, ihm folgte *Mariano Rodríguez* und später *Manuel Mendive.* Der wurde 1944 geboren und gilt als wichtigster Vertreter des **magischen Realismus.** Seine Werke befassen sich mit dem Alltagsleben und den afro-cubanischen Wurzeln. So tauchen Themen aus den Mythen der *Yoruba* in seinen früheren Werken auf, besonders seine Skulpturen sind abenteuerlich. Darin kann man jede Menge afrikanischen Schmuck, Münzen und andere Gegenstände aus dem Kulturbereich der Yorubas finden. Auf seinen Reisen ging der Künstler auch zu den Stätten der afrikanischen Religion und arbeitete an der Ausgestaltung von Yoruba-Heiligtümern im Benin. Nach Cuba zurückgekehrt, setzte er seine Themen auch in Tanzperformances um.

José López Álvarez (Lopito), 1924 in La Habana geboren, studierte Malerei und Bildhauerei an der Akademie der Künste „San Alejandro", in La Habana. Danach arbeitete er viele Jahre als Kameramann

078cu kh

[>] Schwarzmaler:
Hier wird für den Kunstmarkt gearbeitet

für das cubanische Fernsehen CMQ-TV. *José López* ist einer der wenigen cubanischen Maler, der dem Landschaftsbild treu geblieben ist. Der cubanische *van Gogh,* wie er genannt wird, arbeitet in *Tempera,* die er anschließend mit Öl übermalt. In seinen Landschaftsbildern gibt es keine Menschen. *López Álvarez* war ein Gründungsmitglied der Vereinigung der Grafiker Cubas und gehört der *UNEAC,* dem Verband der Künstler und Schriftsteller Cubas, an. Seine Bilder werden in Kanada, den USA, Italien, Spanien, der Schweiz, Großbritannien, Russland und Deutschland ausgestellt. Ihm wurde die Auszeichnung und Medaille „Für Nationalkultur" vom Staatsrat verliehen.

Salvador González Escalona setzte die religiösen Wurzeln in seinen Fassadenmalereien ein. Sie erinnern an die afrikanischen Malereien. Wer die Rampa in La Habana hinaufläuft, wird in den Gehweg eingelassene Kunstwerke aus der gleichen Tradition entdecken.

Die **Plakatkunst** entlang der Straße hat eine ganz eigene Ästhetik entwickelt. Manche Ortseingänge sind mit Skulpturen im Stil des **sozialistischen Realismus** geschmückt, die einer Kunstvorstellung der Landbevölkerung erwachsen sind.

Eine Vielzahl von Figuren aus den heimischen Hölzern wird einem begegnen, die entweder nach den afrikanischen Vorbildern geschnitzt oder nach modernen Themen gefertigt sind. Gemeinsam ist ihnen eine gute Qualität und ein vergleichsweise moderater Preis. Die Hölzer sind Ebenholz, Mahagoni und eine aromatisch riechende Art, die *Guayacán* heißt. Daneben wird auch entsprechend viel Kitsch angeboten.

Wenn man größere Kunstwerke ausführen will, braucht man eine Genehmigung. Den *certificado de exportación* kann die **Registrierstelle für Kulturgüter** ausstellen. Hier kann man alle entsprechenden Auskünfte bekommen. Wenn man in staatlichen Läden oder Galerien kauft, sollte man auf einer offiziellen Rechnung mit Stempel der oben genannten Behörde bestehen. Die Galerien haben Vordrucke, in denen die Nummer und der Name des Verkäufers, der Stempel und alle anderen Daten eingetragen sind. Eine Kopie behält der Galerist, das eigene Exemplar muss man beim Zoll vorzeigen.

- **Registro Nacional de Bienes Culturales,** Calle 17, No. 1009, e/10 y 12, Vedado, Tel. 07 839658.

Film

„Film ist Kunst."

(Gesetz zum Film, erster Satz)

Zwei Jahre nach der Revolution wird das unabhängige **Instituto Cubano de Arte y Industria Cinematográficos** gegründet (www.cubacine.cult.cu).

Dieses ICAIC machte aus dem cubanischen Film ein Qualitätsprodukt ersten Ranges. Natürlich ist Film auch immer Klassenkampf gewesen; er sollte gegen die Unterentwicklung ankämpfen und den Zufluss von Geld in staatliche Kassen fördern.

Bis zum Ende der Batista-Ära gab es die üblichen Hollywood-Machwerke in den Kinos der Insel, nun sollte das Bewusstsein für die eigene filmische Stärke geweckt werden. Der Cubaner sollte sich wiedererkennen im Film. Das Kino kam mit mobilen Projektoren auch in Kleindörfer, man verlud die Technik auf Kähne, in Autos und Pferdewagen, um das Volk zu erreichen. Natürlich kamen dabei auch ideologische Machwerke heraus, manche kennen vielleicht die cubanisch-sowjetische Produktion „Soy Cuba" von 1959, die bei uns im Fernsehen lief. Da kann man den dicken Amerikaner und den edlen Revolutionär sehen, dazu bombardieren Regierungsflugzeuge rücksichtslose Großgrundbesitzer.

Ende der 1980er Jahre begann für den cubanischen Film eine Phase des Aufschwungs, man lehnte sich gegen den Dogmatismus der Regierung auf und es entstanden bemerkenswerte Filme.

Erdbeer und Schokolade

(Fresa y Chocolate)
Regie: *Tomás Gutiérrez Alea,* 1993

Einer der bekanntesten Cuba-Filme der 1990er. Er hat Homosexualität und das Ausstellungsverbot zum Thema und ist ein schöner, heiterer und tiefgründiger Film.

Der Held, ein junger Pionier, wird in der *Coppelia,* der größten Eisdiele La Habanas von einem offensichtlich schwulen Schönling angesprochen und daraufhin in dessen Wohnung gelockt. Obwohl es sich bei dem Schwulen um ein „subversives Element" handelt – er liest ausländische Bücher, hört ausländische Musik und schert sich auch sonst wenig um die Revolution – findet unser Held den Menschen hinter all dem faszinierend. Er bleibt jedoch standhaft bis zuletzt, wobei die schrullige Nachbarin nicht ganz unbeteiligt ist …

Guantanamera

Regie: *Tomás Gutiérrez Alea,* 1995

Im nächsten Film kommen zwar dieselben Schauspieler zu Wort, der Wahnwitz spitzt sich jedoch noch zu. Der Bürokratismus und die Benzinknappheit zwingen die örtlichen Leichenwagen nur innerhalb ihres Bezirkes zu transportieren. Da nun La Habana und Guantánamo durch ziemlich viele Bezirke voneinander getrennt sind, kann man sich schon einiges denken. Das ganze Ausmaß des Debakels ist in ein flottes „Cuban roadmovie" verpackt, ein Film, der dem Cubareisenden einen Einblick in das tägliche Leben der normalen Leute gestattet. In gut sortierten Videotheken als „OmU" erhältlich.

Das Leben, ein Pfeifen

(La vida es silbar)
Regie: *Fernando Pérez,* 1998

Bester Film, beste Regie, beste Kamera, das waren die Preise, die diesem typisch cubanischen Film auf dem Festival des neuen Lateinamerikanischen Film 1998 verliehen wurden. Wie Recht die Jury hatte, konnte man auch in deutschen Kinos bewundern. Der epd-film bezeichnete ihn als wahres Juwel. Es kommen vor: ein philosophierender Rikscha-Fahrer, ein arbeitsloser Musiker, ein verliebter Balletttänzer, eine harte Greenpeace-Aktivistin, ein „hässlicher" Straßenkehrer, ein hervorragender Therapeut, der allwissende Taxifahrer und das Absurde im täglichen Leben, wenn die Leute allein durch den Ausruf des Wortes „Selbstbestimmung" reihenweise in Ohnmacht fallen.

Pérez wurde 1944 in La Habana geboren und studierte dort Sprach- und Literaturwissenschaften.

Buena Vista Social Club

Regie: *Wim Wenders*, 1999

Da haben wir einen der Auslöser für den Run auf Cuba: ein schlichter Dokumentarfilm mit *Ry Cooder* als Musikproduzent, der Millionen Deutsche für Cuba und die cubanische Musik begeisterte. Mit *Ibrahim Ferrer* und *Ruben Gonzáles.*

Ich habe einige Cubaner getroffen, die nicht gut auf Herrn *Wenders* zu sprechen waren. „Seit diesem Film glauben viele Menschen, bei uns machen nur alte Leute Musik", brachte es mal ein Cubaner auf den Punkt.

Cubanisch reisen

(La lista de espera)
Regie: *Juan Carlos Tablo*, 1999

Emilio will nur nach Hause, *Jaqueline* will heiraten, die Kinder finden alles spannend. Leider strandet die ganze Gesellschaft in einem namenlosen Busbahnhof an irgendeiner Ausfallstraße wegen Havarie des Busses. Die Zeit des Wartens beginnt, aber eben echt cubanisch … Eine schöne und sehr menschliche Geschichte!

Havanna, mi amor

Regie: *Uli Gaulke*, 2000

In diesem deutschen Dokumentarfilm geht es vordergründig um Fernsehen – die Telenovelas. Diese Kitschserien holen jeden Abend Tausende von Cubanern vor ihre altersschwachen Geräte. Da muss manches alte russische Gerät behelfsmäßig repariert werden. Zu sehen sind die Reparateure, außerdem im Programm: die Chefin eines Frisiersalons und weitere liebenswerte, emotionale Cubaner und Cubanerinnen.

Die neue Kunst, Ruinen zu bauen

(Arte nuevo de hacer ruinas)
Regie: *Florian Borchmeyer* 2005/06

Dieser Dokumentarfilm erzählt Geschichten von Menschen, die versuchen sich mit der zerfallenden Architektur zu arrangieren.

7 Tage in La Habana

Regie: *Carlos Quintana* 2012

Der Film zeigt sieben Episoden in La Habana, die von sieben internationalen Regisseuren inszeniert wurden, darunter *Julio Medem, Benicio del Toro* und *Elia Suleimann*, es spielen z.B. *Vladimir Cruz, Daniel Brühl* und *Emir Kusturica.*

Biennale

Auf die Biennale in **Berlin** schaffen es immer wieder cubanische Filme. Im Jahr 2013 war es der Film *La Piscina* (Das Schwimmbad) über behinderte Jugendliche von *Carlos Machado Quintela*, der Anerkennung durch das Publikum fand. 2014 waren es *Un paraíso* (Ein Paradies) und *La Casona* (Das Große Haus).

Musik und Tanz

„Der Son spiegelt unsere cubanische Seele wider."

(Nicolás Guillén)

Musik auf Cuba ist „Lebensmittel". Wenn auch die Milch knapp ist, **die Musik sprudelt überall unerschöpflich und reißt jeden mit.** Alle großen Tänze Lateinamerikas haben ihre Wurzeln auf der Zuckerinsel und hier leben sie fort oder werden rekonstruiert. Vergessen Sie die sogenannten lateinamerikanischen Tänze Ihrer Tanzschulzeit, folgen Sie mir in einen kleinen Ort:

Es ist Samstagnacht gegen 24 Uhr, ich stehe in einer dieser improvisierten Freiluftbars, die so herrlich cubanisch sind: Die Stühle sind rar und aus Plastik, Gläser sind ebenfalls rar und werden nur auf Verlangen herausgegeben. Die Cubaner sind guter Dinge, eine fünfköpfige Band der hiesigen Lokalgrößen gibt seit einer halben Stunde ihr Bestes. Viele tanzen, obwohl es heiß ist unter freiem Himmel und die Bar eigentlich für die Aufstellung eines Billardtisches schon die Außenmauer niederreißen müsste. Aber hier will sowieso keiner Billard spielen, sondern der Musik lauschen.

Mein Blick fällt zwischen den Tänzern und Touristen vorbei zum Eingang und bleibt an einer jungen Frau haften, die eher missmutig an der weiß gekalkten Mauer lehnt. Sie hat dunkles Haar und trägt eine etwas deplatziert wirkende Armeekleidung. Ein junger Kerl kommt herein und ich sehe sie ein paar Worte wechseln. Plötzlich ergreift er ihren Arm und das Wunder beginnt!

Ein „Faden" verbindet meine Augen mit den Gesichtern der Tänzer. Das Dunkel der Nacht lässt sie mystisch erscheinen. Der linke Arm des Mannes umfasst kurz die Hüfte der Frau, eine schnelle Drehung, die Frau kreist zurück und auf den aussetzenden Takt blicken sie sich kurz unbewegt ins Gesicht. Einen Wimpernschlag später verlieren sie sich in einer langsamen, kraftvollen Bewegungsfolge, die man kaum nachzeichnen könnte. Die starren Blicke werden eins mit dem Steigen und Fallen des Taktes, eine unsichtbare Macht hat die Führung übernommen. Der Wirbel der Körper steigert sich mit der Musik und bringt immer neue, immer andere Bewegungen hervor. Der Mann spielt mit der Frau und sie lässt sich darauf ein, folgt seinem unsichtbaren Händedruck und umkreist ihren Partner. Immer wenn der Takt aussetzt, ist ein Moment wie gefroren, eine Aufnahme zweier einander zugewandter Körper, ausgestreckte Arme, die einen zähen Bruchteil eines Augenblicks zu Skulpturen werden, um sofort wieder in ihrem wahnwitzigen Taumel voneinander gerissen zu werden. Allein der Rhythmus dirigiert, wann die Momente der kristallinen Starre eintreten und wann die Bewegung wieder im Fluss ist. Einmal sind ihre Gesichter voreinander, für einen Moment nur, und da sehe ich sie lächeln. Das Gesicht des Mannes sehe ich nicht. Er umfängt sie mit seinem Arm und sie tanzen ein paar Takte umschlungen nebeneinander. Doch auch diese Figur wird gleich wieder in schnelle Wechseldrehungen aufgelöst. Ich kann meine Augen nicht von dem Paar lösen. Als die Musik schweigt, gehen sie auseinander, als wäre das alles ein Traum gewesen ...

Die Sklaven brachten ihre Riten, ihre Musik und die Instrumente mit nach Cuba. Hier liegen viele Wurzeln der Rhythmen und Tänze. An arbeitsfreien Sonntagen wurde Musik gemacht.

Yuka war ein Paartanz, der durch eine Trommlergruppe bestimmt wurde. Ursprünglich waren es drei Trommeln, die den Ton angaben, die helle *Cachimbo,* die melodietreibende *Mula* und die tiefe *Caja,* die den Grundrhythmus schlug. Unterstützt wurde das Ganze durch die *Clave,* zwei handlange, unterschiedlich dicke Stäbe aus Zedernholz. Der große wurde in der linken Hand gehalten, wobei die Hand den Resonanzkörper bildete. Mit dem dünneren Stab schlug man darauf, sodass es den typischen hellen Ton ergab.

Viele der musikbegabten Ex-Sklaven, Freigelassene und Freigekaufte, kamen in der Kirchenmusik unter. Diese war natürlich der spanischen Tradition verpflichtet und brauchte daher Sänger und Instrumentalisten in großer Zahl. Mit Begleitung von Geige und Orgel entstanden die ersten ungewöhnlichen Musikdarbietungen in der Kirche.

Eine ganze Zeit lang beherrschten die Militärkapellen das Musikgeschehen auf der Insel. Sie spielten nicht nur in der Armee selbst, sondern auch zu offiziellen Gelegenheiten. In der Armee gab es keine farbigen Soldaten, in der Militärmusik jedoch konnten auch Farbige unterkommen. Hier lernten sie die typischen Militärinstrumente kennen: die Trommeln, die Blechblasinstrumente

cu010-2016 kh

und nicht zuletzt das Saxophon, das der Belgier *Sax* für Militärmusiker erfunden hatte. Durch die cubanische, bzw. kreolische Lust am Experimentieren vermengte sich die „privat" gespielte Musik bald mit dem weit verbreiteten Kontertanz, dem **Danzón.**

Wer sich die **traditionellen cubanischen Musiker** ansehen will, kann sich im Veranstaltungskalender der *EGREM* informieren: http://promociones.egrem.co.cu. Hier sind monatlich alle aktuellen Veranstaltungen aufgelistet.

Son Cubano

Ein Jammer, was dieser Musik passierte. Heute heißt sie in der westlichen Welt bezeichnenderweise **Salsa,** also „Soße". Hier wurden die lebenden Rhythmen zu einem Brei verkocht, sodass kein Gewürz mehr herauszuschmecken ist und alles für westliche Gaumen annehmbar wird.

Begonnen hatte es damit, dass die Musik der **Bantu** mit spanischen Klängen gemischt wurde. Entstanden ist diese Musikform wohl im Osten, im Oriente, in Santiago und Baracoa. Um die vorletzte Jahrhundertwende kam sie in die Hauptstadt, vermischte sich dort mit der Rumba und dem Danzón und zog später in die Bars und Nachtclubs ein. Hier kam der Son in Kontakt mit US-amerikanischen Touristen, Dealern und Prostituierten.

Der Son folgt einem klaren Muster: Es gibt eine Frage- und Antwortphase zwischen dem Vorsänger und den anderen Sängern. Die Lyrik war durch Alltagsprobleme gekennzeichnet. Später hat *Nicolás Guillén* mit den „Motivos del son" den Texten ein eigenes Denkmal gesetzt. Daneben bot der Son viel Spielraum für Improvisationen, wie wir sie später durch den Jazz kennen gelernt haben.

Die **Musikinstrumente** des Son sind der *Tres,* eine dreisaitige Gitarre, die *Bongó* und die *Maracas.* Dazu gesellte sich oft noch ein Lamellophon, *Marimbula* genannt.

Später kamen statt der Blechbläser Streichinstrumente hinzu, die den Son für ein ausländisches Publikum akzeptabel machten. Die amerikanischen Plattenfirmen ließen alsbald andere die cubanische Musik singen und spielen, den Puerto-Ricaner *Palmieri* zum Beispiel, der später den Begriff Salsa prägte. Man kopierte alles, was brauchbar erschien. Ein drastisches Beispiel ist der Guajira-Son **„Guantanamera"**, das Lied vom Mädchen aus Guantánamo. Mit **Guajira** bezeichnete man eine Liedform, die unter einem Refrain Verse vereinte, die alle möglichen Themen beinhalten konnten: Tagesgeschehen, Liebeserklärungen, Klatsch und Tiefsinniges.

Die Guajira brachte einen weiteren Stern zum Leuchten, den des Mulatten *Josenito Fernández.* Der „König der Melodien" schrieb die Musik von Guantanamera. Einige Verse sind von *José Martí* später hinzugefügt worden.

Fernández stammte aus ärmlichen Verhältnissen in La Habana. 1908 geboren, jobbte er als Zeitungsverkäufer und Schuster. Als Straßenmusiker kam er an Auftritte beim Rundfunksender CMQ,

◁ Lokalmatadoren: Juan Formell y los Van Van

wo er live spielte. Für seine Auftritte dachte er sich eine Guajira aus, hier konnte er nach Herzenslust improvisieren. Seine „Guajira Guantanamera" wurde der Hit und das Lieblingsstück seiner Hörer, die ihm Themen und Anregungen zuschickten. Später wurde sogar die Sendung „Guantanamera" getauft. Zwanzig Jahre lang hat er diese Sendungen besungen. Dazu kamen auch Plattenaufnahmen der besten dieser Verse. Im Zuge dessen hatte er irgendwann einmal Verse von *José Martí* hineingearbeitet. Diese Fassung des Liedes hörte der amerikanische Musiker *Pete Seeger.* Er nahm selbst eine Fassung auf, verkaufte sie als sein Werk und es wurde ein Millionenerfolg. Und das, obwohl es seit 1949 ein Copyright darauf gab. *Fernandéz* sah wahrscheinlich kein Geld, als sein Stück in aller Welt verkauft wurde. Allerdings soll *Seeger* immerhin zur Beerdigung von *Fernández* nach Cuba gereist sein. Die Rechte sind dann an den Staat gegangen, der der Familie eine Entschädigung gezahlt hat.

Guantanamera

Yo soy un hombre sincero,
de donde crece la palma
y antes de morirme quiero
echar mis versos del alma.

Mi verso es de un verde claro
y de un carmín encendido.
Mi verso es de un ciervo herido
que busca en el monte amparo.

Ich bin ein einfacher Mann
von dort, wo die Palmen wachsen;
Bevor ich sterbe, möchte meine Seele
das besingen, was sie quält.

Mein Lied ist von hellem Grün,
aber auch blutrot wie die Flamme.
Mein Lied ist wie ein verwundeter Hirsch
der Schutz sucht in den Bergen.

Beny Moré

Er war **mit Abstand der bekannteste Sonero der Insel.** Seine Kompositionen werden auch heute noch an jeder Ecke gespielt. Seine besondere Technik lag im Gesangssolo, bei dem er das Tempo mehrfach wechselte und so mit den Musikern spielte. Er wurde auch der „Barbar des Rhythmus" genannt, weil er bei seinen Gesangseinlagen auch in einen anderen Rhythmus überging und gegen Ende des Solos erst wieder zum Ursprung zurückkam.

Als *Moré* 1963 starb, versank ganz Cuba für mehrere Tage in Trauer, und das öffentliche Leben kam zum Stillstand. Der Trauerzug mit der Eisenbahn wurde von Zehntausenden von Menschen begleitet. Seinen berühmten Strohhut bekam die Gewerkschaft der Musiker geschenkt.

Der Durchbruch für den Son kam mit der Unabhängigkeit von Spanien, als die USA sich auf der Insel etablierten. Es gab die ersten Schallplattenaufnahmen und der exotische Rhythmus fand schnell Gefallen in Amerika. Es war halt der Hang zur Exotik, der den Musikern der Zuckerinsel zum Durchbruch verhalf. Die Orchester wurden berühmt und das zog immer mehr Cubaner in die Hauptstadt und in die Bands.

Habanera, Bolero

Der Bolero ist etwas romantisches, hier geht es um Gefühle. Der gleichnamige spanische Bolero ist etwas ganz anderes. Zuerst hielt er Einzug in den Salons der Reichen – Ende des 18. Jh. Die Liebe für alles Französische brachte auch die französischen Chansons nach Cuba. Bald wurde daraus etwas Cubanisches. Man vermischte diese ungeraden Taktformen mit spanischen Elementen und heraus kam die **Habanera.** Sie wurde zuerst nur vom Klavier begleitet und kam über Mexiko nach Spanien zurück. Bekanntestes Stück ist „La Paloma", das in allen drei Ländern zum Volksgut gehört. **La Bayamesa,** die heutige Nationalhymne, ist ursprünglich eine von *Céspedes* getextete Habanera, aus der *Pedro Figueredo* dann das Durchhaltelied machte:

„Al combate corred, bayameses
Que la Patria os contempla orgullosa"

„Auf zum Kampf, Bayameser,
Das Vaterland wird stolz auf Euch sein."

Die Wurzeln

Nun muss ich noch eine englische Wurzel ausgraben. Im *Oxford Companion* ist der **„Country dance"** aufgeführt, also der gemeine Volkstanz der um die Mitte des 18. Jh. so populär wurde, dass er sich auf dem Kontinent weit verbreitete. Allerdings wurde er durch französische Elemente erweitert und sein Name francophonisiert. Er hieß jetzt phonetisch transkribiert: **Contredanse,** was sinnloserweise soviel wie „Gegentanz" heißt. Im selben Jahrhundert machte sich diese Musik mit den französischen Einwanderern in die Karibik auf und gelangte nach Haiti, wo sie durch weiteren Lokalcolorit angereichert wurde. Hier kam der **Merengue** dazu.

Mit den Sklavenaufständen flohen die reichen Franzosen mit ihren Sklaven ins nahe gelegene Cuba, wo sie in Santiago ihren französischen Lebensstil weiterleben konnten. Nun war also der Country dance im Oriente angekommen und wurde einheimisch zum **Contradanza.** Mit afrikanischem Trommelschlag angereichert, nannte man es „cubanischer Tango", von tangere = schlagen. Bald danach machte er sich nach Westen auf und kam in La Habana an. Hier boomte der frühe Figurentanz und wurde bald nur noch **Habanera** genannt. Die Wortwurzel des Contradanza mutierte dann zum *Danzón,* einem kleinen Musikstück gleich einer Einleitung.

In den wüsten Zeiten vor der Revolution galt es in den Bars von La Habana als chic, sich die **Bolerosänger** anzuhören.

Der erste Bolero war „Tristezas" von *Pépe Sánchez,* aus dem Jahre 1883. Ursprünglich ein schneller 2/4-Takt, wurde er im Laufe der Zeit lockerer und langsamer. „Soy como soy" war einer der bekanntesten, er stammte vom früh verstorbenen *Pedro Junco.*

Im 20. Jh. kam für diese Musikrichtung das Wort *Filin* auf, lautmalerisch für das englische Wort *feeling,* Gefühl. Es waren gesungene Erinnerungen. Hier lässt sich die Brücke zu den Trova-Interpreten wie *Teresa Fernández* schlagen. Die Musik meint nicht die sentimentalen Balladen, die es im Deutschen auch gibt, sondern eine Art der Musik, bei der es den Musikern eher auf das Gefühl für die Improvisation ankam, der Gesang sich in die Musik einfühlt. Natürlich handelten die Texte von Alltäglichem und von verschmähter Liebe. Im *St. Johns Hotel* nannte man die Bar „Rincón del Filin". Hier trat auch einer seiner Erfinder, *Antonio Méndez*, bis zu seinem Tod 1989 auf.

Danzonett

In Matanzas fand 1929 die erste Aufführung einer Danzonette statt. „Rompiendo de la Ruina" hieß das Stück von *Aniceto Diaz* und war eine Mischung aus schnellem Guaracha und langsamem Bolero mit gesungenen Teilen. Dieser Rhythmuswechsel machte die Musik schnell bekannt. Doch ebenso schnell verschwand sie in den 1940ern wieder.

„*Barreto* sagte, man müsste den zwingenden, geometrischen 2/4 Rhythmus durchbrechen, und ich nannte das Beispiel *Beny,* der bei seinen Sones mit der Stimme diesem rhythmischen Gefängnis ein Schnippchen schlug, die Melodie über den Rhythmus hinausschweben ließ und damit die Band zwang, seinem Flug zu folgen, und sie geschmeidig machte wie ein Saxophon, wie eine legato gespielte Trompete, als wenn der Son beliebig dehnbar wäre".

(Textauszug: *Cabrera Infante,* „Drei traurige Tiger", *Suhrkamp*)

Rumba

Ursprünglich war es ein Fruchtbarkeitstanz der Regla Conga, in der das Balzverhalten der Vögel imitiert wurde. Allerdings versuchte die Frau mit verführerischen Bewegungen, den Mann zu begeistern. Der Mann wird angelockt, zurückgewiesen und antwortet mit einem Machogehabe. Getanzt wurde er auf den **Makuta-Festen.**

Begonnen hatte die Musik als *Rumba de cajón,* als Kistenrumba. Trommeln waren Mangelware in den Sklavenbaracken, da die Obrigkeit sie verboten hatte. Also bespielte man alles, was Klang erzeugte. Später kristallisierten sich Standardinstrumente heraus, die Stockfisch- und die Nagelkisten, die es in großer Zahl auf den Plantagen gab. Diese „Instrumente" wurden verfeinert, indem man sie zerlegte, die einzelnen Holzbretter schliff und anschließend wieder zusammenbaute. Das erzeugte einen reineren Klang.

Mit der Zeit bildeten sich drei Ströme der Rumba heraus: Yambú, Guanguancó und Columbia.

Die **Yambú** ist die älteste Rumbaform. Man tanzt im Kreis, kostümiert als *Diabolito,* und imitiert dessen Sprünge (siehe Kapitel „Religion"). In diesem Tanz kommen pantomimische Elemente und Besessenheitsfantasien zum Ausdruck.

Der **Guanguancó** ist die Form der Rumba, die schließlich verwässert und verwestlicht um die Welt ging. Der Tanz wurde in den städtischen Regionen geboren und war dort anderen Einflüssen ausgesetzt. Man mixte das Ganze mit einem episodenhaften Gesang, der nicht selten im Wechsel von mehreren Sängern vorgetragen wurde.

Die **Columbia** ist der Tanz der Macheteros und Landarbeiter. Es werden Macheten geschwungen und Solotanzeinlagen gegeben. Der Rhythmus heute hat vier Schläge pro Takt, der vierte Schlag ist der betonte.

Der **Komponist Ernesto Lecuona,** 1896 in La Habana geboren, brachte einen Abakuá-Tanz in seine Musik ein, den Tanz der Diabolitos. Das haben ihm seine Religionsbrüder nicht verziehen. *Lecuona* studierte bei *Maurice Ravel* und gründete die *Lecuona Cuban Boys,* ein Rumba-Orchester, das später der Pianist *Armando Orefiche* übernahm.

Danzón

In den Salons der Reichen in Matanzas wurde etwa um 1870 der Danzón geboren. Die Ursprünge dieser **instrumentalen Stücke** lagen in den Kontertänzen, die im Osten und Westen der Insel anders getanzt wurden. Sie kamen schon hundert Jahre früher aus Frankreich auf die Antilleninseln. Im Buch „Buena Vista" von *Maya Roy* wird erzählt, dass die Kontertänze rhythmisch dem Tango ähnelten, der sich später die Mündung des Río de la Plata in Südamerika eroberte. Einige Danzóns kann man auch in Tangosalons spielen, ohne dass jemand misstrauisch wird.

Zum Danzón-Orchester gehörten neben Geigen und Kontrabass auch Klarinetten, später kamen ein Klavier und Trommeln hinzu. Diese Orchester nannte man später **Charangas.** Bald kamen auch Sänger hinzu. Das berühmteste Orchester in den 1920er Jahren war das von *Cheo Belén Puig.* Von diesem Orchester gibt es noch Aufnahmen zu kaufen.

Mambo

Die Danzones waren seine Wegbegleiter. Seinen Namen leitet man aus einem Teil der Einleitung klassischer Danzones ab, bei der ein Trés-Spieler den Grundvers endlos wiederholt und sich die verschiedensten Instrumente nacheinander in dieses Spiel einklinken. Irgendwann bekam diese Einleitung schließlich den Namen Mambo.

Der Name führte zum Streit, ob diese Richtung von *Dámaso Pérez Prado* erfunden wurde oder von *Orestes Lopéz.* Man wird es nie erfahren, was Mitte der 1940er Jahre wirklich in den Bands passierte. *Pérez Prado* ließ sich jedoch als Mambokönig feiern und sein Stück „José y Macamé" wurde später als erster Mambo bezeichnet. Damit wurde der Mambo über die Grenzen Cubas hinaus bekannt. Der Bassist *Orestes Lopéz* schrieb das erste Stück mit diesem Namen, in dem er seinen Bandkollegen mehr Zeit zum improvisieren verschaffte.

An dieser Stelle noch zwei wichtige **Musiker dieser Zeit:**

Rita di Cuba

Rita Montaner Falcenda stammt aus einer farbigen Arztfamilie. Sie wurde 1900 geboren und lernte mit 4 Jahren Klavier spielen. Mit 19 sang sie Opernarien, 1922 trat sie im Theatro Nacional auf und im selben Jahr stand sie vor einem Rundfunkmikrofon. Danach war ihr Aufstieg nicht mehr zu stoppen. Sie sang bei *Lecuona* und verhalf Tangocongas zur Popularität. Die ersten Plattenaufnahmen entstanden 1928 in den USA. Sie kam auf Tourneen nach Spanien, Paris und London. Oft sang sie mit *Bola de Nieve.* Weitere Tourneen durch Südamerika folgten. 1935 kehrte sie nach Cuba zurück und spielte danach in Filmen mit. 1946 bis 1950 war sie dann **Sängerin im legendären Cabaret Tropicana** und hatte nebenbei ihre eigene Radioshow, die sehr populär war. Für Filmaufnahmen und Operetten ging sie nach Mexiko. Sie starb 1958 an einem Krebsleiden in La Habana. Es gibt wenige erhaltene Tonaufnahmen und deshalb auch wenige CDs auf dem Markt.

Bola de Nieve

Der farbige Pianist **Ignacio Jacinto Villa Fernández** hatte seinen ersten Auftritt in einem Kino und wurde schnell an der Seite von *Lecuona* bekannt. Unter seinem Künstlernamen *Bola de Nieve,* Schneekugel, wurde er zum **Symbol für die Befreiung der farbigen Einwohner** von den alles beherrschenden Konventionen der Weißen. Der farbige Pianist spielte in den bekannten Clubs von La Habana vor der Revolution.

Gegen **Ende der 1920er Jahre** wurden immer mehr cubanische Musiker für Schallplattenaufnahmen verpflichtet. Es entstanden immer größere Orchester. Die Mafia schuf die riesigen Spielhöllen, und die vergnügungssüchtigen US-Amerikaner wurden mit eigens gecharterten Maschinen zu den Amüsiermeilen in La Habana gebracht.

Das **Sextetto Habanero** feierte Triumphe und lieferte sich eine Fehde mit dem Sextetto Nacional. Es kam zu gleichzeitigen Plattenaufnahmen, bei denen der Sänger *Abelardo Barroso* dauernd die Seite wechseln musste, da er bei beiden Gruppen unter Vertrag stand. Allerdings hatte das *Nacional* mit ständigem Wechsel der Musiker zu kämpfen, was sich auch nicht änderte, als es zu einem Septeto wurde.

Cha-Cha-Cha

Hervorgegangen ist diese Gattung aus dem Mambo. Als Erfinder gilt der aus Pinar del Río stammende Geiger **Enrique Jorrin.** Er hatte vor seinen Mambos eine Art Zwischenmusik gesetzt, auf die die Tänzer mit bestimmten Schritten reagierten. Diese Schritte ergaben den neuen Tanz. Der Name leitet sich von den rhythmisch schlurfenden Geräuschen der Tänzer ab, die ihre Füße im Saal verursachen, während sie den Rhythmus betont tanzen.

Jorrin gab seine Namensidee 1953 bekannt. Das Stück hieß „La engañadora". Später gab es Streit um die Rechte, da es plötzlich mehrere Erfinder gab. Es ist ein beschwingter, sorgloser Tanz. Er hat vier Schläge pro Takt, wobei die Schritte vier und eins hervorgehobene Achtelschläge sind. Man tanzt drei Schritte auf drei Taktschläge. Die Geschwindigkeit sind etwa 30 Takte pro Minute.

› Karneval in Matanzas

081cu kh

Der Cha-Cha-Cha breitete sich in Windeseile aus und brachte die cubanische Jugend wieder zu den nationalen musikalischen Wurzeln zurück. Bald gab es auch Blechbläser, die eine weitere Attraktion darstellten.

Trova

Dies ist die **cubanische Ballade,** cubanische Träume mit der Gitarre begleitet. Das Wort stammt eigentlich aus dem Provenzalischen in Frankreich und bedeutet „erfinden".

Die **Trovasänger** dichteten Neuigkeiten und Klatsch zu Liedern und trugen sie in den Dörfern vor. Dabei begleiteten sie sich selbst zur Gitarre. Später entstanden feste Spielhäuser, die *Casas de Trova,* in denen man auch heute noch die verschiedenen Stile hören kann. Der Santiaguero *José Sanchéz* gilt als Erfinder der Trova, ein Selfmademan reinsten Wassers, der es um die vorletzte Jahrhundertwende vom Schneider zum anerkannten Komponisten und Musiker brachte. „Rosa No. Uno" und „Me entristeces mujer" sind Zeugnisse seines Schaffens.

Aus dem Osten gelangte diese Liedgattung dann mit den Wanderarbeitern nach La Habana und von dort aus traten sie mit den ersten Tonaufnahmen ihren Siegeszug an. Aus dem Einzelgesang wurden später Duette, wobei die Sänger kein Duett sangen sondern gegeneinander zu Werke gingen.

Nach der Revolution wurden die Leistungen der sozialistischen Wirtschaft oder die Errungenschaften der Technik in den Liedern gepriesen. Man nannte diese Art **Nueva Trova.** In Deutschland heißt diese Gattung „Liedermacher".

Heute sind auch kritische Untertöne in den Gesängen zu hören. *Juan Formell* hatte mit seiner Truppe *Los Van Van* großen Erfolg beim jüngeren Publikum; er starb 2014 im Alter von 71 Jahren. *Silvio Rodríguez* und *Pablo Milanés* sind die Stars der derzeitigen Nueva Trova. Hier finden sich auch Elemente der Rockmusik und des Calypso.

Heute hört man den Vertretern der *Vieja Trova,* der traditionellen Variante, wieder zu. *Sindo Garay* ist ein bekannter Vertreter dieser Gattung, mit seinen Stücken „La tarde" und „Perla Marina" hat er große Erfolge erzielt. Das *Matamoros Trio* von *Miguel Matamoros* landete den Hit „El Son de la Loma", das Lied der Berge. Auch die schwarzen Tränen, „Lágrimas negras", wurden bei uns bekannt. Der gleichnamige Dokumentarfilm begleitete die Musiker der *Vieja Trova Santiaguera.*

Ein Programm an **traditioneller Musik** gibt es beim spanischen Tumbao-Label und bei *MLN* aus Belgien.

Jazz

Hier wird eine faszinierende Mischung aus den alten Elementen mit neuen Improvisationen geboten. Für Laien ist es nicht mehr nachzuvollziehen, wo die Grenzen zwischen einer Improvisation urcubanischer Elemente und eher freier Jazz-Harmonien zu ziehen sind. Tatsache ist, dass in den 1930er Jahren das Klavier seinen Einzug in die Lokale in La Habana und Santiago hielt.

Paquito d'Rivera: Dieser berühmte Saxofonist lebt heute in New York. Er spielte mit vielen internationalen Jazzgrößen zusammen.

Irakere, Chucho Valdés: Hier haben wir die neue Generation der cubanischen Musik. Ende der 60er Jahre des 20. Jahrhunderts gegründet, musizierte sich die Gruppe von *Jésus Chucho Valdés* schnell an die Spitze. Man mixte Rumbas mit Jazzelementen, rührte die Rockmusik ein. Der Begründer studierte die Musik der Yorubas. Daraus entstand die *Misa negra,* die ihnen sogar den amerikanischen *Grammy* einbrachte.

Salsa

„Oye como va" – Salsa goes Rock! Wer kennt ihn nicht, den eingängigen Song von *Santana* aus den 1970er Jahren? Er war eines der ersten international erfolgreichen Salsa-Stücke. Beliebte Salsa-Cubana-Künstler sind *Manolín el Doctor de la Salsa, Charanga Habanera* und immer noch die legendären *Los Van Van* um den Sänger *Juan Formell.* Er nannte seine Mischung aus Son und Salsa „Timba". Zu den Vertretern dieses Stils zählen auch *Cándido Dupuy y su Son Diamante* und *Paulito y su Elite.*

Man begeistert sich für Bands wie *Adalberto Álvarez y NG La Banda* und *Charanga Habanera.* Mit dem Musikstil Charanga, am ehesten mit „Chanson" zu übersetzen, brillieren das *Orquestra Aragón* und *Candido Fabré y su Banda.* Der Sänger und Komponist *Fabré* stammt aus der Gegend von Santiago und setzt in seiner Band außer seiner Stimme Querflöte und Geige ein. Viele Salsamusiker bedienen sich seiner Werke.

Tango

Musikhistoriker wie *Horacio Ferrer* vermuten eine enge Verbindung der frühen Tangos mit der Habanera. Das Wort „Tango" soll von *tangere* (schlagen, spielen) kommen. Die Versarten der Milongas vom Río de la Plata entsprechen spanischen Gebräuchen. Die Habanera soll angeblich früher als der Tango in Argentinien zu hören gewesen sein.

Es gibt in La Habana einen **Tangosalon.** Hier treffen sich die Anhänger dieser eher ernsten Musik. Auch ausländische Tangotänzer sind herzlich willkommen und können in dem kleinen Saal ein paar Runden drehen:

- **Habana, Academia de Tango de Cuba,** Justicia, 21 Bajos, La Habana.

Reggaeton

Das ist eine Mischung aus Reggae, Hip-Hop und spanischem Rap, die sich von Puerto Rico aus verbreitete. Nur *Daddy Yankees* Welthit „Gasolina" erreichte Europa. Noch unbekannter ist die cubanische Variante **„Cubaton"**, die in den 1990er Jahren in Santiago entstand. In La Habana ist „Cubaton" allgegenwärtig: Auf den Straßen, am Strand – überall dröhnt der Sound aus den Boxen. In den Clubs sind Salsa-Bands längst von Cubaton-Musikern verdrängt. Selbst die Platten von der bekannten *Haila* werden auf Cuba kaum verkauft, die Konzerte sind meist umsonst. Die Texte beschreiben die politische Situation und ihre Folgen. Man ist zornig über die Vermarktung cubanischer Musik im Ausland.

Einer der bekanntesten Vertreter ist der rappende Arzt aus Santiago, der sich *El Medico* nennt. Sein Hit „Chupa Chupa" schaffte es in die spanischen Top Ten.

Wer sich einhören will, suche nach *Ruben Cuesta Palomo (Candyman),* die Brüder *Carnago* und *Ricardo Casamayor (Pucho Man), Gente de zona* und *Madera Limpia* aus Guantanamo. Die Plattenlabel heißen „Topaz" und „Atena Music".

Aktuelles

Über die Musik wacht heute das Kulturministerium. Es gründete die Plattenfirma *Egrem* und einen Musikverlag, der sich um die Noten kümmert. Auch die Produktion der Musikinstrumente wurde unter staatlicher Regie angekurbelt. Die meisten Kneipenmusiker, die man unterwegs trifft, sind staatlich angestellt. Sie werden an die Etablissements vermietet und verdienen wenig.

Es gibt Auftritte cubanischer Musiker in den USA, doch dürfen sie bei keiner Veranstaltung auftreten, die mit US-Steuergeldern finanziert wird. Die exilcubanische Musikerin **Gloria Estefan** hat dagegen protestiert und sich damit den Zorn der Miami-Cubaner zugezogen.

Rund eine Million Cubaner haben im September 2009 ein **Gratiskonzert** des kolumbianischen Rocksängers *Juanes* in La Habana besucht. Es war als Beitrag zur Verständigung zwischen Cuba und den USA gedacht. Der 17-fache Grammy-Preisträger ist für sein soziales und politisches Engagement bekannt. In Europa kennt man „A Dios Le Pido" und „La Camisa Negra".

Die Instrumente

Das Wichtigste bei allen cubanischen Rhythmen sind die **Trommeln.** Ursprünglich kamen sie mit den Sklaven aus Afrika und wurden nur zu religiösen Festen und Riten benutzt. In ihnen wohnen die Geister und die Trommeln sprechen mit deren Stimmen. Diese Geister konnten nur speziell geschulte Menschen rufen und das auch nur zu bestimmten Anlässen. Daneben gab es gewissermaßen weltliche Trommeln, die immer gespielt werden konnten. Hier eine kurze Auswahl der gebräuchlichsten cubanischen Instrumente. Die meisten kennt man auch in Europa, nur ihre Namen haben noch nicht den Weg über den Ozean gefunden:

Bembé: Holzkegel, mit Fell bespannt und am schmaleren Ende mit Füßen versehen. Bembés werden im Dreiersatz benutzt und sind für weltliche Musik gedacht.

Botija: Bassinstrument im Son. Man bläst durch ein Loch in der Wand eines Tonkruges.

Catá: ausgehöhlter Baumstamm, den man mit Stöcken schlägt. Instrument der Tumba francesa.

Chachá: eine Art Rassel. An einem Holzstiel sind Bänder befestigt, an deren Enden Metallplättchen geknotet sind. Heute nimmt man Kronenkorken dafür.

Claves: Schlaginstrument, das aus zwei Holzstäben besteht. Einen davon hält man in der Hand, die auch als Resonanzkörper dient, mit dem anderen Stab schlägt man darauf.

Corneta China: trompetenartige Tröte mit einem hohen, schrillen Klang und nur fünf Tönen. Chinesische Kontraktarbeiter brachten sie aus der chinesischen Provinz Kanton mit, sie fand Eingang in den Karneval in Ostcuba.

Guayo: eine mit Rillen versehene Metallröhre, über die der Musiker reibt.

Güiro: Ein Flaschenkürbis wird ausgehöhlt und bekommt außen eine Reihe von Rillen eingesägt. Darüber streicht der Musiker mit einer hölzernen Nadel, was einen schnarrenden Klang ergibt.

Kinfuiti: Trommel der Congas. Die Trommel darf kein Außenstehender sehen. Über dem Fell liegt eine Schnur, zwischen Fell und Schnur steckt ein Holzstab. Durch Reiben am Stab entsteht ein heulender Klang.

Llantas: Eine Lastwagenfelge ist an einem Gestell aufgehängt und wird mit einem Stock geschlagen. Ursprünglich nahm man Bremstrommeln, die einen dumpferen Klang ergaben, allerdings auch ein höheres Gewicht hatten.

Maracas: gehören unbedingt zur cubanischen Musik. Es sind getrocknete kleine Kürbisse, die mit einem Griff versehen wurden und mit kleinen Steinen gefüllt sind. Bei uns nennt man dieses Instrument, das immer paarweise verwendet wird, auch Rumbakugeln.

Oggán: ein kuhglockenähnliches Instrument aus zwei gebogenen, dreieckigen Blechplättchen, die an den Ecken zusammengeschweißt sind. Man benutzt zum Spielen einen Schlegel.

Sártenes: Als die weißen Herren den Sklaven die Trommeln verboten, nahm man stattdessen zwei Bratpfannen. Sie werden an einem hölzernen Gestell befestigt, damit sie frei hängen. Bei Umzügen wird dies Gestell heute um den Hals getragen.

Shekeres: Ein ausgehöhlter Kürbis ist mit einem glasperlenbesetzten Netz umspannt, das beim Schütteln an den Kürbis schlägt. Es gibt Shekeres in verschiedenen Größen und dadurch in unterschiedlichen Tonhöhen.

Timbales criollos: ein Paar einseitig bespannter Trommeln auf einem Ständer, die der Trommler gleichzeitig mit der Hand und einem Stock spielt. Sie sind in den Danzón-Orchestern seit Anfang des 20. Jahrhunderts vertreten.

Tres: Cubanische Gitarre. Ein Tres besitzt drei Doppelsaiten und wird im Son gespielt.

TAXI

156cu kh

8 Anhang

< Geliebte Oldtimer

Literaturtipps

Hier ein paar Bücher, die ich allen Cuba-Freunden ans Herz legen möchte:

Belletristik

■ **Miguel Barnet,** *Der Cimarrón,* Suhrkamp. Dies ist die Geschichte eines entlaufenen Sklaven, die er dem Autor in langen Gesprächen erzählte. Heraus kam eine sehr lesenswerte Beschreibung der Zustände gegen Ende des 19. Jh.

– *Gallego,* Suhrkamp 1981, beschreibt das Leben eines galizischen Einwanderers.

– *Das Lied der Rachel,* Aufbau Verlag. Sittengemälde einer Künstlerin in La Habana.

■ **Guillermo Cabrera Infante,** *Ansichten der Tropen im Morgengrauen*, Suhrkamp 1992. Die cubanische Geschichte in Momentaufnahmen.

– *Drei traurige Tiger,* Suhrkamp 1987. Die Nächte La Habanas vor der Revolution, fantastisch beschrieben.

■ **Alejo Carpentier,** *Barockkonzert,* Suhrkamp 1976.

– *Hetzjagd,* erschien 1955 und schilderte die Wirren der Revolution in La Habana.

– *Explosion in der Kathedrale,* Suhrkamp 1964.

– *Das Reich von dieser Welt.* Der Sklavenaufstand in Haiti und seine Folgen, Suhrkamp.

– *Le Sdacre du printemps,* Surkamp 1995. Eine russische Ballettlehrerin versucht im La Habana der 1930er Jahre zu überleben.

■ **Daína Chaviano,** *Havanna Blues,* Lichtenberg Verlag. Eine ergreifende cubanische Alltagsgeschichte über das Doppelleben der Kunstexpertin *Claudia.*

■ **Christina Garcia,** *Träumen auf kubanisch,* S. Fischer. Eine packende Familiengeschichte zwischen Cuba und Amerika.

■ **Zoé Valdés,** *Das tägliche Nichts.* Yocandra schreibt in La Habana ihr Leben nieder. Es handelt von Yocandras Suche nach Liebe, Anerkennung und nach Vorbildern.

■ **José Lezama Lima,** *Paradiso,* Suhrkamp 1979. Die Geschichte des Jungen *Cemi* ist ein großes cubanisches Sittenbild des 19. Jahrhunderts.

■ **Jesús Diaz,** *Die Initialen der Erde*, Piper 1990.

– *Die Haut und die Maske,* Piper 1997.

– *Erzähl mir von Kuba*, Piper 2001. Aus Liebeskummer gaukelt ein cubanischer Zahnarzt den Behörden seine Flucht aus Cuba vor.

– *Die Dolmetscherin*, Piper 2003. Ein Journalist versucht, mit seiner Impotenz fertig zu werden, und nimmt einen Auftrag nach Sibirien an.

■ **Cubanissimo!,** Suhrkamp Verlag 2000. Neuere cubanische Literatur wird in diesem Buch vorgestellt. Die Schriftsteller und Schriftstellerinnen sind alle nach 1959 geboren und zeichnen eine Alltags- und Gefühlswelt Cubas zur Jahrtausendwende, reflektieren ihre Visionen und Erlebnisse, geprägt von cubanischen Traditionen, der westlichen Welt und dem Tourismus – kurz: der ganzen Realität, die die Perle der Antillen heute ausmacht.

■ **Martin Cruz Smith,** *Nacht in Havanna,* Bertelsmann Verlag 1999. Man kennt *Arkadi Renko* aus dem Krimi *Gorki Park.* In Cuba hat er es mit nicht weniger gefährlichen Gestalten zu tun.

■ **Leonardo Padua,** Das Havanna-Quartett: *Ein perfektes Leben, Handel der Gefühle, Labyrinth der Masken, Das Meer der Illusionen, Der Nebel von gestern.* Regimekritik gut verpackt in Kriminalromanen. Der Band *Ketzer* handelt von Juden in Cuba zur Zeit des 2. Weltkriegs, von Amsterdam um 1648 und von London, wo ein unbekannter *Rembrandt* für eine Sensation sorgt, und natürlich um La Habana heute. Unionsverlag Zürich.

■ **Matthias Politycki,** *Herr der Hörner,* Hoffmann & Campe, 2005. Ein deutscher Banker sucht in Santiago nach einem Mädchen, das er nur kurz gesehen hat, und gerät dadurch tief in die Welt der afrocubanischen Kulte.

■ **Ernest Hemingway,** *Der alte Mann und das Meer,* Rowohlt. Der Klassiker für Machos und Hochseefischer.

Sachbücher

- **Alina Fernandez,** *Ich, Alina,* Rowohlt. Das Leben als Tochter *Fidel Castros* auf über 300 Seiten, mit Familienfotos.
- **Miguel Barnet,** *Afrocubanische Kulte,* Suhrkamp. Der Meister im Zusammenpuzzeln erläutert hier umfassend die Religion.
- **Enrique del Risco Rodríguez,** *Cuban Forests,* Editorial José Martí. Über die Natur Cubas, eine ausführliche Beschreibung in englischer Sprache.
- **Lötschert/Beese,** *Pflanzen der Tropen,* BLV. Dieses kleine Buch enthält alles Wissenswerte über die Pflanzen der Antilleninsel.
- **Josef Lawrezki,** *Ernesto Che Guevara,* Neues Leben Berlin. Mitte der 1970er Jahre aus dem Russischen übersetzte Biografie.
- **Sven Creutzmann/Henky Hentschel,** *Salsa einer Revolution,* Zweitausendeins. Hier werden Momentaufnahmen aus dem cubanischen Alltag zusammengetragen.
- **Volker Skierka,** *Fidel Castro – eine Biografie,* Rowohlt. Gebunden und als Taschenbuch erhältlich.
- **Alicia Castro,** *Anacaona,* Econ Verlag. Aus dem Leben eines cubanischen Frauenorchesters in den 1930ern.
- **Bartolomé de Las Casas,** kurzgefasster Bericht von der Verwüstung der Westindischen Länder. Der Mönch beschreibt die spanischen Gräueltaten auf Cuba.
- **Maya Roy,** *Buena Vista, die Musik Cubas,* Palmyra Verlag 2000. Meiner Meinung nach das beste Buch über cubanische Musik, das es zurzeit gibt; sachlich und ohne die üblichen Übertreibungen.
- **Horst Schäfer,** *Im Fadenkreuz: Kuba.* Ein Buch mit Dokumenten zu den Mordplänen der CIA, der Invasion in der Schweinebucht, der Operation Mongoose zum Sturz der Regierung, dem Kennedymord und seiner Verbindung mit Cuba und anderen Aktionen.
- **Bernd Wulffen,** *Eiszeit in den Tropen.* Erinnerungen des ehemaligen deutschen Botschafters über seine Zeit in La Habana.

Sprachhilfen

- **Spanisch für Cuba – Wort für Wort,** Kauderwelsch Band 123, Reise Know-How Verlag. Sprachführer mit wichtigen Begriffen und Redewendungen für den Reisealltag.
- **Cuba Slang,** Kauderwelsch Band 175, Reise Know-How Verlag. Sprachführer für Fortgeschrittene, die neben dem Schulspanisch auch die Umgangssprache kennen lernen wollen.
- **ReiseWortSchatz Spanisch,** Reise Know-How Verlag. Ein Grundwortschatz mit ca. 6000 Stichwörtern, speziell auf die Bedürfnisse von Reisenden zugeschnitten.

Literatur zur Revolution

136cu pr

Glossar

Wichtige Begriffe aus Musik, Religion und Alltagsleben:

- **abakuá:** Geheimgesellschaft der Carabalí-Bruderschaften
- **arará:** Bezeichnung der Stämme aus dem heutigen Benin
- **ave:** Vogel, sonst *pájaro*
- **Arawaken:** Ureinwohner vieler Karibikinseln
- **babalú:** Priester der Santería
- **batá:** die drei sanduhrförmigen heiligen Trommeln der Yoruba
- **bohio:** traditionelle Strohhütte
- **bolero:** Tanz und Rhythmus in einem geraden Takt
- **bongó:** Trommelpaar der Bantus. Der Spieler hält die beiden Trommeln zwischen den Knien
- **CADECA:** *Casa de Cambio,* Wechselstube
- **campaña:** ein in Santiago gebräuchliches Schlaginstrument aus Metall, das aus Bremstrommeln hergestellt wird
- **casa:** Haus
- **casa particular:** Privatpension
- **cayo:** küstennahe flache Koralleninsel
- **central:** Zuckermühle
- **Cimarrón:** entlaufener Sklave, der sich in den Wäldern versteckt hielt
- **CDR:** Komitee zur Verteidigung der Revolution
- **changó:** Gott des Feuers, der Musik und des Geschlechts, seine Farbe ist Rot
- **charanga:** Danzón-Orchester, löste um 1900 das *orquestra típica* ab. Die charanga umfasste Klavier, Flöte, Geigen, Kontrabass, Pauken und das Rhythmusinstrument *güiro*
- **CMN:** Nationales Amt für Denkmalschutz
- **CIGET:** *Centro de Información y Gesión Tecnológica,* Internetzugang
- **clave:** Grundrhythmus der cubanischen Tanzmusik
- **comparsa:** Karnevalstruppe mit Musikern, Sängern und Tänzern
- **conga:** Musikgruppe in den *comparsas.* Sie zieht schon vor dem Karnevalsumzug ohne die Tänzer, von der Menge begleitet, durch die Straßen
- **congo:** Bezeichnung für die Bantu-Sklaven
- **contradanza:** Figurentanz und Musikgattung, die aus den europäischen Salontänzen hervorgegangen ist
- **criollo:** ein auf Cuba geborener Nachfahre der spanischen Eroberer mit weißer Hautfarbe, auch Kreole genannt
- **CUC:** *Peso Convertible,* die Hauptwährung des Landes
- **danzón:** Cuba-Tanzrhythmus im Zweivierteltakt, langsamer als der Kontertanz, besteht aus drei Teilen. Der *danzón* war ursprünglich rein instrumental, ab den dreißiger Jahren des vorigen Jahrhunderts auch mit Gesang
- **danzón nuevo ritmo:** Neue Spielart des *danzón,* die vom Orchester *Arcaño* erfunden wurde. Den stark synkopischen und schwungvollen Teil dieses *danzón* nannte man *Arcaño mambo.*
- **Daiquirí:** Fluss und Strand östlich von Santiago, hier wurde der gleichnamige Rumcocktail von Landvermessern erfunden
- **EGREM:** *Empresa de Grabaciones y Ediciones Musicales,* staatliches Schallplattenlabel
- **ETECSA:** *Empresa de Telecomunicaciones de Cuba,* staatliche Telefongesellschaft

■ **Granma:** Name der Yacht, mit der *Castro* und seine Getreuen 1956 die Insel erreichten

■ **Grau San Martin, Ramón:** 1944–48 Präsident Cubas und Vorsitzender der Authentischen Revolutionären Partei

■ **Guantanamera:** Mädchen aus Guantánamo in Ost-Cuba, berühmtes cubanisches Lied

■ **guagua:** cubanische Omnibusse

■ **guajiro:** Bauer

■ **guaracha:** Musikgattung mit Gesang und satirischen Texten, wird in lebhaftem Tempo gespielt. Sie geht auf die Tradition des Singspiels zurück und hat sich zu einem vom *son* beeinflussten Tanzrhythmus entwickelt

■ **guarapa:** Zuckerrohrsaft. Die Stängel werden zwischen zwei Walzen ausgequetscht

■ **guayabera:** eine kurzes Männerhemd aus leichtem Stoff zum Knöpfen mit vielen Taschen. Der Begriff taucht des öfteren in der cubanischen Literatur auf

■ **habanera:** *contradanza habanera,* außerhalb Cubas wurde so der kreolische Kontertanz genannt, um ihn von den spanischen Arten zu unterscheiden

■ **íreme:** Figur aus den abakuá-Riten, die in den Karnevals-Comparsas zu sehen ist, wegen ihrer übermütigen Gesten auch *diablito* genannt

■ **iyesá:** Yorubas aus Nigeria

■ **ingenios:** Zuckermühlen

■ **jinetera:** Frau, die sich als Gelegenheitsprostituierte ein Zubrot verdient

■ **jinetero:** Schlepper für Privatunterkünfte, Restaurants oder andere Einrichtungen

■ **libreta:** Zuteilungsheft für die monatlichen Lebensmittelrationen

■ **lista de esperar:** reale oder imaginäre Warteliste für Busse und andere Verkehrsmittel, jeder will möglichst in vorderer Position darauf stehen

■ **malecón:** Uferpromenade

■ **mambo:** So nannte der Musiker Arcaño seinen Schlusspart im *danzón*

■ **Máximo Líder:** *Fidel Castro*

■ **Mella, Antonio Julio:** Studentenführer, gründete 1925 die kommunistische Partei, 1929 in Mexiko ermordet

■ **MINREX:** Ministerio de Relaciones Exteriores (Außenministerium)

■ **Mogote:** bizarre, kegelförmige Kalksteinfelsen im Tal von Viñales

■ **mojito:** Cocktail aus Rum, Minze, Limettensaft und Zucker

■ **nuevo ritmo:** Eine Phrase, die immer wiederholt als Überleitung dient

■ **orísha:** Oberbegriff für die Gottheiten des Kultsystems der lucumí/yoruba

■ **orquesta típica:** Danzón-Orchester mit Blasinstrumenten, Kontrabass, Geigen, Pauken und dem Flaschenkürbis mit Rillen, *güiro*

■ **paladar:** Privatrestaurant

■ **parada:** Haltestelle

■ **patio:** Schattiger Innenhof cubanischer Häuser, meist von zweistöckigen offenen Galerien umgeben

■ **periodo especial:** Spezialperiode in Friedenszeiten, von *Fidel Castro* ausgerufen, um „den Gürtel enger zu schnallen"

■ **piropos:** cubanische Komplimente

■ **puta:** Prostituierte, Hure, in der Regel als Schimpfwort gebraucht

■ **regla de ochá:** Bezeichnung für das Kultsystem der lucumí (Yoruba-Sklaven)

■ **regla de palo:** Oberbegriff für die Kulte der Congo bzw. Bantu

■ **Rumbos:** *Viajes Rumbos,* Reiseagentur, die auch Busse und Schnellimbisse betreibt

■ **santería:** christianisierte Bezeichnung für die regla de ochá

- **santero:** Priester der Santería
- **SIDA:** AIDS
- **Socarrás, Carlos Prío:** Der korrupte Präsident Cubas von 1948–52 beging Selbstmord in Miami
- **solar:** Wohnhaus mit einem großen Innenhof und zahllosen, durch einen überdachten Gang verbundenen Wohnungen
- **son:** In den ostcubanischen Provinzen entstandene, erst ländliche, danach städtische Musik mit Gesang und Tanz. In La Habana wurde sie weiterentwickelt. Sie ist heute das Synonym für cubanische Volksmusik geworden
- **Taíno:** Ureinwohner Cubas
- **tamales:** Maultaschen aus Maismehl
- **trova:** Volksmusik von Liedermachern mit Gitarrenbegleitung
- **tumba francesa:** ostcubanisches Fest der Haiti-Sklaven, später Bezeichnung für ihre Festgesellschaften
- **UNEAC:** *Unión Nacional de Escritores y Artistas*, der Verband der Schriftsteller und Künstler
- **vega:** Hütte zum Tabak trocknen
- **¡Venceremos!:** Wir werden siegen! Häufige Wandparole
- **zapateo:** Tanz aus den ländlichen Gegenden im Westen, der vom spanischen *zapateado* abstammt
- **zafra:** Zuckerrohrernte
- **Zayas, Alfredo:** General im Unabhängigkeitskrieg. Der Intellektuelle war 1921–24 Präsident
- **ZEDEM** *(Zona Especial de Desarrollo Mariel)*: Sonderwirtschaftszone von Mariel bei La Habana
- **zunzúncito:** kleinster Vogel der Welt

Geliebter Rum: Mojito

Kleine Sprachhilfe

Essen

aceitunas	Oliven
ajiaco	Fleisch mit Wurzelknollen
arroz a la cubana	Reis mit Rindfleisch
arroz con frijoles	Reis mit Bohnen
bacalao	Kabeljau, Stockfisch
boniato	süße Kartoffel
camarones	Garnelen
carne de vaca	Rindfleisch
casco de guayaba	Dessert aus Guayaba
cerdo	Schwein
chatines	frittierte Bananen
chicharrón	frittierte Schweineschwarte
churros	fettgebackene Hefekringel
costeleta	Kotelett
cochinillo	Spanferkel
conejo	Kaninchen
cristianos y moros	„Christen und Mauren" (Reis mit roten Bohnen, cuban. Nationalgericht)
emburido	Aufschnitt
ensalada de aguacate	Avocado-Salat
flan	Karamelpudding
huevos revueltos	Rühreier
judlas	Bohnen
lobster	Hummer
lomo	Lende
merluza	Seehecht
mesa sueca	kaltes Büffet
natillas	Cremespeise
papas	Kartoffeln
papas fritas	Pommes Frites
pezcado	Fisch
piña	Ananas
pollo	Hähnchen

pulpo	Krake
sopa	Suppe
tamales	Maispastete
tortilla	Omelette
verduras	Gemüse
yuca y lechón asado	Yucca und gegrilltes Schweinefleisch

Getränke

agua mineral con/sin gas	Mineralwasser mit/ohne Kohlensäure
café con leche	Milchkaffee
café solo	Espresso
cerveza	Bier
cortado	Kaffee mit wenig Milch
infusión	Kräutertee
jugo de caña	Zuckerrohrsaft
jugo de fruta	Fruchtsaft
refresco	Erfrischungsgetränk
ron	Rum
té	Tee
vino blanco	Weißwein
vino tinto	Rotwein

Me gustaría beber un jugo, por favor.
Ich würde gern einen Saft trinken, bitte.

¿Qué nos recomienda?
Was empfehlen Sie uns?

Me gustaría reservar una mesa para dos personas, por favor.
Ich möchte einen Tisch für 2 Pers. reservieren.

Unterkunft

hotel	Hotel
barato	billig
tranquilo	ruhig
central	zentral gelegen
cuarto sencillo	Einzelzimmer
baño privado	eigenes Bad
agua caliente	warmes Wasser
agua corriente	fließend Wasser
cama (matrimonial)	(Doppel-)Bett
piso	Stockwerk
aire acondicionado	Klimaanlage
llave	Schlüssel
toalla	Handtuch
cubrecama	Bettdecke

¿Hay un hotel por aquí cerca?
Gibt es hier in der Nähe ein Hotel?

¿Tiene una habitación libre para dos personas con ducha?
Haben Sie ein freies Zimmer mit Dusche für zwei Personen?

¿Cuánto cuesta la habitación con desayuno?
Wie viel kostet das Zimmer mit Frühstück?

■ **Buchtipp:** *Spanisch für Cuba – Wort für Wort,* Kauderwelsch-Band 123: Reise Know-How Verlag.

135cu kh

Diskografie

Unmöglich, alle Musikkonserven aus dem Boom zu nennen, den es bei cubanischer Musik gibt. Täglich kommen neue auf den Markt. Meist handelt es sich jedoch um Sampler der Sorte „Das ist Cuba". Deshalb nur stellvertretend aus jeder Sparte ein paar Titel, die, wie ich finde, hörenswert sind.

Rumba

- **Ernesto Lecuona & the Lecuona Cuban Boys:** Rumba *(ABCD 105)*
- **Orquestra Casino de la Playa Canta Miguelito Valdéz:** Rumba Rumbero *(IMC Music MLN 55004)*
- **Xavier Cugat a. h. Orq.:** Rumba Rumbero *(TCD 023)*

Mambo

- **Mambo crazy** *(CDHOT 639)*
- **Perez Prado Cuba-Mambo** *(TCD 006)*
- **Tito Puente & Machito:** The Mambo Kings *(CDHOT 612)*
- **Joe Loco:** Mambo Loco *(TCD 049)*

Son

- **Benny Moré:** Rise *(LM 8285)*
- **Miquelito Valdéz:** Mr. Babalú *(TCD 025)*
- **Bola de Nieve:** Babalú Rise *(LM 82057)*
- **Rita Montaner:** Rita di Cuba *(Tumbao TCD 046)*
- **Eliades Ochoa y Cuartetto Patria:** Sublime Ilusion *(yerba buena)*

Trova & Nueva Trova

- **Trio Matamoros:** Beso discreto *(Discomedia)*
- **Vieja Trova Santiaguera:** Gusto (*Intuition Music/SMD* – INT 3182 2)
- **Compay Segundo:** Antología *(East West)*
- **Pablo Milanés,** Aniversario *(BMG)*
- **Silvio Rodríguez,** El hombre extraño *(IMP)*
- **Maria Tereza Vera y Rafael Zequerito:** Me Parece Mentira *(MLN 55014)*

Cha-Cha-Cha

- **Cheo Belén Puig:** Me han dicho ... *(Tumbao)*
- **Enrique Jorrín y su Orchestra:** Chachacha *(Egrem)*
- **Orquesta cosmopolita:** Ritmando Cha-Cha-Cha *(TCD 101)*

Orchester

- **Sexteto Habanero:** Son Cubano *(TCD 001)*
- **Arsenio Rodrígues:** Montuneando *(Tumbao)*
- **Sexteto y Septeto Habanero:** Grabaciones Completas (4 CDs, *TCD 300*)

Salsa

- **La Sonora Matancera con Celia Cruz** *(Rise LM 82078)*
- **Joe Cuba Sextet:** Salsa y Bembe *(CDHOT 606)*
- **Gloria Estefan:** Abriendo Puertas *(Sony/Epic)*

Jazz, Modernes

- **Irakere:** En vivo *(Son 616)*, Babalú Ayé *(Egrem)*
- **Juan Formell y Los Van Van:** Liégo *(Havanna Caliente)*
- **Havana, The next Generation** *(Timba 59772-2)*

Einfach ausschneiden

(Erklärung ab S. 470)

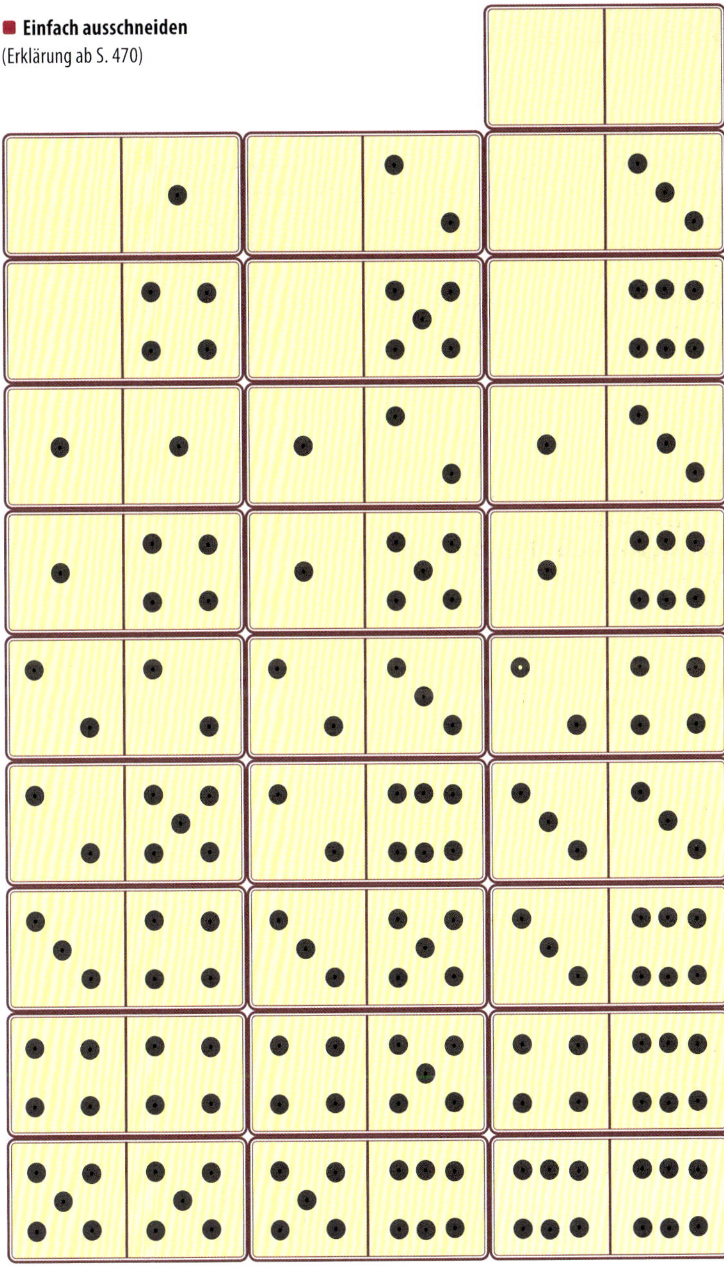

Reise-Gesundheits-Information Cuba

Stand: November 2015

Die nachstehenden Angaben dienen der Orientierung, was für eine geplante Reise in das Land an Gesundheitsvorsorgemaßnahmen zu berücksichtigen ist. Die Informationen wurden uns freundlicherweise vom *Centrum für Reisemedizin* zur Verfügung gestellt. Auf **www.crm.de** werden diese Informationen stetig aktualisiert.

Klima

Tropisches, wechselfeuchtes Klima mit Trockenzeit im Winter; Hauptniederschläge von Mai bis Oktober; durchschnittliche Temperatur in La Habana im Januar 22° C, im August 27° C.

Einreise-Impfvorschriften

Für die Einreise besteht zurzeit **keine Impfpflicht.**

Empfohlener Impfschutz

Standardimpfschutz überprüfen und ggf. ergänzen bzw. auffrischen.

Je nach Reisestil und Aufenthaltsbedingungen im Land ist außerdem ein Impfschutz zu erwägen gegen Hepatitis A (grundsätzlich), Cholera (Reisebedingungen 1 und 2), Hepatitis B (Reisebedingung 1 bzw. vor allem bei Langzeitaufenthalten und engerem Kontakt zur einheimischen Bevölkerung), Tollwut (Reisebedingung 1 bzw. bei vorhersehbarem Umgang mit Tieren) und Typhus (Reisebedingung 1).

Reisebedingung 1

Reise durch das Landesinnere unter einfachen Bedingungen (Rucksack-/Trecking-/Individualreise) mit einfachen Quartieren/Hotels; Camping-Reisen, Langzeitaufenthalte, praktische Tätigkeit im Gesundheits- oder Sozialwesen, enger Kontakt zur einheimischen Bevölkerung wahrscheinlich.

Reisebedingung 2

Aufenthalt in Städten oder touristischen Zentren mit (organisierten) Ausflügen ins Landesinnere (Pauschalreise, Unterkunft und Verpflegung in Hotels bzw. Restaurants mittleren bis gehobenen Standards).

Wichtiger Hinweis

Welche Impfungen letztendlich vorzunehmen sind, ist abhängig vom aktuellen Infektionsrisiko vor Ort, von der Art und Dauer der geplanten Reise, vom Gesundheitszustand sowie dem evtl. noch vorhandenen Impfschutz des Reisenden.

Da im Einzelfall unterschiedlichste Aspekte zu berücksichtigen sind, empfiehlt es sich immer, rechtzeitig (etwa 4 bis 6 Wochen) vor der Reise eine persönliche Reise-Gesundheits-Beratung bei einem reisemedizinisch erfahrenen Arzt oder Apotheker in Anspruch zu nehmen.

Malaria

Die Insel ist malariafrei.

Aktuelle Meldungen und allgemeine Hinweise

Siehe dazu auf www.crm.de.

HILFE!

Dieser Reiseführer ist gespickt mit unzähligen Adressen, Preisen, Tipps und Infos. Nur vor Ort kann überprüft werden, was noch stimmt, was sich verändert hat, ob Preise gestiegen oder gefallen sind, ob ein Hotel, ein Restaurant immer noch empfehlenswert ist oder nicht mehr, ob ein Ziel noch oder jetzt erreichbar ist, ob es eine lohnende Alternative gibt usw.

Unsere Autoren sind zwar stetig unterwegs und versuchen, alle zwei Jahre eine komplette Aktualisierung zu erstellen, aber auf die Mithilfe von Reisenden können sie nicht verzichten.

Darum: Schreiben Sie uns, was sich geändert hat, was besser sein könnte, was gestrichen bzw. ergänzt werden soll. Nur so bleibt dieses Buch immer aktuell und zuverlässig. Wenn sich die Infos direkt auf das Buch beziehen, würde die Seitenangabe uns die Arbeit sehr erleichtern. Gut verwertbare Informationen belohnt der Verlag mit einem Sprechführer Ihrer Wahl aus der über 220 Bände umfassenden Reihe „Kauderwelsch". Bitte schreiben Sie an:

Reise Know-How Verlag, Peter Rump GmbH | Postfach 140666 | D-33626 Bielefeld
oder per E-Mail an: info@reise-know-how.de

Danke!

Papaya Tours
leidenschaftlich reisen
Natur & Kultur aktiv erleben
Ihr Spezialist für Kuba
Kleingruppenreisen bis 15 Teilnehmer
maßgeschneiderte Reisen ab 1 Person
begegnungsorientiert & naturnah
persönliche & umfassende Beratung
+49 (0) 221 35 55 770
www.papayatours.de

Register

A

B

T

Der Autor

Frank-Peter Herbst lebt in Berlin und arbeitet als Dozent für Grafikdesign sowie als Möbel- und Beleuchtungsdesigner. Die zunehmende Computerarbeit brauchte einen Ausgleich, etwas weniger Berechenbares. Die Lust am Reisen brachte ihn an den nördlichen Rand Europas. In der menschenleeren Tundra konnte er kreative Gedanken fassen. Einer davon war, alle Eindrücke zu notieren. Daraus entstanden in den 1980er Jahren der Reiseführer „Skandinavien, der Norden" und das „Routenbuch Nordkap", beide erschienen bei Reise Know-How, ebenso der Reiseführer „Südschweden" (1. Aufl. 2014).

Im Laufe der Jahre wuchs die Lust, auch einmal wärmere Gefilde zu bereisen. Nach mehreren Asienaufenthalten wurde er auf das sagenumwobene La Habana aufmerksam. Die Literatur Cubas machte ihn neugierig auf die Menschen, und er machte sich auf, „die schönste Stadt der Karibik" selbst zu erleben. Die Tänze, die Musik und die Lebensfreude zogen ihn derart in den Bann, dass er begann, alles über dieses widersprüchliche Land zu sammeln. Je mehr er versuchte, die Zusammenhänge zu begreifen, desto größer wurde dann der Wunsch, diese antagonistischen Eindrücke zu beschreiben. Im Laufe der letzten Jahre reiste er regelmäßig und ausgiebig auf diese wunderschöne karibische Insel.

cu011-2016 kh

Golf von Mexico
Habana (La Boca)
16
La Habana
74
75
Cojímar
82
Santa Cruz del Norte
129
Matanzas
92
Bauta
Guanajay
Alquízar
LA HABANA
105
Viñales
Minas
CORDILLERA DE GUANIGUANICO
Los Palacios
San Cristóbal
98
Pinar del Río
San Juan Martínez
GOLFO DE GUANAHACABIBES
PINAR DEL RÍO
La Fé
Ensenada de la Broa
Bahía de Cortés
Península de Zapata
301
Nueva Gerona
ISLA DE LA JUVENTUD
297
Isla de la Juventud
307
Cayo Largo
Maria La Gorda
Isla de la Juventud (Hotel Colony)
Cayo Largo
KARIBISCHES MEER